高等医学院校选用教材

（供成人教育中医药专业、中西医结合专业使用）

中医内科学

张克敏　白兆芝　主编

科学出版社
北京

内 容 简 介

本书是供成人教育中医药专业使用的教材，分上、下两篇。上篇系统介绍了中医内科学研究的基本理论与知识，内科生理病理特点等内容。下篇对49个内科常见病、多发病、疑难病的病因病机、辨证论治、诊断标准与处方用药规律等基本知识与操作技能进行了阐述。书中内容针对成人特点，突出实用性，强调科学思维和创新精神的培养。

本书可供成人教育中医药专业学生使用，也可作为自学考试应试人员、广大中医药专业工作者以及中医药爱好者的学习参考书。

图书在版编目(CIP)数据

中医内科学/张克敏等主编.-北京：科学出版社，2001.10
高等医学院校选用教材(供成人教育中医药专业、中西医结合专业使用)
ISBN 978-7-03-008926-7

Ⅰ. 中… Ⅱ. 张… Ⅲ. 中医内科学-高等教育：成人教育-教材 Ⅳ. R25

中国版本图书馆 CIP 数据核字 (2000) 第 55792 号

责任编辑：曹丽英 / 责任校对：潘瑞琳
责任印制：徐晓晨 / 封面设计：黄 乐 黄华斌

科 学 出 版 社 出版
北京东黄城根北街 16 号
邮政编码：100717
http://www.sciencep.com
北京建宏印刷有限公司 印刷
科学出版社发行 各地新华书店经销
*
2001 年 10 月第 一 版 开本：850×1168 1/16
2021 年 6 月第九次印刷 印张：33 1/4
字数：688 000

定价：69.00 元

本套教材编写委员会

审订委员会主任　陶功定

编写委员会主任　白兆芝

总　　主　　编　张俊龙

副　总　主　编　施怀生　刘　星　王亚达

编　　　　　委　(以姓氏笔画为序)

门九章　马彦平　毋桂花　王亚达　王茂盛

王晓鹤　冯　明　冯俊婵　白兆芝　乔　模

任建国　刘　星　师建梅　邢维萱　闫润红

张克敏　张俊龙　李　晶　李明磊　邹本贵

苗润田　施怀生　赵存娥　赵尚华　赵建浩

贾丽丽　项　祺　秦艳红　康　永　冀来喜

《中医内科学》编写人员

主　编　张克敏　白兆芝

主　审　乔　模　苗润田

编　委　赵新秀　张晓雪

　　　　陈改花　张润顺

总　序

我国的成人教育已经有了数十年的历史，中医药学作为我国成人教育的重要组成部分，为中医药人才队伍建设和中医药事业的发展做出了积极的贡献。但时至今日，我国尚无专供中医药成人教育尤其是全日制中医药成人教育使用的系列教材，而统编教材和其他类教材，无论从内容还是要求上都难以切合成人教育自身特点，不能较好满足成人教育当前教学、临床、科研工作的需要。为了提高中医药成人教育教学质量，促进中医药成人教育事业的发展，我们在广泛调研和多方论证的基础上，组织了多年从事中医药成人教育教学工作的一线教师和有关专家，着手进行了适应于高等医学院校中医药专业、中西医结合专业成人教育教学需要的系列教材的研究与编写工作。

本套教材紧扣成人教育特点，遵循成人教育规律，编写过程中，注意把不同的学科置于中医和中西医结合整体学术体系中，注重经典著作、基础理论和临床学科之间的合理衔接，力求避免学科的割裂和内容的重复，从而体现中医、中西医结合学术体系的系统性和科学性。教材坚持理论联系实际的原则，正确处理继承和发扬的关系，在重点介绍具有实用价值的传统中医药基本理论和基本技能的同时，适当吸收了新中国成立50年来中医药研究的新进展、新技术和新成果，具有一定的创新性。在内容的深度和广度方面，根据新形势要求，从课程性质、任务出发，注意构筑中医药成人教育人才知识与能力素质结构，强调科学思维和创新精神的培养。为便于成人学员更好地自学自修、掌握课程重点内容、理解难点疑点问题、全面检查学习效果，教材在每章节增列了目的要求（教学要求）、重点内容及复习思考题，教材后还附有2~3套模拟试题及答案。

全套教材计有中国医学史、中医学导论、中医藏象学、中医病因病机学、中医防治学、中医诊断学、中药学、方剂学、中医内科学、中医外科学、中医妇科学、中医儿科学、中医骨伤科学、中医眼科学、中医耳鼻喉科学、中医肛肠病学、中医皮肤病学、针灸学、推拿学、内经教程、伤寒论教程、金匮要略教程、温病学、中医各家学说、中西医结合内科学、中西医结合妇产科学、中西医结合儿科学、中西医结合急症学、中西医结合传染病与流行病学、中西医结合临床研究思路与方法学、中药药理学等31门。

鉴于目前中医药成人教育中医药专业、中西医结合专业系统教材的编写尚无更多可资借鉴的成功经验，因此在教材的编写中存在着相当的难度，但考虑到中医药成人教育蓬勃发展的需要，我们不揣自陋，在成人教育教材建设上进行了此项尝试。可以肯定，本套教材一定存在着这样那样的不足之处，因而希望同行和读者在使用过程中，提出宝贵意见，以便我们进一步修订和改进，从而为我国中医药成人教育事业做出应有的贡献。

编写委员会

2000 年 5 月

编写说明

本书是由高等医学院校选用教材（供成人教育中医药专业、中西医结合专业使用）编写委员会组织编写和审定的。供成人教育中医药专业使用，亦可供中医医师临诊参考。

中医内科学是中医临床学科的主干课，是各中医临床学科的基础，在很大程度上能反映出中医临床学发展的水平，是中医专业教学中的重要内容之一。在编写的过程中我们遵循以中医理论为指导的原则，突出中医临床思维方法在实践中的运用，结合成人教育的特点，注意重点内容的突出。同时也注意到在中医内科临床研究中的新进展、新成就，以充分体现本教材的系统性、继承性、实用性与先进性。

本书介绍了中医临床 49 个常见病证及其有关的附篇。每一病证按次序分别介绍概念、病因病机、诊断及鉴别诊断、辨证论治及调护。在病证之后并有附录，其内容为病案举例、古文献选录和研究进展，以供学习本门课程时参考，加深对学习内容的理解与掌握。每病证之前有目的要求，之后有复习思考题，便于学习时掌握重点内容。书末附有方剂索引，以备检阅。

本书由张克敏统稿、定稿，苗润田、乔模审订。

水平所限、时间紧迫，书中难免有缺点基础错误之处，在使用过程中，我们将不断收集意见，总结经验，以便进一步修改提高。

编　者

2000 年 5 月 8 日

目　录

绪论

（1）中医内科学的定义、性质及范围

中医内科学是用中医理论阐述内科所属疾病的病因病机及辨证论治规律的一门临床学科。中医内科学既是一门独立的临床学科，又是学习和研究其他临床学科的基础。它继承了历代医家的学术思想和医疗经验，同时汲取了现代中医内科学在理论和实践方面的新成就、新技术、新进展，中医内科学的水平在很大程度上反映了中医临床医学的发展水平，因此在中医学尤其是中医临床学科体系中，占有重要的地位。

内科疾病的范围很广，大体可分为外感疾病和内伤疾病两大类。一般说来，外感疾病是由感受外邪所导致的一类疾病。内伤疾病多因内伤引起，包括《金匮要略》与后世内科专著论述的内科杂病等，它们主要是以脏腑、经络、气血津液的生理、病理指导辨证论治。外感疾病与内伤疾病既有区别又有联系，内伤疾病病人容易感受外邪，而外感疾病因邪气稽留或余邪未尽，迁延日久则可进一步造成内伤疾病。

（2）中医内科学发展简史

中医内科学的形成和发展，经历了漫长的历史过程，从殷商到清末3000多年中，在不断与疾病做斗争的临床实践中，中医内科学得到了不断的丰富和发展，逐渐形成了相对独立的临床学科体系。

早在殷代甲骨文中，已有心病、头痛、肠胃病、蛊病等内科疾病的记载，发明了用汤液药酒治疗疾病的方法。周朝已将医学进行了分科，有了疾医、疡医、食医、兽医等分工不同的医师。

春秋战国时期，出现了《脉法》、《五十二病方》、《治百病方》等医学著作，尤其是《黄帝内经》的成书，标志着中医理论体系逐步形成，对后世医学的发展产生了深远的影响。汉代张机（仲景）著成《伤寒杂病论》，一部分以六经分证概括，认识外感热病，为热病的专著；另一部分则以脏腑病机来分类概括，认识内伤杂病，创造性地建立了包括理、法、方、药在内的六经辨证论治理论体系和脏腑辨证论治理论体系，为中医内科学的形成奠定了基础。

隋代巢元方《诸病源候论》是最早的中医病因病理学著作，对某些疾病的观察与认识比较深入。南宋陈言的《三因极一病证方论》在病因上首分内因、外因、不内外因三类。《肘后备急方》、《千金要方》、《外台秘要》、《太平圣惠方》、《圣济总录》等书收载了大量治疗内科疾病的方药，反映了当时的研究水平和成就。

宋金元时期，中医学术百家争鸣，“金元四大家”在各个不同方面都有所创新，如刘完素倡火热学说，主寒凉法；张从正倡攻邪学说，善用汗吐下三法；李杲(东垣)重脾胃内伤学说,多用补脾升阳法;朱震亨(丹溪)创“阳常有余，阴常不足”之说，主张滋阴降火，为中医内科学提供了丰富的理论和实践经验。

明清时期，中医内科学得到了更大的发展，并逐渐成熟。明代薛己的《内科摘要》是最先用“内科”命名的著作，王纶在《明医杂著》中指出：外感法仲景，内伤法东垣，热病用完素，杂病用丹溪，这是对当时内科学术思想的一个很好的概括。王肯堂的《证治准绳》、张介宾的《景岳全书》、李中梓《医宗必读》、李梴《医学入门》、虞抟《医学正传》、秦昌遇（景明）的《症因脉治》等著作，对内科许多疾病都有深刻的认识，如《景岳全书》的阴阳互补学说和《医宗必读》的治泻九法等，对内科的辨证论治直至今日仍具有重要的指导意义。清代，内科著作颇多，如《医宗金鉴》、《张氏医通》、《辨证录》、《医学心悟》、《临证指南医案》、《杂病源流犀烛》、《证治汇补》、《医林改错》、《血证论》等，对中医内科学的发展，均起到了很大的促进作用，尤其温病学家创立了卫气营血辨证、三焦辨证，成为后世诊治温病的准绳，为中医内科学术体系形成与发展作出了很大贡献。这一时期是中医内科学的成形阶段，理论上已不限于一家之言，而是博采历代众家之长，结合自己的经验加以发挥，创造性地建立并完善了热病和杂病的证治体系，使中医内科学术理论更臻成熟与完备。

（3）中医内科学的学习方法及要求

要学好中医内科学，一是要不断复习以前学过的各门基础课，如中医基础理论、诊断学、中药学、方剂学等，前后互参，巩固提高。二是要多参加临床实践，争取早临床，多临床，将所学理论知识与临床实践相结合。课间见习及毕业实习，是中医内科学的重要学习阶段，通过临床实习，既可以巩固和加深理解已学到的理论知识，又能帮助奠定良好的中医内科临床基本功，如四诊运用、辨证分析、立法处方、病案书写及临床思维方法。三是大量阅读古代内科专著，不断学习前人的经验。四是要勤学好问，积极向老师和有一定特长的医生学习，继承他们的经验。五是要大量阅读报刊杂志，了解本学科的最新研究进展。

通过学习中医内科学，要使我们能够进一步深入理解内科讲述的各病证的因机证治，运用所学的理论知识，通过观察、思维，进行综合分析，辨证论治，独立防治内科常见病、多发病，并为进一步深入学习和开展科学研究活动打下良好的基础。

1

感　冒

目的要求

1. 了解感冒的概念、范围、预后、调摄护理及进展。
2. 熟悉感冒的病因病机。
3. 掌握感冒的诊断、鉴别诊断及辨证施治。

感冒，俗称伤风，是指感受风邪或时行病毒，引起肺卫功能失调，临床以鼻塞、流涕、喷嚏、头痛、恶寒、发热、全身不适等为主要临床表现的一种外感疾病。

《内经》认为感冒主要是由于外感风邪所致。《伤寒论·太阳病》所论中风、伤寒之桂枝、麻黄两个汤证，实质包括感冒风寒的轻重两类证候。“感冒”一词，首见于北宋《仁斋直指方·诸风》。元代《丹溪心法·中寒》中指出感冒病位属肺，确立了感冒治疗的辛温、辛凉两大治则。《类证治裁·伤风》、《证治汇补·伤风》等对虚人感冒提出扶正达邪的治疗原则。

现代医学中的感冒、流行性感冒、急性上呼吸道感染可参照本节辨证论治。

1.1　病因病机

1.1.1　病因

1.1.1.1　六淫

气候突变，六淫肆虐，冷热失调，人体卫外之气未能及时应变，以致虚邪贼风伤人，致肺卫功能失调而形成本病。

1）风为主因　风为六气之首，流动于四时之中，因此外感疾病常以风为先导。

2）风邪常兼夹他邪致病 随季节之不同，风邪常与其他当令之时气相合为患。如冬季夹寒，春季夹热，夏季夹暑湿，秋季夹燥，梅雨季节夹湿邪等。临床以风寒、风热之证多见。此外，非其时而有其气，四时六气的反常、太过或不及均可伤人致病。

1.1.1.2 时行病毒

时行病毒是指具有传染性的致病邪气，多因时令不正，故使天时暴戾之气流行人间。其致病特点为发病快、病情重、有广泛的流行性，且不限于季节性，往往与六淫相合为患。四时之气失常，如春时应暖而反寒，夏时应热而反凉，秋时应凉而反热，冬时应寒而反温，则易生时行病毒，侵袭肺卫，相染为患。时行病毒伤人，起病急骤，常可入里化火，临床以热证居多，易有传变。

1.1.1.3 生活起居失当

生活起居不当，寒温失调，如贪凉露宿、涉水冒雨、更衣脱帽等易致外邪乘袭。

1.1.1.4 正气虚馁

平素体虚，或过度劳累，损伤正气，营卫失和；或肺有宿疾，肺卫功能失常，均致正气不足，卫外不固，御邪能力较弱，则极易为外邪所客。

外邪侵袭人体，是否引起发病，一方面取决于正气的强弱，同时与感邪的轻重密切相关。若生活起居失常，寒暖不调或过度疲劳之后，腠理疏松，卫气不固，则极易为外邪所客，尤其在禀赋偏弱的情况下，最易内外因相引而发病。在体质方面，如素体阳虚之人，易受风寒；素体阴虚者易受风热、燥热；痰湿偏盛者，易受外湿。

1.1.2 病机

1.1.2.1 基本病机

六淫之邪或时行病毒，侵袭人体，引起卫表不和与肺失宣肃而发为感冒。卫表不和则恶寒、发热、头痛、全身不适；肺失宣肃则鼻塞、流涕、喷嚏、咳嗽。其中尤以卫表不和为其主要方面。

1.1.2.2 病位

感冒病位主要在肺卫。

肺主气，司呼吸，上通于喉，开窍于鼻，外合皮毛，职司卫外，性属娇脏，不耐邪侵。鼻与喉皆为清气升降出入的通道。若外邪从口鼻、皮毛乘袭，则肺卫首当其冲，邪自皮毛而入，可内合于肺；邪从口鼻上受可直接犯肺，又可病及卫表。故感邪之后，很快出现卫表及上焦症状，以致卫表不和，肺失宣肃而为病。

1.1.2.3 病理性质

本病以表实证居多，如虚体感邪，则为本虚标实之证。由于四时六气之不同，以及人体素质的差异，临床表现有风寒、风热和暑湿兼夹之不同证候。

1.1.2.4 病机转化

一般感冒，全身症状不重，少有传变，时行感冒，或年老体弱之人，可变生他病。风热不解，或寒邪郁而化热，则可转为肺热证；若病邪传里化热而表寒未解，发为表寒里热证；若为时行病毒，入里化热较速，里热充斥，而为热毒炽盛之证。若反复感邪，正气耗损，由实转虚，或体虚感邪，则病机转化为正虚邪实。

1.2 诊断与鉴别诊断

1.2.1 诊断

1.2.1.1 临床表现

初起多见鼻、咽部痒而不适，鼻塞，流涕，喷嚏，声重而嘶，头痛，恶风、恶寒等。鼻涕开始为清水样，2~3日后鼻涕变稠。继而出现发热，咳嗽，咽痛，肢节酸重不适等症状。部分患者病及脾胃，而表现为胸闷，恶心，呕吐，食欲减退，大便稀溏等症。

时行感冒，多呈流行性，多人同时突然发病，迅速蔓延，首发症状常见恶寒、发热，体温在39~40℃，周身酸困，疲乏无力。初起全身症状重而肺系症状并不突出，1~3日后出现明显的鼻塞、流涕、喷嚏、咳嗽、咽痛等症状，病情较一般感冒为重，体力恢复较慢。若为散在性发作，因与诸多温病早期症状相类似，不易确诊，但及时掌握疫情对诊断有帮助。

1.2.1.2 发病

本病起病急，病程较短，一般为3~7日，普通感冒一般不传变。一年四季均可发生，尤以冬春季为多见。

1.2.2 鉴别诊断

风温　风温之初起症状颇与风热感冒相仿，在各种温热病的流行季节，应特别注意鉴别。风温病势急骤，寒战高热，热势甚壮，汗出后热虽渐降，但脉数不静，身热旋即复起，咳嗽胸痛，头痛较剧，甚至出现神昏、惊厥、谵语等证，如治疗不当，可产生严重后果。感冒一般发热不高，病势轻，多见鼻塞、流涕、喷嚏、声重、恶风，继则发热、咳嗽、咽痒或痛、头痛、肢体酸楚不适等，少有传变，病程短，预后良好。

1.3 辨证论治

1.3.1 辨证要点

1.3.1.1 辨表寒、表热

感冒常以风邪兼夹寒、热而发病，因此临床上应首先分清风寒、风热两证。二者均有恶寒、发热、鼻塞、流涕、头身疼痛等症，其不同之处是：风寒者，恶寒重，发热轻，无汗，鼻流清涕，口不渴，舌苔薄白，脉浮脉紧；风热者，发热重，恶寒轻，有汗，鼻流浊涕，口渴咽痛，舌苔薄黄，脉浮数。

1.3.1.2 辨普通感冒与时行感冒

普通感冒以风邪为主因，冬、春季节气候多变时发病率升高，常呈散发性，病情较轻，全身症状不重，多无传变；时行感冒以时行病毒为主因，发病不限季节，有广泛的传染流行性，起病急骤，病情较重，全身症状显著，可以发生传变，入里化热，合并他病。

1.3.1.3 区分体虚感冒的气虚、阴虚

体虚感冒指平素虚弱之人，外邪侵袭而患感冒者。此类患者往往感冒之后，缠绵不已，经久不愈或反复感冒，在临床上以气虚、阴虚多见，故当区分其不同。气虚感冒者，在感冒诸症的基础上兼有恶寒甚，倦怠无力，气短懒言，身痛无汗，咳痰无力，脉浮无力；阴虚者，兼见身微热，手足心热，心烦口干，少汗，干咳少痰，舌红，脉细数。

1.3.2 治疗原则

疏散表邪，宣通肺气是治疗感冒的基本原则。风寒感冒治以辛温发汗，风热感冒治以辛凉解表，暑湿杂感者又当清暑祛湿解表，虚体感邪则应扶正与解表并施。

1.3.3 分型论治

1.3.3.1 风寒证

症状　鼻塞声重，喷嚏，流清涕，恶寒，不发热或发热不甚，无汗，周身酸痛，咳嗽，痰白质稀。

舌象　舌苔薄白。

脉象　脉浮紧。

证候分析 鼻为肺窍，肺主皮毛，风寒犯表，肺气不宣，则鼻塞声重，喷嚏，流清涕，咳嗽痰白质稀。风寒外束，卫阳被郁，则恶寒，正邪相争则发热。风寒外束，腠理闭塞则无汗。足太阳膀胱经主一身之表，寒邪犯表，太阳经气不疏，故周身酸痛。舌苔薄白，脉浮紧，主风寒表证。

治法 辛温解表，宣肺散寒。

方药 荆防败毒散。

方中以荆芥、防风、羌活解表散寒，柴胡、薄荷解表疏风，枳壳、前胡、桔梗宣肺利气，独活、川芎止头身痛，茯苓、甘草化痰和中。

加减 1）风寒重，见恶寒甚者，加麻黄、桂枝，以加强辛温散寒之力。

2）风寒兼气滞、胸闷呕恶者，用香苏散疏风散寒，理气和胃。

3）咳嗽痰多色白者，加陈皮、半夏、杏仁、炒莱菔子宣肺化痰止咳。

4）头痛者，加白芷、藁本，或加蔓荆子、白蒺藜以祛风止痛。

5）项背强痛者，加葛根疏风。

6）鼻塞流涕者，加苍耳子、辛荑花通窍散寒。

7）四肢酸痛者加桑枝、桂枝祛风散寒通络。

8）若舌苔厚腻，嗳腐吞酸，兼有中焦停食者，加神曲、炒谷芽消食化滞。

9）风寒夹湿，身热不扬，身重苔腻，脉濡者，用羌活胜湿汤加减。

1.3.3.2 风热证

症状 鼻塞喷嚏，流稠涕，发热或高热，微恶风，汗出口干，咽痛，咳嗽痰稠。

舌象 舌苔薄黄。

脉象 脉浮数。

证候分析 风热犯表，热郁肌腠，卫表失和，故见发热或高热，微恶风，汗出。风热为阳邪，从火化，易伤阴耗津，故口干而渴。风热上受，首先犯肺，肺窍为风热所壅，则鼻塞喷嚏，流稠涕，咳嗽痰稠。风热上犯咽喉则咽痛。舌苔薄黄，脉象浮数，为风热侵于肺卫之象。

治法 辛凉解表，宣肺清热。

方药 银翘散。

方中银花、连翘辛凉解表，兼以清热解毒；薄荷、淡豆豉疏风解表；桔梗，牛蒡子、甘草宣肺祛痰；芦根清热生津；荆芥辛散透表，可增强解表作用。

加减 1）高热者加柴胡、葛根、黄芩、生石膏辛凉清解。

2）头痛重者，加菊花、蔓荆子疏风清热止痛。

3）口渴重者加天花粉、石斛生津止渴。

4）咽喉肿痛者，加马勃、僵蚕、板蓝根、玄参利咽解毒。

5）咳嗽痰黄者，加鱼腥草、天竺黄、知母、黄芩、浙贝母、瓜蒌仁、杏仁清肺化痰。

6）鼻塞者加苍耳子宣通鼻窍。

7）夹有湿热、胸闷呕恶者，加藿香、佩兰芳香化湿。

1.3.3.3 暑湿证

症状 发热，汗出热不解，鼻塞流浊涕，头昏重胀痛，身重倦怠，心烦口渴，胸闷欲呕，尿短赤。

舌象 舌苔黄腻。

脉象 脉濡数。

证候分析 夏季感冒，感受当令之暑邪，暑多夹湿，每多暑湿并重。暑湿伤表，卫表不和，故发热，汗出热不解，身重倦怠。风暑夹湿，上犯清空，则头昏重胀痛。暑热犯肺，肺气不清，故鼻塞流浊涕。暑热内扰，热灼津伤，则心烦口渴，小便短赤。湿热中阻，气机不展，故胸闷欲呕。舌苔黄腻、脉濡数为暑热夹湿之征。

治法 清暑祛湿解表。

方药 新加香薷饮。

本方为夏日盛暑感冒常用方。方用银花、连翘清泄暑热，香薷祛暑发汗解表，厚朴、扁豆化湿和中。

加减 1）暑热偏盛，加青蒿、黄芩、黄连清暑泄热，酌配鲜荷叶、鲜芦叶清暑化湿。

2）湿困卫表，身重少汗恶风，加清豆卷、藿香、佩兰芳香化湿宣表。

3）里湿偏重，加苍术、白蔻仁、半夏、陈皮和中化湿。

4）心烦、小便短赤者，加竹叶、赤茯苓或六一散清热利湿。

5）头痛者，加桑叶、菊花、白芷祛风止痛。

6）胸闷者，加枳壳宽胸理气。

7）纳呆者，加神曲、麦芽、鸡内金消食健胃。

1.3.3.4 表寒里热证

症状 发热，恶寒，无汗，头痛，鼻塞声重，咽痛，口渴，咳嗽，痰黄黏稠，尿赤便秘。

舌象 舌苔黄白相兼。

脉象 脉浮数。

证候分析 素体热盛，或肺热内蕴，复感风寒，内热为外寒所遏；或因风寒外束，表寒未解，入里化热，则形成外寒里热证，又称“寒包火”。寒热、头痛、无汗、鼻塞声重，为表寒之象。内有蕴热，则见咽痛口渴。邪热郁闭于肺，肺气失宣而见咳嗽气急，痰黄黏稠。热结于下，则尿赤便秘，舌苔黄白相兼，脉浮数，为表寒肺热之象。

治法 解表清里，宣肺疏风。

方药 双解汤。

本方取自《医方集解》，以麻黄、防风、荆芥、薄荷解表疏风，黄芩、栀子、连翘、生石膏清里除热，桔梗宣肺升提。

加减 1）表寒较甚，恶寒重、骨节痛者，加桂枝祛风散寒止痛，去黄芩，山栀子以防苦寒留邪。

2）里热较甚，咽喉肿痛者，去防风以防温燥助邪，加板蓝根、射干清热解毒利咽。

3）若咳喘重者，加桑白皮、银花、鱼腥草、杏仁、枇杷叶清肺止咳平喘。

4）大便秘结不通者，加大黄、芒硝通腑泻热。

对于时行病毒而致时行感冒，若表现以高热为主，且全身症状较重，或有化热传变之势者，需重用清热解毒法，药物用金银花、连翘、板蓝根、黄芩、柴胡、生石膏、知母、贯众等。

1.3.3.5 体虚感冒

（1）气虚感冒

症状　恶寒发热，或热势不盛，但觉时时畏寒，自汗，头痛鼻塞，咳嗽，痰白，语声低怯，气短，倦怠。

舌象　舌质淡，苔薄白。

脉象　脉浮而无力。

证候分析　素体气虚，卫表不固，腠理疏松，风寒之邪乘虚犯表。气有温煦作用，虚则外寒，故时时畏寒。风寒外袭，肺卫失宣，则见恶寒发热、头痛、鼻塞、咳嗽、痰白，脉浮等风寒表证。语言低怯，气短、倦怠、脉无力均为气虚之象。

治法　益气解表。

方药　参苏饮。

方中人参、茯苓、甘草益气扶正；苏叶、葛根疏风解表；半夏、陈皮、前胡、桔梗宣肺理气，化痰止咳；木香、枳壳理气调中；姜、枣调和营卫。

加减　1）头痛者，加白芷、川芎祛风止痛。

2）自汗者，加桂枝、白芍调和营卫。

3）无汗恶寒者，加羌活、防风解表散寒。

4）鼻塞者，加辛夷、苍耳子通窍散寒。

5）纳谷不香者，加砂仁、佩兰理气化湿。

凡气虚而易于感冒者，可常服玉屏风散，增强固表卫外功能，以防感冒。

（2）阴虚感冒

症状　发热，微恶风寒，无汗或微汗，或寐中盗汗，头痛，心烦，口干咽燥，手足心热，干咳少痰，或痰中带血丝。

舌象　舌质红。

脉象　脉细数。

证候分析　阴虚之体，肺有燥热，感邪之后，发热汗多，更伤阴液，故阴虚之象更为明显，见无汗或微汗或寐中盗汗，心烦，口干咽燥，手足心热。肺阴素虚，失于清肃，故干咳少痰。内热灼伤血络，可见痰中带血丝。复感风邪，故见寒热头痛等表证。舌质红，脉细数，为阴虚内热之象。

治法　滋阴解表。

方药　加减葳蕤汤。

方中白薇清热和阴，玉竹滋阴助汗，葱白、薄荷、桔梗、豆豉疏表散风，甘草、大枣甘润和中。

加减　1）心烦口渴较甚者，加沙参、麦冬、竹叶、黄连、天花粉清热除烦，生津止渴。

2）咳嗽咽干、咳痰不爽者，可加牛蒡子、射干、瓜蒌皮宣肺化痰利咽。

3）咳嗽胸痛、痰中带血者，可加鲜茅根、生蒲黄、藕节凉血止血。

4）咽痛者，加板蓝根、玄参、青果以解毒利咽。

1.4　预防与调护

平时要注意锻炼身体，增强体质。在时行感冒的流行季节，应先预防服药。据研究，服用预防药物后一般可使感冒的发病率降低50%左右。冬春季可选用贯众、紫苏、荆芥；夏季用藿香、佩兰、薄荷；时邪毒盛，流行广泛用板蓝根、大青叶、菊花、金银花等。应注意防寒保暖，在气候冷热变化时，随时增减衣服，避免受凉、淋雨及过度疲劳，劝止患者到公共场所活动，防止交叉感染，以控制其流行。室内可用食醋熏蒸法：每立方米空间用食醋5～10ml，加水1～2倍，稀释后加热，每次蒸熏2小时，每日或隔日一次，以预防传染。

附　　录

1. 病案举例

1）刘某，男，28岁。一周之前，暴感风寒，左臂骤然作痛，咳嗽剧烈，夜不安枕，经服药及针灸治疗，未见显效，昨晚忽又咳血，大便4日未下，体温38.8℃。舌苔黄，脉浮紧。

辨证立法：脉象浮紧，浮则为风，紧则为寒，风寒痹阻经络故左臂骤痛。肺主皮毛，风寒客肺症现咳嗽。大便不通，内热甚炽，遂致咳血。基本以五解五清法治之。

处方：赤芍药6g　白芍药6g　川桂枝（炒）4.5g　炙苏子10g　炙白前6g　片姜黄10g　炙紫菀10g　炙前胡6g　白杏仁10g　炙麻黄3g　嫩桑枝30g　苦桔梗4.5g　大蓟炭6g　白苇根15g　酒黄芩10g　小蓟炭6g　白茅根15g　炙甘草3g　紫雪丹3g（温开水分2次冲服）。

二诊：前方服2剂，发热退，臂痛减，咳嗽见好，未吐血，大便已下。

处方：前方去大小蓟炭、紫雪丹，加旋覆花6g，新绛4.5g（前2味药同布包）。

三诊：药服2剂，左臂痛已好，体温正常，咳嗽减轻，但周身似有气串走，酸楚不适，夙疾偏头痛又现。

处方：杭白芍10g　片姜黄6g　川桂枝（炒）3g　酒地龙10g　白蒺藜15g

海风藤 10g　石楠藤 10g　蔓荆子 6g　炙甘草 3g　旋覆花 6g　红新绛 4.5g（前2味药同布包）。

（《施今墨临床经验集》）

2）鸿胪苏龙溪患伤风咳嗽，气喘，鼻塞流涕，余用参苏饮一剂以散寒邪，更用补中益气汤以实腠理而愈。后因劳怒仍作，自用前饮益甚，加黄连、枳实，腹胀不食，小便短少，服二陈、四苓，前症愈剧，小便不通。余曰：腹胀不食，脾胃虚也；小便短少，肺肾虚也。悉因攻伐所致。投以六君加黄芪、炮姜、五味，二剂诸症顿退，再用补中益气加炮姜、五味，数剂痊愈。

（《薛氏医案》）

2. 古文献选录

《素问·玉机真藏论》："是故风者百病之长也，今风寒客于人，使人毫毛毕直，皮肤闭而为热，当是之时，可汗而发也。"

《丹溪心法·中寒》："伤风属肺者多，宜辛温或辛凉之剂散之。"

《症因脉治·伤寒总论》："外感风寒，从毛窍而入，必从毛窍而出，故伤寒发热症，首重发表解肌 。"

《类证治裁·伤风》："其症恶风有汗，脉浮，头痛，鼻塞声重，咳嗽痰多，或憎寒发热，惟其人卫气有疏密，感冒有浅深，故见证有轻重。……凡体实者，春夏治以辛凉，秋冬治以辛温，解其肌表，风从汗散；体虚者，固其卫气，兼解风邪，恐专行发散，汗多亡阳也。如初起风兼寒，宜辛温发表，郁久成热，又宜辛凉疏解，忌初用寒凉，致邪不得疏散，郁热不得发越，重伤肺气也。"

《证治汇补·伤风》："如虚人伤风，屡感屡发，形气病气俱虚者，又当补中，而佐以和解，倘专泥发散，恐脾气益虚，腠理益疏，邪乘虚入，病反增剧也。"

3. 研究进展

（1）分型证治的研究

1）风寒感冒　杜怀棠等以荆防针（荆芥、防风、羌活、独活）治疗风寒感冒发热 60 例，随机分为治疗组（肌注荆防针）和对照组（肌注安痛定）。两组显效各为 22 例和 7 例，有效 5 例和 9 例。治疗组症状改善似优于对照组，而不良反应小于对照组[中医杂志,1985,26(10):39~40]。正柴胡饮临床协作组在治疗普通感冒的临床观察中，按《景岳全书》的正柴胡饮剂量比例，将柴胡、陈皮、防风、芍药、甘草、生姜等制成冲剂，每日 3 次，每次 12g。正柴胡饮组 666 例，结果服药 48 小时内主要症状消失或好转 90%以上者共 526 例（79%），而板蓝根冲剂组 238 例中仅 130 例（54.6%），正柴胡饮组疗效明显优于板蓝根冲剂组[中医杂志,1985,(12):13]。

2）风热感冒　林慧娟等用银柴散（金银花、葛根、生石膏、柴胡、连翘、牛蒡子、蝉蜕、苏叶、桔梗、甘草）治疗风热感冒 100 例，痊愈 51 例，显效 36 例，总有效率为 87%。平均退热时间为 1.6 天［山东中医杂志，1985,(6):14~

15]。刘振义运用香石清解袋泡剂治疗病毒性上呼吸道感染高热239例，药物组成为香薷、金银花、连翘、薄荷、荆芥、生石膏、知母、射干、板蓝根、藿香、滑石、熟大黄、甘草。10岁以下者每次1袋，10~15岁者每次2袋，15岁以上者每次2~3袋，均为2小时1次，开水浸泡15~20分钟后服。热退后再服1日，药量减半，日3次。对照组320例以青霉素、感冒清热冲剂或板蓝根冲剂为治疗药物。结果：两组分别显效179例、240例，有效60例、6例，无效0例、74例，有效率100%、75%，平均退热时间为18.68±9.64小时和83.10±19.07小时，症状消失时间为24.00±10.70小时和81.23±19.68小时，治疗组疗效显著优于对照组[中医杂志,1992,(8):29]。

3）暑湿感冒 蒋见复等以清暑解热治疗病毒性感冒（属湿温者）450例，发热均在38℃以上，结果12小时获愈者137例（14.1%），24小时获愈者430例（95.6%）。90%以上的患者服药1~2帖即愈，疗效明显优于西药（$P<0.001$）。药物组成为石膏、知母、金银花、黄芩、葛根、豆卷、香薷、桑叶、六一散等。方中以石膏为主药，剂量加大，效果更好。豆卷、香薷为解表发汗的主药，出汗多少、退热快慢与此2药有关［上海中医药杂志，1986，（8）：5］。有人用甘露消毒丹治疗夏季流行性感冒218例，药用蔻仁、藿香、石菖蒲、黄芩、射干、连翘各10g，茵陈、滑石各20g，木通、薄荷、川贝母各6g，每日1剂，经3~6日治疗后，痊愈189例，好转28例，无效1例，有效率99.5%，对照组80例，对照组药用速效感冒丸，治疗3~6日后，痊愈18例，好转47例，无效15例，有效率81.2%，治疗组疗效显著优于对照组（$P<0.01$）[浙江中医杂志,1991,(7):296]。

4）时行感冒 牛汝楫以螃蜞菊制剂治疗流行性感冒172例，每人每日用量相当于全草50g，按制药方法不同，分别制成Ⅰ号和Ⅱ号感冒片；对照组用吗啉胍600mg/d，称为Ⅲ号感冒片。三组分别治疗105例、67例、36例，治愈率分别为86.6%(91/105)、73.1%(49/67)和27.7%(10/36)，Ⅰ号感冒片较Ⅱ号感冒片好（$P<0.01$）[中西医结合杂志,1986,(1):29]。姚华用白虎汤加减治疗流行性感冒高热者50例，药用石膏、板蓝根、知母、羌活、甘草等，结果均在2日内退热［江苏中医杂志，1986，（1）：9］。

5）体虚感冒 何耀善等用泽泻汤加味防治体虚反复感冒者85例，药物有泽泻20g，焦白术15g，牛膝10g，卫分症状明显者加生姜3片，冰糖15g，每日1剂，将药物置于保温瓶中，用开水1500ml冲泡后，频频服尽，10日为1疗程，连服1~2疗程，结果痊愈80例，无效5例，治愈率为94.1%，随访3年未感冒者21例，2年未感冒者28例，0.5~1年未感冒者31例［国医论坛，1992，（4）：14］。

（2）外感高热治疗的研究

王左在统计的外感热证3618人次中，风寒型占16.13%，风热型74.4%，热盛型4.94%，湿热型2.6%，寒湿型1.33%，少阳型0.63%，营血型0.02%，亡阳阴竭型0.02%［中成药研究，1986，（9）：21~23］。刘双根用速效退热合剂（柴胡、黄芩、羌活、大黄各10g，葛根、金银花、连翘各15g，生石膏20g，大青叶、板蓝根各30g，甘草6g）治疗外感高热62例，每日1剂水煎分3～4次服，用1～3剂，结果：体温恢复正常58例，无效4例［中原医刊，1995，(4)：9］。刘洪利用抗感退热灵袋泡剂（含金银花、连翘、柴胡、葛根、大青叶等）治疗外感发热症301例，对照组100例，用抗病毒冲剂，3日为1疗程。结果：两组分别痊愈130例、19例，显效79例、26例，有效64例、27例，总有效率90.7%、72.00%（$P<0.01$）。治疗组24、48、72小时内及平均退热时间均优于对照组（$P<0.01$ 或 $P<0.05$）。两组血象及治疗组治疗前后自身比较均有显著性差异($P<0.01$)［中成药,1995,(12):25～27］。

（3）感冒的预防研究

中国医学科学院病毒研究所对540名易感冒者进行防治对比试验表明，单服黄芪确有减少感冒发病和缩短病程作用。1281人的对比试验表明，黄芪加干扰素预防感冒优于单独使用低浓度干扰素。在150人中进行的预防流行性感冒的病毒试验，也证明二者合用有一定的预防作用［中医杂志，1980，(1)：23］。张祥德采用补脾法防治易感冒成人81例，经防治前后的自身对照组证明，健脾益气药的疗效与机体免疫增高的程度相平行［辽宁中医杂志，1985，(1)：23］。刘耀武用加味玉屏风散预防硅沉着病病人罹患感冒106例，药用黄芪30g，白术20g，防风10g，甘草6g，每日1剂水煎服，从冬至后的一九第1日起至三九的最后1日，共服27日，观察2个月。结果：1989～1991年感冒的发病率分别是10%、6.3%、6.8%，与1987～1988年（43%、37%）同期未服本方者相比有非常显著性差异。随访对其中26例，抽取服药前后的静脉血液测定免疫球蛋白，结果表明本方对IgG升高有促进作用［内蒙古中医药杂志，1993，(1)：8～9］。

复习思考题

1. 何谓感冒？
2. 试述感冒的病因病机。
3. 简述风热感冒与风温初起在临床表现上之不同。
4. 如何辨别风寒、风热感冒？并述其治法与方药。
5. 试述气虚感冒、阴虚感冒的主症及治疗。

（陈改花）

2 咳嗽

目的要求

1. 了解咳嗽的概念、调摄护理及研究进展。
2. 熟悉咳嗽的诊断与鉴别诊断。
3. 掌握咳嗽的病因病机、辨证要点、治疗原则及分型施治。

咳嗽是由六淫外邪侵袭肺系，或脏腑功能失调，内伤及肺，肺气不清，失于宣肃所致的，临床以咳嗽、咯痰为主要表现的病证。若咳与嗽分别言之，有声无痰为咳，有痰无声为嗽，一般多为痰声并见，难以截然分开，故以咳嗽并称。

《内经》对咳嗽的成因、症状及证候分类、病理转归及治疗等问题做了较系统的论述，强调肺系受邪以及脏腑功能的失调均能导致咳嗽的发生。对咳嗽的分类，以五脏六腑命名而有肺咳、肝咳、心咳、脾咳、肾咳……。隋《诸病源候论·咳嗽候》有十咳之称，除五脏咳外，尚有风咳、寒咳、支咳、胆咳、厥阴咳等。明代张介宾把咳嗽明确地分为外感、内伤两大类，切合临床实用。

咳嗽既是一个独立的疾病，又是肺系多种疾病的一个症状。本章是论述以咳嗽为主要表现的一类疾病。现代医学中上呼吸道感染、急（慢）性支气管炎、支气管扩张、肺炎等以咳嗽为主症者，可参考本章内容辨证论治。

2.1 病因病机

2.1.1 病因

2.1.1.1 外邪侵袭

外感六淫，或从口鼻而入，或从皮毛而受，使肺气壅遏不畅，肺失宣降。由于四时主气不同，因而人体所感受的致病外邪亦有区别。风为六淫之首，其他外邪多随风邪侵袭人体，所以外感咳嗽常以风为先导，或夹寒，或夹热，或夹燥，其中尤以风邪夹寒者居多。

2.1.1.2 内邪干肺

脏腑功能失调，影响及肺致咳，可分其他脏腑病变涉及于肺和肺脏自病两端。

1）他脏有病及肺 多因饮食不节，嗜酒过度，过食辛辣肥甘，酿生痰热；或过度劳倦，损伤脾胃，脾失健运，痰湿内生，上渍于肺；或七情内伤，肝失条达，气机不畅，日久化火，气火循经上逆犯肺；或房劳过度，肾脏亏损，气失摄纳而上逆，皆可导致内伤咳嗽。

2）肺脏自病 多由于肺脏的其他疾病迁延日久，耗损肺气，灼伤肺阴，致肺失宣降，肺气上逆而咳。

2.1.2 病机

2.1.2.1 基本病机

外感六淫之邪，邪从外入，或脏腑功能失调，邪自内发，累及肺脏，使肺失宣肃，肺气上逆而导致咳嗽。

2.1.2.2 病位

咳嗽病变主脏在肺，并与肝、脾、肾密切相关。

肺主气，司呼吸，上连气道喉咙，开窍于鼻，外合皮毛，为五脏六腑之华盖，其气贯百脉而通他脏，不耐寒热，称为“娇脏”，内外之邪侵袭后易于为病，病则宣肃失司，肺气上逆，发为咳嗽。

肝主疏泄，“肝脉布两胁上注于肺”，若肝郁化火，木火偏旺，或金不制木，木反侮金，则气火上逆犯肺而咳；脾主运化，为肺之母，“手太阴肺经起于中焦，下络大肠，还循胃口”，若脾运不健，痰浊内生，上渍犯肺，则肺失清肃，上逆为咳；“肺为气之主，肾为气之根”，肺主呼气，肾主纳气，若久咳肺虚，金不生水，肺病及肾，肺肾俱虚，则气逆为咳为喘。

2.1.2.3 病理性质

外感咳嗽属于邪实，由于感邪之不同，有风寒、风热、燥热之分；内伤咳嗽属邪实与正虚并见，或以邪实为主，病机与湿、痰、火关系最为密切，或以正虚为主，而阴虚、气虚多见。

2.1.2.4 病机转化

外感咳嗽若不能及时使邪外达，可表现为风寒化热、风热化燥，或肺热蒸液成痰等情况；若迁延失治，邪伤肺气，可转为内伤咳嗽。内伤咳嗽，由他脏及肺者，多因邪实导致正虚，如肝火犯肺，每见气火耗伤肺津；痰湿犯肺者，若病久，可致肺脾两虚，甚者病延及肾，由咳至喘；如痰湿蕴肺，遇外感引触，痰从热化，痰热郁久，可耗伤肺阴。肺脏自病者，多因虚致实，若肺阴不足，每致虚火上炎，灼津为痰；肺气亏虚，气不化津，则津化为饮。内伤咳嗽日久，正气耗伤，又易受外邪的侵袭而表现为邪实为主。

2.2 诊断与鉴别诊断

2.2.1 诊断

2.2.1.1 临床表现

咳逆有声，或伴有咽痒咯痰，听诊可闻及两肺呼吸音增粗，或伴散在干湿性啰音。

2.2.1.2 发病

外感咳嗽起病急，可伴有恶寒发热等外感表证。内伤咳嗽多反复发作，病程较长，伴有其他脏腑功能失调的症状。

2.2.1.3 辅助检查

肺部透视或X线摄片检查正常或肺纹理增粗。急性期周围血白细胞总数和中性粒细胞可增高。

2.2.2 鉴别诊断

2.2.2.1 哮病、喘证

哮病和喘证虽然也会兼见咳嗽，但各以哮、喘为其主要临床表现。哮病主要表现为喉中哮鸣有声，呼吸气促困难，甚则喘息不能平卧，发作与缓解均迅速。喘证主要表现为呼吸困难，甚至张口抬肩、鼻翼煽动、不能平卧，是多种急、慢性疾病的一个症状。

2.2.2.2 肺胀

肺胀病人有久患咳、喘、哮等病证不愈的病史，在咳嗽的同时，并有胸部膨满，喘咳上气，烦躁心慌，甚至面目紫暗，肢体浮肿等症，病情缠绵，经久难愈。

2.2.2.3 肺痨

咳嗽是肺痨的主要症状之一，其特点为干咳，或痰中带血，或咯吐血痰，常伴有低热、盗汗、消瘦等症状。X线胸部检查常能确定病灶所在。

2.2.2.4 肺癌

肺癌患者常以咳嗽或咯血为主要症状，多发于40岁以上吸烟男性，咳嗽多为刺激性呛咳，病情发展迅速，肺部X线检查及痰细胞学检查有助于确诊。

2.3 辨证论治

2.3.1 辨证要点

2.3.1.1 辨外感、内伤

外感咳嗽，多为新病，起病急，病程短，常伴肺卫表证。内伤咳嗽，多为久病，起病慢，常反复发作，病程长，可伴见他脏见证。依病因、相应的症状和特征区别，外感咳嗽又有风寒袭肺、风热犯肺及风燥伤肺之分；内伤咳嗽又有痰湿蕴肺、痰热郁肺、肝火犯肺及肺阴亏耗之异。

2.3.1.2 辨证候虚实

外感咳嗽以风寒、风热、风燥为主，均属实证；而内伤咳嗽中的痰湿、痰热、肝火多为邪实正虚，肺阴亏耗咳嗽则属虚证或虚中夹实。

2.3.2 治疗原则

咳嗽的治疗应分清邪正虚实。外感咳嗽，多为实证，应祛邪利肺，按病邪性质分风寒、风热、风燥论治；内伤咳嗽，多属邪实正虚，治以祛邪止咳，扶正补虚，标本兼顾，分清虚实主次处理。

咳嗽的治疗，除直接治肺外，还应注意治脾、治肝、治肾等整体疗法。外感咳嗽，应当“因势利导”，俟肺气宣畅则咳嗽自止，一般不宜用收涩之药，否则易致“关门留寇”，使咳嗽缠绵难愈，痰黏难去。内伤咳嗽应防宣散伤正，从调护正气着眼。咳嗽是人体祛邪外达的一种病理表现，治疗决不能单纯见咳止咳，必须按照不同的病因分别处理。

2.3.3 分型论治

2.3.3.1 外感咳嗽

（1）风寒袭肺

症状　咽痒咳嗽声重，气急，咳痰稀薄色白，常伴鼻塞、流清涕、头痛、肢体酸楚、恶寒发热，无汗等表证。

舌象　舌苔薄白。

脉象　脉浮或浮紧。

证候分析　风寒袭肺，肺气壅塞不得宣通，故咳而声重，气急。风寒上受，肺窍不利，则鼻塞流涕，咽喉作痒。寒邪郁肺，气不布津，凝聚为痰，阻遏经络，故伴有头痛身楚、寒热无汗等表寒证。舌苔薄白，脉浮或浮紧，为风寒在表之象。

治法　疏风散寒，宣肺止咳。

方药　三拗汤合止嗽散。

方中用麻黄、荆芥疏风散寒，合杏仁宣肺降气；紫菀、白前、百部、陈皮理肺祛痰；桔梗、甘草利咽止咳。

加减　1）咳嗽较甚者加矮地茶、金沸草祛痰止咳。

2）咽痒甚者，加牛蒡子、蝉蜕祛风止痒。

3）鼻塞声重加辛荑花、苍耳子宣通鼻窍。

4）若夹痰湿，咳而痰黏、胸闷、苔腻者，加半夏、厚朴、茯苓燥湿化痰。

5）表寒未解，里有郁热，热为寒遏，咳嗽音嗄，气急似喘，痰黏稠，口渴心烦，或有身热者加生石膏，桑白皮、黄芩以解表清里。

（2）风热犯肺

症状　咳嗽频剧，气粗或咳声嘎哑，喉燥咽痛，咳痰不爽，痰黏稠或稠黄，咳时汗出，常伴鼻流黄涕、口渴头痛、恶心、肢楚、身热等表证。

舌象　舌苔薄黄。

脉象　脉浮数或浮滑。

证候分析　风热犯肺，肺失清肃而咳嗽气粗，或咳声嘎哑。肺热伤津则见口渴，喉燥咽痛。肺热内郁，蒸液成痰故痰吐不爽，稠黏色黄，鼻流黄涕。风热犯表，卫表不和而见汗出、身热等表热证。舌苔薄黄，脉浮数，皆是风热在表之象。

治法　疏风清热，宣肺止咳。

方药　桑菊饮。

本方用桑叶、菊花、薄荷疏风散邪，宣透风热；杏仁、桔梗、甘草轻宣肺气，祛痰止咳；连翘、芦根清热生津。

加减　1）咳嗽甚者加前胡、枇杷叶、浙贝母、天竺黄清宣肺气，化痰止咳。

2）肺热内盛加黄芩、生石膏、知母清肺泄热。

3）咽痛、声嘎配射干、赤芍、山豆根清热利咽。

4）热伤肺津，咽燥口干，舌质红，酌加南沙参、天花粉清热生津。

5）若风热伤络，见鼻出血或痰中带血丝者，加白茅根、生地黄、藕节以凉血止血。

6）夏令夹暑加六一散、鲜荷叶清解暑热。

（3）风燥伤肺

症状　喉痒干咳，连声作呛，咽喉干痛，唇鼻干燥，无痰或痰少而粘连成丝，不易咯出，或痰中带有血丝，口干，初起或伴鼻塞、头痛、微寒、身热等表证。

舌象　舌质红干而少津，苔薄白或薄黄。

脉象　脉浮数或小数。

证候分析　风燥伤肺，肺失清润，故见干咳作呛，燥热灼津则咽喉口鼻干燥，痰黏不易咯吐。燥热伤肺，肺络受损，故痰中夹血。本证多发于秋季，乃燥邪与风热并见的温燥证，故见风燥外客、卫气不和的表证。舌质干红少津、脉浮数，均属燥热之象。

治法　疏风清肺，润燥止咳。

方药　桑杏汤。

方中桑叶、豆豉疏风解表，清宣燥热；杏仁、贝母肃肺止咳；南沙参、梨皮、山栀子清热润燥生津。

加减　1）若津伤较甚者加麦冬、玉竹滋养肺阴。

2）热重者酌加生石膏、知母清肺泄热。

3）痰中夹血加生地黄、白茅根清热凉血止血。

另有凉燥伤肺证，乃燥证与风寒并见，表现干咳少痰或无痰，咽干鼻燥，兼有恶寒、发热、头痛无汗，舌苔薄白而干等症。用药当以温而不燥、润而不凉为原则，方取杏苏散加减。药用苏叶、杏仁、前胡辛以宣散；紫菀、款冬花、百部、甘草温润止咳。若恶寒甚、无汗，可配荆芥、防风以解表出汗。

2.3.3.2　内伤咳嗽

（1）痰湿蕴肺

症状　咳嗽反复发作，咳声重浊，胸闷气憋，尤以晨起咳甚，痰多，痰黏腻或稠厚成块，色白或带灰色，痰出则憋减咳缓。常伴体倦、脘痞、食少、腹胀、大便时溏。

舌象　舌苔白腻。

脉象　脉濡滑。

证候分析　脾失健运而聚湿生痰，上渍于肺，壅遏肺气，故咳嗽痰多，咳声重浊，痰黏腻或稠厚。痰湿中阻则胸闷脘痞、呕恶。脾气虚弱故食少体倦，腹胀，大便时溏。舌苔白腻、脉濡滑为痰湿内盛之证。

治法　燥湿化痰，理气止咳。

方药　二陈汤合三子养亲汤。

方用二陈汤燥湿化痰，理气和中，以三子养亲汤降气化痰以止咳。方中用半夏、茯苓燥湿化痰，陈皮、甘草理气和中；白芥子温肺利气，快膈消痰，苏子降气行痰，使气降则痰不逆；莱菔子消食导滞，使气行则痰行，三者合用，痰化，食消，气顺。苏子长于降气，气逆不降者以此为主；白芥子长于畅膈，胁痛痰多者以此为主；莱菔子长于消食导滞，食少脘痞者以此为主。三者皆为行气祛痰之药，又能在治痰中各展所长。

加减　1）若咳嗽痰多稠厚，胸闷脘痞，加苍术、厚朴以加强燥湿化痰作用。

2）若寒痰较重，痰稠白如泡沫，怯寒背冷，加干姜、细辛以温肺化痰。

3）久病脾虚，神倦，酌加党参、白术、炙甘草益气健脾。症情平稳后可服六君子汤加减以资调理。

（2）痰热郁肺

症状　咳嗽气息粗促，或喉中有痰声，痰多质黏厚或稠黄，咯吐不爽，或有热腥味，或吐血痰，胸胁胀满，咳时引痛，面赤，或有身热，口干而黏，欲饮水。

舌象　舌质红，舌苔薄黄腻。

脉象　脉滑数。

证候分析　痰湿不化，蕴而化热，痰热壅阻肺气，肺失清肃，故咳嗽气息粗促，痰多质黏稠，色黄，咯吐不爽。痰热郁蒸，则痰有腥味。热伤肺络，故胸胁胀痛，咳时引痛，或咯吐血痰。肺热内郁，则有身热，口干欲饮。舌苔薄黄腻，质红，脉滑数，均属痰热之候。

治法　清热肃肺，豁痰止咳。

方药　清金化痰汤。

方中用黄芩、山栀子、知母、桑白皮清泄肺热，茯苓、贝母、瓜蒌、桔梗、陈皮、甘草化痰止咳，麦冬养阴润肺以宁咳。

加减　1）若痰热郁蒸，痰黄如脓或有热腥味，加鱼腥草、金荞麦根、象贝母、冬瓜仁等清化痰热。

2）胸满咳逆，痰涌，便秘，配葶苈子、大黄泻肺通腑以逐痰。

3）痰热伤津，口干、舌红少津，配北沙参、天冬、天花粉养阴生津。

（3）肝火犯肺

症状　上气咳逆阵作，咳时面赤，咽干口苦，常感痰滞咽喉咯之难出，量少质黏，或如絮条，胸胁胀痛，咳时引痛，症状可随情绪波动而增减。

舌象　舌红或舌边红，舌苔薄黄少津。

脉象　脉弦数。

证候分析　肝气郁结化火，上逆侮肺，肺失肃降，以致气逆作咳。肝火上炎，故咳时面红、口苦咽干。木火刑金，炼液成痰，则痰黏或成絮条，难以咯吐。肝脉布两胁，上注于肺，肝肺络气不和，故胸胁胀痛，咳而引痛。舌红或舌边红，苔薄黄少津，脉弦数，皆为肝火肺热之证。

治法　清肝泻肺，化痰止咳。

方药　黛蛤散合黄芩泻白散。

方中用青黛、海蛤壳清肝化痰，黄芩、桑白皮、地骨皮清泻肺热，粳米、甘草和中养胃使泻肺而不伤脾胃。二方相合，使气火下降，肺气得以清肃，咳逆自平。

加减　1）火旺者加山栀子、牡丹皮清肝泻火。

2）胸闷气逆加葶苈子、瓜蒌、苏子、竹茹化痰利气降逆。

3）胸痛配郁金、丝瓜络理气和络。

4）痰黏难咯加海浮石、贝母、冬瓜仁清热豁痰。

5）火郁伤津，咽燥口干，咳嗽日久不减，酌加沙参、麦冬、百合、天花粉、诃子养阴生津敛肺。

（4）肺阴亏耗

症状 干咳，咳声短促，痰少黏白，或痰中带血丝，口干咽燥，或午后低热颧红，盗汗，手足心热，形瘦神疲。

舌象 舌质红，少苔。

脉象 脉细数。

证候分析 肺阴亏虚，虚热内灼，肺失滋润，肺气上逆故干咳，咳声短促。虚火灼津为痰，肺损络伤，故痰少黏白或见夹血。阴虚肺燥，津液不能濡润上承，则口干咽燥。阴虚火旺，见午后潮热颧红，手足心热，盗汗。阴精不能充养而致形瘦神疲。舌质红，少苔，脉细数均为阴虚有热之象。

治法 养阴润肺，化痰止咳。

方药 沙参麦冬汤。

方中重用北沙参、麦冬甘寒生津，清养肺胃为主药；玉竹助主药甘寒生津，养阴润燥以为辅；天花粉清肺润燥，养胃生津；生扁豆甘平和中，培土生金；冬桑叶清散肺热；甘草和中，调和诸药共为佐使。诸药配伍，共奏清养肺胃，生津润燥之功，乃甘寒之法。

加减 1）若久热久咳，肺中燥热较甚者，可加地骨皮、桑白皮清肺泻火。

2）咳剧加川贝母、甜杏仁、百部清肺止咳。

3）若肺气不敛，咳而气促，加五味子、诃子以敛肺气。

4）低热，酌加功劳叶、银柴胡、青蒿、胡黄连、地骨皮以清虚热。

5）盗汗，加乌梅、糯稻根须、浮小麦以收敛止汗。

6）咯吐黄痰，加海蛤粉、知母、黄芩清热化痰。

7）痰中带血，加牡丹皮、山栀子、仙鹤草、侧柏叶、藕节清热凉血止血。

2.4 预防与调护

预防的重点在于提高机体卫外功能，如适当参加体育锻炼，以增强体质，提高抗病能力。还应注意气候变化，做好防寒保暖，避免受凉，遇有感冒及时诊治。饮食不宜甘肥，辛辣及过咸，戒烟酒。并在咳嗽缓解期间，坚守“缓则治其本”的原则以补虚固本，可图达到根治的目的。

附 录

1. 病案举例

1）某人患咳嗽，恶风寒，胸痞满，口稍干，心微痛，脉浮紧而数，左大于右。盖表盛里虚，闻其素嗜酒肉有积，后因行房涉寒，冒雨忍饥，继以饱食。先以人参四钱，麻黄连根节一钱半，与二三帖，嗽止寒除。改用厚朴、枳实、青陈皮、瓜蒌、半夏为丸，与二十服，参汤送下，痞除。

（《丹溪纂要》）

2）袁右，女子以肝为先天，先天本虚。情怀抑郁，则五志之阳化火，上熏于肺，以致咳呛无痰。固非实火可比，但久郁必气结血涸，经候涩少愆期，虑延成干血劳怯。亟当培肝肾之阴以治本，清肺胃气热以理标。腻补之剂，碍其胃气，非法也。

南沙参三钱，抱茯神三钱，怀山药三钱，炙远志一钱，川贝母三钱，瓜蒌皮二钱，海蛤壳三钱，紫丹参二钱，茺蔚子三钱，生石决四钱，合欢皮一钱半，冬瓜子三钱，甜光杏三钱。

（《丁甘仁医案》）

2. 古文献选录

《活法机要》："咳谓无痰而有声，肺气伤而不清也。嗽谓无声而有痰，脾湿动而为痰也。咳嗽是有痰而有声，盖因伤于肺气而咳，动于脾湿因咳而为嗽也。"

《医学入门·咳嗽》："新咳有痰者外感，随时解散；无痰者便是火热，只宜清之。久咳有痰者燥脾化痰，无痰者清金降火。盖外感久则郁热，内伤久则火炎，俱宜开郁润燥。……苟不治本而浪用兜铃、粟壳涩剂，反致缠绵。"

《景岳全书·咳嗽》："外感之邪多有余，若实中有虚，则宜兼补以散之。内伤之病多不足，若虚中夹实，亦当兼清以润之。"

《医宗必读·咳嗽》："大抵治表者，药不宜静，静则留连不解，变生他病，故忌寒冷收敛，如《五脏生成篇》所谓肺欲辛是也。治内者，药不宜动，动则虚火不宁，燥痒愈甚，故忌辛香燥热，如《宣明五气篇》所谓辛走气，气病无多食辛是也。"

《医约·咳嗽》："咳嗽毋论内外寒热，凡形气病气俱实者，宜散宜清，宜降痰，宜顺气。若形气病气俱虚者，宜补宜调，或补中稍佐发散清火。"

3. 研究进展

（1）外感咳嗽的临床研究

外感咳嗽以急性上呼吸道感染、急性支气管炎和支气管肺炎为多见。治疗上呼吸道感染，多数学者主张在辨别风寒、风热的基础上，重视解毒法的应用。如李家明以消毒灵合剂治疗上呼吸道感染 106 例，药用大青叶、金银花、羌活、山药、牛蒡子、射干、拳参、葛根、云苓、大黄、炒栀子、蝉蜕、甘草。结果总有效率达 98.1%［北京中医，1994，（5）：31］。现在一般认为，治疗外感咳嗽，应掌握宣、清、润 3 个环节：咳嗽初期，咳而不爽、胸闷、鼻窍不利者，均宜侧重于宣；外邪入里化热，出现痰热郁肺者，应着重于清；邪去大半而咳嗽不止，或体虚久咳者宜润。在选方用药上，不少学者认为，治风寒咳嗽麻黄有专长。《医学心悟》的止嗽散，亦不失为治疗外感咳嗽的有效方。张克礼以该方为基本方，随症加减，治疗外感咳嗽 130 例全部有效（中医年鉴，1985：189）。肖之常等治咳依时令而用药：春令咳嗽，常选用前胡、桔梗、杏仁、苏梗；兼风热者以桑叶代苏梗，加用荆芥、豆豉、连翘、牛蒡子、象贝、芦根；若平素阳虚湿盛，表闭不宣者，加麻黄、桂枝、干姜、五味子。夏令咳嗽，以新加香薷饮合前胡、桔梗、杏仁、桑叶。秋令咳嗽，常选用苓桂术甘汤合干姜、细辛、五味子、杏仁等。若有寒包火症者，轻者以三拗汤合前胡、杏仁、桔梗、桑叶；甚者以麻杏石甘汤为主［上海中医药杂志，1984，（11）：7~8］。近年来，清热化痰宣肺法在外感咳嗽中的应用受到重视，如赵海峰以痰热清（桑白皮、光杏仁、黄芩、鱼腥草、桔梗、瓜蒌、甘草、连翘、浙贝母、百部等）治疗风热型咳嗽 35 例，总有效率 100%［陕西中医学院学报，1995，（4）：12］。汪新象提出郁火咳嗽的治疗见解，认为郁火咳嗽属外感咳嗽之一，其临床特点是以夜咳为甚，咳吐清稀泡沫痰，苔薄白，脉弦，或发热，或寒热往来，或胸胁胀闷等。其病机为邪郁少阳，气机不畅，进而化火伤肺，肺气失宣；治宜宣畅气机，解郁散火。方以小柴胡汤加减（柴胡、黄芩、半夏、五味子、生姜或干姜、杏仁、枳壳、细辛、甘草），共治郁火咳嗽 50 例，全部有效［中医杂志，1986，（4）：43］。

（2）内伤咳嗽的临床及实验研究

内伤咳嗽属“积年久咳”，以慢性支气管炎及某些慢性肺部疾病所致的咳嗽为多见。

畅金剑以紫苏、杏仁、半夏、桑白皮、当归、黄芩、乌梅、五味子、罂粟壳、炙甘草为基本方，随证加减，中西医结合治疗慢性迁延期支气管炎 103 例，总有效率为 92.23%［实用中西医结合杂志，1994，（1）：9］。肝火犯肺在临床上常见于多种慢性呼吸道疾病。杜昌华以《通俗伤寒论》桑丹泻白散加减治疗肝火犯肺证 30 例，基本方为桑叶、丹皮、枇杷叶、桑白皮、黛蛤散、钩藤、地骨皮、黄芩、当归、蝉蜕、生甘草等，5 天为 1 个疗程，结果显效 28 例（中医年鉴，1988：98）。胡义保等分析了肝肺生理相关，概括了肝咳病理机制，提出肝咳治法：①疏肝理肺法，适用于木叩金鸣之咳，用柴胡疏肝散合二陈汤化裁；②清肝泻肺法，适用于木火刑金之咳，药用桔梗、青黛、海蛤壳、黄芩、桑白皮、焦山栀、牡丹皮、白前、葶苈子；伴咳血，用柴胡梅连饮（柴胡汤、逍遥散各半）；③养肝保肺法，适用于肝阴不足，阴火侮金之咳，用一贯煎或滋水清肝饮加减［四川中医，1992，（7）：7~8］。对于迁延期慢性支气管炎，张伟主张以扶正祛邪法治疗，并拟扶正祛邪方（紫苏、橘皮、黄芩、枳壳、制半夏、杏仁、桔梗、炙麻黄、茯苓、黄芪、党参、淫羊藿、枸杞子），治疗本病 40 例，总有效率为 97.5%，治疗前后血浆 IgG、淋巴细胞转化试验、Et、Ea 等免疫指标均有显著改善［山东中医学院学报，1996，（1）：23］。吴秀珍等以变通阳和汤（熟地 30g，鹿角胶 15g，细辛 3g，白芥子、五味子、甘草各 10g，紫河车、炙麻黄、肉桂各 5g），治疗老年慢性支气管炎 119 例，总有效率为 98.3%［四川中医，1994，（10）：32］。张惠勇等自拟温阳抗寒合剂治疗顽固性咳嗽 17 例，本组病人均有多种抗原过敏，以尘螨及夏秋花粉为主。本方含附子、黄芩、桃仁、炙麻黄各 10g，细辛 5g，虎耳草 30g，蜈蚣 2 条，全蝎 3g，治疗期不用抗生素、抗过敏制剂和镇咳化痰药，治疗 1 个月。结果治愈 8 例，临床控制、好转各 4

例，无效 1 例，血清特异性 IgE、IgA、IgG、IgM 均显著下降，肺活量和第 1 秒钟用力肺活量均显著提高（$P<0.001$）[上海中医药杂志,1995,(9):20]。姜春华对迁延不愈的久咳，经常规治法治疗不效者，用截咳方：百部、天浆壳、南天竺子、马勃、诃子，水煎服，认为此方治久咳和剧咳颇有效验（中医年鉴，1986：150）。苏梅孝等对慢性咳嗽病中医辨证与肺功能关系进行了观察研究。结果提示，慢性咳喘中医辨证属肺气未虚时，肺功能测定表现为 50%肺活量最大呼气流速、25%肺活量最大呼气流速和最大呼气中段流速值降低；肺气已虚时，其肺功能障碍已由早期局限于小气道波及到大中气道，除上述 3 项数值进一步下降外，补呼气量、1 秒最大呼气量、最大呼气流速值也显著下降；肺脾两虚时，肺弹性明显减退，气道阻力明显增加，出现残气量、残气量/肺总量值增高，时间肺活量、肺活量、深吸气量明显下降；肺脾肾俱虚时，肺的弹性回缩力进一步下降，其肺功能测定值除上述异常改变外，尚有功能残气量增高。认为以上检测指标的异常改变可作为中医临床辨证的一项客观指标［中医杂志，1990，(3)：46～48］。

复习思考题

1. 试述咳嗽的病因病机。
2. 临床上如何辨外感咳嗽与内伤咳嗽？
3. 简述咳嗽的治疗原则。
4. 外感咳嗽与内伤咳嗽各分几型？并说明其主症、治法及方药。

（陈改花）

3

哮 病

目的要求

1. 了解哮病的概念、范围、调摄护理及研究进展。
2. 熟悉哮与喘的区别与联系。
3. 掌握哮病的病因、病理变化、治疗原则和分型施治。

哮病是由于宿痰伏肺，遇诱因或感邪引触，以致痰阻气道，肺失肃降，气道挛急所致的一种发作性的痰鸣气喘疾患。以发作时喉中哮鸣有声，呼吸气促困难，甚则喘息不能平卧为主要表现。

《内经》中虽无哮病，但有“喘鸣”、“齁鮯”之类的记载，与本病的发作特点相似。《金匮要略》则称为“上气”，不仅具体描述了本病发作时的典型症状，提出了治疗方药，而且从病理上将其归属于痰饮病中的“伏饮”，堪称后世顽痰伏肺为哮病夙根的渊薮。元代朱震亨首创“哮喘”病名，阐明病机专主于痰，提出“未发以扶正气为主，既发以攻邪气为急”的治疗原则，不仅把本病从笼统的“喘鸣”、“上气”中分离出来，成为一个独立的病名，而且确定了本病的施治要领。明代虞搏进一步对哮与喘作了明确的区别。后世医家鉴于哮必兼喘，故一般通称“哮喘”，本书为与喘证区分故定名为“哮病”。

现代医学中支气管哮喘、喘息性支气管炎，其他如嗜酸粒细胞增多症、心源性哮喘、慢性阻塞性肺气肿、肺源性心脏病等具有本病证候特点者，皆可参照本章辨证论治。

3.1 病因病机

3.1.1 病因

3.1.1.1 外邪侵袭

外感风寒或风热之邪，失于表散，邪蕴于肺，壅阻肺气，气不布津，津聚成痰。或嗅吸花粉、烟尘、异味气体等，影响肺气的宣降，津液凝聚，痰浊内蕴，亦可导致哮病。

3.1.1.2 饮食不当

贪食生冷，伤及脾阳，津液凝聚，寒饮内生；或嗜食酸咸甘肥，积痰蕴热；或进食海膻鱼蟹虾等发物，而致脾失健运，饮食不归正化，痰浊内生，上干于肺，壅阻肺气，而成哮病。由于个体素质的差异，对不同食物致病的敏感性亦有区别，故古有“食哮”、“鱼腥哮”、“卤哮”、“糖哮”、“醋哮”等名。

3.1.1.3 体虚病后

体质不强，或病后体弱，如幼年患麻疹、顿咳，或反复感冒，咳嗽日久等，以致肺气亏虚，阳虚阴盛，气不化津，痰饮内生；或阴虚火盛，热蒸液聚，痰热胶固。体质不强者多以肾虚为主，而病后所致者多以肺脾两虚为主，致痰饮留伏，成为宿根。

3.1.1.4 情志、劳倦所伤

情志抑郁，惊恐恼怒，或月经期前，或剧烈运动后，劳累乏力，皆可致气机失调，肺失宣肃而发病。

上述各种病因，既是导致哮病的原因，也是哮病发作的诱因，如气候突变、饮食不当、情志失调、劳累过度等俱可诱发，其中尤以气候因素为主。本病多在气候变化，由热转寒，及深秋、冬春寒冷季节，发病率增高。

3.1.2 病机

3.1.2.1 基本病机

哮病的发生，为宿痰内伏于肺，每因外感、饮食、情志、劳倦等诱因而引触，痰随气升，气因痰阻，相互搏结，壅塞气道，肺管挛急狭窄，通畅不利，肺气宣降失常而成。

3.1.2.2 病位

哮病的病位在肺，涉及脾、肾、心。

肺主气，司呼吸，上通气道、咽喉而开窍于鼻。“肺为贮痰之器”，若肺有宿痰，必为诱因所触发，以致痰气交阻，肺失宣肃，发为哮病，故哮病的主要病位在肺。肺与脾、肾关系密切，生理上相互资生，病理上互有影响，如脾为生痰之源，肺为贮痰之器，痰伏于肺，便可成为发病的夙根；而肺为气之主，肾为气之根，若哮病日久，肺虚及肾，肺虚不能主气，肾虚不能助肺纳气，每可加重发作。此外，哮病反复发作，日久则痰瘀互结，病及于心。

3.1.2.3 病理性质

哮病有寒热、虚实之不同。发作期因痰邪壅肺，痰阻气闭所致，故以邪实为主，又由于病因不同，体质差异，而有寒哮、热哮之分。缓解期因哮病久发，气阴日伤，肺脾肾俱衰，故以正虚为主。大发作期正虚与邪实并见。

3.1.2.4 病机转化

哮病病机的转化主要与感邪性质、正气盛衰、病程长短有关。感于寒或素体阳虚，则痰从寒化，而发为寒哮；感于热或素体阳盛，则痰从热化，而发为热哮；若痰热内郁，风寒外袭，则为寒包火证。寒热之间可相互转化，寒痰内郁可化热；热证久延或治不得法可病从寒化。若哮证久治不愈，可由实转虚，虚实之间也可互为因果，因实致虚，由虚致实，虚实夹杂。病重者因肺不能治理调节心血运行，命门之火不能上济于心，心阳受累，发生“喘脱”危候。

3.2 诊断与鉴别诊断

3.2.1 诊断

3.2.1.1 临床表现

发作时喉中哮鸣有声，呼吸急促困难，甚则张口抬肩，喘息不能平卧，或口唇指甲发绀。听诊两肺可闻及哮鸣音，或伴有湿啰音。

3.2.1.2 病史及发病

有过敏史或家族史。呈反复发作性，常因气候突变、饮食不当、情志失调、劳累等因素诱发。发作前多有鼻痒、喷嚏、咳嗽、胸闷等先兆症状。

3.2.1.3 辅助检查

血嗜酸粒细胞可增高，痰液涂片可见嗜酸细胞。胸部 X 线检查一般无特殊改变，久病可见肺气肿体征。

3.2.2 鉴别诊断

3.2.2.1 喘证

哮病与喘证都有呼吸急促的表现，但哮必兼喘，而喘未必兼哮。哮指声响言，喉中有哮鸣声，是一种反复发作的独立性疾病；喘指气息言，为呼吸气促困难，是多种急慢性肺系疾病的一个症状。

3.2.2.2 支饮

支饮虽然也有痰鸣气喘的症状，但多系部分慢性咳嗽经久不愈，逐渐加重而成，病势时轻时重，发作与间歇界限不清，咳和喘重于哮鸣，与哮病之间歇发作，突然发病，迅速缓解，哮吼声重而咳轻，或不咳，两者有显著的不同。

3.3 辨证论治

3.3.1 辨证要点

3.3.1.1 辨虚实

本病属邪实正虚，发作时以邪实为主，未发时以正虚为主，但久病正虚者，发时每多虚实错杂，故又当按病程新久及全身症状以辨别虚实。实证多为新病，喘哮气粗声高，呼吸深长，呼出为快，脉象有力，体质不虚；虚证多为久病，喘哮气怯声低，呼吸短促难续，吸气不利，脉沉细或细数，体质虚弱。

3.3.1.2 辨寒热

在分清虚实的基础上，实证需分寒痰、热痰以及是否兼有表证的不同。寒痰证内外皆寒，谓之寒哮，除有实证的表现外，多伴有胸膈满闷，咳痰稀白，面色晦滞，或有恶寒、发热、身痛等表证，苔白滑，脉浮紧。热痰证痰火壅盛，谓之热哮，除有实证的表现外，常伴有胸膈烦闷，呛咳阵作，痰黄黏稠，面红，或伴发热、心烦、口渴，舌质红、苔黄腻，脉滑数。

3.3.1.3 辨脏腑

虚证有肺虚、脾虚、肾虚之异。肺气虚者，证见自汗畏风，少气乏力；脾气虚者，证见食少便溏，痰多；肾气虚者，证见腰酸耳鸣，动则喘促。此外，还应审其阴阳气血之偏虚，详加辨别，分清主次。

3.3.2 治疗原则

治疗应遵循“发时治标，平时治本”的原则。发作时攻邪治标，祛痰利气，寒痰宜温化宣肺，热痰当清化肃肺，表邪明显者，兼以解表；平时应扶正治本，阳气虚者应予温补，阴虚者则予滋养，分别采用补肺、健脾、益肾等法，以冀减轻、减少或控制其发作。若病深日久，发时正虚邪实者，又当兼顾，不可单纯拘泥于攻邪；寒热虚实错杂者，当兼以治之。

3.3.3 分型论治

3.3.3.1 发作期

（1）寒哮

症状　呼吸急促，喉中哮鸣有声，胸膈满闷如塞，咳不甚，痰少咯吐不爽，面色晦暗带青，口不渴，或渴喜热饮，天冷或受寒易发，形寒怕冷。

舌象　舌质淡，苔白滑。

脉象　脉弦紧或浮紧。

证候分析　寒痰伏肺，遇感触发，痰气交阻，搏击有声，故而呼吸急促，喉中哮鸣有声。肺气郁闭，不得宣畅，则见胸膈满闷如塞，咳反不甚而咳痰量少。阴盛于内，阳气不能宣达，故面色晦滞带青，形寒怕冷。病因于寒，内无郁热，故口不渴或渴喜热饮。外寒每易引动内饮，故天冷或受寒则发。舌质淡，苔白滑，脉弦紧或浮紧为外寒内饮之象。

治法　温肺散寒，化痰平喘。

方药　射干麻黄汤。

本方用射干、麻黄宣肺平喘，豁痰利咽；细辛、半夏、生姜温肺蠲饮降逆；紫菀、款冬花、甘草化痰止咳；五味子收敛肺气；大枣和中。

加减　1）痰涌喘逆不得卧者，合三子养亲汤，也可加葶苈子泻肺涤痰。

2）若呼吸急促，张口抬肩者，加厚朴、杏仁宣肺平喘。

3）兼有浮肿者，加车前子、茯苓利水消肿。

4）胸膈满闷者，加桔梗、枳壳行气化痰。

5）若表证明显者，可加桂枝、杏仁配麻黄以疏散表邪。

6）若痰稠胶固难出，哮喘持续难平者加猪牙皂、白芥子豁痰利窍以平喘。

若表寒里饮，寒象较甚者，可用小青龙汤，并可酌配杏仁、苏子、白前、青皮、橘皮等利气化痰。

若喘哮甚剧，恶寒背冷，痰白呈小泡沫，舌苔白而水滑，脉弦缓有力，体无虚象，属典型寒实证者，可服紫金丹。本方由主药砒石配豆豉而成，有劫痰定喘之功，对部分患者奏效较快，每服米粒大 5~10 粒（<150mg），临睡前冷茶送下，连服 5~7 日，有效需继服者，停药数日后再服。由于砒石大热大毒，热哮、

有肝肾疾病、出血、孕妇忌用；服药期间忌酒，并须严密观察毒性反应，如见呕吐、腹泻、眩晕等症立即停药；再者本药不可久用，且以寒冬季节使用为宜。

病久阳虚，发作频繁，发时喉中痰鸣如鼾，声低，气短不足以息，咳痰清稀，面色苍白，汗出肢冷，舌淡苔白，脉沉细者，当标本同治，温阳补虚，降气化痰，用苏子降气汤，酌配黄芪、党参、山萸肉、紫石英、沉香、诃子之类；阳虚甚者，配伍附子、补骨脂、钟乳石等温补肾阳。

（2）热哮

症状　气粗息涌，喉中哮鸣如吼，胸高胁胀，咳呛阵作，咳痰色黄或白，黏浊稠厚，排吐不利，烦闷不安，汗出，面赤，口苦，口渴喜饮，不恶寒。

舌象　舌质红，苔黄腻。

脉象　脉弦滑或滑数。

证候分析　肺内素有痰热蕴伏，又因外邪侵犯，肺失清肃，肺气上逆，痰气搏击，故痰鸣如吼，喘而气粗息涌，胸高胁胀，咳呛阵作。热蒸液聚生痰，痰热胶结，故咳痰黏浊稠厚不利，色黄或白。痰火郁蒸，则烦闷，汗出，面赤，口苦。病因于热，肺无伏寒，故不恶寒而口渴喜饮。舌质红，苔黄腻，脉弦滑或滑数，均是痰热内盛之征。

治法　清热宣肺，化痰定喘。

方药　定喘汤。

方中麻黄宣肺平喘，配白果敛肺气，化痰浊，定喘嗽，二药一开一收，则使宣散不致太过，收敛不致留邪；桑白皮、黄芩清泄肺热；苏子、半夏、款冬花降气平喘，止咳祛痰；甘草调和诸药。

加减　1）若寒邪外束，肺热内盛，可加石膏以解肌清里。

2）表寒重者酌配桂枝、生姜解表散寒。

3）表热甚者，加连翘、薄荷以清热解表。

4）肺气壅实，痰鸣息涌不得卧者，加葶苈子、瓜蒌皮、地骨皮泻肺降气，化痰平喘。

5）便秘者，加大黄、芒硝、枳实以通腑利肺。

6）痰黄黏稠难咯者，加用黛蛤散、知母、鱼腥草以清热化痰。

7）痰多色黄、胸痛者，加桃仁、薏苡仁、冬瓜仁、芦根以化痰通络。

若病久热盛伤阴，且痰热不净，虚中夹实，发时喘急气促，或喘哮持续，咳呛，痰少质黏，口燥咽干，烦热颧红，舌红少苔，脉细数者，又当养阴清热，敛肺化痰，可用麦门冬汤。偏于肺阴不足者，酌加北沙参、冬虫夏草、五味子、川贝母；肾虚气逆，酌配地黄、山萸肉、胡桃肉、紫石英、诃子等补肾纳气平喘。

若哮病发作时以痰气壅实为主，寒与热俱不显著，喘咳胸满，但坐不得卧，痰涎壅盛，喉如曳锯，咳痰黏腻难出，舌苔厚浊，脉滑实者，可称为痰哮，为痰阻气壅之证。治当涤痰除壅，利气平喘，用三子养亲汤加葶苈子、青皮、厚朴利气涤痰。必要时可加大黄、芒硝以泻壅实。

若久病正虚，发作时邪少虚多，肺肾两亏，痰浊壅盛，甚至出现张口抬肩，鼻煽气促，面青，汗出，肢冷，脉浮大无根等喘脱危候者，当参照喘证辨治。

3.3.3.2 缓解期

（1）肺虚

症状 气短声低，咳痰清稀色白，面色㿠白，平素自汗，怕风，常易感冒，每因气候变化而诱发，发前喷嚏频作，鼻塞流清涕。

舌象 舌质淡，苔薄白。

脉象 脉细弱或虚大。

证候分析 肺气亏虚，不能充实腠理，外邪易侵，故自汗，怕风，常易感冒，每因气候变化而诱发。外邪犯肺，肺气失宣，窍道不利，故发病前喷嚏频发，鼻塞流清涕。肺气亏虚，津液不能输布，痰浊内蕴于肺，故气短声低，咳痰清稀色白。面色㿠白，舌淡苔白，脉细弱或虚大，皆属肺气虚弱之征。

治法 补肺固卫。

方药 玉屏风散。

方中黄芪益气固表，白术健脾补肺，防风祛风以助黄芪实表固卫。

加减 1）若怕冷畏风明显，加桂枝、白芍、姜枣等调和营卫。

2）若外感表寒者，加麻黄、生姜祛风散寒。

3）兼痰热者，加桑白皮、贝母清热化痰。

4）脾气虚者，加茯苓、陈皮健脾益气。

5）阳虚甚者，加附子助黄芪以温阳益气。

6）若气阴两虚，咳呛，痰少质黏，口咽干，舌质红者，可用生脉散加北沙参、玉竹、黄芪等益气养阴。

本证患者需长期服药，亦可应用丸散缓图之。若平素肺气虚弱突出，或有微喘，易发哮鸣者，可服用人参蛤蚧散，临证时可加地龙等平喘降逆之品。

（2）脾虚

症状 平素痰多，倦怠无力，食少便溏，或食油腻易腹泻，每因饮食不当而引发，面色萎黄不华。

舌象 舌质淡，苔薄腻或白滑。

脉象 脉细缓。

证候分析 脾气亏虚，聚湿生痰，上贮于肺，故平素痰多。脾主肌肉，气虚则倦怠乏力。脾虚不能运化水湿，则食少便溏，每因饮食失当而引发。脾虚气血生化无源则面色萎黄不华。舌质淡，苔薄腻或白滑，脉细缓，皆属脾虚气弱之候。

治法 健脾化痰。

方药 六君子汤。

本方用党参、白术、茯苓、甘草补气健脾，陈皮、半夏理气化痰。

加减 1）若脾阳不振，形寒肢冷，便溏，加附子、干姜以振奋脾阳。

2）兼气滞纳呆，腹胀者，加木香、厚朴、砂仁行气消滞。

(3) 肾虚

症状 平素短气息促，动则为甚，吸气不利，腰酸腿软，脑转耳鸣，劳累后喘哮易发，或畏寒肢冷，面色苍白，或颧红，烦热，汗出黏手。

舌象 舌淡苔白，质胖嫩；或舌红苔少。

脉象 脉沉细或细数。

证候分析 久病肾虚，摄纳失常，气不归元，故气息短促，动则为甚，吸气不利。精气亏乏，不能充养，故腰酸腿软，脑转耳鸣，劳累易发。若属阳虚可见外寒之征，阴虚则生内热之候。

治法 补肾摄纳。

方药 金匮肾气丸或七味都气丸。

前方偏于温肾助阳，后方偏于益肾纳气。阳虚明显者，肾气丸加补骨脂、仙灵脾、鹿角片；阴虚明显者，七味都气丸加麦冬、当归、龟胶。

肾虚不能纳气者，加胡桃肉、五味子、冬虫夏草、紫石英，或予参蛤散，方用人参大补元气，蛤蚧尾补肾填精。另可常服紫河车粉，以补肾气，养精血。

3.4 预防与调护

对本病应重视预防，要加强体育锻炼，增强体质，并注意气候影响，做好防寒保暖，预防感冒。在生活调摄上，嘱患者保持良好的情绪，树立战胜疾病的信心。寻找并祛除发病诱因，注意室内空气流通。避免接触刺激性气体及易导致过敏的灰尘、花粉、食物、药物和其他可疑异物，平时饮食宜清淡而富有营养，忌生冷肥甘厚味、海膻发物、辛辣等食物，并戒除烟酒。

附 录

1. 病案举例

1）耳姓妇，回族，患哮，自以为寒，频饮烧酒，不但病加，更兼呕吐泄泻。两脚筋掣，既不能卧，又不能坐。孟英诊曰：口苦而渴乎？泄出如火乎？小溲不行乎？痰黏且韧乎？病者曰：诚如君言，想为寒邪太重使然。孟英曰：汝何愚耶？见证如是，犹谓受寒，设遇他医，必然承教，竟当此小寒之候，而哮喘与霍乱，世俗无不硬指为寒者。误投姜、附，汝命休矣。予北沙参、生苡仁、冬瓜子、丝瓜络、竹茹、石斛、枇杷叶、贝母、知母、栀子、芦根、青果、海蜇、莱菔汁为方，一剂知，二剂已。

（《王氏医案》）

2）巫妇。梅夏宿哮屡发，痰多喘咳，显系湿痰郁热为寒邪所遏。暂用加味麻黄汤温散。麻黄三分，桂枝五分，杏仁二钱，苏叶、半夏（制）各钱半，橘红一钱，桔梗八分，姜汁三匙。二服后随用降气疏痰：栝蒌皮、桑皮（俱炒）

一钱，贝母、杏仁（俱炒研）各二钱，海浮石三钱，前胡、枳壳各八分，苏子（炒研）六分，茯苓二钱，姜汁三匙。数服哮嗽降。

（《类证治裁》）

2. 古文献选录

《诸病源候论·气病诸候·上气喉中如水鸡鸣候》："肺病令人上气，兼胸膈痰满，气机壅滞，喘息不调，致咽喉有声，如水鸡之鸣也。"

《丹溪心法·哮喘》："哮喘必用薄滋味，专主于痰。"

《医宗必读·喘》："喘者，促促气急，喝喝痰声，张口抬肩，摇身撷肚。短气者，呼吸虽急，而不能接续，似喘而无痰声，亦不抬肩，但肺壅而不能下。哮者与喘相类，但不似喘开口出气之多，而有呀呷之音……三证极当详辨。"

《景岳全书·喘促》："喘有夙根，遇寒即发，或遇劳即发者，亦名哮喘。未发时以扶正气为主，既发时以攻邪气为主，扶正气须辨阴阳，阴虚者补其阴，阳虚者补其阳。攻邪气者，或于温补中宜量加消散。此等证候，当眷眷以元气为念，必使元气渐充，庶可望其渐愈，若攻之太过，未有不致日甚而危者。"

《症因脉治·哮病》："哮病之症，短息倚肩，不能仰卧，伛偻伏坐，每发六七日，轻则三四日，或一月，或半月，起居失慎则旧病复发，此哮病之症也。"

《张氏医通·哮》："凡哮证见胸凸背驼者，此肺络散，为痼疾，不治。"

3. 研究进展

（1）病因病机研究

发展了宿根学说。历代医家多认为痰饮伏肺为哮喘之宿根，近年来某些学者对此提出异议，提出痰瘀伏肺为"夙根"。如洪广祥认为，宿痰伏肺并不是孤立存在的，因为痰阻于肺，气机郁滞，而致瘀血内停，痰夹瘀血，结成窠臼，潜伏于肺，遂成哮病的宿根。当气候突变、饮食不当时，均可导致肺失宣降而引起哮病发作。发作期以肺实为主要矛盾，痰瘀气壅是其主要病机。在治疗上遵循"气顺痰自消"、"气行血亦活"的理论，确立疏畅气机的基本治法，创制"蠲哮汤"（葶苈子、青皮、陈皮、槟榔、牡荆子、鬼箭羽、大黄、生姜），用于临床，疗效显著［中医杂志，1988，（3）：7］。李琳认为本病邪羁日久，病人面色黎黑，口唇乌暗，眼下发青，爪甲紫绀，舌青或有瘀点，舌下脉络黯而怒张，实属血行不畅，络道壅塞［上海中医药杂志，1986，(2)：28］。

重视风邪为患。晁恩祥针对哮病发展迅速，时发时止，反复发作，发时痰鸣气喘的特征，认为此与风邪善行数变的性质相符，提出"风盛痰阻，气道挛急"是本病急性发作的主要病机，祛风解痉为发作期的基本治法。自拟"祛风解痉平喘汤"（炙麻黄、菖蒲、蝉蜕、白果、五味子、苏子、地龙、苏叶、白芍药）临床观察 32 例，总有效率 90.62%［北京中医药大学学报，1995，18（4）：27］。

近年来，提出哮喘与肝相关的论述渐多，认为肝可通过气郁、气逆、木火刑金等病机引起哮喘发作。如高锋等认为，其发病时胁肋紧缩，收而难舒，胸憋如窒，呼长吸短，均为有升无降的气逆之象［中国医药学报，1986，（3）：43］。熊家平认为，人体之气，虽其主在肺，其充在脾，其根在肾，但其调在肝。若肝气疏泄失职，郁而生风，夹痰循经上扰肺金，亦可导致肺金清肃不利，痰气交阻，发为哮喘。采用平肝泻肺法治疗哮喘46例（炙麻黄、杏仁、桑白皮、黄芩、牡丹皮、川楝子、地龙、蜈蚣），其中痊愈31例，好转10例［浙江中医杂志，1988，（2）：76］。

（2）辨证论治研究

1）分期分型论治　包培蓉总结吕同杰哮证论治经验：①发作期：实痰冷哮证，用青龙三石汤（桂枝、干姜、五味子、麻黄、杏仁、甘草、胆南星、白芍药、细辛、皂角炭、半夏、苏子、鹅管石、海浮石、代赭石、葶苈子、石韦）；实痰热哮证用养阴清肺汤；虚哮用固摄纳气汤（熟地黄、枸杞子、鹅管石、玄参、麦冬、附子、炮姜、苏子、葶苈子、麻黄、杏仁、鹿角胶、阿胶、沉香粉、甘草）。②缓解期：实哮用夹风散（瓜蒌、炙百部、皂角炭、黄芩、紫菀、川贝母、苏子、葶苈子、半夏、胆南星、麻黄、杏仁、甘草、鹅管石、黄连、明矾，制水丸）；虚哮用化痰丸（台党参、黄芪、白术、炒山药、半夏、云茯苓、苏子、葶苈子、枸杞子、鹅管石、天冬、熟地黄、阿胶、鹿角胶、桔梗、沉香粉、橘红、甘草）。随症加减治疗本病取得较好疗效［中国中医急症，1995，（1）：29～30］。赖祥林采用中西医结合治疗哮喘急性发作期255例。痰热阻肺型治以清热化痰，止哮定喘，用定喘汤合麻杏石甘汤为主方；痰浊恋肺型治以化痰降浊，止咳平喘，用二陈汤合三子养亲汤、苏子降气汤或射干麻黄汤为主方；肺气不足型治以益气养阴，补肺定喘，用生脉散、补肺汤或补中益气汤为主方；肾不纳气型治以补肾纳气，用金匮肾气丸合参蛤散，或七味都气丸合人参胡桃汤加减，并用西药对症处理。结果痊愈62例，临床控制76例，显效72例，有效40例，无效5例，总有效率98%［实用中西医结合杂志，1995，8（10）：588～589］。

2）辨病与辨证相结合　根据哮喘病的基本病理变化确立相应的治法及基本方药，随证加减治疗本病发作期，亦是本病辨证论治的一大趋势。①祛风解痉平喘：喻平瀛等以麻黄地龙汤（麻黄、杏仁、浙贝母、丹参、川厚朴、苏子、炙桑白皮、地龙、甘草、白果）为基础方，随证加减，治疗支气管哮喘53例，总有效率为92.5%［甘肃中医，1995，（3）：13～14］。②活血化瘀：王学东以天地哮灵治疗支气管哮喘50例，基本方为：制大黄、桃仁、莪术、地鳖虫、壁虎、地龙、白芍药、炙黄芪、熟地黄、川厚朴、生甘草。寒哮加制附子、干姜；热哮加生石膏、桑白皮。总有效率为94%［新中医，1996，（1）：24～26］。③标本兼治：陈超以补肾益肺法治疗哮喘病300例，基本方为太子参、麦冬、五味子、陈皮、姜半夏、乌梅、地龙、磁石、补骨脂、紫河车、桃仁。并随证加减，结果：总有效率91%；疗程长、年龄小、病情轻者疗效好；治疗后甲皱微循环明显改善［中医函授通讯，1993，（6）：14～17］。沈祖法以温阳逐饮汤（白芥子、炙苏子、炙麻黄、射干、鹿角片、仙茅、菟丝子、莱菔子、生赭石、黑丑、沉香、细辛、干姜、槟榔、桂枝、制半夏、淫羊藿、生地黄、熟地黄）随症加减，治疗晚间哮喘31例，结果痊愈5例，临床控制8例，显效12例，有效5例，无效1例［实用中西医结合杂志，1994，7（2）：88～89］。许得盛等对扶正法缓解哮喘的作用进行了临床观察，结果标本兼治优于单纯治标［中国中西医结合杂志，1996，（4）：198～199］。

3）哮喘缓解期的治疗　多主张从肺、脾、肾虚进行分证论治，扶正固本。洪广祥认为，缓解期多为虚中有实，既有正气虚弱的一面，又有痰瘀伏肺的一面，主张“补虚不忘实，扶正不碍邪，力求补而不壅，滋而不腻，寒温适当，食疗与药疗并重”的固本原则［中医杂志，1988，（3）：8～9］。许得盛主张“发时治肺，平时治肾”，对缓解期患者每年从7月底至10月底服用温阳片（附子、生地黄、熟地黄、仙灵脾、补骨脂、菟丝子等），连续治疗5～10年，进行远期疗效观察，142例患者，总有效率93.7%，治疗时间越长，疗效越显著［上海中医药杂志，1988，（11）：14～15］。邵长荣等对25例支气管哮喘患者缓解期补虚后作气道反应测验。药用补肾方：补骨脂、杜仲、桑寄生、款冬花、枸杞子、藿香，随症加减。经治1个半月后，气急、痰多、胸闷均有不同程度改善。气道反应性测验：1秒钟用力呼气容积（FEV_1）和FEV_1下降至20%（PC_{20}）值与治前比较均有显著性差异，表明补肾法对根治本病有良好作用［上海中医药杂志，1988，（10）：21～22］。

复习思考题

1. 何谓哮病？
2. 试述哮病的主因、诱因及发作期的基本病理变化。
3. 试比较喘证与哮病之不同。
4. 试述哮病的辨证要点及治疗原则。
5. 哮病发作期及缓解期如何辨证施治？

（陈改花）

4 喘证

目的要求

1. 了解喘证的定义、范围、调摄护理及研究进展。
2. 熟悉喘证的病因病机。
3. 掌握实喘、虚喘的鉴别要点及喘证的治疗原则、分型施治。

喘证是指由于感受外邪、痰浊内蕴、情志失调而致肺气上逆，失于宣降，或久病气虚，肾失摄纳，以呼吸困难，甚则张口抬肩，鼻翼煽动，不能平卧等为主要临床表现的一种常见病证。严重者可致喘脱。

喘证之名，始见于《内经》，此书中还有将病因分外感、内伤，病机分虚实的描述。《金匮要略》中主要总结了外感喘证的治疗经验。金元以后，诸多医家充实了内伤诸因致喘的证治。认识到六淫、七情、饮食所伤、体质虚弱皆为喘证的病因。明代张介宾执简驭繁，把喘证之辨证分为虚喘、实喘。清代叶天士《临证指南医案·喘》扼要提示肺肾二脏主司呼吸摄纳的功能失常，为本证病理的重点所在。《类证治裁·喘症》明确指出“外感治肺，内伤治肾”的治疗原则。这些观点对指导临床实践具有重要意义。

喘证主要见于现代医学的喘息型支气管炎、肺部感染、肺炎、阻塞性肺气肿、心源性哮喘、肺纤维化、肺结核、硅沉着病、肾衰竭及癔病等疾病中，当这些疾病出现喘证的临床表现时，可参考本章进行辨证论治。

4.1 病因病机

喘证常由多种疾患引起，病因很复杂，但概而言之，不外外感与内伤两端。外感为六淫乘袭，内伤为饮食不当、情志失调、久病劳伤等，致使肺气上逆，宣降失职，或气无所主，肾失摄纳而成喘证。

4.1.1 病因

4.1.1.1 外邪侵袭

1）风寒袭肺 外感风寒，侵袭于肺，外则郁闭皮毛，阻遏阳气，内则壅遏肺气，肺气上逆；若表寒未解，郁而化热，邪热壅滞气道，肺失宣降，气逆而喘。

2）风热犯肺 风热之邪，侵犯肺卫，火热内迫，气机失常，气逆涌上；或邪热内盛，蒸液成痰，痰热蕴肺，肺失清肃，肺气上逆而作喘。

4.1.1.2 饮食所伤

过食膏粱厚味，或恣食生冷，或嗜酒伤中，脾失健运，痰浊内生，上干于肺，壅阻肺气，升降不利，发为喘促。若湿痰久郁化热，或肺火素盛，痰受热蒸，则痰火交阻，清肃之令不行，肺气为之上逆而喘。

4.1.1.3 情志失调

情怀不遂，忧思气结，肝失调达，气失疏泄，肺气闭阻，气机不利；或郁怒伤肝，肝气上逆于肺，肺气不得肃降，升多降少，气逆而喘。

4.1.1.4 久病劳倦

久病伤肺，致使肺之气阴不足，气失所主而发为喘促；久病不已，则由肺及肾，肾元亏虚，摄纳失常，气逆于肺而为喘促。劳倦过度则伤脾，纵欲过度则伤肾，脾肾俱虚，根本不固，摄纳无权，气逆为喘。

4.1.2 病机

4.1.2.1 基本病机

喘证总由外感六淫、内伤饮食、情志失调、久病劳倦等，原因致肺气上逆，宣降失职，或气无所主，肾失摄纳而成。

4.1.2.2 病位

本病主病在肺、肾两脏，与肝、脾二脏有关，病甚可累及于心。

肺为气之主，司呼吸，外合皮毛，内为五脏之华盖，朝百脉而通他脏。若外邪侵袭，或他脏病气上犯，皆可使肺失宣肃，肺气胀满，壅阻气道，呼吸不利，发为喘促；如肺虚而气失所主，亦可少气不足以息而为喘。肾为气之根，与肺同司气体之出纳，故肾元不固，摄纳失常则气不归元，阴阳不相接续，亦可气逆于肺，出多入少而为喘。若脾虚痰浊饮邪上扰，或肝气逆乘，均可影响及肺而为病。

重证每多影响到心，因心与肺、肾关系密切，心脉上贯于肺，肾脉上络于心，心阳的盛衰与先天肾气及后天呼吸之气皆有密切关系。故本病的严重阶段，不但肺肾俱虚，心气、心阳亦衰竭，不能鼓动血脉运行，血行瘀滞，见面色、唇舌、指甲青紫，甚则出现喘汗致脱、亡阴亡阳的危险证候。

4.1.2.3　病理性质

喘证的病理性质有虚实两类。实喘在肺，为邪实，因外邪痰浊，肝郁气逆，邪壅肺气，宣降失常所致；虚喘在肺肾，为本虚，因精气不足，气阴亏耗，而致肺肾出纳失常，尤以气虚为主；亦可出现虚中夹实者，多为慢性喘咳，肺肾虚弱，复感外邪，引起急性发作，而出现上盛下虚之证。

4.1.2.4　病机转化

实喘因外邪所致者，失于表散，可由表入里；因痰浊、肝郁所致者，日久不愈，可化热化火。虚喘因肺虚所致者，反复发作，可累及脾肾二脏；因肾虚所致者，复感外邪，可转化为上盛下虚之证。如喘证长期迁延不愈，可造成肺脾肾虚损严重，最后可累及心阳而转成心阳虚脱之证。

4.2　诊断与鉴别诊断

4.2.1　诊断

4.2.1.1　临床表现

以喘促气短，呼吸困难，甚至张口抬肩，鼻翼煽动，不能平卧，口唇发绀为特征。听诊两肺可闻及干、湿性啰音或哮鸣音。

4.2.1.2　病史

多有慢性咳嗽、哮病、肺痨、心悸等疾病史，每遇外感及劳累而诱发。

4.2.1.3　辅助检查

查血白细胞总数及中性粒细胞，X 线胸片、心电图等有助于诊断。

4.2.2　鉴别诊断

4.2.2.1　哮病

喘与哮虽相类似，但实有区别。哮指声响言，为喉中有哮鸣音，是一种反复发作的疾病；喘指气息言，为呼吸气促困难，是多种急慢性疾病的一个症状。一般来说，哮必兼喘，喘未必兼哮。

4.2.2.2 气短

喘证与气短同为呼吸异常，但喘证是以呼吸困难，张口抬肩，甚至不能平卧为特征；气短亦即少气，呼吸微弱而喘促，或短气不足以息，似喘而无声，尚可平卧。

4.3 辨证论治

4.3.1 辨证要点

4.3.1.1 辨虚实

呼吸深长有余，呼出为快，气粗声高，伴有痰鸣咳嗽，脉象有力，病势骤急者为实喘；呼吸短促难续，深吸为快，气怯声低，少有痰鸣咳嗽，脉象微弱或浮大中空，病势徐缓，时轻时重，遇劳即甚者为虚喘。实喘又当辨外感、内伤，外感引起者，起病急，病程短，多有表证；内伤引起者，病程较长，反复发作，外无表证。

4.3.1.2 辨病位

凡因外邪、痰浊、肝郁气逆等致邪壅肺气，宣降不利而喘者均属实，病位在肺，而久病劳欲，肺肾出纳失常而致喘者多属虚，或虚实夹杂，病在肺、肾两脏。

4.3.2 治疗原则

喘证的治疗，其大法为虚则补之，实则泻之，虚实夹杂则标本兼治。实喘治肺，治以祛邪利气，应区别寒、热、痰、气的不同，分别采用温宣、清肃、祛痰、降气等法。虚喘治在肺肾，以肾为主，治以培补摄纳，针对脏腑病机，采用补肺、纳肾，温阳、益气、养阴、固脱等法。虚实夹杂，下虚上实者，当分清主次，权衡标本，适当处理。

4.3.3 分型论治

4.3.3.1 实喘

（1）风寒闭肺

症状　喘息、呼吸气促，胸部胀闷，咳嗽，痰多稀薄色白，兼有头痛，鼻塞，无汗，恶寒，或伴发热，口不渴。

舌象　舌苔薄白而滑。

脉象　脉浮紧。

证候分析 风寒上受，内舍于肺，以致肺气壅实，不得宣降，故喘息咳嗽，呼吸气促，胸部胀闷。寒邪伤肺，肺气失宣，津聚为痰，故痰多稀薄色白。风寒在表，皮毛闭塞，故见恶寒发热、头痛鼻塞、无汗等表寒证。苔薄白而滑，脉浮紧为风寒在表之征。

治法 散寒宣肺。

方药 麻黄汤。

方中用麻黄、桂枝宣肺散寒解表，杏仁、甘草化痰利气。

加减 1）如表证不重者，可去桂枝，取三拗汤长于宣肺平喘之意。

2）如风寒重者，加紫苏、生姜以增强疏风散寒之力。

3）若寒痰阻肺，痰气不利，见痰白清稀、量多泡沫，加半夏、陈皮、苏子、紫菀、细辛化痰温肺。

4）胸闷胀甚者，加枳壳、桔梗宣肺理气。

5）若得汗而喘不平，可用桂枝加厚朴杏仁汤，和营卫，宣肺气。

6）若素有寒饮内伏，复感客寒而引发者，可用小青龙汤发表温里。

（2）痰热遏肺

症状 喘咳气涌，胸部胀痛，痰多黏稠色黄，或夹血色，伴胸中烦热，身热，有汗，渴喜冷饮，面红，咽干，尿赤，大便或秘。

舌象 舌质红，苔黄或腻。

脉象 脉滑数。

证候分析 邪热壅肺，灼津成痰，肃降无权，故见喘咳气涌，痰黏稠色黄。邪热壅肺，经气不利，则胸部胀满，热伤肺络则见血痰；痰热郁蒸于肺，故胸中烦热，口渴喜冷饮，咽干，面红。里热蒸腾，逼津外泄，则身热有汗。邪热下迫，灼伤津液，则大便秘结，小便短赤。舌红、苔黄或腻、脉滑数均为痰热之象。

治法 清泄痰热。

方药 桑白皮汤。

方中用桑白皮、黄芩、黄连、栀子清泻肺热，杏仁、贝母、半夏、苏子降气化痰。

加减 1）便秘腹胀者，加大黄、芒硝泄热通便。

2）喘促不能平卧者，加葶苈子、地龙、射干泻肺平喘。

3）痰多黏稠，加栝蒌、海蛤粉清热化痰；痰有腥臭味，加鱼腥草、苇茎、板蓝根、芦根、蒲公英、冬瓜子等清热解毒化痰。

4）身热甚者，加生石膏、知母清泄里热。

（3）痰浊阻肺

症状 喘而胸满闷窒，甚则胸盈仰息，咳嗽痰多黏腻色白，咯吐不利，兼有呕恶纳呆，口黏不渴。

舌象 舌质淡，苔白厚腻。

脉象 脉滑。

证候分析 中阳不运，积湿成痰，痰浊壅肺，肺失宣降，故喘满闷窒、胸盈仰息，痰多色白黏腻。痰湿内阻，胃失和降而见呕恶纳呆。舌淡、苔白厚腻、脉滑均为痰湿之象。

治法 化痰降气。

方药 二陈汤合三子养亲汤。

方中半夏、陈皮、茯苓、甘草化痰除湿；苏子、白芥子、莱菔子化痰下气平喘。可加苍术、厚朴等燥湿理脾行气，以助化痰降逆。

加减 1）痰多气逆，喉中痰声漉漉，不能平卧者，加葶苈子、桑白皮、皂荚泻肺涤痰平喘。

2）咳痰略黄，有化热之象者，加黄芩、栝蒌清热化痰。

若痰浊夹瘀，见喘促气逆，喉间痰鸣，面唇黯紫，舌质紫暗，苔浊腻者，可用涤痰汤，加桃仁、红花、赤芍药、水蛭等涤痰祛瘀。

（4）水凌心肺

症状 喘咳气逆，倚息难以平卧，咳痰稀白，心悸，面目、肢体浮肿，小便量少，怯寒肢冷，面唇青紫。

舌象 舌胖黯，苔白滑。

脉象 脉沉细。

证候分析 喘促日久，肺脾肾俱虚，真阳耗损，气不化水，水气内停，水饮凌心射肺则喘咳气逆，倚息难以平卧，心悸，咳痰色白；水气溢泛肌肤，则见小便量少，面目肢体浮肿；心气、心阳受损，不能鼓动血脉运行，血行瘀滞，则见面唇青紫、舌黯；阳虚不温四肢则怯寒肢冷；苔白滑、脉沉细均为阳虚水停之象。

治法 温阳利水，泻壅平喘。

方药 真武汤合葶苈大枣泻肺汤。

方中用真武汤温阳利水，葶苈大枣泻肺汤泻肺除壅。还可加泽兰、益母草、桂枝活血行水。

加减 1）心阳不振，血脉瘀阻者加丹参、红花、桃仁、川芎活血化瘀。

2）若喘咳多汗者，可加杏仁、苏子、干姜温中补气降逆。

（5）肝气乘肺

症状 每遇情志刺激而诱发，发时突然呼吸短促，息粗气憋，胸闷胸痛，咽中如窒，或失眠、心悸，平素常多忧思抑郁。

舌象 舌质淡、苔薄白。

脉象 脉弦。

证候分析 郁怒伤肝，肝气横逆犯肺，肺失清肃，肺气上逆，则喘促气憋，咽中如窒。肝气不舒，肺气郁闭，故胸闷胸痛。心肝气郁，则失眠、心悸，平素常忧思抑郁。苔薄白、脉弦乃肝郁之象。

治法 开郁降气。

方药 五磨饮子。

方中以沉香为主药，温而不燥，行而不泄，既可降逆气，又可纳肾气，使气不复上逆；槟榔破气降逆，乌药理气顺降，共助沉香以降逆平喘；木香、枳实疏肝理气，加强开郁之力。还可加柴胡、郁金、青皮等疏理肝气之品以增强解郁之力。

加减 1）若气滞腹胀，便秘者加大黄以降气通腑。

2）伴有心悸、失眠者，加百合、酸枣仁、合欢花、远志等宁心安神。并宜劝慰病人心情开朗，避免不良刺激，配合治疗。

3）喘甚者，加旋覆花、代赭石降气平喘。

4.3.3.2 虚喘

（1）肺气虚

症状 喘促短气，气怯声低，喉有鼾声，咳声低弱，痰吐稀薄，自汗畏风，极易感冒。

舌象 舌质淡红。

脉象 脉软弱。

证候分析 肺虚气失所主，故喘促短气，气怯声低，喉有鼾声。肺气不足致咳声低弱。气不化津故咳痰稀白。肺虚卫外不固则自汗畏风，极易感冒。舌质淡红，脉软弱为肺气虚弱之象。

治法 补肺益气。

方药 补肺汤合玉屏风散。

方中用黄芪补益肺气，白术、茯苓、甘草健脾补中助肺，防风助黄芪益气护卫，五味子敛肺平喘，干姜、半夏温肺化痰，厚朴、陈皮行气消痰，降逆平喘。

若伴咳呛痰少质黏，烦热口干，面色潮红，舌红苔剥，脉细数，为气阴两虚，可用生脉饮加沙参、玉竹、百合等益气养阴。

加减 1）若咯痰清稀起沫，形寒者，加细辛温肺化饮。

2）肺气虚明显者，加冬虫夏草补肺益气。

3）如兼有脾气虚者，可加人参、山药、扁豆健脾益气。

4）兼有肾气虚者，加山萸肉、胡桃肉、蛤蚧以纳气定喘。

若正气欲脱，喘逆甚剧，大汗淋漓，四肢厥冷，面唇青紫，舌质淡，脉微者，治当益气养阴，回阳救逆，可用生脉散合四逆汤治疗。

（2）肾气虚

症状 喘促日久，气息短促，呼多吸少，动则喘甚，气不得续，小便常因咳甚而失禁，或尿后余沥，面青肢冷。

舌象 舌质淡，苔薄白。

脉象 脉沉弱或微细。

证候分析 久病肺虚及肾，肾气耗损，肾不纳气，故见喘促气短，呼多吸少，气不得续；劳则耗气，故动则更甚；肾气亏虚，固摄失司，见小便失禁，或尿后余沥；肾阳虚衰，不能温养于外，则面青肢冷。舌淡苔薄白，脉微细或沉弱均为肾虚之征。

治法 补肾纳气。

方药 金匮肾气丸合参蛤散。

前方温补肾阳，后方纳气归肾。方中附子、桂枝温补肾阳；熟地黄、山药、山萸肉滋补肾精；泽泻、茯苓利水渗湿，牡丹皮清泻肝火，与温补肾阳药相配，意在补中寓泻，以使补而不腻；人参大补元气，蛤蚧补肾纳气。

加减 1）肾阳虚甚者，加仙灵脾、仙茅温补肾阳。

2）喘促甚者，加紫石英、沉香以平喘。

若见喘咳，口咽干燥，颧红唇赤，舌红少苔，脉细或细数为肾阴虚，可用七味都气丸合生脉散以滋阴纳气。

若兼标实，痰浊壅肺，喘咳痰多，气急胸闷，苔腻，此为“上实下虚”之候，治宜化痰降逆，温肾纳气，用苏子降气汤。

（3）喘脱

症状 喘逆剧甚，张口抬肩，鼻翼煽动，端坐不能平卧，稍动则喘剧欲绝，心慌动悸，烦躁不安，面青唇紫，汗出如珠。

脉象 脉浮大无根，或见歇止，或模糊不清。

证候分析 喘促日久，肺肾俱虚，不能主气、纳气，气失摄纳，故见喘逆剧甚，鼻翼煽动，张口抬肩，不能平卧。劳则耗气故见稍动则喘剧欲绝。肾阳虚衰，卫外不固，故见汗出如珠。心阳虚，鼓动血脉无力，血行瘀滞，故见面青唇紫。胸中阳气不足，故见心慌动悸，烦躁不安。脉浮大无根，或见歇止，或模糊不清，乃肺气欲竭、心肾阳衰之危象。

治法 扶阳固脱，镇摄肾气。

方药 参附汤合黑锡丹。

方中用人参 15~30g，附子 15g，急煎频服，并送服黑锡丹 3~4.5g。同时还可加服蛤蚧粉 2~3g，以温肾阳，散阴寒，降逆气，定虚喘。

若呼吸微弱，间断难续，或叹气样呼吸，汗出如洗，烦躁内热，口干颧红，舌红无苔，或光绛而紫赤，脉细微而数，或散或芤，为气阴两竭之危证，治应益气救阴防脱，可以用参麦注射液 50~100ml 静脉滴注，口服生脉散加生地黄、山萸肉，使用时应选用西洋参。若汗多不敛者，加龙骨、牡蛎以敛汗固脱。若出现阴竭阳脱者，加附子、肉桂急救回阳。

4.4 预防与调护

加强体育锻炼，提高机体抗病能力，并根据四季冷暖的变化，随时增减衣服，避免感冒的发生。使患者树立战胜疾病的信心，保持心情愉快。饮食宜清淡，忌食辛辣刺激性及甜黏肥腻之品，有烟酒嗜好者，应尽量劝其戒除。

附　　录

1. 病案举例

1）汪让之婢者，年约十五六岁，病数日方延予过诊。及至房门外，即闻喘声如雷，举家惶惧，且发热，浑身叫疼，耳且聋，问之多不解应，六脉细数而浮，大便五日未通。余先用加味麻黄汤一剂。次日再诊时，在榻边方微闻喘急之声，乃再以清金之剂加酒大黄，大便随通一两次，而病退矣。后以清热化滞调理而安。然此症内外俱实，予故先取其标，而后取其本，亦乃急则治标之意也。

（《程茂先医案》）

2）陈某，女，43岁。

辨证：咳喘。

病因：心肾两虚，气逆上攻。

证候：心悸，夜眠不安，咳喘，小便频数，畏冷，头晕，手足浮肿，麻而酸困。脉沉数，舌质红，苔薄黄。

治法：交心肾，止咳喘。

处方：云茯神9g，冬瓜子6g，杭甘菊6g，杭白芍6g，煨益智6g，远志肉6g，苏子6g，丝瓜络6g，炒青蒿6g，炒枣仁6g，海浮石6g，鲜枇杷叶6g，炒银杏6g。

方解：云茯神、远志益智宁心安神，缩泉以交心肾。苏子、海浮石、枇杷叶、银杏降气化痰，止嗽定喘。杭白菊、青蒿除头风，清虚热。白芍药和血敛阴。丝瓜络通经和血脉以治手足浮肿，麻而酸困。

（《陆观虎医案》）

2. 古文献选录

《素问·至真要大论》："诸气膹郁，皆属于肺。"

《素问·大奇论》："肺之壅，喘而两胠满。"

《灵枢·经脉》："肾足少阴之脉，是动则病……喝喝而喘。"

《素问·逆调论》："不得卧，卧则喘者，是水气之客也。"

《丹溪心法·喘》："肺以清阳上升之气，居五脏之上，通荣卫，合阴阳，升降往来，无过不及，六淫七情之所感伤，饱食动作，脏气不和，呼吸之息，不得宣畅而为喘急。亦有脾肾俱虚，体弱之人，皆能发喘。又或调摄失宜，为风寒暑湿邪气相干，则肺气胀满，发而为喘。又因痰气皆能令人发喘。治疗之法，当究其源。如感邪气，则驱散之，气郁即调顺之，脾肾虚者温理之，又当于各类而求。"

《景岳全书·喘促》："实喘者，气长而有余；虚喘者，气短而不续。实喘者胸胀气粗，声高息涌，膨膨然若不能容，惟呼出为快也；虚喘者，慌张气怯，声低息短，惶惶然若气欲断，提之若不能升，吞之若不相及，劳动则甚，而惟急促似喘，但得引长一息为快也。”

《仁斋直指附遗方论·喘嗽》：“有肺虚夹寒而喘者；有肺实夹热而喘者；有水气乘肺而喘者；……如是等类，皆当审证而主治之。”

《医宗必读·喘》：“治实者攻之即效，无所难也。治虚者补之未必即效，须悠久成功，其间转折进退，良非易也。故辨证不可不急，而辨喘证为尤急也。”

3. 研究进展

（1）喘证病因病机学研究

张贻芳等人认为，喘证是本虚标实之证，本虚以气阴两虚多见，标实以热痰多见。病因分两大类，一为外感，一为内伤。前者包括风寒致喘，炎热致喘，燥气犯肺，外感湿邪。后者包括脏腑亏损，气血不足，先天不足而肾不纳气，脾胃虚弱及肾阳不足［中国医药学报，1992，（4）：55］。许德盛等强调肾虚为喘证病人的基本体质，喘证病人无论临床上有无肾虚见证，皆存在“隐藏性肾虚证”［上海中医药杂志，1989，（12）：4］。史锁芳认为喘多为本虚标实证，本虚多为肾虚，标实则多表现为气闭痰壅［中医药信息，1993，（3）：11］。谢昌仁把咳喘分为三期，即：急性发作期、慢性迁延期、症状缓解期。其中除急性发作期重在邪气壅肺，气失宣降之病机外，后两期均与脾肾亏虚有关。因“脾为生痰之源”，“肾虚则水泛为痰”，故于迁延、缓解之际，宜培补脾肾（当代名医临证精华·咳喘专辑．北京：中医古籍出版社，1989. 86，94，98）。李静等认为喘证患者中，大多数发病时间较长的病人确有明显的血瘀征象，并从临床和动物实验两方面证实了血瘀内阻在本病发病中的主要作用［山东中医学院学报，1995，（2）:129］。

（2）喘证辨证论治研究

喘证一般按寒热虚实辨证论治。程爵堂用八味止喘散（制皂角、制杏仁、制半夏、炒苏子、炒莱菔子、炒白芥子、炒五味子、细辛）研末，混合，或用姜汁、竹沥（等份）调和制成梧桐子大丸，每晚3~6g，吞服。虚喘配合蒌贝定喘汤（瓜蒌仁、浙贝母、党参、炒白术、茯苓、干姜、细辛、五味子、紫菀、款冬花、橘红、南竺子）；热喘用加味黄牛散（生大黄、白牵牛、黄芩、全瓜蒌、前胡，研末），每日5~9g，分3次服，亦可改为汤剂。均每日1剂水煎服，药后兼服八味止喘散。经治1~2个月后，临床痊愈58例，显效15例，有效11例，无效3例［浙江中医学院学报，1990，（3）：18~19］。王延周用宣散温降法治疗寒饮喘疾70例，方用宣降汤（炙麻黄、射干各12g，细辛、桂枝、炙甘草各6g，干姜7g，五味子、苏子各9g，葶苈子20g，大枣4枚）。对照组70例，用头孢唑啉4~6g静滴。结果两组有效率分别为93%、71%（$P<0.01$）［吉林中医药，1995，（4）：11~12］。

有些医家认为，虚喘亦可用麻黄。如洪广祥认为，虚喘中亦多见虚中夹实，尤其慢性阻塞性肺部疾病所致的喘证，不仅有肺肾两虚，摄纳失常的虚喘本证，同时还可见痰瘀阻肺，肺失肃降，气道壅塞的实证，这就是虚喘亦可用麻黄的理论和临床依据。当然在组方时，必须在辨证论治前提下，灵活配伍。虚喘用麻黄，一般宜炙用，这不仅可以缓和麻黄辛散之性，同时还有补益作用［中医杂志，1992，(4)：4~5］。黄淑芬以麻黄配杏仁、葶苈子、党参、黄芪、熟地黄、五味子等用于虚喘患者。并认为传统所指虚喘忌用麻黄，是仅指单味药而言，复方配伍不受此限制［中医杂志，1990，(12)：12~13］。

(3) 喘证辨病论治研究

慢性阻塞性肺病的治疗，奚肇庆以瓜蒌薤白半夏汤为基本方，热重加连翘、黄芩、竹沥、苇茎汤；寒重加苓桂术甘汤、葶苈子；夹瘀加桃仁、丹参。治疗本病40例。对照组30例，以麻杏石甘汤为基本方，热重加黄芩、鱼腥草、一支黄花；寒重合小青龙汤，3周为1疗程。结果两组显效率为65.7%、39.3%，有效率为87.5%、63.3%；肺通气功能的改善，治疗组亦优于对照组（$P<0.05$）。说明通阳散结、行气祛痰法，对痰浊内阻、肺失肃降的实喘证也是适应的［中医杂志，1990，(6)：35~38］。王会仍应用益气活血法，以黄芪参脉饮加复方丹参片治疗慢性阻塞性肺病57例，与温阳益肾法，以金匮肾气丸治疗29例作对照。结果发现益气活血组的疗效明显高于温阳益肾组（$P<0.01$），并分别观察了两组治疗前后肺功能及动脉血气的变化。结果治疗组不仅能显著地改善肺通气功能（$P<0.01$），而且能显著地改善肺换气功能（$P<0.01$）。说明气虚血瘀是慢性阻塞性肺病的重要病理生理基础［中医杂志，1992，(9)：24~26］。慢性阻塞性肺病出现喘脱证，多表现为内闭外脱（痰瘀气壅，阳气虚衰），须采取综合措施，积极抢救。洪广祥用红参、制附子、青皮、陈皮、槟榔、葶苈子、生大黄、鬼箭羽、牡荆子、菖蒲、郁金等为基本方，随症加减。若阴损及阳，阴液亏耗者，加麦冬、五味子、山萸肉等，并配合西药抗生素，必要时使用呼吸兴奋剂及强心利尿剂，治疗30例，与单纯西药组作对照。结果观察组疗效明显高于对照组，而病死率明显低于西药组（$P<0.01$）。实验室检查亦发现，观察组较对照组明显提高了血氧分压，降低二氧化碳分压（$P<0.01$）［实用中医杂志，1993，(1)：6~7］。马少剑以中西医结合治疗喘息性支气管炎104例，用麻黄、白果、黄芩、地龙、川芎、细辛、甘草为基本方，随证加减，结合西药平喘、抗炎对症治疗，与西药组100例对照，结果两组分别显效82例、64例，有效22例、35例，无效0例、1例［上海中医药杂志，1994，(1)：10~11］。时桂英采用中西医结合治疗喘憋性肺炎120例，用射干、五味子、桂枝各9g，生麻黄3g，细辛2g，半夏、黄芩、金银花、连翘各6g，生石膏12g，疗程3~5日，结合西药抗感染、平喘、对症治疗。与纯西药组112例对照，结果两组分别显效82例、36例，有效28例、43例，无效10例、33例。两组显效率比较有显著差异（$P<0.01$）［中级医刊，1993，(9)：54］。

复习思考题

1. 何谓喘证？
2. 试述喘证的病因病机。

3. 试结合脏腑、病邪等因素，论述喘证在肺为实、在肾为虚的病理机制。

4. 简述虚喘、实喘的临床鉴别。

5. 试述实喘、虚喘各型的证治。

（陈攺花）

5

肺 胀

目的要求

1. 了解肺胀的定义、临床表现、调摄护理及研究进展。
2. 熟悉肺胀的病因病机及肺胀出现危重证候的处理。
3. 掌握肺胀的治疗原则及各个证型的证治。

肺胀是多种慢性肺系疾患反复发作，迁延不愈，导致肺气胀满，不能敛降的一种病证，临床表现为胸部膨满，胀闷如塞，喘咳上气，痰多，烦躁，心慌等，其病程缠绵，时轻时重，日久则见面色晦暗，唇甲发绀，脘腹胀满，肢体浮肿，甚或喘脱等危重证候。

《内经》中首次提出肺胀之病名，并对其主症有详细记载。《诸病源候论》记载了肺胀的发病机理，《丹溪心法》提出肺胀的病理因素主要是痰、瘀阻碍肺气所致，《证治汇补》认为肺胀的辨证施治当分虚实两端。

根据肺胀的临床表现，主要见于现代医学中慢性支气管炎、支气管哮喘、支气管扩张、硅沉着病、重度陈旧性肺结核等合并肺气肿、慢性肺源性心脏病等，当这些疾病出现肺胀的临床表现时，可参考本章进行辨证论治。

5.1 病因病机

5.1.1 病因

5.1.1.1 久病肺虚

若内伤久咳、久喘、久哮、肺痨等肺系慢性疾患，迁延失治，痰浊潴留，伏着于肺，肺气壅滞不畅，久则气滞肺间，肺气胀满不能敛降，而成肺胀。

5.1.1.2 感受外邪

肺虚卫外不固，六淫之邪每易反复乘袭，诱使本病发作，病情日益加重。

5.1.1.3 痰夹血瘀

病久肺气肺体损伤，内有郁结之痰，复感外邪，肺气郁闭，血行不畅，积而为瘀，致使痰瘀相结于肺，滞留于心，而成肺胀。

另外，过度吸烟，酗酒，纵欲，劳累，忧伤，亦可诱发肺胀。

5.1.2 病机

5.1.2.1 基本病机

肺系疾病日久，或迁延失治，复感外邪，使肺、脾、肾等脏腑功能失调，气壅于胸，滞留于肺，痰瘀阻结肺管气道，导致肺体胀满，不能敛降而成肺胀。

5.1.2.2 病位

本病病变首先在肺，继则影响脾肾，后期病及于心。

肺主气，开窍于鼻，外合皮毛，主表、卫外，故外邪从口鼻、皮毛入侵，首先犯肺。邪气壅肺，肺气宣降不利，或咳，或喘，或哮，或津液失于输化而成痰，久则肺虚，气阴耗伤，导致肺的主气功能失常，遂使六淫乘袭或他脏之邪干肺，而成肺胀。

脾为肺之母，肺病日久，子耗母气，则脾失健运，导致肺脾两虚，脾虚不能散精上归于肺，肺病不能输布水津，则聚为痰浊。“肺为气之主，肾为气之根。”肾能助肺纳气，若肺病日久，累及于肾，肾气耗损，肺不主气，肾不纳气，可致气喘日益加重，吸入不易，呼吸表浅难续，动则更甚。

肺与心脉相通，肺气辅助心主血脉之功能。咳喘日久，肺病日深，治节失职，则心营不畅，致喘悸不宁，甚则心气、心阳虚衰，心脉郁阻；心阳根于命门真火，如肾阳不振，进一步导致心肾阳衰，则出现喘脱等危候。

若痰热内郁，热极生风，或阴液耗损，虚风内动，则出现抽搐、震颤、神昏等肝、脑变证。

5.1.2.3 病理性质

本虚标实，虚实交错为本病之特点，但有偏实偏虚之不同，本虚为肺、脾、肾、心俱虚，标实为痰浊、水饮、血瘀为患。

发作期间偏于标实，以邪实为主，须分清风寒、风热、水饮、痰浊、痰热、血瘀等不同。痰的产生，因肺虚不能化津，脾虚不能转输，肾虚不能蒸化而成。若痰从寒化则成饮，饮溢肌表则为水，痰浊久留，肺气郁滞，心脉失畅则血郁为瘀，瘀阻血脉，“血不利则为水”。一般早期以痰浊为主，渐而痰瘀并见，终至痰浊，血瘀、水饮错杂为患。若病程中复感风寒，则可成为外寒内饮之证；感受风热或痰郁化热，可表现为痰热证。

缓解期偏于本虚，以正虚为主，当区别气虚、阳虚或阴虚，并应分辨肺、脾、肾、心病变的主次。一般早期多属气虚、气阴两虚，由肺及脾、肾，晚期气虚及阳，以肺、肾、心为主，或阴阳两虚，但纯属阴虚者罕见。

正虚与邪实每多互为因果，如阳气不足，卫外不固，易感外邪，痰饮难蠲，兼有阴虚者则外邪、痰浊易从热化，故虚实诸候常夹杂出现。若反复外感、内伤，进一步耗伤正气，每致愈发愈频，甚则持续不已。

5.1.2.4 病机转化

恶化与缓解是本病发展的两端，一是季节性加重，或寒温失控，或情志因素引起急性发作，出现寒饮束肺，或痰热壅肺，或心、脾、肾阳虚，如果治疗不及时或误治，甚至再受诱因的刺激，轻则在三证之间转化，重则转为痰浊内闭，严重时发生喘脱等危重证候。二是季节性缓解，或治疗及时得力，诸症由重转轻，由危转安，由发作转缓解。

5.2 诊断与鉴别诊断

5.2.1 诊断

5.2.1.1 临床表现

以喘、咳、痰、胀为本病的证候特征。典型的临床表现为胸部膨满，胀闷如塞，喘咳上气，痰多，及烦躁、心悸等。本病病程缠绵，时轻时重，日久可见面色晦暗，唇甲发绀，脘腹胀满，肢体浮肿，甚或喘脱等危重证候，病重可并发神昏、动风或出血等症。体检可见桶状胸，闻及肺部哮鸣音或痰鸣音及湿性啰音，心音遥远，胸部叩诊为过清音。

5.2.1.2 病史及发病

有长期慢性咳喘病史，及反复发作史，一般约经 10~20 年形成，发病年龄多为老年，中青年少见。常因外感而诱发，其中以寒邪为主，其次过劳、暴怒、炎热也可诱发本病。

5.2.1.3 辅助检查

X 线检查、心电图、肺功能及血气分析有助于本病诊断。

5.2.2 鉴别诊断

5.2.2.1 哮病

哮病是一种发作性的痰鸣气喘疾患，常突然发病，迅速缓解，且以夜间发作多见，缓解后无胸中胀满，病有夙根。肺胀之咳喘虽经治疗缓解，其胸中胀满、气短常可持续存在，因此不难区别。

5.2.2.2 喘证

喘证以呼吸困难为主要表现，可见于多种急慢性疾病的过程中，常为某些疾病的重要主症和治疗的重点。而肺胀是由多种慢性肺系疾病迁延不愈发展而来，喘咳上气，仅是肺胀的一个症状。

5.3 辨证论治

5.3.1 辨证要点

5.3.1.1 辨虚实

肺胀是本虚标实之证，但有偏实与偏虚的不同。一般感邪时偏于邪实，平时偏于本虚。偏虚者有气虚、气阴两虚、阴阳两虚等不同，肺胀早期以气虚或气阴两虚为主，后期气虚及阳，以阴阳两虚为主。标实为痰浊、水饮与瘀血，早期以痰浊为主，渐而痰瘀并重，并可兼见气滞、水饮错杂为患，后期正气虚衰，本虚与标实并重。

5.3.1.2 辨脏腑

咳嗽喘息，胸闷胀满，气短怕风，稍劳即著，病位在肺；咳喘胸满，脘痞痰多，倦怠乏力，病位在脾；咳喘气短，动则喘甚，呼多吸少，病位在肾；咳逆上气，心慌气短，唇舌发绀，病位在心。一般肺胀早期病位在肺、脾、肾，后期病位在肺、肾、心。

5.3.1.3 辨痰饮气血

咳逆上气，面浮肢肿，心悸尿少，属水饮；咳逆上气，痰涎壅盛，属痰浊；咳逆上气，胸中膨膨胀满，不能平卧，属气滞；咳逆上气，面色晦暗，唇舌发绀，为瘀血。

5.3.2 治疗原则

治疗当根据感邪时偏于邪实、平时偏于正虚的不同，有侧重地分别选用扶正、祛邪的不同治则。标实者，根据病邪的性质，分别采取祛邪宣肺（辛温、辛凉），降气化痰（温化、清化），温阳利水（通阳、淡渗），活血化瘀，甚或开窍、熄风、止血等法。本虚者，当以补养心肺，益肾健脾为主，或气阴兼调，或阴阳兼顾。正气欲脱时则应扶正固脱，救阴回阳。

5.3.3 分型论治

5.3.3.1 外寒内饮

症状　咳逆喘满不得卧，气短气急，咳痰白稀，呈泡沫状，胸部膨满，口干不欲饮，周身酸楚，恶寒，面色青黯。

舌象　舌体胖大，舌质暗淡，苔白滑。

脉象　脉浮紧。

证候分析　风寒之邪引动内伏寒饮，或寒饮招引风寒致病急作，风寒饮邪壅肺，肺气郁闭，不得宣畅，故咳逆喘满不得卧，气短气急，胸部膨满。寒饮内伏，内无郁热，故咯痰白稀，呈泡沫状，口干不欲饮。阴盛于内，阳气不能宣达，故面色青黯。风寒束表，卫表不和故恶寒，周身酸楚。舌体胖大，舌质暗淡，苔白滑，脉浮紧均为外寒内饮之象。

治法　温肺散寒，降逆涤痰。

方药　小青龙汤。

方中麻黄、桂枝宣肺平喘散寒，干姜、细辛温肺散寒化饮，半夏燥湿化痰降逆，五味子敛肺止咳，生白芍配桂枝以调和营卫，炙甘草调和诸药。

加减　1）痰多者加贝母、杏仁以化痰；咳痰不利者加桔梗宣肺利气。

2）若咳而上气，喉中有水鸡声，表寒不著者，可用射干麻黄汤。

3）若饮郁化热，烦躁口渴者，可加生石膏清泄郁热。

5.3.3.2 痰热郁肺

症状　咳逆喘息气粗，胸满烦躁，痰黄或白，黏稠难咯，或发热微恶寒，溲黄便干，口渴欲饮。

舌象　舌质暗红，苔黄或黄腻。

脉象　脉滑数。

证候分析　痰浊内蕴化热，痰热壅肺，故痰黄，黏白难咯。肺热内郁，清肃失司，肺气上逆，则咳逆喘息气粗，胸满烦躁。肺热耗津则口渴欲饮，溲黄便干。风热犯肺，故可发热，微恶寒。舌红，苔黄或黄腻，脉数均为痰热内郁之征。

治法　清肺化痰，降逆平喘。

方药　越婢加半夏汤、桑白皮汤。

前方用麻黄、石膏辛凉配伍，辛能宣肺散邪，凉能清泄内热；生姜、半夏散饮化痰降逆；甘草、大枣安内攘外，以扶正祛邪，共奏宣肺泄热之效，用于饮热郁肺，外有表邪，喘咳上气，目如脱状，身热，脉浮数之证。后方中桑白皮、黄芩、黄连、栀子清泻肺热；贝母、杏仁、苏子、半夏降气化痰，用于痰热壅肺，喘急胸满，咳吐痰黄，或黏白稠厚者。

加减 1）若痰热内盛，痰胶黏不易咯出者，加鱼腥草、瓜蒌皮、海蛤粉、风化硝清热化痰利肺。

2）痰鸣喘息，不得平卧者，加射干，葶苈子泻肺平喘。

3）痰热伤津，口干舌燥，加天花粉、知母、芦根以生津润燥。

4）痰热壅结，便秘腹满者，加大黄通腑泄热以降肺气。

5.3.3.3 痰瘀阻肺

症状 咳嗽痰多，色白呈泡沫，喉间痰鸣，喘息不能平卧，胸部膨满，憋闷如塞，面色灰白而暗，唇甲发绀。

舌象 舌质暗或暗紫，舌下瘀筋增粗，苔腻或浊腻。

脉象 脉弦滑。

证候分析 痰浊久留，肺气郁闭，血行无力，积而为瘀。痰瘀相结于肺，壅塞气道，故见咳嗽痰多，色白或呈泡沫，喉间痰鸣，喘息不能平卧，胸部膨满，憋闷如塞。瘀阻血脉，则面色灰白而暗，唇甲紫绀。舌质暗或暗紫，舌下瘀筋增粗为血瘀之象，苔腻或浊腻、脉弦滑乃痰浊之征。

治法 涤痰祛瘀，泻肺平喘。

方药 葶苈大枣泻肺汤合桂枝茯苓丸。

方中用葶苈子涤痰除壅，以开泄肺气；佐大枣甘温安中而缓药性，使泻不伤正；桂枝通阳化气，茯苓除湿化痰，牡丹皮、桃仁、赤芍药助桂枝通血脉、化瘀滞，还可加三子养亲汤化痰下气平喘。若腑气不利，大便不畅者加大黄、厚朴以通腑除壅。

5.3.3.4 痰蒙神窍

症状 意识朦胧，谵妄，烦躁不安，撮空理线，表情淡漠，嗜睡、昏迷，或肢体瞤动，抽搐，咳逆喘促或伴痰鸣。

舌象 舌质暗红或淡紫或紫绛，苔白腻或黄腻。

脉象 脉细滑数。

证候分析 痰涎壅盛，闭心蒙脑，故见意识朦胧，谵妄，烦躁不安，撮空理线，表情淡漠，嗜睡，昏迷。肝风内动则肢体瞤动、抽搐。肺虚痰蕴故咳逆喘促，或伴痰鸣。苔白腻或淡黄腻，脉细滑数为痰浊内蕴之象，舌暗红或淡紫乃心血瘀阻之征。

治法 涤痰，开窍，熄风。

方药 涤痰汤、安宫牛黄丸、至宝丹。

涤痰汤可涤痰开窍、熄风止痉，用于痰迷心窍，风痰内盛，神识昏蒙、嗜睡、痰多，肢体瞤动者，药用半夏、茯苓、橘红、胆南星涤痰熄风；竹茹、枳实、甘草清热化痰利膈；石菖蒲开窍化痰；人参扶正防脱。至宝丹或安宫牛黄丸以清心开窍。

加减 1）若痰热内盛，身热，烦躁，谵语，神昏，舌红苔黄者加黄芩、桑白皮、葶苈子、天竺黄、竹沥、瓜蒌以清热化痰。

2）热结大肠，腑气不通者，用凉膈散或增液承气汤。

3）肝风内动，抽搐加钩藤、全蝎、羚羊角粉凉肝熄风。

4）瘀血明显，唇甲紫绀加红花、桃仁、水蛭活血通脉。

5）如热伤血络，见皮肤黏膜出血，咯血，便血色鲜者，配清热凉血止血药，如水牛角、生地黄、牡丹皮、紫珠草、生大黄等。

5.3.3.5 肺肾气虚

症状 呼吸浅短难续，咳声低怯，胸满短气，甚则张口抬肩，倚息不能平卧，咳嗽，痰白如沫，咯吐不利，心慌，形寒汗出，面色晦暗。

舌象 舌淡或黯紫，苔白润。

脉象 脉沉细无力或有结代。

证候分析 肺肾两虚，不能主气、纳气，故呼吸浅短难续，咳声低怯，胸满气短，张口抬肩，不能平卧。寒饮伏肺，肾虚水泛则咳痰色白如沫，咯吐不利。肺病及心，心气虚弱故心慌，形寒汗出。肺失治节，气不帅血，气滞血瘀则见面色晦暗，舌淡或黯紫，脉沉细无力或有结代。

治法 补肺纳肾，降气平喘。

方药 补虚汤合参蛤散。

方中用人参、黄芪、茯苓、甘草补益肺脾之气；蛤蚧、五味子补肺纳肾；干姜、半夏温肺化饮；厚朴、陈皮行气消痰，降逆平喘。还可加桃仁、川芎、水蛭活血化瘀。

加减 1）若肺虚有寒、怕冷，舌质淡加桂枝、细辛温阳散寒。

2）兼阴伤、低热、舌红苔少加麦冬、玉竹、生地黄、知母养阴清热。

3）若面色发绀，血瘀明显者加当归、丹参、五灵脂活血祛瘀。

如见面色苍白，冷汗淋漓，四肢厥冷，血压下降，脉微欲绝等喘脱危象者，急加参附汤，送服蛤蚧粉或黑锡丹补肾纳气，回阳固脱。另可酌情选用参附注射液、生脉注射液、参附青注射液。

5.3.3.6 阳虚水泛

症状 面浮，下肢肿，甚则一身悉肿，腹部胀满有水，尿少，心悸，喘咳不能平卧，咳痰清稀，脘痞纳差，怕冷，面色青紫。

舌象 舌胖质黯，苔白滑。

脉象 脉沉虚数或结代。

证候分析 肺脾肾阳气衰微，气不化水，水邪泛滥则面浮，肢体尽肿，尿少。水饮上凌心肺故心悸，喘咳不能平卧，咯痰清稀。脾阳虚衰，健运失职则脘痞纳少。寒水内盛，故怕冷。阳虚血瘀则面唇青紫，舌质黯，脉结代。脉沉虚数，舌胖，苔白滑为阳虚水停之征。

治法 温肾健脾，化饮利水。

方药 真武汤合五苓散。

前方温阳利水，用于脾肾阳虚之水肿；后方通阳利水，配合真武汤可加强利尿消肿的作用。药用附子，桂枝温肾通阳，茯苓、白术、猪苓、泽泻、生姜健脾利水，白芍药敛阴和阳。

加减 1）血瘀甚，紫绀明显，可加红花、赤芍药、泽兰、益母草、北五加皮化瘀利水。

2）水肿势剧，上渍心肺，见心悸喘满，倚息不能平卧者，加沉香、黑白丑、椒目、葶苈子行气逐水。

5.4 预防与调护

肺胀由多种慢性肺系疾病转归而成，故预防和及时治疗原发病是本病预防的关键。要防止感冒，注意防寒保暖，尤其对老年、久病体虚的患者，凡近期内咳嗽突然加剧，痰色变黄，舌质变红，虽无发热恶寒表证，亦要考虑复感外邪病情加重的可能，应及时诊治，阻断病势的发展。要预防内伤咳嗽迁延不愈，发展成为本病，平时常服扶正固本方药增强正气，加强体育锻炼，提高抗病能力。宜慎风寒，戒烟酒，节饮食，调情志，远房事，避免肺、脾、肾再度损伤。

附 录

1. 病案举例

1）黄敬修兄店内，有同事鲍宗海者。因感风寒，喘嗽多日。就彼地某姓老医看视，谓其证属内亏，药与地、归、参、术。予见方劝其勿服。宗海以为伊体素虚，老医见识不谬，潜服其药，是夜喘嗽益甚。次日复往加减，医谓前药尚轻，更增黄芪、五味子。服后胸高气筑，莫能卧下，呷呀不休，闭闷欲绝。敬兄询知其故，嘱予拯治。予曰："前药吾原劝其勿服，伊之不信，况加酸敛，邪锢益坚，如何排解。"敬兄云："渠与我同事多年，不忍见其死而不救"。揣摩至再，立方用麻黄、桂枝、细辛、半夏、甘草、生姜、杏仁、葶苈子，并语之曰："此乃风寒客肺，气阻痰凝，因而喘嗽。医不开解，反投敛补，以致闭者愈闭，壅者愈壅，酿成肺胀危证。《金匮》云：咳逆倚息不得卧，小青龙汤主之。予于方中除五味、白芍之酸收，加葶苈、杏仁之苦泻者，盖肺苦气上逆，急食苦以泻之，如求眉燃，不容缓待也。"敬兄欣以为然，即令市药。煎服少顷，嗽出稠痰两盂，胸膈顿宽。再服复渣，又吐痰涎盏许，喘定，能卧。宗海始悟前药之误，泣求救援。予笑曰："无妨，枉自吃几日苦耳。"次服麻桂等味分量减轻，掺入桔梗、橘红、茯苓、苏子，更为调和肺胃而痊。

（《杏轩医案》）

2）李女，十月十五日诊：热经半月，无汗，咳喘，鼻煽，口渴，痰多，面浮足肿。脉濡数，苔白。风邪夹饮上袭，有肺胀之险。昨尚进新米，腹常作痛，兼有积也。净麻黄、杏仁、玉泉散、射干、枳实、郁金、甜葶苈、冬甜瓜子、生薏仁、通草、薄荷、桑皮、兜铃、茅芦根、枇杷叶。另西月石、生明矾、礞石、槟榔，研末，冲。服药得汗，吐韧痰碗许，气喘鼻煽大减；转清肺涤痰，愈。

（《周小农医案》）

2. 古文献选录

《素问·大奇论》："肺之壅，喘而两胠满。"

《金匮要略·肺痿肺痈咳嗽上气病脉证并治》："上气喘而躁者，属肺胀，欲作风水，发汗则愈。"

《诸病源候论·上气鸣息候》："肺主于气，邪乘于肺则肺胀，胀则肺管不利，不利则气道涩，故上气喘逆鸣息不通。"

《寿世保元·痰喘》："肺胀喘满，膈高气急，两胁煽动，陷下作坑，两鼻窍张，闷乱嗽渴，声嘎不鸣，痰涎壅塞。"

《丹溪心法·咳嗽》："有嗽而肺胀壅遏不得眠者，难治。"

《证治汇补·咳嗽》："肺胀者，动则喘满，气急息重，或左或右，不得眠者是也。如痰夹瘀血碍气，宜养血以流动乎气，降火以清利其痰，用四物汤加桃仁、枳壳、陈皮、瓜蒌、竹沥。又风寒郁于肺中，不得发越，喘嗽胀闷者，宜发汗以祛邪，利肺以顺气，用麻黄越婢加半夏汤。有停水不化，肺气不得下降者，其症水入即吐，宜四苓散加葶苈、桔梗、桑皮、石膏。有肾虚水枯，肺金不敢下降而胀者，其症干咳烦冤，宜六味丸加麦冬、五味。"

3. 研究进展

肺胀主要包括现代医学的慢性阻塞性肺疾患（慢阻肺）及其严重并发症，如肺心病、肺性脑病、呼吸衰竭等。近年来，随着中医和中西医结合研究本病的不断深入，无论在临床研究，还是在基础研究方面，均取得了可喜成绩。

（1）基础研究

金维岳测定肺心病患者血液流变学5项指标，其均值均高于正常，同时发现血液流变学的改变和中医分型有关［辽宁中医杂志，1994，21（8）：282］。张伯礼对部分慢阻肺患者进行了体外血栓形成的检测和初步分析，结果慢阻肺者体外血栓长度、湿重、干重高于健康人数倍，肺心病患者血栓最长，说明本病常伴有高凝血状态，血栓形成能力增强［天津中医，1988，（4）：23］。杜求诚测定肺心病患者治疗前血浆环磷腺苷（cAMP）含量明显高于正常人，中药治疗后cAMP水平有不同程度降低，以至于恢复至正常水平［辽宁中医杂志，1994，21（8）：283］。王素英将106例肺心病患者分为气虚型、气阴两虚型和阳虚型进行血气分析研究。结果气虚型、气阴两虚型有轻度低氧血症和高碳酸血症，但其pH值仍在正常范围内，提示此二型病人属于呼吸性酸中毒代偿期。阳虚型病人表现有严重的低氧血症和高碳酸血症，血液pH值明显下降，提示此型病人处于呼吸性酸中毒失代偿期，病情显著较前两型为重。由此说明，分型和血气分析结果存在一定的辨证关系［内蒙古中医药，1986，(3)：26］。

（2）临床研究

黄大文将本病分为3型：痰热阻肺，用麻杏石甘汤合二陈汤加鱼腥草、全瓜蒌、当归、川芎；寒痰伤肺，用小青龙汤加川芎；阳虚水泛，用苓桂术甘汤合真武汤加川芎、薏苡仁。共治本病85例，总有效率为88.2%［实用中西医结合杂志，1992，(5)：16~17］。晁恩祥等将本病分为肺肾气虚外感型，其中偏寒者，选用小青龙汤加味；偏热者，用麻杏石甘汤合苇茎汤；心脾肾阳虚水泛型，用真武汤合苓桂术甘汤加味；痰浊蒙窍型，用涤痰汤加减；元阳欲绝型，用参附汤、四逆汤合生脉注射液；热瘀伤络型，用生脉饮合生地黄、大黄炭、大蓟、小蓟、三七、赤芍药等。共治疗本病286例，总有效率为90%［天津中医，1985，(1)：1~3］。

另外，大多以热、痰、瘀、虚为肺胀治法的立论依据，其中又以血瘀为立法的基础。应用较多的治法有：清热化瘀、通下化瘀、涤痰化瘀、温阳化瘀、益气化瘀、滋阴化瘀等法。周风林等用通活汤（鱼腥草、当归、赤芍药、川芎、桃仁、杏仁、桔梗、鸡血藤、丹参）治疗肺心病呼吸衰竭，总有效率为84.37%，明显优于西药对照组［辽宁中医杂志，1992，(10)：19~20］。

肺与大肠相表里，腑气通，肺气自降。周其林等采用通里攻下、活血化瘀法，对15例急性发作时辨证为肺脾肾气虚和气阴两虚，而又有腹胀、便秘的患者，用大黄、厚朴、枳实、土鳖虫、莪术、浙贝母等，服药后便通、胀减，相应膈运动幅度增大，肺泡通气量和高碳酸血症及低氧血症获得一定改善，炎症明显吸收［福建中医药，1981，(3)：19~20］。

洪广祥认为，痰瘀阻肺是肺胀患者气道壅塞的重要病理基础。应用葶苈子、牡荆子、礞石、大黄、青陈皮、水蛭粉、卫矛、人参、熟附片、黄芪为基本方，治疗肺心病并心衰45例，治疗10天后，结果疗效明显高于对照组（$P<0.05$）［中国中医急症杂志，1993，(2)：10~11］。

肺心病心衰，与阳气虚衰及血脉瘀阻有关。曹兴亚应用活血化瘀、温阳利水方药（鸡血藤、郁金、红花、丹参、附子、肉桂、干姜、泽泻、白术）治疗30例，同西药强心利尿作对照观察，在改善心、肺、肾功能方面，效果优于后者，且无不良反应［中西医结合杂志，1984，4（10）：589］。马斌用温阳化瘀法（附子、人参、桃仁、红花、泽兰等）治疗肺心病继发红细胞增多症证属阳虚血瘀者，全部病例神志转清，血红蛋白、红细胞恢复正常［辽宁中医杂志，1986，(11)：29~30］。

屠伯言等应用调气活血方（黄芪、葶苈子、苏子、桔梗、杏仁、桃仁、赤芍药、三七）治疗20例肺心病高黏度综合征，总有效率为70%［江苏中医，1985，(6)：30］。汪再舫用益气强心汤（黄芪、党参、肉桂、红花、丹参、益母草、泽兰、泽泻、葶苈子等）治疗肺心病心衰，总有效率为 78%［江苏中医，1989，（12）：5~6］。北京中医学院东直门医院应用益气活血化痰方药（黄芪、黄精、当归、地龙、水蛭粉、皂角、菖蒲、陈皮、苏子、苏梗、海蛤壳）共治疗肺胀病 70 例，显效率为 54.29%，有效率为 87.1%；对照组 30 例，用宣肺化痰方（麻黄、杏仁、半夏、橘红、桔梗、白芥子、前胡等）治疗，显效率为 36.67%，有效率为 80%，两组疗效有显著差异（$P<0.05$）。实验结果指示，该方药能降低血小板及血红蛋白，降低血小板黏附、聚集，从而改善肺微循环状态及通气/血流比值，增强心搏出量及肺、心、肾血流量；调节或增强机体免疫功能；有抗炎、调节前列腺素的合成及释放，以及保护脑组织细胞的作用（全国中医肺系病第五次学术会议资料，1992.12）。

马斌对肺心病继发红细胞增多症属血热瘀滞型者，以滋阴清热、活血化瘀法（生地黄、玄参、麦冬、天花粉、牡丹皮、赤芍药、丹参、桃仁等）治疗，疗效满意［辽宁中医杂志，1986，（11）：29~30］。

复习思考题

1. 何谓肺胀？
2. 试述肺胀的病因病机。
3. 肺胀可涉及哪些脏腑？病变规律如何？
4. 肺胀的治疗原则是什么？
5. 肺胀中痰热郁肺型，痰瘀阻肺型，痰蒙神窍型的症状、治法、方药有何不同？

（陈政花）

6

肺 痈

目的要求

1. 了解肺痈的概念、范围、调摄护理及研究进展。
2. 熟悉肺痈的病因及病理演变。
3. 掌握肺痈的治疗大法及分型施治。

肺痈是指由于热毒瘀结于肺，以致肺叶生疮，血败肉腐，形成脓疡的一种病证，属于内痈之一。临床以发热，咳嗽，胸痛，咯吐腥臭浊痰，甚则脓血相兼为主要表现。

本病病名首见于《金匮要略·肺痿肺痈咳嗽上气病篇》，并对肺痈的症状有详细描述，指出“始萌可救，脓成则死”的预后判断，强调早期治疗的重要性，还指出成脓者治以排脓，未成脓者治以泻肺，分别制订了相应的方药。汉以后，对肺痈的认识有所发展。隋《诸病源候论·肺痈候》认为风寒化热可为痈，并强调正虚是外邪乘袭致病的重要内因。唐《备急千金要方》创用苇茎汤以清肺排脓，活血消痈，此为后世治疗本病的要方。迄至明清，对本病的认识更趋深入、全面。明《医学纲目·卷十九》认为饮食不节为本病的病因之一。李梴《医学入门·卷六》中有验痰之法，对本病诊断曾颇有帮助。《医门法律·肺痿肺痈门》认识到他脏及肺的发病机理。治疗上倡议“以清肺热，救肺气”为要着。《外科正宗·肺痈论》根据病机演变及证候表现，提出初起在表者宜散风清肺，已有里热者宜降火抑阴，成脓者宜平肺排脓，脓溃正虚者宜补肺健脾等治疗原则。

肺痈主要见于现代医学的肺脓肿。其他如化脓性肺炎、支气管扩张、肺坏疽等伴化脓性感染者出现肺痈的临床表现时，均可参考本章辨证论治。

6.1 病因病机

感受外邪，内犯于肺，或痰热素盛，蒸灼肺脏，以致热壅血瘀，蕴酿成痈，血败肉腐化脓。

6.1.1 病因

6.1.1.1 感受外邪

多为风热上受，自口鼻或皮毛侵犯于肺，或因风寒袭肺，未得及时表散，内蕴不解，郁而化热，肺受邪热熏灼而成。

6.1.1.2 痰热素盛

平素嗜酒太过或恣食辛辣炙煿厚味，酿湿蒸痰化热，熏灼于肺；或肺脏宿有痰热，或他脏痰浊瘀结日久，上干于肺，形成肺痈。若宿有痰热蕴肺，复加外感风热，内外合邪，则更易引发本病。

劳累过度，正气虚弱，则卫外不固，外邪易乘虚外袭，是致病的重要内因。

6.1.2 病机

6.1.2.1 基本病机

正气内虚，痰热素盛，或饮食不节，滋生痰热；复外感风热之邪，或感受风寒，日久化热，邪热郁肺，邪阻肺络，血滞为瘀，而致痰热与瘀血互结，蕴酿成痈，血败肉腐化脓，肺损络伤，脓痈溃破外泄，形成肺痈。其成痈化脓的病理基础为热壅血瘀。

6.1.2.2 病位

本病病位在肺。

6.1.2.3 病理性质

本病病性属实热证。热邪蕴肺为本病之特点，并贯穿于病程的始终。但热邪亦可耗伤气阴，出现邪实正虚或正虚邪恋之证。

6.1.2.4 病机转化

肺痈之病理演变过程有初期、成痈期、溃脓期及恢复期等不同阶段。

1）初期　风热（寒）之邪侵袭卫表，内郁于肺，或内外合邪，肺卫同病，蓄热内蒸，热伤肺气，肺失清肃。本期以风热熏肺、肺失清肃为特点，出现恶寒、发热、咳嗽等证。

2）成痈期 邪热壅肺，蒸液成痰，气分热毒浸淫及血，热伤血脉，血为之凝滞，热壅血瘀，蕴酿成痈。本期以热毒壅肺、血瘀成痈为特点。出现高热、振寒、咳嗽、气急、胸痛等痰瘀热毒蕴肺的证候。

3）溃脓期 痰热与瘀血壅阻肺络，肉腐血败化脓，继则肺损络伤，脓疡内溃外泄。本期以血败肉腐、化为痈脓为特点，表现为咯吐大量腥臭脓痰或脓血痰。

4）恢复期 脓疡溃后，邪毒渐尽，病情趋向好转，但因肺体损伤，故见邪去正虚，阴伤气耗的病理过程，随着正气的逐渐恢复，痈疡渐告愈合。若溃后脓毒不尽，邪恋正虚，每致迁延反复，日久不愈，病势时轻时重，而转为慢性。

6.2 诊断与鉴别诊断

6.2.1 诊断

6.2.1.1 临床表现

发病急骤，常突然寒战高热，咳嗽胸痛，呼吸气粗，咯吐大量黄绿色脓痰或脓血痰，吐入水中，“沉者是痈脓，浮者是痰”，气味腥臭。肺痈患者如验口味，初起疑似未真，可以生大豆绞汁饮之，不觉腥味，或用黄豆1粒予病人口嚼，不觉豆之气味，即是肺痈。此外，慢性病变还可见“爪甲紫而带弯”，指端呈鼓槌样。

6.2.1.2 辅助检查

血白细胞总数及中性粒细胞比例增高，痰培养有致病菌，胸部X线摄片，肺部可见大片浓密炎症阴影或透亮区及液平面。另外，支气管碘油造影，纤维支气管镜检查等，有助于肺痈的诊断。

6.2.2 鉴别诊断

6.2.2.1 风温

风温初起以发热、咳嗽、烦渴或伴气急胸痛为特征，与肺痈初期颇难鉴别。但风温经正确及时治疗，一般邪在气分即解，多在1周内身热下降，病情向愈。如病经1周，身热不退或更盛，或退而复升，咯吐浊痰，喉中腥味明显，应考虑有肺痈的可能。

6.2.2.2 肺脏其他疾患表现之痰热蕴肺证

肺脏其他疾患亦可见发热、咳嗽、胸痛、咳痰带血等症状，但其多为气分邪热伤及血络，病情较轻，属痰热蕴肺证，常咯吐黄稠浓痰，痰量多，夹有血丝或咯鲜血；肺痈则为瘀热蕴结成痈酿脓溃破，病情较重，可见咯吐大量腥臭脓血浊痰。

6.2.2.3 痰饮

痰饮咳嗽患者，虽然亦有咳嗽、咳逆倚息、咯痰量多等症，易与肺痈相混。但痰饮咳嗽起病较缓，痰量虽多，每为白色泡沫样，并无腥臭脓痰，亦非痰血相兼，如有发热者，热势不如肺痈亢盛，且痰饮咳嗽多有反复发作史，结合 X 线检查不难判别。

6.3 辨证论治

6.3.1 辨证要点

6.3.1.1 辨虚实

肺痈的初起及成痈阶段，证见恶寒高热，咳嗽气急，咯痰黏稠量多，胸痛，舌红，苔黄腻，脉洪数或滑数，属于热证、实证；脓溃后，大量腥臭脓痰排出，身热随之渐退，咳嗽亦减轻，但常伴有胸胁隐痛，短气自汗，面色不华，消瘦乏力，脉细或细数无力，属于虚实夹杂之证。

6.3.1.2 辨病期

根据病程的先后不同阶段和临床表现，辨证可分为初期、成痈期、溃脓期、恢复期以作为分证的依据。

6.3.2 治疗原则

肺痈为实热证，宗“热者寒之”、“实者攻之”的治疗原则，清热解毒、化瘀排脓散结为其基本治疗大法。针对不同病期，分别采取相应治法。初期清肺散邪；成痈期清热解毒，化瘀消痈；溃脓期排脓解毒；恢复期，阴伤气耗者养阴益气，若久病邪恋正虚者，当扶正祛邪。在肺痈治疗的过程中，在未成脓前应予大剂清肺消痈之品以力求消散；已成脓者当解毒排脓，尤以排脓为首要措施；脓毒清除后，再予补虚养肺。

6.3.3 分型论治

6.3.3.1 初期

症状　发热微恶寒，咳嗽，咯黏液痰或黏液脓性痰，痰量由少渐多，胸痛，咳时尤甚，呼吸不利，口干鼻燥。

舌象　舌苔薄白或薄黄。

脉象　脉浮数而滑。

证候分析　风热所伤，表卫受邪，正邪交争则恶寒发热。邪热蕴肺，清肃不行，络脉痹阻，故见咳嗽胸痛，咳则痛甚，呼吸不利。热蒸津液为痰，则咯黏液痰或黏液脓性痰，痰量日渐增多。风热上受则口干鼻燥。苔薄白或薄黄，脉浮数而滑为风邪痰热较盛之征。

治法　清肺散邪。

方药　银翘散。

方中银花、连翘、芦根、竹叶疏散风热，清热解毒；桔梗、甘草、牛蒡子轻宣肺气，化痰止咳；荆芥、薄荷、豆豉辛散表邪。

加减　1）热势较甚者，加鱼腥草、黄芩、生石膏，以加强清热解毒之力。

2）头痛者，可加菊花、蔓荆子清利头目。

3）咳甚痰多者，加瓜蒌仁、浙贝母、杏仁、桑白皮、冬瓜仁、枇杷叶清肺化痰。

4）胸痛，呼吸不畅者，加瓜蒌皮、郁金、桃仁宽胸化瘀通络。

本证应注意宣畅肺气与清热解毒。银花、连翘用量宜大，银花可用30~50g，连翘可用15~30g，煎药时间不宜过长，病重者可加服1剂，或每6小时服1次。

6.3.3.2　成痈期

症状　身热转甚，时时振寒，继则壮热不寒，汗出烦躁，咳嗽气急，胸满作痛，转侧不利，咳吐浊痰，呈黄绿色，自觉喉间有腥味，口干咽燥。

舌象　舌质红，苔黄腻。

脉象　脉滑数。

证候分析　邪热从表入里，热毒内盛，正邪交争，故壮热、振寒，烦躁不安。热毒壅肺，肺气上逆，肺络不和，则咳嗽、气急、胸痛，转侧不利。痰浊瘀血郁蒸成痈，则咳吐黄绿浊痰，喉中有腥味。邪热迫津外泄，则见汗出。热入血分，耗伤津液，见口干咽燥。舌质红、苔黄腻、脉滑数为痰热内盛之象。

治法　清热化瘀消痈。

方药　千金苇茎汤合如金解毒散。

方中苇茎性甘寒轻浮，善清肺热，其茎中空专利肺窍，善治肺痈，为君药；臣以冬瓜仁清热化痰，利湿排脓，能清上澈下，肃降肺气；佐以薏苡仁上清肺热而排脓，下利膀胱而渗湿，桃仁祛瘀散结、润肺滑肠，与冬瓜仁配合可泻湿热从大便而解，桔梗宣肺祛痰，黄芩、黄连、黄柏、山栀子清热解毒泻火。

加减　1）热毒内盛者，加金银花、连翘、鱼腥草、鹿衔草、蒲公英等以清热解毒。

2）痰热郁肺，咯痰黄稠，可加桑白皮、瓜蒌、射干、海蛤壳以清化痰热。

3）热毒瘀结，痰味异臭者，可加服犀黄丸以解毒化瘀。

4）胸闷喘满、咳唾浊痰量多者，宜加瓜蒌、桑白皮、葶苈子以泻肺去壅。

5）便秘者，加大黄、枳实以荡涤积热。

6）胸痛甚者，加枳壳、丹参、延胡索、郁金以活血化瘀，理气止痛。

6.3.3.3 溃脓期

症状　咯吐大量脓血痰，或如米粥，腥臭异常，有时咯血，胸中烦满而痛，甚则气喘不能卧，身热，面赤，烦渴喜饮。

舌象　舌质红，苔黄腻。

脉象　脉滑数或数实。

证候分析　血败肉腐，痈脓内溃外泄，故咯吐大量脓痰，或如米粥，腥臭。热毒瘀结，肺络损伤，故有时咯血。脓毒蕴肺，肺气不利，故胸中烦满而痛，气喘。热毒内蒸，故身热，面赤，烦渴。舌质红，苔黄腻，脉滑数或数实均为热毒壅盛之象。

治法　排脓解毒。

方药　加味桔梗汤。

方中用桔梗宣肺祛痰，排脓散结，用量宜大；银花、生甘草清热解毒；贝母、薏苡仁、橘红化痰散结排脓；葶苈子泻肺除壅；白芨去腐逐瘀，凉血止血。可另加黄芩、鱼腥草、野荞麦根、败酱草、蒲公英，以增强清热解毒排脓之功。

加减　1）脓出不畅者，加用皂角以透脓，亦可口服竹沥。

2）气虚无力排脓者，可加生黄芪以扶正托脓。

3）咯血者，加白茅根、藕节、丹参、侧柏叶、三七等凉血止血。

4）津伤口渴甚者，加麦冬、玄参、花粉、百合以养阴生津。

5）便秘者，可加大黄以泻热通腑。

6.3.3.4 恢复期

症状　身热渐退，咳嗽减轻，咯吐脓血渐少，臭味亦减，痰液转为清稀，精神渐振，食欲改善，或见胸胁隐痛，难以久卧，气短乏力，自汗，盗汗，低热，午后潮热，心烦，口干咽燥，面色不华，形瘦神疲。

舌象　舌质红或淡红，苔薄。

脉象　脉细或细数无力。

证候分析　脓溃之后，邪毒已去，故热降咳轻，脓痰日少，痰转清稀，神振纳佳，但因肺损络伤，溃处未敛，故胸胁隐痛，难以久卧。肺气亏虚则气短乏力，自汗。肺阴耗伤，虚热内灼则盗汗，低热，潮热，心烦，口干咽燥。正气未复，故面色不华，形瘦神疲。气阴两伤故舌质红或淡红，脉细或细数无力。

治法　益气养阴清热。

方药　沙参清肺汤合竹叶石膏汤。

方中用黄芪、太子参、粳米、北沙参、麦冬等益气养阴；石膏清肺泄热；桔梗、薏苡仁、冬瓜仁、半夏等排脓祛痰消痈；白芨、合欢皮祛腐消痈止血。

加减　1）溃处不敛者，可加阿胶、白蔹以敛补疮口。

2）脾虚食少便溏者，可配白术、山药、茯苓以补益脾气。

3）如有低热，可酌配功劳叶、青蒿、白薇、地骨皮。

4）若邪恋正虚，咯痰腥臭脓浊，反复迁延，日久不净，当扶正祛邪，治以益气养阴，排脓解毒，酌加鱼腥草、败酱草、野荞麦根等清热解毒消痈。

6.4 预防与调护

本病初期，一旦确诊，应及早治疗，以截断疾病发展不致成痈。平素体质虚弱、易感受外邪者，应注意寒温适度，起居有时，并参加体育锻炼，增强体质。患者宜食具有润肺生津化痰作用的水果和蔬菜，如生梨、枇杷、橘子、萝卜等。忌油腻厚味及一切辛辣刺激海腥之物，如辣椒、韭菜、海虾等。戒烟酒。

附 录

1. 病案举例

1）程其相兄令眷，咳嗽二旬。先医作伤风治不效，又医作肺寒，以桂枝、干姜、细辛治之，益甚，又一医作痰火治颇安。最后延余，诊其脉三部皆涩，不浮弦，非风也；不细紧，非寒也；不滑数，非火也；每日寒热汗出，鼻有清涕，咳嗽不能卧，右身不能着席，痰涎甚多，又非虚损。初诊未得病情，即前医痰火颇安之药，姑以应之。及出门后，追思前症，应属肺痈。令人取回前药，问所吐痰涎，气味腥甜否？彼令侄追至黄师古兄宅中，答以腥甜。余曰："几误矣！此肺痈将溃也。"易用苡仁、贝母、甘桔、桑、杏、麦冬、白芨、银花、防风。服后臭脓大出，间吐鲜血，脉方现数。因前痈未溃，肺胀大，脉反涩而不出，故不数也。病人素阴虚，臭脓去后，便有发热、盗汗等症，易用熟地黄、山药、茯苓、丹皮、紫菀，兼补肾阴，时当酷月，少加人参、五味、合欢皮以救肺金，迨秋气清凉，方获口完咳止。隔年因多食椒姜，其痈复溃，亦如前法治之而愈。

（《素圃医案》）

2）张右，40岁。

主诉：咳吐脓痰，其味臭秽，目带血液，精神萎疲，动则气急，入暮火升颧红。

诊查：舌苔薄白，脉濡数。

辨证：良由肺气虚弱，津液亦损，痰热壅蕴化脓，症属肺痈。

治法：益气润肺，清热排脓。

处方：太子参12g　天将壳12g　桑白皮9g　南、北沙参各12g　牡丹皮9g　败酱草12g　赤茯苓12g　杏、米仁各12g　冬瓜子15g　生甘草5g　藕节9g　白茅根30g　黛蛤散12g（包）。

二诊：服药之后，脓痰减少，精神略振，咳嗽减而未除，痰红亦止。苔薄纳少，脉象濡而有力。邪热尚盛，素体肺虚，还守原法加减。原方去太子参、桑白皮、黛蛤散，加党参15g、仙鹤草30g、功劳叶15g。

（《中国现代名中医医案精华(二)》）

2. 古文献选录

《金匮要略·肺痿肺痈咳嗽上气病并治》：“风伤皮毛，热伤血脉；风舍于肺，其人则咳，口干喘满，咽燥不渴，多唾浊沫，时时振寒。热之所过，血为之凝滞，蓄结痈脓，吐如米粥，始萌可救，脓成则死。”

《张氏医通·肺痈》：“肺痈危证。乘初起时，极力攻之，庶可救疗。……慎不可用温补保肺药，尤忌发汗伤其肺气。……若溃后大热不止，时时恶寒，胸中隐痛，而喘汗面赤，坐卧不安，饮食无味，脓痰腥秽不已者难治，若喘鸣不休，唇白，咯吐脓血，色如败卤，瀹臭异常，正气大败，而不知痛，坐不得卧，饮食难进，爪甲紫而带弯，手掌如枯树皮，面艳颧红，声哑鼻煽者不治。”

《医门法律·肺痿肺痈门》：“凡治肺痈病，以清肺热，救肺气，俾其肺叶不致焦腐，其生乃全。故清一分肺热，即存一分肺气，而清热必须涤其壅塞，分杀其势于大肠，令秽浊脓血日渐下移为妙。”

《类证治裁·肺痈》：“肺痈毒结有形之血，血结者排其毒。”“肺痈由热蒸肺窍，致咳吐臭痰，胸胁刺痛，呼吸不利，治在利气疏痰，降火排脓。”

《柳选四家医案·环溪草堂医案·咳喘门》：“肺痈之病，皆因邪瘀阻于肺络，久蕴生热，蒸化成脓。……初用疏瘀散邪泻热，可冀其不成脓也；继用通络托脓，是不得散而托之，使速溃也；再用排脓泄热解毒，是既溃而用清泄，使毒热速化而外出也；终用清养补肺，是清化余热，而使其生肌收口也。”

3. 研究进展

（1）肺痈治法的研究

顾丕荣总结治疗肺痈八法。①涌泄之药以排其脓（桔梗1.5g，川贝母1.2g，巴豆霜0.3g，研极细末，每服0.3g，1日2次）；②甘凉之药以清其火（苇茎汤加鱼腥草）；③滑降之药以祛其痰（竹沥、梨汁、陈芥菜卤、瓜蒌仁30g）；④芳香之药以通其气（方用太乙紫金锭：山慈姑、五倍子各60g，千金子霜30g，红芽大戟45g，朱砂，雄黄，麝香各9g，制成锭剂，每服3g）；⑤滋润之药以养其血（桔梗、杏仁、川贝母、枳壳、阿胶各10g，金银花、连翘、红藤、夏枯草、百合、麦冬各15g，甘草5g）；⑥珠黄之药以解其毒（珠粉、犀黄各9g，没食子、辰砂各1.5g，琥珀1.8g，乳石、尿浸石膏、制月石各3g，入麦粉15g，橘络3g，研细和匀，每次6g，日服2次）；⑦金石之药以填其孔（方用王氏圣灵丹合千金黄昏汤，即合欢皮30~40g）；⑧清养之药以善其后（可用沙参麦冬汤：沙参、麦冬、玉竹、天花粉各15g，桑叶、扁豆各10g，甘草6g）［陕西中医，1988，(8)：38］。何任认为肺痈为邪毒蕴结为有形之血，所谓血结者，排其毒，此是治法概要［新中医，1991，(11)：18］。朱良春认为治肺脓疡，必须侧重清热解毒，化瘀排脓（当代名医证治汇粹，1990.48）。

（2）肺痈的辨证用药研究

焦源等辨证治疗120例肺脓肿。热痰壅滞：证见发热咳嗽，胸痛，咯腥臭脓痰，舌质较红，苔薄腻或薄黄，脉滑数或弦数；施清热解毒、祛痰排脓法，方用加减鱼桔汤（鱼腥草、银花、生薏苡仁各50g，桔梗、浙贝母各15g，桃仁10g，芦根、黄芩各30g，甘草3g）。邪盛正衰：证见热邪已退，咳嗽咯痰很少，胸痛减轻或已消失，形气衰者；施清养补肺法，方选沙参清肺汤（沙参15g，黄芪25g，太子参、合欢皮各30g，白芨12g，桔梗10g，生薏苡仁25g，冬瓜仁20g，甘草3g）。咳嗽者加紫菀、百部、杏仁；胸痛者加郁金、丝瓜络；气急痰壅者加葶苈子，桑白皮；潮热盗汗加银柴胡、青蒿、地骨皮；口渴者加天花粉；苔腻胸闷、纳呆者加枳壳、陈皮、谷芽；舌红脉细者加麦冬、玉竹；便秘者加全瓜蒌、枳实。治疗结果：痊愈89例，无效9例，总有效率为92.5%［陕西中医，1986，（10）：440］。王明义等以二花三黄葶苈汤治疗肺痈79例，基本方：金银花、月季花、大黄、黄连、黄芩、葶苈子，并随证加减，结果总有效率为95%［吉林中医药，1993，（1）：19］。赵玉洁以中西医结合治疗肺脓肿14例，按中医辨证施治“有脓必排”原则，以“千金苇茎汤”加“桔梗汤”为主方（芦根、薏苡仁、冬瓜仁、桃仁、桔梗、生甘草），随证加减，并同时根据痰培养或药敏试验结果，选择抗生素，一般运用青霉素静脉点滴疗效不佳时，采用纤维支气管镜下气管肺泡灌洗，吸出脓痰或分泌物，用生理盐水反复灌洗肺泡后，局部注入抗生素，使局部病灶达到最高浓度。结果本组病例全部治愈［贵阳中医学院学报，1997，（2）：14］。

活血化瘀与清热解毒法的有机结合，对提高本病的疗效很有裨益。如杨畔农用当归、川芎、桃仁、红花、桔梗、冬瓜仁、车前子、半枝莲、蒲公英、紫花地丁为基本方，共治11例，结果治愈10例［实用中西医结合杂志，1992，（7）：19~20］。

南通市中医院采用成方龙氏家传治肺痈之金荞麦，经临床验证达千余例，疗效满意。金荞麦即蓼科植物之野荞麦。传统制服法是：金荞麦250g，用瓦罐密封，隔水蒸煮为棕色液体约1000ml，每服40ml，1日3次。剧者加黄酒一半，与水共煎煮，可增药效。后由中国医学科学研究院药物研究所提取其主要成分——黄烷醇，制成片剂，1日3次；同时还制成全成分的浸膏片，每片含生药相当于1.5g，每服5片，1日3次，两者效果大致相同。患者在服药后每见咳痰增多，由于脓痰大量排出，热挫纳增，空洞也随之缩小，液平消失，病灶逐步吸收而痊愈［中医杂志，1987，（7）：11~12］。据中国医学科学研究院药物研究所等单位对金荞麦根的分析研究表明，认为本品系一种新抗感染药，有抗炎、解热、抑制血小板聚集和增强巨噬细胞吞噬功能等作用。它虽然不直接杀菌，但可通过调节机体功能，提高免疫力，降低毛细血管通透性，减少炎性分泌，改善局部血液循环，加速组织再生和修复过程，从而达到痊愈的目的。

复习思考题

1. 何谓肺痈？
2. 试述肺痈的病因病机。
3. 肺痈初期与风温如何鉴别？
4. 简述肺痈的治疗原则及应采用的治法。
5. 肺痈初期、成痈期、溃脓期怎样辨证施治？

（陈政花）

7

肺 痨

目的要求

1. 了解肺痨的概念、调摄护理及研究进展。
2. 熟悉肺痨的病因病机。
3. 掌握肺痨的辨证要点、治疗原则及常见证型的辨证施治。

肺痨是指由于正气虚弱，感染痨虫，侵蚀肺脏所致，以咳嗽、咯血、潮热、盗汗及身体逐渐消瘦等症为主要临床表现，具有传染性的慢性消耗性疾病。

中医学对肺痨的认识历史悠久，且逐渐深化。《内经》、《难经》、《金匮要略》等医籍无肺痨病名，大多归于"虚损"、"虚劳"一类病证之中，但对肺痨的主症有生动描述。晋代葛洪《肘后备急方》认识到本病具有传染的特点。唐代孙思邈《备急千金要方》明确了肺痨病位在肺。《外台秘要・灸骨蒸法图》对本病的描述，尤为完备，不论病名、病因病理、症状变化、治疗预后、摄生疗养等都有进一步的发挥。宋代《普济本事方》明确指出本病的病因为"肺虫"。元代葛可久所著《十药神书》为我国现存第一部治疗肺痨的专著，全书所立10方，分别有止咳、止血、补益功效，对后世治疗肺痨有较大影响。《丹溪心法・痨瘵》突出了阴虚病理重点，确定了滋阴降火的治疗大法。《医学正传・劳极》确立了杀虫与补虚的两大治疗原则，迄今仍然对肺痨治疗具有重要的指导意义。

现代医学中肺结核病及肺外结核与本病表现相同者，可参照本章辨证论治。

7.1 病因病机

7.1.1 病因

本病病因分为外因与内因两方面，外因为感染痨虫，内因为正气虚弱。

7.1.1.1 感染痨虫

痨虫传染是形成本病的惟一外因，因直接接触本病患者，痨虫侵入人体而成病。痨虫致病具有以下特点：

1）具有传染性 如问病、吊丧、看护病人，亲属与患者朝夕相处，都是导致感染的条件，可因直接接触传染致病。

2）病程较长，渐耗肺阴，“发病后积年累月，渐就顿滞，以致于死。”

7.1.1.2 正气虚弱

1）禀赋不足 先天素质不强，小儿发育未充，“痨虫”乘虚入侵致病。

2）后天失调 酒色过度，耗伤精血；或情志不遂，忧思伤脾；或劳倦过度，脾虚肺弱，正气先伤，痨虫乘虚袭人，感受为病。

3）病后失养 如大病或久病（如麻疹、哮喘等病）后失于调治，或外感咳嗽经久不愈，以及胎产之后失于调养等，均可致正气虚弱痨虫入侵而为病。

4）营养不良 由于生活贫困，饮食营养不足，终致体虚不能抗邪，痨虫入侵。

上述病因，均能导致气血不足，正气虚弱，成为痨虫入侵和发病的根本原因，亦是病情发作或恶化的诱因。

7.1.2 病机

7.1.2.1 基本病机

肺痨的发生，系由体质虚弱，气血不足，感染痨虫，侵蚀肺脏而成。感染痨虫与正气不足互为因果，外因感染是重要的致病条件，内因正虚是发病的基础。因正气旺盛，感染后不一定发病，正气虚弱则感染后易于发病，而病情之轻重亦往往取决于内在正气之强弱。

7.1.2.2 病位

本病的病位主要在肺，可累及脾肾，甚传遍五脏。

肺主气，司呼吸，职司卫外，若肺气虚弱，卫外不强，痨虫由口鼻入侵，则首先侵蚀肺脏，出现干咳、咯血等肺系症状。因脾为肺之母，肺痨日久，子盗母气，则脾气亦虚，脾虚不能化生水谷精微上输以养肺，则肺亦虚，终致肺脾同病，可伴见疲乏、食少、便溏等症。又肾为肺之子，肺虚肾失滋生之源，或肾虚相火灼金，上耗母气，则可见肺肾两虚，伴见骨蒸、潮热、男子失精、女子月经不调等肾虚症状。若肺虚不能制肝，肾虚不能养肝，肝火偏旺，则见性情急躁、易怒、胁痛；肺肾阴虚、心火上炎可伴有虚烦不寐、盗汗等症；如肺虚治节失司，血脉运行不畅，病及于心，可见喘、悸、肿、发绀等症。

7.1.2.3 病理性质

本病以本虚为主，亦可见标实。本虚以阴虚火旺为主，可兼见气虚、阳虚；标实为痰浊、瘀血。

7.1.2.4 病机转化

肺痨由于病情有轻重之分，病变发展阶段不同，涉及脏器不一，因此病理也有转化演变。肺喜润而恶燥，痨虫犯肺，阴分先伤，故首先见肺阴亏损之候，继则肺肾同病，兼及心肝，而致阴虚火旺，或因肺脾同病，导致气阴两伤，后期肺脾肾三脏交亏，阴损及阳而致阴阳两虚。

7.2 诊断与鉴别诊断

7.2.1 诊断

7.2.1.1 临床表现

初期仅感疲劳乏力，干咳，食欲不振，形体逐渐消瘦。病重者可出现咯血、潮热、颧红、盗汗、形体明显消瘦等症。听诊病灶部位呼吸音减弱，或闻及支气管呼吸音及湿啰音。

7.2.1.2 病史

有与肺痨患者密切接触史。

7.2.1.3 辅助检查

痰液涂片、浓缩或培养，结核菌多呈阳性；血沉增快；结核菌素皮试呈强阳性；X 线肺部摄片可见结核病灶，必要时可作 X 线断层摄片。

7.2.2 鉴别诊断

7.2.2.1 虚劳

肺痨与虚劳的主要区别在于肺痨为痨虫侵袭所致，主要病变在肺，具有传染性，以阴虚火旺为其病理特点，以咳嗽、咯血、潮热、盗汗、消瘦为主要临床症状；而虚劳则由多种原因所导致，病程较长，病势缠绵，一般不传染，分别出现五脏气、血、阴、阳亏虚的虚损症状，主病在脾肾，是多种慢性虚损证候的总称。

7.2.2.2 肺痿

肺痨与肺痿有一定的联系和区别。两者病位均在肺，但肺痿是多种慢性肺部疾患后期的转归，如肺痈、肺痨、咳嗽日久等，若导致肺叶痿弱不用，俱可成痿，故肺痨晚期，如出现干咳、咯吐涎沫等症者，即已转属肺痿。

7.3 辨证论治

7.3.1 辨证要点

7.3.1.1 辨病理性质

肺痨的病性临床总以肺阴亏损为多见，如进一步演变发展，则表现为阴虚火旺，或气阴耗伤，甚至阴阳两虚，故应区别阴虚、气虚、阳虚的不同。干咳，口干咽燥，骨蒸盗汗，手足心热，舌红少苔，属阴虚；咳而气短，热不著，恶风自汗，神疲乏力，活动时诸症加剧，舌淡脉虚乏力，属气虚；面色 白，唇舌色淡，肢冷便溏，五更泄泻，阳痿精冷，属阳虚。

7.3.1.2 辨病变部位

肺痨病位主要在肺，在病变过程中可累及脾、肾、心、肝等脏。表现为咳嗽，痰中带血，口干咽燥，病位在肺；伴有气短乏力，食少便溏，病位在肺脾；伴有潮热盗汗，五心烦热，病位在肺肾；伴有性情急躁易怒，胸胁掣痛，病位在肺肝；伴有面浮肢肿，五更泄泻，心悸气短，则病位在肺脾心肾。

7.3.1.3 辨主症

临床应根据咳嗽、咯血、潮热、盗汗四大主症的主次轻重及其病理特点，结合其他兼症，辨其证候所属。

7.3.2 治疗原则

补虚培元、抗痨杀虫为治疗肺痨的基本原则，根据体质强弱分别主次，但尤需重视补虚培元，增强正气，以提高抗病能力。调补脏器重点在肺，并应注意脏腑整体关系，同时补益脾肾。治疗大法应根据“主乎阴虚”的病理特点，以滋阴为主，火旺者兼以降火；合并气虚者，兼以益气；合并阳虚见症者，兼以补阳。杀虫主要是针对病因治疗。正如《医学正传·劳极》所说；“一则杀其虫，以绝其根本；一则补其虚，以复其真元。”

7.3.3 分型论治

7.3.3.1 肺阴亏虚

症状　干咳，咳声短促，或咯少量黏痰，或痰中带血丝或血点，色鲜红，胸部隐隐闷痛，午后手足心热，皮肤干灼，口干咽燥，或有轻微盗汗。

舌象 舌边尖红，苔薄。

脉象 脉细或兼数。

证候分析 痨虫蚀肺，肺阴受伤，肺失滋润，而致干咳，或痰少质黏，咳声短促。肺损络伤，则痰中带血，胸痛隐隐。阴虚内热，故见午后手足心热，皮肤干灼。燥热伤肺，津液被灼而口干咽燥。阴虚内热，故有少量盗汗。舌边尖红、苔薄、脉细或兼数均属肺阴不足之象。

治法 滋阴润肺。

方药 月华丸。

本方是治疗肺痨的基本方，具有补虚抗痨、滋阴镇咳、化痰止血之功。药用北沙参、麦冬、天冬、生地黄、熟地黄滋阴润肺；百部、獭肝、川贝母润肺止嗽，兼能杀虫；桑叶、白菊花清肺止咳；阿胶、三七止血和营；茯苓、山药健脾补气，以资生化之源。

加减 1）咳嗽甚者，加杏仁、瓜蒌止咳化痰。

2）胸痛明显者，加郁金、延胡索行气止痛。

3）咯血者，加仙鹤草、白茅根、白芨、藕节和络止血。

4）若低热不退者可酌配银柴胡、地骨皮、功劳叶、青蒿、胡黄连等以清热除蒸。

7.3.3.2 阴虚火旺

症状 呛咳气急，痰少质黏，或吐稠黄痰，量多，咯血，血色鲜红，午后潮热，骨蒸，颧红，五心烦热，心烦，失眠，盗汗量多，口渴，性情急躁易怒，或胸胁掣痛，男子可见遗精，女子月经不调，形体日渐消瘦。

舌象 舌红而干，苔薄黄或剥。

脉象 脉细数。

证候分析 肺病及肾，肺肾阴伤，虚火内灼，炼津成痰，故咳呛气急，痰黏或质稠色黄。虚火灼伤血络，致咯血。水亏火旺则潮热骨蒸，五心烦热，颧红。阴虚火旺，迫津外泄而盗汗。津液被灼则口渴。肝肺络脉不和，故胸胁掣痛。心肝火炎，故心烦、失眠、易怒。相火偏旺则梦遗失精。冲任失养故月经不调，阴精耗伤以致形体日瘦。舌红而干、苔薄黄或剥、脉细数均为阴虚火旺之象。

治法 滋阴降火。

方药 百合固金汤。

方中生地黄、熟地黄、玄参滋阴清热，百合、麦冬润肺生津，当归、芍药柔润养血，桔梗、贝母、甘草清热止咳。另可加鳖甲、知母滋阴清热，百部、白芨补肺止血、抗痨杀虫，龟版、阿胶、五味子、冬虫夏草滋养肺肾之阴、培其本元。骨蒸劳热日久不退，可选用清骨散或秦艽鳖甲散。

加减 1）咳嗽痰黄量多者，加瓜蒌、鱼腥草、桑白皮、知母以清热化痰。

2）咯血量多者加牡丹皮、山栀、紫珠草、大黄炭、地榆炭等凉血止血；出血紫黯成块，伴胸胁掣痛者，可酌加三七、茜草炭、花蕊石、蒲黄、郁金等化瘀和络止血。

3）盗汗明显者可加乌梅、煅龙骨、煅牡蛎、麻黄根、浮小麦等敛营止汗。

4）声音嘶哑或失音可加诃子、木蝴蝶、凤凰衣、胡桃肉等以调肺肾、通音声。

5）若火旺较甚，热势明显升高，加胡黄连、黄芩、黄柏等以泻火坚阴。

6）便秘腹胀者，加大黄、麻仁润肠通便。

7.3.3.3 气阴耗伤

症状 咳嗽无力，气短声低，咳痰清稀色白，或夹血，或咯血，血色淡红，午后潮热，伴有畏风怕冷，自汗，盗汗，面色 白，颧红，纳少神疲，便溏。

舌象 舌质光淡、边有齿印，苔薄。

脉象 脉细弱而数。

证候分析 肺之气阴亏耗，清肃之令不行，肺气上逆则咳嗽，肺气虚故咳嗽无力，气短声低、神疲。咳久损伤肺络，故咯血。气虚卫外不固而自汗、畏风、怕冷。阴虚火旺迫津外泄则盗汗。气阴两伤故面白颧红。肺病及脾，脾失健运而聚湿生痰，故咳痰清稀。脾气虚运化无力故食少便溏。舌质光淡，苔薄，脉细弱而数均为气阴两虚之象。

治法 益气养阴。

方药 保真汤。

本方用党参、黄芪、白术、茯苓、甘草补肺益脾，培土生金；天冬、麦冬、生地黄、熟地黄、当归、白芍药以育阴养荣，填补精血；地骨皮、黄柏、知母、柴胡、莲心以滋阴清热；厚朴、陈皮以理气运脾。并可加白芨、百部以补肺杀虫。

加减 1）阴伤明显，潮热骨蒸者，加银柴胡、龟版、鳖甲滋阴退热。

2）咳嗽痰多色白者，加紫菀、款冬花止咳化痰。

3）气虚明显，汗出较多者，加浮小麦、牡蛎收敛止汗。

4）夹有湿痰，可加半夏、陈皮燥湿化痰。

5）咯血量多者，加山萸肉、仙鹤草、三七、蒲黄等配合补气药以止血摄血。

6）纳少腹胀、大便溏薄等脾虚症状明显者，加扁豆、薏苡仁、莲子肉、山药等甘淡健脾，忌用地黄、阿胶、麦冬等滋腻药。

7.3.3.4 阴阳两虚

症状 咳逆喘息少气，咳痰色白，或夹血丝，血色暗淡，潮热，自汗，盗汗，声嘶或失音，面浮肢肿，形寒肢冷，心慌，唇紫，或见五更泄泻，口舌生糜，大肉尽脱，男子滑精、阳痿，女子经少、经闭。

舌象 舌质光淡隐紫，少津。

脉象 脉微细而数，或虚大无力。

证候分析 阴伤及阳，肺脾肾三脏并损，肺虚气逆则喘咳少气，气不化津而成痰，肺络受损则痰中带血。声道失润，金碎不鸣而声嘶或失音。脾肾阳虚，则形寒自汗，或有浮肿、腹泻等症。病及于心，乃致心慌，唇紫。虚火上炎则口舌生糜。阴伤则潮热盗汗。精气虚竭，无以充养形体，资助冲任之化源，故大肉尽脱，女子经少或经闭。命门火衰故男子滑精、阳痿。舌质光淡隐紫，少津，脉微细而数，或虚大无力俱为阴阳交亏之候。

治法　滋阴补阳。

方药　补天大造丸。

本方用党参、黄芪、白术、山药、茯苓以补肺脾之气；白芍药、地黄、当归、枸杞子、龟桢培补阴精，以滋养阴血；鹿角胶、紫河车助真阳而填精髓；酸枣仁、远志敛阴止汗，宁心止悸。

加减　1）若肾虚气逆喘息者，配冬虫夏草、蛤蚧、诃子、钟乳石摄纳肾气。

2）阴虚偏重者，加麦冬、五味子滋阴补肾。

3）心悸气短者，加紫石英、丹参镇心安神。

4）浮肿者，加猪苓、茯苓、车前子利水渗湿。

5）五更泄泻者，加肉豆蔻、补骨脂以温肾暖脾。

6）身体大肉尽脱者，加阿胶、鹿角胶、猪脊髓填精补血。

阳虚血瘀水停者，可用真武汤合五苓散加泽兰、红花、北五加皮温阳化瘀行水。

7.4 预防与调护

在预防及护理方面，历代医家一贯强调对本病应注意防重于治，如元代上清紫庭追痨仙方，就主张病者死后将尸体火化，防其传染旁人，以至灭门。《古今医统》指出：气虚饥饿忌接近，以免在吊丧问疾时乘虚染触。并对家属、医生提出保健预防措施和药物消毒方法，要求在接触患者时，须要饮食适宜，不可饥饿，体若虚时，可服补药，身佩安息香或用雄黄擦鼻。平素保养元气，爱惜精血，增强正气是防止传染的重要措施。

已病的患者，不但要劝其耐心接受药物治疗，更应重视摄生，戒酒色，节起居，慎寒温，适当进行体育疗法，如太极拳、气功等。加强食养，常食猪羊肺以脏补脏，以及白木耳、百合、山药、枇杷、梨之类以补肺润燥生津。忌食辛辣刺激之物，如辣椒、葱、姜等。

附　录

1. 病案举例

1）张妇，年三十余岁，住仓滨。病经二月，初患少寐，羸瘦形寒。医不见效，来诊。腹痛脉滞，询无饮冷七情。忆《研经言》有尸注似肝气病，乃询曾在丧家成服否？曰：“邻人子瘵病故，招往帮忙。手扶亡者之首，其冷如冰。明日即得病。”尸注显然。案云：腹痛撑胀，气逆便薄，外寒不暖，脉迟，苔薄黄，经事不准，尸注病也。益智、砂仁、乌药、桂枝、小茴、车前炭、煨木香、乌拉草、鬼箭羽、红花、五灵脂、橘核络、北细辛、娑萝籽。另九香虫、沉香、獭肝、鸡内金，研末冲服。三剂。复诊：腹痛大减，气逆亦平，惟外寒依然。病由尸气，确切不移。适值经行，再宣气通瘀辟恶。全当归、川芎、桃仁、红花、鬼箭羽、乌药、乌拉草、桂枝、鹿角、蒺藜、瓦楞子、鼠矢。另疏雄精、獭肝、沉香、九香虫，研末服。数剂，痊愈不发。

（《周小农医案》）

2）宋某，男，27岁。咳嗽已半年，音哑近四个月，经天津市立结核病院检查为浸润性肺结核。现症：咳嗽不多，音哑喉痛，食欲不振，腹痛便溏，日渐消瘦。舌苔白垢，脉象滑细。

辨证立法：久嗽不愈，伤及声带遂至发音嘶哑。肺与大肠相表里，肺气不宣则腹痛便溏。脾胃不强则消化无力，食欲减退，营养缺少，身体消瘦。幸无过午潮热、夜间盗汗之象，阴分未见大伤，尚冀恢复可期。拟清肺健脾以治。处方：

炙白前 5g 炙紫菀 5g 半夏曲 10g 炙百部 5g 化橘红 5g 枇杷叶 6g 炒杏仁 6g 野於术 5g 土杭芍 10g 焦苡仁 6g 紫川朴 5g 云茯苓 10g 冬桑叶 6g 苦桔梗（生炒各半）6g 凤凰衣 6g 诃子肉（生煨各半）10g 粉甘草（生炙各半）3g

二诊：服药二剂，大便好转，日只一次，食欲渐增，咳嗽甚少，喉痛减轻，音哑如旧，仍遵前法治之。前方去桑叶，加南北沙参各 6g，炒苍术 6g。

三诊：前方服四剂，大便已正常，食欲增强，精神甚好，咳嗽不多，音哑虽未见效，但喉间已不发紧。处方：

诃子肉（生煨各半）10g 苦桔梗（生炒各半）6g 粉甘草（生炙各半）3g 炙白前 5g 化橘红 5g 黛蛤散（马勃 5g 同布包）6g 炙百部 5g 炒紫菀 5g 炒苍术 6g 云茯苓 10g 白杏仁 6g 炒白术 6g 紫川朴 5g 凤凰衣 5g 土杭芍 10g

四诊：前方服四剂，现症尚余音哑未见显效外，他症均消失，拟专用诃子亮音丸治之。处方：

诃子肉（生煨各半）30g 苦桔梗（生炒各半）30g 粉甘草（生炙各半）30g 凤凰衣 15g

共研细面，冰糖 120g 熬化兑入药粉作糖球，含化服之。

（《施今墨临床经验集》）

2. 古文献选录

《肘后备急方·治尸注鬼注方》："尸注鬼注病者，……大略使人寒热淋沥，怳怳默默，不的知其所苦，而无处不恶，累年积月，渐就顿滞，以至于死，死后复传之旁人，乃至灭门。觉知此候者，便宜急治之。"

《外台秘要·传尸方》："大都此病相克而生，先内传毒气，周遍五脏，渐就羸瘦，以至于死，死讫复易家亲一人，故曰转尸，亦名转注。以其初得，半卧半起，号曰𠹭𠹭。气急咳者，名曰肺痿。骨髓中热，称为骨蒸。内传五脏，名之伏连，不解疗者，乃至灭门。”

《严氏济生方·痨瘵论治》：“夫痨瘵一证，为人之大患，凡受此病者，传变不一，积年疰易，甚至灭门，可胜叹哉！大抵合而言之，曰传尸，别而言之，曰骨蒸、𠹭𠹭、复连、尸疰、劳疰、蛊疰、毒疰、热疰、冷疰、食疰、鬼疰是也。”

《明医杂著·痨瘵》：“色欲过度，损伤精血，必生阴虚火动之病，睡中盗汗，午后发热，哈哈咳嗽，倦怠无力，饮食少进，甚则痰涎带血，咯吐出血，或咳血、吐血、衄血，身热，脉沉数，肌肉消瘦，此名痨瘵。最重难治，轻者必用药数十服，重者期以发年，然必须病人爱命，坚心定志，绝房室，息妄想，戒恼怒，节饮食，以自培其根，否则虽服良药，亦无用也，此病治之于早则易，若到肌肉消铄，沉困着床，脉沉伏细数，则难为矣。”

3. 研究进展

肺痨相当于现代医学的肺结核。近年来，应用中医药治疗肺结核病的报道日渐增多，在治法、方药以及与抗痨西药的结合和实验研究方面，都有不少新进展。

（1）辨证分型研究

曹剑昆用中西医结合疗法治疗老年不典型肺结核 52 例，肺阴虚型用百合固金汤、六味地黄汤、沙参麦冬汤等；气阴两虚型用补肺汤、八珍汤、黄芪鳖甲汤等；阴虚型用参附汤、术附汤等；虚实夹杂证在此基础上辨证施治。均每日 1 剂，水煎服，3 个月为 1 个疗程。对照组 77 例。两组均用抗结核化疗方案。结果中西医结合组和对照组分别治愈好转 32 例、34 例，有效 9 例、12 例，无效 6 例、23 例，死亡 5 例、8 例，总有效率为 78.9%、60%（$P<0.05$）［云南中医学院学报，1994，（32）：27 ~28］。

（2）治法方药研究

扶正固本　研究表明，肺结核气虚患者免疫功能明显低于正常人。郑氏用黄芪治疗活动性肺结核继发免疫功能损害的患者 95 例，左旋咪唑组 110 例，对照组 100 例。黄芪治疗后该组患者的细胞免疫功能比治疗前显著提高，而且显著高于其他两组［中西医结合杂志，1988，（7）：345 ~347］。吴佩珍中西医结合治疗肺结核 63 例，用扶正抗痨汤（西洋参、南沙参、紫河车、淡黄芩、淮山药、丹参、炙百部），并随证加减，与对照组 60 例同用联合短程化疗 6HRE 方案（异烟肼、利福平、乙胺丁醇）。治疗 1 ~4 个月，两组主症（乏力、盗汗、发热）及空洞均消失，痰菌阳性均在 7 ~42 日内转阴。治疗 1 ~2 个月，乏力、盗汗逐月累计好转率，及治疗 2 ~4 个月肺部病灶显著吸收好转率，本组均优于对照组（$P<0.05$）［江苏中医，1994，（12）：7 ~8］。

养阴补肺　冯国安对肺结核气阴两虚证以补肺抗痨丸（百合、冬虫夏草、炙百部、杏仁、蜈蚣、桃仁、红花）治疗 30 例，每次 1 丸，每日 3 次，用黄芪、沙参、麦冬、生地黄、川贝母水煎送服。对阴虚火旺证用鳖甲、知母、秦艽、黄芪、地骨皮、五味子水煎送服抗痨丸。结果治愈 23 例，好转 1 例［中医函授通讯，1991，（4）：44］。邵长荣等对肺结核阴虚证 31 例患者细胞介导细胞毒性（CMC）试验，以分析其治疗前后的动态变化。治疗前患者的 CMC 对结核菌的平均杀伤率明显低于正常组，服玄参、沙参、麦冬、百合、黄精、鹿衔草等养阴药后，临床症状明显改善，CMC 明显提高，提示以养阴扶正为主的方药能提高机体的免疫功能和对结核菌的杀伤力。临床研究表明，对顽固性、重症肺结核，用此法配合抗痨西药，可减少其毒副作用，缩短疗程，提高疗效［辽宁中医杂志，1986，（1）：43～44］。高兴云等以养阴止血汤（生地黄、熟地黄、玄参、麦冬、炒白芍药、牛膝、川贝母、甘草、当归、栀子、牡丹皮、仙鹤草、白茅根、藕节、炙百合）随证加减，配合西药抗痨，对证治疗肺结核咯血 108 例。结果显效 51 例，有效 46 例，无效 11 例［山东中医杂志，1994，（11）：505～506］。

活血祛瘀　杨畔农用活血软坚散结法配以标准化疗法治疗结核球病 44 例，经 3～6 个月治疗，有效率达 67.2%，提示化疗和活血化瘀中药的结合，有良好的协同作用［实用中医杂志，1988，（1）：36～37］。夏炎兴用血府逐瘀汤加减治疗渗出性胸膜炎 52 例，经 X 线胸片复查全部治愈，且无任何后遗症。此外，活血祛瘀药也常用于对抗痨药产生耐药性的患者［湖南中医杂志，1991，（1）：18～20］。洪广祥认为，这部分病例的特点是病程长、病灶多呈纤维收缩、干酪坏死，周围淋巴管瘀塞不畅，因而结核难以修复，而活血化瘀药可改善血脉运行，促使结核硬结钙化或空洞的闭合（当代名医证治汇粹，1990. 70）。

清热解毒　实验提示，不少具有清热解毒作用的中药，如黄连、黄芩、银花、连翘、夏枯草、猫爪草、　草、苦参等，均有不同程度的对结核杆菌的抑制、杀灭作用。邵长荣等用芩部丹（黄芩、百部、丹参）治疗曾连续抗痨 1 年以上、病灶呈纤维空洞、痰菌反复阳性者 110 例，服“芩部丹”片后，症状普遍好转，胸片报告吸收 30 例，痰菌阴转率达 34.5%。其中 1/3 的长期病休者恢复了工作［辽宁中医杂志，1986，（1）：43～49］，说明中医药的抗痨作用值得进一步重视。

复习思考题

1. 什么是肺痨？
2. 肺痨的发病原因有哪些？它们之间是什么关系？
3. 试述肺痨由肺传脾肾的病理演变过程。
4. 肺痨的治疗原则是什么？
5. 试述肺痨各型的症状、治法及方药。

（陈改花）

8

痰 饮

目的要求

1. 了解广义痰饮的概念。临床常见的有痰饮和悬饮，了解其定义及范围。
2. 熟悉痰饮的病因病机、诊断要点及辨证要点。
3. 掌握痰饮的治疗原则及痰饮、悬饮各证型的证治。

痰饮是由于外感寒湿、饮食不当或阳气虚弱等原因导致肺脾肾功能失调，体内水液输布运化失常，停积于某些部位的一类病证。

痰饮有广义狭义之别，广义的痰饮包括痰饮、悬饮、支饮、溢饮，本节重点介绍临床常见的狭义痰饮及悬饮。

《内经》有“积饮”之说，奠定了痰饮的理论基础。《金匮要略》首创痰饮病名，并列专篇论述，其含义有广义与狭义之分，广义的痰饮是诸饮的总称，狭义的痰饮是诸饮中的一个类型，由于水饮停积的部位不同，而分为痰饮、悬饮、溢饮、支饮四类，并有留饮、伏饮之论述，成为后世辨证论治的主要依据。自隋唐以至金元，在痰饮病的基础上，逐渐发展了痰的病理学说，倡百病兼痰的论点，从而有痰证与饮证之分。

狭义的痰饮是由于脾阳虚弱，饮停胃肠，以水走肠间、沥沥有声为主要临床表现的病证。现代医学的胃肠功能紊乱、不完全性幽门梗阻、肠梗阻等如本病临床表现者，可参照本病辨证论治。

悬饮指肺气不足，外邪乘虚侵袭，肺失通调，胸络郁滞，气不布津，以致饮停胸胁，出现咳唾胸胁引痛，或见胸胁饱满为主症的病证。

溢饮、支饮可参照水肿、咳嗽、喘证、肺胀辨证论治。

8.1 病因病机

8.1.1 病因

8.1.1.1 外感寒湿

气候湿冷，或冒雨涉水，或经常坐卧湿地，水湿之邪侵袭卫表，卫外之阳先伤，肺气不得宣布，湿邪浸渍肌肉，由表及里，困遏脾胃之阳，导致肺不能通调水道，脾不能运化水湿，水津停滞，积而成饮。

8.1.1.2 饮食不当

暴饮茶水等，或夏暑或酒后恣饮冷水，或进生冷之物，因热伤冷，冷与热结，中阳暴遏，脾不能运，湿从内生，津液停而为饮。

8.1.1.3 劳欲所伤

劳倦过度则伤脾，纵欲太过则伤肾，或久病体虚，伤及脾肾之阳，水液失于转输及蒸腾气化，亦能停而成饮。体虚气弱之人，一旦伤于水湿，更易停蓄致病。

8.1.2 病机

8.1.2.1 基本病机

痰饮的病机总由肺、脾、肾三脏阳气不足，三焦气化不利，水液运化功能失常，停留于体内某些部位。

8.1.2.2 病位

痰饮的病变部位在肺、脾、肾，与三焦密切相关，可影响到五脏。在正常生理情况下，水液的输布排泄，主要依靠三焦的作用。三焦主持全身的气化，是水液运行的道路，气化则水行。若三焦气化失宣，阳虚水液不运，必致停积为饮。从三焦分部与所属脏腑的关系而言，肺居上焦，有通调水道的作用；脾主中焦，有运输水谷精微的功能；肾处下焦，有蒸化水液、分清泌浊的职责，三脏共同完成水液吸收、运行、排泄的整个过程，因此水液的运行与脾、肺、肾三脏密切相关。如三脏功能失调，肺之通调涩滞，脾之转输无权，肾之蒸化失职，则三者互为影响，导致水液停积为饮。三脏之中，脾运失司，首当其要。因脾阳一虚，则上不能输精以养肺，水谷不从正化，反为痰饮而干肺；下不能助肾以制水，水寒之气反伤肾阳，必致水液内停中焦，流溢各处，波及多脏。

8.1.2.3 病理性质

痰饮的病理性质总属阳虚阴盛，运化失调，因虚致实，水液停积为患。因水为阴类，非阳不运，若阳气虚衰，气不化津，则阴邪偏盛，寒饮内停，而中阳素虚，脏气不足，是本病发生的内在病理基础。虽然间有因时邪与里水相搏，或饮邪久郁化热，表现饮热相杂之候，但究属少数。

8.1.2.4 病机转化

本病属本虚标实之候，最常见的病机转化为虚实转化，实证可转为虚证，如寒湿可伤阳，饮热可伤阴；虚证亦可兼夹实象，如阳气不足，则水液内停，水饮内停，还可阻滞气机，日久还可形成血瘀之候。虚证之间也可发生转化，如初病气虚，日久气虚及阳，甚则形成气阴两虚等证候。

8.2 诊断与鉴别诊断

8.2.1 诊断

8.2.1.1 痰饮

（1）临床表现

胃中痞闷或满痛，胃中有振水声，或水走肠间，沥沥有声，或伴呕吐清水痰涎，头昏目眩等症。

（2）辅助检查

胃镜、消化道钡餐照影、腹部透视或拍片可见相关病变。

8.2.1.2 悬饮

（1）临床表现

初期以咳唾胸胁引痛，或伴有恶寒发热为主症。发病缓急不一。积饮形成后，胸痛减轻，胸闷逐渐明显，重者有呼吸困难，积液量多时呼吸运动受限制，肋间隙增宽，叩诊呈浊音或实音。积饮消退，可后遗胸胁疼痛，咳声不扬，少痰，迁延不已。少量积液或积液吸收后，患侧可闻及胸膜摩擦音。

（2）辅助检查

胸片、胸腔B超、CT、血沉、胸水常规及培养等检查有助于诊断及鉴别诊断。

8.2.2 鉴别诊断

悬饮应与胸痹心痛、胁痛相鉴别。

8.2.2.1 胸痹心痛

胸痹心痛属心经病变，是由于多种原因导致心脉痹阻，以左胸膺部憋闷疼痛为主要临床表现的病证，重者可伴呼吸困难，但一般持续时间短暂，多因情绪波动、气候变化、暴饮暴食或过度劳累后诱发，多见于中老年人，无胸满隆起、肋间隙增宽等表现。

8.2.2.2 胁痛

胁痛是以一侧或两侧胁肋部位疼痛为主要表现的病证，其病变部位在肝胆，一般与咳嗽、呼吸无关，亦无胸满隆起。而悬饮病变部位在胸肺，主要表现为胸胁疼痛，呼吸、转侧加重，为水液停于胸胁之候。

8.3 辨证论治

8.3.1 辨证要点

8.3.1.1 辨痰饮的类型

痰饮的辨证，首先应根据其停积的部位，区别不同的证型。如饮留胃肠者为痰饮，水停胸胁者为悬饮。

8.3.1.2 辨标本虚实

本病为阳虚阴盛，本虚标实之候，本虚为阳气不足，标实指水饮留聚，无论病之新久，俱应根据症状，辨别二者的主次。

8.3.2 治疗原则

由于饮为阴邪，遇寒则聚，得温则行，故治疗当以温化为原则。同时分别标本缓急，根据表里虚实的不同，采取相应的治法。水饮壅盛，邪实为主者，宜用攻逐、利水、发汗等法袪饮治标，因势利导以袪除饮邪；正虚者宜补，阳虚饮微者，治以健脾温肾为主，使阳气通则饮自化；邪实正虚，治当消补兼施，饮热相杂者又当温凉并用。即使是实证，当饮邪基本消除后，如正气虚弱者，亦需继用健脾温肾之剂，以固其本。

8.3.3 分型论治

8.3.3.1 痰饮

病因素体脾虚，运化不健，复加饮食不节，或外湿所伤，而致脾阳虚弱，饮留胃肠。根据虚实主次的不同，痰饮大体可以分为两个证型。

（1）脾阳虚弱

症状　胸胁支满，心下痞闷，胃中有振水音，脘腹喜温畏冷，背寒，呕吐清水痰涎，水入易吐，口渴不欲饮，心悸，气短，头昏目眩，食少，大便或溏，形体逐渐消瘦。

舌象　舌苔白滑。

脉象　脉弦细而滑。

证候分析　胃中停饮，支撑胸胁，故脘痞胸满，胃中有振水音。寒饮内聚，阳气不能外达，则见脘腹喜温畏冷、背寒。水饮上逆故呕吐痰涎，水入易吐。水停中焦，津不上承则渴不欲饮。饮凌心肺故心悸、气短。水饮中阻，清阳不升，饮邪上犯，则头昏目眩。脾运不健故食少、便溏。脾虚水谷不能化为精微充养形体，而致形体日瘦。舌苔白滑，脉弦细滑，均系阳虚饮停之征。

治法　温脾化饮。

方药　苓桂术甘汤合小半夏加茯苓汤。

前方用茯苓、桂枝、白术、甘草温脾阳，利水饮，用于胸胁支满，目眩，气短；后方用半夏、生姜、茯苓化饮和胃降逆，用于水停心下，脘痞、呕吐、眩悸。

加减　1）若眩冒、小便不利，加泽泻、猪苓以渗湿升清。

2）若脘部冷痛、吐涎沫，酌配干姜、吴茱萸、川椒目、肉桂等温中和胃。

3）若心下胀满，加枳实以行气消痞。

（2）饮留胃肠

症状　心下坚满或痛，自利，利后反快，虽利心下续坚满；或水走肠间，沥沥有声，腹满，便秘，口舌干燥。

舌象　舌苔腻，色白或黄。

脉象　脉沉弦或伏。

证候分析　水饮留胃，则心下坚满或痛。水饮下行故利后反快。饮去难尽，新饮复积，故虽利心下续坚满。饮邪从胃下流于肠，则肠间沥沥有声。饮结于中而致腹满、便秘。饮郁化热故口舌干燥、苔黄。脉沉弦或伏，舌苔白腻为水饮壅盛、阳气郁遏之象。

治法　攻下逐饮。

方药　甘遂半夏汤或己椒苈黄丸。

前方攻守兼施，因势利导，用于水饮在胃。药取甘遂、半夏逐饮降逆；白芍药、蜂蜜酸甘缓中，以防伤正，借甘遂、甘草相反相激，祛逐留饮。后方苦辛宣泄，前后分消，用于水饮在肠、饮郁化热之证。药用大黄、葶苈子攻坚决壅，泻下逐水；防己、椒目辛宣苦泄，导水利尿。

加减　饮邪上逆、胸满者，加枳实、厚朴以行气除满。

临证时需注意不能图快一时，攻逐太过，以防损伤正气，使水饮复聚。

8.3.3.2 悬饮

悬饮多因素体不强，或原有其他慢性疾病，肺虚卫弱，时邪外袭，肺失宣通，饮停胸胁，而致络气不和，若饮阻气郁，久则可以化火伤阴，或耗损肺气。在病程发生、发展全过程中，可见下列各证。

（1）邪犯胸肺

症状　寒热往来，身热起伏，汗少，或发热不恶寒，有汗而热不解，咳嗽，少痰，气急，胸胁刺痛，呼吸、转侧疼痛加重，心下痞硬，干呕，口苦，咽干。

舌象　舌苔薄白或黄。

脉象　脉弦数。

证候分析　肺居胸中，两胁为少阳经脉分布循行之处，今时邪外袭，热郁胸肺，少阳枢机不和，肺气不利，则寒热往来起伏，胸胁疼痛，呼吸、转侧疼痛加重。肺热内蕴，肺气失宣，故身热有汗，不恶寒，咳而气急少痰。热郁少阳则心下痞硬，干呕，口苦，咽干。舌苔薄白或黄，脉弦数，乃属邪在上焦肺卫之候。

治法　和解宣利。

方药　柴枳半夏汤加减。

本方功能和解清热，涤痰开结。用于初期寒热往来、胸胁闷痛等症。药用柴胡、黄芩和解清热；瓜蒌、半夏化痰开结；枳壳、桔梗、赤芍药理气和络。

加减　1）咳逆气急，胁痛，加白芥子、桑白皮。

2）心下痞硬，口苦，干呕，加黄连以与半夏、瓜蒌相伍，辛开苦降。

3）热盛有汗，咳嗽气粗，去柴胡，合入麻杏石甘汤以清热宣肺化痰。

如寒热未罢，胸胁已见停饮，可同时结合饮停胸胁证治疗。

（2）饮停胸胁

症状　咳唾引痛，但胸胁痛势较初期减轻，而呼吸困难加重，咳逆气喘、息促不能平卧，或仅能偏卧于停饮的一侧，病侧肋间胀满，甚则可见一侧胸廓隆起。

舌象　舌苔薄白腻。

脉象　脉沉弦或弦滑。

证候分析　肺气郁滞，气不布津，停而为饮。饮停气滞，脉络受阻，故咳唾引痛。因水饮已成，气机升降痹窒，反见痛轻而喘息加重。饮邪上迫肺气，则咳逆不能平卧。饮在胸胁，故肋间胀满隆起。舌苔白，脉沉弦或弦滑，为水结于里之候。

治法　逐水祛饮。

方药　十枣汤或控涎丹。

二方均为攻逐水饮之剂。前方力峻，适用于体壮证实，积饮量多的患者。取甘遂、大戟、芫花研末，大枣煎汤送下，空腹顿服。后方药力较缓，反应较轻，系十枣汤去芫花加白芥子为丸，善祛皮里膜外之痰水，有宣肺理气之功。剂量均宜小量递增，连服3～5日，必要时停二三日再服。如服药后出现剧烈呕吐、腹痛、腹泻，应减量或停服。

加减 1）若病情较轻，或虚不受攻者，亦可选用椒目瓜蒌汤以泻肺祛饮，降气化痰。药用葶苈子、桑白皮泻肺逐饮；苏子、瓜蒌皮、陈皮、半夏降气化痰；椒目、茯苓、生姜皮利水导饮。

2）若见痰浊偏盛，胸部满闷、舌苔浊腻，加薤白、杏仁。

3）如水饮久停难去，胸胁支满，体弱，食少者，加桂枝、白术、甘草等通阳健脾化饮，不宜再予峻攻。

4）若见络气不和之候，可同时配合理气和络之剂，以冀气行水行。

（3）络气不和

症状 胸胁疼痛，胸闷不舒，胸痛如灼，或感刺痛，呼吸不畅，或有闷咳，甚则迁延经久不已，天阴时更为明显。

舌象 舌苔薄，质暗。

脉象 脉弦。

证候分析 饮邪久郁之后，气机不利，络脉痹阻，故胸胁疼痛，胸闷不舒。肺气不利，故呼吸不畅，闷咳。气郁化火则痛势如灼。气滞络痹则刺痛迁延，经久不已。内有水湿，天阴时外湿与内湿相合，故症状更加明显。脉弦，苔薄，质暗，为气滞络痹之候。

治法 理气和络。

方药 香附旋覆花汤。

本方功能理气化痰和络。药用旋覆花、苏子、杏仁、半夏、薏苡仁、茯苓降气化痰；香附、陈皮理气解郁。

加减 1）痰气郁阻，胸闷苔腻加瓜蒌、枳壳。

2）久痛入络，痛势如刺，加当归须、赤芍药、桃仁、红花、乳香、没药以活血止痛。

3）水饮不净加通草、路路通、冬瓜皮等。

（4）阴虚内热

症状 咳呛时作，咯吐少量黏痰，口干咽燥，或午后潮热，颧红，心烦，手足心热，盗汗，或伴胸胁闷痛，病久不复，形体消瘦。

舌象 舌质偏红，少苔。

脉象 脉细数。

证候分析 饮阻气郁，化热伤阴，阴虚肺燥，故咳呛痰黏量少，口干咽燥。阴虚火旺则潮热，颧红，心烦，盗汗，手足心热。络脉不和故胸胁闷痛。病久正虚而致形体消瘦。舌红少苔，脉细数，乃阴虚内热之候。

治法 滋阴清热。

方药 沙参麦冬汤、泻白散加减。

前方清肺润燥，养阴生津，用于干咳，痰少，口干，舌质红，药用沙参、麦冬、玉竹、天花粉养阴生津。后方清肺降火，用于咳呛气逆，潮热，药用桑白皮、地骨皮、甘草等清肺降火。

加减 1）潮热加鳖甲、功劳叶。

2）咳嗽配百部、川贝母。

3）胸胁闷痛，酌加瓜蒌皮、枳壳、广郁金、丝瓜络。

4）积液未尽，加牡蛎、泽泻。

5）兼有气虚，症见神疲，气短，易汗，面色 白者，酌加太子参、黄芪、五味子益气生津。

8.4 预防与调护

痰饮病人，平时应避免风寒湿冷，注意保暖；饮食宜清淡，忌肥甘厚味、生冷之品；戒烟酒；注意劳逸适度，以防诱发本病。

附　　录

1. 病案举例

杜某，男，42岁。诉咳嗽多痰，咳引胁痛，舌腻纳减，多医不愈。诊查、辨证：脉息微弦，病属悬饮。处方：净麻黄9g，洗半夏9g，细辛6g，五味子6g，橘红6g，甘遂5g，白芥子9g，紫菀9g，炙款冬花9g。三帖。

二诊：据述初服药大便一度溏泄，胁痛旋停，舌腻亦化，咳嗽亦微，治宜原方加减。处方：原方去甘遂，加鲜生姜6g、红枣4枚。三帖。

按语：悬饮非攻不去。用药如用兵，故仿兵家易帅之法，方以治咳之射干麻黄汤去射干而易控涎丹之甘遂、白芥子攻逐之；加橘红者，增其化痰利气力也。不用姜枣者，攻邪宜急也。再诊胁痛已停，则甘遂无用武之地，故去之，而仍用姜枣以和之。

（董建华．中国现代名中医医案精华．北京：北京出版社，1990.214～215　吴考槃医案）

2. 古文献选录

《金匮要略·痰饮咳嗽病》："其人素盛今瘦，水走肠间，沥沥有声，谓之痰饮。饮后水流在胁下，咳唾引痛，谓之悬饮。饮水流行，归于四肢，当汗出而不汗出，身体疼重，谓之溢饮。咳逆倚息，短气不得卧，其形如肿，谓之支饮。"

《景岳全书·痰饮》："痰之与饮，虽曰同类，而实有不同也。盖饮为水液之属，凡呕吐清水及胸腹膨满，吞酸嗳腐，渥渥有声等证，此皆水谷之余停积不行，是即所谓饮也。若痰有不同于饮者，饮清澈而痰稠浊；饮惟停积肠胃而痰则无处不到。水谷不化而停为饮者，其病全由脾胃；无处不到而化为痰者，凡五脏之伤皆能致之。故治此者，当知所辨，而不可不察其本也。"

3. 研究进展

常氏用中西医结合的方法治疗结核性胸腔积液 82 例，并设对照组 76 例。两组均以西医常规治疗，治疗组配合十枣汤治疗，装胶囊，1.5～3g/次，清晨枣汤送服，连服 7～10 天。结果治疗组有效率 95.1%，对照组有效率 84%，两者比较有显著差异（$P<0.05$）［江西中医药，1998，29（4）：243］。罗氏将结核性胸膜炎分为初始期、饮盛期及恢复期进行治疗，认为中医药治疗结核性胸膜炎在改善症状、防治化疗引起的不良反应等方面效果较好［中医药学报，1998，13（5）：363］。

复习思考题

1. 什么叫痰饮？根据痰饮所停留的部位常分哪几种？
2. 悬饮与胸痹心痛、胁痛如何鉴别？
3. 痰饮脾阳虚弱与饮留胃肠证在症状、治法及方药上各有何不同？
4. 试述悬饮在其发生发展过程中可发生哪些病机转化？常见证型的病机、症状、治法及方药分别是什么？

（张润顺）

9

自汗、盗汗

目的要求

1. 了解自汗、盗汗的定义。
2. 熟悉自汗、盗汗与脱汗、战汗、黄汗的区别。
3. 掌握自汗、盗汗的治疗原则及临床常见证型的辨证论治。

自汗、盗汗是由于阴阳失调，腠理不固，而致汗液外泄失常的病证。不因外界环境因素的影响，白昼时时汗出，动辄益甚者称为自汗；寐中汗出，醒来自止者称为盗汗。

早在《内经》中即对汗的生理及病理有相当认识。如指出汗液为血液所化生，为心所主。生理性的出汗，与外界气温有密切关系。《三因极一病证方论·自汗证治》对自汗、盗汗作了鉴别，并指出其他疾病中表现的自汗，应着重针对病源进行治疗。朱震亨对自汗、盗汗的病理属性作了概括。《景岳全书·汗证》对汗证作了系统的整理，认为自汗属阳虚，盗汗属阴虚，但自汗盗汗，亦各有阴阳之证，治疗方面，指出收汗止汗之剂皆可随宜择用。《医林改错·血府逐瘀汤所治之症目》补充了血瘀亦令人自汗、盗汗，用血府逐瘀汤治疗本病。

本章所讨论的自汗、盗汗系属以自汗、盗汗为主要临床表现的疾病。伴见于其他疾病过程中的自汗、盗汗，可在治疗原发疾病的基础上，参照本章辨证论治。

9.1 病因病机

9.1.1 病因

出汗是人体的生理现象。当机体产热增加，需要散热或情绪紧张时，出汗量增加，此属正常现象。人体感受外邪时，出汗可以起到解表达邪的作用，所以也是一种治疗方法。汗为心之液，由精气所化生，不可过泄。出汗增多的病理变化，主要由以下原因引起。

9.1.1.1 肺卫不固

素体肺气虚弱，阳气不足，或病后体虚，或久患咳喘，耗伤肺气，肺与皮毛相表里，气阳不足，卫表不固，腠理疏松而致自汗。

9.1.1.2 营卫不和

由于体内阴阳的偏盛偏衰，或表虚之人微受风邪，导致营卫不和，卫外失司，则致汗出。

9.1.1.3 心血不足

思虑太过，损伤心脾，或出血之后，血虚失养，均可导致心血不足。因汗为心之液，血不养心，心液不藏，则汗液外泄太过，引起自汗或盗汗。

9.1.1.4 阴虚火旺

烦劳过度，亡血失精，或邪热耗阴，以致阴精亏虚，虚火内生，阴津被扰，不能自藏而外泄，导致盗汗或自汗。

9.1.1.5 邪热郁蒸

由于情志不舒，肝气郁结，肝火偏旺，或嗜食辛辣厚味，或素体湿热偏盛等原因，以致肝火或湿热内盛，邪热郁蒸，逼迫津液外泄而致汗出增多。

9.1.2 病机

9.1.2.1 基本病机

肺气不足，或营卫不和，致表卫不固；心血亏虚，心液不藏；阴虚火旺，或邪热郁蒸，热迫津液外泄等原因，导致阴阳失调，腠理不固，汗液外泄失常是形成自汗或盗汗的基本病机。

9.1.2.2 病位

本病总属津液外泄失常，与五脏阴阳气血相关。

9.1.2.3 病理性质

自汗、盗汗以虚证多见，一般自汗多属气虚不固，盗汗多属阴虚内热，但临床不可拘泥于此，亦有自汗属阴虚，盗汗属阳虚者；因肝火、湿热等邪热郁蒸所致者则属实证。病程久或病变重者，则会出现阴阳虚实错杂的情况。

9.1.2.4 病机转化

一是虚证之间的转化，如自汗多属于气虚，但自汗久则可以伤阴，盗汗多属于阴虚，得盗汗久则可以伤阳，从而形成气阴两虚、阴阳两虚之候。二是虚实之间的转化，邪热郁蒸，日久伤阴；或表虚之人，复感外邪，则成虚实夹杂之证。

9.2 诊断与鉴别诊断

9.2.1 诊断

9.2.1.1 临床表现

不因外界环境因素影响，而头面、颈胸、或四肢、全身汗出增多。昼日汗出溱溱，动则益甚者为自汗，睡眠中汗出津津，醒后汗止者为盗汗。应除外其他疾病引起的自汗、盗汗，作为其他疾病过程中出现的自汗、盗汗，因疾病的不同，各具有该疾病的症状及体征，且出汗大多不居于突出地位。

9.2.1.2 辅助检查

胸部X线摄片，痰涂片找抗酸杆菌，以及抗链“O”、血沉、黏蛋白、T_3、T_4、基础代谢等检查以排除肺结核、风湿热、甲状腺功能亢进等。

9.2.2 鉴别诊断

9.2.2.1 脱汗

脱汗表现为大汗淋漓，汗出如珠，常同时出现声低息微，精神疲惫，四肢厥冷，脉微欲绝或散大无力，多在疾病危重时出现，为病势危急的征象，故脱汗又称为绝汗。

9.2.2.2 战汗

战汗表现为突然恶寒战栗，全身汗出，发热，口渴，烦躁不安，为邪正交争的征象。若汗出之后，热退脉静，气息调畅，为正气拒邪，病趋好转，主要出现于急性热病过程中。

9.2.2.3 黄汗

黄汗汗出色黄如柏汁，染衣着色，常伴见口中黏苦，渴不欲饮，小便不利，苔黄腻，脉弦滑等湿热内蕴之证。

9.3 辨证论治

9.3.1 辨证要点

对于自汗、盗汗的辨证，应着重辨明阴阳虚实。一般来说，汗证以属虚者为多。自汗多属气虚不固；盗汗多属阴虚内热。肝火、湿热等邪热郁蒸所致者，则属实证。病程久或病情重者，则会出现阴阳虚实错杂的情况。

9.3.2 治疗原则

虚证应益气养阴，固表敛汗；实证当清肝泄热，化湿和营；虚实夹杂者，则根据虚实的主次适当兼顾，予以补虚泄实。此外，由于自汗、盗汗均以腠理不固，津液外泄为共同病变，故可酌加麻黄根、浮小麦、糯稻根、五味子、瘪桃干、牡蛎等收敛固涩之品，以增强止汗的作用。

9.3.3 分型论治

9.3.3.1 肺卫不固

症状　汗出恶风，稍劳尤甚，易于感冒，体倦乏力，面色少华。

舌象　苔薄白。

脉象　脉细弱。

证候分析　肺气亏虚，或阳气不足，肌表疏松，表卫不固而汗出恶风，且易于感冒。动则耗气，气不摄汗，故汗出益甚。体倦乏力，面色少华，苔薄白，脉细弱均为气虚之象。

治法　益气固表。

方药　玉屏风散。

方中黄芪益气固表止汗；白术健脾除湿，助黄芪益气固表；少佐防风走表，而助黄芪固表之力。为益气固表止汗的常用方剂。

加减　1）若汗出多者，可加浮小麦、糯稻根、牡蛎固表敛汗。

2）若气虚甚者，加党参、黄精益气固摄。

3）若兼有阴虚，而见舌红、脉细数者，加麦冬、五味子养阴敛汗。

9.3.3.2 营卫不和

症状　汗出恶风，周身酸楚，时寒时热，或表现半身或局部出汗。

舌象　脉缓。

脉象　苔薄白。

证候分析　体质素弱，阴阳失调，或表虚感受风邪，致营卫失和，腠理不密，故汗出恶风，周身酸楚，时寒时热。营卫失和，汗泄失常，故半身或局部出汗。脉缓、苔薄白为营卫不和之象。

治法　调和营卫。

方药　桂枝汤。

方中以桂枝温经解肌，白芍药和营敛阴，二药合用，一散一收，调和营卫；配以生姜、大枣、甘草，助其调和营卫之功。

加减　1）若汗出多者，酌加龙骨、牡蛎固涩敛汗。

2）若兼气虚自汗者，加黄芪、浮小麦益气固表。

3）兼阳虚而见四肢不温，畏寒者，加附子温阳敛汗。

4）若兼心悸，失眠者，加朱茯苓、夜交藤、龙骨、牡蛎以安神敛汗。

9.3.3.3　心血不足

症状　自汗或盗汗，心悸少寐，神疲气短，面色不华。

舌象　舌质淡。

脉象　脉细。

证候分析　劳心过度，心血耗伤，或久病脾虚，气血生化乏源，心血不足，心神浮越，心液不藏而外泄，故汗出，心悸少寐。气血不足，血不华色，故神疲气短，面色少华。舌质淡，脉细为血虚之象。

治法　补血养心。

方药　归脾汤。

方中用黄芪、党参、白术益气健脾以生血；当归、桂圆肉、茯苓、炒枣仁、远志养血安神；木香、炙甘草、生姜、大枣理气调中。

加减　1）若汗出多者，加浮小麦、五味子、牡蛎收涩敛汗。

2）若血虚甚者，加熟地黄、柏子仁、炙何首乌以补益精血。

3）若见心阴亏虚，心烦少寐，舌红少苔，脉细数，可选用天王补心丹。

9.3.3.4　阴虚火旺

症状　夜寐盗汗，或有自汗，五心烦热，或兼午后潮热，两颧色红，口渴。

舌象　舌红少苔。

脉象　脉细数。

证候分析　阴精亏虚，虚火内生，热迫津液外泄，故见盗汗。虚热内蒸，故见五心烦热、午后潮热、颧红。阴虚有热而津液不足，故见口渴。舌红少苔，脉细数，为阴虚火旺之象。

治法　滋阴降火。

方药　当归六黄汤。

方中用当归、生地黄、熟地黄滋阴养血，壮水之主以制阳光；黄连、黄芩、黄柏苦寒清热，泻火坚阴；黄芪益气固表。

加减 1）若汗出多者，加牡蛎、浮小麦、糯稻根固涩敛汗。

2）若潮热甚者，加秦艽、银柴胡、白薇清退虚热。

3）若阴虚为主，而火旺不甚者，可改用麦味地黄丸以补益肺肾，滋阴清热。

9.3.3.5 邪热郁蒸

症状 蒸蒸汗出，汗出而黏或使衣服黄染，面赤烘热，烦躁，口苦，小便色黄。

舌象 舌苔薄黄或黄腻。

脉象 脉象弦数。

证候分析 肝火亢盛或湿热内蒸，热蒸津液外泄，故蒸蒸汗出。湿热郁蒸脾土，脾色外泄，故汗出而黏或使衣服黄染。肝火亢盛，郁热上攻，故面赤烘热、烦躁、口苦。尿黄，舌苔薄黄或黄腻，脉象弦数为肝火或湿热内盛之象。

治法 清肝泄热，化湿和营。

方药 龙胆泻肝汤。

方中以龙胆草、黄芩、栀子、柴胡清肝泄热；泽泻、木通、车前子清利湿热；当归、生地黄滋阴养血和营；甘草调和诸药，泻火清热。

加减 1）若湿热内蕴，而面赤烘热、口苦等症不显著者，为湿邪较甚，而热势不盛，可改用四妙丸。方中以黄柏清热，苍术、薏苡仁除湿，牛膝通利筋脉。

2）若里热较甚，小便短赤者，可加茵陈清解郁热。

9.4 预防与调护

汗出之时，腠理空虚，易于感受外邪，故当避风寒，以防感冒。汗出之后，应及时将汗擦干。出汗多者，需经常更换内衣等，保持衣服、卧具干燥清洁。

附 录

1. 病案举例

1）陈某，男，41岁。初诊：1975年4月9日。盗汗二年余，今年更甚。皮肤有冷感，关节酸痛，口干而不多饮。舌红，脉弦细。乃气阴不足，卫外不固。治当益气养阴固表。处方：黄芪15g，川桂枝9g，生白芍药15g，龙骨（先煎）30g，生地黄12g，五味子4.5g，炙甘草9g，牡蛎（先煎）30g，淮小麦30g，大枣五枚。

三诊：4月23日，上方药服14剂后，盗汗、肤冷俱见减轻。再于前方中增入温培脾胃之品。原方加熟附片（先煎）12g，党参12g。

五诊：5月7日，连服上方药14剂，盗汗、肤冷诸症明显改善。处方：熟附片（先煎）15g，黄芪15g，党参12g，生白芍药15g，龙牡（先煎）各30g，生地黄12g，五味子4.5g，炙甘草9g，淮小麦30g，大枣五枚。

按语：盗汗一症，一般认为属于阴虚，但也有属于阳虚或气阴两虚者。本例患者有汗出颇甚，皮肤冷感，口干不多饮，以及关节酸痛诸症，辨证为气阴不足、卫外失固。处方以桂枝、白芍药调和营卫，黄芪益气固表，龙骨、牡蛎、五味子固涩止汗，甘麦、大枣以养心气；因其舌红，故用生地黄滋阴。复诊时增人参、附子以加重益气温阳之力，服药之后症情显著好转。

（董建华．中国现代名中医医案精华．
北京：北京出版社，1990. 929～930　徐仲才医案）

2）陆某，女，44岁。初诊：1975年7月3日。1972年流产之后，汗出恶风，腹中鸣响，自觉时有冷风入腹并作抽痛，饮食尚佳，形瘦乏力，经行甚少，经多方治疗至今未愈。舌质红，苔薄腻，脉细。此属气血俱虚，脾胃虚弱，卫阳不固，外风易侵。治以益气健脾，固表敛汗之法。处方：党参12g，白术10g，炙甘草6g，桂枝3g，白芍药10g，淮小麦30g，糯稻根30g，煅龙骨30g，木瓜6g，陈皮6g，红枣5枚。六剂。

二诊：7月10日。服前方药6剂后，汗出恶风及腹中鸣响抽痛等症均明显减轻。舌质红，苔薄腻，脉细。再予前法。患者即返外地工作，原方带回嘱再服药6剂。

按语：本例因流产之后营卫俱虚，腠理不固，风邪乘虚入侵而起病，汗出恶风，腹内觉冷抽痛，经久不愈。处方用药看似平淡，实为数方融合而成。自汗多属气虚，故以四君子汤补养中气，充实营卫，配糯稻根、煅龙骨以增固表敛汗之力；并用桂枝汤以调和营卫，治表虚自汗恶风，芍药、炙甘草又能缓急而止腹痛，桂枝兼能温通经脉，配木瓜养肝舒筋以为辅；患者形体消瘦，舌红脉细，乃因汗出已久，阴血亦伤，芍药兼有保护营阴的作用；再用甘麦大枣汤养心安神，以助脾胃之运化。由于配伍得当，相辅相成，故一举而收效。

（董建华．中国现代名中医医案精华．
北京：北京出版社，1990. 798～799　黄文东医案）

2. 古文献选录

《医学正传·汗证》："若夫自汗与盗汗者，病似而实不同也。其自汗者，无时而濈濈然出，动则为甚，属阳虚，胃气之所司也；盗汗者，寝中而通身如浴，觉来方知，属阴虚，营血之所主也。大抵自汗宜补阳调卫，盗汗宜补阴降火。"

研究进展

邢氏报道以当归六黄汤治疗29例妇女更年期烦热自汗症，病程1～3年，辨证属于阴虚火旺，经治后全部有效。其中16例全部症状消失，服药最少9剂，最多27剂［河北中医，1992，（3）：35］。俞氏报道新加龙萸止汗汤（生龙骨、生牡蛎、山萸肉、何首乌、酸枣仁、黄芪、金樱子、乌梅）对风心病、肺心病、心肌炎、心律不齐引起的全身性大汗症（包括自汗及盗汗）有良好疗效［中医杂志，1988，（2）：138］。活血化瘀法在汗证的治疗中渐受重视。如辛氏及吕氏分别以血府逐瘀汤治愈2例患黎明汗出半月的患者［四川中医，1991，（2）：19］。陈氏治疗1例汗出如油，白天需换衣5～6次，已病10余日，西医诊为植物神经功能紊乱的自汗患者，曾用其他治疗无效，以血府逐瘀汤加味收到良好效果［中医杂志，1993，（10）：633］。

盗汗以阴虚导致者为多，但亦有由阳虚所致者。如钟氏对阴盛于内，阳浮于外，迫津外泄的盗汗，用附子为主，引火归原，获较好效果［中医杂志，1992，（11）：6］。罗氏有活血化瘀利水法治疗顽固性盗汗62例，结果治愈51例，有效8例，总有效率98.5%［四川中医，1995，(6)：41］。

止汗方药的研究　余氏对汗证妙用仙鹤草，其经验是：仙鹤草配白术疗自汗，仙鹤草配紫丹参治盗汗，仙鹤草配藿胆（藿香加适量猪胆汁拌）治头汗，仙鹤草配黄芪治半身出汗［中医杂志，1992，(9)：517］。魏氏等用止汗锭（由何首乌、五倍子、黄芪组成）敷脐治疗168例汗证（其中自汗48例，盗汗66例，自汗兼盗汗54例），8日为1疗程，取得良好效果，总有效率为94.05%。在无效的10例中，有肺结核4例，肿瘤化疗期5例，更年期综合征1例。疗效佳的患者，3日左右即显效果［中医杂志，1991，(6)：41］。

复习思考题

1. 什么叫自汗、盗汗？

2. 试述自汗、盗汗的病因病机，病机转化及治则治法。

3. 自汗、盗汗与脱汗、战汗、黄汗如何鉴别？

4. 试述肺卫不固与营卫不和，阴虚火旺与邪热郁蒸证在症状、治法及方药上有何异同？

（张润顺）

10

血证

目的要求

1. 了解血证的概念、调护及研究进展。
2. 熟悉血证的病因病机、诊断、鉴别诊断，及鼻衄、齿衄、咳血的分型论治。
3. 掌握血证的治疗原则及吐血、便血、尿血、紫斑的分型论治。

凡由多种原因致使血液不循常道，或上溢于口鼻诸窍，或下泄于前后二阴，或渗出于肌肤所形成的疾患，统称为血证。也就是说，以非生理性的出血为主要临床表现的疾患，都称为血证。本章讨论内科常见的鼻衄、齿衄、咳血、吐血、便血、尿血、紫斑等。

《内经》即对血的生理及病理有较深入的认识，对血溢、血泄、溺血、溲血、衄血、咳血、呕血、便血等病证作了记载，并对引起出血的原因及部分血证的预后有所论述。《金匮要略》最早记载了泻心汤、柏叶汤、黄土汤等治疗吐血、便血的方剂，沿用至今。《诸病源候论·血病诸候》将血证称为血病，对各种血证的病因病机作了较详细的论述。《备急千金要方》收载了犀角地黄汤等治疗血证的方剂。刘完素亦认为失血主要由热盛所致。《医学正传·血证》率先将各种出血病证归纳在一起，并以“血证”之名概之。《先醒斋医学广笔记·吐血》提出了著名的治吐血三要法。《景岳全书·血证》对血证作了比较系统的归纳，将病机概括为“火盛”及“气伤”两方面。《血证论》是论述血证的专书，对各种血证的病因病机、辨证论治均有许多精辟论述，提出止血、消瘀、宁血、补血（编者按：应为补虚）的治吐血四法，实是通治血证之大纲。

本病的范围相当广泛，是临床极为常见的一类病证，凡以出血为主要临床表现的病证，均属本病的范围。现代医学血液系统疾病中以出血为主要表现者如血小板减少性紫癜，过敏性紫癜，再生障碍性贫血，各型白血病，血友病等；其他系统疾病如支气管扩张，消化道溃疡，肝硬化，肾结核，肾炎，IgA 肾病、维生素缺乏症、多个系统的肿瘤等以出血为主要表现者，均可参考本章辨证论治。

10.1 病因病机

10.1.1 病因

10.1.1.1 感受外邪

外邪侵袭、损伤脉络可引起出血。外邪之中，以感受热邪所致者为多。邪气不同，其损伤的部位及导致的血证类型有一定的差异，如风、热、燥邪损伤上部脉络，则引起衄血、咳血、吐血；热邪或湿热损伤下部脉络，则引起尿血、便血。

10.1.1.2 情志过极

忧思恼怒过度，肝气不舒，郁而化火，肝火上逆犯肺则引起衄血、咳血；肝火横逆犯胃则引起吐血。

10.1.1.3 饮食不节

饮酒过多或过食辛辣醇酒厚味，或滋生湿热，热伤脉络，引起衄血、吐血、便血；或损伤脾胃，脾胃虚弱，血失统摄，而引起吐血、便血、尿血、紫斑等。

10.1.1.4 劳倦过度

忧愁思虑过度，损伤心脾；或劳倦伤脾；或房劳伤肾，导致心、脾、肾等脏腑气阴的损伤。气虚不能摄血，以致血液外溢而形成衄血、吐血、便血、紫斑；阴虚则火旺，迫血妄行而致衄血、尿血、紫斑等。

10.1.1.5 久病或热病之后

久病或热病导致血证的机理主要有三个方面。一是久病或热病使阴津伤耗，以致阴虚火旺，迫血妄行而致出血；二是久病或热病使正气亏损，气虚不摄，血溢脉外而致出血；三是久病入络，使血脉瘀阻，血行不畅，血不循经而致出血。

当各种原因导致脉络损伤或血液妄行时，就会引起血液溢出脉外而形成血证。

10.1.2 病机

10.1.2.1 基本病机

本病共同的病机可以归结为火热熏灼、迫血妄行，气虚不摄、血溢脉外以及瘀血阻滞、血不循经。

10.1.2.2 病位

血证的病变脏腑非常广泛，与五脏六腑均有关，但影响的脏腑不同，则出血的部位有异。

10.1.2.3 病理性质

本病的病理性质有虚实之别。从证候的虚实来说，由火热亢盛所致者属于实证；由阴虚火旺及气虚不摄所致者，则属于虚证。在火热之中，有实火及虚火之分。外感风热燥火，湿热内蕴，肝郁化火等，均属实火；而阴虚火旺之火，则属虚火。气虚之中，又有仅见气虚和气损及阳、阳气亦虚之别。瘀血内停导致的出血，则有虚有实，水湿痰浊阻络或离经之血而导致瘀血者，属于实，而气虚阳虚、血液运行无力，阴虚血虚、血脉不充而导致的瘀血，则属于虚。另外，瘀血日久，旧血不去，新血不生，也会导致血虚，形成虚证。

10.1.2.4 病机转化

实证和虚证虽各有其不同的病因病机，但在本病发展过程中，两者常发生转化，其中实证向虚证的转化更为常见，如开始为火盛气逆，迫血妄行，但在反复出血之后，则会导致阴血亏损，虚火内生；或因出血过多，血去气伤，以致气虚阳衰，不能摄血。因此，在有的情况下，阴虚火旺及气虚不摄，既是引起出血的病理因素，又是出血所导致的结果。出血之后，已离经脉而未排出体外的血液，留积体内，蓄结而为瘀血，瘀血又能妨碍新血的生长及气血的正常运行而导致血虚。

10.2 诊断与鉴别诊断

10.2.1 诊断

10.2.1.1 鼻衄

凡血自鼻道外溢而非因外伤、倒经所致者，均可诊断为鼻衄。

10.2.1.2 齿衄

血自齿龈或齿缝外溢，且排除外伤所致者，即可诊断为齿衄。

10.2.1.3 咳血（咯血）

咯血是肺络受伤，血溢脉外，以咳嗽、咯血、或痰中带血等为主要表现的病证。

（1）临床表现

血由肺、气道而来，经咳嗽而出，发作前常自觉喉痒胸闷，一咯即出，血色鲜红，或夹泡沫，或痰血相兼、痰中带血。

（2）病史及发病

多数患者有反复咳（咯）血史。多有慢性咳嗽、痰喘、肺痨等肺系病史。

（3）辅助检查

实验室检查如白细胞及分类、血沉、痰培养、痰镜检、胸部X线检查、支气管镜检或造影、胸部CT等，有助于进一步明确咳血的病因。

10.2.1.4 吐血（呕血）

呕血系胃络损伤，络伤血溢，出现血从口中呕吐而出的病证。

（1）临床表现

呕吐液呈咖啡色或暗红色，吐血量多者可呈鲜红色，多夹有食物残渣，混有胃液。发病前常有恶心、胃脘不适或疼痛，吐血量多者头晕心慌，汗出肢冷，甚或晕厥。呕血后常伴见黑便。脘腹有压痛，肠鸣音活跃，出血量多者心率增快，血压下降，面色苍白。

（2）病史及发病

多有胃痛、胁痛、黄疸、积聚等病史。

（3）辅助检查

呕吐物或大便隐血试验强阳性。胃肠X线钡餐照影、纤维胃镜、肝功能及B超等检查，可明确出血的病因。

10.2.1.5 便血

便血系胃肠络脉受损，出现血随大便而下，大便新鲜血液或呈柏油样便为主要临床表现的病证。

（1）临床表现

血与粪便夹杂，或下纯血。出血部位偏于下消化道者多见便下鲜血；出血部位偏于上消化道者，血色污浊而暗，色黑呈柏油样。可伴有头晕、心慌、气短及腹痛等症。出血过多可出现晕厥，肢冷汗出，心率增快，血压下降。

（2）病史及发病

有胃肠道溃疡、炎症、息肉、憩室或肝硬化等病史。

（3）辅助检查

血常规、粪常规及培养、大便潜血、内镜、X线钡餐照影、肛门指检及结肠镜检查，可帮助明确出血的原因。

10.2.1.6 尿血

尿血是由于膀胱脉络受伤，血渗膀胱，导致小便中混有血液甚至血块的病证。

（1）临床表现

小便中混有血液或夹有血块，小便呈红色、棕黄色或黄褐色，排尿时无疼痛感。

（2）辅助检查

尿常规见红细胞阳性。

10.2.1.7 紫斑

紫斑是由血络受伤，血渗于肌肤之间，皮肤表现点状或片状青紫斑块的病证。

（1）临床表现

四肢或全身可见青紫斑点或片状斑块，色鲜红或暗红，不高出皮肤，压之不褪色，常反复发作，伴齿衄、鼻衄、月经过多、便血、尿血等症状。或伴腹痛、关节疼痛、尿血、水肿等症。

（2）辅助检查

血小板数量和功能，出、凝血时间，毛细血管脆性试验等检查可见异常，骨髓象可见巨细胞系统增生正常或异常等有利于明确病因。

10.2.2 鉴别诊断

10.2.2.1 鼻衄

1）外伤鼻衄　因碰伤、挖鼻等引起血管破裂而致鼻衄者，出血多在损伤的一侧，且经局部止血治疗不再出血，无全身症状，与内科所论鼻衄有别。

2）经行衄血　经行衄血又名倒经、逆经，其发生与月经周期有密切关系，多于经行前期或经期出现，与内科所论鼻衄机理及表现均不同。

10.2.2.2 齿衄

舌衄　齿衄为血自齿缝、牙龈溢出；舌衄为血自舌面而出，舌面上常有出血点或血泡，与齿衄不难鉴别。

10.2.2.3 咳血

1）吐血　咳血与吐血，血液均经口出，但两者截然不同。咳血是血由肺来，经气道随咳嗽而出，血色多为鲜红，常混有痰液，咳血之前多有咳嗽、胸闷、喉痒等症状，大量咳血后，可见痰中带血数天，大便一般不呈黑色；吐血是血由胃而来，经呕吐而出，血色紫暗，常夹有食物残渣，吐血之前多有胃脘不适或胃痛、恶心等症状，吐血之后无痰中带血，但大便多呈黑色。

2）肺痈　肺痈患者的咳血多由风温转变而来，常为脓血相兼，气味腥臭。初期也可见风热袭于肺卫的证候，当演变到吐脓血阶段时，多伴壮热、烦渴、胸痛、舌质红、苔黄腻、脉滑数等热毒炽盛证候，以此可与咳血相鉴别。

3）口腔出血　鼻咽部、齿龈及口腔其他部位出血的患者，常为纯血或随唾液而出，血量一般较少，并有口腔、鼻咽部病变的相应症状出现，可与咳血相区别。

10.2.2.4 吐血

1）咳血　见上文所述。

2）鼻腔、口腔及咽喉出血　这些部位出血，血色鲜红，不夹食物残渣，在五官科作有关检查即可明确具体部位。

10.2.2.5 便血

1）痢疾　痢疾初起有发热恶寒等症，其便血为脓血相兼，且有腹痛、里急后重、肛门灼热等症。便血无里急后重，无脓血相兼，与痢疾不同。

2）痔疮　痔疮属外科疾病，其大便下血特点为便时或便后出血，便血多鲜红，常伴有肛门异物感或疼痛，作肛门及直肠检查时，可发现内痔或外痔，与内科所论之便血不难鉴别。

10.2.2.6 尿血

1）血淋　血淋和尿血均可见血随尿出，以小便时痛与不痛为其鉴别要点，不痛者为尿血，痛（滴沥刺痛）者为血淋。

2）石淋　石淋与尿血均有血随尿出。但石淋尿中时有沙石夹杂，小便涩滞不畅，时有小便中断，或伴腰腹绞痛等症，若沙石从小便而出，则痛止。此与尿血不同。

10.2.2.7 紫斑

1）出疹　紫斑与出疹均有局部肤色的改变，紫斑隐于皮内，压之不褪色，触之不碍手；疹高出于皮肤，压之褪色，摸之碍手，以此不难区别。

2）温病发斑　紫斑与温病发斑在皮肤表现的斑块方面，区别不大。但两者病情、病势、预后迥然有别。温病发斑发病急骤，常伴有高热烦躁、头痛如劈、昏狂谵语、四肢抽搐、鼻衄、齿衄、便血、尿血、舌质红绛等，病情险恶多变；杂病发斑（紫斑）常有反复发作史，也有突然发生者，虽时有热毒亢盛表现，但一般舌不红绛，不具有温病传变急速之特征。

3）丹毒　丹毒属外科皮肤病，以皮肤色红如红丹得名，轻者压之褪色，重者压之不褪色，但其局部皮肤灼热肿痛与紫斑不同。

10.3 辨证论治

10.3.1 辨证要点

10.3.1.1 辨病证类型

血证具有明确而突出的临床表现——出血，一般不容易混淆。但由于引起出血的原因以及出血部位的不同，应注意辨清不同的病证。如口中出血，有吐血与咳血之分；小便出血，需排除血淋与石淋，方可确定为尿血；大便下血则需排除痔疮、痢疾等，才能诊断为便血。因此临床上应根据临床表现、病史等辨明血证的病证类型。

10.3.1.2 辨脏腑

同一血证，可以由不同的脏腑病变而引起，应注意辨明。如同属鼻衄，有在肺、在胃、在肝的不同；吐血有病在胃及在肝之别；齿衄有病在胃及在肾之分；尿血则有病在膀胱、肾或脾的不同。

10.3.1.3 辨证候之寒热虚实

血证由火热熏灼，热迫血行引起者为多。但火热之中，有实火及虚火的区别。血证有实证及虚证的不同，一般初病多实，久病多虚；由实火所致者属实，由阴虚火旺、气虚不摄甚至阳气虚衰所致者属虚。证候的寒热虚实不同，则治法各异，应注意辨明。

10.3.2 治疗原则

治疗血证，应针对各种血证的病因病机及损伤脏腑的不同，结合证候虚实及病情轻重而辨证论治。对血证的治疗可归纳为治火、治气、治血三个原则。

10.3.2.1 治火

火有虚实之分，实火当清热泻火；虚火当滋阴降火。并应结合病变脏腑的不同，选用相应的方药。

10.3.2.2 治气

气有余便是火，火热可迫血妄行，故实证治当清气降气；气虚则不能统摄血液，故虚证治当补气益气。

10.3.2.3 治血

治血应根据各种病证的病因病机进行辨证论治，常用的有凉血止血、收敛止血或活血止血等方法。

10.3.3 分型论治

以下分别叙述鼻衄、齿衄、咳血、吐血、便血、尿血、紫斑七种血证的辨证论治。

10.3.3.1 鼻衄

鼻衄是血证中最常见的一种。鼻衄多由火热迫血妄行所致，其中尤以肺热、胃热、肝火为常见。另有少数病人，可由正气亏虚，血失统摄引起。

（1）热邪犯肺

症状 鼻燥衄血，口干咽燥或咽痛，或兼有身热、咳嗽痰少等症。

舌象 舌质红，苔薄。

脉象 脉数。

证候分析 鼻为肺窍，肺内积热，上犯清窍，致血热妄行，并耗伤肺阴，则鼻燥衄血。若风热上受，表卫受遏，则身热咽痛。热邪犯肺，肺气不宣，则咳嗽。肺热伤津，故痰少，口干咽燥。舌红，脉数为热盛阴伤之象。

治法 清泄肺热，凉血止血。

方药 桑菊饮。

方中以桑叶、菊花、薄荷、连翘辛凉轻透，宣散风热；桔梗、杏仁、甘草宣降肺气，利咽止咳；芦根清热生津。

加减 1）可加牡丹皮、白茅根、旱莲草、侧柏叶凉血止血。

2）肺热盛而无表证者，去薄荷、桔梗，加黄芩、栀子清泄肺热。

3）阴伤较甚，口、鼻、咽干燥显著者，加玄参、麦冬、生地黄养阴润肺。

（2）胃热炽盛

症状 鼻衄，或兼齿衄，血色鲜红，口渴欲饮，鼻干，口干臭秽，烦躁，便秘。

舌象 舌红，苔黄。

脉象 脉数。

证候分析 足阳明胃之经脉上交鼻頞，齿龈为阳明经脉所过之处，胃火上炎，热迫血行，故致鼻衄、齿衄，血色鲜红。胃火消灼胃津，故致鼻干，口渴欲饮。胃热损伤肠中津液，故便秘。胃热扰心则烦躁。舌红，苔黄，脉数均为胃热炽盛之征。

治法 清胃泻火，凉血止血。

方药 玉女煎。

方中用石膏、知母清胃泻火；地黄、麦冬养阴清热；牛膝引血下行。

加减 1）可加白茅根、大蓟、小蓟、藕节等凉血止血。

2）热势甚者，加山栀、牡丹皮、黄芩清热泻火。

3）大便秘结加生大黄通腑泻热。

4）阴伤较甚，口渴、舌红苔少、脉细数者，加天花粉、石斛、玉竹养胃生津。

（3）肝火上炎

症状 鼻衄，头痛，目眩，耳鸣，烦躁易怒，两目红赤，口苦。

舌象 舌红。

脉象 脉弦数。

证候分析　气郁化火，火热迫血妄行，上溢清窍，故致鼻衄，肝火上炎，故致头痛、目眩、耳鸣、口苦、烦躁。肝开窍于目，肝火上乘，故两目红赤。舌红，脉弦数为肝经实火之象。

治法　清肝泻火，凉血止血。

方药　龙胆泻肝汤。

方中以龙胆草、柴胡、栀子、黄芩清肝泻火；木通、泽泻、车前子清利湿热；生地黄、当归滋阴养血；甘草调和诸药。全方泻中有补，清中有养。

加减　1）可酌加白茅根、牡丹皮、蒲黄、大蓟、小蓟、藕节等凉血止血。

2）若阴液亏耗，口鼻干燥，舌红少津，脉细数者，可去车前子、泽泻，酌加玄参、麦冬、女贞子、旱莲草养阴清热。

（4）气血亏虚

症状　鼻衄，或兼齿衄，肌衄，神疲乏力，面色　白，头晕，耳鸣，心悸，夜寐不宁。

舌象　舌质淡。

脉象　脉细无力。

证候分析　气虚不能统摄血液，故致鼻衄，甚或齿衄、肌衄。气血亏虚，失于温煦濡养，髓海失养则头晕耳鸣。心失所养则心悸。四肢百骸失养则神疲乏力。血虚不能上荣于面，故面色　白。气血不足，血脉不充，故致舌淡，脉细无力。

治法　补气摄血。

方药　归脾汤。

本方具有补养气血，健脾养心及益气摄血的作用。本方以人参、白术、甘草补气健脾；当归、黄芪益气生血；酸枣仁、远志、茯神、龙眼肉补心益脾，安神定志；木香理气醒脾，使其补而不滞。

加减　可加仙鹤草、阿胶、茜草等加强其止血作用。

对以上各种证候的鼻衄，除内服汤药治疗外，鼻衄之时，应结合局部用药治疗，以及时止血。可选用下列方法：①用棉花蘸青黛粉、云南白药、白及粉等塞入鼻腔止血；②用湿棉条蘸塞鼻散（百草霜 15g，龙骨 15g，枯矾 60g，共研极细末）塞鼻；③严重者可结合鼻腔填塞法。

10.3.3.2　齿衄

阳明经脉入于齿龈，肾主骨，齿为骨之余，故齿衄主要与胃及肾有关。

（1）胃火炽盛

症状　齿衄血色鲜红，齿龈红肿疼痛，头痛，口臭。

舌象　舌红，苔黄。

脉象　脉洪数。

证候分析　上龈属足阳明经，下龈属手阳明经，胃火炽盛，循阳明经脉上犯，以致齿龈红肿疼痛。络损血溢则齿龈出血。胃热上蒸故头痛，口臭。热结阳明故大便秘结。舌红，苔黄，脉洪数，为阳明热盛之象。

治法　清胃泻火，凉血止血。

方药　加味清胃散合泻心汤。

加味清胃散中，以生地黄、牡丹皮、犀角（用水牛角代）清热凉血；黄连、连翘清热泻火；当归、甘草养血和中。泻心汤药用黄芩、黄连、大黄苦寒清热，合用以增强其清胃泻火的作用。

加减　1）可酌加白茅根、大蓟、藕节以凉血止血。

2）烦热口渴者，加石膏、知母清热除烦。

（2）阴虚火旺

症状　齿衄，血色淡红，常因受热及烦劳而诱发，齿摇不坚。

舌象　舌红苔少。

脉象　脉细数。

证候分析　肾主骨，齿为骨之余，肝肾阴亏，相火上浮，热迫血行，以致齿龈出血，齿摇不坚。舌红少苔，脉细数为阴虚火动之象。

治法　滋阴降火，凉血止血。

方药　六味地黄丸合茜根散。

六味地黄丸重在补养肝肾，方中以熟地黄、山萸肉、山药滋补肝肾之阴；牡丹皮清退虚热；茯苓、泽泻泄浊。茜根散重在凉血止血，滋阴养血，方中用茜草根、侧柏叶、黄芩清热凉血止血；生地黄、阿胶滋阴养血；甘草调中解毒。两方合用，互为补充，适用于肾阴亏虚，虚火上炎之齿衄。

齿衄亦可结合局部用药，药用生石膏30g，黄柏15g，五倍子15g，儿茶6g。浓煎漱口，每次5～10分钟。

10.3.3.3　咳血

咳血或咯血，亦有称为嗽血，总由肺络受损所致。引起咳血最常见的病因为感受燥热之邪，损伤肺络；另外，情志郁结，郁久化火，肝火犯肺；肺肾阴虚，虚火内炽，损伤肺络；肺脾气虚，气虚不摄，血溢脉外，亦可导致咳血。治疗当分清外感内伤、气虚与阴虚、虚火与实火分别选用相应的方药。

（1）燥热伤肺

症状　喉痒咳嗽，痰中带血，口干鼻燥，或有身热。

舌象　舌质红，少津，苔薄黄。

脉象　脉数。

证候分析　感受风热燥邪，损伤于肺，使肺失清肃，肺络受损，故致喉痒咳嗽，痰中带血。燥热伤津，故口干鼻燥。舌红少津，苔薄黄，脉数，为燥热伤津之象。

治法　清热润肺，宁络止血。

方药　桑杏汤。

方中以桑叶、栀子、淡豆豉清宣肺热；沙参、梨皮养阴清热；杏仁、贝母润肺化痰止咳。

加减　1）可加白茅根、藕节、茜草、侧柏叶凉血止血。

2）兼有发热、头痛、咳嗽、咽痛、脉浮数等外感风热的表证时，可酌加银花、连翘、牛蒡子辛凉解表，清热利咽。

3）津伤较甚者，可加麦冬、玄参、天花粉养阴润燥。

4）痰热壅肺，肺络受损，证见发热，面红，咳嗽，脉数者，可用清金化痰汤去桔梗，加大蓟、小蓟、茜草等以清肺化痰，凉血止血。

5）热势较盛，出血较多者，加金银花、连翘、黄芩、芦根并冲服三七粉。

（2）肝火犯肺

症状　咳嗽阵作，痰中带血或纯血鲜红，胸胁胀痛，烦躁易怒，口苦。

舌象　舌质红，苔薄黄。

脉象　脉弦数。

证候分析　肝火上逆犯肺，使肺失清肃，肺络受损，故咳嗽、咳血。肝之脉络布于胁肋，肝火偏亢，脉络壅滞，故胸胁胀痛。肝火上炎，故口苦，烦躁易怒。舌质红，苔薄黄，脉弦数，为肝火偏亢之象。

治法　清肝泻肺，凉血止血。

方药　泻白散合黛蛤散。

两方相合，以桑白皮、地骨皮清泻肺热；海蛤壳、甘草清肺化痰；青黛清肝凉血。

加减　1）可酌加生地黄、旱莲草、白茅根、大小蓟等凉血止血。

2）肝火较甚，头晕目赤，心烦易怒者，加牡丹皮、栀子、黄芩清肝泻火。

3）若咳血量较多，纯血鲜红，可用犀角地黄汤（犀角以水牛角代）加三七粉冲服，以清热泻火，凉血止血。

（3）阴虚肺热

症状　咳嗽痰少，痰中带血或反复咳血，血色鲜红，口干咽燥，颧红，潮热盗汗。

舌象　舌质红。

脉象　脉细数。

证候分析　阴虚肺热，肺失清肃，故咳嗽痰少。火热灼肺，损伤肺络，故痰中带血或反复咳血。阴虚津乏，不能上承，故口干咽燥。阴虚火旺，则颧红、潮热、盗汗。舌红，脉细数为阴虚有热之象。

治法　滋阴润肺，宁络止血。

方药　百合固金丸。

本方以百合、麦冬、玄参、生地黄、熟地黄滋阴清热，养肺生津；当归、白芍药柔润养血；贝母、甘草肃肺化痰止咳，方中桔梗性升提，于咳血不利，在此宜去。

加减　1）可加白及、藕节、白茅根、茜草等止血，或合十灰散凉血止血。

2）反复咳血及咳血量多者，加云南白药或三七粉冲服以加强止血，加阿胶、熟地黄、何首乌养血。

3）潮热、颧红者，加青蒿、鳖甲、地骨皮、白薇等清退虚热。

4）盗汗加糯稻根、浮小麦、五味子、牡蛎等收敛固涩。

（4）气虚不摄

症状 痰中带血或咳吐纯血，或血色较淡，面色少华，神疲乏力，气短，头晕目眩，耳鸣心悸，或兼见衄血、便血。

舌象 舌质淡，苔薄白。

脉象 脉虚细或芤。

证候分析 肺脾气虚，血失统摄，故见痰中带血或咳吐纯血，血色较淡，或兼见衄血、便血。气血不足，失于荣养，故面色少华，神疲乏力，气短，头晕目眩，耳鸣心悸。舌质淡，苔薄白，脉虚细或芤，均为气虚血弱之象。

治法 健脾益肺，固摄止血。

方药 拯阳理劳汤加减。

方有人参甘温大补元气，炙黄芪甘温补脾肺，益气升阳，白术、甘草补气健脾；当归养血活血，大枣养血和中；陈皮理气行滞，五味子敛肺滋肾，肉桂温阳。

加减 1）可酌加仙鹤草、阿胶、三七参、白及以加强止血。

2）若咳血量较多，证见面色苍白，肢冷汗出，脉微等，为气随血脱，加独参汤以益气固脱。

3）若见血色紫暗成块，胸痛，舌淡暗或有瘀点瘀斑，可用血府逐瘀汤合十灰散治疗。

10.3.3.4 吐血

吐血，亦称为呕血，总由胃络损伤所致，与脾、胃、肝有关，它既可由胃腑本身的病变引起，如胃热壅盛，损伤胃络，或脾胃虚弱，气虚不摄；也可由他脏病变影响到胃，如肝郁化火，肝火犯胃，也会导致络伤血溢；瘀血阻滞，血不循经，也会导致吐血。临床需辨明脏腑虚实进行论治。

（1）胃热壅盛

症状 脘腹胀闷，甚则作痛，吐血色红或紫暗，常夹有食物残渣，口臭，便秘或大便色黑。

舌象 舌红，苔黄腻。

脉象 脉滑数。

证候分析 胃中积热，胃失和降，气血不和，故脘腹胀闷，甚则作痛。热伤胃络，故吐血色红或紫暗。胃为水谷之海，胃主受纳水谷，其性主降，胃气上逆，故呕血夹食。胃热伤津，故大便秘结。血随糟粕而下，则使大便色黑。舌红，苔黄腻，脉滑数，为内有积热之象。

治法 清胃泻火，化瘀止血。

方药 泻心汤合十灰散。

泻心汤由黄芩、黄连、大黄组成，具有苦寒泻火的作用，方名泻心，实则泻胃。十灰散中以大蓟、小蓟、侧柏叶、茜草根、白茅根清热凉血止血，棕榈皮收敛止血；牡丹皮、栀子清热凉血；大黄通腑泄热。方中大黄、大蓟、小蓟、茜草根、牡丹皮有活血化瘀作用，止血而无凝滞积瘀之弊。大黄有良好的止血作用，生用或炒炭均可，具有止血快、维持时间长，止血的同时能够缓解伴随症状的特点。

加减　1）胃气上逆而致恶心呕吐者，可加代赭石、竹茹、旋覆花和胃降逆。

2）热伤胃阴而表现口渴、舌红而干、脉细数者，加麦冬、石斛、天花粉养胃生津。

（2）肝火犯胃

症状　吐血色红或紫暗，口苦胁痛，心烦易怒，寐少梦多。

舌象　舌质红绛。

脉象　脉弦数。

证候分析　肝火横逆犯胃，胃络损伤则吐血色红或紫暗。肝火上炎，则口苦。肝气不舒则胁痛。热扰心神，故心烦易怒，寐少梦多。舌红绛，脉弦数，为肝火亢盛之象。

治法　泻肝清胃，凉血止血。

方药　龙胆泻肝汤。

加减　可加白茅根、藕节、旱莲草、茜草，或合用十灰散凉血止血。

（3）气虚血溢

症状　吐血缠绵不止，时轻时重，血色暗淡，神疲乏力，心悸气短，面色苍白。

舌象　舌质淡。

脉象　脉细弱。

证候分析　脾气亏虚，统摄无权，血液外溢，故吐血缠绵不止，时轻时重，血色暗淡。脾气本已虚衰，加之反复出血，气随血去，气血亏虚，心失所养则心悸气短，形体失养则神疲乏力。血虚不能上荣于面则面色苍白。舌质淡，脉细弱为气血亏虚之征。

治法　健脾益气摄血。

方药　归脾汤。

加减　1）可酌加仙鹤草、白及、乌贼骨、炮姜炭等温经固涩止血。

2）若气损及阳，脾胃虚寒，证见肢冷，畏寒，便溏者，可改用柏叶汤合理中丸。前方中以侧柏叶凉血止血，艾叶、炮姜炭温经止血，童便化瘀止血；理中丸用人参、白术、干姜、炙甘草温补脾气以摄血。两方使用，共奏温经止血之效。

部分吐血患者出血量可很多，临床上无论是吐血，还是其他血证，若因出血过多，证见面色苍白，四肢厥冷，汗出，脉微或细数，甚则神情淡漠或昏迷者，为气随血脱，应急服独参汤等，必要时中西医结合积极救治。

（4）胃络瘀阻

症状　吐血紫暗有斑块，胃脘疼痛，痛处固定而拒按，痛如针刺或刀割，面色晦暗。

舌象　舌质暗或有紫斑。

脉象 脉涩。

证候分析 气滞日久或久病伤络，而致瘀血阻络，血不循经，随胃气上逆，故吐血紫暗。瘀阻胃络，不通则痛，故胃脘疼痛，痛处固定而拒按，痛如针刺或刀割。面色晦暗，舌质暗或有紫斑，脉涩为瘀血内停之象。

治法 活血化瘀，通络止血。

方药 血府逐瘀汤合十灰散。

前方用桃红四物汤养血活血；四逆散理气疏肝；桔梗、牛膝升降气机。后方凉血止血。

加减 1）可加花蕊石、三七粉、地榆以加强止血。

2）胃脘刺痛者，可加延胡索、乳香、没药、蒲黄理气活血止痛。

10.3.3.5 便血

凡血从肛门排出体外，无论在大便前，或大便后下血，或单纯下血，或与粪便混杂而下，均称为便血。便血古有远血、近血之分，可作为确定便血部位远近的参考。一般情况下，便血色鲜红者，其来较近，便血色紫暗者，其来较远。便血均由胃肠之脉络受损所致。临床上主要有肠道湿热及脾胃虚寒两类。

（1）肠道湿热

症状 便血色红，大便不畅或稀溏，或有腹痛，口苦。

舌象 苔黄腻。

脉象 脉濡数。

证候分析 湿热蕴结肠道，肠道脉络受损，以致便血。肠道传化失常则大便不畅或稀溏。肠道气机阻滞，则腹痛。苔黄腻，脉濡数为内有湿热之象。

治法 清化湿热，凉血止血。

方药 地榆散或槐角丸。

地榆散以地榆、茜草凉血止血；栀子、黄芩、黄连清热燥湿，泻火解毒；茯苓淡渗利湿。槐角丸以槐角、地榆凉血止血；黄芩清热燥湿；防风、枳壳、当归疏风利气活血。两方相比较，地榆散清化湿热之力较强，而槐角丸则兼能补气活血。

加减 若便血日久，湿热未尽而营阴已亏，应虚实兼顾，清热利湿与补养阴血同用，可酌加阿胶、四物汤等养血之品，或选用清脏汤，清脏汤以黄连、黄芩、黄柏、栀子清热燥湿；四物汤养血和血；地榆、槐角、阿胶、侧柏叶养血凉血止血。

（2）气虚不摄

症状 便血日久不愈，反复发作，便血色淡红或紫暗，食少，体倦，面色萎黄心悸，少寐。

舌象 舌质淡。

脉象 脉细。

证候分析 脾气亏虚，统摄无权，血液外溢，故便血色淡红或暗淡，日久不愈，反复发作。脾虚运化无力，气血生化无源，失于濡养，故食少，体倦，面色萎黄，心悸，少寐。舌质淡，脉细为气血亏虚之征。

治法　益气摄血。

方药　归脾汤。

加减　可酌加槐花、地榆、白及、仙鹤草以加强止血作用。

（3）脾胃虚寒

症状　便血紫暗，甚则黑色，脘腹隐痛，喜热饮，面色不华，神倦懒言，便溏。

舌象　舌质淡。

脉象　脉细。

证候分析　脾胃虚寒，中气不足，统血无力，血溢胃肠之内，随大便而下，故血色紫暗，甚至色黑。中虚有寒，寒凝气滞，故脘腹隐痛，喜热饮。脾虚失运，故便溏。脾胃虚寒，气血不足，失于濡养，故面色不华，神倦懒言。舌淡，脉细为气血不足之象。

治法　健脾温中，养血止血。

方药　黄土汤。

方中以灶心土温中止血；白术、附子、甘草温中健脾；阿胶、地黄养血止血；黄芩苦寒坚阴，起反佐作用。

加减　1）可加白及、乌贼骨收敛止血，三七、花蕊石活血止血。

2）阳虚较甚，畏寒肢冷者，加鹿角霜、炮姜炭、艾叶炭等温阳止血。

3）若兼瘀血阻络，证见便血紫暗，面色暗滞或黧黑，或胁下有积块，舌质紫暗或见瘀点瘀斑，脉涩，治宜行气活血，化瘀止血，可用失笑散加当归、赤芍、延胡索、香附、茜草、花蕊石、三七、龟板、鳖甲等。

10.3.3.6　尿血

尿血因出血量多少的不同及尿液的酸碱性不同，小便可呈淡红色、鲜红色，或茶褐色，或尿色无明显异常而镜下可见红细胞阳性。尿血的病位在肾及膀胱。其主要的病机是热伤脉络及脾肾不固，而热伤脉络之中又有实热和虚热之分，脾肾不固之中又有脾虚及肾虚之别。另外，亦有因瘀血内结导致尿血者。

（1）下焦热盛

症状　小便黄赤灼热，尿血鲜红，心烦口渴，面赤口疮，夜寐不安。

舌象　舌红。

脉象　脉数。

证候分析　热邪盛于下焦，故小便黄赤灼热。脉络受损，血渗膀胱，故尿血鲜红，热扰心神则心烦，夜寐不安。火热上炎，故面赤、口疮。热伤津液则口渴。舌红，脉数属热盛之象。

治法　清热泻火，凉血止血。

方药　小蓟饮子。

方中以小蓟、生地黄、藕节、蒲黄凉血止血；栀子、木通、竹叶清热泻火；滑石、甘草利水清热，导热下行；当归养血活血，共奏清热泻火，凉血止血之功。

加减 1）热盛而心烦口渴者，加黄芩、天花粉清热生津。

2）尿血较甚者，加槐花、白茅根凉血止血。

3）尿中夹有血块者，加桃仁、红花、牛膝、益母草活血化瘀。

4）若兼发热恶风，舌尖红，苔薄黄，脉浮数，加麻黄连翘赤小豆汤、银翘散。

（2）肾虚火旺

症状 小便短赤带血，头晕耳鸣，神疲，颧红潮热，腰膝酸软。

舌象 舌质红。

脉象 脉细数。

证候分析 肾阴亏虚，虚火内炽，灼伤脉络，故小便短赤带血。肾阴亏乏，髓海不足，故头晕耳鸣。肾虚失养故腰膝酸软，神疲。虚火上炎故颧红，潮热。舌质红，脉细数为阴虚火旺之象。

治法 滋阴降火，凉血止血。

方药 知柏地黄丸。

方中以六味地黄丸滋补肾阴，“壮水之主，以制阳光”；知母、黄柏滋阴降火。

加减 可加旱莲草、大小蓟、藕节、蒲黄等凉血止血。

（3）脾不统血

症状 久病尿血，甚或兼见齿衄、肌衄，面色不华，食少，体倦乏力，气短声低。

舌象 舌质淡。

脉象 脉细弱。

证候分析 脾气亏虚，统血无力，血不循经，故见尿血甚或齿衄、肌衄。脾虚运化无力，气血生化乏源，故食少，体倦，气短声低，面色不华。舌质淡，脉细弱为气血亏虚，血脉不充之象。

治法 补脾摄血。

方药 归脾汤。

加减 1）可加熟地黄、阿胶、仙鹤草、槐花等养血止血。

2）气虚下陷而见少腹坠胀者，可加升麻、柴胡，配合原方中的党参、黄芪、白术以起到益气升阳的作用，亦可用补中益气汤加减。

（4）肾气不固

症状 久病尿血，色淡红，头晕耳鸣，精神困惫，腰脊酸痛。

舌象 舌质淡。

脉象 脉沉弱。

证候分析 劳倦或久病及肾，肾虚不固，血随尿出，故久病尿血。肾气亏虚，肾精不足，失于濡养，故精神困惫，腰脊酸痛，头晕耳鸣。舌质淡，脉沉弱为肾气虚衰之象。

治法 补益肾气，固摄止血。

方药 无比山药丸。

方中以熟地黄、山药、山萸肉、淮牛膝补肾益精；肉苁蓉、菟丝子、杜仲、巴戟天温肾助阳；茯苓健脾；五味子、赤石脂益气固涩。

加减 1）可加仙鹤草、蒲黄、槐花、紫珠草等止血，必要时再加牡蛎、金樱子、补骨脂等固涩止血。

2）腰脊酸痛，畏寒神怯者，可加鹿角片、狗脊温补督脉。

（5）瘀血内结

症状 尿血紫暗，常夹血块，排尿不畅，少腹刺痛拒按，或可触及积块。

舌象 舌质紫暗或有瘀点瘀斑。

脉象 脉细涩或沉细。

证候分析 久病入络，瘀血内停，结于下焦，致血不循经，随小便而出，故见尿血紫暗，或夹血块。瘀阻气滞，不通则痛，故少腹刺痛拒按。瘀血内结，故腹中可触及积块。舌质紫暗或有瘀点瘀斑，脉细涩或沉细均为瘀血内停之象。

治法 活血调营，化瘀止血。

方药 血府逐瘀汤合失笑散加减。

前方养血活血；失笑散有五灵脂、蒲黄活血止痛；可加茜草根、三七参、白茅根、琥珀粉以加强止血。

加减 1）少腹有癥积痞块者，加大黄、生牡蛎、穿山甲、莪术等。

2）外伤尿血，加血竭、乳香、没药、儿茶、三七等。

10.3.3.7 紫斑

紫斑亦有称为肌衄或葡萄疫。本病多发于四肢，尤以下肢多见，严重者常伴有齿衄、鼻衄甚至眼衄等。热迫血行，气虚不摄是引起本病的基本病机。

（1）血热妄行

症状 皮肤出现青紫斑点或斑块，或伴有鼻衄，齿衄，便血，尿血，或有发热，口渴，便秘。

舌象 舌红，苔黄。

脉象 脉弦数。

证候分析 热壅脉络，迫血妄行，血出于肌肤之间，故见青紫斑点或斑块。若热毒极甚，损伤鼻、齿、肠胃、膀胱等处之脉络，则伴见鼻衄、齿衄、便血、尿血。内热郁蒸，故发热。热盛津伤，故口渴，便秘。舌红苔黄，脉弦数，为实热之征象。

治法 清热解毒，凉血止血。

方药 犀角地黄汤合十灰散。

方中由犀角（水牛角代）、地黄清热解毒，滋阴凉血；牡丹皮、赤芍药清热凉血，活血散瘀。为治疗血热妄行的常用有效方剂。合十灰散凉血止血。

加减 1）热毒炽盛，发热，出血广泛者，加生石膏、龙胆草、紫草，冲服紫雪丹。

2）热壅胃肠，气血郁滞，证见腹痛，便血者，加白芍药、甘草、木香、地榆、槐花缓急止痛，凉血止血。

3）邪热阻滞经络，兼见关节肿痛者，酌加秦艽、木瓜、桑枝等舒经通络。

（2）阴虚火旺

症状　皮肤青紫斑点或斑块，时发时止，常伴鼻衄、齿衄或月经过多，颧红，心烦，口渴，手足心热，或有潮热，盗汗。

舌象　舌质红，苔少。

脉象　脉细数。

证候分析　阴虚则火旺，虚火伤及脉络，故见肌肤或他处出血。水亏不能济火，心火扰动，故心烦。火热迫津液外泄则盗汗。阴虚火旺，故颧红、潮热、口渴。舌红，苔少，脉细数，为火旺而阴液不足之象。

治法　滋阴降火，宁络止血。

方药　茜根散。

方中用茜草根、侧柏叶、黄芩清热凉血止血；生地黄、阿胶滋阴养血止血；甘草调中解毒。

加减　1）阴虚较甚者，酌加玄参、龟板、女贞子、旱莲草等养阴清热。

2）潮热可加地骨皮、白薇、秦艽清退虚热。

3）若肾阴亏虚而火热不甚，证见腰膝酸软，头晕，乏力，手足心热，舌红少苔、脉沉细数者，可用六味地黄丸加茜草根、紫草、仙鹤草滋补肾阴，凉血止血。

（3）气不摄血

症状　久病不愈，反复发生肌衄，神疲乏力，头晕目眩，面色苍白或萎黄，食欲不振。

舌象　舌质淡。

脉象　脉细弱。

证候分析　气虚不能摄血，故反复出血，久病不愈。气血亏耗，筋脉百骸失于濡养，故神疲乏力，头晕目眩，面色苍白。脾虚不能运化水谷，故食欲不振。舌质淡，脉细弱为气血亏虚之象。

治法　补气摄血。

方药　归脾汤。

加减　1）可酌情选加仙鹤草、棕榈炭、地榆、蒲黄、茜草根、紫草等，以增强止血及化瘀消斑的作用。

2）若兼肾气不足而见腰膝酸软者，可加山茱萸、菟丝子、续断补益肾气。

3）肌衄而兼有齿衄较甚者，可合用漱口药。

（4）瘀血内阻

症状　皮肤紫斑紫点日久不愈，斑色紫暗，面色晦暗或唇甲青紫，或胸腹疼痛，痛有定处。

舌象　舌质紫暗有瘀斑。

脉象　脉涩。

证候分析　气虚血液运行无力，或久病入络，或离经之血留而不去，形成瘀血，阻滞脉络，血不归经，溢于脉络之外肌肤之间，而致斑色紫暗，日久不愈。瘀血内阻，周身气血不畅，不通则痛，则可见胸腹疼痛，且痛有定处。面色晦暗，唇甲青紫，舌质紫暗有瘀斑，脉涩为瘀血内阻之征。

治法　活血化瘀，消斑止血。

方药　桃红四物汤加减。

方用红花、桃仁、当归、川芎、生地黄、赤芍药养血活血。可加丹参、鸡血藤、三七、紫草止血。

加减　1）腹痛明显者，加五灵脂、蒲黄。

2）腹中有癥块者，加鳖甲、牡蛎、莪术。

3）气短乏力者，加党参、黄芪、大枣。

4）五心烦热者，加玄参、知母、地骨皮。

5）发热，咽喉肿痛者，加金银花、连翘、玄参、板蓝根。

10.4　预防与调护

注意饮食有节，起居有常，劳逸适度，避免情志过极。

对血证患者要注意精神调摄，消除其紧张、恐惧、忧虑等不良情绪。注意休息，重者应卧床休息。严密观察病情的发展和变化，若出现头昏、心慌、汗出、面色苍白、四肢湿冷、脉芤或细数等，应及时救治，以防产生厥脱之证。宜进食清淡、易于消化、富有营养的食物，如新鲜蔬菜、水果、瘦肉、蛋等，忌食辛辣香燥、油腻炙烤之品，戒除烟酒。吐血量大或频频吐血者，应暂予禁食。并应积极治疗引起血证的原发疾病。

附　　录

1. 病案举例

1）叶某，女，23岁，已婚。患者于3年前开始周身出现散在紫斑，逐渐增多，伴有头昏心慌，纳差乏力，便溏色黄，3天后出现鼻衄。停经3个月。血小板20×10^9/L，西医诊断为急性血小板减少症。舌红有紫泡，脉滑数。乃邪热伏于营分，迫血妄行之肌衄。治以清热凉血，滋阴降火，仿犀角地黄汤意。处方：水牛角30g，生地黄30g，玄参30g，白芍药15g，龟板20g，女贞子15g，旱莲草15g，知母10g，侧柏炭10g，仙鹤草10g，阿胶10g。三付。因病情危重，须防血脱之变，并输血200ml。

二诊：精神好转，鼻衄停止，紫斑渐减。前方加羊蹄15g，牡丹皮6g。

三诊：服上方药4剂，诸症渐平，面潮红，舌质嫩红，乃营血余热未尽，原方续进7剂。

四诊：诸症虽平，但偶有心慌，舌质偏红，脉细，一派阴伤未复之象。“炉烟虽熄，防灰复燃”。处方：水牛角30g，牡丹皮6g，阿胶10g，白芍药10g，石斛 10g，墨旱莲 10g。共住院 20 天，血小板升到 $67\times10^9/L$ 而出院。

按语：本例急性血小板减少症，皮肤黏膜广泛性严重出血，血小板计数仅 $20\times10^9/L$，病情危笃，中药采用清热凉血、滋阴降火大法，仿犀角地黄汤化裁。连服药 3 剂，霍然血止，继服则使血小板上升到 $67\times10^9/L$，说明中药不仅止血力卓，且能提高血小板数量，再配用输血、补液等支持疗法，使能奏效更速。

（董建华．中国现代名中医医案精华．北京：北京出版社，1990. 307～308　谢昌仁医案）

2）郑某，男，38 岁．初诊，1967 年 10 月。患者素有胃痛史。某日于午餐后自觉胃中嘈杂，且有灼热感，突于当夜腹痛欲便，下酱黑色血便，量较多，来邀急诊。

诊查：面唇　白，神疲，倦卧，肢冷，时时欲吐，肠鸣幽幽，舌苔中微黄薄腻，边尖质淡红，脉象细弱。辨证为胃络破损，气不摄血。治法仿金匮黄土汤意以进。药用干地黄、炮姜、黄芩、焦白术、阿胶、别直参、陈皮、赤石脂、侧柏炭、炙甘草。服 1 剂。

次日下午复诊，患者自诉腹中温舒，呕恶肠鸣亦除，肢温，但大便一次，色仍黑，脉濡缓，舌苔薄腻。于前方加乌贼骨、生白芍，减轻炮姜用量，继服 2 剂。

三诊时，大便色已转黄，再以原方减去阿胶，加山药、茯苓等出入之方药坚持服十余剂，逐渐恢复。随访 1 年，未见复发。

按语：出血一证，多因实火，但亦有因虚而发者，故治血当辨明虚实。本例便血，伴见面色　白，神疲肢冷，时时欲吐等一派虚寒之象，足见胃络损伤、气不摄血之所为。治疗取黄土汤温阳坚阴止血之意，加炮姜助温阳，配赤石脂、侧柏炭以止血，理法方药，丝丝入扣，故取效迅速。

（董建华．中国现代名中医医案精华．北京：北京出版社，1990. 347～348　潘澄濂医案）

2. 古文献选录

《先醒斋医学广笔记·吐血》："宜行血不宜止血。血不行经络者，气逆上壅也，行血则血循经络，不止自止。止之则血凝，血凝则发热恶食，病日痼矣。宜补肝不宜伐肝……肝为将军之官，主藏血。吐血者，肝失其职也。养肝则肝气平而血有所归，伐之则肝虚不能藏血，血愈不止矣。宜降气不宜降火。气有余即是火，气降即火降，火降则气不上升，血随气行，无溢出上窍之虞矣。降火必用寒凉之剂，反伤胃气，胃气伤则脾不能统血，血愈不能归经矣。"

3. 研究进展

近年来应用中医的理论与治法，治疗不同原因引起的出血，有辨证论治为主者，有用专方专药者，有用外治法者，均取得较好疗效。现简介有关吐血、便血、尿血及紫斑的研究进展。

（1）吐血、便血

吐血与便血是上消化道出血的常见症状，其病因以溃疡病及门静脉高压导致的食管胃底静脉破裂出血最常见。一般门静脉高压以吐血为常见，溃疡病以便血为多见。近年来中医治疗上消化道出血的临床及实验研究，均取得了一定的进展。

1）辨证论治　综合各地经验，其中最基本的证型主要有三型：一是胃火炽盛型，治疗着重在清胃泻火、凉血止血，常用三黄泻心汤、大黄甘草汤加减；二是脾胃气虚型，治宜益气养血摄血，代表方如归脾汤、黄土汤等；三是寒热虚实夹杂型，常用半夏泻心汤加大黄、黄芪、白及等。在此三型基础上，再随证增减［中医杂志，1988，29（5）：375］。

2）专病专药　程氏以泻心汤加味治疗上消化道出血24例，结果全部病例止血成功，大便潜血转阴时间2～7日，并总结本病的治疗经验为“清胃泻火，宁血治本；止血为急，谨防留瘀；通腑清脉，降气止逆；瘥后调理，归脾最宜”，对临床治疗具有一定启示［黑龙江中医药，1991，（4）：15］。魏氏以止血中药制剂（黄连、半夏、赤芍药、茜草、白及等）治疗316例上消化道出血，并设西药对照组102例，治疗组总有效率为96.7%，明显优于西药对照组（$P<0.01$），并发现以脾虚胃热型疗效较佳［中国医药学报，1989，（3）：1992］。胡氏用黑黄胶囊（白及、大黄、西洋参）治疗上消化道出血92例，对照组69例用西药止血，结果两组治愈率差异显著，中药组优于西药组［中国医药学报，1997，（1）：28］。

单方验方治疗急性上消化道出血，以大黄、白及、云南白药、三七、地榆等多用。尤其是大黄，其疗效确切、安全无毒，对虚证、实证均有效。现代药理研究证实，大黄具有多方面的止血作用。因此治疗急性上消化道出血，大黄常作为首选药物。每次3～5g，每日4次。血止之后，再针对出血之因辨证论治［中医杂志，1994，（1）：54］。

3）特殊途径给药　陶氏以止血煎（马勃100g、大黄50g，制成药液）口服和内镜下直视给药，分别治疗上消化道出血40例和35例。两种方法即刻止血几乎全部病例有效，经72小时观察，75例中72例未再出血［中医杂志，1989，（4）：206］。郑氏等用复方五倍子液治疗活动性下消化道出血73例，肠镜发现病灶后，局部喷洒药液，结果总有效率98.1%。对溃疡性结肠炎、慢性结肠炎21例用上药灌肠治疗，7天即可完全止血［中国中西医结合杂志，1997，17（2）：124］。

（2）尿血

近年来中医药治疗急性肾小球肾炎、慢性肾炎、过敏性紫癜性肾炎、IgA肾病等多种疾病引起的尿血，取得了较好效果。

1）辨证分型及治法的研究　目前辨证分型尚无统一标准，综合起来主要有以下几种证型：下焦热盛型，气滞血瘀型，阴虚火旺型，气不摄血型等。关于尿血的治法，时氏认为滋养肾阴为治本之法，并当配合清热利湿、凉血化瘀以治标。以标本兼治为治则，治疗肾炎尿血，组成滋肾化瘀清利汤（女贞子、旱莲草、白花蛇舌草、生侧柏叶等），临床使用可随证加减［中医杂志，1991，(9)：4］。在尿血的诊断和治疗过程中，在辨证论治的同时，应与现代医学的辨病相结合，以提高疗效［中医杂志，1991，(9)：4］。

2）急慢性肾炎、急性肾小球肾炎尿血　一般认为属热伤血络，多用小蓟饮子、二至丸合导赤散、知柏八味丸等。对严重尿血有人主张凉血活血以止血，如北京中医学院用茜草、丹参、生地黄治疗。急性肾炎往往因上呼吸道感染反复加重，若伴上呼吸道感染，宜用银翘散加减，平时则可服玉屏风散以实卫固表，增加抵抗力［辽宁中医杂志，1980，(11)：28］。临床用药经验方面，认为白茅根、小蓟有清热、止血、利水之功，对热证尿血有较好疗效；琥珀、三七也有一定疗效［中医杂志，1991，(9)：4］。陈氏善用海金沙治肾炎尿血［上海中医药杂志，1982，(6)：7］。时氏认为出现尿血则必有瘀滞，因此活血之品可随证加用［中医杂志，1986，(10)：15］。尿血伴有泌尿道感染者，多选用黄柏、蒲公英等对大肠杆菌有效的药物［中华肾脏病杂志，1991，(3)：185］。

3）过敏性紫癜性肾炎　初期治疗以清热凉血止血为主，后期多用养阴清热药［中医杂志，1991，(9)：4］。王氏以紫斑胶囊（焦大黄、焦山楂、炙甘草、紫草等）治疗过敏性紫癜性肾炎52例，均有肉眼或镜检血尿，总有效率96%［北京中医，1992，(2)：21］。魏氏以活血化瘀法为主治疗小儿过敏性紫癜性肾炎36例，分为热盛血瘀型、瘀血阻络型论治。并观察到本病后期多兼有肾气虚衰表现，应注重加用益气补肾药物［中国中西医结合杂志，1994，(3)：170］。

4）IgA肾病　中医对IgA肾病尚无统一辨证分型标准，其病位在肾，常涉及肺、脾、肝等，本为肝肾阴虚、气阴两虚和脾肾气虚等，常兼夹瘀血、湿热。谢氏分期治疗IgA肾病30例，治疗6个月后，总有效率为90%［中医杂志，1995，36(4)：228］。张氏分肾气虚、肝肾阴虚及湿热型，随证用药的同时加赤芍药、丹参或水蛭粉胶囊，共治疗50例，疗效满意［中国中西医结合杂志，1996，(4)：27］。

（3）紫斑

原发性血小板减少性紫癜及过敏性紫癜为临床常见的出血性疾病，属于中医紫斑的范围。

1）原发性血小板减少性紫癜（简称ITP）　在基础研究方面，一般认为ITP以血热妄行、阴虚火旺、气不摄血为主要病机。孙氏的研究显示，临床免疫指标与中医证型、预后等有一定联系［黑龙江中医药，1991，(6)：14］。在治疗方面，活血化瘀中药可抗变态反应，抑制抗体形成，调节辅助性T淋巴细胞（Th）和抑制性T淋巴细胞（Ts）的平衡；降低毛细血管脆性和通透性，加强其抵抗力；增加外周血小板，降低血小板相关抗体（PAIgG），具有免疫抑制作用［中国中西医结合杂志，1992，(5)：304］。杨氏将ITP分五型进行免疫学检测，认为免疫学改变可作为中医辨证分型的客观指标［中国中西医结合杂志，1994，14(11)：699］。邢氏用血安胶囊治疗ITP 50例，平均治疗28～150天，结果显效14例，良效17例，进步16例，治疗后血小板比治疗前显著增高（$P<0.001$）［北京中医药大学学报，1996，(2)：28］。

2）过敏性紫癜　对过敏性紫癜的病因病机研究，归纳起来主要有毒犯营血、热迫血行、风热扰营、瘀血阻滞、脾虚湿盛、气血两虚等几个方面。其中以属热毒炽盛所引起者居多，以清热解毒、凉血化瘀为重要治则。研究证实，活血化瘀药物能改善毛细血管脆性、改善微循环、改善血液物化特性、改善免疫功能及抗炎作用等有关。以活血化瘀法结合辨证论治治疗过敏性紫癜多能取得良效［中医杂志，1987，（3）：48］。马氏以自拟消斑饮（生地黄、丹参、紫草、玄参、赤芍药、银花、板蓝根、荆芥、防风、牛蒡子等）治疗过敏性紫癜112例，总有效率95.4%［河北中医，1995；（5）：10］。

复习思考题

1. 导致血证的病因病机有哪些？
2. 试述血证的治疗原则。
3. 归脾汤可治疗哪些血证？试归纳之。
4. 肝火可导致哪些血证？其临床表现及治法方药分别是什么？
5. 咳血与吐血、尿血与血淋如何鉴别？
6. 试述吐血、便血、尿血、紫斑的辨证施治。
7. 血证危重证出现气随血脱时可见哪些临床表现？如何救治？

（张润顺）

11

心　悸

目的要求

1. 了解心悸的定义、范围、预防调护及研究进展。
2. 熟悉心悸与胸痹心痛、奔豚病的鉴别诊断。
3. 掌握心悸的病因病机、诊断要点、辨证要点、治疗原则以及分型论治。

心悸包括惊悸和怔忡，是指气血阴阳亏虚心失所养，或痰浊（火）、水饮、瘀血阻滞心脉，邪扰心神，引起病人自觉心中悸动，惊惕不安，甚则不能自主的病证。心悸发作时常伴有气短、胸闷，甚则眩晕、喘促，脉象或数，或迟，或节律不齐。其中因惊恐、劳累而发，时发时止，不发时如常人，病情较轻者为惊悸；并无外惊，每由内因引起，终日自觉心中惕惕，稍劳尤甚，全身情况差，病情较重者为怔忡。惊悸日久不愈，可发展为怔忡。

《内经》虽无心悸或惊悸、怔忡之病名，但已认识到心悸的病因有宗气外泄、心脉不通、突受惊恐、复感外邪等，并对心悸脉象的变化有深刻认识。汉代张仲景在《伤寒论》及《金匮要略》中以惊悸、心动悸、心下悸为病证名，认为其主要病因有惊扰、水饮、虚损及汗后受邪等，记载了心悸时表现的结、代、促脉及其区别，提出了基本治则及炙甘草汤等治疗心悸的常用方剂。宋代《济生方·惊悸怔忡健忘门》率先提出怔忡病名，对惊悸、怔忡的病因病机、变证、治法作了较为详细的记述。《丹溪心法·惊悸怔忡》中提出心悸当“责之虚与痰”的理论。明代《医学正传·惊悸怔忡健忘证》对惊悸、怔忡的区别与联系有详尽的描述。《景岳全书·怔忡惊恐》认为怔忡由阴虚劳损所致，且“虚微动亦微，虚甚动亦甚”。在治疗与护理上主张“速宜节欲节劳，切戒酒色”；“速宜养气养津，滋培根本”。清代《医林改错》重视瘀血内阻导致心悸怔忡，记载了用血府逐瘀汤治疗心悸每多获效。

现代医学中各种原因引起的心律失常，如心动过速，心动过缓，过早搏动，心房颤动或扑动，房室传导阻滞，病态窦房结综合征，预激综合征以及心功能不全，一部分神经官能症等，凡具有心悸表现者，均可参照本病辨证论治。

11.1 病因病机

11.1.1 病因

11.1.1.1 体质虚弱

禀赋不足，素体虚弱，或久病失养，劳欲过度，气血阴阳亏虚，以致心失所养，发为心悸。

11.1.1.2 饮食劳倦

嗜食膏粱厚味，蕴热生痰，或伤脾滋生痰浊，痰火扰心而致心悸。

11.1.1.3 情志所伤

平素心虚胆怯，突遇惊恐，忤犯心神，心神动摇，不能自主而心悸；长期忧思不解，心气郁结，化火生痰，痰火扰心，心神不宁而心悸，或气阴暗耗，心神失养而心悸；大怒伤肝，大恐伤肾，怒则气逆，恐则精却，阴虚于下，火逆于上，动撼心神而发惊悸。

11.1.1.4 感受外邪

风寒湿三气杂至，合而为痹。痹证日久，复感外邪，内舍于心，痹阻心脉，心血运行受阻，发为心悸；或风寒湿热之邪，由血脉内侵于心，耗伤心气心阴，亦可引起心悸；温邪、疫毒之邪均可灼伤营阴，心失所养，或邪毒内扰心神，如春温、风温、暑湿、白喉、梅毒等病，往往伴见心悸。

11.1.1.5 药物中毒

药物过量或毒性较剧，损及于心，引起心悸。如附子、乌头，或西药锑剂、洋地黄、奎尼丁、肾上腺素、阿托品等，当用药过量或不当时，均能引发心动悸、脉结代一类证候。

11.1.2 病机

11.1.2.1 基本病机

气血阴阳亏虚，心失所养；或痰浊（火）、水饮、瘀血阻滞心脉，邪扰心神。

11.1.2.2 病位

本病病位主要在心，由于心神失养或不宁，引起心神动摇，悸动不安。但其发病与脾、肾、肺、肝四脏功能失调相关。

11.1.2.3 病性

本病主要有虚实两方面。虚者为气血阴阳亏损，心神失养而致。实者多由痰火扰心，水饮凌心及瘀血阻脉，气血运行不畅而引起，临床多见本虚标实证。

11.1.2.4 病机转化

心悸以虚为主，其病机转化主要与脏腑气血阴阳亏虚的程度有关。如心气虚可进一步发展为心阳虚，心血虚可进一步发展为心阴虚，心阴虚日久致心肾阴虚，心阳虚日久可致肾阳虚等等；阴损及阳或阳损及阴，又可致气血不足，气阴两虚，阴阳俱损等。由于脏腑功能失调，水饮、痰浊、瘀血内生，阻滞脉络，或郁而化热，扰乱心神等，都可因虚致实，形成虚实夹杂之证。至晚期五脏俱损，心阳暴脱，可出现厥脱、抽搐等危候，甚至死亡。

11.2 诊断与鉴别诊断

11.2.1 诊断

11.2.1.1 临床表现

自觉心搏异常，或快速或缓慢，或忽跳忽止，呈阵发性或持续不解，心慌不安，神情紧张。伴有胸闷不适，心烦寐差，乏力、头晕等症。中老年患者，可伴有心胸疼痛，甚则喘促，汗出肢冷，或见晕厥。脉象可见数、疾、促、结、代、缓、迟等，或参伍不齐，或乍疏乍数，或忽强忽弱。

11.2.1.2 病史及发病

发作常由情志刺激、惊恐、紧张、劳倦过度、饮酒饱食等因素而诱发。

11.2.1.3 辅助检查

心电图可有各种心律失常表现。

11.2.2 鉴别诊断

11.2.2.1 胸痹心痛

胸痹心痛常可与心悸合并出现。除见心慌不安，脉结或代外，必以心痛为主症，多呈心前区或胸骨后刺痛，牵及肩胛背部，常因劳累、感寒、饱餐或情绪波动而诱发。多呈短暂发作，但甚者心痛剧烈不止，唇甲紫绀或手足青冷至节，呼吸急促，大汗淋漓，甚至晕厥，病情危笃。而心悸以自觉心慌，胸中不适，不能自主为特征。

11.2.2.2 奔豚

奔豚发作时亦觉心胸躁动不安，但发自少腹，上下冲逆；而心悸系心跳异常，发自于心。

11.3 辨证论治

11.3.1 辨证要点

11.3.1.1 辨惊悸与怔忡

惊悸与怔忡同属于心悸，但二者有区别。惊悸常由外因而成，偶受外来刺激，或因惊恐，或因恼怒，均可发病。发则心悸，时作时止，病来虽速，但全身情况较好，病势浅而发作持续时间短暂，以实证居多，但也有内虚的因素存在；怔忡每由内因引起，并无外惊，自觉心中惕惕，稍劳即发，病来虽渐，但全身情况较差，病情较为深重，以虚证居多。但两者又有密切关系，惊悸日久可发展为怔忡；怔忡患者，又易受外惊所扰，而使病情加重。

11.3.1.2 分清标本虚实

心悸证候特点多为虚实相兼。虚者系指脏腑气血阴阳亏虚，实者多指痰火、瘀血、水饮。因此辨证时要分清标本虚实，并分清虚实之程度。正虚程度与脏腑虚损情况有关，即一脏虚损者轻，多脏虚损者重。在邪实方面，一般来说，单见一种夹杂者轻，多种合并夹杂者重。

11.3.2 治疗原则

心悸由脏腑气血阴阳亏虚、心神失养所致者，治当以益气养血、滋阴温阳、配以养心安神为原则；心悸因于痰浊、水饮、瘀血等邪实所致者，治当以化痰涤饮、行气化瘀，配以重镇安神为原则。虚实夹杂者，宜权衡标本虚实之轻重，兼顾治之。

11.3.3 分型论治

11.3.3.1 心虚胆怯

症状　心悸不宁，善惊易恐，坐卧不安，少寐多梦而易惊醒，恶闻声响。

舌象　苔薄白。

脉象　脉动数或虚弦。

证候分析　本证以心胆虚怯、心神不宁为基本病机。心虚则神明失主，胆虚则决断无权，故遇惊恐之变则心悸、善惊易恐。心神失藏，魂不守舍，则少寐多梦，坐卧不安。脉象动数或虚弦为心神不安、气血逆乱之象。

治法　镇惊定志，养心安神。

方药　安神定志丸加琥珀、磁石、朱砂。

方中龙齿、琥珀、磁石镇惊宁神；朱砂、茯神、石菖蒲、远志安神定志；人参益气养心。

加减　1）若心气虚甚，加黄芪、炙甘草补益心气。

2）若心阴不足，加柏子仁、五味子、酸枣仁以养心安神，收敛心气。

3）若心气郁结，心悸烦闷，精神抑郁，胸胁时痛，加柴胡、郁金、合欢皮、绿萼梅。

11.3.3.2　心脾两虚

症状　心悸气短，头晕目眩，面色无华，神疲乏力，纳呆食少，腹胀便溏，少寐多梦，健忘。

舌象　舌淡红，苔薄。

脉象　脉细弱。

证候分析　本证以心脾两虚，气血不足，心神失养为基本病机。脾胃虚弱，运化失司，则纳呆腹胀便溏；气血生化乏源，气虚血亏，周身失养则倦怠乏力，气短，头晕目眩，面色不华；血不养心，心神失守则见心悸、少寐多梦。舌淡红，苔薄，脉细弱亦为气虚血亏之征。

治法　益气健脾、补血养心、安神。

方药　归脾汤为主方。

方中当归、龙眼肉补养心血；黄芪、人参、白术、炙甘草益气以生血；茯神、远志、酸枣仁宁心安神；木香行气，使补而不滞。

加减　1）若纳呆、腹胀，加陈皮、谷麦芽、神曲、山楂、枳壳、鸡内金。

2）若乏力、气短、神疲，重用人参、黄芪、白术、炙甘草，少佐肉桂，取少火生气之意。

3）若失眠多梦，加合欢皮、夜交藤、五味子、柏子仁、莲子心。

若心动悸，神疲乏力，气短，心烦失眠，五心烦热，自汗盗汗，胸闷，面色无华，舌淡红少津，苔少或无，脉细数或结代，为气阴两虚，治以益气养阴，养心安神，用炙甘草汤加减。本方益气滋阴，补血复脉。方中炙甘草甘温益气，为治心动悸、脉结代之君药；人参、大枣补气益胃，以资脉之本源；桂枝、生姜行阳气，调营卫；地黄、阿胶、麦冬、麻仁滋阴补血而养心阴；清酒辛热通脉，以行药势。

11.3.3.3 阴虚火旺

症状 心悸不宁，心烦失眠，思虑劳心则症状加重，伴有头晕目眩，耳鸣，腰酸，五心烦热，盗汗，口干。

舌象 舌红少津，少苔或无苔。

脉象 脉细数。

证候分析 肾阴不足，水不济火，不能上济于心，以致心火内动，扰动心神，故心悸不宁，心烦失眠；思虑劳心则耗阴动火，故使心悸失眠加重。肾阴亏于下，则见腰酸，虚火扰于上，则头晕目眩耳鸣；五心烦热，盗汗，口干，舌红少津，苔少或无苔，脉细数均为阴虚火旺之征。

治法 滋阴清火，养心安神。

方药 天王补心丹或朱砂安神丸为主方。

天王补心丹方中重用生地黄滋阴清热，使心神不为虚火所扰；天冬、麦冬、玄参助生地黄以增强滋阴降火之力；当归、丹参补血养心，使心血足而心神安；党参、茯苓益心气；柏子仁、酸枣仁、远志、朱砂养心安神；五味子收敛心气；桔梗载诸药上行。用于阴虚而火不旺者。

朱砂安神丸方中朱砂重镇安神；当归、生地黄养血滋阴；黄连清热泻火；用于阴虚而热象较著者。

加减 1）若盗汗者，加山萸肉、乌梅滋阴敛汗。

2）若心肾不交者，可合用黄连阿胶汤以交通心肾，滋阴补肾，清心降火。

3）若阴虚夹有瘀热者，可加丹参、赤芍药、牡丹皮、生地黄、知母以清热凉血，活血化瘀。

4）若阴虚夹有痰热者，加用黄连温胆汤。

5）若肾阴亏虚，虚火妄动，遗精腰酸者，加龟板、熟地黄、知母、黄柏，或加服知柏地黄丸。

11.3.3.4 心阳不振

症状 心悸不安，胸闷气短，动则尤甚，面色苍白，形寒肢冷。

舌象 舌质淡，苔白。

脉象 脉虚弱或沉细而数。

证候分析 久病体虚，损伤心阳，心失温养，故心悸不安；胸中阳气不足，故胸闷气短；心阳虚衰，血液运行迟缓，肢体失于温煦，故形寒肢冷，面色苍白；舌淡苔白，脉象虚弱，或沉细而数，均为心阳不足，鼓动无力之征。

治法 温补心阳，安神定悸。

方药 桂枝甘草龙骨牡蛎汤合参附汤为主方。

方中附子、桂枝、炙甘草温补心阳；人参益气助阳；龙骨、牡蛎安神定悸。

加减 1）若形寒肢冷甚者，重用人参、附子，加黄芪、肉桂。

2）大汗出者，重用人参、附子，加黄芪、煅龙骨、煅牡蛎、山萸肉，或用独参汤煎服。

3）兼见水饮内停者，加葶苈子、五加皮、车前子、泽泻。

4）夹瘀血者，加丹参、赤芍药、桃仁、红花。

5）若心阳不振，以心动过缓、脉迟为著者，酌加炙麻黄、补骨脂，重用桂枝。

11.3.3.5 水饮凌心

症状 心悸眩晕，胸脘痞满，渴不欲饮，恶心吐涎，小便短少，下肢浮肿，形寒肢冷。

舌象 舌质淡，苔白滑。

脉象 脉弦滑或沉细而滑。

证候分析 水为阴邪，赖阳气化之。今阳虚不能化水，水邪内停，上凌于心，故见心悸；饮阻于中，清阳不升，则见眩晕；气机不利，故胸脘痞满；如气化不利，水液内停，则渴不欲饮，小便短少或下肢浮肿；饮邪上逆，则恶心吐涎；舌苔白滑、脉象弦滑亦为水饮内停之象。

治法 振奋心阳，化气利水。

方药 苓桂术甘汤合真武汤为主方。

方中茯苓淡渗利水；桂枝、炙甘草通阳化气；白术健脾祛湿。

加减 1）兼见恶心呕吐，加半夏、陈皮、生姜皮。

2）兼见尿少肢肿，加泽泻、猪苓、车前子、防己、葶苈子、大腹皮。

3）兼见咳喘，肺有水湿者，加杏仁、前胡、桔梗以宣肺，葶苈子、五加皮、防己以泻肺利水。

4）兼见瘀血者，加当归、川芎、刘寄奴、泽兰叶、益母草。

5）若肾阳虚衰，不能制水，水气凌心，症见心悸，咳喘，不能平卧，尿少浮肿，可合真武汤。

11.3.3.6 心血瘀阻

症状 心悸不安，胸闷不适，心痛时作，痛如针刺，或见唇甲青紫。

舌象 舌质紫暗或有瘀斑。

脉象 脉涩，或结，或代。

证候分析 心主血脉，心脉瘀阻，心失所养，故心悸不安；血瘀气滞，则胸闷不舒，心痛时作，痛如针刺；脉络瘀阻，故见唇甲青紫；舌质紫暗或有瘀斑，脉涩或结或代均为瘀血阻滞之征。

治法 活血化瘀，理气通络。

方药 桃仁红花煎为主方。

方中桃仁、红花、丹参、赤芍药、川芎活血化瘀；延胡索、香附、青皮理气通脉；生地黄、当归养血和血。

加减 1）气滞血瘀者，加柴胡、枳壳。

2）因虚致瘀者，去理气之品，气虚加黄芪、党参、黄精；血虚加何首乌、枸杞子、熟地黄；阴虚加麦冬、玉竹、女贞子；阳虚加附子、肉桂、淫羊藿。

3）络脉痹阻，胸部窒闷，去生地黄，加沉香、檀香、降香。

4）夹有痰浊，胸满闷痛，苔浊腻，加瓜蒌、薤白、半夏。

5）胸痛甚，加乳香、没药、五灵脂、蒲黄、三七粉等。

11.3.3.7 痰火扰心

症状　心悸时发时止，受惊易作，胸闷烦躁，痰多，食少泛恶，失眠多梦，口干口苦，大便秘结，小便短赤。

舌象　舌质红，苔黄腻。

脉象　脉弦滑数。

证候分析　惊则气乱，痰火易动，故时发心悸，受惊易作；痰热壅阻胸膈，阻遏气机，故烦躁胸闷；痰火上逆，扰及心神，则见失眠多梦；痰火灼伤津液，则大便秘结，小便短赤；痰多黏稠，舌苔黄腻，脉象滑数，均为痰火之象。

治法　清热化痰，宁心安神。

方药　黄连温胆汤为主方。

方中黄连苦寒泻火，清心除烦；半夏和胃降逆，燥湿化痰；陈皮理气和胃，化湿祛痰；生姜祛痰和胃；竹茹甘寒，涤痰开郁，清热化痰；枳实下气行痰；甘草和中。本方有清心降火，化痰安中之功。

加减　1）临证应用时一般加山栀子、黄芩、胆南星、贝母、全瓜蒌，以加强清火化痰之功。

2）痰火互结，大便秘结者，加生大黄。

3）心悸重症，加远志、石菖蒲、酸枣仁、生龙骨、生牡蛎、珍珠母、石决明。

4）火郁伤阴者，加沙参、麦冬、玉竹。

11.4 预防与调护

心悸每因情志内伤，惊恐刺激而诱发，故应保持心情舒畅，避免精神刺激，劝导患者消除思想顾虑，树立战胜疾病的信心。注意寒暑变化，避免外邪侵袭。平素饮食不宜过饱，生活要有规律，保证休息和睡眠时间，避免剧烈活动和强力劳动。重症患者，平时心悸气短较甚，伴面浮肢肿，脉结代，应卧床休息。治疗过程中应注意服药护理，症状缓解后，亦应遵照医嘱服药以巩固疗效。

附　　录

1. 病案举例

1）患冠心病，期前收缩，心房纤颤反复发作两年多，先用西药治之不效，继用中药活血化瘀之剂，瓜蒌薤白汤加减治疗仍无功。临证察其脉弦滑而结代，舌苔薄白，心前区憋闷隐痛，头晕、口干。思之，胸胁属肝之所主，弦脉者亦肝也。滑脉有痰也，结脉者虽有因虚而致者，然实者亦不少，此与郁证之相参者，乃郁证之所为耳。因拟小柴胡汤加味：柴胡 10g、半夏 10g、黄芩 10g、党参 10g、生姜 5 片、瓜蒌 15g、大枣 5 枚、甘草 10g。

（《当代名医临证精华》）

2）金某，男，60 岁。时觉胸闷，心慌气短，头晕眼花，后脑作胀，健忘多梦，心烦口干，入夜难寐，舌苔薄黄，舌质较暗，脉来细数。证属肝肾不足，阴虚内热，与瘀相兼，络脉不畅，心神不安。治用养肝益肾，滋阴清热，活血宁神为法，用三子养阴汤加味：枸杞子 12g、沙苑子 12g、女贞子 12g、生地黄 15g、黄连 6g、麦冬 6g、党参 24g、丹参 12g、菊花 12g、酸枣仁 12g、远志 9g、三七粉末 5g（入煎）。

（《当代名医临证精华》）

3）钱某，男，70 岁。心悸不宁，胸脘胀痛，兼有大便干结等症，舌质淡胖，苔白腻，脉结代。治拟温通心阳，理气化瘀。处方：桂枝一钱半、全瓜蒌四钱、郁金三钱、赤芍药五钱、降香一钱半、炙甘草二钱、茶树根一两、半夏三钱、陈皮三钱。

（《黄文东医案》）

2. 古文献选录

《证治准绳·惊悸恐》："人之所主者心，心之所养者血，心血一虚，神气失守，失守则舍空，舍空而痰客之，此惊悸之所由发也。""心悸之由，不越两种，一者虚也，二者饮也，气虚者由阳气内虚，心下空虚，火气内动而为悸也，血虚者亦然。其停饮者，由水停心下，心为火而恶水，水既内停，心不自安，故为悸也。"

《景岳全书·怔忡惊恐》："怔忡之病，心胸筑筑振动，惶惶惕惕，无时得宁者是也。……此证惟阴虚劳损之人乃有之，盖阴虚于下，则宗气无根，而气不归源，所以在上则浮撼于胸臆，在下则振动于脐旁，虚微者动亦微，虚甚者动亦甚。"

《医学衷中参西录·论心病治法》："有其惊悸恒发于夜间，每当交睫甫睡之时，其心中即惊悸而醒，此多因心下停有痰饮。心脏属火，痰饮属水，火畏水迫，故作惊悸也。宜清痰之药与养心之药并用。方用二陈汤加当归、菖蒲、远志煎汤送服朱砂细末三分，有热者加玄参数钱，自能安枕稳睡而无惊悸矣。"

3. 研究进展

（1）临床研究

1）辨证论治　宋氏认为心律失常的病机多为本虚标实。本虚的治疗，阴虚用六味地黄丸、生脉散、补心汤；阳虚用人参真武汤、附子理中汤、桂附八味丸、附子注射液；气虚用养心汤；气阴两虚用炙甘草汤、归脾汤、生脉注射液；阴阳两虚用金匮肾气丸或参附汤加味。标实的治疗，痰浊用加味温胆汤、瓜蒌薤白半夏汤；血瘀用血府逐瘀汤、丹参饮加味、桃红四物汤、丹参注射液；气滞用四逆散加味；寒凝用麻黄附子细辛汤加味或瓜蒌薤白桂枝汤；火邪用清心汤［河南中医，1989，（5）：49］。魏氏将心律失常按心率快慢分为快速型和慢速型。前者多按气血不足，血脉瘀阻，瘀久化热论治；后者则遵心脾气虚，湿阻心脉用药［天津中医，1989，（1）：16］。宋氏根据脉象变化将心律失常分为快速型心悸（如呈现数脉、疾脉、极脉、脱脉、浮合脉等）、缓慢型心悸（如呈现缓脉、迟脉、损脉、败脉、夺精脉等）、节律不整型心悸（如呈现涩脉、促脉、代脉、结脉，或脉象乍疏乍数、忽强忽弱等）。对心律失常的治疗，虚证以补虚为主，补益气血，或调理阴阳，以求气血通畅，阴平阳秘，常配养心安神；实证当以祛邪为主，常用化痰涤饮，活血化瘀等治法，配合用重镇安神（中医内科急症证治，1985．446）。

2）辨病治疗　朱氏主张在辨证的基础上进行辨病治疗，对植物神经功能失调引起的心律失常，用生脉散合甘麦大枣汤，加百合、丹参、生龙牡、磁石为基础方；冠心病心律失常，以七分益气、三分活血，用党参、黄芪、丹参、益母草、麦冬为主；风心病心律失常，以通为主，常用桂枝、赤芍药、桃仁、川芎、益母草、丹参、红花、黄芪；治疗病毒性心肌炎的心律失常，其基本方为：生地黄、桂枝、麦冬、甘草、丹参、黄芪、大青叶、苦参、茶树根，急性发作期去桂枝、黄芪，加蒲公英、地丁草等［中医杂志，1985，（7）：9］。韩明向综述中医药治疗病态窦房结综合征的概况后认为，针对该综合征的主要病机为阳虚，尤以心肾阳虚突出，临床采用附子Ⅰ号注射液、麻黄附子细辛甘草汤等单一温补方法进行治疗；针对其病机为阳虚兼气虚、阴虚、血瘀、痰湿等，采用温阳益气活血法或温阳益气养阴活血法等综合治疗措施。现代研究认为党参、桂枝、附片、炙甘草、麦门冬、丹参、麻黄、五味子、当归、黄芪、细辛、川芎、仙灵脾、干姜等药为治疗病态窦房结综合征的常用药物。其中益气药中尤以人参增率作用最为显著［中西医结合杂志，1986，（6）：37］。王氏以黄连生脉饮为基础方治疗早搏，早搏频发加苦参［中医杂志，1998，（12）：37］。治疗本病还有抗早搏汤（常山、姜半夏、苦参、炙甘草）、整律合剂（党参、丹参、苦参、柏子仁、常山、炙甘草）、整律汤（丹参、阿胶、瓜蒌、桂枝、酸枣仁、茯苓、煅龙牡、炙黄芪、蛤蟆干、薤白、炙甘草）、脂泻通（补骨脂、泽泻、木通）等［中西医结合杂志，1991，（7）：445］。

房颤的治疗，王氏用除颤汤（丹参、苦参、五味子、柏子仁、三七、川芎等）治疗。崔氏用转律汤（红参、丹参、苦参、酸枣仁、琥珀、车前子）合并小剂量奎尼丁治疗，转律成功率高且可减免奎尼丁的毒副作用［广西中医药，1990，（5）：43］。

（2）实验研究

近年来国内对抗心律失常中药的药理进行了较为深入的研究，根据药理的不同，中药抗心律失常药物大致可分为以下几个类型。

1）阻滞心肌细胞膜钠通道类　苦参、缬草、当归、石菖蒲、山豆根、甘松、三七、延胡索、地龙、白茅等，能对抗乌头碱引起的快速心律失常。

2）兴奋β受体类　麻黄、附子、细辛、吴茱萸、蜀椒、丁香等，能对抗缓慢性心律失常。

3）抑制 Na^+-K^+-ATP 酶类　福寿草、万年青、罗布麻、夹竹桃、铃兰、蟾酥等，大多具有洋地黄作用，可对抗室上性心动过速及控制快速房颤。

4）阻滞β受体类　佛手甾醇苷、淫羊藿、葛根等能治疗快速型心律失常，并能降压，缓解心绞痛。

5）主要阻滞钙通道类　粉防己碱、小檗胺等，可能主要是通过阻滞钙通道而治疗心律失常的。

6）主要延长动作电位过程类　黄杨碱D、延胡索碱Ⅰ、黄连素、木防己碱，通过延长动作电位过程，抑制异位节律点的自律性或消除折返而具有抗心律失常作用。

复习思考题

1. 试述心悸的病因病机。
2. 试述惊悸与怔忡之不同。
3. 心悸在临证可分为哪几型？其主症特点、治法、方药各是什么？

（张晓雪）

12

胸痹心痛

目的要求

1. 了解胸痹心痛的定义、范围、预防调护以及研究进展。
2. 熟悉胸痹心痛与悬饮、胃痛的鉴别诊断。
3. 掌握胸痹心痛的诊断要点、辨证要点、治疗原则以及分型论治。

胸痹心痛是由于正气亏虚，痰浊、瘀血、气滞、寒凝而引起心脉痹阻不畅，临床以膻中或左胸部发作性憋闷、疼痛为主要表现的一种病证。轻者偶发短暂轻微的胸部沉闷或隐痛，或为发作性膻中或左胸含糊不清的不适感；重者疼痛剧烈，或呈压榨样绞痛。常伴有心悸，气短，呼吸不畅，甚至喘促，惊恐不安，面色苍白，冷汗自出等，多由劳累、饱餐、寒冷及情绪激动而诱发，亦可无明显诱因或安静时发病。

胸痹心痛是威胁中老年人生命健康的重要心系病证之一，随着现代社会生活方式及饮食结构的改变，发病有逐渐增加的趋势，因而本病越来越引起人们的重视。由于本病表现为本虚标实，有着复杂的临床表现及病理变化，而中医药治疗从整体出发，具有综合作用的优势，因而受到广泛的关注。

胸痹心痛的临床表现最早见于《内经》。《灵枢·厥论篇》还把心痛的严重情况称为“真心痛”，谓“真心痛，手足青至节，心痛甚，旦发夕死，夕发旦死。”《金匮要略》对胸痹心痛进行了专门的论述，把病因病机归纳为“阳微阴弦”，即上焦阳气不足，下焦阴寒气盛，认为乃本虚标实之证。症状描述也比《内经》更为具体明确，可见到胸背痛、心痛彻背、背痛彻心，喘息咳唾，短气不足以息，胸满、气塞，不得卧，胁下逆抢心等症，并指出“胸痹缓急”，即心痛有时缓和，有时剧急的发病特点。在治疗上，根据不同证候，制定了瓜蒌薤白白酒汤、瓜蒌薤白半夏汤等九张方剂。后世医家丰富了本病的治法，如元代危亦林《世医得效方·心痛门》提出了用苏合香丸芳香温通的方法“治卒暴心痛”。

明代王肯堂《证治准绳·诸痛门》用失笑散及大剂量红花、降香等治疗死血心痛，《时方歌括》用丹参饮治心腹诸痛，《医林改错》用血府逐瘀汤治疗胸痹心痛等等。

根据本病的临床特征，可见于现代医学中的冠状动脉粥样硬化性心脏病，心肌梗死引起的心绞痛。其他如心包炎等疾病引起的心前区疼痛，与本病症状表现相似者，均可参考本病辨证论治。

12.1 病因病机

12.1.1 病因

12.1.1.1 年老体虚

本病多发于中老年人，年过半百，肾气渐衰。肾阳虚衰则不能鼓动五脏之阳，引起心气不足或心阳不振，血脉失于温煦，鼓动无力而痹阻不通；若肾阴亏虚，则不能滋养五脏之阴，可使心阴内耗，心阴亏虚，脉道失润；或心火偏旺，灼津成痰，痰浊痹阻心脉，发为胸痹心痛。

12.1.1.2 饮食不当

恣食肥甘厚味，日久损伤脾胃，运化失司，聚湿成痰，上犯心胸清旷之区，清阳不展，气机不畅，心脉痹阻，遂成本病；或痰浊久留，痰瘀交阻，亦成本病。

12.1.1.3 情志失调

忧思伤脾，脾虚气结，运化失司，津液不得输布，聚而为痰，痰浊阻滞，气血不畅，心脉痹阻，发为胸痹心痛。或郁怒伤肝，肝失疏泄，肝郁气滞，郁久化火，灼津成痰，气滞痰浊痹阻心脉，而成胸痹心痛。情志失调是引发本病的常见原因。

12.1.1.4 寒邪内侵

素体阳虚，胸阳不振，阴寒之邪乘虚而入，寒凝气滞，胸阳不展，血行不畅而发本病。

12.1.2 病机

12.1.2.1 基本病机

本病病机为心脉痹阻不畅。

12.1.2.2 病位

本病病位在心，与肝、脾、肾、密切有关。

12. 1. 2. 3　病性

本病属本虚标实、虚实夹杂之证。其本虚可有气虚、阳虚、阴虚、血虚，且又可阴损及阳，阳损及阴，而表现气阴两虚，气血双亏、阴阳两虚，甚至阳微阴竭、心阳外越；标实为气滞、寒凝、痰浊、血瘀，且又可相互为病，如寒凝气滞、气滞血瘀、痰瘀交阻等。临床上常表现为虚实兼杂，如阴虚痰热互见，阳虚兼有痰饮等。发作期以标实表现为主，并以血瘀为突出；缓解期主要有心、脾、肾气血阴阳之亏虚，其中又以心气虚为常见。

12. 1. 2. 4　病机转化

本病病之早期，多以邪实为主，病之后期多为本虚标实，虚实夹杂。痰浊阻痹胸阳，久郁不解可郁而化热，形成痰热壅阻胸膈，或病延日久，耗气伤阳损阴，病向心气不足或阴阳并损证转化；阴寒凝结，气失温煦，暴寒折阳，阳气受损，病向心肾阳微转化；瘀阻脉络，气血运行不畅，水停脉外，聚湿成痰，痰瘀互结，瘀血不去，新血不生，日久可转化为心气血不足；心气不足，鼓动无力，易致气滞血瘀，瘀血阻络；心气血不足，日久伤及阴阳，可致阴阳并损之证；心肾阳微，易为风冷阴寒邪气所伤，致阴寒凝结等等。总之各证候之间在一定条件下，常可相互转化或兼杂。

12. 2　诊断与鉴别诊断

12. 2. 1　诊断

12. 2. 1. 1　临床表现

左侧胸膺或膻中处突发憋闷而痛，疼痛性质为隐痛、胀痛、刺痛、绞痛、灼痛。疼痛常可窜及左侧肩背、前臂和咽喉、胃脘部等，甚者可沿手少阴、手厥阴经循行部位窜至中指或小指，并兼心悸。呈发作性，一般持续几秒至几分钟，经休息或服药后而缓解，常伴有心悸、气短、自汗等。病情严重者可疼痛剧烈，并持续不解，汗出肢冷，面色苍白，唇甲青紫，大汗淋漓，心跳加快，或有心律失常等危象，可发生猝死。

12. 2. 1. 2　病史及发病

多见于中年以上，常因情志波动，气候变化，多饮暴食，劳累过度等而诱发。亦有无明显诱因或安静时发病者。

12. 2. 1. 3　辅助检查

心电图应列为必要的常规检查。心电图中有 T 波、S-T 段改变，或心电图出现典型的心肌梗死演变规律，心电图中有广泛的 Q 波出现。必要时可作动态心电图、标测心电图和心功能测定、运动试验心电图。休息时心电图明显心肌缺血，心电图运动试验阳性，有助于诊断。周围血白细胞计数升高，或血沉、抗“O”增高，丙反应蛋白阳性，或抗心肌抗体阳性，或谷-草转氨酶、乳酸脱氢酶、肌酸磷酸激酶等酶指标升高。

12.2.2 鉴别诊断

12.2.2.1 悬饮

胸痹心痛与悬饮二者均有胸痛。悬饮之痛，痛在胸胁，痛势持续，常因呼吸、咳嗽、体位改变而增剧，可伴有咳嗽等肺系症状，检查可见病侧肋间隙饱满。与胸痹心痛，痛在胸前，可向左肩或左臂内侧放射，常因受寒、饱餐、情绪激动、劳累而突然发作，经用药、休息可迅速缓解迥异。

12.2.2.2 胃痛

胃痛的疼痛部位在上腹部，局部有压痛，以胀痛为主，持续时间较长。合并纳呆、恶心、呕吐等消化系统症状。配合 B 超、胃肠造影、胃镜、淀粉酶检查，可资鉴别。心肌梗死初期有时亦表现为胃痛，应予警惕。

12.3 辨证论治

12.3.1 辨证要点

12.3.1.1 辨疼痛性质

闷痛是胸痹心痛的临床常见表现，闷重而痛轻，兼见胸胁胀满，善太息，憋气，苔薄白，脉弦者，多属气滞；天阴加重，多唾痰涎，苔腻，脉弦滑或弦数者，属痰浊为患；心胸隐痛而闷，因劳累而发，伴心慌气短乏力，舌淡胖嫩，边有齿痕，脉沉细或结代者，多属心气不足之症。灼痛为灼热疼痛，兼烦躁气粗，舌红苔黄，脉数有力者，为热邪犯心所致；若胸闷而灼痛阵发，痰稠，苔黄腻，脉弦数，为痰火所致；灼痛兼见心悸，眩晕，五心烦热，口干，盗汗，舌红少津，脉细而数者，属心阴不足，心火内炽，阴虚内热之证。绞痛是疼痛如绞，遇寒则发，或得冷加剧，伴有畏寒肢冷，舌淡苔白，脉细，为寒凝心脉所致；若绞痛兼见四肢厥冷，脉细欲绝，冷汗如油，则为阳虚暴脱危重之象。此外，剧烈绞痛，也可因劳累过度，七情喜怒，饮食饮酒等因素而诱发，不可皆以为寒邪或虚寒所引起。刺痛固定不移，痛有定处，夜间多发，舌紫暗或有瘀斑，瘀筋，脉涩或结代，由心脉瘀涩所致。隐痛时作时止，缠绵不休，动则多发，口干，舌淡红而少苔，脉沉细而数，常为气阴两虚表现。

12. 3. 1. 2　辨疼痛程度

疼痛持续时间短暂，瞬息即逝者多轻，持续不止者多重，若持续数小时甚至数日不休者常为重症或危症。一般疼痛发作次数多少与病情轻重程度呈正比，即偶发者轻，频发者重。但亦有发作次数不多而病情较重的情况，须结合临床表现，具体分析判断。若疼痛遇劳发作，休息或服药后能缓解者为顺证，若服药后难以缓解者常为危候。

12. 3. 2　治疗原则

针对本病病机表现为本虚标实，虚实夹杂，发作期以标实为主，缓解期以本虚为主的特点，其治则应补其不足，泻其有余。本虚宜补，权衡心脏气血阴阳之不足，有无兼见肝、脾、肾脏之亏虚，调阴阳，补气血，调整脏腑之偏衰，尤应重视补益心气之不足；标实当泻，针对气滞、血瘀、寒凝、痰浊而理气、活血、温通、化痰，尤重活血通络治法。由于本病多为虚实夹杂，在发作期虽以标实为主，但常潜藏着本虚；在缓解期虽以本虚为主，但亦可兼见邪实，故治疗上当予补中寓通，通中寓补，通补兼施，不可浪补、猛攻，当以补正而不碍邪、祛邪而不伤正为原则，至于补泻之多少，当根据临床具体情况而定。

12. 3. 3　分型论治

12. 3. 3. 1　寒凝心脉

症状　卒然心痛如绞，形寒，甚则手足不温，冷汗出，短气，心悸或心痛彻背，背痛彻心。

舌象　苔薄白。

脉象　脉沉紧或促。

证候分析　诸阳受气于胸中，心阳不振，复受寒邪，以致阴寒盛于心胸，阳气失展，寒凝心脉，营血运行失畅，发为本证。寒凝气滞，心脉不通故心痛，甚则彻背；寒为阴邪，本已心阳不振，感寒则阴寒益盛，故感寒易作心痛；阳气失展，营血运行不畅，故见心悸、气短、手足不温、冷汗出等症；苔白、脉紧为阴寒之候。

治法　祛寒活血，宣痹通阳。

方药　当归四逆汤为主方。

方中桂枝、细辛温散寒邪、通阳止痛；当归、芍药养血活血，芍药与甘草相配，有缓急止痛之功；通草入经通脉；大枣养脾和营。全方共成祛寒活血、通阳止痛之效。

若痛剧而四肢不温，冷汗自出，即含化苏合香丸或冠心苏合香丸，芳香化浊，理气温通开窍，每获即速止痛功效。

由于寒邪容易侵袭阳虚之人，耗伤阳气，而阳虚又易感受外寒，产生阴寒之邪，故寒凝心脉时临床常伴阳虚之象，宜配合温补阳气之剂，以取温阳散寒之功，不可一味辛散寒邪，以免耗伤阳气。

12.3.3.2 气滞心胸

症状 心胸满闷，隐痛阵发，痛无定处，时欲太息，遇情志不遂时容易诱发或加重，或兼有胃脘胀闷，得嗳气或矢气则舒。

舌象 苔薄或薄腻。

脉象 脉细弦。

证候分析 情志抑郁，气滞上焦，胸阳失展，血脉不和，故胸闷隐痛，时欲太息；气走无着，故痛无定处；肝气郁结，木失条达，每易横逆犯及中焦，故有时可兼有脾胃气滞之症；情志不遂时肝气郁结，进而心胸之气机郁阻更甚，故每遇情志不畅时易诱发或加重。脉弦亦为气机不畅之征。

治法 疏调气机，和血舒脉。

方药 柴胡疏肝散为主方。

本方由四逆散（枳实改枳壳）加香附、川芎、陈皮组成，四逆散能舒肝理气，其中柴胡与枳壳同用可升降气机，白芍药与甘草同用可缓急舒脉止痛，加香附、陈皮以增强理气解郁之功，川芎为血中气药，故可活血且能调畅气机。全方共奏疏调气机、和血舒脉功效。

加减 1）若苔腻明显者，为气滞湿阻，合丹参饮，用丹参、檀香调气行瘀，砂仁化湿畅中。

2）若胸闷心痛明显，为气滞血瘀之象，可合用失笑散，以增强活血化瘀、散结止痛之作用。

12.3.3.3 痰浊闭阻

症状 胸闷重而心痛轻微，形体肥胖，痰多，气短，遇阴雨天而易发作或加重，伴有倦怠乏力，纳呆便溏，口黏，恶心，咯吐痰涎。

舌象 舌苔白腻或白滑。

脉象 脉滑。

证候分析 痰浊盘踞，胸阳失展，故胸闷重而轻微疼痛。胖人多痰，痰湿之体又遇阴雨天则发作或加重。痰湿内阻，脾运无力，则可见倦怠乏力，纳呆便溏，口黏，恶心，咯吐痰涎。苔白腻或白滑、脉滑均为痰浊壅阻之征。

治法 通阳泄浊，豁痰开结。

方药 瓜蒌薤白半夏汤加味。

方中以瓜蒌开胸中痰结，薤白辛温通阳，豁痰下气，半夏化痰降逆。常加入厚朴、枳实以温行气滞，加桂枝温阳化气通脉，加茯苓、甘草健脾利水化饮；加干姜、细辛温阳化饮，散寒止痛。

若患者痰黏稠，色黄，大便干，苔黄腻，为痰浊郁而化热之象，用黄连温胆汤加郁金清化痰热而理气活血。方以二陈汤的半夏、茯苓、橘红、甘草化痰理气，黄连、竹茹、枳实清泄痰热，加郁金以增强理气活血之力。大便干结者再加生大黄或礞石滚痰丸。

若兼有阳亢风动，风痰阻络，表现偏瘫、麻木、舌蹇、颤抖、用涤痰汤，方以温胆汤加胆南星、石菖蒲化痰熄风通窍，并酌选天竺黄、竹沥、生姜汁、僵蚕、地龙、天麻等清热化痰熄风之品。

若痰浊阻于心胸，进而涩滞血运，形成痰瘀交阻，表现胸闷如窒，心胸隐痛或绞痛阵发，苔白腻，舌紫黯或有瘀斑，治当通阳化痰散结，用桃红四物汤，以桃仁、红花活血化瘀，四物汤养血和血，以通络脉。

若痰浊闭塞心脉，卒然剧痛，可用苏合香丸。

12.3.3.4 瘀血痹阻

症状　心胸疼痛如刺，固定不移，或呈绞痛，痛引肩背，多呈发作性，胸闷、气短、心悸。

舌象　舌质暗红，或紫暗，有瘀斑、舌下瘀筋，苔薄。

脉象　脉弦涩或结代。

证候分析　瘀血阻心，络道不通，故见心胸疼痛如刺，或绞痛，固定不移，痛引肩背，血随气行，血瘀必兼气滞，气机时阻时通，故疼痛时发时止。瘀血阻于心胸，气机升降不利，则见胸闷气短。心脉瘀阻，心神不宁，故心悸。舌质暗红，或紫暗，有瘀斑，舌下瘀筋，脉滞或结代，均为瘀血痹阻之征。

治法　活血化瘀，通脉止痛。

方药　血府逐瘀汤为主方。

方中当归、赤芍药、川芎、桃仁、红花等均为活血祛瘀之品，柴胡、桔梗与枳壳、牛膝配伍，一升一降，调整气机。取气为血帅，气行则血行之意。生地黄一味，《神农本草经》谓其能“逐血痹”，《本草求真》认为有“凉血消瘀”之功，且又能养阴而润血燥，诸药共成祛瘀通脉、行气止痛之剂。

加减　1）若瘀血痹阻重症，胸痛剧烈，可加乳香、没药、郁金、延胡索、降香、丹参等加强活血理气之功。

2）若血瘀气滞并重，胸痛甚者，可加沉香、檀香等理气止痛之品，并吞服三七粉。

3）若寒凝血瘀或阳虚血瘀者，伴畏寒肢冷，脉沉细或沉迟，可加细辛、桂枝或肉桂、高良姜等温通散寒之品，或人参、附子等温阳益气之品。

4）若伴有气短乏力，自汗，脉细缓或结代，为气虚血瘀之象，当合用人参养营汤。重用人参、黄芪等益气祛瘀之品。

5）如发展为真心痛，症见心痛剧烈，汗出肢冷，面色苍白，脉微细者，为心阳欲脱之象，急用参附龙牡汤以回阳固脱。

12.3.3.5 心气不足

症状 心胸阵阵隐痛，动则气促，心中动悸，倦怠乏力，神疲懒言，面色白，声息低微，易出汗。

舌象 舌质淡红，舌体胖且边有齿痕，苔薄白。

脉象 脉虚细缓或结代。

证候分析 心气不足，鼓动血液无力，心脉失养，故心胸阵阵隐痛，心悸；汗为心液，心气不足则自汗出；动则气促，面色 白，倦怠乏力，神疲懒言，声息低微均为气虚之象。舌质淡红，舌体胖且边有齿痕，脉虚细缓均为气虚之征；脉结代为心气虚，鼓动血液无力之征。

治法 补益心气，养心通脉。

方药 生脉散合保元汤为主方。

方中人参甘温，益气养心怡神为君药；臣以麦冬甘寒，养心血而生脉，五味子收敛耗散之精气，引气归根；黄芪甘温，大补元气，更得人参、炙甘草之助，鼓舞中气，充沛心气，血脉自然流行。妙在桂枝一味，入血通脉，人参得桂枝之行导，心气能鼓舞，桂枝得甘草之和平，温心阳而和血脉。

加减 1）兼见血瘀者，加失笑散。

2）若气虚血少，血不养心，心动悸，脉结代，可合炙甘草汤以养血益气，滋阴复脉。

3）若兼见神疲、乏力、纳呆、失眠、多梦等心脾两虚证者，可用养心汤。

4）若兼见心悸气短，头昏乏力，胸闷隐痛，口干咽干，心烦失眠，舌红，为气阴两虚，用生脉散合归脾汤加减。

凡心气不足，兼有气滞、血瘀、痰浊者，补心气之药应选择平和轻补之品，观察服药后反应，酌情加重或减少补气药的用量，并配以理气、活血、化痰药物，但总应以不伤心气为度，破气、破血、祛痰之品应慎用或不用。

12.3.3.6 心阴亏损

症状 胸闷且痛，心悸盗汗，心烦不寐，腰酸膝软，耳鸣，头晕。

舌象 舌红或有紫斑，苔光或有剥裂。

脉象 脉细数或见细涩。

证候分析 病延日久，长期气血运行失畅，瘀滞痹阻，故见胸闷且痛。不能充润营养五脏，而致心肾阴虚。心阴虚，故见心悸盗汗，心烦不寐。肾阴虚，故见耳鸣，腰酸膝软。水不涵木，肝阳偏亢，故见头晕。舌红或有紫斑，脉细带数或细涩，均为阴血亏虚、心脉瘀阻之征。

治法 滋阴益肾，活血养心。

方药 左归饮加减。

方中熟地黄、山茱萸、枸杞子滋阴益肾；淮山药、茯苓、甘草健脾以助生化之源。

加减　1）若心阴亏虚而见心悸、盗汗、心烦不寐者，可加麦冬、五味子、柏子仁、酸枣仁等以养心安神。

2）若胸闷且痛者，可加当归、丹参、川芎、郁金等以养血通络。

3）若阴虚阳亢而见头晕目眩，舌麻肢麻，面部烘热者，可酌加制首乌、女贞子、钩藤、生石决明、生牡蛎、鳖甲等以滋阴潜阳。

若阴虚导致阴阳气血失和，心悸怔忡症状明显，脉结代者，用炙甘草汤。

12.3.3.7　心肾阳虚

症状　胸闷气短，甚则心痛彻背，心悸自汗，形寒肢厥，面色苍白，腰酸乏力，唇甲淡白或青紫。

舌象　舌淡白或紫暗。

脉象　脉沉细或沉微欲绝。

证候分析　阳气虚衰，胸阳不运，气机痹阻，血行瘀滞，故见胸闷气短，甚则胸痛彻背；心阳不振，则心悸、汗出；肾阳虚衰，故见畏寒肢冷，腰酸乏力；面色苍白，唇甲淡白或青紫，舌淡白或紫暗，脉沉细或沉微欲绝，均为阳气虚衰、瘀血内阻之征。

治法　益气温阳，活血通络。

方药　参附汤合桂枝甘草汤。

方中人参、附子大补元气，温补真阳；桂枝、炙甘草温阳化气，振奋心阳。两方共奏补益阳气、温振心阳之功。

加减　1）若舌苔浊腻者，加薤白、石菖蒲。

2）若大便秘结者，加肉苁蓉。

3）若唇甲面色青紫，大汗出，四肢厥冷，脉沉欲绝者，乃心阳欲脱之危候，可重用人参、附子，并加用龙骨、牡蛎以回阳救逆固脱。

若肾阳虚衰，不能制水，水气凌心，症见心悸喘促，不得平卧，小便短少，肢体浮肿者，宜用真武汤加防己、猪苓、车前子以温阳行水。

12.4　预防与调护

情志异常可导致脏腑功能紊乱而发病，尤其与心病关系较为密切，故防治本病必须高度重视精神调摄，避免喜怒忧思过度，保持情志怡悦。平时应注意生活起居，做到寒暖适宜，尽量避免风寒暑湿等诱发因素。调节饮食，纠正过食肥甘和喜食咸食的习惯，忌烟酒。做到劳逸结合，防止过劳和过逸，适当锻炼。心痛发作时，告诉病人保持平静，绝对卧床休息，立即给予速效活血通脉止痛的药物。发病时，应加强巡视，观察舌脉、体温、呼吸、血压及精神情志变化，做好各种抢救设备及药物准备，必要时给予吸氧、心电监护及保持静脉通道。

附　　录

1. 病案举例

1）去年九月发生心绞痛，一度严重，住某医院治疗7个月，诊为冠状动脉硬化性心脏病，迄今未上班。胸痛彻背，胸闷，心慌，血压偏高已多年，睡眠不好，平时不吐痰，饮食二便尚正常，面色灰暗，脉右沉濡，左沉弦细，舌正无苔。属心气不足，营气不调，治宜调和营卫，补益心气，处方：茯神6g、党参3g、枳实0.8g、炙甘草0.5g、法半夏3.5g、远志3g、酸枣仁9g、柏子仁3.5g、浮小麦9g、九节菖蒲0.8g、大枣3枚。

（《蒲辅周医案》）

2）胸痛年余，腹胀半月余，咳痰不多，消化力弱，现左胸部闷痛。舌苔白腻，脉缓滑有力，脉证合参，属痰滞胸膈，肺胃不调，治宜调和肺胃，温化痰湿。处方：全瓜蒌12g、薤白9g、法半夏9g、厚朴6g、炒枳壳6g、苏梗6g、陈皮6g、生姜6g、麦芽6g。

（《蒲辅周医疗经验》）

3）龚某，女，48岁。有高血压病史近10年，6年前患脑血栓而右半身瘫痪，近期胸前闷痛或伴有放射性肩背部隐痛，口干苦，心悸烦热，盗汗，寐不安卧，大便难，尿灼热。脉细弦。舌红苔薄黄。心肝之阴不足，则阳亢火盛，乃诸症蜂起。给予养阴泻火，使相火不燔则心神自安。处方：生地黄12g、甘杞子9g、制黄精12g、制首乌12g、怀牛膝12g、知母12g、黄柏9g、生牡蛎30g（先煎）、朱远志4.5g、益母草15g。

（《当代名医临证精华》）

4）杨某，男，44岁。阵发性胸闷、气短，乏力，舌边红，苔黄，脉细。心电图提示心肌缺血，又窦性心动过缓，期外收缩。以生脉散加味：麦冬9g、五味子6g、附片6g、桂枝6g、丹参30g、全瓜蒌15g，另红参粉0.6g（吞服）。

（《近十年中医临床经验精华》）

5）蒋某，患左胸痹痛已四五年，确诊为冠心病，唇舌青暗，面色暗黑，心烦睡少，脉律不齐，口干饮少，大便不畅。此为心络瘀阻，故投旋覆花汤加味：旋覆花15g、茜草9g、红花9g、瓜蒌仁12g、丹参15g、赤芍药15g、川芎9g、青葱管15g。

（《中医内科新编》）

2. 古文献选录

《素问·厥病》："真心痛，手足青至节，心痛甚，旦发夕死，夕发旦死。"

《金匮要略·胸痹心痛短气病脉证并治》："胸痹，心中痞气。气结在胸，胸满，胁下逆抢心，枳实薤白桂枝汤主之。人参汤也主之。""心痛彻背，背痛彻心，乌头赤石脂丸主之。”“胸痹之病，喘息咳唾，胸背痛，短气，寸口脉沉而迟，关上紧数，栝蒌薤白白酒汤主之。”“胸痹，不得卧，心痛彻背者，栝蒌薤白半夏汤主之”。

《医门法律·中寒门》：“胸痹心痛，然总因阳虚，故阴得乘之。”

《类证治裁·胸痹》：“胸痹胸中阳微不运，久则阴乘阳位而为痹结也，其症胸满喘息，短气不利，痛引心背。由胸中阳气不舒，浊阴得以上逆。而阻其升降，甚则气结咳唾，胸痛彻背。夫诸阳受气于胸中，必胸次空旷，而后清气转运，布息展舒，胸痹之脉，阳微阴弦，阳微知在上焦，阴弦则为心痛。以金匮、千金均以通阳主治也。”“肾厥心痛由肾上冲，神保丸；胃厥心痛，由胃中停滞，草豆蔻丸、清厥解郁汤；脾厥心痛，由中焦寒逆，诃子散、复元通气散；肝厥心痛，由火郁血分，金铃子散加降香；肺厥心痛，由上焦气分不清，七气汤加枳壳，郁金。……若真心痛，经言但发夕死，夕发旦死，由寒邪攻蚀，猝大痛，无声、面青，气冷，手足青至节，急用麻黄、桂、附、干姜。”

《证治汇补》：“心痛者，脉必急，痛甚者，脉必伏，又热则数，痰则滑，瘀则涩，虚则濡，外寒则紧，内寒则迟，沉细者生，弦长者死。”

3. 研究进展

（1）病因病机研究

瘳家祯等经对大量临床病例观察分析，认为冠心病属气虚血瘀者占70%以上。病位在心，其本在肾，主要累及心，兼涉及脾。本虚除气虚为主外，还可兼有阴虚、阳虚；标实除血瘀外，还可兼有痰浊、湿热、阴寒、气滞。因此治疗冠心病常以益气活血法为主，佐以滋阴、温阳或散寒、祛痰、清化、理气等法［天津中医，1985，（2）：33］。郭自强等据中医理论和有关现代研究，认为冠心病的基本病机是气虚血瘀，益气活血是中医防治冠心病的主要治法之一［北京中医药大学学报，1997，（1）：51］。杨培君从多年的临床研究中体会到，老年男性冠心病心绞痛的发病有其独特的病理特点，即肾虚为本虚的核心，且以阳虚为多见。老年患者，年过半百，肾气渐衰。如肾阳虚衰则不能鼓动五脏之阳，则心气亦不足，或为心阳不振，血脉失于温煦而痹阻不畅，发为胸痹。若肾阴亏虚，则不能滋养五脏之阴，可使心阴内耗，心阴亏虚，心火偏旺，灼津为痰，痰瘀交结，痹阻心脉，发为胸痹。所以主张老年男性冠心病心绞痛的治疗必当重视补肾固本，以复心气，再辅以活血通络，祛邪宣痹［中国中医急症，1997，（2）：51］。郑晖等认为胸痹发作时往往痰浊壅塞，心血瘀阻两者相兼互见，故治疗宜从祛邪入手，先治其标，待邪去之后再议扶正固本之法［福建中医学院学报，1997，（1）：10］。田立等认为气虚乃冠心病的病机共性之一。气虚痰浊内阻者临床也很多见［陕西中医，1997，18（3）：110］。

（2）临床应用研究

1）活血化瘀通络法　活血化瘀通络法是以活血行血、破瘀化瘀通络的中药组成的单方或复方，治疗本病以血瘀为主的证候。田华应用活血化瘀通络法治疗冠心病心绞痛60例，药用当归、葛根、红花、枳壳、赤芍药、柴胡各15g，川芎25g，丹参、桃仁各20g，随证加减。结果显效31例，占51.6%；有效24例，占40%；无效5例，占8.3%；总有效率91.6%［中医药学报，1997，（1）：19］。陈金亮应用益气通络，活血止痛的通心络胶囊治疗冠心病心绞痛560例，药物组成有人参、水蛭、降香、全蝎、冰片等。结果显效349例，占62.32%；有效187例，占33.39%；无效24例，占4.29%；总有效率95.71%。从文献资料显示单用活血化瘀通络法治疗本病总有效率都在90%左右，显效率在50%左右。提示活血化瘀通络法是治疗本病的重要方法。

2）化痰活血法　化痰活血法就是应用通阳豁痰、活血化瘀的中药组成的复方，治疗本病痰瘀互结为主的证候。郑晖采用心脉Ⅰ号（丹参15g、川芎9g、赤芍药9g、瓜蒌15g、薤白12g、半夏6g）治疗胸痹48例，对心绞痛的疗效观察，结果显效21例，有效22例，无效5例，无加重病例。对心电图的疗效观察：结果显效11例，有效20例，无效16例，加重1例。对治疗前后血脂、血液流变学观察提示具有一定的降脂及改善血液流变学指标的作用［福建中医学院学报，1997，（1）：10～11］。

3）益气活血法　益气活血法就是应用益气、活血的中药组成复方，治疗本病以气虚血瘀为主的证候。郭自强采用大、中、小三种剂量的党参口服液和相同剂量的丹参注射液，共治疗冠心病患者60例，结果提示益气活血法对冠心病心绞痛具有确切的疗效。从对心绞痛和运动心电图的有效率分析，大剂量组的疗效优于中、小剂量组，且益气活血对心绞痛的疗效优于单纯益气或单纯活血。实验研究提示能明显改善左心室功能，且随党参剂量的加大而增强，呈量效关系［北京中医药大学学报，1997，（1）：51～52］。

4）益气化痰法　益气化痰法是采用益气、化痰的中药组成的复方，治疗本病气虚痰阻型证候。田立应用具有益气化痰、宁心安神的十味温胆汤加减（人参、远志、五味子、石菖蒲各10g，清半夏、橘红、枳实、郁金各12g，酸枣仁、生地黄各30g，云茯苓、炙甘草各20g，麦冬15g）治疗冠心病气虚痰阻型58例。临床治愈18例，显效29例，有效9例，无效2例，显效率81%，总有效率96.5%［陕西中医，1997，（3）：110］。

5）调理脾胃法　路志正应用调理脾胃法治疗胸痹300例，中气不足证用党参、白术、茯苓、陈皮、砂仁、木香、枳实、桂枝、白芍药、丹参、炙甘草；痰浊中阻证用半夏、陈皮、茯苓、石菖蒲、郁金、瓜蒌、枳实、黄连、竹茹、旋覆花、甘草；湿浊痹阻证用杏仁、薏苡仁、白蔻仁、藿香梗、川厚朴、石菖蒲、半夏、茯苓、枳壳、黄连、六一散随证加减。结果心绞痛显效181例，占60.3%，改善105例，占35%，无效14例，占4.7%，总有效率95.3%［中医杂志，1996，37（10）：606～607］。

6）温补肾气法　温补肾气法是以温益肾气、填补肾精为主配合活血通络，祛邪宣痹治疗老年人以肾虚为主的证候。杨培基根据冠心病、心绞痛的基本病机为气虚血瘀的特点，组成益气活血宣痹为基本治法的方剂舒心汤（人参10g，黄芪30g，丹参15g，川芎15g，桃仁10g，三七3g，檀香15g）。治疗组用舒心汤加温补肾气药仙灵脾15g、鹿角胶15g、肉桂6g，对照组单用舒心汤，结果心绞痛症状疗效、心电图疗效的总有效率分别为96.15%、88.1%，均优于对照组79.07%、74.7%［中国中医急症，1997，（2）：51～54］。

（3）实验研究

近年来研究防治冠心病的方药达百余种，按其作用机理大致分为以下几类：

1）对心脏的直接作用　热证心痛气雾剂、丹参注射液、复方丹参注射液、复方当归注射液、冠心Ⅱ号、川芎、赤芍药、红花、当归、三七、山楂、桑寄生、淫羊藿、补骨脂、枳实、木香、瓜蒌、石菖蒲、茵陈、黄芪、黄精等能增加狗冠脉血流量，降低心肌耗氧量，并对神经垂体激素引起的急性心肌缺血缺氧有保护作用。冠心苏合丸、苏冰滴丸、宽胸气雾剂能解除冠脉痉挛，增加冠脉血流量，改善心肌缺血，减少心肌耗氧量，提高耐缺氧能力。安徽中医学院人参针观察对缺血性心肌有保护作用，并能显著增加心肌组织的血流量［中国中西医结合杂志，1992，（7）：427］。

2）对心脏的间接保护作用　改善血小板功能：冠心Ⅱ号、毛冬青、红花、川芎、丹参、三棱、血竭、鸡血藤、三七、郁金、莪术、麝香、菖蒲、吴茱萸、肉桂等能抑制血小板聚集，其中冠心Ⅱ号、丹参、川芎、当归及毛冬青能抑制血小板释放反应，川芎嗪能抑制 TXB_2 的生成，赤芍药、红花、毛冬青能对抗 TXB_2 的作用。改善血液流变性：冠心Ⅱ号、丹参、赤芍药、川芎、红花、气血注射液、麝香能降低血液黏度，加速红细胞电泳，改善血液流动性而消除其瘀滞。溶解血栓作用：冠心Ⅱ号、川芎、益母草均能显著增加红血栓的溶解率，减弱白血栓的增长趋势，当归有抗体外血栓形成作用，麝香、牛黄有尿激酶样作用，蟾酥有抗凝血酶样作用，故可对抗血栓形成（胸痹心痛证治与研究．上海：上海中医学院出版社，1991．56）。

3）对心脏的其他作用　川芎、赤芍药、丹参、红花、生脉散、益气活血注射液、人参、麦冬等，能增加心脏的耐缺氧能力。心宝、乌头、附子、蟾酥、人参、黄芪、生脉散、五味子、气血注射液等能增强心脏收缩功能，尤其能改善左心室的收缩功能，增加心排血量。此外，许多治疗冠心病的方药有一定纠正心律紊乱、改善微循环、降低或调整血压等多种作用（胸痹心痛证治与研究．上海：上海中医学院出版社，1991．56）。此外，保心丸（人参、黄芪、麦冬、五味子、丹参、川芎、菖蒲等）还具有调节血管内源性一氧化氮和内皮素之间的平衡，实现抗动脉粥样硬化（AS）的作用［北京中医药大学学报，1997，（1）：33～34］。

复习思考题

1. 试述胸痹心痛的病因病机。
2. 试述胸痹心痛的分型论治。

（张晓雪）

13

失 眠

目的要求

1. 了解失眠的定义、范围、预防调护以及研究进展。
2. 熟悉失眠的病因病机。
3. 掌握失眠的辨证要点、治疗原则以及分型论治。

失眠是由于心神失养或不安而引起经常不能获得正常睡眠为特征的一类病证。主要表现为睡眠时间、深度的不足以及不能消除疲劳、恢复体力与精力，轻者入睡困难，或寐而不酣，时寐时醒，或醒后不能再寐，重者彻夜不寐。由于睡眠时间的不足或睡眠不熟，醒后常见神疲乏力，头晕头痛，心悸健忘及心神不宁等。

失眠在《内经》中称为“目不瞑”、“不得眠”、“不得卧”。《素问·逆调论》篇有：“胃不和则卧不安”的记载。后世医家延伸为凡脾胃不和、痰湿、食滞内扰，以致寐寝不安者均属于此。《难经》称为不寐，认为老人不寐的病机为“血气衰，肌肉不滑，荣卫之道涩，故昼日不能精，夜不得寐也。”汉代张仲景在《伤寒论》及《金匮要略》中记载了用黄连阿胶汤治疗少阴病热化伤阴后的阴虚火旺证失眠，用酸枣仁汤治疗虚劳病虚热烦躁的失眠，二方至今仍为临床所常用。明代张介宾《景岳全书·不寐》明确地提出以邪正虚实作为本病辨证的纲要。明代李中梓《医宗必读·不得卧》将失眠原因概括为“一曰气虚，一曰阴虚，一曰痰滞，一曰水停，一曰胃不和”五个方面。

本章讨论以失眠为主证的疾病，其他病证而影响睡眠者，不属本章范围。现代医学中神经官能症、更年期综合征、原发性高血压、脑动脉硬化、贫血等以失眠为主要临床表现时可参考本病辨证论治。

13.1 病因病机

13.1.1 病因

13.1.1.1 情志所伤

或由情志不遂，肝气郁结，肝郁化火，邪火扰动心神，神不安而不寐；或由五志过极，心火内炽，心神扰动而不寐；或由思虑太过，损伤心脾，心血暗耗，神不守舍，脾虚生化乏源，营血亏虚，不能奉养心神而不寐。

13.1.1.2 饮食不节

宿食停滞，脾胃受损，酿生痰热，壅遏于中，胃气失和，阳气浮越于外而卧寐不安。

13.1.1.3 病后、年迈

久病血虚，产后失血，年迈血少，可引起心血不足，心失所养，心神不安而不寐。

13.1.1.4 禀赋不足，心虚胆怯

素体阴虚，兼因房劳过度，肾阴耗伤，不能上奉于心，水火不济，心火独亢；或肝肾阴虚，肝阳偏亢，火盛神动，心肾失交而神志不宁。

13.1.2 病机

13.1.2.1 基本病机

本病病机为心、脾、肝、肾的阴阳失调，气血失和，以致心神失养或心神不安。

13.1.2.2 病位

本病病位在心，与肝（胆）、脾（胃）、肾密切相关。

13.1.2.3 病性

本病有虚实两个方面，虚证多由心脾两虚、心虚胆怯、阴虚火旺引起心神失养所致。实证多由心火炽盛、肝郁化火、痰热内扰引起心神不安所致。久病可表现为虚实兼杂。

13.1.2.4 病机转化

本病因治疗等因素的影响，各证候间可发生转化，转化的特点是以虚实为核

心。如痰热内扰、胃气不和等实证可转化为心脾两虚、心胆气虚、心肾不交等虚证；反之，心脾两虚、心胆气虚、心肾不交等证也可转化为痰热内扰，胃气不和证。虚证之间、实证之间亦有一定的转化关系，心脾两虚与心胆气虚可相互转化，二证的发展均可转化为心肾不交证；痰热内扰与胃气不和亦可相互转化。若长期未能治愈，因耗神伤正，可演变为心悸、眩晕、虚劳等病证。

13.2 诊 断

凡是以长期睡眠减少，入睡困难，或睡而不实，或时睡时醒为主要临床表现者均可诊断为失眠。

13.3 辨证论治

13.3.1 辨证要点

13.3.1.1 辨脏腑

失眠的主要病位在心，由于心神失养或不安而致，且与肝（胆）、脾（胃）、肾的阴阳气血失调相关。如急躁易怒而失眠，多为肝火内扰；脘闷苔腻而失眠，多为胃腑宿食、痰浊内盛；心烦心悸，头晕健忘而失眠，多为阴虚火旺，心肾不交；面色少华，神倦肢疲而失眠，多为脾虚不运，心神失养等。

13.3.1.2 辨虚实

失眠虚证，多为阴血不足，心失所养，临床特点为体质瘦弱，面色无华，神疲懒言，心悸健忘，多因脾失运化，肝失藏血、肾失藏精所致。实证为火盛扰心，临床特点为心烦易怒、口苦咽干，便秘溲赤，多因心火亢盛或肝郁化火所致。

13.3.2 治疗原则

失眠实证宜泻其有余，如疏肝解郁、降火涤痰、消导和中。失眠虚证宜补其不足，如益气养血，健脾补肝益肾。在泻实补虚的基础上安神定志，如养血安神、镇惊安神、清心安神，配合精神治疗，消除紧张焦虑，保持精神舒畅。

13.3.3 分型论治

13.3.3.1 肝郁化火

症状 失眠，性情急躁易怒，不思饮食，口渴喜饮，目赤口苦，小便黄赤，大便秘结。

舌象　舌红，苔黄。

脉象　脉弦数。

证候分析　本证多因恼怒伤肝，肝失条达，气郁化火，上扰心神则不寐。肝气犯胃则不思饮食。肝郁化火，肝火乘胃，胃热则口渴喜饮。肝火旺，则急躁易怒。肝火上扰，故目赤、口苦。小便黄赤，大便秘结，舌红苔黄，脉弦而数均为热象。

治法　清肝泻火，镇心安神。

方药　龙胆泻肝汤为主方。

方中龙胆草、黄芩、栀子清肝泻火；木通、车前子利小便而清热；柴胡疏肝解郁；当归、生地黄养血滋阴柔肝；甘草和中。

加减　1）常加入朱茯神、生龙骨、生牡蛎镇心安神。

2）若胸闷胁胀，善太息者，加香附、郁金以疏肝解郁。

3）若头晕目眩，头痛欲裂，不寐欲狂，大便秘结者，可用当归龙荟丸。

13.3.3.2　痰热内扰

症状　胸闷心烦失眠，恶食，嗳气，泛恶，伴有头重，目眩，口苦。

舌象　舌红，苔黄腻。

脉象　脉滑数。

证候分析　本证多因宿食停滞，积湿成痰，因痰生热，痰热上扰则心烦失眠。因宿食痰湿壅遏于中，故见胸闷。清阳被蒙，故头重目眩。痰食停滞则气机不畅，胃失和降，故症见恶食，嗳气，泛恶。舌红，苔黄腻，脉滑数均为痰热、宿食内停之征。

治法　清化痰热，和中安神。

方药　温胆汤为主方。

方中半夏、陈皮、竹茹化痰降逆，茯苓健脾化痰，枳实理气和胃降逆。

加减　1）加入黄连、山栀清心泻火。

2）若心悸动甚，惊惕不安，加珍珠母、朱砂以镇惊定志。

3）若经久不寐，或彻夜不寐，大便秘结者，用礞石滚痰丸降火泻热，逐痰安神。

4）若失眠伴胸闷，嗳气，脘腹胀满，大便不爽，苔腻，脉滑，用半夏秫米汤加神曲、山楂、莱菔子以消导和中。

5）若宿食积滞较甚，见有嗳腐吞酸，脘腹胀痛，可用保和丸消导和中安神。

13.3.3.3　阴虚火旺

症状　心烦不寐，心悸不安，头晕，耳鸣，健忘，腰酸足软，梦遗，五心烦热，口干津少。

舌象　舌质红，少苔。

脉象　脉细数。

证候分析　肾阴不足，不能上交于心，心火独亢，扰动心神，故心烦不寐，心悸不安。肾精亏耗，髓海空虚，故头晕，耳鸣，健忘。腰为肾之府，肾精亏耗，腰府失养，则腰酸足软。心肾不交，精关不固，故梦遗。口干津少，五心烦热，舌红，脉细数，均为阴虚火旺之象。

治法　滋阴降火，养心安神。

方药　六味地黄丸合黄连阿胶汤。

六味地黄丸滋补肾阴，黄连、黄芩直折心火，芍药、阿胶、鸡子黄滋养阴血。两方共奏滋阴降火之效。

加减　1）若心烦心悸，梦遗失精，可加肉桂引火归元，与黄连共用交通心肾，心神可安。

2）心烦不寐，彻夜不眠者，加朱砂、磁石、牡蛎、龟板。但须注意，这些药不可久服。

本证也可选用朱砂安神丸。

13.3.3.4　心脾两虚

症状　多梦易醒，心悸健忘，头晕目眩，肢倦神疲，饮食无味，面色少华。

舌象　舌淡，苔薄。

脉象　脉细弱。

证候分析　心主血，脾为生血之源，心脾亏虚，血不养心，神不守舍，故多梦易醒，健忘心悸。气血亏虚，不能上奉于脑，清阳不升，则头晕目眩。血虚不能上荣于面，故面色少华，舌淡。脾失健运，则饮食无味。血少气虚，故精神不振，四肢倦怠，脉细弱。

治法　补益心脾，养心安神。

方药　归脾汤为主方。

方中人参、白术、黄芪、炙甘草补气健脾；远志、酸枣仁、茯神、龙眼肉补心益脾，安神定志；当归滋阴养血；木香行气舒脾，使之补而不滞。诸药相合，养血以宁心神，健脾以资化源。

加减　1）若血虚较甚，加熟地黄、芍药、阿胶。

2）若失眠较重，加五味子、夜交藤、合欢皮、柏子仁养心安神。

3）若伴有脘闷、纳呆、苔腻，加半夏、陈皮、茯苓、厚朴以健脾理气化痰。

产后虚烦不寐，形体消瘦，面色 白，易疲劳，舌淡，脉细弱，或老人夜寐早醒而无虚烦之证，多属气血不足，治拟养血安神，亦可用归脾汤。

13.3.3.5　心胆气虚

症状　不寐多梦，易于惊醒，胆怯心悸，遇事善惊，伴有气短倦怠，自汗，小便清长。

舌象　舌淡。

脉象　脉弦细。

证候分析　心虚则心神不安，胆虚则善惊易恐，故不寐多梦，易于惊醒，心悸善惊。气短，倦怠，自汗，小便清长均为气虚之象。舌质色淡，脉弦细，均为气血不足的表现。

治法　益气镇惊，安神定志。

方药　安神定志丸为主方。

方中人参益心胆之气；龙齿镇惊，是为主药。配茯苓、茯神、远志、石菖蒲开窍宁神。

加减　1）若心悸甚，惊惕不安者，加生龙骨、生牡蛎、朱砂。

2）若血虚阳浮，虚烦不寐者，合酸枣仁汤以养血清热除烦。

此外，病后血虚肝热不寐者，宜用琥珀多寐丸；心肾不交，虚阳上扰不寐者，可用交泰丸主治。

13.4　预防与调护

失眠与情志变化关系密切，故尤应注意精神调摄，做到喜怒有节，解除忧思焦虑，保持精神舒畅；注意作息有序，适当参加体育活动等。临睡前不宜过于兴奋，不宜喝浓茶、咖啡，以免影响入睡。睡眠环境宜安静。

失眠病人，服药护理很重要。为了使中药起到安神镇静入睡的作用，一般早晨或上午不服药，只在午休及晚上临睡前各服一次。

附　录

1. 病案举例

1）王某，女，47岁。病一年余，心烦不寐，近两个月病情加重，彻夜不能入睡，烦躁多怒，自汗，手足灼热，大便秘结，经用中西安神镇静之剂皆未收效。察其面色不荣，精神委靡，自述不能入睡，至夜则烦躁难眠。舌光红少津无苔，脉弦数。此属心火上亢，肾阴不济之证，宜清心火、滋阴潜阳，乃出潜阳宁神汤［张琪之方，组成：夜交藤30g、熟枣仁20g、远志15g、柏子仁20g、茯苓15g、生地黄20g、玄参20g、生牡蛎25g、生赭石（研）30g、川黄连10g、生龙骨20g］。初服6剂，心烦不寐收效，夜间安稳，能入睡3小时左右，但仍大便秘结，遂原方加文军5g，嘱继服12剂。复诊便畅症减，又服10剂，睡眠6～7小时，诸症消失而愈。

（《首批国家级名老中医效验秘方精选》）

2）吴某，女，38岁，教师。近7年来，经常失眠，有时通宵达旦，难于入睡，寐不安则头昏加剧，神疲乏力，记忆减退。经常使用镇静药及中成药柏子养心丸、补心丹等，未能奏效。舌质红少津，苔薄黄，脉缓。患者近7年来经常大便秘结，如羊屎状，数日一行，胃中嘈杂，口苦咽干，为一派胃热肠燥之证。此胃强脾弱，与《伤寒论》“脾约”一证相似，胃火上犯，扰及神明而夜寐不安。此非虚证，当用仲师麻仁丸试治。每日2次，每次15g，连服4天。服药后来诊，腑气已通，每日一行，夜寐大有进步，每晚能睡 3～4 小时，口苦咽干也消失，食欲增加，精神好转。又嘱其继服麻仁丸 5 天，药后不寐一证逐渐恢复正常。

（《言庚孚医疗经验集》）

2. 古文献选录

《素问·逆调论》："阳明者胃脉也，胃者，六腑之海，其气亦下行，阳明逆，不得从其道，故不得卧也。下经曰'胃不和则卧不安'，此之谓也。"

《灵枢·邪客》："夫邪气之客人也，或令人目不瞑不卧出者，何气使然？……今厥气客于五脏六腑，则卫气独卫其外，行于阳，不得入于阴，行于阳则阳气盛，阳气盛则阳 陷；不得入于阴，阴虚，故目不瞑。黄帝曰：善。治之奈何？伯高曰：补其不足，泻其有余，调其虚实，以通其道而去其邪，饮以半夏汤一剂，阴阳已通，其卧立至。"

《景岳全书·不寐》："如痰如火，如寒气水气，如饮食忿怒之不寐者，此皆内邪滞逆之扰也……思虑劳倦，惊恐忧疑，及别无所累而常多不寐者，总属真阴精血之不足，阴阳不交，而神有不安其室耳。"

《景岳全书·不寐》引徐东皋曰："痰火扰乱，心神不宁，思虑过伤，火炽痰郁而致不眠者多矣。有因肾水不足，真阴不升，而心阳独亢者，亦不得眠……有体气素盛偶为痰火所致，不得眠者，宜先用滚痰丸，次用安神丸、清心、凉膈之类。有体素弱，或因过劳，或因病后，此为不足，宜用养血安神之类。凡病后及妇人产后不得眠者，此皆血气虚而心脾二脏不足，虽有痰火，亦不宜过于攻，治仍当以补养为君，或佐以清痰降火之药。"

《医学心悟·不得卧》："有胃不和卧不安者，胃中胀闷疼痛，此食积也，保和汤主之；有心血空虚卧不安者，皆由思虑太过，神不藏也，归脾汤主之；有风寒邪热传心，或暑热乘心，以致躁扰不安者，清之而神自定；有寒气在内而神不安者，温之而神自藏；有惊恐不安卧者，其人梦中惊跳怵惕是也，安神定志丸主之；有痰湿壅遏神不安者，其证呕恶气闷，胸膈不利，用二陈汤导去其痰，其卧立安。"

《丹溪心法·健忘》："健忘，精神短少者多，亦有痰者。戴云：健忘者，为事有始无终，言谈不知首尾，此以为病之名，非比生成之愚顽不知人事者。……此证皆由忧思过度，损其心胞，以致神舍不清，遇事多忘，乃思虑过度，病在心脾。又云：思伤脾，亦会朝暗遗忘，治之以归脾汤，须兼理心脾，神宁意定，其证自除也。"

3. 研究进展

（1）辨证论治研究

龙功宏辨证分型治疗神经衰弱 107 例，心脾亏损型用党参 30g，茯神 20g，黄芪 20g，淮山药 20g，远志 10g，白术 10g，酸枣仁 10g，龙眼肉 15g，夜交藤

15g，甘草6g；阴虚火旺型用生地黄20g，山萸肉20g，茯苓20g，泽泻15g，知母15g，淮山药15g，牡丹皮10g，酸枣仁10g，参须10g，黄柏8g，麦冬12g，远志6g；脾胃不和型用法半夏10g，枳实10g，川厚朴10g，酸枣仁10g，太子参10g，陈皮6g，茯苓12g，竹茹5g，水煎送服保和丸或五积散。治愈82例，有效17例，总有效率92.52%［湖南中医杂志，1994，(5)：38～39］。

（2）专方专药研究

赵氏用血府逐瘀汤治疗血瘀性失眠40例，基本方：当归15g，生地黄12g，赤芍药12g，川芎10g，桃仁6～10g，枳壳6g，柴胡6g，桔梗6g，川牛膝3g，西红花2g（另煎），日1剂，水煎服。症状改善后，气虚加西洋参或太子参，阴虚加阿胶、龟板、知母、鹿角胶，脾虚加白术、茯苓、山药，适当选用重镇安神药如磁石、朱砂、琥珀、生龙牡等。治愈20例，显效16例，无效4例［湖南中医杂志，1994，10（5）：38］。董氏用柴胡疏肝散治疗顽固性失眠30例，柴胡15g，香附15g，白芍药20g，川芎12g，枳壳12g，甘草6g，血瘀加赤芍药、丹参，肝火盛加菊花、栀子；痰湿加胆南星、石菖蒲，心神不安加炒酸枣仁、夜交藤、茯神，日1剂，水煎服，10日1疗程。治愈26例，好转3例，总有效率96.7%［国医论坛，1993，(6)：27］。华氏用健脑丸治疗神经衰弱证候群153例，药用红参须9g、蜜制黄芪12g、淡水龟甲（打碎先煎）12g、麦冬12g、益智仁12g、石菖蒲（后下）12g、北五味子10g、甘松10g、远志6g、当归8g，日1剂，水煎，1个月1疗程，用2疗程。治愈23例，显效78例，有效44例，无效8例，总有效率94.77%［新中医，1994，(1)：28］。李氏用复方独活胶囊治疗失眠210例，取独活30g、朱砂6g、琥珀6g，共研为末，装入2号胶囊，每晚睡前2小时，服6粒，连服10日，治愈175例，有效30例，无效10例［湖北中医杂志，1991，(2)：6］。李氏用复方酸枣仁安神胶囊治疗失眠症134例，治疗组71例，用本品1～2粒，对照Ⅰ组31例，用朱砂安神丸10g；对照Ⅱ组32例，用安眠酮1～2片。均于睡前2小时服。结果：3组分别显效（睡眠显著改善，连续3夜睡眠时间延长大于2小时，症状消失或减轻）33例、6例、11例，有效26例、8例、14例，总有效率83%、45.2%、78.2%，治疗组疗效优于对照Ⅰ组（$P<0.01$），与对照Ⅱ组比较无显著性差异（$P>0.05$），服2粒疗效优于1粒（$P<0.05$），病程较长者疗效差，无明显毒副作用［成都中医学院学报，1995，(1)：28］。

复习思考题

1. 导致失眠发生的病因有哪几方面？试述其病因病机。
2. 如何辨证论治失眠？

（张晓雪）

14

厥 证

目的要求

1. 了解厥证的定义、范围、预防调护以及研究进展。
2. 熟悉厥证的病因病机。
3. 掌握厥证的诊断要点，与痫病和中风病的鉴别诊断，辨证要点，治疗原则以及分型论治。

厥证是指由于气机逆乱，气血运行失常所致的，以突然发生的一时性昏倒，不知人事，或伴有四肢逆冷为主要临床表现的一种急性病证。

《内经》论厥甚多，含义、范围广泛，概括起来可分为两类表现，一种是指突然昏倒，不知人事；另一种是指肢体和手足逆冷。后世医家多在此基础上各有发挥和深化，主要是两种学术观点，一是《伤寒论》、《金匮要略》论厥，继承《内经》中手足逆冷为厥的论点，而且重在以感受外邪而发厥。此类厥证在伤寒、温病学中均有大量深入的研究，对于由外邪而致厥者有重要临床指导价值。二是论内伤杂病的发厥，指突然发生神志不清的临床表现。至明代《医学入门》中首先明确区分外感发厥与内伤杂病厥证。《景岳全书·厥逆》总结明代以前对厥证的认识，提出以虚实论治厥证，切中临床。此后医家对厥证的理论不断充实、完善和系统化，提出了气、血、痰、食、暑、尸、酒、蛔等厥，并以此作为辨证的重要依据，指导临床治疗。

本节厥证所论范围是以内伤杂病中具有突然发生的一时性昏倒，不知人事为主症，或伴有四肢逆冷表现的病证。现代医学中各种原因所致之晕厥、虚脱、中暑等，与本病症状表现相似者，均可参考本病进行辨证论治。

14.1 病因病机

14.1.1 病因

14.1.1.1 体质因素

这是厥证的病因之一。体质指人的素质而言，是个体在其生长发育过程中形成的机能与结构上的特殊性，这种特殊性往往决定机体对某些致病因素的易感性。平素气血运行不畅，或素体肝旺阴亏，或脾虚有痰等，陡遇巨大精神刺激，遂致气血逆乱，发为厥证。

14.1.1.2 情志因素

陡遇巨大的精神刺激是厥证的主要病因。主要是指恼怒、惊骇、恐吓的情志变动易致厥证。在通常情况下，情志是人体生理活动的一部分，然而突遇剧烈的情志变动，超过了生理活动所能调节的范围，就会引起脏腑的功能失调而发病。“怒则气上”、“惊则气乱”、“恐则气下”等即可致气逆上冲或清阳不升，而清窍失灵发生昏仆致厥。

14.1.1.3 暴感外邪

暴感暑邪,内侵人体,传变迅速,传入心包,扰乱心神而见昏不知人,则成暑厥。

14.1.2 病机

14.1.2.1 基本病机

本病病机为气机突然逆乱，升降乖戾，气血运行失常。

14.1.2.2 病位

本病虽涉及五脏六腑，但与肝的关系尤为密切。

14.1.2.3 病性

本病有虚实之别。大凡气盛有余者，气逆上冲，血随气逆，或痰随气逆，壅塞于上，以致清窍暂闭，发生厥之实证。气虚不足者，清阳不升，气陷于下，血不上达，以致神明失养，眩晕昏仆，发生厥之虚证。二者性质不同，应严格区分。

14.1.2.4 病机转化

厥病的病机转化决定于致厥病因和人体正气盛衰、气机调节功能等。一般厥证初发，其证为实者，若及时治疗，可短时内苏醒；若失治误治，伤阴损阳，耗伤正气，亦可转化为虚证而出现厥脱危候。部分实热厥证由于邪毒炽盛，痰热交阻心窍，可突然出现阳气暴脱之危候，待用回阳固脱法救治后，元阳之气恢复，又可出现实热闭厥的证候。

14.2 诊断与鉴别诊断

14.2.1 诊断

14.2.1.1 临床表现

患者在发病之前，常有先兆症状，如头晕、视力模糊、面色苍白、出汗等，而后突然发生昏仆，不知人事，呈一时性，移时苏醒，或一厥不复而导致死亡，发病时常伴有恶心、汗出，或伴有四肢逆冷，醒后感头晕、疲乏、口干，但无失语、瘫痪等后遗症，缓解时和常人一样。

14.2.1.2 病史及发病

应了解既往有无类似病证发生。发病前有明显的情志变动、精神刺激之因素，或有大失血病史，或有暴饮暴食史，或有素体痰盛宿疾。注意询问发作时的体位、持续时间以及厥之前后的表现。

14.2.1.3 辅助检查

脑电图、脑干诱发电位、心电图、颅脑 CT、MRI 等检查有助于诊断。

14.2.2 鉴别诊断

厥证应与 病、中风病相鉴别。三者皆有突然昏仆、不省人事之特征，其不同点在：厥证可发生于各种年龄，有明显的诱发因素，其昏倒时间较短，发时或伴有四肢逆冷，醒后无明显的后遗症。 病是一种发作性的神志异常疾患，发作时四肢抽搐，两目上视，口吐涎沫，或发出异常叫声，醒后如常人。以往多有类似发作病史，或有家族史。中风病多见于中、老年人，发生时常伴有口舌歪斜、半身不遂等，神昏时间相对较长，苏醒后有瘫痪、失语等后遗症。

14.3 辨 证 论 治

14.3.1 辨证要点

14.3.1.1 辨虚实

这是辨治本证之关键。实证表现为牙关紧闭、两手握固，四肢僵直，气壅息粗，或喉有痰声，脉多沉实或沉伏。虚证多表现为张口自汗，气息微弱，手撒肢冷，面色苍白，脉沉微细。

14.3.1.2　辨病因

厥病的发生，常有明显的病因可寻。如气厥虚证，多平素体质虚弱，厥前有过度疲劳、睡眠不足、饥饿受寒等诱因；血厥虚证，则与失血有关，常继发于大失血之后；气厥、血厥实证，多形体壮实，而发作多与精神刺激密切相关；痰厥好发于恣食肥甘、体丰湿盛之人；暑厥多在夏季久暴烈日或高温作业之时出现。

14.3.2　治疗原则

厥症属急症，治疗当循“急则治其标，缓则治其本”的原则。

14.3.2.1　发作时急宜回厥醒神

实证宜开窍、化痰、辟秽而醒神。先用搐鼻散取嚏、针刺人中，继用苏合香丸或玉枢丹灌服。虚证宜益气、回阳、救逆而醒神。亟宜调补，不能妄用辛香走窜之品，用生脉液静脉点滴，或用独参汤、参附汤灌服。

14.3.2.2　缓解后调治气血

经上述应急处理神志清醒后，还应辨证论治，调治气血，解除病因，以图根本。

14.3.3　分型论治

14.3.3.1　气厥

（1）实证

症状　由精神刺激所诱发。突然昏倒，不省人事，或四肢厥冷，口噤不开，两拳握固，呼吸气粗。

舌象　舌苔薄白。

脉象　脉沉弦或伏。

证候分析　精神刺激过甚，致肝气不疏，气机上逆，壅塞心胸，阻闭清窍，则突然昏倒，不省人事；气机逆乱，阳气不达四末，则四肢厥冷；肝主筋，气逆致气血不能荣筋，则口噤不开，两拳握固；气机逆乱，肺失宣降，则呼吸气粗；气机逆乱未化火者苔薄白，脉沉弦或伏为气逆不顺之征。

治法　开窍，顺气开郁。

方药　苏合香丸或玉枢丹，温开水灌服以急救。待病人苏醒后，再以五磨饮子化裁内服。

五磨饮子方中枳壳顺气宽胸，为主药；配木香理气畅中，乌药调气解郁，沉香、槟榔导气下行而降逆。全方行气散结，药专力猛，以期复阴阳气血顺接之机。

加减 1）若头晕头痛，面红目赤者，加钩藤、石决明、牡丹皮以平肝潜阳。

2）醒后哭笑无常者，可加远志、茯神、酸枣仁、丹参以安神宁志。

3）痰多气壅者，可加胆南星、川贝母、橘红、竹沥以化痰清热。

本证常有遇精神刺激而反复发作的倾向，患者平时可常服逍遥散调服。

（2）虚证

症状 患者平素身体虚弱，多由悲恐或过度劳倦、饥饿受寒所诱发。发时眩晕昏仆，面色苍白，汗出肢冷，气息低微。

舌象 舌质淡。

脉象 脉沉弱。

证候分析 元气素虚，骤遇悲恐，恐则气下，清阳不升，或因饥饿劳倦，一时气机不相顺接，则眩晕昏仆，面色苍白；肺主气，司呼吸，气虚气陷，则呼吸微弱；气虚不摄津而汗出，气虚阳气不运而肢冷；舌质淡，脉沉弱皆为气虚之征。

治法 补气回阳。

方药 先灌服参附汤，亦可静脉点滴生脉注射液。待苏醒后，再以四味回阳饮化裁内服。

四味回阳饮方中以人参大补元气，附子、炮姜回阳救逆，甘草和中。全方药少效专力宏，志在补气回阳，救急固脱。

加减 1）自汗出者，加黄芪、白术、防风益气固表。

2）汗出不止者，加龙骨、牡蛎、五味子以固涩敛汗。

3）心悸不宁者，加丹参、远志、酸枣仁以养血安神。

4）纳食不香，咳嗽痰多者，加白术、茯苓、陈皮、半夏以健脾化痰。

本证乃气陷欲脱之证，务以救急为先，缓以图本。平素脾虚气虚者，多易发本证，宜常服人参养荣汤或香砂六君子汤以健脾益气，调和脾胃。

14.3.3.2 血厥

（1）实证

症状 多由精神刺激所诱发，突然昏倒，不省人事，牙关紧闭，面赤唇紫。

舌象 舌质红。

脉象 脉沉弦。

证候分析 暴怒伤肝，怒则气上，血随气升，气血并走于上，清窍壅塞，故突然昏仆，不省人事；肝气暴涨，筋肉强直，则牙关紧闭；气血上冲头面，则面赤唇紫；舌质红、脉沉弦亦为气血上壅、肝气有余之象。

治法 活血顺气。

方药 苏合香丸或玉枢丹，温开水灌服以急救。待病人苏醒后，再以通瘀煎加减内服。

通瘀煎方中当归尾、红花、山楂活血化瘀通络；气行则血行，故配青皮、乌药、木香、香附理气开郁；泽泻利水，引血下行。诸药合用，使气血调畅，升降有序，诸症自除。

加减 1）若急躁易怒、少寐多梦者，加钩藤、石决明、龙胆草、牡丹皮、远志、石菖蒲以平肝潜阳，清肝宁神。

2）若风阳内盛而头痛眩晕者，加钩藤、菊花、珍珠母、草决明、生地黄、枸杞子以育阴潜阳，平肝熄风。

本证患者平常宜服用杞菊地黄丸等清肝滋肾之品。

（2）虚证

症状 常发生于创伤、吐衄、便血之后，或妇女暴崩之后，或大汗下之后，突然昏厥，面色苍白，口唇无华，四肢震颤，目陷口张，自汗肢冷，呼吸微弱。

舌象 舌质淡。

脉象 脉芤或细数无力。

证候分析 本证因大失血或大汗吐下之后，营血俱损，脑海失养，故突然昏厥；血不上荣于面，则面色苍白，口唇无华；血不养筋，则四肢震颤；血亏而目陷，气乏而口张，呼吸也随之微弱；气随血脱，卫表不固，则自汗肤冷；舌质淡，脉芤或细数无力皆为血脱之征。

治法 补养气血。

方药 急用独参汤灌服。继用人参养荣汤。

人参养荣汤方中以人参大补元气，配黄芪补气健脾，益气血生化之源，使气旺血生；再配当归、白芍药、熟地黄养营和血；五味子收敛耗散之气。

加减 1）若出血不止者，加仙鹤草、藕节、侧柏叶以止血。

2）若自汗肢冷，呼吸微弱者，加附子、干姜以温阳。

3）若心悸寐少者，加龙眼肉、远志、酸枣仁以养心安神。

4）若口干少津者，加麦冬、玉竹、北沙参以养胃生津。

14.3.3.3 痰厥

症状 素有咳喘宿痰，多湿多痰，恼怒或剧烈咳嗽后，突然昏厥，喉有痰声，或咯吐涎沫，呼吸气粗。

舌象 舌苔白腻。

脉象 脉沉滑。

证候分析 本证因平素多湿多痰，复因恼怒，剧烈咳嗽，痰随气升，上闭神明而突然昏厥；痰气上逆则喉中痰鸣，或咯吐涎沫；痰气壅塞胸中，则胸膈满闷，呼吸气粗；舌苔白腻，脉滑为痰浊内阻之象。

治法 行气豁痰。

方药 三子养亲汤合导痰汤为主方。

三子养亲汤为降气化痰之剂，导痰汤是行气豁痰的代表方，二方合用降逆顺气豁痰之力更强。方中苏子、白芥子、莱菔子、枳实为降逆化痰之要药，对痰气上壅者，用之最宜；配半夏、胆南星、陈皮燥湿化痰；茯苓健脾渗湿且可安神；甘草和中补土。

加减 1）若痰郁化热，口干，舌苔黄腻，脉滑数者，加黄芩、栀子、全瓜蒌、天竺黄以清热化痰。

2）若肝气郁滞，胸闷如窒，加沉香、郁金、青皮以降气开郁。

14.3.3.4 暑厥

症状 发于暑热季节，面色潮红，胸闷身热，头晕头痛，继而昏仆，不省人事，甚则谵妄。

舌象 舌红而干。

脉象 脉洪数，或虚弦而数。

证候分析 暑邪犯心，蒙闭清窍，则卒然昏仆，甚则谵妄；暑热郁逆，上犯头部，则头晕头痛；气热迫蒸，邪热内闭，则胸闷身热，面色潮红；舌红而干，脉象洪数或虚弦而数，为暑热伤阴之象。

治法 清暑益气，开窍醒神。

方药 昏厥时急用清开灵注射液、万氏牛黄清心丸或紫雪丹。继用白虎加人参汤。

白虎加人参汤方中用人参益气保津，白虎汤清热解暑。

加减 1）若汗液外泄甚者，加五味子、乌梅以酸敛生津止汗。

2）若抽搐谵妄者，加羚羊角、钩藤、菊花、桑叶以清热平肝，熄风止痉。

本证患者多因烈日暴晒或在高温环境下长期作业，感受暑热之邪而发病。首先应将患者迅速移至阴凉通风之处，吸氧、输液，采用有效措施降温。

14.4 预防与调护

避免强烈的精神刺激，保持精神舒畅，是预防厥证的根本措施。七情不畅或感情容易波动者，平时宜常服逍遥丸之类以调整脏腑功能，舒畅气机。气血虚弱者，应避免疲劳、饥饿，保持充足的睡眠。饮食有节，劳逸适宜，对预防厥证亦有重要意义。

一旦发生本证，应使患者平卧，不宜妄加搬动。若患者有痰应立即祛痰，保持气道通畅，防止窒息。在抢救过程中或苏醒后，应保持环境安静，勿惊惶失措。苏醒后不宜马上起床，以防复厥。

附 录

1. 病案举例

1）炳兄女在室，年已及笄，性躁多郁。初春曾患吐血，夏间陡然发厥，厥回呕吐不止，汗冷肢麻，其言微气短，胸膈胀闷。脉息细涩，状似虚象。医投补剂益剧。予诊之曰：“此郁病也。”经云：大怒则形气绝，而血菀于上，使人薄厥。又云：血之与气并走于上，乃为大厥。议与越鞠丸，加郁金、枳壳、茯苓、陈皮、半夏。兄曰：“女病卧床数日，粒米不入，脉细言微，恐其虚脱奈何?”

予曰："依吾用药则生，否则难救。此脉乃郁而不流，非真细弱，欲言而讷，乃气机阻闭故也，观其以手频捶胸臆，全属中焦郁而不舒，且叫喊声彻户外，岂脱证所有耶？请速备药，吾守此勿迟疑也。"取药煎服。少顷，膈间漉漉有声，嗳气数口，胸次略宽。再服呕止，寐食俱安。转用八味逍遥散，除白术，加香附、郁金、陈皮，病愈，血证亦泯。

（《杏轩医案》）

2. 古文献选录

《景岳全书·厥逆》："气厥之证有二，以气虚气实皆能厥也。气虚卒倒者，必其形气索然，色清白，身微冷，脉微弱，此气脱证也。……气实而厥者，其形气愤然勃然，脉沉弦而滑，胸膈喘满，此气逆证也。""血厥证有二，以血脱血逆皆能厥也。血脱者如大崩、大吐或产血尽脱，则气亦随之而脱，故致卒仆暴死。……血逆者，即经所云，血之与气并走于上之谓。"

《张氏医通·厥》："今人多不知厥证，而皆指为中风也。夫中风者，病多经络之受伤；厥逆者，直因精气之内夺。表里虚实，病情当辨，名义不正，无怪其以风治厥也。"

3. 研究进展

（1）益气养阴法

经临床和实验研究表明，参麦注射液和生脉注射液都有较好的升压及抗休克作用，并且稳定血压疗效好，实验证明其有改善心功能，改善冠状动脉流量，改善机体代谢状况及抗炎和抗毒素作用。重庆中医研究所、成都中医学院等以参麦注射液治疗感染性休克，疗效明显优于西药对照组，升压及稳压效果较好。

（2）益气回阳法

本法是近年研究的重点之一。一般是将传统的参附汤、回阳汤、四逆汤等，通过剂型改革制成参附注射液、参附青注射液等用于临床治疗。成都中医药研究所等单位临床交叉验证，与西药间羟胺、多巴胺对照。用参附注射液 20～30ml 加葡萄糖溶液 20ml 静脉注射，必要时 0.5～1 小时重复注射一次，或以参附注射液 50～100ml 加入葡萄糖液 250～500ml 中静脉滴注，不用肾上腺皮质激素及血管活性药物。结果参附组 138 例，显效 91 例，有效 32 例，总有效率 89.1%；对照组 44 例，显效 24 例，有效 15 例，总有效率 88.6%，两组无显著性差异［中医急症通讯，1988，(1)：13］。爱氏等观察到参附注射液对心肌培养细胞耐缺氧能力、耐缺糖能力有明显的保护作用［中西医结合杂志，1987，7（11）：679］。沈氏等研究证明，人参皂苷和去甲乌碱合用，对中毒性休克犬可产生一个快速正性变力、变时效应和一个缓慢的外周升压作用。另外，参附注射液对轻度、中度的厥证疗效较好，外周的升压作用缓慢，但对缺氧、缺糖性损伤有明显的修复作用［中国药理学报，1986，(5)：439］。全国厥脱症协作组参照古方参附汤和回阳汤的主要组成，取红参、附子、青皮三味药，研制成参附青注射液，用以治疗热毒内陷所致的厥脱证（相当于感染性休克），并设立西药多巴胺与间羟胺对照组，建立客观指标进行观察。根据辨证分型的特征，制订统一的观察表格，在全国协作组内交叉验证治疗135例厥脱患者。显然，参附青注射液对中重度厥脱病证疗效优于西药多巴胺、间羟胺（$P<0.05$），对阳气暴脱者疗效明显高于真阴耗竭者（$P<0.01$）。由此可见，使用中药制剂也要遵循辨证论治的原则，才能提高疗效［中国医药学报，1988，（1）：24］。实验证明参附青注射液有防治内毒素致大鼠休克的作用，能抑制内毒素所致之肠系膜微动脉痉挛；亦对内毒素所致休克大鼠的心肝肺组织细胞有保护作用，能阻止血小板聚集和粒细胞脱颗粒［中西医结合杂志，1987，（5）：291］。

（3）行气活血法

湖南医学院等单位用枳实注射液、上海中医学院用青皮素注射液治疗各型休克，疗效均满意。上海第二医学院报道以丹参注射液治疗2例经西药治疗无效的休克患者，血压回升，后继用该药静脉滴注维持疗效。中国人民解放军总医院中医科用参附丹参注射液80～200ml加入10%葡萄糖注射液250～500ml，静脉滴注，用于包括创伤性休克在内的多型休克，有一定疗效（陈镜合等．现代中医急诊内科学．广州：广东科学技术出版社，1996．101～102）。

复习思考题

1. 何谓厥证？有何主症特点？
2. 试述厥证的病因病机。
3. 试述厥证的辨证要点和治疗原则。
4. 试述气厥与血厥的症治方药。

（张晓雪）

15 郁病

目的要求

1. 了解郁病的定义、范围以及研究进展。
2. 熟悉郁病的诊断要点，与阴虚喉痹、噎膈、癫病的鉴别诊断以及预防调护。
3. 掌握郁病的病因病机、辨证要点、治疗原则以及分型论治。

郁病是由于情志不舒、气机郁滞所致，以心情抑郁、情绪不宁、胸部满闷、胁肋胀痛，或易怒易哭，或咽中如有异物梗塞等症为主要临床表现的一类病证。

《金匮要略·妇人杂病脉证并治》记载了属于郁病的脏躁及梅核气两种病证，所创之甘麦大枣汤和半夏厚朴汤沿用至今。元代《丹溪心法·六郁》提出了气、血、火、食、湿、痰六郁之说,创立了六郁汤、越鞠丸等相应的治疗方剂。明代《医学正传》首先采用郁证这一病证名称。自明代以后,已逐渐把情志之郁作为郁病的主要内容。《景岳全书·郁证》将情志之郁称为因郁而病,着重论述了怒郁、思郁、忧郁三种郁证的证治。《临证指南医案·郁》所载的病例,均属情志之郁,治则涉及疏肝理气、苦辛通降、平肝熄风、清心泻火、健脾和胃、活血通络、化痰涤饮、益气养阴等法,用药清新灵活,颇多启发。并且指出“郁证全在病者能移情易性。”

现代医学中的神经官能症、更年期综合征、癔病、忧郁症、焦虑症等疾患与郁病的临床表现相似者，可参考本病辨证论治。

15.1 病因病机

15.1.1 病因

七情内伤是导致郁病的主要病因。但情志因素是否造成郁病，除与精神刺激的强度及持续时间的长短有关之外，也与机体本身的状况有极为密切的关系。素体虚弱或性格内向、肝气易结者为郁病发生的体质因素。忧思郁怒、精神紧张、过度思虑、悲哀忧愁等情志刺激，均可使肝气郁结，脾失健运，心神受损，渐至脏腑气血阴阳失调而成郁病。

15.1.2 病机

15.1.2.1 基本病机

郁病的基本病机为肝气郁结，脾失健运，心神受损，渐至脏腑气血阴阳失调。

15.1.2.2 病位

郁病病位以肝、心、脾为主。

15.1.2.3 病性

郁病初病多实，渐至虚实夹杂，久则以虚为主，虚中夹实。

15.1.2.4 病机转化

郁病初起的主要病机是七情所伤，肝失条达，气失疏泄而成气郁。由气及血，可成血郁；气滞湿阻，聚而成痰，可成痰郁；气有余便是火，可成火郁；气滞水气不行，湿气停留，可成湿郁；气滞痰湿不化则食积难消而成食郁。此六郁互为因果又互相兼夹。久病则心肝脾受损，病机可转化为肝阴亏虚、心阴亏虚和心脾两虚等。

15.2 诊断与鉴别诊断

15.2.1 诊断

15.2.1.1 临床表现

郁病以忧郁不畅，情绪不宁，胸胁胀满疼痛，或易怒易哭，或咽中如有异物梗阻，多发于中青年女性为主要诊断依据。

15.2.1.2 病史及发病

患者大多数有忧愁、焦虑、悲哀、恐惧、愤懑等情志内伤的病史。并且郁病病情的反复常与情志因素密切相关。

15.2.1.3 辅助检查

各系统检查和实验室检查正常，除外器质性疾病。

15.2.2 鉴别诊断

15.2.2.1 阴虚喉痹

郁病中气滞痰郁引起的梅核气，其表现是咽中如有异物梗塞，应与阴虚喉痹鉴别。阴虚喉痹多见于中青年男性，常因外感、吸烟等因素而发，咽部除有异物感外，还有咽燥咽痒或咯出畲粉样痰块等症，症状与情志无明显关系。梅核气多见于中青年女性，自觉咽中似有物梗塞，但无咽痛、吞咽困难等症，情志因素既是病因又可影响自觉症状的增减。

15.2.2.2 噎膈

梅核气应当与噎膈相鉴别。噎膈多见于中老年人，男性居多，梗塞的感觉主要在胸骨后的部位，进食则加重。吞咽困难的程度日渐加重，做食管检查常有异常发现。

15.2.2.3 癫病

郁病中的脏躁一证，需与癫病相鉴别。脏躁多发于中青年妇女，在精神因素的刺激下呈间歇性发作，在不发作时可如常人。而癫病则多发于青壮年，男女发病率无显著差别，病程迁延，心神失常的症状极少自行缓解。

15.3 辨证论治

15.3.1 辨证要点

15.3.1.1 辨明受病脏腑与六郁的关系

郁病的发生主要为肝失疏泄，脾失健运，心失所养，应依据临床症状，辨明其受病脏腑侧重之差异。郁病以气郁为主要病变，但在治疗时应辨清六郁。一般说来，气郁、血郁、火郁主要关乎于肝；食郁、湿郁、痰郁主要关乎于脾；而虚证证型则与心的关系最为密切。

15.3.1.2 辨别证候虚实

六郁（气郁、血瘀、化火、食积、湿滞、痰结）均属实，而心、脾、肝的气血或阴精亏虚所导致的证候则属虚。

15.3.2 治疗原则

理气开郁、调畅气机、怡情易性是治疗郁病的基本原则。对于实证，首应理气开郁，并需根据是否兼有血瘀、火郁、痰结、湿滞、食积而分别采用活血、降火、祛痰、化湿、消食等法。虚证则应根据损及的脏腑及气血阴精亏虚的不同情况而补之，或养心安神，或补益心脾，或滋养肝肾。对于虚实夹杂者，则又当视虚实的偏重而虚实兼顾。

郁病一般病程较长，用药不宜峻猛。在实证的治疗中，应注意理气而不耗气，活血而不破血，清热而不败胃，祛痰而不伤正；在虚证的治疗中，应注意补益心脾而不过燥，滋养肝肾而不过腻。

除药物治疗外，精神治疗对郁病有极为重要的作用。

15.3.3 分型论治

15.3.3.1 肝气郁结

症状 精神抑郁，情绪不宁，胸部满闷，胁肋胀痛，痛无定处，脘闷嗳气，不思饮食，大便不调。

舌象 舌苔薄腻。

脉象 脉弦。

证候分析 情志所伤，肝失条达，气机不畅，故见精神抑郁，情绪不宁，胸部满闷，胁肋胀痛，痛无定处。肝气郁结，乘脾犯胃，胃失和降，则见脘闷嗳气，不思饮食，大便不调。苔薄腻，脉弦，为肝胃不和之象。

治法 疏肝解郁，理气畅中。

方药 柴胡疏肝散为主方。

方中以柴胡、香附、枳壳、陈皮疏肝解郁，理气畅中；川芎、芍药、甘草活血定痛，柔肝缓急。

加减 1）若胁肋胀满疼痛较甚者，可加郁金、青皮、佛手疏肝理气。

2）若肝气犯胃，胃失和降而见嗳气频作，脘闷不舒者，可加旋覆花、代赭石、苏梗、法半夏和胃降逆。

3）若兼有食滞腹胀者，可加神曲、麦芽、山楂、鸡内金消食化滞。

4）若肝气乘脾而见腹胀、腹痛、腹泻者，可加苍术、茯苓、乌药、白豆蔻健脾除湿，温经止痛。

5）若兼有血瘀而见胸胁刺痛，舌质有瘀点、瘀斑，可加当归、丹参、郁金、红花活血化瘀。

15.3.3.2 气郁化火

症状 性情急躁易怒，胸闷胁胀，嘈杂吞酸，口干而苦，大便秘结，或头痛、目赤、耳鸣。

舌象 舌质红，苔黄。

脉象 脉弦数。

证候分析 气郁化火，火性炎上，循肝脉上行，则头痛，目赤，耳鸣。肝火犯胃，胃肠有热，故口干而苦，大便秘结。性情急躁易怒，舌红、苔黄、脉弦数，均为肝火有余之象。

治法　清肝泻火，解郁和胃。

方药　丹栀逍遥散合左金丸加减。

丹栀逍遥散方中以逍遥散疏肝调脾，加入牡丹皮、栀子清肝泻火。左金丸中重用黄连苦以清火，稍佐吴萸辛以散郁，郁散则火随之得泄。

加减　1）若肝火上炎而头痛、目赤表现重者，加菊花、钩藤、刺蒺藜、牡丹皮清热平肝。

2）若热势较甚，口苦、大便秘结者，可加龙胆草、大黄泻热通腑。

3）若热盛伤阴，而见舌红少苔、脉细数者，可去原方中当归、白术、生姜之温燥，酌加生地黄、麦冬、山药滋阴健脾。

15.3.3.3　血行瘀滞

症状　精神抑郁，性情急躁，头痛，失眠，健忘，胸胁刺痛，或身体某部有发冷或发热感，妇女月事不行。

舌象　舌质紫暗，或有瘀斑。

脉象　脉弦涩。

证候分析　情志不舒，气机郁滞不畅，故精神抑郁，性情急躁。气病及血，血行瘀滞，瘀阻不通，故头痛，胸胁刺痛。血行不畅，心神失养，故失眠、健忘。瘀血阻滞于身体某部，使局部失于温煦则发冷，而瘀阻化热则自觉局部发热。舌质紫暗，或有瘀点、瘀斑，脉弦涩，均为血行瘀滞之象。

治法　活血化瘀，理气解郁。

方药　血府逐瘀汤为主方。

本方由四逆散合桃红四物汤加味而成。四逆散疏肝解郁，桃红四物汤活血化瘀而兼有养血作用，配伍桔梗、牛膝理气活血，调和升降。

15.3.3.4　痰气郁结

症状　抑郁寡欢，胸闷窒塞，咽中不适，如有物梗阻，咯之不出，咽之不下，或兼胁痛。

舌象　舌苔白腻。

脉象　脉弦滑。

证候分析　情志不畅，肝郁乘脾，脾失健运，聚湿生痰，或气滞津停，凝聚成痰，气滞痰郁交阻于胸膈之上，故抑郁寡欢，胸中窒塞，咽中如有物梗阻，咯之不出，咽之不下。苔白腻、脉弦滑为痰气交阻之象。

治法　行气开郁，化痰散结。

方药　半夏厚朴汤为主方。

方中厚朴、紫苏理气宽胸，开郁畅中；半夏、茯苓、生姜化痰散结，和胃降逆。

加减 1）痰郁化热而见烦躁、舌红、苔黄者，加竹茹、瓜蒌、黄芩、黄连清化痰热。

2）病久入络而有瘀血征象，胸胁刺痛，舌质紫暗或有瘀点、瘀斑，脉涩者，加郁金、丹参、降香、姜黄活血化瘀。

15.3.3.5 心神惑乱

症状 精神恍惚，心神不宁，多疑易惊，悲忧善哭，喜怒无常，或时时欠伸，或手舞足蹈，骂詈号叫。

舌象 舌质淡，苔薄白。

脉象 脉弦或弦细。

证候分析 忧郁不解，心气耗伤，营血暗亏，不能奉养心神，故见精神恍惚，心神不宁，多疑易惊。心神惑乱则悲忧喜哭，喜怒无常，手舞足蹈，骂詈号叫。舌质淡，苔薄白，脉弦细为气郁血虚之象。

治法 甘润缓急，养心安神。

方药 甘麦大枣汤为主方。

方中甘草甘润缓急；小麦味甘微寒，补益心气；大枣益脾养血。

加减 1）心悸失眠、舌红少苔等心阴虚的症状较明显者，加百合、柏子仁、酸枣仁、茯神养心安神。

2）痉挛抽搐者，加钩藤、珍珠母、生地黄、木瓜养阴血以熄风。

3）大便干结属血少津亏者，加黑芝麻、生何首乌润燥通便。

15.3.3.6 心脾两虚

症状 多思善疑，头晕神疲，心悸胆怯，失眠，健忘，纳差，面色不华。

舌象 舌质淡，苔薄白。

脉象 脉细弱。

证候分析 忧愁思虑过度，久则损伤心脾，气血生化不足，心神失养，故多思善疑，心悸胆怯，失眠健忘。脾失健运，气血不充，故见纳差、头晕、神疲、面色不华，舌淡，脉细弱等症。

治法 健脾养心，补益气血。

方药 归脾汤为主方。

方中以党参、茯苓、白术、炙甘草、黄芪、当归、龙眼肉健脾益气生血；酸枣仁、远志养心安神；木香理气醒脾，使补而不滞。

加减 1）心胸郁闷，精神不舒者，加郁金、合欢花以理气开郁。

2）头痛者，加川芎以活血止痛。

15.3.3.7 心阴亏虚

症状 情绪不宁，心悸，健忘，失眠，多梦，五心烦热，盗汗，口咽干燥。

舌象 舌红少津。

脉象　脉细数。

证候分析　情志过极或思虑太过，心阴耗伤，心失所养，故心悸、健忘。神不守舍，则失眠多梦。心阴不足，虚热内生，故口咽干燥，五心烦热、盗汗。舌红少津，脉细数，均为阴虚内热之象。

治法　滋阴养血，补心安神。

方药　天王补心丹为主方。

方中以地黄、天冬、麦冬、玄参滋补心阴，人参、茯苓、五味子、当归益气养血，柏子仁、酸枣仁、远志、丹参养心安神。

加减　1）心火偏旺者，加黄连、栀子清心除烦。

2）盗汗者，加煅牡蛎、浮小麦固涩敛汗。

15.3.3.8　肝阴亏虚

症状　情绪不宁，急躁易怒，眩晕耳鸣，目干畏光，视物不明，或头痛且胀，面红目赤。

舌象　舌干红。

脉象　脉弦细或数。

证候分析　气滞日久，郁热伤阴或气血生化不足，致肝阴亏耗，肝阳偏亢易动，故情绪不宁，急躁易怒，头晕耳鸣，或头胀痛，面红目赤，肝阴不能上承目睛，故目干畏光，视物不明。舌干红，脉弦细或数为肝阴亏虚之征。

治法　滋养阴精，补益肝肾。

方药　滋水清肝饮为主方。

滋水清肝饮由六味地黄丸合丹栀逍遥散加减而成，以六味地黄丸补益肝肾之阴，而以丹栀逍遥散疏肝解郁，清热泻火。

加减　1）若肝阳偏亢，肝风上扰症状明显者，可加钩藤、草决明、天麻等。

2）若大便秘结者，加全瓜蒌。

3）若月经不调者，加香附、泽兰、益母草。

15.4　预防与调护

经常参加体育锻炼，增强体质。正确对待各种事物，保持乐观情绪，在逆境情况下，要善于自我排解，避免忧郁思虑，防止情志内伤是预防郁证的根本措施。

医护人员应用诚恳、关怀、耐心、热情的态度，以取得患者的充分信任，掌握病人的思想动态、心理障碍，多做诱导、说服、鼓励工作，解除病人的思想负担，以促进郁证的完全治愈。

附 录

1. 病案举例

1）一妇无故悲泣不止，或谓之有祟，祈禳请祷备至，不应。《金匮》有症云，妇人藏躁，喜怒哀伤欲哭，像如神灵所作，数欠伸者，甘麦大枣汤主之。其方甘草三两，小麦一升，大枣十枚，水六升，煮取三升分温三服，亦补脾气。十四帖而愈。悲属肺，经云在藏为肺，在志为悲，又云精气并于肺则悲，是也。此方补脾，盖虚则补母之义也。

（《名医类案》卷三）

2）郁伤有年，始觉口鼻中气触腥秽。今右胁作痛，呼吸不利，不得安眠。左涩右弦，系血络郁痹，当用宣通法。处方：当归须二钱、金铃子一钱五分，延胡索一钱五分，桃仁八分去皮尖，黄郁金一钱，降香五分冲末。

（《陈修园医案》）

2. 古文献选录

《金匮要略·妇人杂病脉证并治》："妇人脏躁，喜悲伤欲哭，像如神灵所作，数欠伸，甘麦大枣汤主之。""妇人咽中如有炙脔，半夏厚朴汤主之。"

《景岳全书·郁证》："凡五气之郁，则郁病皆有，此因病而郁也。至若情志之郁，则总由乎心，此因郁而病也。""初病而气结为滞者，宜顺宜升。久病而损及中气者，宜修宜补。然以情病者非情不解。"

《证治汇补·郁证》："郁病虽多，皆因气不周流，法当顺气为先，升提为次，至于降火、化痰、消积，犹当分多少治之。"

《医林改错·血府逐瘀汤所治之症目》："瞀闷，即小事不能开展，即是血瘀"；"急躁，平素和平，有病急躁，是血瘀"；"俗言肝气病，无故爱生气，是血府血瘀。"

3. 研究进展

（1）辨证论治研究

邵静将376例郁证患者随机分为中药治疗组（236例）和西药对照组140例。其中神经衰弱286例，焦虑症90例。中医治疗辨证分为：肝气郁结型以柴胡疏肝散加减，阴虚火旺型用滋水清肝饮加减，心脾两虚型用归脾汤加减，忧郁伤神型用甘麦大枣汤加减，气虚血瘀型以自拟方加减；西药组治疗以维生素B_6、谷氨酸片、氯氮口服。结果神经衰弱286例中，中医辨证治疗组186例，显效55例，有效85例，总有效率75.3%；西药组100例，显效20例，有效38例，总有效率58%。焦虑症90例，中医辨证治疗组50例，显效12例，有效28例，总有效率80%；西药组40例，显效5例，有效20例，总有效率62.5%［中国医药学报，1995，(3)：31～33］。丁德正将躁狂抑郁性精神病抑郁状态分心气虚型、肝气郁虚型、肝气郁实型、痰郁型和肾气虚型，辨证用药并配合针灸治疗，效果满意［上海中医药杂志，1995，（5）：3～4］。徐景藩用半夏厚朴汤治疗梅核气，常加入合欢花、郁金、香附、佛手疏理肝气；症兼咽干、咽痛、口干、舌红，加入山栀子、牡丹皮、海蛤壳、浙贝母、木蝴蝶、桔梗等；梅核气症状加重、咽中不适而且不利者，宜加宣通之品，如通草、威灵仙、石菖蒲、王不留行等［中医杂志，1990，（1）：56～58］。

（2）实验研究

黄炳山等对肝郁气滞证患者尿 MHPG-SO_4 测定发现，该值低于正常健康组，差异显著，表明中枢去甲肾上腺素含量降低，中枢交感活动偏低；对肝郁化火者测尿儿茶酚胺明显高于对照组，表明其交感神经活动亢进。对 52 例肝郁证者的 TXB_2、6-keto-$PGF_{1\alpha}$ 及二者比较值检测发现，上述测值均较健康人高，差异显著，说明血小板聚集和收缩功能增强［黑龙江中医药，1989，（5）：1～5］。中国中医研究院对 100 例原发性高血压、冠心病、胃溃疡病而辨证为肝郁证的患者进行五羟色胺含量、甲皱微循环、血小板聚集率及超微结构、细胞免疫功能等实验指标的观察研究，发现情志异常是肝郁证的主要病因，且肝郁多伴有血瘀证。用疏肝理气的柴胡、白芍药、香附、枳壳等进行治疗后，血压下降的总有效率为 85.72%，病状明显改善，紫黯舌有 45.71% 消退；冠心病心绞痛中西医组的有效率为 8.67% 及心电图有效率为 40%，其他各项指标均有不同程度好转和恢复。该院并通过对“怒伤肝”动物模型的多项指标检测，认为“气滞”是情志异常引起机体调控功能失常而致内环境稳态失衡的病理生理过程。病理变化主要表现为交感中枢的调节失常，继而神经体液异常（儿茶酚胺升高），由此引起血液系统高黏凝倾向和血小板功能及形态异常。另一方面，外周各交感特异性通路调节功能紊乱，引起心血管功能的改变，尤其是外周阻力血管运动功能的紊乱引起循环障碍［中医杂志，1991，（10）：46～48］。

复习思考题

1. 何谓郁病？有哪些临床表现？
2. 试述郁病的病因病机。
3. 郁病可分为哪些证型？试述各型的主症、治法及方药。

（张晓雪）

16

癫病

目的要求

1. 了解癫病的定义、范围、预防调护以及研究进展。
2. 熟悉癫病的病因、病机要点、诊断要点以及与郁病、痴呆的鉴别诊断。
3. 掌握癫病的辨证要点、治疗原则以及分型论治。

癫病是由禀赋不足、七情内伤等因素致使肝脾心功能失调，痰气郁结，蒙闭心窍，精神失常所引起的，以精神抑郁，表情淡漠，沉默痴呆，喃喃自语，语无伦次，静而少动为特征的临床常见多发的精神病。

有关癫病的最早文献记载，见于《内经》。该书对其脉象、病因、病理、临床证候做了一定的描述。至《难经》则明确提出癫与狂的鉴别要点，《难经·二十难》有“重阳者狂，重阴者癫”的论述。金元时代对癫病的病因学说研究有了较大进展。《丹溪心法·癫狂》篇说：“癫属阴，狂属阳，……大率多因痰结于心胸间。”提出癫病、狂病的发病都与“痰”有关的理论，不仅在当时影响很大，对于指导临床实践具有重要意义，也为后世许多医家所遵循。此外，此时从实践中也积累了一些治疗本病的经验。治癫常用养心血、镇心神、开痰结之法。秦汉至金元时期，许多医著往往是癫、狂、痫并称，混而不清。到了明代，王肯堂始将其详细分辨，提出了癫狂与痫之不同，给后世辨证治疗提示了正确方向。明代医家治疗癫证多主张以解郁化痰、宁心安神为主。至清代，王清任又提出血瘀可致癫狂的论点，并认识到癫狂与脑有着密切的关系，对后世影响颇大。

现代医学精神分裂症中的抑郁型与癫病症状表现类似，可参考癫病辨证论治。

16.1 病因病机

16.1.1 病因

16.1.1.1 情志内伤

本病多因恼怒郁愤不解，则肝失疏泄，胆气不平，心胆失调，气机失司，心神惑乱而成；或肝郁不解，水渎失职，痰湿内生；若暴（恚）怒不止，则气机痹阻，血循不利而为瘀，水渎失职而为痰；若思虑太过，所愿不遂，心脾受伤，思则气结，心气被抑，脾气不发，则痰气郁结。终则致气滞、痰结、瘀血蒙闭心窍而引起神志失常。

16.1.1.2 先天禀赋和体质因素

若禀赋充足，体质强壮，阴平阳秘，虽受精神刺激，也只是短暂的情志失畅；反之，若禀赋不足，体质虚弱，或肾气素亏，复因惊骇悲恐，意志不遂等七情内伤，则每可引起阴阳失调而罹病。禀赋不足而患癫疾者，往往具有家族遗传性，其家族中可有类似的病史。

16.1.2 病机

16.1.2.1 基本病机

癫病的基本病机为肝脾心功能失调，痰气郁结，蒙闭心窍，精神失常。

16.1.2.2 病位

癫病病位在肝、脾、心。

16.1.2.3 病性

本虚标实、虚实夹杂为本病之病理性质。本虚主要是心脾两虚，标实主要表现在气滞、痰阻、血瘀。

16.1.2.4 病机转化

本病初期主要因七情内伤，郁怒伤肝，致肝气郁滞；进而木克脾土，水湿不化，聚生痰浊，形成痰气互结，蒙闭心窍证。病程中期，邪未去而正已伤，形成正虚痰结。后期病程迁延，损及心脾，转化为心脾两虚之证。

16.2 诊断与鉴别诊断

16.2.1 诊断

16.2.1.1 临床表现

精神抑郁，表情淡漠，沉默痴呆，喃喃自语，语无伦次，静而少动为主要诊断依据。

16.2.1.2 病史及发病

患者大多数有性急易怒，或忧愁、悲哀、焦虑、恐惧，甚至憎恨等情志内伤，突然起病，或病情轻重与反复等多与情志有关。家族中有罹患本病或类似疾病的情况。本病多发于青壮年女性。近年临床资料表明，少年病例也不断出现，且有增多之势。

16.2.2 鉴别诊断

16.2.2.1 郁病

癫病与郁证的临床表现有相似之处，并均与七情内伤有关。但郁证多见易怒善哭、胸胁胀痛、咽中如有异物、失眠等症，主要表现为自我感觉异常，自制力差，但神志尚清，多为情志不舒，气机郁滞所致。癫病也见喜怒无常、多语或不语等症，一般已失去自制能力，神明逆乱，多为素体禀赋不足，七情内伤，痰气交阻，或瘀血内阻，蒙闭心窍而成。

16.2.2.2 痴呆

癫病与痴呆症状表现也有相似之处，但痴呆以智能低下为突出表现，以神情呆滞、愚笨迟钝为主要临床特征，其部分症状可自制。

16.3 辨证论治

16.3.1 辨证要点

辨明新久虚实

癫病以表情淡漠、寡言呆滞为主症，初发病时常兼喜怒无常，喃喃自语，或语无伦次，舌苔白腻，此为痰结不深，病情尚轻。若病程迁延日久，则见呆若木鸡，目瞪如愚，灵机混乱，舌苔白腻而厚，此乃痰结日深，病情转重。久则正气日耗，脉由弦滑变为弦缓，终至沉细无力。倘若病情演化为气血两虚，而症见神思恍惚，思维困乏者，则为病深难复。

16.3.2 治疗原则

癫病的病性特点为本虚标实、虚实夹杂。初期多以邪实为主，治疗应根据气滞、痰浊之偏重，而应用理气开郁、化痰开窍之法；中期以虚实夹杂为多，治疗则当扶正祛邪；后期多见心脾两虚，故治疗又当补益心脾、养血安神为法。

16.3.3 分型论治

16.3.3.1 痰气郁结

症状 精神抑郁，表情淡漠，神志痴呆，语无伦次，或喃喃自语，喜怒无常，不思饮食。

舌象 舌苔白腻。

脉象 脉弦滑。

证候分析 本证以气郁痰结，迷阻心窍为基本病机。思虑太过，所求不得，肝气被郁，脾气不运，痰气郁结，蒙闭神明，故出现精神抑郁，表情淡漠，神志痴呆，语无伦次，或喃喃自语等精神异常症状。痰扰心神，故喜怒无常。痰浊中阻，则不思饮食。舌苔白腻，脉弦滑为痰气郁结之征。

治法 理气解郁，化痰开窍。

方药 顺气导痰汤为主方。

方中半夏辛温体滑性燥，行水利痰为君。痰因气滞，气顺则痰降，故以橘红利气，痰由湿生，湿去则痰消，以茯苓、甘草健脾渗湿为臣。加入胆星、枳实名为导痰汤为佐，治顽痰胶固，非二陈单用所能除，因胆南星能助半夏、枳实而成冲墙倒壁之功以去胶固之顽痰。又以香附、木香顺气解郁而为使。

加减 1）本方宜加入郁金、石菖蒲、苍术、远志以化痰宣窍。

2）睡眠不实或不眠者，加合欢皮、夜交藤、茯神。

3）大便秘结者，加大黄以通腑降浊。

若痰浊壅盛，可先用控涎丹除胸膈之痰，俟痰浊减少再投顺气导痰汤。控涎丹宜临卧姜汤送下，该方虽无芫花逐水，但有甘遂、大戟之峻攻，白芥子能去皮里膜外之痰，故搜剔痰结伏饮功能甚佳，尤其制成丸剂，小量服用，去痰而不伤正。

若痰浊壅盛而致胸膈瞀闷，口多痰涎，脉滑大有力，形体壮实者，可暂用三圣散取吐，劫夺痰涎。此方药性猛悍，自当慎用。倘吐后形神俱乏，宜以饮食调养。

如神思迷惘，表情呆钝，言语错乱，目瞪不瞬，舌苔白腻，为痰迷心窍，治宜理气豁痰，宣窍散结。先以苏合香丸芳香开窍，继以四七汤加胆星、郁金、石菖蒲之类以行气化痰。

如不寐易惊，烦躁不安，舌红苔黄，脉滑数者，此痰郁化热，扰乱心神所致，可用温胆汤加黄连合白金丸，取黄连清心火，白金丸中白矾酸咸能软顽痰，郁金苦辛能去恶血，痰血去则心窍开而病已。

16.3.3.2 气虚痰结

症状 情感淡漠，不动不语，甚则呆若木鸡，目瞪如愚，傻笑自语，生活被动，灵机混乱，甚至目妄见，耳妄闻，自责自罪，面色萎黄，便溏溲清。

舌象 舌质淡，舌体胖，苔白腻。

脉象 脉滑或弱。

证候分析 本证以气虚痰盛、痰蒙心窍为基本病机。癫证日久，正气亏虚，脾运力薄，痰结日深，心窍被蒙，故见情感淡漠，不动不语，呆若木鸡，傻笑自语，甚则灵机混乱，出现妄闻、妄见、自罪自责等症状。脾气虚弱，故面色萎黄，便溏溲清。舌淡胖，苔白腻，脉滑或弱，为气虚痰结之象。

治法 益气健脾，涤痰开窍。

方药 四君子汤合涤痰汤为主方。

方中以人参、茯苓、白术、甘草四君益气健脾以扶正培本。半夏、橘红、胆南星、竹茹、枳实、生姜涤除痰浊以降逆和胃，石菖蒲宣开心窍。

加减 1）本方宜加远志、郁金，以助石菖蒲宣窍而解郁。

2）若饮食不思，嗜睡不醒，四肢不温者，加肉桂、附子、黄芪以温阳益气。

3）若神思迷惘、呆若木鸡，病情较重者，可用苏合香丸以增强开窍之功。

16.3.3.3 心脾两虚

症状 癫证日久，神思恍惚，魂梦颠倒，心悸易惊，善悲欲哭，肢体困乏，饮食减少，面色少华。

舌象 舌质淡，苔白腻。

脉象 脉沉细无力。

证候分析 本证以脾虚血少、心神失养为基本病机。癫病日久，中气渐衰，气血生化乏源，心血内亏，心神失养，故见神思恍惚，魂梦颠倒，心悸易惊，善悲欲哭等症。血少气虚，脾失健运，故肢体困乏，饮食减少，面色少华。舌淡，脉细无力，均为气血俱虚之征。舌苔白腻为仍有痰浊闭阻心窍。

治法 健脾养心，化痰开窍。

方药 养心汤合温胆汤为主方。

养心汤健脾养心安神，即以人参、黄芪、甘草补脾气；川芎、当归养心血；茯苓、远志、柏子仁、酸枣仁、五味子宁心神；更有肉桂引诸药入心经，以奏养心安神之功。合温胆汤化痰开窍，即以半夏、陈皮、茯苓、甘草二陈汤化痰，枳实、竹茹和胃通腑助二陈以去胶固之痰。

加减 1）神思恍惚，心悸易惊明显者，加龙齿、磁石以镇惊安神。

2）情感淡漠，不言不语者，加石菖蒲、郁金以宣窍开郁。

3）饮食减少者，加白术、鸡内金以助脾运。

4）若兼见畏寒，小便清长，下利清谷者，加补骨脂、仙灵脾、巴戟天温补肾阳。

16.4 预防与调护

本病为内伤七情所致，因此对有精神刺激和心理创伤者，应积极进行开导劝慰，令其心情舒畅。患病后应当避免不良精神因素和社会因素的刺激，鼓励患者拜会亲友、谈心、读报、听收音机或看电视，参加娱乐活动。

在护理方面，首先应正确对待病人的各种表现，切忌讥笑、讽刺，应同情和关心病人，对于尚有一些适应环境能力的轻病人，应注意调节情志活动，如以喜胜忧，以忧胜怒等。对其不合理的要求应耐心解释，对合理的要求应尽量满足。要注意防止患者发生意外情况，不宜让病人从事高空作业及驾驶、操纵机械等危险性大的工作。

附　　录

1. 病案举例

1）山西沈某，年 40 许，偶一烦劳，则癫病即发，神不自主，谵言妄语，不省人事或语鬼神，其状不一。诊之，两寸尺空大无伦，两关弦紧，舌中心陷有裂纹。余谓病属虚证，神不守舍，神虚则惊，非有鬼祟，神气浮越，故妄见妄言，遂与桂枝龙牡汤加龙眼肉膏，嘱其守服 30 剂。服 20 剂而病即不复发也。

（《清代名医医案精华》）

2）舒某，女，38 岁。患者年轻守寡，抚养独子成年，因其子远游，遂忧郁成疾，幻想妄见，细语喃喃，两目呆视，独处暗室，或哭或笑，搬石投水，不知饥饱，不安睡眠，精神恍惚，肌肉消瘦，乃延诊视。见其面容憔悴，时唾酸沫。察脉沉缓而涩，舌淡苔白。法当清肺涤痰，宣郁养心。处方：灵磁石（先煎）15g、珍珠母（先煎）15g、生龙齿（先煎）10g、西洋参 10g、紫丹参 10g、抱木茯神 10g、酸枣仁 10g、炙远志 5g、云琥珀（研末冲服）3g、明天麻 6g、制乳香 5g、胆南星 5g、石菖蒲 5g。

（《当代名老中医临证荟萃》）

2. 古文献选录

《难经·二十难》："重阳者狂，重阴则癫。"

《丹溪心法·癫狂》："癫属阴，狂属阳，……大率多因痰结于心胸间。"

《医家四要·病机约论·癫狂者审阴阳之邪并》："癫疾始发，志意不乐，甚则精神痴呆，言语无伦，而睡于平时，乃邪并于阴也。……盖癫之为病，多因谋为不遂而得。"

《证治汇补·癫狂》："二症之因，或大怒而动肝火，或大惊而动心火，或痰为火升，升而不降，壅塞心窍，神明不得出入，主宰失其号令，心反为痰火所役。……若抚掌大笑，言出不伦，左顾右盼，如见神灵，片时正性复明，深为极悔，少倾态状如故者。此膈上顽痰，泛滥洋溢，塞其道路，心为之碍。痰少降则正性复明，痰升则又举发，名之曰癫。治当利肺安心，安神滚痰丸主之。”

3. 研究进展

（1）辨证分型治疗

王彦恒将脾虚型慢性精神分裂症分为4个证型论治，肝郁脾虚、上不荣脑型，治拟舒肝健脾、养脑安神之法，药用柴胡6g、郁金20g、香附12g、白芍30g、茯苓60g、党参15g、炒枣仁80g、百合30g、炒麦芽30g、炒白术12g、山萸肉20g等；脾肾两虚、上不荣脑型，治拟培土固肾、养脑安神之法，药用党参15g、茯苓60g、炒白术10g、女贞子40g、菟丝子50g、枸杞子15g等；心脾两虚、上不荣脑型，治拟益心健脾、荣养脑神之法，药用党参15g、茯苓20g、白术10g、炙黄芪15g、当归20g、甘草6g、远志10g、炒枣仁60g、木香6g、山萸肉15g、大枣15g；脾虚血瘀、脑神失调型，治拟益气活血、调养脑神之法，药用炙黄芪50g、茯苓60g、党参15g、山药30g、枸杞子20g、红花15g、赤芍30g、怀牛膝30g、当归15g、百合60g、麦冬30g等。共观察48例病例，结果痊愈25例，占52.08%；好转22例，占45.83%；无效1例，占2.08%。经临床观察发现脾肾两虚型精神病23例，占57.87%，且年龄偏大，病程偏长，说明慢性精神分裂症，病位多居脾肾，其性以虚者为多见。提示治疗本病，培土固水养脑当为大法［北京中医，1997，(1)：11～12］。冯秀杰等对精神分裂症中属中医癫病范畴的122例患者根据临床证候特征，将其分为8个证型论治：痰火内结，上扰脑神型（124例），治拟豁痰泻火、清脑安神之法，药用生石膏120g、陈皮15g、竹茹15g、礞石60g、黄芩15g、栀子10g、枳实10g、酒制大黄10g、佩兰10g、炒枣仁80g等；肝火内炽、灼伤脑神型（16例），治拟镇肝泻火，清脑宁神之法，药用生石决明60g、生龙齿60g、龙胆草15g、黄芩15g、栀子10g、枳壳15g、车前子10g、酒制大黄10g等；肝郁痰结、上及脑神型（7例），治拟解郁化痰，育脑安神之法，药用佛手10g、香附12g、郁金20g、柴胡6g、远志10g、白芍药20g等；肝郁脾虚、上不荣脑型（13例），治拟舒肝健脾、养脑安神之法，药用柴胡6g、郁金20g、白芍药30g、香附12g、茯苓60g、党参15g、炒枣仁80g、百合30g、炒麦芽30g、炒白术12g、山萸肉20g等；脾肾两虚、上不益脑型（23例），治拟培土固肾、养脑安神之法，药用党参15g、茯苓60g、炒白术10g、女贞子40g、菟丝子60g、枸杞子15g等；肝肾两虚、上不益脑型（17例），治拟补益肝肾、荣脑养神之法，药用当归15g、白芍药40g、女贞子40g、菟丝子40g、枸杞子15g、杜仲30g、炒枣仁60g、何首乌30g、炒麦芽30g等；心脾两虚、上不荣脑型（16例），治拟益心健脾、荣养脑神之法，药用党参15g、茯苓20g、白术10g、生黄芪15g、当归20g、甘草6g、远志10g、炒枣仁60g、木香6g、山萸肉15g、大枣15g；气虚血瘀、脑神失调型（6例），治拟益气养血、调养脑神之法，药用生黄芪60g、茯苓60g、党参15g、山药30g、枸杞子20g、红花15g、赤芍药30g、怀牛膝30g、当归15g、百合60g、麦冬30g等。结果痊愈66例，占54.10%；好转55例，占45.08%；无效1例，占0.82%［中医杂志，1996，(1)：34~35］。

(2) 主方加减治疗

张世珍应用温胆汤合四物汤化裁，以法半夏10g、陈皮10g、茯苓25g、枳实12g、竹茹12g、当归12g、川芎15g、白芍药10g、甘草6g、石菖蒲10g、郁金12g、香附15g为基础方，结合辨证分型属气郁血瘀、痰浊蒙蔽型加柴胡12g、厚朴10g；属痰瘀蔽窍、心脾两虚型加远志10g、柏子仁10g、黄芪30g、小麦30g；属郁热内扰、冲任失调型加黄连10g、益母草15g、生地黄20g、菟丝子15g、炒枣仁15g。治疗癫证36例，取得了较好疗效［北京中医，1996，(5)：16~17］。彭玉萍等采用补肾助阳法，方用肾气丸加减，药用熟地黄20g、山萸肉15g、淮山药15g、泽泻12g、茯苓12g、牡丹皮12g、桂枝10g、附片10g、益智仁10g、酸枣仁10g、石菖蒲10g、甘草10g，配合西药治疗慢性精神分裂症28例，结果痊愈4例，占14.29%，总有效率为92.85%，优于同期单纯西药治疗组（总有效率为61.54%）。提示慢性精神分裂症由于病情迁延，日久脏腑失养，脾失健运，气血阻滞，精血耗损，其病及肾，以致阴阳俱虚，而又以阳虚为甚，肾阳虚以至命门火衰则无以化气，各种机能衰退，呈现一派阳气衰弱之象，治疗以固肾气温肾阳为本［湖南中医杂志，1987，(2)：8~9］。

复习思考题

1. 何谓癫病？有何主症特点？
2. 导致癫病发生的病因有哪几方面？简述其病机。
3. 如何对癫病进行辨证论治？

（张晓雪）

17

狂 病

目的要求

1. 了解狂病的定义、范围、预防调护以及研究进展。

2. 熟悉狂病的病因，病机要点，诊断要点以及与癫病、蓄血发狂的鉴别诊断。

3. 掌握狂病的辨证要点，治疗原则以及分型论治。

狂病系因禀赋不足、五志过极等因素致使肝脾心功能失调，痰火壅盛，闭塞心窍，心神错乱所引起的，以精神亢奋、狂躁刚暴、骂詈毁物、动而多怒为特征的临床常见多发的精神病。

本病源于《内经》，如《素问·至真要大论》曰：“诸躁狂越，皆属于火。”《灵枢·癫狂》设专篇论癫狂病的表现与鉴别诊断，尤在针灸治疗上为详，首创“与背腧以手按之立快”点穴法治狂病。嗣后《难经·二十难》有“重阳者狂”，并对癫与狂的不同表现加以鉴别。汉唐方书，卷帙浩繁，狂病论述未详。金元间，刘完素、朱震亨演绎狂病之因“主火，主痰”。明清两代，名医辈出，流派纷呈，狂病证治始详。明代王肯堂提出了癫、狂、 之不同，始将其详细分辨。明·皇甫中《明医指掌》阐发狂病之病因为心火、肝风、痰浊，可谓剖白无遗。其用苦参丸、一物大黄汤以治之，无非取其苦寒直折，力挫心肝实火，荡涤胃肠积热之意。明·虞抟《医学正传》以《局方》牛黄清心丸治狂病，盖亦取其豁痰清心之用耳。明·张介宾《景岳全书》谓狂病多因于火，治以清火为主，清·王清任《医林改错》创“气血凝滞，使脑气与脏气不相接续”之说，治以癫狂梦醒汤，补前人之未备。清·张璐玉《张氏医通》集狂病治法之大成。

现代医学的精神分裂症、躁狂型精神病，其特征与狂病症状表现类似者，可参考狂病辨证论治。

17.1 病因病机

17.1.1 病因

17.1.1.1 五志过极

卒受惊恐、情志过激、勃然大怒，引动肝胆木火上升，冲心犯脑，神明失其主宰。

17.1.1.2 饮食不节

过食肥甘，膏粱炙煿之品，酿成痰浊，复因心火暴张，痰随火升，蒙蔽心窍；或贪杯好饮，里湿素盛，郁而化热，充斥胃肠，腑热上冲，扰动元神而发病。

17.1.1.3 禀赋不足

在母腹中时受惊而致虚，则神机紊乱，或禀赋不足和家族遗传，出生后突受刺激则阴阳失调，神机逆乱而引发本病。

17.1.2 病机

17.1.2.1 基本病机

本病病机为痰火、瘀血闭塞心窍，阴阳失调，心神失常。

17.1.2.2 病位

本病病位在肝、胆、脾（胃）、心（脑）。

17.1.2.3 病性

本病因郁火、积热、痰火致犯，属热证，实证；若因循失治，或治不如法，火热痰涎，势至渐挫，而心营肾液被劫，可形成虚实夹杂，本虚标实之证。

17.1.2.4 病机转化

始由心肝郁火、胃肠积热扰乱神明致狂；郁火、积热煎炼津液成痰，火以痰为依附，痰得火而猖獗，痰火锢结，扰乱清灵，阻塞机窍，机窍瘀滞，灵机顿失，病迁日久，郁火积热，势至渐挫，而心营肾液备受劫烁，渐致心肾失济、阴虚阳越。

17.2 诊断与鉴别诊断

17.2.1 诊断

17.2.1.1 临床表现

精神错乱，哭笑无常，动而多怒，喧扰不宁，躁妄骂詈，不避亲疏，逾垣上屋，登高而歌，弃衣而走。

17.2.1.2 病史与发病

病人有七情内伤史，多有家族史，或患郁病、失眠之疾而突发本病的病史。少年、青壮年、老年与不同性别均可发病，但以青壮年女性为多。

17.2.2 鉴别诊断

17.2.2.1 癫病

癫病与狂病都属性格行为异常的神志疾病，而癫病以精神抑郁，表情淡漠，沉默痴呆，喃喃自语，语无伦次，静而少动为特征；狂证以精神亢奋、狂躁刚暴、骂詈毁物、动而多怒为特征。

17.2.2.2 蓄血发狂

蓄血发狂为瘀热交阻所致，多见于伤寒热病，具有少腹硬满，小便自利，大便黑亮如漆等特征，不同于狂病之因七情内伤突然喜怒无常，狂乱奔走之主症。

17.3 辨证论治

17.3.1 辨证要点

辨别新久虚实

狂病初起多以狂暴无知、精神亢奋为主要表现，多属心肝火炽、痰火或腑实内扰证，病性以实为主；治不得法或迁延日久，邪热伤阴，瘀血阻络，可致心神昏乱日重，而见水火失济，阴虚火旺证，或瘀血阻窍兼气阴两虚等证，病性以虚或虚中夹实为主。

17.3.2 治疗原则

狂病起始，属阳证、热证、实证，故治疗以泻火、泄热、通腑为主，根据心肝火炽、痰火互结、阳明腑热、瘀血阻络而分别采用清肝泻火、清心豁痰、通腑泄热、化瘀通络之法。狂病久延，邪势渐挫，阴血受伤，表现为心肾失交、阴虚火旺，当以滋阴降火为治。

17.3.3 分型论治

17.3.3.1 痰火扰神

症状 病起急骤，常先有性情急躁，头痛失眠，两目怒视，面红目赤，突然狂乱无知，逾垣上屋，骂詈号叫，不避亲疏，或毁物伤人，气力逾常，不食不眠。

舌象 舌质红绛，苔黄腻。

脉象 脉弦大滑数。

证候分析 本证以火炽痰盛、犯扰心神、神志逆乱为基本病机。暴怒伤肝，肝火暴张，鼓动阳明痰热，上扰神明，故性情急躁，失眠头痛。神志逆乱，则狂乱无知，骂詈号叫，不避亲疏。四肢为诸阳之本，阳盛则四肢实，实则能登高而气力逾常。肝火暴盛，上扰清窍，故面红、目赤。舌质红绛，苔黄腻，脉弦大滑数，均为痰火壅盛、阳气独亢之象。

治法 镇心涤痰，清肝泻火。

方药 生铁落饮为主方。

方中生铁落重镇降逆且有坠痰下气开结之功。贝母、胆南星、茯苓、橘红清热涤痰；连翘、玄参、麦冬、天冬清热以防火热伤阴；钩藤平熄肝风；石菖蒲、远志、茯神、丹参、朱砂宣窍活血安神。

加减 1）本方宜加黄连、山栀以清心降火，加龙胆草以清泻肝火。

2）痰火甚者，加服礞石滚痰丸，本方逐痰降火，每次服量10g左右，每天2次，汤药送服。待痰渐退，礞石滚痰丸可改为包煎，用量可减为3～5g。

3）烦热渴饮者，加生石膏、知母、天花粉以清热生津。

4）若痰浊壅于胸膈，体壮脉实者，亦可用三圣散涌吐痰涎。

5）若属阳明热结，躁狂谵语，神志昏乱，面赤腹满，大便燥结，舌苔焦黄起刺或焦黑燥裂，舌质红绛，脉滑实而大者，宜先服大承气汤急下存阴，再投凉膈散加减以清泻实火。

6）若病情好转而痰热未尽，心烦失眠，哭笑无常者，可用温胆汤送服朱砂安神丸。

17.3.3.2 火盛阴伤

症状 狂病日久，其势渐减，且有疲惫之象，多言善惊，时而烦躁，形瘦面红而秽。

舌象 舌质红，少苔或无苔。

脉象　脉细数。

证候分析　本证以火热伤阴，心神不宁为基本病机。狂久不已，耗气伤阴，气不足则狂势渐减，精神疲惫。阴不足则水不能制火，虚火上扰，故见烦躁，形瘦，面红，舌红。心神失养而又被虚火所扰，故多言善惊。舌质红，少苔或无苔，脉细数，均为阴虚有热之象。

治法　滋阴降火，安神定志。

方药　二阴煎为主方。

方中以生地黄、麦冬、玄参养阴清热；黄连、木通、竹叶、灯芯清降心火；茯神、酸枣仁、甘草养心安神。

加减　1）若阴虚兼有痰热未清者，加瓜蒌、胆南星、天竺黄以清化热痰。

2）若舌质暗者，加牡丹皮、赤芍药、丹参以凉血活血。

3）若肾阴耗伤，烦躁，健忘，腰膝酸软者，加龟板、枸杞子、阿胶以滋养胃阴。

4）若气虚，精神疲惫者，可加服《千金》定志丸以健脾益气，养心安神。

17.3.3.3　气血凝滞

症状　情绪躁扰不安，多言，恼怒不休，甚至登高而歌，弃衣而走，妄见妄闻，妄思离奇，常见面色暗滞而秽，胸胁满闷，头痛，心悸而烦。或妇人经期腹痛，经血紫暗有块。

舌象　舌质紫暗有瘀斑，少苔或薄黄苔干。

脉象　脉弦细或细涩。

证候分析　本证以气血凝滞、上阻清窍、内扰神明为基本病机。若瘀兼实热，犯扰神明，则出现情绪躁扰不安，恼怒多言，登高而歌，弃衣而走等狂证之征。若瘀兼痰浊，蒙闭神明，则表现为妄思离奇、心悸；清窍被扰，故见目妄见，耳妄闻；气血凝滞，故胸胁满闷，面色暗滞而秽，痛经或经血紫暗有块，舌质紫暗有瘀斑，脉涩。

治法　化郁理气，豁痰开窍。

方药　癫狂梦醒汤为主方。

方中桃仁、赤芍药活血祛瘀；青皮、陈皮、苏子、大腹皮、桑白皮行气降逆；柴胡、香附理气解郁；半夏、甘草化痰和中；木通导热下行。

加减　1）本方宜加川芎、红花、丹参以增强其活血化瘀之力，加石菖蒲以宣窍。

2）若有蕴热者，去半夏、香附，加黄连、山栀以清热降火。

3）若寒象明显者，去桑白皮、木通，加干姜、附子以助阳温经。

4）本证可加服大黄　虫丸以祛瘀活血。

17.4 预防与调护

本病为内伤七情所致，因此，对有精神刺激和心理创伤者，应积极加以开导劝慰，令其心情舒畅。患病后极当避免各种精神因素和社会因素的刺激。

护理方面，对重证病人打人、自伤、毁物，要注意必要的安全防护，以免发生意外。

附 录

1. 病案举例

1）某某，男，20 岁。因患精神分裂症，经西医治疗 77 次，昏迷 41 次，电休克 20 次，无丝毫效果。行为紊乱，奔走不停，有时打人，问之不知所落，因见其躁动不安，乃予中药治疗。处方：柴胡 30g，龙骨 60g，牡蛎 60g，大黄 30g，赤芍药 30g，莪术 100g。20 剂后较为安静，30 剂后能相互对答，40 剂后自知力恢复，出院。3 年随访，情况一直稳定。

（《当代名医临证精华》）

2）某某，女，18 岁。入院前 2 周（经潮前 5 天），开始兴奋，躁闹，哭笑无常，入院后仍极度骚动吵闹，做鬼脸，思维散漫，不停地讲“丽娜、美德”，当时诊断为青春型精神分裂症。经氯丙嗪、电休克治疗，于 7 天后缓解。2 周后，即经潮前 4 天故态复萌，再度重复“丽娜、美德”单调之词，继续予氯丙嗪、电休克治疗，15 天后又缓解。间隔 2 周，第 3 次发病，症状同前，10 天后又全部缓解，此时始明确诊断为周期性精神病，以达营汤治疗。处方：莪术 100g、大黄 30g、赤芍药 30g，1 日显效，当日即控制未再发病，连续 3 个月未复发而出院，随访 1 年，情况良好。

（《当代名医临证精华》）

2. 古文献选录

《素问·阳明脉解》：“病甚则弃衣而走，登高而歌，或至不食数日，逾垣上屋，所上之处，皆非其素所能也。……四支者，诸阳之本也，阳盛则四支实，实则能登高也。……热盛于身，故弃衣欲走也。……阳盛则使人妄言骂詈不避亲疏而不欲食，不欲食故妄走也。”

《灵枢·癫狂》：“狂始生，先自悲也，喜忘、苦怒、善恐者，得之忧饥……狂始发，少卧不饥，自高贤也，自辨智也，自尊贵也，善骂詈，日夜不休……狂言、惊、善笑、为歌乐，妄行不休者，得之大恐……狂，目妄见，耳妄闻。善呼者，少气之所生也……狂者多食，善见鬼神，善笑而不发于外者，得之有所大喜。”

《张氏医通·神志门》：“狂之为病，皆由阻物过极，故猖狂刚暴，若有邪附，妄为不避水火，骂詈不避亲疏，或言未尝见之事，非力所能，病反能也。”

“上焦实者，从高抑之，生铁落饮；阳明实则脉浮，大承气汤去厚朴加当归、铁落饮，以大利为度；在上者，因而越之，来苏膏或戴人三圣散涌吐，其病立安，后用洗心散、凉膈散调之。”

3. 研究进展

（1）理论研究

陶氏认为：在奇恒之腑中，脑、髓、骨、女子胞皆为肾所属，古今医家，多主张肾无有余证。主张肾无有余证者，对奇恒之腑的“髓海有余，则轻劲多力，自过极度”的解释，是因髓海充足，能有超常的精力和高寿。其实有余与不足，如同太过与不及一样，皆违常道，即为病理。而“髓海有余，则轻劲多力，自过其度”是肾气有余传至髓海，使之填实堵塞的病象，即是“肾者，作强之官，伎巧出焉”，在肾气有余作用下的偏胜病象，是狂病患者在临床上的表现。狂病患者比正常时的气力倍增，甚而有逾垣上屋，登高而歌，日夜不休等一系列实性亢进的现象，为“邪气胜则实”的一种。如果惟以“髓海有余”为生理，而以“髓海不足”为病理，则与其指导思想相悖［甘肃中医学院学报，1990，（1）：35］。

（2）临床研究

1）辨证分型治疗　刘丽芬等将精神分裂症患者分为痰火内扰、痰湿内阻、气滞血瘀、阴虚火旺、阳虚亏损5型。以基本方宁神解郁汤（五味子15g、炒枣仁30g、夜交藤、石菖蒲、当归各20g，郁金、柴胡各15g、甘草10g），随辨证不同加减治疗并配合西药治疗100例，结果痊愈69例，显效24例，有效7例，显效率93%，明显优于同期西药治疗组显效率［辽宁中医杂志，1996，23（5）：225～226］。

2）专法专方治疗　朱运斋等应用水蛭大黄合剂（水蛭10g、大黄120g、虻虫10g、红花10g、石菖蒲10g），治疗精神分裂症患者32例，并适当配合西药，结果痊愈9例（28.1%），显著进步13例（40.6%），进步10例（31.3%），总有效率100%。并发现应用活血化瘀（破瘀）通下的中药，可以改善精神病患者的血液流变学指标，随着血液流变学的改善，精神症状也相应改善［中国中西医结合杂志，1996，16（11）：646～648］。董自安采用：吐法用明矾20g，兑水100ml，晨起1次服，2日1次，随症决定用药次数；泻法用番泻叶10g，代茶饮，每日3～4次；镇法用五石汤，药物为：石膏30～50g，寒水石、海浮石、代赭石各30g，青礞石15g。大便干加生大黄、瓜蒌仁；狂躁不眠加炒酸枣仁、茯神，另琥珀6g、朱砂2g兑水冲服加减治疗，临床每获良效［新疆中医药，1993，（4）：43～44］。包培英应用柴胡加龙骨牡蛎汤化裁治疗狂证21例，治愈16例，好转4例，无效1例［山东中医杂志，1994，（1）：15～16］。

3）分期治疗　范火淮等认为精神分裂症急性发作期以痰火瘀热实证为主，治宜急以清热泻火逐痰攻下之法，药用生石膏250g，生大黄（泡水兑服）80g，生铁落35g，青礞石、代赭石各65g，芒硝（冲）20g，随辨证不同加减治疗，并配合西药，病情控制稳定。缓解期多表现为气血阴阳诸不足，尤以心阴虚损为著，治以养血安神，育阴潜阳，疏调气机，药用六味地黄丸、天王补心丹等加减治疗。平时应注意饮食，一般忌酸、辣、燥热、血、鸡、羊、狗肉等。治疗 182 例精神分裂症患者，结果治愈 70 例，显效 85 例，好转 18 例，无效 9 例［新中医，1996，(5)：30～31］。

复习思考题

1. 何谓狂病？有何主症特点？
2. 导致狂病的病因有哪几方面？简述其病机。
3. 狂病常分为哪几型？试述各型的主症、治法及方药。

（张晓雪）

18

痫 病

目的要求

1. 了解痫病的定义、范围、预防调护及研究进展。
2. 熟悉痫病的病因病机。
3. 掌握痫病的诊断，与中风、厥证的鉴别诊断，辨证要点，治疗原则以及分型论治。

病是由先天禀赋不足、脑部外伤、惊恐或热病之后，肝、脾、肾功能失调，痰壅风动，上扰清窍或瘀阻脑脉所引起的病证。其特征为发作性精神恍惚，甚则仆倒，不省人事，两目上视，口吐涎沫，四肢抽搐，或口中怪叫，移时苏醒，醒后一如常人。

病源于《内经》，属“巅疾”范畴。《内经》明确指出了先天因素在本证中发生的作用。其后许多医家认为本证系各种因素导致“脏气不平”，“痰涎壅塞”所致。《丹溪心法· 》也指出本证之发生“非无痰涎壅塞，迷闷孔窍。”清代对本病的辨证论治渐趋全面。如李惺庵以阴阳论治 证。龚商年则从虚实论治 病。王清任则认为本病的发生与元气虚，“不能上转入脑髓”和脑髓瘀血有关，并创龙马自来丹、黄芪赤风汤治之。

现代医学中癫 一病，无论是原发性癫 ，还是继发性癫 ，均可参照本病辨证论治。

18.1 病因病机

18.1.1 病因

18.1.1.1 原发病因

1）先天因素 包括禀赋不足（遗传）和胎气受损两方面。禀赋不足者有家族史，胎气受损为胎产之前，母受惊恐而损及胎气，或服药不当而损胎气所致。病之始于幼年者，与先天因素密切有关。

2）七情失调 主要责之惊恐。由于突受大惊大恐，造成气机逆乱，进而损伤脏腑，肝肾受损，则易致阴不敛阳而生热生风；脾胃受损，则易致精微不布，痰浊内聚，经久失调，一遇诱因，痰浊或随气逆，或随火炎，或随风动，蒙闭心神清窍，是以 证作矣。小儿脏腑娇嫩，元气未充，神气怯弱，或素蕴风痰，更易因惊恐而发生本病。

3）脑部外伤 由于跌仆撞击，或出生时难产，均能导致颅脑受伤，瘀阻脑脉，遂发 病。

18.1.1.2 诱因

情志内伤，饮食不节，劳累过度均可诱发本病。

18.1.2 病机

18.1.2.1 基本病机

本病病机为瘀阻脑脉，或肝、脾、肾受损，致使痰浊或随气逆，或随火炎，或随风动，蒙闭心神清窍。

18.1.2.2 病位

本病病位在肝、肾、脾、心（脑）。不同的证候，病位中心有所不同，但均影响于心、脑而发病。

18.1.2.3 病性

本病在初期虽可见到实证，但一般以虚实夹杂证为多见。发作期以邪实为主，间歇期以脏腑失调为主。

18.1.2.4 病机转化

本证的病机转化决定于正气的盛衰及痰瘀之邪的深浅。发病初期，正气尚足，痰浊尚浅，易于康复；若日久不愈，损伤正气，痰浊沉痼，则难以治愈。

18.2 诊断与鉴别诊断

18.2.1 诊断

18.2.1.1 临床表现

起病多骤急，发病前常有眩晕、胸闷、叹息等先兆。典型病例发则突然仆倒，不省人事，两目上视，口吐涎沫，四肢抽搐，或口中怪叫，移时苏醒，除疲乏无力外，一如常人，此为大发作的症状特征。也有动作中断，手中物件落地，或头突然向前倾下而后迅速抬起，或两目上吊，多在数秒钟至数分钟即可恢复，对上述症状发作后全然无知等，此为小发作。 病呈反复发作性。

18.2.1.2 病史及发病

多有家族史，或胎气受损史，或情志失调史，或颅脑外伤史。起病多骤急，发作前常有诱因。

18.2.1.3 辅助检查

脑电图检查常有异常，出现慢波。必要时做颅脑 CT、MRI 检查有助于诊断。

18.2.2 鉴别诊断

18.2.2.1 中风病

病重证应与中风病相鉴别。二者均有突然仆倒、昏不知人的主症，但 病无半身不遂、口舌歪斜等症；而中风病亦无 病之口吐涎沫、两目上视或口中怪叫等症，以资区别。再之， 病苏醒后除疲乏无力外，一如常人；而中风病神志转清后常有半身不遂、口舌歪斜、语言不利等后遗症。

18.2.2.2 厥证

病重证应与厥证相鉴别。二者均有突然仆倒，昏不知人的主症，除此以外，厥证还有面色苍白、四肢厥冷，而无 病之两目上视、口吐涎沫、四肢抽搐、口中怪叫等症，临床上亦不难区别。

18.3 辨证论治

18.3.1 辨证要点

18.3.1.1 辨病情轻重

判断本病之轻重决定于两个方面：一是病发持续时间之长短，一般持续时间长则病重，短则病轻；二是发作间隔时间之久暂，即间隔时间久则病轻，短暂则病重。其临床表现的轻重，与痰结之浅深和正气之盛衰密切相关。

18. 3. 1. 2　辨证候虚实

病之风痰闭阻、痰火扰神属实，而心脾两虚、肝肾阴虚属虚。气虚血瘀则属虚实夹杂。发作期多实或实中夹虚，休止期多虚或虚中夹实。阳　发作多实，阴　发作多虚。

18. 3. 2　治疗原则

病发即急以开窍醒神治其标；平时病缓则去邪补虚以治其本，是谓病之大法。发作之时多用豁痰熄风、开窍定　法，平时宜健脾化痰、补益肝肾、养心安神法治之。而调养精神、注意饮食、劳逸适度实属重要。

18. 3. 3　分型论治

18. 3. 3. 1　发作期

（1）阳痫

症状　病发前多有眩晕，头痛而胀，胸闷乏力，喜伸欠等先兆症状，或无明显症状，旋即仆倒，不省人事，面色潮红、紫红，继之转为青紫或苍白，口唇青紫，牙关紧闭，两目上视，项背强直，四肢抽搐，口吐涎沫，或喉中痰鸣。或发怪叫，甚则二便自遗。移时苏醒，除感疲乏、头痛外，一如常人。

舌象　舌质红，苔多白腻或黄腻。

脉象　脉弦数或弦滑。

证候分析　头晕，头胀痛为风痰上逆；内风夹痰横窜，气血逆乱于胸中，心神失守，故昏仆、不省人事；面色先见潮红系由风阳上涌而成，继之面色紫红、青紫或苍白，口唇青紫皆由风痰、痰热蔽塞心胸，阳气受遏，或血行瘀阻，使清气不得入，而浊气不得出而致；而牙关紧闭，两目上视，项背强直，四肢抽搐皆由内风窜扰筋脉所成。口吐涎沫，或喉中痰鸣，或怪叫，按《张氏医通·　》所论："惟有肝风故作搐搦，搐搦则通身之脂液逼迫而上，随逆气而吐出于口也。"舌红属热，苔腻主湿盛，黄腻苔为内蕴痰热；其脉弦滑，属风痰内盛之征。惟风痰聚散无常，故反复发作而醒后一如常人。

治法　急以开窍醒神，继以泻热涤痰熄风。

方药　针刺人中、十宣、合谷等穴以醒神开窍。或以清开灵注射液静脉滴注，或灌服黄连解毒汤，或以此汤送服定　丸。

黄连解毒汤，方以黄芩、黄连、黄柏、栀子泻上中下三焦之火。

定　丸，方中天麻、全蝎、僵蚕平肝熄风而止抽搐；川贝母、胆南星、竹沥、半夏、生姜、橘皮、茯苓、远志、石菖蒲化痰开窍；琥珀、茯神、朱砂镇心安神；丹参、麦冬理血育阴；甘草调和诸药。诸药相配寒热相宜，燥中有润，有豁痰开窍、熄风止痉之功。

（2）阴痫

症状　发　则面色晦暗青灰而黄，手足清冷，神志昏聩，偃卧，拘急，或抽搐时作，口吐涎沫，一般口不啼叫，或声音微小。也有仅表现为呆木无知，不闻不见，不动不语；或动作中断，手中物件落地；或头突然向前倾下，又迅速抬起；或二目上吊数秒乃至数分钟即可恢复，病发后对上述症状全然不知，多一日数十次频作。醒后周身疲乏，或如常人。

舌象　舌质淡，苔白腻。

脉象　脉沉细或沉迟。

证候分析　本证在儿科常由慢惊风之后痰迷心窍而成。成人则因阳　病久，频繁发作使正气日衰，痰结不化逐渐演变而来。阴　主在肾脾先后天受损，一则气血生化乏源，再则命火不足，气化力薄，水寒上泛，故发　时面色晦暗青灰而黄，手足清冷；湿痰上壅，蒙蔽神明，故双眼半开半合，神志昏聩；如血不养筋虚风暗煽，则偃卧、拘急、抽搐时发；口吐涎沫乃内伏痰湿壅盛，随气逆而涌出；口不啼叫或叫声微小，是虽有积痰阻窍，而正不胜邪所致；呆木无知等症是神明失灵之象；舌淡苔白腻，脉沉细或沉迟均属阳虚湿痰内盛之征。

治法　开窍醒神，温化痰涎。

方药　急以针刺人中、十宣穴开窍醒神，继用参附注射液静脉滴注。或灌服五生饮。

五生饮，方以生南星、生半夏、生白附子辛温祛痰，生半夏兼以降逆散结，川乌大辛大热，散沉寒，除积滞，黑豆补肾利湿。可合二陈汤健脾除痰，共奏温阳、除痰、定　之功效。

18.3.3.2　休止期

（1）痰火扰神

症状　急躁易怒，心烦失眠，咯痰不爽，口苦咽干，便秘溲黄。病发后症情加重，甚则彻夜难眠，目赤。

舌象　舌质红，苔黄腻。

脉象　脉沉弦滑数。

证候分析　本证以肝火夹痰，上闭心窍为基本病机。肝火亢盛则急躁易怒，口苦咽干；肝火引动心火，扰乱心神则心烦失眠；肝火煎熬津液，结而为痰，故咯痰不爽。病发后症情加重乃因风阳耗竭肝阴，虚火内扰所致。舌红，苔黄腻，脉弦滑数均为肝火痰热之象。

治法　清泻肝火，化痰宁神。

方药　当归龙荟丸为主方。

方中以龙胆草、青黛、芦荟直入肝经而泻肝火；大黄、黄连、黄芩、黄柏、栀子通泻上中下三焦之火，尤以大黄推陈致新，降逆而不留邪，以化痰散结；配以木香、麝香走窜、通窍而调气，使清热之力益彰；又恐苦寒太过，以当归和血养肝。诸药合用，使诸火得泻，气血宣通，阴阳调顺，神安志宁而病向愈。本方当加茯苓、姜半夏、橘红健脾化痰。

（2）风痰闭阻

症状　发病前多有眩晕、胸闷、乏力、痰多，心情不悦。

舌象　舌质淡或红，苔白腻。

脉象　脉弦滑。

证候分析　发病前之眩晕、胸闷、乏力、痰多均为风痰上逆所致；舌苔白腻、脉弦滑为肝风夹痰之象。

治法　涤痰熄风镇　。

方药　定　丸为主方（见阴　）。

（3）气虚血瘀

症状　头昏气短，精神恍惚，心中烦急，头部或胸胁刺痛，唇舌紫暗。

舌象　舌质紫暗，有瘀斑。

脉象　脉弦涩无力。

证候分析　本证以气虚、瘀血内阻为基本病机。气虚则头昏气短；血瘀心窍，心神不宁，则精神恍惚，心中烦急；血脉瘀阻，不通则痛，故头部或胸胁刺痛。唇舌青紫、舌有瘀斑为血瘀之征，脉弦涩无力为气虚血瘀之象。

治法　补气化瘀，定风止　。

方药　黄芪赤风汤送服龙马自来丹为主方。

方中黄芪为补气药之长，补气可以推运血行；赤芍药活血消瘀；防风散头目滞气。马钱子苦寒，有大毒，入肝、脾二经，通经络、止痛、散结消肿；地龙咸寒，可通络熄风而定　。注意：其中马钱子有剧毒，炮制必须如法，用量也应严格控制。若服药后出现肢体颤动，牙关紧闭，甚至麻痹拘挛，不省人事等，为马钱子中毒的临床表现，可用肉桂6g，急煎灌服。

加减　气虚之象不明显者，酌加蜈蚣3条、全蝎6g、僵蚕10g以增加熄风通络作用。

若因脑部外伤继发，病程短，无明显虚象者，可用通窍活血汤加减治之。常选用川芎、桃仁、红花、乳香、全蝎、僵蚕、地龙、石菖蒲、郁金、凌霄花。如能加入少量麝香0.06g吞服，效果更好。

（4）脾虚痰盛

症状　反复发　不愈，神疲乏力，面色不华，纳呆，眩晕，便溏。

舌象　舌质淡，苔白腻。

脉象　脉沉细弱。

证候分析　本证以脾失健运，生化不足，心失所养为基本病机。脾虚不能运化水谷精微而生气血，故见面色不华，神疲乏力，眩晕；脾胃虚弱，升降失常，则见纳呆、便溏。舌质淡、脉沉细弱为脾虚、气血生化不足之征，苔白腻为脾虚湿盛之象。

治法 健脾化痰。

方药 六君子汤为主方。

方中以人参、白术、茯苓、炙甘草四君子汤健脾益气；陈皮、半夏燥湿化痰。

加减 1）便溏者，加薏苡仁、白扁豆。

2）痰多者，加制南星、瓜蒌。

3）呕恶者，加竹茹、旋覆花。

若痰黄量多，舌苔黄腻者，可改用温胆汤加减。

（5）肝肾阴虚

症状 病频作，神思恍惚，面色晦暗，头晕目眩，两目干涩，耳轮焦枯不泽，健忘失眠，腰膝酸软，大便干燥。

舌象 舌质红，苔薄黄。

脉象 脉沉细而数。

证候分析 癫 频发则气血先虚，肝肾俱亏。肾精不足，髓海失养，可见神思恍惚、面色晦暗、健忘、头晕目眩；肝血不足则两目干涩；肾开窍于耳，主腰膝，故肾精亏虚则耳轮焦枯不泽，腰膝酸软；阴亏大肠失润则便秘；舌质红，脉细数为精血不足之征。

治法 滋养肝肾。

方药 大补元煎为主方。

方中以人参、炙甘草、熟地黄、枸杞子、山药、当归、山茱萸、杜仲补气益气，补养肝肾；加鹿角胶、龟板胶养阴益髓，牡蛎、鳖甲滋阴潜阳。

上述各证的处方中，加入适量全蝎、蜈蚣等虫类药物，以熄风解毒、活络解痉而镇 ，可提高疗效。一般研粉，每服 1～1.5g，每日 2 次为宜，小儿量酌减。再者本病的发生与气血瘀滞有关，尤其久病和外伤者，适当加活血化瘀之品实属必要。

18.4 预防与调护

做好孕妇保健工作，避免惊吓、劳累，防止胎气受损；既病之后，要保持心情舒畅，勿过劳，不要独自外出，不宜登山、骑自行车，或驾驶车辆，不宜高空或水上作业。

发作时宜有人看护，保持呼吸通畅，以免窒息；注意除去义齿，保护唇舌；发作时应使患者侧卧，使痰涎易于排出；禁止饮酒，少食辛辣等刺激性强的食物及慎食寒凉饮食。

附 录

1. 病案举例

1）蒋某，女，7 岁。患者患 疾多年，用多种西医疗法未能控制。近几天来阵发性抽搐不止，神志昏迷，醒后则感觉软弱无力，嗜睡而经常处于半清醒状态，小便失禁。面色红润，四肢温暖，苔黄厚腻，舌质红，脉滑数小弦。证属外风引动内风，痰浊蒙闭清窍。治宜祛风清热，平肝化痰。处方：羚羊角粉 0.1g，冲服，1 日 3 次。琥珀抱龙片，每次 2 片，1 日 3 次。玳瑁 9g，黄芩 9g，夏枯草 9g，珍珠母 30g，牡蛎 30g，白金丸 9g，地龙 9g，蜈蚣 9 条，蝎尾 3 条。

（《当代名医临证精华》）

2）林某，男，10 岁，1986 年 7 月初诊。患者自 1980 年以来，多次出现突然昏倒，口吐白沫，两目上视，四肢抽搐，口中作声，经多方求医治疗无效，故来就诊，自带诊断书及脑电图，均符合癫 病诊断。就诊时症见精神委靡不振，头晕，胸闷乏力，心烦失眠，健忘，舌红苔白，脉弦滑。诊断：癫 证，投治 宝丹（任继学教授之方）1 剂，制成散剂，每服 5g，日服 2 次，早饭前、晚饭后 30 分钟用温开水送服。服 1 剂（30 天量）后病证大减，1 月内未犯病。继续投 1 剂，巩固其疗效，共服 3 剂痊愈。追访至今未犯，现正常上学读书。

治 宝丹之组成：白花蛇头 3 具，玳瑁 20g，郁金 25g，天麻 15g，天竺黄 30g，真沉香 10g，胆南星 15g，白芍药 5g，清半夏 10g，全蝎 10g，蜈蚣 5 条，天虫 15g，牛黄 1.5g，麝香 0.3g，琥珀 5g，西红花 5g，动物脑（猪或羊）一具。

（《首批国家级名老中医效验秘方精选》）

2. 古文献选录

《素问·奇病论》："人生而有病颠疾者，病名曰何？安所得之？……此得之在母腹中时，其母有所大惊，气上而不下，精气并居，故令子发为巅疾也。"

《寿世保元· 证》："盖 疾之原，得之惊，或在母腹之时，或在有生之后，必因惊恐而致疾。盖恐则气下，惊则气乱，恐气归肾，惊气归心。并于心肾，则肝脾独虚，肝虚则生风，脾虚则生痰。蓄极而通，其发也暴，故令风痰上涌而 作矣。"

《证治准绳·癫狂 总论》：" 病发则昏不知人，眩仆倒地，不省高下，甚至瘛 抽掣，目上视，或口眼 斜，或口作六畜之声。"

《证治汇补· 病》：" 分阴阳：先身热掣 ，惊啼叫喊而后发，脉浮洪者为阳 ，病属六腑，易治；先身冷无惊掣啼叫而病发，脉沉者为阴 ，病在五脏，难治。阳 痰热客于心胃，闻惊而作，若痰热甚者，虽不闻惊亦作也，宜用寒凉；阴 也本乎痰热，因用寒凉太过，损伤脾胃变而成阴，治当燥湿温补祛痰。"

3. 研究进展

（1）病因病机研究

高国举认为本病病因多端，其中以骤受惊吓而致者尤为多见。人若突受大惊大恐，造成气机逆乱，进而损伤脏腑，肝肾受损则致精微不布，痰浊内聚，经久失调，一遇诱因痰浊或随气逆，或随火炎，或随风动，蒙闭清窍，发为 病。治宜镇心安神，豁痰开窍，熄风止痉，肝、肾、脾、胃并调，标本兼顾［浙江中医杂志，1992，27（10）：444～445]。郑清莲认为本病虽其症各异，其型不一，但究其病机，则所差无几。病机为脏腑功能失调，阴阳升降失职，以致风、痰、火、气四者交杂为患。责之于脏腑则与肝、脾、心、肾及脑有关。病机演变为七情不遂，气机不畅而致郁，肝郁克脾，脾虚生痰，痰迷心窍则意识丧失，痰郁化热，热盛化火，火极生风而见抽搐。治宜清热化痰、镇惊熄风为主［陕西中医学院学报，1994，（2）：19～20］。王兆荣认为本病病位在脑，病机责之肝、肾，肝肾损伤，脏气不平是癫 的病理基础，瘀血、风、痰蒙蔽清窍，流窜经脉则是造成 病发作的基本因素。若 病日久，必致脏腑愈虚，瘀血、痰浊愈结愈深，而使病证久发不愈，临床上以瘀血阻窍最多，其次为肝郁气滞，其次为肝肾阴虚，再次为风痰闭阻、热邪上扰。综上瘀血、风、痰是本病的主要病理因素。活血、熄风、豁痰为治疗本病的基本大法［四川中医，1995，（7）：16～17］。

（2）临床治疗研究

1）*主方加减* 刘玺珍应用抗癫丸为基础方：白术20g，茯苓20g，天竺黄20g，胆南星20g，陈皮10g，半夏10g，石菖蒲20g，冰片2g，天麻20g，羚羊角20g，珍珠粉20g，地龙15g，琥珀15g，白僵蚕15g，蜈蚣15g，痰热盛加礞石20g，大黄15g，牵牛子20g；瘀血阻滞加水蛭20g，炮穿山甲20g；心肝火旺加栀子10g，黄连10g，龙胆草10g；脾胃虚寒加人参10g，白胡椒10g；肾虚加紫河车20g，鹿角15g，龟甲20g；阴虚风动加牡蛎30g，白芍药30g，鳖甲30g；月经期发作增加者，加巴戟天15g，红花20g；因饮食积滞诱发者加莱菔子20g，牵牛子20g。将基本方及辨证加药共研为极细末，水泛为丸。治疗各型癫 258例，显效155例，有效56例，效差26例，无效21例，总有效率91.8%［河北中医，1995，（2）：8～9］。王兆荣应用礞龙菖星汤（礞石、菖蒲各30g，龙骨20g，胆南星10g，赤芍药15g，全蝎5g）分型加减：瘀血阻窍加丹参、川牛膝、黄芪、地龙；风痰闭阻加天竺黄、远志、僵蚕；热邪上扰加黄芩、生地黄、钩藤、地龙；肝郁气滞加郁金、栀子、天竺黄、牡蛎；肝肾阴虚加牛膝、山药、枸杞子、紫河车。治疗癫 54例，治愈率66%，总有效率94.4%［四川中医，1995，（7）：16～17］。

2）*专方专药* 朱秀罗应用抗癫灵，组成为：白矾30g，人工牛黄1g，天麻15g，全蝎15g，蜈蚣10条，胆南星15g，玳瑁15g，羊鼻虫（焙）15个，天竺黄10g，赤金30张，琥珀15g，青礞石（煅）30g。共研细末装胶囊治疗各型癫 150例，基本控制127例（84.67%），无效23例（15.33%）［河南中医，1995，15（4）：241］。黄古文应用癫 散胶囊，组成为丹参、当归、白花蛇、蜈蚣、竹茹、半夏、枳实、茯苓、陈皮、橘红、全蝎、紫河车、人参、何首乌、天冬、麦冬、青黛、远志、冰片、地龙、僵蚕、皂角、礞石、菖蒲、沉香、天麻、白矾、胆南星、郁金、黄芩、桂枝、柴胡、白芍药、钩藤、蝉蜕、栀子、天竺黄、白术、神曲、琥珀、熟地黄、山萸肉、大黄、朱砂等40余味，将上药去杂质，熬膏烘干、研末、装胶囊而成，治疗各型癫 300例，显效140例（46.66%），好转98例（32.66%），有效42例（14%），无效20例，显效率79.32%，总有效率93.32%［甘肃中医学院学报，1994，（1）：23～24］。

复习思考题

1. 何谓痫病？有何主症特点？
2. 试述痫病的病因病机。
3. 如何对痫病进行辨证论治？

（张晓雪）

19

胃 痛

目的要求

1. 了解胃痛的概念、大体范围、预防调护以及研究进展。
2. 熟悉胃痛的病因病机及诊断要点。
3. 掌握胃痛的辨证要点、治疗原则以及分型论治。

胃痛是由于外感邪气、内伤饮食情志、脏腑功能失调等导致气机郁滞或胃失所养，以上腹胃脘部近心窝处反复发生疼痛为主症的病证，又称胃脘痛。

《内经》即有胃脘痛的记载，认为胃痛的发生与肝气郁结有关，但当时胃痛与心痛不分，常统称胃心痛，心胃痛等。明代开始，将胃痛与心痛作了明确的鉴别，各医家开始从各个侧面对胃脘痛进行论述，将胃脘痛的病机和辨证论治系统化，至今仍有效地指导着临床。

胃痛是一种临床上常见病证，现代医学的急慢性胃炎、消化道溃疡、胃痉挛、胃癌、胃下垂、胃黏膜脱垂症、胃神经官能症、十二指肠球部炎，以及部分肝胆疾病、胰腺炎等以上腹部疼痛为主要表现时，均可参考本章辨证论治。肺炎、阑尾炎、心肌梗死、肾盂肾炎等疾病出现胃痛时，应结合现代医学检查，予以排除。

19.1 病因病机

19.1.1 病因

引起胃痛的主要病因有感受寒邪，饮食不节，肝气郁结，以及过劳、久病、治疗不当等原因导致脾胃虚弱。

19.1.1.1 寒邪客胃

外感寒邪，脘腹受凉，寒邪内客于胃，或过食寒凉，寒凉伤中，寒积胃中，因寒性收引，致使气机凝滞不通，胃气不和，收引作痛。

19.1.1.2 饮食伤胃

饮食不节，饥饱失常，或暴饮暴食，损伤脾胃，致使胃不能腐熟水谷，脾不能转输精微，水谷不化，内生食滞，胃中气机阻滞，胃气失和而疼痛。饮食偏嗜，如五味过极，辛辣无度，或过食肥甘厚腻，或饮酒过度，则酿生湿热，湿热阻胃，气机壅滞，则脘闷胀痛。

19.1.1.3 肝气犯胃

肝喜条达而主疏泄，肝气可疏泄脾胃气机，协助胃腑消磨水谷，若忧思恼怒，情志不遂，肝失疏泄，气机阻滞，横逆乘脾犯胃，脾胃纳运失常，气机郁滞而发胃痛。肝郁日久，可化火生热，邪热犯胃，肝胃郁热，可致胃脘灼热而痛；火热伤阴则胃失濡养而作痛；若肝失疏泄，气机不畅，气滞日久，可深入血分，致血行不畅，血脉凝滞，瘀血内停，胃络受阻，发生胃痛。

19.1.1.4 脾胃虚弱

素体阳气不足，或劳倦过度，或饮食所伤，或过服寒凉药物，或诸邪犯胃，或久病脾胃受损，或肾阳不足，脾胃失于温煦，均可引起脾胃虚弱，中焦虚寒，致使胃失温养作痛。或热病伤阴，或胃热火郁，灼伤胃阴，或久服香燥理气之品，耗伤胃阴，胃失濡养，亦致胃痛。

胃痛的病因较多，上述病因既可单独出现，又可合并出现，单一出现时，病机变化及临床表现比较单纯，合并出现时则比较复杂。

19.1.2 病机

19.1.2.1 基本病机

胃气阻滞，胃失和降，胃的气血瘀滞不通，不通则痛，是胃痛的基本病机。

19.1.2.2 病位

本病病变脏腑关键在胃，肝脾起重要作用，胆肾也与之相关。胃为阳土，喜润恶燥，为五脏六腑之大源，乃多气多血之腑，主受纳腐熟水谷，其气以和降为顺。感受外邪，内伤饮食，情志失调，劳倦过度，皆可伤及胃腑，致胃气失和，气机郁滞，胃脘作痛。脾胃的受纳运化，中焦气机的升降，有赖于肝之疏泄，若肝气不舒，则横逆犯胃而导致胃痛。脾与胃相表里，同居中焦，共奏受纳运化之功，脾气主升，胃气主降，胃之受纳腐熟，赖脾之运化升清，所以胃病常累及脾，脾病常累及胃。但胃为阳土，其病多实，脾属阴土，其病多虚，所以脾气健运与否，在胃痛的发病中也起着重要的作用。胆之通降，有助于脾之运化，胃之和降。胆病失于疏泄，可致肝胃气滞。若胆腑通降失常，腑气不降，逆行入胃，胃气失和，气机不利，则脘腹作痛。肾为胃之关，脾胃之运化腐熟功能正常与否，全赖肾阳之温煦，所以肾阳不足，可致脾阳不振，脾肾阳虚。反之脾胃虚寒，日久必损及肾阳。胃喜润恶燥，肾寓真阴真阳，肾之真阴乃诸阴之本，先天之肾赖后天之胃以滋养，后天之胃靠先天之肾以生化，若肾阴亏耗，肾水不足，不能上济于胃，或胃阴亏损，久则耗伤肾阴，而成胃肾阴亏，阴虚胃络失于濡养而作痛。

19.1.2.3 病理性质

胃痛的病理性质有虚实之别，早期多由外邪、饮食、情志所伤，多为邪实；后期常见脾虚、肾虚等正气亏虚之候；实为寒凝、食积、气滞、火郁、湿阻、血瘀，邪阻胃气而痛，虚为阳虚胃失温养，阴虚胃失濡养而痛。

19.1.2.4 病机转化

胃痛在病变发展过程中，常出现多种病机转化，归纳起来主要有下列几种：一是寒热转化。如寒郁日久可以化热，湿郁日久亦可化热，形成热证或寒热错杂之证。二是气血转化。初病多在气分，日久则深入血分，出现瘀血内停之候，或表现为痛如针刺，或由痰瘀互结，形成癥瘕，或形成吐血、便血。三是虚实转化。本病初期多为实证，寒凝、食积、气滞三者之间可相互影响，如食积可以导致气滞，或酿生湿热；日久则损伤正气，如寒邪可损伤脾阳，热邪可损伤胃阴，由实转虚，形成虚证；脾胃虚弱，或胃阴不足，运化无力，可致痰湿或痰饮内生，或食滞不化，兼夹实象；虚证之间也可发生相互转化，脾胃气虚，化源不足，可导致血虚，出血日久，血虚亦可影响及气而见气虚；气虚日久，伤及于阴，可出现气阴两虚之候；若胃痛经常反复发作，致饮食减少，化源不足，则正气日衰，气血阴阳皆虚，导致形体消瘦，可形成虚劳。

19.2 诊断与鉴别诊断

19.2.1 诊断

19.2.1.1 临床表现

胃脘部疼痛，常伴痞闷或胀满、嗳气、泛酸、嘈杂、恶心、呕吐、纳差等症。

19.2.1.2 病史及发病

发病常与情志不畅、饮食不节、劳累、受寒等因素有关。起病或急或缓，常有反复发作的病史。

19.2.1.3 辅助检查

上消化道X线钡餐造影、纤维胃镜及组织病理活检等，可见胃、十二指肠黏膜炎症、溃疡等病变。大便或呕吐物隐血试验强阳性者，提示并发消化道出血。B超、肝功能、胆道X线造影等有助于鉴别诊断。

19.2.2 鉴别诊断

19.2.2.1 痞满

痞满又称胃痞，与胃痛部位同在心下，但痞满是指心下痞塞，胸膈满闷，触之无形，按之不痛的病证。胃痛以痛为主，痞满以满为患，二者不难区别。

19.2.2.2 真心痛

真心痛为胸痹心痛重证，典型真心痛为当胸而痛，其疼痛部位多在胸骨后或左胸部，其痛多刺痛、剧痛，且痛引肩背，常有气短、汗出等，病情较急，心电图有异常表现。胃痛部位在胃脘，病势不急，多为隐痛、胀痛等，常有反复发作史，心电图无异常，但上消化道造影及纤维胃镜常见异常表现。但因心居胸中，其痛常及心下，故部分真心痛患者可出现胃痛的表现，应高度警惕，防止与胃痛相混。对老年人既往无胃痛病史，而突发胃脘部疼痛者，当做心电图排除真心痛。

19.2.2.3 胁痛

肝气犯胃所致的胃痛常攻撑连胁，应与胁痛鉴别，胃痛以胃脘部疼痛为主，伴有食少、恶心、呕吐、泛酸、嘈杂等。胁痛以胁肋疼痛为主，伴胸闷、喜叹息等。在病位和兼症上有明显差别。

19.2.2.4 腹痛

腹痛与胃痛均为腹部疼痛，但腹痛是以胃脘以下、耻骨毛际以上部位的疼痛为主。据其疼痛部位不难区别。但胃处腹中，与肠相连，有时腹痛可以伴有胃痛症状，胃痛又常兼有腹痛表现，这时应从起病及主要症状、病位加以区分。

19.3 辨证论治

19.3.1 辨证要点

19.3.1.1 辨急缓

凡胃痛暴作者，多因外感寒邪，或恣食生冷，或暴饮暴食，以致寒伤中阳，积滞不化，胃失和降，不通则痛。凡胃痛渐发，常由肝郁气滞，木旺乘土，或脾胃虚弱，土虚木侮，而致肝胃不和，气滞血瘀。

19.3.1.2 辨寒热

寒性凝滞收引，可致气机凝滞而作痛，寒有虚实之别，实证多属寒邪犯胃，多见胃痛暴作，疼痛剧烈而拒按，并有喜暖恶凉，苔白，脉弦紧等特点；脾胃阳虚之虚寒胃痛，多隐隐作痛，喜温喜按，遇冷加剧，四肢不温，舌淡苔薄，脉弱。热结火郁，胃气失和之胃痛，多为灼痛，痛势急迫，伴烦渴喜饮，喜冷恶热，便秘溲赤，舌红苔黄少津，脉弦数。

19.3.1.3 辨虚实

胃痛且胀，大便秘结不通者多属实，痛而不胀，大便溏薄者多属虚；喜凉者多实，喜温者多虚；拒按者多实，喜按者多虚；食后痛甚者多实，饥而痛增者多虚；痛剧固定不移者多实，痛缓无定处者多虚；新病体壮者多实，久病体虚者多虚，脉实者多实，脉虚者多虚。

19.3.1.4 辨气血

初痛在气，久痛在血；在气者胃胀且痛，以胀为主，痛无定处，时痛时止，触之无形；病属血分者，持续刺痛，痛有定处，夜间尤甚，或伴吐血、便血，舌质紫暗。

19.3.1.5 辨脏腑

胃痛主要病变在胃，但由于胃与肝、脾在生理、病理上的相互联系，所以在辨证时应弄清与胃痛相关病变脏腑的关系。病变在肝者，常见肝气犯胃、肝胃郁热之证，一般兼见胸胁胀满，心烦易怒，嗳气频作，发病与情志有关等肝气郁滞的表现。病变在脾者，脾气虚弱，中阳不振，常兼见神疲乏力，大便溏薄，四肢不温，食少纳呆等脾胃虚寒之征象等。另外，有时亦与胆、肾等脏腑有关，当随证辨之。

19.3.2 治疗原则

治法上常以理气、和胃、止痛为基本原则，邪实者以祛邪为急，正虚者以扶正当先，虚实夹杂者又应邪正兼顾。其共同病机为胃的气血瘀滞不通，不通则痛，古有“通则不痛”的治痛大法，但不能把“通”狭义地理解为通下或疏通气机之法，而应从广义的角度去理解和运用，即审证求因，审因论治。实证采有散寒、消食、理气、泄热、化瘀、除湿等法，虚证采用养阴益胃、温阳等法。在审因论治的同时，适当配合辛香理气之品，共奏“通则不痛”之功。但理气药物，应中病即止，不可太过，以免伤津耗气。

19. 3. 3 分型论治

19. 3. 3. 1 寒邪客胃

症状 胃痛暴作，恶寒喜暖，得温痛减，遇寒加重，口淡不渴，或喜热饮。

舌象 苔薄白。

脉象 脉弦紧。

证候分析 患者多有感寒或进食生冷史。感受寒邪，或过食生冷，寒积胃中，寒为阴邪，寒主收引，寒邪内客于胃，则阳气被寒邪所遏而不得舒展，致气机阻滞，故胃痛暴作。寒邪得温则散，遇寒则凝，所以得温痛减，遇寒痛增。胃中无热邪，故口淡不渴。热能胜寒，故喜热饮。苔薄白属寒，脉弦主痛，紧主寒。

治法 温胃散寒，理气止痛。

方药 良附丸。

方中高良姜温胃散寒，香附理气止痛。

加减 1）轻症可用局部温熨，或服生姜红糖汤即可散寒止痛。

2）若寒重者可加吴茱萸、干姜温中散寒。

3）气滞重者可加木香、陈皮理气止痛。

4）若见寒热身痛等表寒证者，加紫苏、生姜，或加香苏散疏风散寒。

5）若兼见胸脘痞闷不食，嗳气呕吐等寒夹食滞者，可加枳壳、神曲、鸡内金、半夏以消食导滞，温胃降逆。

6）若郁久化热，寒热错杂，可用半夏泻心汤，辛开苦降，寒热并调。

19. 3. 3. 2 饮食停滞

症状 胃脘疼痛，胀满拒按，嗳腐吞酸，或呕吐不消化食物，其味腐臭，吐后痛减，不思饮食，大便不爽，得矢气及便后稍舒。

舌象 苔厚腻。

脉象 脉滑。

证候分析 本型多数患者有暴饮多食史。暴饮暴食，饮停食滞，致胃中气机阻塞，故胃脘疼痛，胀满拒按。健运失司，腐熟无权，故不思饮食；谷浊之气不得下行而上逆，所以嗳腐吞酸，吐不消化食物，其味腐臭。吐则宿食上越，矢气或便后则腐浊下排，故吐后痛减，得矢气及便后稍舒。胃与肠相连，胃中饮食停滞，导致肠道传导失常，故大便不爽。苔厚腻为食滞之象，脉滑为宿食之征。

治法 消食导滞，和胃止痛。

方药 保和丸。

方中山楂、神曲、莱菔子消食导滞，健胃下气；半夏、陈皮、茯苓健脾和胃，化湿理气；连翘散结清热，共奏消食和胃之效。

加减 1）若脘腹胀满较甚者，可加枳壳、厚朴、槟榔行气消滞。

2）若食积化热者，可加黄芩、黄连清热泻火，或辨证选用枳实导滞丸、木香槟榔丸等。

3）若服上药不效，脘腹胀满而大便秘结者，可合用小承气汤。

4）食积日久，损伤脾胃，兼见脾胃虚弱之象者，酌加香砂六君子汤等健脾之剂。

19.3.3.3 肝气犯胃

症状 胃脘胀满，攻撑作痛，脘痛连胁，胸闷嗳气，喜长叹息，大便不畅，得嗳气、矢气则舒，遇烦恼郁怒则痛作或痛甚。

舌象 苔薄白。

脉象 脉弦。

证候分析 本型多有情志不遂，或精神刺激的病史。肝主疏泄，性喜条达，若情志不舒，肝气郁结不得疏泄，则横逆犯胃，致胃气不和，胃脘胀满疼痛。两胁为肝经分布之处，而气多走窜游移，故疼痛攻撑连胁。肝气犯胃，胃失和降，故嗳气。肝气郁滞，肠道传导失常，故大便不畅。嗳气矢气后滞气暂得疏通，故痛减而舒。如情志不遂，则肝郁更甚，气结复加，故每因情志而痛作或加重。胸闷，喜长叹息，为肝郁气滞之象。病在气分而湿浊不甚，故苔多薄白。病在里而属肝主痛，故见脉弦。

治法 疏肝理气，和胃止痛。

方药 柴胡疏肝散。

方中柴胡、白芍药、川芎、香附疏肝解郁，陈皮、枳壳、甘草理气和中，共奏疏肝理气，和胃止痛之效。

加减 1）若胀重可加青皮、郁金、木香助理气解郁之功。

2）若痛甚者可加川楝子、延胡索理气止痛。

3）嗳气频作者，可加半夏、旋覆花、代赭石，亦可用沉香降气散降气解郁。方中沉香、香附降气，砂仁、甘草和胃，再加白蒺藜、广郁金、绿萼梅、降香以增强泄肝理气之功。

4）本型日久常发生病机转化，临床需根据病机转化随证加减，如肝郁化火，胃部灼热，嘈杂泛酸者，加牡丹皮、栀子、乌贼骨、黄连以清肝胃之热。伤阴明显，加沙参、麦冬、石斛、玉竹等，此时理气忌过用辛燥，以防加重阴虚。气滞日久而见血瘀之象者，可加入丹参、五灵脂等。肝气乘脾而出现脾虚者，加太子参、白术、茯苓。

另外还可选用越鞠丸、金铃子散等。

19.3.3.4 肝胃郁热

症状 胃脘灼痛，痛势急迫，心烦易怒，泛酸嘈杂，口干口苦。

舌象 舌红苔黄。

脉象 脉弦数。

证候分析 肝气郁结，日久化热，邪热犯胃，故胃脘灼痛，痛势急迫。肝胃郁热，逆而上冲，故泛酸嘈杂。肝火内盛，故烦躁易怒。肝胆互为表里，肝热夹胆火上乘，故口苦口干。舌红苔黄为里热之象，脉见弦数，乃肝胃郁热之征。

治法　疏肝理气，泄热和胃。

方药　丹栀逍遥散合左金丸。

前方用柴胡、当归、白芍药解郁柔肝止痛，牡丹皮、栀子清泄肝热，白术、茯苓、甘草和中健胃。左金丸以黄连清泄胃火，以吴茱萸辛散肝郁。

加减　1）泛酸嘈杂明显，可加乌贼骨、浙贝母。

2）肝体阴而用阳，阴常不足，阳常有余，郁久化热，易伤肝阴，此时应忌刚用柔，慎用过分香燥之品，常选用当归、白芍药以养血柔肝，用香橼、佛手、绿萼梅、厚朴花等理气而不伤阴的解郁止痛药。

3）若火热内盛，灼伤胃络，而见吐血、便血，乃肝胃郁热，迫血妄行，可用《金匮要略》泻心汤，药用大黄、黄芩、黄连苦寒泄热，直折其火，使火降气顺，出血自止，也可加入白芨、三七粉等以加强止血之性。

本型还可辨证选用化肝煎、滋水清肝饮等。

19.3.3.5　瘀血停滞

症状　胃脘疼痛，痛如针刺或刀割，痛有定处，按之痛甚，痛时持久，食后加剧，入夜尤甚，或见吐血、黑便。

舌象　舌质紫暗或有瘀点瘀斑。

脉象　脉涩。

证候分析　气为血帅，血随气行，气滞日久，则导致瘀血内停，由于瘀血有形，故痛有定处而拒按。瘀停之处，脉络壅塞而不通，故痛如针刺或刀割。按压或进食则触动其瘀，故按之痛甚，食后加剧。血属于阴，故入夜尤甚。瘀血阻滞，血行不畅，溢于脉外，随胃气上逆则呕血，随肠道下行则便黑，或呕血与便黑同时并见。瘀血停滞，血脉不畅，故舌质紫暗或有瘀点瘀斑。血瘀则血行不畅，故脉来艰滞而涩。

治法　活血化瘀，和胃止痛。

方药　失笑散合丹参饮。

方中五灵脂、蒲黄、丹参活血散瘀止痛，檀香、砂仁行气和胃。

加减　1）痛甚可酌加延胡索、三棱、莪术，并可加理气之品，如枳壳、木香、郁金。

2）若伴吐血、黑便时，当辨寒热虚实，并参考血证有关内容辨证论治。

3）瘀血阻滞日久，旧血不去，新血不生，或因出血过多，出现血虚之象时，可选用调营敛肝饮加减，方中当归、白芍药、阿胶养血止血，木香、川芎理气活血，枸杞子、五味子、酸枣仁、茯神柔肝敛肝。

4）心脾两虚，症见心悸少气，多梦少寐，体倦纳差，唇白舌淡，脉虚弱者，可用归脾汤以健脾养心，益气养血。

19.3.3.6 湿热中阻

症状 胃脘疼痛，嘈杂灼热，口干口苦，渴不欲饮，头重如裹，身重肢倦，纳呆恶心，小便色黄，大便不畅。

舌象 舌苔黄腻。

脉象 脉滑数。

证候分析 饮食不节，酿生湿热，或感受湿热之邪，致湿热阻滞中焦脾胃，胃气不和，故胃脘疼痛，嘈杂灼热，纳呆恶心。湿热上犯，故口干口苦。湿热阻滞，津不上承，故渴不欲饮。湿性重浊，故头重如裹，身重肢倦。湿热移于下焦，膀胱气化不利，故小便色黄。湿热阻滞气机，大肠传导失常，故大便不畅。

治法 清热化湿，理气和胃。

方药 清中汤。

方中黄连、栀子清热化湿，茯苓、白豆蔻健脾祛湿，陈皮、半夏、甘草理气和胃。

加减 1）热偏盛者，加黄芩、蒲公英。

2）热盛便秘者，加大黄、枳实。

3）湿偏盛者，加薏苡仁、佩兰、荷叶、藿香。

4）气滞腹胀者加厚朴、大腹皮。

5）若寒热互结，干噫食臭，心下痞硬，可用半夏泻心汤。

另外尚可辨证选用温胆汤、三仁汤、王氏连朴饮等。

19.3.3.7 胃阴亏虚

症状 胃脘隐隐灼痛，似饥而不欲食，口燥咽干，五心烦热，消瘦乏力，大便干结。

舌象 舌红少津。

脉象 脉细数。

证候分析 胃痛日久，郁热伤阴，或过用温燥药物，损伤胃阴，胃失温养，故见胃痛隐隐。胃阴虚不能受谷，故似饥而不欲食。阴虚津少，无以上承，则口燥咽干。阴虚液耗，无以下溉，肠道失润则大便干结。舌红少津，为阴虚液耗之象。五心烦热，脉象细数，乃阴虚内热之证。

治法 滋阴益胃，和中止痛。

方药 一贯煎合芍药甘草汤加减。

方中沙参、麦冬、生地黄、枸杞子养阴益胃，当归、川楝子柔肝理气，芍药、甘草和中缓急止痛。生地黄偏于滋腻，用药不宜过大，或与砂仁同用，应酌加石斛、玉竹、百合等滋养胃阴之品。

加减 1）若痛甚者可加香橼、佛手、绿萼梅等理气而不伤阴的药物。

2）若脘腹灼痛，嘈杂泛酸，可酌加左金丸。

3）若胃热偏盛，可加生石膏、知母、玉竹、芦根清胃泄热，或用清胃散。

4）便秘明显，加火麻仁、郁李仁，甚则可暂用大黄。

5）若日久肝肾阴虚，可加山萸肉滋补肝肾。

6）兼气虚，加太子参、茯苓、白术、甘草益气健脾。

本型还可选用益胃汤、玉女煎等。

19.3.3.8 脾胃虚寒

症状　胃痛隐隐，绵绵不休，喜温喜按，空腹痛甚，得食则缓，劳累或受凉后发作或加重，泛吐清水，神疲纳呆，四肢倦怠，手足不温，大便溏薄。

舌象　舌淡苔白。

脉象　脉虚弱或迟缓。

证候分析　多种原因损伤脾胃之阳气，脾胃虚寒，病属正虚，故胃痛隐隐，绵绵不休。寒得温而散，气得按而行，所以喜温喜按。胃虚得食，则产热助正以抗邪，所以进食痛止。劳则耗气，气得寒则凝，故劳累或受凉后发作。脾虚中寒，水不运化而上逆，故泛吐清水。脾胃虚寒，则受纳运化失常，故纳差。脾主肌肉而健运四旁，中阳不振，运化无权，肌肉筋脉失其温养，所以疲乏无力，四肢倦怠，手足不温。脾虚生湿下渗肠间，故大便溏薄。舌淡苔白，脉虚弱或迟缓，皆为脾胃虚寒、中气不足之象。

治法　温中健脾，和胃止痛。

方药　黄芪建中汤。

方中黄芪补中益气，小建中汤温脾散寒，和中止痛。

加减　1）泛吐清水较重者，可加干姜、吴茱萸、半夏温胃化饮。

2）泛酸嘈杂者，加左金丸。

3）如寒盛者可用大建中汤，或附子理中丸温中散寒。

4）若脾虚湿盛者，可合二陈汤。

5）若兼见腰膝酸软，头晕目眩，形寒肢冷等肾阳虚证者，可加附子、肉桂、巴戟天、仙茅，或合用肾气丸、右归丸之类助肾阳以温脾和胃。

还可选用吴茱萸汤、厚朴温中汤等。

19.4 预防与调护

对胃脘痛患者要重视精神与饮食起居方面的调摄，保持精神愉快，性格开朗；劳逸结合；切忌暴饮暴食，或饥饱无常，热证忌过食辛辣醇酒厚味，寒证忌过食生冷，饮食以少食多餐，清淡易消化为原则；虚寒胃痛，需注意避免感受寒邪，以免加重病情。

附 录

1. 病案举例

1）刘某，女，72 岁，退休职工。患者有胃病史 50 余年，平素饥饿时胃脘隐隐作痛，遇寒或劳累时则胃脘痛加重，稍食则痛轻，喜温喜按，常服温中健脾中药治疗。1985 年 7 月 5 日曾在某省中医院作纤维胃镜检查，诊断为慢性萎缩性胃炎伴肠上皮化生（+++）。患者就诊前已胃部凉痛持续 4 天，因胃脘痛加重 3 小时不能缓解而来院求治。症见胃脘疼痛，喜温热饮食，手揉按胃部则痛缓，倦怠乏力，纳食减少，舌淡红，苔薄白，脉沉细弦。中医辨证为脾胃虚弱，寒凝气滞。治以益气温阳，散寒止痛。予温中止痛口服液 20ml 温服（温中止痛口服液由黄芪 15g，桂枝 10g，白芍药 15g，炙甘草 10g，高良姜 5g，香附 10g，制成口服液 40ml）。药后 10 分钟胃脘痛开始减轻，药后 25 分钟胃脘痛消失，但 4 小时后胃脘疼痛又作，再予温中止痛口服液 20ml 温服，服药后 10 分钟疼痛消失。2 天后胃部又隐隐作痛，第 3 次予温中止痛口服液 20ml 温服，胃脘痛消失，观察 1 周，胃脘痛未复发。

按语：此案为急症胃脘痛，患者年迈体弱，胃脘痛反复发作 50 余年，常感体乏无力，稍劳或遇寒则胃痛发作，说明患者有脾胃虚弱，脾阳不振，虚寒内生之象。脾胃为后天之本，患者后天失养，素体脾胃虚弱，故易受寒邪、饮食及肝气所伤，内外合邪，每致胃痛缠绵难愈，反复发作。中阳虚寒、胃络失于温养，气机阻滞，且纳运迟缓，故胃部发凉隐隐作痛，饮食减少。虚者其痛时作时止，喜按；寒者喜温，得热食痛轻。脾胃虚寒，中阳不足，机体失养则倦怠乏力，舌质淡，苔薄白，脉沉细，为中虚有寒，脾阳不振之征象。方中黄芪、炙甘草益气健脾，桂枝温通阳气，高良姜温胃散寒，芍药配甘草缓急止痛，香附疏肝止痛，六味配合，共奏益气温阳，疏肝和胃，理气止痛之功。此方为治疗胃脘痛虚寒证的常用方，以小建中汤合良附丸为基础方，随证加减，临床用治慢性胃炎和消化性溃疡，疗效颇佳 。

（《急症胃痛症治·脾胃虚寒证》）

2）高鼓峰治一妇人，胃痛，勺水不入，寒热往来，或从火治，用芩连栀柏，或从寒治，用姜桂茱萸，辗转月余，形体羸瘦，六脉弦数，几于毙矣。高曰：此肝痛也，非胃脘也。其病起于郁结生火，阴血受伤，肝肾枯干，燥迫成痛（色欲之人，尤多此病）。医复投以苦寒辛热之剂，胃脘重伤，其能瘳乎？急以滋肾生肝饮与之。一昼夜尽三大剂，五鼓熟寐，次日痛定。再用加味归脾汤加麦冬、五味子，十余剂而愈。

按语：此病，外间多用四磨、五香、六郁、逍遥，新病亦效，久服则杀人矣。又用肉桂亦效，以木得桂而枯也，屡发屡服则肝血燥竭。少壮者多成劳，衰弱者多发厥而死，不可不知。

（《续名医类案》）

2. 古文献选录

《类证治裁·胃脘痛论治》："治法须分新久，初痛在经，久痛入络，经主气，络主血也。初痛宜温散以行气，久痛则血络亦痹，必辛通以和营，未可概以香燥例治也。其因胃阳衰而脘痛者，食入不运，当辛甘理阳，香砂六君汤加桂枝、良姜；因肝乘胃而脘痛者，气冲胁胀，当辛酸制木，吴萸、白芍、青皮、木瓜、厚朴、延胡、金橘；因肾寒厥逆而脘痛者，吐沫呕涎，当辛温泄浊，吴茱萸汤；因烦劳伤气而脘痛者，得食稍缓，甘温和中，小建中汤；因客寒犯膈而猝痛者，呕逆不食，当温中散寒，大建中汤加白蔻仁；积寒致痛，绵绵不绝，无增无减，当辛热通阳，术附汤加厚朴、草寇；火郁致痛，发则连日，脉必弦数，当苦辛泄热，姜汁炒黄连、山栀，泻火为君，香附、川芎、陈皮、枳壳，开郁为臣，反佐炮姜从治为使；痰积脘痛，必呕恶，清中汤加海石、南星、香附；停饮脘痛，必吞酸，胃苓汤、左金丸；食滞脘痛，必嗳腐，香砂枳术丸加半夏曲；气郁脘痛，必攻刺胀满，沉香降气散；伤力脘痛，必瘀血停留，郁金、归尾、桃仁、苏木或手拈散；怒气脘痛，必呃逆胸痞，半夏泻心汤；蛔动脘痛，必有休止，安蛔丸；痛久不愈，必入血络，归须、桃仁、延胡、紫降香，或失笑散效；若痛而肢冷，脉微欲绝，桂心煎服甚效。凡痛有虚实，按之痛止者为虚，按之痛反甚者为实。虚者参术散，实者栀萸丸。痛甚者，脉或伏，用药不宜守补，参、芪、术、地之属，以痛则不通，通则不痛故也。若膈间肿痛，不能进食，但喜水饮，或咽肿，人迎盛而气口紧者，当作胃脘痛治。"

3. 研究进展

郭氏对 700 例慢性胃脘痛病因进行调查分析，将本病分为中虚气滞、肝胃气滞、胃阴不足三大主证，分别占 56.3%、34%、9.7%。30～50 岁居多，男性多于女性；病程肝胃气滞证以小于 5 年者居多，中虚气滞证以 5～20 年者为多，胃阴不足证以 5～40 年者居多；体力劳动者明显多于脑力劳动者，其中浅表性胃炎最多，萎缩性胃炎次之。饮食不当是病因调查统计之最，且以食无定时最多；情志因素是病因的第二位，劳累过度是病因的第三位。另外还与寒冷、长期使用化学药物等有关。其中 31.5% 的胃脘痛患者兼杂他病，并以肝胆疾患者最多［江苏中医，1992，(2)：9］。

全国中医急症胃痛协作组对 2262 例急症胃痛进行了临床观察，其中虚寒证 700 例，治疗组 570 例，用温中止痛口服液（黄芪、桂枝、白芍药、炙甘草、高良姜、香附）治疗，对照组 130 例，结果总有效率分别为 91.05% 和 78.46%；气虚证 682 例，治疗组 571 例，用理气止痛口服液（醋柴胡、炒白芍药、炙甘草、炒枳壳、炒川楝等）治疗，对照组 111 例，总有效率分别为 87.04% 和 75.68%；湿热证 673 例，治疗组 569 例，用清化止痛口服液（全瓜蒌、黄连、半夏、厚朴等）治疗，对照组 104 例，总有效率分别为 85.76% 和 74.04%；阴虚证 103 例，治疗组 69 例，用益胃止痛口服液（北沙参、麦门冬、玉竹、木香、香橼）治疗，对照组34例，总有效率分别为85.51%和73.53%；瘀血证104例，70例用活血止痛口服液（丹参、蒲黄、五灵脂、檀香、大黄等）治疗，对照组34例，总有效率分别为81.43%和76.47%［中国医药学报，1988，（2）：22~24］。任氏用胃安汤加减治疗本病110例，基本方为柴胡、白术、炒枣仁、茯苓各20g，黄芩、川芎各15g，半夏、川厚朴、陈皮、枳壳各10g，焦三仙30g。痛甚加木香、延胡索；嗳气频加沉香面；胃脘灼痛、泛酸嘈杂加牡丹皮、栀子。对照组30例用气滞胃痛冲剂，均30日为1个疗程，用2个疗程。结果两组总有效率分别为91.8%、70%（$P<0.01$）［北京中医，1997，（2）：24］。王氏用胃痛灵治疗消化性溃疡465例。胃痛灵组成：人参茎叶皂苷500g，蜂胶1000g，糊精适量，淀粉适量，制成0.5g/粒。每次1.5g，每日3次，1个月为1疗程。治疗后痊愈154例，占33.12%；显效132例，占28.39%；好转144例，占30.97%；无效35例，占7.52%；总有效率为92.48%。其中随机抽取70例与西咪替丁对照无明显差异［中国医药学报，1990，5（4）：45］。田氏报告中医药抗消化性溃疡复发的研究，选择68例消化性溃疡愈合后的患者，分为4个基本证型分别治疗。胃气壅滞型：汤剂用苏梗、香附、陈皮、枳壳、大腹皮、香橼皮、佛手等，中成药用实痞通；肝郁气滞型：汤剂用柴胡、白芍药、枳壳、炙甘草、陈皮、香附、川芎等，中成药用气滞胃痛冲剂；脾胃气虚型：汤剂用黄芪、党参、白术、当归、甘草、生姜、大枣等，中成药用人参归脾丸；胆胃火盛型：汤剂用马尾连、吴茱萸、陈皮、半夏、茯苓、枳实、竹茹等，中成药用加味左金丸。随访2~4年，结果发现只有9例复发，复发时间最短3个月，最长3年半，总复发率为12.9%，且没有发生1例溃疡恶变［中医杂志，1992，33（8）：33］。任氏等用利复康胶囊治疗痰瘀胃痛100例，结果临床治愈81例，有效15例，总有效率96%，与对照组相比差异显著。实验证实本药能增加胃黏膜血流量，减少胃内胆酸和胃酸，抑制幽门螺旋杆菌，能抵抗胃黏膜的损伤，促进溃疡的愈合，保护胃黏膜［中国中西医结合脾胃杂志，1997，5（3）：151~153］。

慢性萎缩性胃炎（CAG）也是临床常见疾病，现代医学对本病尚缺乏有效的治疗方法和药物，近年来，中医对CAG开展了大量的工作，无论在病因病机、辨证分型及治则治法、辨证论治方面都有较大的进展。在临床治疗方面，有以固定方药治疗本病者，多制成丸、散、片、冲剂等较方便的剂型服用。如李氏等用胃元丹（主要由当归、白芍药、川芎、黄连、蒲公英、三七、枳实等组成）治疗萎缩性胃炎375例，治疗1个疗程（3个月）后，治愈率为14.13%，总有效率为84.27%，疗效高于对照组。疗程越长，疗效越高，2~4个疗程治愈率达到30.93%，总有效率达到98.40%，认为胃元丹从多方面改变机体内环境及胃内微环境，使病变组织恢复正常［山东中医学院学报，1993，17（5）：25］。也有以专方为主随证加味，分证型加味治疗CAG者，如马氏等以胃友汤剂（由黄芪30g，肉桂10g，吴茱萸10g，枳壳10g，片姜黄10g，川芎10g，红花10g，桃仁10g，丹参30g，三棱10g，莪术10g，甘草6g组成）为主方随证加味治疗慢性萎缩性胃炎 910 例，伴有肠上皮化生者加水蛭 10g，或乌梢蛇 8g；伴胃黏膜粗糙不平，隆起结节或痘疹性胃炎者加炮山甲 10g，王不留行 15g，海藻 15g；伴有胃溃疡或十二指肠球部溃疡者加白芷 10g、白芨 14g，姜半夏 10g，蒲公英 10g；伴有胃黏膜脱垂者加党参 10g，枳实 l0g，炮山甲 10g，王不留行 15g，水蛭 10g；胃酸多加二陈汤，胃酸少或无酸者加木瓜、乌梅、山楂；胃炎加山楂、沙参、乌梅等养阴酸敛药。对伴有胆汁反流，胃出血者分别给予自制胃炎片、止血粉等药物。服药时间依病情而定。轻度萎缩性胃炎伴轻度肠上皮化生，或慢性浅表性胃炎伴轻度肠上皮化生者服 50～60 剂；中度萎缩性胃炎伴肠上皮化生，或中度肠上皮化生者服 60～90 剂；重度萎缩性胃炎伴肠上皮化生，或重度肠上皮化生，腺体不典型增生者服 90～120 剂。结果获基本治愈 637 例（70%），好转 245 例（26.9%），无效 28 例（3.1%）；总有效率为 96.9%。他们认为 CAG 基本证型属虚寒夹瘀，治疗的关健是活血化瘀［中医杂志，1989，30（9）：32］。也有辨证分型专方治疗本病者，陈氏等对 300 例慢性萎缩性胃炎的治疗，采取了临床辨证和胃黏膜相微观辨证相结合的方法，将本病分为 7 个证型即脾胃虚弱型、脾虚胃热型、肝胃不和型、胃阴不足型、脾胃湿热型、瘀血内阻型、痰浊中阻型。治疗结果：症状疗效：显效 239 例占 79.66%，有效 54 例占 18%，无效 6 例占 2%，癌变 1 例占 0.33%。总有效率为 97.66%。胃镜疗效：治疗后复查 100 例，其中显效 49 例，有效 30 例，无效 20 例，恶化癌变 1 例，总有效率为 79%［北京中医杂志，1990，（1）：27］。

詹氏对胃黏膜相进行微观辨证分型探讨，对 2000 例患者进行了观察，将胃黏膜分为胃寒型、胃热型、胃络瘀滞型、胃络灼伤型等。并认为，胃寒型黏膜及胃热型黏膜占多数，均以黏膜慢性炎症为最多，其次为黏膜肠腺化生，胃络瘀滞与胃络灼伤型黏膜均以黏膜肠腺化生为主，胃络瘀滞型黏膜的不典型增生明显高于其他组；脾胃虚弱多见于胃寒型黏膜；胃阴不足以胃热型黏膜多见；肝胃气滞以胃热型和胃络瘀滞型黏膜多见［中医杂志，1989，（4）：37～40］。

复习思考题

1. 胃痛的主症及伴随症状分别是什么？其病因病机如何？常见病机转化有哪些？
2. 为什么说胃痛的发生与肝、脾、胆、肾有关？
3. 胃痛与真心痛、胁痛、腹痛如何鉴别？
4. 胃痛虚实、寒热、气血的辨证要点是什么？
5. 胃痛治则治法如何？如何理解“通”法？
6. 试述胃痛常见证型的症状、治法及方药。
7. 胃痛的预防与调护应注意什么？

（张润顺）

20

呕　吐

目的要求

1. 了解呕吐是较常见的病证，及其大体范围、调摄护理及研究进展。
2. 熟悉呕吐的病因病机、诊断及辨证要点。
3. 掌握呕吐治疗原则及常见证型的证治。

呕吐系因胃失和降，胃气上逆，临床以胃内容物经口吐出为主要表现的病证。

一般以有物有声谓之呕，有物无声谓之吐，无物有声谓之干呕。呕与吐常同时发生，很难截然分开，故并称为呕吐。干呕与两者虽有区别，但在辨证论治上大致相同。

《内经》对呕吐的病因论述颇详，阐述了外感六淫皆可引起呕吐，并与饮食停滞有关，对肝、胆、脾在呕吐发生中的作用等都有论述，奠定了本病的理论基础。仲景对呕吐的脉因证治阐发甚详，创立了许多至今行之有效的方剂，且指出呕吐有时是机体排除胃中有害物质的反应，提出这类呕吐不可止呕，邪去则呕吐自止。后世医家对呕吐从虚实论治，在治法上使用和胃降逆方药的同时，亦重视治肝、治肾等，使得对本病的理、法、方、药认识进一步完善。

呕吐是临床上的常见症状，可以出现于多种疾病中，尤其是胃肠疾病。现代医学的急性胃炎、神经性呕吐、胃黏膜脱垂症、贲门痉挛、幽门痉挛、幽门梗阻、十二指肠壅积症、肠梗阻、肝炎、胰腺炎、胆囊炎、尿毒症、颅脑疾病以及一些急性传染病等，当以呕吐为主要表现时，可参考本章辨证论治。

20.1 病因病机

20.1.1 病因

20.1.1.1 外邪犯胃

感受风寒暑湿燥火六淫之邪，或秽浊之气，邪犯胃腑，气机不利，胃失和降，水谷随逆气上出，则发生呕吐。然外邪之中，以寒邪所致者居多。

20.1.1.2 饮食不节

暴饮暴食，或温凉失宜，或过食肥甘、醇酒辛辣，或误食不洁之物，伤胃滞脾，食滞内停，胃失和降，胃气上逆，则发生呕吐。饮食不节日久，重伤脾胃，脾虚胃逆而发生呕吐。

20.1.1.3 情志失调

郁怒伤肝，肝失条达，横逆犯胃，肝胃不和，胃失和降则呕吐。或忧思伤脾，脾失健运，食停难化，胃失和降，亦可致呕。若脾胃素弱，偶因恼怒，食随气逆则致呕吐。

20.1.1.4 脾胃虚弱

素体脾胃虚弱，或病后体虚，或劳倦过度，耗伤中气，胃虚不能盛受水谷，脾虚不能化生精微，痰饮停积胃中，胃失和降，则上逆成呕。脾阳不振，中焦虚寒，胃失温养，胃气上逆而呕吐。过用温燥，或热病伤阴，或久呕不愈，以致胃阴不足，胃失濡养，不能润降，亦可成呕吐。

可见，呕吐的病因是多方面的，外感六淫，内伤饮食，情志不调，脾胃虚弱均可致胃气上逆而发生呕吐，且常相互影响，兼杂致病，如气滞可以导致食停，脾虚可以合并食积等。

20.1.2 病机

20.1.2.1 基本病机

发生呕吐的基本病机在于胃失和降，胃气上逆。呕吐的病机无外乎虚实两大类，实者由外邪、饮食、痰饮、郁气等邪气犯胃，致胃失和降，胃气上逆而发；虚者由气虚、阳虚、阴虚等正气不足，使胃失温养、濡润，胃虚不降所致。

20.1.2.2 病位

呕吐病位主要在胃，与肝脾有关，亦可涉及胆腑。胃居中焦，主受纳腐熟水谷，其气以降为顺。外邪、饮食、情志、脏腑失和，干于胃腑，导致胃失和降，均可发为呕吐，所以呕吐病位在胃。胃气之和降，有赖于脾气的升清运化以及肝气的疏泄条达，若脾失健运，则胃气失和，升降失职；肝失疏泄，则气机逆乱，胃失和降，均可致呕。另外，胆与肝相表里，胆气亦主降，胆腑的功能正常，对脾的运化及胃的和降均有很重要的调节作用，因此，若胆气上逆，亦可导致胃气上逆而发生呕吐。

20.1.2.3 病理性质

呕吐有虚实之别，实者由于邪气干胃，胃失和降；虚者由于胃虚气逆，胃失和降。

20.1.2.4 病机转化

一是寒热转化，寒呕日久，可郁而化热，形成热呕；热呕日久，或过用寒凉，阳气受伤，则转为寒呕。二是虚实转化，初病暴呕，多属于实证；呕吐日久，损伤脾胃，中气不足，则由实转虚，如气滞、食积日久，可以损伤脾胃，导致脾胃虚弱；若脾胃素虚，或酿生痰饮，或复为饮食所伤，形成食滞，因虚致实，可出现虚实夹杂之证。

20.2 诊断与鉴别诊断

20.2.1 诊断

20.2.1.1 临床表现

呕吐食物残渣，或清水痰涎，或黄绿色液体，甚则兼夹少许血丝，一日数次不等，持续或反复发作。常兼有脘腹不适、恶心纳呆、泛酸嘈杂等症状。多有感受外邪、饮食不节、劳倦过度及情志刺激等诱发因素，或有服用化学药物、误食毒物史等。体检可见上腹部压痛或振水声，肠鸣音增强或减弱。

20.2.1.2 辅助检查

胃肠X线检查及内镜检查可明确病变部位及性质。检查肝、肾功能，电解质，血气分析，B超探查肝、胆、胰等有助于明确病因及鉴别诊断。

20.2.2 鉴别诊断

20.2.2.1 反胃

反胃亦属胃部病变，系胃失和降、气逆于上而成，也有呕吐的临床表现，所以广义地讲，可属呕吐范畴，但因又有其特殊的表现和病机，因此又当与呕吐相区别。反胃多系脾胃虚寒，胃中无火，难于腐熟，食入不化所致，表现为食饮入胃，滞停胃中，良久尽吐而出，吐后转舒，古人称“朝食暮吐，暮食朝吐”。而呕吐是因邪气干胃，或胃虚不降所致，一般吐无定时，实者食入即吐，或不食亦吐，虚者时吐时止，或干呕恶心，多吐出当日之食。

20.2.2.2 噎膈

噎膈虽有呕吐症状，但以进食梗阻不畅，或食不得入，或食入即吐为主要表现，是指咽食不能入胃，随即吐出。呕吐病在胃，噎膈在食道。呕吐一般病程较短，病情较轻，多能治愈，预后良好。噎膈伴有食入即吐时，则病情较重，病程较长，治疗困难，预后不良。

20.3 辨证论治

20.3.1 辨证要点

20.3.1.1 辨虚实

实证呕吐，多因外邪、饮食、七情等因素，病邪犯胃所致，发病急骤，病程较短，呕吐量多，呕吐物多酸腐臭秽，或伴有表证，脉实有力。虚证呕吐，常为脾胃虚寒、胃阴不足致胃虚不降而成，起病缓慢，病程较长，呕而无力，时作时止，吐物不多，酸臭不甚，常伴有精神委靡，倦怠乏力，脉弱无力。

20.3.1.2 辨呕吐物

呕吐物的性质常反映病变的寒热虚实、病变脏腑等，所以临证时应仔细询问并亲自观察呕吐物。如酸腐难闻，多为食积内腐；黄水味苦，多为胆热犯胃；酸水绿水，多为肝气犯胃；痰浊涎沫，多为痰饮中阻；泛吐清水，多属胃中虚寒，或有虫积；黏沫量少，多属胃阴不足。

20.3.1.3 辨可吐与止呕

呕吐一证，多为病理反应，一般可用止呕法。但呕吐也是机体的保护性反应，不可见呕止呕。有的呕吐，如胃有痈脓、痰饮、食滞、毒物等有害之物时，是去邪的表现，邪去则呕吐自止，甚至当呕吐不畅时，尚可用吐法，不可见呕止呕，以免留邪。

20.3.1.4 辨可下与禁下

呕吐之病一般不宜用下法，病在胃不宜攻肠，以免引邪内陷，且呕吐尚能排除积食、败脓等，若属虚者更不宜下，兼表证下之亦误。然而并非是绝对的，若确属胃肠实热，大便秘结，腑气不通，而致浊气上逆，气逆作呕者，可用下法，通其便，折其逆，使浊气下行，呕吐自止。可见呕吐原则上禁下，但在辨证上有灵活性，应审因论治。

20.3.2 治疗原则

治疗以和胃降逆为本。但应分虚实辨证论治，在审因论治的基础之上，辅以和胃降逆之品，则胃气自和，呕吐即止。实者重在祛邪，分别施以解表、消食、化痰、理气之法，辅以和胃降逆之品；虚者重在扶正，分别施以益气、温阳、养阴之法，辅以降逆止呕之药。

20.3.3 分型论治

20.3.3.1 外邪犯胃

症状 突然呕吐，起病较急。常伴有发热恶寒，头身疼痛，胸脘满闷，不思饮食。

舌象 舌苔白或白腻。

脉象 脉濡缓。

证候分析 外受风寒之邪，或夏令暑湿秽浊之气，内扰胃腑，浊气上逆，故突然呕吐。邪犯肌表，营卫失和，故发热恶寒，头身疼痛。湿浊中阻，气机不利，故不思饮食，胸脘满闷。苔白或白腻，脉濡缓，皆是湿浊中阻之征。

治法 解表疏邪，和胃降逆。

方药 藿香正气散。

方中藿香、紫苏、白芷芳香化浊，疏解表邪；大腹皮、厚朴理气除满；白术、茯苓、甘草健脾化湿；陈皮、半夏和胃降逆，共奏疏解表邪，和胃止呕之功。

加减 1）风寒偏重，寒热无汗，可加荆芥、防风以疏风散寒。

2）风热犯胃，头痛身热，可用银翘散去桔梗之升提，加橘皮、竹茹清热和胃。

3）暑湿犯胃，身热汗出不畅，可用新加香薷饮解暑化湿。

4）如秽浊之邪犯胃，呕吐甚剧，可吞服玉枢丹辟秽止呕。

5）若兼食滞，脘闷腹胀，嗳腐吞酸，加神曲、鸡内金、莱菔子以消积导滞。

6）若暑热犯胃，壮热口渴，可用黄连解毒汤。

20.3.3.2 饮食停滞

症状 呕吐酸腐，脘腹胀满，嗳气厌食，得食愈甚，吐后反快，大便或溏或结，气味臭秽。

舌象 苔厚腻。

脉象 脉滑实。

证候分析 食滞内阻，浊气上逆，故呕吐酸腐。食滞中焦，气机不利，故脘腹胀满，嗳气厌食。内有食积，故得食愈甚。吐后食滞减少，故吐后反快。食滞于中，升降失常，传导失司，则大便异常。苔厚腻，脉滑实，为食滞内停之候。

治法　消食化滞，和胃降逆。

方药　保和丸。

方中神曲、山楂、莱菔子消食化滞，陈皮、半夏、茯苓和胃降逆，连翘清热散结。

加减　1）若食已即吐，口臭干渴，为胃中积热上冲，可用竹茹汤清胃降逆。

2）若因误食不洁、酸腐馊物，而见腹中疼痛，欲吐不得者，可因势利导，用烧盐方或瓜蒂散探吐祛邪。

3）若积滞化热，腹胀便秘，可用小承气汤通腑泄热，使浊气下行，呕吐自止，亦可选用枳实导滞丸。

20.3.3.3　痰饮内停

症状　呕吐多为清水痰涎，胸脘痞闷，不思饮食，头眩心悸，或呕而肠鸣有声。

舌象　苔白腻。

脉象　脉滑。

证候分析　脾失运化，痰饮内生，停于中焦，致胃失和降，则胸脘痞闷，不思饮食，呕吐清水痰涎。痰饮内动则肠鸣有声。水饮上犯，清阳之气不展，故头眩。水气凌心则心悸。苔白腻，脉滑，为痰饮内停之征。

治法　温化痰饮，和胃降逆。

方药　小半夏汤合苓桂术甘汤。

方中生姜、半夏和胃降逆，茯苓、桂枝、白术、甘草温脾化饮。

加减　1）气滞腹痛者，可加厚朴、枳壳行气除满。

2）若脾气受困，烦闷不食，可加砂仁、白豆蔻、苍术开胃醒脾。

3）若痰浊蒙蔽清阳，头晕目眩，可用半夏白术天麻汤。

4）若痰郁化热，烦闷口苦，可用黄连温胆汤清热化痰。

本型还可辨证选用二陈汤、甘遂半夏汤等。

20.3.3.4　肝气犯胃

症状　呕吐吞酸，嗳气频作，胸胁胀满，烦闷不舒，每因情志不遂而呕吐吞酸更甚。

舌象　舌边红，苔薄腻。

脉象　脉弦。

证候分析　肝气不舒，横逆犯胃，胃失和降，因而呕吐吞酸，嗳气频作，胸胁闷满。舌边红，苔薄腻，脉弦，为气滞肝旺之征。

治法　疏肝理气，和胃止呕。

方药　四逆散合半夏厚朴汤。

前方用柴胡、枳壳、白芍药疏肝理气，甘草和中。后方用厚朴、紫苏行气开郁，半夏、茯苓、生姜和胃降逆止呕。

加减 1）若气郁化火，心烦口苦咽干，可合左金丸清热止呕。

2）若兼腑气不通，大便秘结，可用大柴胡汤清热通腑。

3）若久病由气及血，气滞血瘀，胁肋刺痛，可用膈下逐瘀汤活血化瘀。

还可辨证选用越鞠丸、柴胡疏肝散等。

20.3.3.5 脾胃虚弱

症状 饮食稍有不慎则发生呕吐，时作时止，胃纳不佳，食入难化，脘腹痞闷，口淡不渴，面白少华，倦怠乏力，大便溏薄。

舌象 舌质淡，苔薄白。

脉象 脉濡弱。

证候分析 脾胃虚弱，中阳不振，水谷腐熟运化无力，故饮食稍有不慎即吐，时作时止，胃纳不佳，脘腹痞闷。阳虚失于温煦，则面色少华，四肢不温，倦怠乏力。中焦虚寒，气不化津，故口淡不渴。脾虚生湿，下注大肠，故大便溏薄。舌质淡，脉濡弱，乃脾阳不足之象。

治法 益气健脾，和胃降逆。

方药 香砂六君子汤。

方中人参、茯苓、白术、甘草健脾益气，砂仁、木香理气和中，陈皮、半夏和胃降逆。

加减 1）若脾阳不振，畏寒肢冷，可加附子、干姜，或用附子理中丸温中健脾。

2）若胃虚气逆，心下痞硬，干噫食臭，可用旋覆代赭汤降逆止呕。

3）若中气大亏，少气乏力，可用补中益气汤补中益气。

4）若病久及肾，肾阳不足，腰膝酸软，肢冷汗出，可用附子理中汤加肉桂、吴茱萸等温补脾肾。

还可辨证选用参苓白术散、七味白术散等。

20.3.3.6 胃阴不足

症状 呕吐反复发作，但呕量不多，或仅唾吐涎沫，时作干呕，口燥咽干，胃中嘈杂，似饥而不欲食。

舌象 舌红少津。

脉象 脉细数。

证候分析 胃阴亏虚，胃失濡养，则失于和降，所以呕吐反复发作，似饥而不欲食。阴虚无物可呕，故呕吐量不多，或仅唾吐涎沫，时作干呕。津液不能上承，故口燥咽干。虚火扰胃，胃气不利，故胃中嘈杂。舌红津少，脉细数，为津液耗伤、阴虚有热之象。

治法 滋养胃阴，降逆止呕。

方药 麦门冬汤。

方中人参、麦冬、粳米、甘草滋养胃阴，半夏降逆止呕。

加减 1）若阴虚甚，五心烦热者，可加石斛、花粉、知母养阴清热。

2）若呕吐较甚，可加橘皮、竹茹、枇杷叶。

3）若便秘明显，可加火麻仁、栝蒌仁、白蜜润肠通便。

还可辨证选用益胃汤、竹叶石膏汤等。

20.4 预防与调护

患者需注意避免进食腥秽不洁之物，不可暴饮暴食，忌食生冷、辛辣之品；避免感受风寒暑湿或秽浊之邪；避免精神刺激。呕吐较剧，服药困难者，可先含生姜片后再服，或少量多次频服。呕吐剧烈者应卧床休息，必要时适当补充液体，以免发生亡津脱液之变。

附 录

1. 病案举例

1）王某，男，干部。恶心呕吐，嗳气泛酸，头晕不适已有两月余。尚有气短，纳谷不香，口淡无味，厌油腻食物诸症，睡眠尚可，二便通畅。曾求治某医院，经钡餐造影、头颅部X线摄片检查等，均未发现异常，西医诊断：神经性呕吐。经西药治疗无效。患者形体尚可，脉象小弦滑，舌苔腻。血压15/10kPa。此系湿滞中宫，胃气上逆，而致恶心呕吐。拟芳香化浊，和胃降逆为法。处方：苍术10g，厚朴10g，陈皮10g，藿香15g，佩兰15g，茯苓15g，枳壳15g，竹茹15g，生姜10g，甘草5g。

二诊：服上方2剂，呕吐止，口已不苦，恶心亦有好转，气短减轻，大便日行，但不实，小便黄，舌根苔黄。拟：原方加黄芩5g，砂仁4g，继服3剂。服后诸证遂愈。

［中医杂志，1965，(3)：34］

按语：此案乃湿浊滞中之证。脾胃居中，主运化，腐熟水谷，是气机升降出入之枢纽。湿浊中阻，脾胃功能失常，胃气上逆，故发生呕吐。治以芳香化浊，降逆止呕，恰中病机，故能取效。

2）林某，青年木工。近日身发热，渴欲饮水，但水入则吐，饮食亦少进，常感胃脘满胀，舌苔淡黄不燥，小便黄短。医咸认为胃气之寒，先进不换金正气散鲜效，又转香砂二陈汤，胃胀虽得减，而呕吐终未止。历时半月，证情转剧，因来就诊。切脉浮数，身仍有热，胃胀时呕，吐水则胀减，水食难入，小便不利。此乃胃内停水，水不化气，故水入则吐；水不上布而化津则渴；水潴于中而不降，州都乏液分利则尿少，病理至为明确。《伤寒论》有云："其人渴而口燥烦，小便不利者，五苓散主之。"又："渴欲饮水，水入则吐者，……五苓散主之。"本证为水气内阻，津液不生，而非由于胃中之燥热所致，故宜化气行水之五苓散。前医用温胃止呕剂而不效者，良由仅知温胃而不知行水化气耳。若能执中枢以运上下，调畅气机，则水从下降，自鲜上逆之犯，呕从何来。书五苓散与服，呕吐遂止 。

（《治验回忆录》）

2. 古文献选录

《医学入门》："上焦吐者，气冲胸痛，食已暴吐而竭，治当降气和中，六君子汤加木香、藿香、桔梗、枇杷叶，或七气汤；热气冲者，古荆防汤加人参、甘草。中焦吐者，食积与气，或先吐而后痛，或先痛而后吐，治当以木香、槟榔等份为末调服；行气紫沉丸消积；寻常，平胃散、二陈汤加青皮、砂仁、白豆蔻、山楂、神曲调之。下焦寒：下焦吐者，寒也，朝食暮吐，暮食朝吐，久则小便清利，大便不通，仍阴气偏结，不与阳和，治当温其寒而通其闭，复以中焦药合之，附子理中汤、木香匀气散合理中汤、四逆散、丁胡三建汤、古丁半汤，养胃用古半硫丸。"

《景岳全书·呕吐》："呕吐一证，最当详辨虚实，实者有邪，去其邪则愈；虚者无邪，则全由胃气之虚也。所谓邪实者，或暴伤饮食，或因胃火上冲，或因肝气内逆，或以痰饮水气聚于胸中，或以表邪传里，聚于少阳、阳明之间. 皆有呕证，此皆呕之实邪也。所谓虚者，或其本无内伤，又无外感，而常为呕吐者，此即无邪，必胃虚也。或微遇寒，或微遇劳，或遇饮食稍有不调，或肝气微逆，即为呕吐者，总胃虚也。"

《临证指南医案·呕吐》（华岫云按）："今观先生之治法，以泄肝安胃为纲领。用药以苦辛为主，以酸佐之，如肝犯胃而胃阳不衰有火者，泄肝则用芩、连、楝之苦寒。如胃阳衰者，稍减苦寒，用苦辛酸热，此大旨也。若肝阴胃汁皆虚，肝风扰胃呕吐者，则以柔剂滋液养胃，熄风镇逆。若胃阳虚，浊阴上逆者，用辛热通之，微佐苦降，若但中阳虚，而肝木不甚亢者，专理胃阳，或稍佐椒梅。若因呕伤，寒郁化热，劫灼胃津，则用温胆汤加减。若久呕延及肝肾皆虚，冲气上逆者。用温通柔润之补下焦主治。若热邪内结，则用泻心法。若肝火冲逆伤肺，则用养金制木，滋水制火。"

3. 研究进展

近年来对于引起呕吐的常见疾病，进行了许多临床研究，取得了一定的疗效。

王氏治疗神经性呕吐 40 例，其中肝胃不和型 26 例，胃阴不足型 8 例，肝胆火盛型 6 例。治疗基本方为：伏龙肝、代赭石、半夏、竹茹、茵陈、枳壳、木香、生麦芽、山药、鸡内金。每剂以伏龙肝 60g 布包先煎 20 分钟代水，后下诸药煎煮 300ml 药液，早晚各 1 剂。连续服用 10 日为 1 个疗程，并随证略有加减。结果临床治愈 31 例（77.5%），好转 7 例（17.5%），无效 2 例（5%）[天津中医，1991，(6)：17]。杨氏以逐瘀降逆法治疗神经性呕吐 60 例，痊愈 39 例，有效16例，无效5例，有效率达91.7%［时珍国药研究，1995，6（2）：12］。钱氏以呕停方治疗神经性呕吐30例，结果治愈22例，好转6例，无效2例［湖北中医杂志，1996，16（6）：52］。

赵氏以中西医结合方法治疗幽门不全梗阻，38例内科保守治疗无效者服用旋覆代赭汤合半夏甘遂汤：姜半夏、旋覆花、代赭石、党参、甘草、生姜、黄芪、柴胡、附子、怀山药、杭芍、甘遂粉（分2次冲服），必要时结合西医的一般对症处理。结果：治愈20例（52.63%），好转14例（36.84%），无效4例（10.53%），总有效率89.47%［北京中医，1992，（4）：26］。

复习思考题

1. 呕吐的病因病机有哪些？
2. 呕吐如何辨虚实？
3. 呕吐、反胃、噎膈的鉴别要点分别是什么？
4. 试述实证呕吐的主症、治法及主方。
5. 脾胃虚弱、胃阴亏虚证呕吐如何鉴别？二者在症状、治法及方药上有何差别？

（张润顺）

21

噎 膈

目的要求

1. 了解噎膈的定义、范围、调摄护理以及研究进展。
2. 熟悉噎膈的病因病机、诊断要点及辨证要点。
3. 掌握噎膈的证候特征、治疗原则以及证治分类。

噎膈是因气滞、痰阻、血瘀阻滞食道，使食管狭窄，津枯血燥，食道失润，以吞咽食物哽噎不顺，甚则食物不能下咽到胃，食入即吐为主要表现的一种病证。

噎即噎塞，指食物下咽时噎塞不顺；膈为格拒，指食管阻塞，食物不能下咽入胃，食入即吐。噎属噎膈之轻证，可以单独为病，亦可为膈的前驱表现，故临床统称为噎膈。

《内经》认为本病与津液及情志有关，并指出本病病位在胃。《太平圣惠方·第五十卷》对其病因进行了确切的描述。《医学心悟》认为本病是由于“胃脘干槁”所致。《临证指南医案·噎膈反胃》提出本病的形成是由于“脘管窄隘”。张景岳等则认为本病的病机关键是阳气衰弱。

现代医学中的食管癌、贲门癌，以及食管贲门失弛缓症、食管憩室、食管炎、弥漫性食管痉挛等疾病，出现吞咽困难等表现时，可参考本章辨证论治。

21.1 病因病机

21.1.1 病因

21.1.1.1 七情内伤

情志不舒，忧思恼怒，忧思则伤脾，脾伤则气结，津液失于输布，酿生痰浊，痰气交阻于食道；恼怒则伤肝，肝伤则气郁，气郁则血行不畅，瘀血阻滞食道，终致气滞、痰阻、血瘀郁结食道，饮食噎塞难下而成噎膈。

21.1.1.2 饮食所伤

嗜酒无度，过食肥甘，恣食辛辣炙烤腌制或发霉之物，或助湿生热，酿成痰浊，阻塞食道，使食管窄隘，湿热可损伤津血，津伤血燥，失于濡润，食道干涩，均可妨碍食道咽食而引起咽下噎塞而成噎膈。另外，饮食过热，食物粗糙，既可损伤食道脉络，又可损伤胃气，使气滞血瘀阻于食道而成噎膈。

21.1.1.3 年老肾虚

本病多发于中老年人，年老肾气渐衰，或纵欲太甚，耗伤真阴，或久病伤阴，阴虚则食道失于濡润，食道干涩而成噎膈。若阴损及阳，命门火衰，脾胃失于温煦，脾胃阳虚，运化无力，致痰瘀互结，阻于食道而成噎膈。

21.1.2 病机

21.1.2.1 基本病机

噎膈病机为气滞、痰阻、血瘀阻滞食道，津枯血燥，而致食管狭窄，食道干涩。

21.1.2.2 病位

噎膈病位在食道，属胃气所主，所以其病变脏腑关键在胃，又与肝、脾、肾有密切关系，因为三者均与胃、食道有经络联系，生理上相互协调，病理上相互影响，在噎膈的形成中共同发生作用。脾为胃行其津液，若脾失健运，可聚湿生痰，阻于食道。胃气之和降，赖肝之条达，若肝失疏泄，则胃失和降，气机郁滞，甚则气滞血瘀，食管狭窄。中焦脾胃赖肾阴、肾阳的滋养和温煦，若肾阴不足，失于濡养，食管干涩，可发为噎膈。可见，噎膈由轻转重，常病及脾、肝、肾，此时常变证丛生。

21.1.2.3 病理性质

噎膈的病理性质为本虚标实，标实即气滞、痰阻、血瘀，本虚即津枯血燥，阳气衰微。标本之间相互影响，促进病情的深入发展，但因阶段不同，标本虚实的轻重各有所异。

21.1.2.4 病机转化

本病若失治误治，则气、血、痰积聚日深，正气亏虚更加明显，甚至可形成虚劳，病变后期，如因阳竭于上而水谷不入，阴竭于下而二便不通，可形成阴阳离决之候，病情危笃。

21.2 诊断与鉴别诊断

21.2.1 诊断

21.2.1.1 临床表现

初起咽部或食道内有异物感，进食时有停滞感，继则咽下哽噎，甚至食不得入或食入即吐，夹有痰涎。常伴有胃脘不适，胸膈疼痛，形体逐渐消瘦，甚则肌肤甲错，精神疲惫等。

21.2.1.2 病史及发病

起病缓慢，常表现为由噎至膈的病变过程，常由饮食、情志等因素诱发，多发于中老年男性，特别是在高发地区。

21.2.1.3 辅助检查

食管、胃的钡餐X线检查、内镜及病理组织学检查、食管脱落细胞检查以及CT检查有助于早期明确诊断。

21.2.2 鉴别诊断

21.2.2.1 反胃

两者均有食入复吐出的症状，但反胃多系阳虚有寒，饮食能顺利咽下入胃，经久复出，朝食暮吐，暮食朝吐，宿谷不化，病证较轻，预后良好。噎膈初起无呕吐，后期格拒，系食管狭窄而致，吞咽食物阻塞不下，食入即吐。噎膈至食入即吐的格拒阶段，病情较重，预后不良。

21.2.2.2 梅核气

两者均见咽中哽塞不舒的症状。梅核气自觉咽中有物梗塞，吐之不出，咽之不下，但饮食咽下顺利，无噎塞感，系气滞痰阻于咽喉，为无形之邪。噎膈自觉咽中噎塞，饮食咽下哽噎不顺，甚则食饮不下，为痰、气、血瘀阻食道，乃有形之邪。

21.2.2.3 关格

关格是由于脾肾阴阳衰惫，气化不利，浊邪内蕴而致小便不通与呕吐并见的病证。多见于水肿、淋证、癃闭的晚期，因呕吐而不能进食，并无吞咽困难。而噎膈以吞咽食物时哽噎不顺，甚则食物不能下咽到胃，食入即吐为主症，若水饮能进，则一般无小便不通。以此不难鉴别。

21.3 辨证论治

21.3.1 辨证要点

21.3.1.1 辨明虚实

因忧思恼怒，饮食所伤，寒温失宜，而致气滞血瘀，痰浊内阻者为实；因热饮伤津，房劳伤肾，年老肾虚，而致津枯血燥，气虚阳微者属虚。新病多实，或实多虚少；久病多虚，或虚中夹实。吞咽困难，梗塞不顺，胸膈胀痛者多实；食道干涩，饮食不下，或食入即吐者多虚。然而临证时，多为虚实夹杂之候，尤当详辨虚实主次。

21.3.1.2 分别标本

噎膈以正虚为本，夹有气滞、痰阻、血瘀等标实之证。初起以标实为主，气郁可见梗塞不顺，胸膈胀满，嗳气频作等；瘀血可见胸膺疼痛，痛如针刺，痛处不移等；痰阻可见胸膈满闷，泛吐痰涎等表现。后期以正虚为主，出现形体消瘦，皮肤干枯，舌红少津等津亏血燥之候；或面色 白，形寒气短，面浮足肿等气虚阳微之证。临证时应仔细辨明标本的轻重缓急。

21.3.2 治疗原则

本病应权衡标本虚实，辨证论治，初起以标实为主，重在治标，以理气、化痰、消瘀为主，并可少佐滋阴养血润燥之品。后期以正虚为主，重在扶正，滋阴养血，益气温阳为主，也可少佐理气、化痰、消瘀之药。

但治标时应注意时时顾护胃气胃阴，不可过用辛散香燥之品以伤胃阴，忌过用滋腻之剂以滞胃气，忌过用苦寒之属以伤胃阳，投药当以清润和降为顺，胃气一振，则化源充足，脏腑皆得其养而病可缓解。

21.3.3 分型论治

21.3.3.1 痰气交阻

症状　吞咽梗阻，胸膈痞满，甚则疼痛，情志舒畅可减轻，精神抑郁则加重，嗳气呃逆，呕吐痰涎，口干咽燥，大便艰涩。

舌象　舌质红，苔薄腻。

脉象　脉弦滑。

证候分析　痰气交阻，食道不利，则吞咽困难，胸膈痞满，甚则疼痛。遇情绪舒畅则气机调畅，故病情稍可减轻。气结津液不能上承，且郁热伤津，故口燥咽干。舌质偏红，脉弦滑，为气郁痰阻，兼有郁热伤津之象。

治法　开郁化痰，润燥降气。

方药　启膈散。

方中丹参、郁金、砂仁壳理气化痰以解郁；沙参、贝母、茯苓润燥化痰，荷叶蒂、杵头糠和胃降逆。

加减　1）可加瓜蒌、半夏、天南星以助化痰之力，加麦冬、玄参、天花粉以增润燥之效。

2）若郁久化热，心烦口干者，可加栀子、黄连、山豆根清热除烦解毒。

3）若津伤便秘可配增液汤加白蜜，以助生津润燥之力。

4）若胃失和降，泛吐痰涎者加半夏、陈皮、旋覆花以和胃降逆。

还可辨证选用四七汤、温胆汤、导痰汤等方。

21.3.3.2　津亏热结

症状　吞咽梗涩而痛，水饮可下，食物难进，食后复出，胸背灼痛，形体消瘦，肌肤枯燥，五心烦热，口燥咽干，渴欲冷饮，大便干结。

舌象　舌红而干，或有裂纹。

脉象　脉弦细数。

证候分析　胃津亏耗，食道失于濡润，故吞咽时梗涩作痛，进水则食道得濡，故初期水饮尚可下，但固体食物则难下，或食后复出。津亏热结，无以向上濡养则口干咽燥，无以下润大肠则大便干结。阴虚而生内热，故五心烦热。化源不足，累及肝肾，故形体消瘦，肌肤枯燥。渴喜冷饮，舌质红而干，或带裂纹，脉弦细数，均属津亏有内热之候。

治法　滋养津液，泄热散结。

方药　沙参麦冬汤。

方中沙参、麦冬、玉竹滋养津液，桑叶、天花粉养阴泻热，扁豆、甘草安中和胃。

加减　1）可加玄参、生地黄、石斛以助养阴之力，加栀子、黄连、黄芩以清肺胃之热。

2）若肠燥失润，大便干结，可加火麻仁、瓜蒌仁、何首乌润肠通便。

3）若腹中胀满，大便不通，胃肠热盛，可用大黄甘草汤泻热存阴，但应中病即止，以免重伤津液。

4）食道干涩，口燥咽干者，亦可用五汁安中饮频频呷服，以生津养胃，和胃降逆。

21.3.3.3　瘀血内结

症状　吞咽梗阻，胸膈疼痛，食不得下，甚则滴水难进，食入即吐，面色暗黑，肌肤枯燥，形体消瘦，大便坚如羊屎，或吐下物如赤豆汁，或便血。

舌象　舌质紫暗，或舌红少津。

脉象　脉细涩。

证候分析　瘀血内结，阻于食道，因而痛有定处，食入即吐，甚至水饮难下，滴水难下。由于病程较久，阴血更伤，肠失润泽，故大便干结，坚如羊屎。瘀血阻滞，血不循经，血溢脉外，则吐出物如赤豆汁，或便血。长期饮食不入，化源告竭，必形体更为消瘦，肌肤枯燥。面色暗黑。舌红或带青紫，或舌红少苔，脉细涩，为血亏瘀结之候。

治法　破结行瘀，滋阴养血。

方药　通幽汤。

方中桃仁、红花活血化瘀，破结行血为君药；当归、生地黄、熟地黄滋阴养血润燥；槟榔下行而破气滞，升麻升清而降浊阴，一升一降，其气乃通，噎膈得开。

加减　1）可加乳香、没药、丹参、赤芍药、三七、三棱、莪术破结行瘀，加海藻、昆布、瓜蒌、贝母、玄参化痰软坚，加沙参、麦冬、白芍药滋阴养血。

2）若气滞血瘀，胸膈胀痛者可用血府逐瘀汤。

3）若服药即吐，难于下咽，可先服玉枢丹，或用烟斗盛该药，点燃吸入，以开膈降逆，其后再服汤剂。

4）若呕吐物如赤豆汁者，可服云南白药以化瘀止血。

21.3.3.4　气虚阳微

症状　长期吞咽受阻，饮食不下，泛吐清涎，面色 白，精神疲惫，形寒气短，面浮足肿，腹胀便溏。

舌象　舌淡苔白。

脉象　脉细弱。

证候分析　病情发展，阴损及阳，脾胃之阳气衰微，饮食无以受纳和运化，津液输布无权，故长期饮食不下，泛吐清涎，精神疲惫。面浮、足肿、腹胀便溏，均为脾肾俱败，阳气无以化津之象。面色 白，形寒气短，舌淡苔白，脉细弱，亦属气微阳虚之征。

治法　温补脾肾，益气回阳。

方药　温脾用补气运脾汤，温肾用右归丸。

前方以人参、黄芪、白术、茯苓、甘草补脾益气；砂仁、陈皮、半夏和胃降逆；生姜、大枣益气和中。

加减　1）可加旋覆花、代赭石降逆止呕。

2）加附子、干姜温补脾阳。

3）若气阴两虚加石斛、麦冬、沙参以滋阴生津。

后方用附子、肉桂、鹿角胶、杜仲、菟丝子补肾助阳，熟地黄、山萸肉、山药、枸杞子、当归补肾滋阴。

加减　1）若中气下陷，少气懒言可用补中益气汤。

2）若脾虚血亏、心悸气短可用十全大补汤加减。

噎膈至脾肾俱败阶段，一般宜先进温脾益气之剂，以救后天生化之源，待能稍进饮食与药物，再以暖脾温肾之方，汤丸并进，或两方交替服用。

21.4 预防与调护

养成良好的饮食习惯，如进食不可太快，宜细嚼慢咽，不吃过烫、过硬、辛辣、变质食物，忌烈性酒；多吃新鲜蔬菜、水果；进食营养丰富的食物，如牛奶、羊奶、肉汁、蜂蜜、藕汁、梨汁等；树立战胜疾病的信心；注意休息，不宜做超体力的各项活动。后期汤水难下时，为维持生命，可配合支持治疗。

附 反胃

反胃是指饮食入胃，宿谷不化，经过良久，由胃反出的病证。张仲景《金匮要略·呕吐哕下利病脉证并治》中说："趺阳脉浮而涩，浮则为虚，涩则伤脾，脾伤则不磨，朝食暮吐，暮食朝吐，宿谷不化，名曰胃反。"《太平圣惠方·第四十七卷》则称之为"反胃"，后世也多以反胃名之。本病多因饮食不当，饥饱无时，恣食生冷，损伤脾阳，或忧愁思虑，损伤肝脾，或房室劳倦，损伤脾肾，均可导致脾胃虚寒，不能腐熟水谷，饮食不化，停滞胃中，终至尽吐而出。若反复呕吐，致津气并虚；日久不愈，则脾虚及肾，导致肾阳亦虚，命门火衰，则病情更为严重。现代医学中的幽门痉挛、幽门梗阻等疾病，可参考反胃辨证论治。

症状 食后脘腹胀满，朝食暮吐，暮食朝吐，宿谷不化，吐后转舒，神疲乏力，面色少华，手足不温，大便溏少。

舌象 舌淡苔白滑。

脉象 脉细缓无力。

证候分析 脾胃虚寒，不能腐熟水谷，饮食不化，可致食后脘腹胀满，朝食暮吐，暮食朝吐，宿谷不化。吐则宿食得去，故吐后转舒。神疲乏力，面色少华，手足不温，大便溏少，舌淡苔白滑，脉细缓无力，均为脾胃虚寒之象。

治法 温中健脾，降气和胃。

方药 丁香透膈散。

方中人参、白术、炙甘草健脾益气，丁香、半夏、木香、香附降气和胃，砂仁、白豆蔻、神曲、麦芽醒脾化食。

加减 1）若吐甚可加旋覆花、代赭石降逆止呕。

2）若脾胃虚寒，四肢不温者加附子、干姜温运脾阳，或用附子理中丸加吴茱萸、丁香温中降逆。

3）若面色 白，四肢清冷，腰膝酸软，肾阳不足者可用右归丸之类。

附 录

1. 病案举例

1）常某，男，38 岁。经北京某医院检查，诊断为食道癌半年余。近来每日只能进流食，喉间堵闷，胃部胀满，泛酸嗳气，口中痰涎多，背痛，精神倦怠，舌苔厚腻，脉细软。医院拟手术治疗，患者不愿手术，故延中医治疗。辨证属痰气交结，气血运行受阻，久则气血痰结，阻滞食道胸膈，遂成噎膈之证。拟化痰解郁，调理气血为治。处方：桃杏仁各6g，大力子6g，法半夏6g，淮牛膝10g，紫厚朴5g，苦桔梗5g，薤白头10g，莱菔子6g，代赭石（旋覆花6g同布包）12g，全瓜蒌20g，莱菔英6g，茜草根10g，米丹参16g，广皮炭6g。

二诊：服上方药8剂，噎减轻，泛酸、嗳气及背痛均稍好，已能食馒头及挂面等物，但食后不易消化。处方：薤白头10g，全瓜蒌25g，桃杏仁各6g，紫油朴5g，法半夏6g，代赭石（旋覆花6g同布包）12g，茜草根10g，丹参（米炒）15g，淮牛膝6g，大力子6g，山慈菇10g，绿萼梅6g。

三诊：月余后患者由山西家乡带信来，云第二次方药又服10剂，现在每顿饭可吃1个馒头1碗面条，咽下慢，饮食在入胃时感到滞涩，不易消化，有时吐白沫，背仍常痛，精神觉比前强些。复信嘱其将二诊方加3倍量，研极细末分成200小包，每日早、午、晚各服1包，白开水冲服。

按语：食道癌目前尚无特殊疗法，如能早期诊断，采用手术、放化疗等方法疗效尚好。晚期则难愈，施氏每用茜草、牛膝、旋覆花、代赭石等药物，咽下困难者可得缓解，能得进食则可暂时维持生命，可供参考。

（董建华．中国现代名中医医案精华．北京：北京出版社，1990．1542～1543　施今墨医案）

2）陈某，男，44岁。患者自觉咽中有异物梗塞感2月余。经某医院确诊为食道癌，病灶在食道下段三分之一处，3次钡剂检查，所见为进行性发展。患者食道病灶宽0.8cm，长9cm。形体消瘦，食道梗塞，卧则更甚，大便干结，脉弦数。按食道下连胃之上口，属阳明经。吞咽困难，食入复吐，形体干瘦，便如羊粪者为噎膈病。治当滋阴益胃，在生津润燥剂中加软坚散结之品。处方：南沙参15g，玉竹15g，麦冬9g，淮山药24g，旋覆花（包）9g，白茅根60g，白花蛇舌草60g，蜂蜜（另兑）120g。另外，5～7天饮白鹅血1次。鹅肉煨汤食。又取鹅尾烧研极细末，调米汤或稀饭食。如无白鹅，可用白鸭代之。患者经上方随证加减，连服3月，症状大减，于某医院复查，食道上中段正常，下段扩张良好。仍按上方加减，以巩固疗效。随后走访，7年以来，体质壮健如昔，劳动已能负重［《新中医》，1973，（4）：22］。

按语：患者病噎膈，辨证为阴亏胃燥，瘀血阻隔。治疗以滋阴益胃为主，加用软坚散结活血祛瘀之品。选用沙参麦门冬汤以滋阴养胃，加白鹅血化瘀软坚，又重用白花蛇舌草抗癌解毒。由于辨证用药恰当，使患者康复如初。且7年以来身体健康。方中应用白鹅血以激发胃中宿滞，以血攻血，既能化瘀软坚，又能养血润燥，攻其积而无损于胃，标本兼治，可作参考。

2. 古文献选录

《景岳全书·噎膈》："凡治噎膈大法，当以脾肾为主，盖脾主运化，而脾之大络布于胸膈；肾主津液，而肾之气化主乎二阴。故上焦之噎膈，其责在脾；下焦之闭结，其责在肾。治脾者宜从温养，治肾者宜从滋润，舍此二法，他无捷径矣。”

《医学心悟·噎膈》：“槁在上脘者，水饮可行，食物难入；槁在下脘者，食虽可入，久而复出。夫胃既槁矣，而复以燥药投之，不愈益其燥乎？是以大小半夏二汤在噎膈门为禁例。予尝用启膈散开关，更佐以四君子汤调理脾胃，夹郁者，用逍遥散主之。然药逍遥而人不逍遥，亦无益也。”

3. 研究进展

中医药治疗食管癌积累了丰富的经验，尤其是在辅助放化疗，食管癌切除手术前后，以及非手术适应证患者，对减少放化疗不良反应，提高生存质量等方面发挥着一定作用。

姜氏观察到本病的中医分型常与病变发展病程相一致，早期多为痰气交阻，中期多为津亏瘀结，晚期多为气虚阳微［辽宁中医杂志，1994，21（4）：145～146］。王氏报道食管癌437例临床观察，发现中药与化疗同时应用，近期疗效最好。并认为冬凌草、山豆根等可以长期使用且疗效持久，无明显毒副作用，但消瘤作用较弱，中药与化疗合用有一定增效作用。中药有延长生存时间的作用，使部分患者长期带瘤生存［中西医结合杂志，1989，9（12）：740］。刘氏以中药结合化疗治疗晚期食管癌60例，均选择手术及放疗后复发转移或不宜手术及放疗的晚期食管癌患者。治疗组采用中药治疗加常规化疗，中药基本方：绞股蓝、黄芪、石见穿、石打穿、藤梨根、白术、炙甘草，并随证加减。对照组单纯应用化学疗法。结果：治疗组中位生存期为9.4个月，对照组5.6个月，存活时间明显延长，且消化道反应、白细胞及血红蛋白下降程度明显减轻。说明加用中药后对化疗有较好的增效作用，同时能减轻化疗的毒副反应，提高生存质量［中国中西医结合杂志，1993，13（8）：487］。

侯氏用复方苍豆丸治疗食管癌癌前病变，对于普查出的648例食管上皮细胞重度增生患者，随机分为治疗组和对照组。治疗组服用复方苍豆丸（主要药物组成：苍术、山豆根、绿茶，按3∶3∶1比例，共研细末制成水丸）。每日服7g，每月服药3周，休息1周，连服2年。对照组服用安慰剂。2年后复查，治疗组食管癌癌变率为1.5%，对照组为4.2%，治疗组重度增生好转率为79.5%，对照组为50.2%，均有显著差异。说明该方具有一定的防癌作用［中国中西医结合杂志，1992，12（10）：604］。徐氏用开道散（硇砂、硼砂、干蟾皮各1g，人工牛黄、玉枢散各1.5g，蜈蚣1条，冰片0.3g，共为细末）治疗食道癌50例，另辨证分五型，结果显效11例，有效34例，无效5例［中医药学报，1995，（2）：56］。

复习思考题

1. 噎膈如何与反胃、梅核气相鉴别？

2. 试述噎膈的治疗原则，应注意哪些？

3. 试述痰气交阻与瘀血内结证、津亏热结证与气虚阳微证在症状、治法及方药上的不同？

（张润顺）

22

泄　泻

目的要求

1. 了解泄泻的定义、范围、调摄护理及研究进展。
2. 熟悉泄泻的病因病机、诊断与鉴别诊断及辨证要点。
3. 掌握泄泻的治疗原则和常见各证型的证治。

泄泻是因感受外邪，或饮食所伤，致脾失健运，传导失司，水湿清浊不分，临床以排便次数增多，粪质稀薄或完谷不化，甚则泻出如水样为特征的病证。

本病为临床常见疾病，一年四季均可发生，但以夏秋两季较为多见，部分患者还与个人体质及地域之间的差异有关。

泄泻一病，《内经》称为“鹜溏”、“飧泄”、“濡泄”、“洞泄”、“注下”、“后泄”等等，认为饮食、起居、情志失宜等均可导致泄泻，并说明泄泻的病变脏腑与脾胃、大小肠有关，对本病的病因病机有较全面的论述，为后世奠定了基础。汉唐方书泄痢不分，将本病包括在“下利”之内。《三因极一病证方论·泄泻叙论》从三因学说角度较全面地分析了泄泻的病因病机。《医宗必读·泄泻》在总结前人治泻经验的基础上，提出了著名的治泻九法，即淡渗、升提、清凉、疏利、甘缓、酸收、燥脾、温肾、固涩，其论述系统而全面，是泄泻治疗学上的一大发展。

本病与现代医学的腹泻含义相同，可见于多种疾病中，凡消化系统功能或器质性病变所导致的腹泻，如急慢性肠炎、肠结核、肠功能紊乱、吸收不良综合征等临床表现与本病相同的，均可参照本章辨证施治。

22.1 病因病机

22.1.1 病因

22.1.1.1 感受外邪

外邪之中，以暑、湿、寒、热较为常见，其中又以感受湿邪最为常见。脾喜燥而恶湿，外来湿邪，最易困阻脾土，以致升降失职，清浊不分，水谷混杂而下，形成泄泻。寒邪和暑热之邪，除了侵袭皮毛肺卫之外，亦能直接损伤脾胃，使脾胃功能障碍，引起泄泻，但多夹湿邪，形成暑湿、寒湿、湿热之邪为患。

22.1.1.2 饮食所伤

饮食过量，停滞不化；或恣食肥甘，湿热内蕴；或过食生冷，寒邪伤中，寒湿内蕴；或误食不洁，均可损伤脾胃，化生食滞、寒湿、湿热之邪，致运化失职，升降失调，清浊不分，混杂而下，而发生泄泻。

22.1.1.3 情志失调

烦恼郁怒，肝气不舒，横逆克脾，脾失健运，升降失调；或忧郁思虑伤脾，脾气不运，土虚木乘，升降失职；或素体脾虚，逢怒进食，更伤脾土，而成泄泻。

22.1.1.4 脾胃虚弱

长期饮食不节，饥饱失调，或劳倦内伤，或久病体虚，或素体脾胃虚弱，不能受纳水谷、运化精微，聚水成湿，积谷为滞，湿滞内生，清浊不分，混杂而下，遂成泄泻。

22.1.1.5 命门火衰

年老体弱，肾气不足；或久病之后；或房室无度，肾阳受损。命门火衰，脾失温煦，运化失职，水谷不化，而成泄泻。且肾为胃之关，主司二便，若肾气不足，关门不利，则泻下不止。

由上可知，泄泻的病因是多方面的，外感寒暑热湿等邪气，内伤饮食、情志、脏腑失调皆可致泻。

22.1.2 病机

22.1.2.1 基本病机

泄泻的基本病机是脾虚湿盛。外邪之中以湿邪最为重要，湿为阴邪，易困脾土，运化无力，升降失职，水湿清浊不分，混杂而下，而成泄泻，其他邪气需与湿气兼夹，方能形成泄泻。内伤中脾虚最为关键，脾主运化升清，脾气虚弱，则运化无权，化生内湿，混杂而下，或清气不升，清气在下，则生泄泻。肝肾等脏腑病变所引起的泄泻，只有影响脾之运化，才可能致泻。另外，外邪与内伤，外湿与内湿之间关系也十分密切，外湿最易伤脾，脾虚可产生内湿，又容易感受外湿，均可形成脾虚湿盛，此乃泄泻发生的关键病机。

22.1.2.2 病位

泄泻的病位在肠，但关键病变脏腑在脾胃，与肝肾有关。若脾胃运化失司，则小肠无以分清泌浊，大肠无法传导燥化，导致清浊不分，混杂而下，发生泄泻。然而脾气之升降、大肠之传导，又与肝气之疏泄有关，若肝郁气滞，横逆犯脾，则升降失职，清浊不分，发生泄泻。脾胃之运化又与肾阳之温煦有关，若肾阳不足，失于温煦，则脾失健运，水湿内停，而成泄泻。

22.1.2.3 病理性质

泄泻的病理性质有虚实之别，外感、食滞泄泻，病程短者，多属实证。脾肾亏虚所致泄泻，多属于虚证。肝气乘脾导致的泄泻，一般属本虚标实之候。

22.1.2.4 病机转化

一是虚实转化，暴泄多实，日久则损伤正气，变为虚证。二是脏腑之间的转化，如病变在脾者，日久脾病及肾，导致肾阳亦虚，形成滑泄不止。另外，若泻下较甚，可损伤津液。

22.2 诊断与鉴别诊断

22.2.1 诊断

22.2.1.1 临床表现

大便稀薄或如水样，或完谷不化，次数增多，可伴腹胀腹痛等症。

22.2.1.2 病史及发病

本病多由饮食不当、感受寒热或情绪变化而诱发。急性暴泄起病突然，病程短，可伴恶寒、发热等症。慢性久泄起病缓慢，病程较长，反复发作，时轻时重。

22.2.1.3 辅助检查

大便常规检查可见少许红、白细胞，大便培养致病菌阳性或阴性。必要时X线钡餐造影或纤维结肠镜检查有助于诊断与鉴别诊断。

22.2.2 鉴别诊断

22.2.2.1 痢疾

见痢疾病篇。

22.2.2.2 霍乱

霍乱是一种上吐下泻同时并作的病证，发病特点是来势急骤，变化迅速，病情凶险，起病时先突然腹痛，继则吐泻交作，所吐之物均为未消化之食物，气味酸腐热臭；所泻之物多为黄色粪水，或如米泔，常伴恶寒、发热，部分病人在吐泻之后，津液耗伤，迅速消瘦，或发生转筋，腹中绞痛；若吐泻剧烈，则见面色苍白，目眶凹陷，汗出肢冷等津竭阳衰之危候。其发病特点、临床表现及转归预后均与泄泻不同。

22.3 辨证论治

22.3.1 辨证要点

22.3.1.1 辨轻重缓急

泄泻而饮食如常，说明脾胃未败，多为轻证，预后良好；泻而不能食，形体消瘦，或暑湿化火，暴泄无度，或久泄滑脱不禁，均属重证。急性泄泻发病急，病程短，常以湿盛为主；慢性泄泻发病缓，病程较长，易因饮食不当、劳倦过度而复发，常以脾虚为主，亦可见脾肾两虚。

22.3.1.2 辨寒热虚实

粪质清稀如水，腹痛喜温，完谷不化，多属寒证；粪便黄褐，臭味较重，泻下急迫，肛门灼热，多属热证；凡病势急骤，脘腹胀满，腹痛拒按，泻后痛减，小便不利者，多属实证；凡病程较长，腹痛不甚且喜按，小便利，口不渴，多属虚证。

22.3.1.3 辨泻下之物

大便清稀，或如水样，气味腥秽者，多属寒湿之证；大便稀溏，其色黄褐，气味臭秽，多为湿热之证；大便溏垢，臭如败卵，完谷不化，多为伤食之证。

22.3.1.4 辨久泻

久泻迁延不愈，倦怠乏力，稍有饮食不当，或劳倦过度即复发者，多以脾虚为主；泄泻反复不愈，每因情志不遂而复发，多为肝郁克脾之证；五更泄泻，完谷不化，腰酸肢冷，多为肾阳不足。

22.3.2 治疗原则

因湿为泄泻的主要病理因素，脾虚湿盛是其基本病机，故治疗应以运脾化湿为原则。暴泻以湿盛为主，重用化湿，佐以分利，再根据寒湿和湿热的不同，分别采用温化寒湿与清化湿热之法。夹有表邪者，佐以疏解；夹有暑邪者，佐以清暑；兼有伤食者，佐以消导。久泻以脾虚为主，当予健脾。因肝气乘脾者，宜抑肝扶脾；因肾阳虚衰者，宜温肾健脾；中气下陷者，宜升提；久泄不止者，宜固涩。暴泻不可骤用补涩，以免关门留寇；久泻不可分利太过，以防劫其阴液。若病情处于虚实寒热兼夹或互相转化时，当随证施治。

22.3.3 分型论治

22.3.3.1 寒湿泄泻

症状 泄泻清稀，甚如水样，腹痛肠鸣，脘闷食少，若兼外感风寒，则恶寒发热，头痛，肢体酸痛。

舌象 苔白腻或薄白。

脉象 脉濡缓或浮。

证候分析 外感寒湿或风寒之邪，侵袭肠胃，或过食生冷，寒湿内生，清浊不分，传导失司，则大便清稀。寒湿内盛，肠胃气机受阻，则腹痛肠鸣。寒湿困脾，则脘闷食少。恶寒发热，鼻塞头痛，肢体酸痛，是风寒外束之征。苔白腻，脉濡缓，为寒湿内盛之象。

治法 芳香化湿，解表散寒。

方药 藿香正气散。

方中藿香辛温散寒，芳香化湿；白术、茯苓、陈皮、半夏健脾除湿；厚朴、大腹皮理气除满，紫苏、白芷解表散寒。

加减 1）若表邪偏重，寒热身痛，可加荆芥、防风，或用荆防败毒散。

2）若湿邪偏重，腹满肠鸣，小便不利，可用胃苓汤健脾利湿。

3）若寒重于湿，腹胀冷痛者，可用理中丸加味。

本证还可辨证选用纯阳正气丸、五苓散等。

22.3.3.2 湿热泄泻

症状 泄泻腹痛，泻下急迫，或泻而不爽，粪色黄褐，气味臭秽，肛门灼热，烦热口渴，小便短黄。

舌象 苔黄腻。

脉象 脉滑数或濡数。

证候分析 湿热之邪，或夏令暑湿损伤肠胃，或寒湿化热，致传化失常，清浊不分，而发生泄泻。肠中有热，故泻下急迫。湿热互结，则泻而不爽。湿热下注，故肛门灼热，粪便黄褐而臭秽，小便短黄。烦热口渴，舌苔黄腻，脉濡数或滑数，均为湿热内盛之征。

治法　清热利湿。

方药　葛根芩连汤。

该方是治疗湿热泄泻的常用方剂。方中葛根解肌清热，升清止泻；黄芩、黄连苦寒清热燥湿；甘草甘缓和中。

加减　1）若偏湿重宜加薏苡仁、厚朴。

2）夹食滞者加神曲、山楂、麦芽。

3）如有发热、头痛、脉浮等风热表证，可加金银花、连翘、薄荷。

4）如在夏暑期间，证见发热头重，烦渴自汗，小便短赤，脉濡数等，是暑湿入侵，表里同病，可用新加香薷饮合六一散以解暑清热，利湿止泻。

本型还可辨证选用平胃散、清中汤等。

22.3.3.3　伤食泄泻

症状　腹痛肠鸣，泻下粪便臭如败卵，泻后痛减，脘腹胀满，嗳腐酸臭，不思饮食。

舌象　苔垢浊或厚腻。

脉象　脉滑。

证候分析　饮食不节，宿食内停，阻滞肠胃，传化失常，故腹痛肠鸣，脘腹胀满，不思饮食。宿食不化，则浊气上逆，故嗳腐酸臭。宿食不化，食浊下注，则泻下臭如败卵。泻后腐浊外泄，故腹痛减轻。舌苔厚腻，脉滑，是为宿食内停之象。

治法　消食导滞。

方药　保和丸。

方中神曲、山楂、莱菔子消食和胃，半夏、陈皮和胃降逆，茯苓健脾祛湿，连翘清热散结。

加减　若食滞较重，脘腹胀满，可因势利导，据“通因通用”的原则，用枳实导滞丸，以大黄、枳实为主，推荡积滞，使邪有出路，达到祛邪安正的目的。

还可辨证选用小承气汤、木香槟榔丸等。

22.3.3.4　脾虚泄泻

症状　大便时溏时泻，迁延反复，完谷不化，饮食减少，食后脘闷不舒，稍进油腻食物，则大便次数明显增加，面色萎黄，神疲倦怠。

舌象　舌淡苔白。

脉象　脉细弱。

证候分析　脾胃虚弱，运化无权，水谷不化，清浊不分，混杂而下，故大便时溏时泄。脾阳不振，运化无力，则饮食减少，脘腹胀闷不舒，食后更甚，稍进油腻之物，则大便次数增多。久泻不止，脾胃虚弱，气血化源不足，故面色萎黄，神疲倦息。舌淡苔白，脉细弱，乃脾胃虚弱之象。

治法 健脾益气。

方药 参苓白术散。

方中人参、白术、茯苓、甘草健脾益气；桔梗性升提，助四君子汤益气；陈皮、砂仁理气和胃；扁豆、山药、莲子肉、薏苡仁健脾燥湿。

加减 1）若脾阳虚衰，阴寒内盛，亦可用附子理中汤以温中散寒。

2）若久泻不愈，中气下陷，而兼有脱肛者，可用补中益气汤，并重用黄芪、党参以益气升清，健脾止泻。

还可以辨证选用黄芪建中汤等。

22.3.3.5 肾虚泄泻

症状 黎明之前脐腹作痛，肠鸣即泻，泻下清稀如水，或完谷不化，泻后则安，形寒肢冷，腰膝酸软。

舌象 舌淡苔白。

脉象 脉沉细。

证候分析 泄泻日久，肾阳虚衰，不能温养脾胃，运化失常，黎明之前阳气未振，阴寒较盛，故腹部作痛，肠鸣即泻，又称为“五更泻”。泻后则腑气通利，故泻后则安。形寒肢冷，腰膝酸软，舌淡苔白，脉沉细，均为脾肾阳气不足之象。

治法 温补脾肾，固涩止泻。

方药 四神丸。

方中补骨脂温阳补肾，吴茱萸温中散寒，肉豆蔻、五味子收涩止泻。

加减 1）可加附子、炮姜温补脾肾。

2）若年老体弱，久泻不止，中气下陷，加黄芪、党参、白术益气健脾，亦可合桃花汤固涩止泻。

还可以辨证选用右归丸、肾气丸等。

22.3.3.6 肝郁泄泻

症状 素有胸胁胀闷，嗳气食少，每因抑郁恼怒或情绪紧张之时发生腹痛泄泻，腹中雷鸣，攻窜作痛，矢气频作，泻后痛止。

舌象 舌淡红。

脉象 脉弦。

证候分析 七情所伤，肝气郁滞，每因情绪紧张或恼怒之时，则肝郁更甚，肝失条达，横逆乘脾，失其健运，故腹中雷鸣，攻窜作痛，矢气频作，腹痛欲泄。肝失疏泄，故胸胁胀闷、嗳气食少。泻后则气滞暂缓，故诸证减轻。舌淡红，脉弦，为肝旺脾虚之象。

治法 抑肝扶脾。

方药 痛泻要方。

方中白芍药养血柔肝，白术健脾补虚，陈皮理气醒脾，防风升清止泻。

加减 1）若肝郁气滞明显，胸胁脘腹胀痛者，可加柴胡、枳壳、香附。

2）若脾虚明显，神疲食少者，加黄芪、党参、扁豆。

3）若久泻不止，可加酸收之品，如乌梅、诃子等。

22.4 预防与调护

养成良好的饮食卫生习惯，不饮生水，不过食生冷瓜果，居处冷暖适宜，避免感受外邪，保持心情舒畅。并可结合食疗健脾益胃。对重度泄泻者，应注意防止津液亏损，及时补充体液。泄泻痊愈后还应注意饮食调养、精神调摄和体育锻炼，防止复发。

附 录

1. 病案举例

1）葛某，男，58岁。1985年9月7日初诊。

患者8月下旬探家劳累，复又外感，遂发热、腹泻。每日早泻暮热，畏风有汗，胸部满闷，周身疼痛，肢体困乏，但口不渴。每日腹泻五六行，便前微感腹痛，时有肠鸣矢气，大便溏薄如糊状，色褐绿，量时少时多，无里急后重、黏液脓血。西医诊断为“急性肠炎”，曾先后用多种西药未见明显效果，今晨发热38℃，微汗。就诊时见患者面目虚浮，精神委靡，舌质淡红，苔白腻，脉濡数。辨证为湿泻，故见脉濡数，大便水泻或溏薄而少有腹痛，口不渴。治当分利水道，但当前又有表证，应表里兼治，解表利湿，予银翘五苓化裁。处方：银花12g，连翘9g，葛根9g，茯苓12g，泽泻9g，木通9g，滑石6g，苍术3g，桔梗3g，车前草30g。

二诊：服药2剂后周身微微汗出，至夜半热退，脉静身凉，次日腹泻已减至二三行，乃去解表之药，专以渗湿利水为治。处方：茯苓12g，泽泻9g，木通6g，滑石9g，白术9g，葛根9g，陈皮3g，砂仁3g，车前草30g。

三诊：服药3剂，热退泻止，但觉疲乏，虚汗不止，口干少津，舌质淡，苔薄白，脉濡缓，乃以补中益气、养胃生津之品善后。处方：黄芪15g，党参9g，白术9g，茯苓12g，麦冬6g，沙参9g，薏米12g，荷叶6g。

（董建华．中国现代名中医医案精华．北京：北京出版社，1990．2255～2256 靳士英医案）

按语：此案为急性泄泻，为水湿内停所致，中医认为，对这种泄泻的治疗，可用分利小便的方法，利小便以实大便。初诊时兼有表证，表里同治，故佐以解表；二诊表已解，则治以健脾渗湿；三诊泄泻已止，但神疲汗多，口渴少津，遂投以益气利湿、养阴和胃之法。用药不燥不腻，取甘味为主，使邪去而正不伤。

2）赵某，女，23岁。患者自1951年起大便溏泄，时发时止，曾服多种药物未愈。自1961年冬开始，腹泻次数增多，夜间较频。来诊时，患者白天大便二三次，夜间一二次，便前肠鸣腹胀作痛，矢气频泄，窘迫难忍，便后腹中即舒，伴见多汗，手心热，口干思饮，食少，腰酸，下肢沉困，腰部喜温，月经闭阻。脉沉细，舌质淡，苔白滑腻。证系久泻肾虚，寒湿郁热阻结，采用乌梅丸辛苦甘酸杂合以治久利之法。处方：党参10g，肉桂5g，黄连3g，木香5g，川椒3g，当归9g，白芍药9g，炙甘草5g，四神丸（包煎）18g。

二诊：服上药4剂，腹痛稍轻，余无改善，考虑舌苔白腻而滑，宜先除下焦沉寒积湿。前方去白芍药、四神丸，加苍术、乌药、肉豆蔻、炮姜。

三诊：服药4剂，腹痛大减，矢气少，夜间不泻，舌苔亦化薄，月经来潮，量少色紫。仍予前方，加小茴香温通肾气，服后诸症向愈，随访半年腹泻未发。

（董建华．中国现代名中医医案精华．北京：北京出版社，1990. 1639～1640　秦伯未医案）

按语：本患者病史较长，表现为五更泄泻，且伴有腰膝酸困，腰部喜温，是肾阳不足之证，然腹胀肠鸣，矢气频频，手心热，口干，多汗，苔白滑腻，为兼有肝虚郁热之象，虚实寒热夹杂，寒湿郁热阻结。乌梅丸加味补虚温肾，泄热理气，寒温并投，服后明显见效。仲景谓乌梅丸“又主久利”，临床上对虚实寒热错杂之久泻确有良效。

2. 古文献选录

《张氏医通·泄泻》：“五更泻，是肾虚失其闭藏之职也……八味丸以补其阴，则肾中之水火既济，而开阖之权得宜。况命门之火旺，则能生土，而脾亦强矣。有用六味丸加远志、益智，兼调脾肾而愈者；有用六味丸七分，杂二神丸三分，服之而愈者；有用五味子煎汤，送四神丸者；有用二神丸加五味子、山茱萸、肉桂、茴香，陈米饮糊为丸服者。”

《冯氏锦囊秘录·论泻》：“治法不外渗湿、消导、分利、补脾数法而已。然尤宜分寒热、新久，如泻久而元气下陷者，宜升提之；肠胃虚滑不禁者，宜收涩之；利水不可施于久病之后，收涩不可投入初期之时；而赤渴泻者，暖剂宜禁；泻久作渴者，凉剂忌投。盖暴注非阴，久泻非阳，渴者，当致不渴方愈，谓其邪热去，脾气复，津液生也；不渴者，当致微渴才痊，谓其积滞去，阴阳和也。如泻时止时发者，可发散脾间湿气，后与扶脾可也；若交寅时而泻者，谓之晨泻，宜为温补肾阳，盖肾开窍于二阴，而失闭藏之职也。故有脾虚、肝虚、肾虚，谓之三虚；有因湿、因火、因痰、因虚、因暑、因积、因风、因冷，谓之八症。”

《丹台玉案·泄泻》：“如伤肉食泻，以山楂为君，佐以蓬术、三棱、枳壳、黄连。如伤面食泻，以莱菔子为君，佐以枳实、黄连、麦芽、神曲、槟榔、草果。如伤生冷泻，以肉桂为君，佐以干姜、槟榔、莱菔子、陈皮、枳壳。如伤油腻泻，以苍术为君，佐以滑石、茯苓、陈皮、厚朴、炙甘草、白术、神曲。如伤米食泻，以麦芽为君，佐以神曲、陈皮、苍蓬术、三棱、枳实、黄连。如伤于酒泻，以消食药中加消酒之药，如葛粉、绿豆粉、天花粉、黄连、山楂。如伤于暑泻，以香薷、黄连为君，佐以车前子、滑石、茯苓、木通、厚朴、扁豆。直肠自下者，名曰洞泄，以白术为君，佐以五味子、诃子、肉果、牡蛎、粟壳。每朝登厕溏滑者，名曰脾泄，以白术为君，佐以煨姜、大枣、炙甘草。久泄腰痛者，名曰肾泄，以白术、杜仲为君，佐以人参、茯苓、肉果、诃子、五味子。泄泻而胁痛，名曰肝泄，以芍药为君，佐以白术、茯苓、苍术、厚朴、青皮、甘草。当泄时又闭而不下，所下者，多白沫而有声，乃风泄，以防风为君，佐以苍术、厚朴、陈皮、甘草、白术、茯苓。"

3. 研究进展

北京市脾胃学组报道北京地区603例泄泻患者的调查结果：①男性泄泻患者多于女性，中青年患者最多，占2/3。②泄泻患者的临床症状除大便次数增多、粪质稀薄或泻下如水外，最常见的症状依次是：腹部疼痛，食欲不振，大便臭秽，嗳腐酸臭，体倦乏力，口舌干燥，口苦口黏，舌质红或暗红，舌苔黄腻或白腻，脉象弦滑或滑数。③泄泻的发病原因，与饮食不节关系最大，占87.23%。④中医辨证分型，夏秋季泻以湿热证最多见（占49.42%），其他较多见的证型依次为食滞证、脾虚证、脾肾阳虚证。⑤西医诊断以急性肠炎最多，占62.19%，其他病症依次是：慢性肠炎、消化不良、急性胃肠炎、肠功能紊乱等［北京中医，1991，(3)：12］。

韩氏用加味白头翁汤治疗慢性结肠炎35例，对照组30例用西药治疗，结果总有效率分别为91.43%和66.27%（$P<0.05$）［新中医，1996，(1)：20～22］。黄氏从肝论治肠道激惹综合征，采用随机交叉对照试验，用调肝方（柴胡、白芍药、枳壳、木香、防风、救必应、白术等）制成丸剂，治疗腹泻型肠道激惹综合征30例，并与外形、大小、色泽等一致的安慰剂对照。结果：30例患者在服调肝方期间，大便次数和性状明显改善，有效者28例，有效率为93.3%，而服安慰剂期间，只有9例有效，有效率30%，两者比较$P<0.01$［中医杂志，1990，(3)：31］。

复习思考题

1. 试述泄泻的病因，为什么说脾虚湿盛是泄泻的重要因素？
2. 泄泻与痢疾如何鉴别？
3. 试述泄泻如何辨寒热虚实？
4. 泄泻的治疗原则是什么？应注意哪些？
5. 寒湿泄泻与湿热泄泻如何鉴别？在症状、治法及方药上有何不同？
6. 慢性久泄常见哪些证型？其症状、治法、方药分别是什么？

（张润顺）

23

痢　疾

目的要求

1. 了解痢疾的概念、预防和转归。
2. 熟悉痢疾的病因病机、诊断要点、鉴别诊断及辨证要点。
3. 掌握痢疾各证型的辨证论治。

痢疾是因外感时邪疫毒，内伤饮食而致邪蕴肠腑，气血壅滞，传导失司，以腹痛腹泻、里急后重、排赤白脓血便为主要临床表现的病证。

本病一年四季均可发生，但以夏秋季节最为多见。

《内经》称本病为“肠　”，对本病的病因、症状、预后等方面有原则性的论述，并从症状、脉象表现判断痢疾的预后。张仲景《伤寒论》、《金匮要略》以下利统称痢疾与泄泻，对痢疾进行了初步的分类，辨证论治已初具系统。《备急千金要方》称本病为“滞下”，列有治痢方一百余首。宋代《严氏济生方》首创“痢疾”之病名，一直沿用至今。刘完素提出调气行血的治疗原则，至今仍为治痢的主要原则之一。《丹溪心法》进一步阐明痢疾的流行性、传染性，并论述痢疾的病因以“湿热为本”，提出通因通用的治痢原则。明清时期，对本病认识更加完善。

现代医学中的细菌性痢疾、阿米巴痢疾以及慢性非特异性溃疡性结肠炎等临床表现与本病类似时，可参照本章辨证论治。

23.1 病因病机

23.1.1 病因

23.1.1.1 外感时邪疫毒

一是感受湿热之邪。夏秋之交，气候正值热郁湿蒸之际，湿热之邪内侵人体，蕴于肠腑，致气血壅滞，传导失司。二是感受疫毒之邪。疫毒是指具有强烈传染性的致病邪气，且疫毒致病，病情多重，疫毒邪气侵袭人体，蕴于肠腑，亦可形成本病。

23.1.1.2 饮食不节

若平素过食肥甘厚味，则酿生湿热；夏月恣食生冷瓜果，则损伤肠胃阳气，酿生寒湿；或因食用不洁食物，湿热毒邪从口而入。邪气积滞肠中，气血凝滞，脂络损伤，腐败化为脓血，导致痢疾发生。

痢疾为病，发于夏秋之季，这个季节暑、湿、热三气交蒸，互结而侵袭人体，加之饮食不节与饮食不洁，邪从口入，致湿热、疫毒、寒湿等邪气积滞肠中，遂形成痢疾。

23.1.2 病机

23.1.2.1 基本病机

痢疾的病机主要是邪滞于肠，气血壅滞，肠道传化失司，脂膜血络受伤，腐败化为脓血而成痢。由于时邪疫毒或饮食不节而致邪积于大肠，邪气与气血相搏结，肠腑气机阻滞，通降不利，不通则痛，腹痛而欲大便则里急，大便次数增加，便又不爽则后重。热郁湿蒸，气血凝滞，腐败肠间，以致肠腑脂膜血络受损，则下痢赤白脓血。

23.1.2.2 病位

痢疾病位在肠腑，与脾胃有密切的关系。大肠主传导燥化，胃与肠相连，脾胃主受纳、运化之职，升清降浊，脾胃损伤，则酿生湿热或寒湿等，阻滞于肠腑，影响到肠而形成本病。

23.1.2.3 病理性质

痢疾以实证为主，日久可见虚实夹杂之证。不过，临床上以湿热痢为多见，实证为主。

23.1.2.4 病机转化

由于人体的体质有阴阳盛衰的不同，痢疾病机的转化又有不同。素体阳虚者，湿从寒化，寒湿内蕴，再加之饮食生冷不洁，损伤阳气，遂为寒湿痢。素体阳盛者，感受湿热之邪，致湿热内蕴，或食用不洁之物，从热而化，乃成湿热痢。寒湿内蕴，日久可郁而化热，转化为湿热痢，感受湿热，若素体脾阳不足，或湿热之邪损伤阳气，可形成寒湿痢。急性暴痢，多属实证，日久由实转虚，形成虚实夹杂之证，则成慢性久痢；若痢疾迁延，失治或误治，收涩过早，关门留寇，正虚邪恋，则痢疾时发时止，形成休息痢；若久痢不止，损伤脾肾之阳，或过用寒凉，克伐中阳，则形成虚寒痢；若因热毒损伤阴津，或久痢伤阴，则成阴虚痢；若因湿热疫毒上攻于胃，或久痢伤正，胃虚气逆，胃不纳食，致下痢而不能进食或呕不能食，则成噤口痢。

23.2 诊断与鉴别诊断

23.2.1 诊断

23.2.1.1 临床表现

临床表现为腹泻腹痛、里急后重、便次增多，大便常有脓血黏液。疫毒痢病情严重而病势凶险，以儿童为多见，急骤起病，在腹痛、腹泻尚未出现之时，即有高热神疲，四肢厥冷，面色青灰，呼吸浅表，神昏惊厥，而痢下、呕吐并不一定严重。急性痢疾发病骤急，可伴有恶寒发热；慢性痢疾则反复发作，迁延不愈。

23.2.1.2 病史及发病

患者多有饮食不节、饮食不洁史，或有痢疾患者接触史。多起病急骤，常见于夏秋季节。

23.2.1.3 辅助检查

血常规、大便常规及培养、X 线钡餐造影及纤维乙状结肠镜检查有助于诊断及鉴别诊断。

23.2.2 鉴别诊断

本病应与泄泻鉴别。两者相同点在于均多发于夏秋季节，病位都在胃肠，皆由外感时邪、内伤饮食而发病，症状都有大便次数增多。不同点在于，从症状来看，痢疾大便次数虽多而量少，便而不爽，甚则滞涩难下，排出赤白脓血便，伴腹痛，里急后重，便后痛不减。而泄泻大便溏薄，粪便清稀，或如水，或完谷不化，泻而不爽，甚则滑脱不禁，而无赤白脓血便，亦无里急后重感，有时虽有腹痛，但多与肠鸣并见，泻后则痛减。从病机来看，痢疾为湿热、疫毒、寒湿等壅滞于肠中，与气血相搏结，病位在肠。泄泻的病机关键在于脾虚湿盛，病位主要在脾胃，与肠有关。另外，泻、痢两病在一定条件下，又可以相互转化，或先泻而后痢，或先痢而后转泻。一般认为先泻后痢病情加重，病位由浅入深；先痢后泻为病情减轻，病位由深出浅。

23.3 辨证论治

23.3.1 辨证要点

23.3.1.1 辨虚实

一般来说，初痢及年轻体壮患痢者多实；久痢及年高体弱患痢者多虚。腹痛胀满，痛而拒按，痛时窘迫欲便，便后里急后重暂时减轻者为实；腹痛绵绵，痛而喜按，便后里急后重不减，坠胀甚者为虚。

23.3.1.2 辨寒热

大便排出脓血，色鲜红，赤白甚至紫黑，浓厚黏稠腥臭，腹痛，里急后重感明显，口渴喜冷饮，或口臭，小便黄或短赤，舌红苔黄腻，脉滑数者属热；大便排出赤白，色晦暗，清淡无臭，腹痛喜按，里急后重不明显，面白肢冷形寒，舌淡苔白，脉沉细者属寒。滑脱不尽者，属虚寒。

23.3.1.3 辨痢色

一般不能通过痢色辨寒热，而主要用来辨气血。痢下白冻，白多赤少，多属气分；痢下赤冻，或赤多白少，为邪伤血分；痢下纯血鲜红，为热毒炽盛，热迫血行；赤白相杂，为湿热并重，气血俱伤；痢下紫黑，为瘀血内阻。

23.3.2 治疗原则

痢疾的治疗，应根据其病证的寒热虚实，而确定治疗原则。总的来说，热痢清之，寒痢温之，初痢实则通之，久痢虚则补之，寒热交错者清温并用，虚实夹杂者通涩兼施。湿热痢治以清热解毒化湿，调气行血导滞，结合兼证，兼表证佐以解表，兼里实热证佐以泻下，兼食滞佐以消导；疫毒痢治以清热凉血解毒，神昏者辅以清心开窍，痉厥者辅以熄风镇痉；寒湿痢治以温中燥湿，调气和血。休息痢温中清肠，佐以调气化滞；虚寒痢温补脾肾，收涩固脱；阴虚痢养阴清肠；噤口痢可用泄热和胃或健脾和胃法。

在治疗时应注意：一是痢疾的病机为邪滞于肠，气血壅滞，故在痢疾治疗过程的始终都应注意祛邪及调气行血。痢疾初起，以实证、热证较为多见，应以祛邪为主，清热、解毒、化湿、燥湿、清肠导滞等为常用之法，即使是久痢，虚实夹杂、寒热并见者，亦需要兼以清化。调气行血亦是治疗痢疾常用法则，刘完素指出："调气则后重自除，行血则便脓自愈。"通过调气行血，可使肠胃的功能恢复，痢疾的症状迅速缓解。二是忌过早补涩，尤其是暴痢，以防闭门留寇；二是治疗中应顾及正虚的一面，久痢之人，可酌情采用温养、滋阴等法，尤其是要顾护胃气，人以胃气为本，顾护胃气应贯穿于治痢过程之始终，苦寒清热之品不可长时间大剂量使用，以免损伤胃气；忌峻下攻伐，以防损伤正气；忌分利小便太过，以防耗伤津液。应扶正驱邪，权衡运用。

23.3.3 分型论治

23.3.3.1 湿热痢

症状　腹痛阵作，痛而拒按，便后腹痛暂缓，里急后重，下痢赤白脓血，肛门灼热，小便短赤。

舌象　舌苔腻微黄。

脉象　脉滑数。

证候分析　湿热之邪壅滞肠中，与气血搏结，气机不畅，传导失常，故腹痛，里急后重。湿热与气血相搏结，脂络受伤，气血瘀滞，化为脓血，故下痢赤白脓血。湿热下注，则肛门灼热，小便短赤。苔黄腻，脉滑数为湿热内蕴之象。

治法　清热解毒化湿，调气行血导滞。

方药　芍药汤。

方中以黄芩、黄连为治痢要药，功能清热燥湿，解毒止痢；大黄、槟榔荡热去滞；木香、槟榔调气以除里急后重；当归、肉桂行血和营以治脓血；芍药、甘草缓急止痛；肉桂能防苦寒太过，亦起反佐作用。

加减　1）常加银花、穿心莲以加强清热解毒之效。

2）湿重于热者，可去当归、黄芩，加茯苓、苍术、厚朴、陈皮等健脾燥湿。

3）热重于湿者，加白头翁、黄柏、秦皮等直清里热。

4）痢下鲜红者，加地榆、苦参、牡丹皮、侧柏叶以凉血止痢。

5）若痢疾初起，兼见发热恶寒，头身重痛等表证者，方用活人败毒散，即祖国医学所谓"逆流挽舟"，用解表举陷以止痢的方法，不治痢而治致痢之源。

6）若身热汗出，脉象急促，表邪未解而里热已盛者，则用葛根芩连汤。

7）如表证已减，痢犹未止，可加香连丸以调气清热。

8）兼夹食滞，症见嗳腐吞酸，腹部胀满，苔腻脉滑者，加莱菔子、山楂、神曲以消食化滞，食积较甚，可用木香槟榔丸或枳实导滞丸以行气导滞，破积泻热。

9）如痢下较重，赤多白少，或纯下赤冻，肛门灼热，口渴引饮，苔黄脉数，宜用白头翁汤以清热解毒。

23.3.3.2 疫毒痢

症状　发病急骤，痢下鲜紫脓血，腹痛剧烈，里急后重较湿热痢更甚，或壮热口渴，呕吐频繁，头痛烦躁，甚则神昏痉厥而痢下并不明显。

舌象　舌质红绛，苔黄燥。

脉象　脉滑数或微细欲绝。

证候分析　疫毒之邪，伤人最速，所以发病骤急。疫毒熏灼肠道，与气血相搏结，肠络受伤，故痢下鲜紫脓血。疫毒之气，甚于湿热之邪，所以腹痛、里急后重较湿热痢为甚。疫毒内盛，助热伤津，所以壮热口渴。疫毒攻胃，胃失和降，故呕吐频繁。毒邪上攻清窍则头痛，毒邪内扰心营则烦躁。热毒蒙蔽清窍则神昏。热盛动风，则痉厥。舌质红绛，苔黄燥，脉滑数等，皆为疫毒内盛之征。若邪毒内盛，致气阴耗伤，则脉可见微细欲绝。

治法　清热凉血解毒。

方药　白头翁汤合芍药汤。

以白头翁凉血解毒为君药，用量宜大，配合黄连、黄柏、秦皮清热解毒化湿。用当归活血，木香、槟榔行气，芍药、甘草缓急止痛。

加减　1）常加金银花、赤芍药、牡丹皮、地榆、贯众等以加强清热凉血解毒之功。

2）如见烦躁、神昏谵语，甚则痉厥，脉象弦细，舌质红绛而苔黄糙者，为热毒深入心营，病势危急，药用上方加羚羊角、鲜生地、钩藤、石决明等，再合用紫雪丹吞服或鼻饲以清热解毒，开窍镇痉，或用清开灵注射液静点。

3）若见厥脱，症见面色苍白，四肢厥逆而冷汗出，唇甲紫暗，尿少，脉微细欲绝，急用独参汤或参附汤或加用参麦注射液或参附青注射液静脉推注或滴注，以益气固脱。

23.3.3.3　寒湿痢

症状　痢下赤白黏冻，白多赤少，或纯为白冻，伴有腹痛拘急，里急后重，饮食乏味，脘腹胀满，头身困重。

舌象　苔白腻。

脉象　脉濡缓。

证候分析　寒湿皆为阴邪，阴邪留着肠中，则气机阻滞，传导失常，故见下痢腹痛拘急，里急后重。寒湿多伤于气分，故下痢白多赤少或纯为白冻。寒湿中阻，运化失常，故饮食乏味，脘腹胀满。脾主肌肉而健运四旁，寒湿困脾，则健运失司，故头身困重。苔白腻，脉濡缓，皆为寒湿内盛之象。

治法　温中燥湿，调气行血。

方药　不换金正气散加减。

方中以藿香芳香化湿；苍术、厚朴、半夏燥湿运脾；陈皮、木香、枳实行气导滞；桂枝、炮姜温中散寒，芍药、当归和血。

加减　湿邪较甚，痢下色白如胶冻，可用胃苓汤。

23.3.3.4 休息痢

症状 痢疾日久，下痢时发时止，迁延难愈，食少腹胀，倦怠怯冷，嗜卧，每因饮食不当、受凉、劳累而发，发时大便次数增多，临厕腹痛里急，大便经常或间有赤白黏冻。

舌象 舌质淡苔腻。

脉象 脉濡软或虚数。

证候分析 下痢日久，损伤正气，或治疗不当，收敛太早，关门留寇，致正虚邪恋，寒热夹杂，肠胃传导失司，故痢疾缠绵难愈，痢下时发时止。脾胃虚弱，中阳健运失常，湿邪内阻，故食少腹胀，嗜卧，倦怠怯冷。湿热留恋不去，病根未除，故每因感受外邪、饮食不当或劳累诱发，发则腹痛里急，大便中夹有黏液或见赤色。苔腻不化，脉濡软虚数，乃湿热未尽、正气虚弱之象。

治法 温中清肠，佐以调气化滞。

方药 连理汤加味。

方中人参、白术、干姜、甘草温中健脾；黄连清除肠中湿热余邪。可加槟榔、木香、枳实等以调气行滞；加当归和血。

加减 本型是久痢中最常见的一种，临证时需根据正虚与邪恋的轻重，发作期与缓解期的不同，分别加以施治。

1）发时湿热证候明显，可用芍药汤。

2）脾胃阳气不足，寒湿积滞，遇寒即发，症见下痢白冻，倦怠少食，舌淡苔白，脉沉，治宜扶正与祛邪兼顾，温补之中，佐以导下去积，可用《千金》温脾汤加减以温中散寒，消积导滞。

3）若久痢不愈，累及于肾，兼见肾虚证候者，宜于补脾化滞中加入补肾之品。

4）若久痢顽固不愈，证见虚实夹杂、寒热并见者，可用乌梅丸虚实兼顾，寒热并治。

5）休息痢若属于阿米巴痢疾，可用鸦胆子仁治疗，成人每次 15 粒，每天服 3 次，胶囊分装或用龙眼肉包裹，饭后服用，连服 7 ~ 10 天，可单独服用或配合上述方药使用。

23.3.3.5 虚寒痢

症状 下痢赤白清稀，带有白冻，腥臭不明显，甚则滑脱不禁，肛门坠胀，或腹部隐痛，缠绵不已，喜温喜按，食少神疲，四肢不温，腰膝酸软。

舌象 舌淡苔薄白。

脉象 脉沉细而弱。

证候分析 痢久脾虚中寒，寒湿留滞肠中，故下痢清稀带有白冻。寒盛正虚，肠中失于温养，故腹部隐痛，缠绵不已，喜温喜按。胃主受纳水谷，脾主运化四旁，胃气虚弱，脾阳不振，故食少神疲，四肢不温。脾胃虚寒日久，导致肾阳亦虚，腰府失养则腰膝酸软。肾者胃之关也，肾虚关门不利，固摄无权，则滑脱不禁。舌淡苔白，脉沉细弱，皆为虚寒征象。

治法　温补脾胃，收涩固脱。

方药　附子理中汤或桃花汤合真人养脏汤。

附子理中汤以附子、干姜温补脾胃之阳；人参（或党参）、白术、甘草益气健脾。重者可用桃花汤合真人养脏汤，二方均有收涩、固脱的作用。桃花汤中赤石脂收涩之力强，重用干姜、粳米温中补脾。真人养脏汤中的诃子、罂粟壳、肉豆蔻、白术、人参既可收涩，又能补脾，且有肉桂温肾，归、芍调血，木香行气，更为合度。二方合用，温补、收涩、固脱之力尤强。

加减　如痢久脾虚气陷，导致少气脱肛，可用补中益气汤加减以益气补中，升清举陷。

23.3.3.6　阴虚痢

症状　痢下赤白脓血，日久不愈，或下鲜血黏稠，脐腹灼痛，虚坐努责，量少难出，食少，心烦口干。

舌象　舌质红绛少苔，或舌光红乏津。

脉象　脉细数。

证候分析　素体阴虚，感邪而病痢，或久痢伤阴，遂成阴虚之痢。邪滞肠间，阴血不足，则下痢赤白脓血或鲜血黏稠。阴亏热灼，故脐腹灼痛。营阴不足，则虚坐努责，量少难出。胃阴亏虚，故食少，口干。阴虚火旺，虚火扰心，故心烦。舌质红绛少苔，或舌光红乏津，脉细数，均为阴血亏耗之征。

治法　养阴清肠。

方药　驻车丸加减。

方中黄连苦寒以清肠止痢；阿胶、当归养阴和血；少佐炮姜以制黄连苦寒太过。并可加白芍药、甘草以酸甘化阴、和营止痛；加瓜蒌以滑利气机。

加减　1）如虚热灼津而见口渴，尿少，舌干者，可加沙参、石斛以养阴生津。

2）若见痢下血多者，可加牡丹皮、栀子、赤芍药、墨旱莲、地榆炭以凉血止血。

3）若湿热未清，而见口苦、肛门灼热者，可加黄柏、秦皮以清解湿热。

23.3.3.7　噤口痢

（1）实证

症状　下痢而不能进食，或呕逆不食，胸闷，口气秽臭。

舌象　舌苔黄腻。

脉象　脉滑数。

证候分析　本证多由湿热、疫毒蕴结肠中，上攻于胃，致胃失和降，故下痢而不能进食，或呕逆不食。邪气内蕴，阻滞气机，故胸闷。胃中浊气上逆，故口气秽臭。舌苔黄腻，脉滑数为湿热内蕴之象。

治法　泄热和胃，苦辛通降。

方药 开噤散加减。

方中黄连、石菖蒲、茯苓、石莲子、陈皮、半夏、陈仓米、荷叶蒂等具有升清降浊、清热化湿、降逆和中之功，宜煎成少量药汁，频频呷服。倘汤剂不受，可先用玉枢丹磨冲少量与服，再予前方。

加减 若呕吐频繁，舌红绛而干，脉细数，乃胃之气阴耗伤较甚所致，宜重用人参，并加麦冬、石斛、沙参以扶养气阴。并可用人参与姜汁炒黄连同煎，频频呷之，再吐再呷，以开噤为止。

（2）虚证

症状 呕恶不食，或食入即吐，口淡不渴。

舌象 舌淡。

脉象 脉弱。

证候分析 由于脾胃素虚或久痢伤正，以致胃虚气逆，故呕恶不食，或食入即吐。内无热邪，故口淡不渴。舌淡，脉弱为脾胃虚弱之象。

治法 健脾和胃。

方药 六君子汤加石菖蒲、姜汁。

六君子汤功能健脾益气，理气和胃。加石菖蒲、姜汁以醒脾开胃。

加减 如下痢无度，饮食不进，肢冷脉微，为病势危重，急用独参汤或参附汤以益气回阳救逆。

23.4 预防与调护

部分痢疾具有传染性，在夏秋季节采取积极有效的预防措施，如搞好水、粪的管理，注意饮食卫生，消灭苍蝇等。另外，药物预防也很有必要。在流行季节，可适当食用生蒜，每次1~3瓣，每日2~3次，或将大蒜瓣放入菜食之中食用。亦可用马齿苋、绿豆适量，煎汤饮用，或马齿苋、陈茶叶共研细末，大蒜瓣捣泥拌和，入糊为丸，如龙眼大小，每次1丸，每日2次，连服1周。调护方面，要注意饮食宜忌，初痢宜进清淡之食，禁食荤腥油腻之品，以防损伤脾胃，酿生湿热，使病情加重。

附 录

1. 病案举例

1）王某，男，40岁。初诊：1982年10月27日。主诉：四五年来便泄不已，曾患菌痢，便时腹痛，里急后重，多处求治少效。脉弦，苔薄腻。予和胃整肠，泄肝扶土，苦寒渗湿疏泄为法，香连丸合白头翁汤出入。处方：白术10g，白芍10g，木香10g，白头翁10g，山楂10g，神曲10g，云茯苓15g，山药15g，地锦草15g，黄芩10g，败酱草15g，煨益智10g，紫草5g，刘寄奴10g，炙甘草5g。

七剂。另方：香连丸二瓶。

二诊：11 月 3 日。药后便泄渐戢，肠鸣漉漉，稍稍思纳。脉细数，苔薄腻。再予效法进一步治之。处方：山药 15g，败酱草 15g，地锦草 15g，白头翁 10g，山楂 10g，神曲 10g，刘寄奴 10g，炙甘草 6g，炒黄芩 10g，白术 10g，白芍药 10g，煨益智 10g，秦皮 15g，诃子 10g。

三诊：11 月 10 日。湿热滞交蕴，胃肠未和，晨起大便一次，溏薄，腹鸣漉漉。脉濡数，苔薄腻。再予扶土抑木。处方：山药 15g，诃子 10g，赤石脂（包）30g，紫草 5g，刘寄奴 10g，山楂 10g，神曲 10g，禹余粮（包）30g，焦麦芽 15g，焦苡仁 15g，黄芩 10g，白术 10g，白芍药 10g，木香 10g，煨益智 10g，云茯苓 10g，炙甘草 5g。七剂。另方：香连丸二瓶。

四诊：11 月 17 日。腹鸣未愈，便行次数已减，胃肠未和，脾湿中阻。脉濡苔薄。再予和胃清肠。处方：白术 10g，白芍药 10g，大腹皮 10g，木香 10g，山楂 10g，神曲 10g，山药 15g，诃子 10g，山栀子 10g，青陈皮各 10g，郁金 5g，延胡 10g，焦麦芽 5g，焦苡仁 15g，石榴皮 10g。七剂。另方：香连丸二瓶。

按语：慢性细菌性痢疾在发作时，仍表现为肠中湿热，治以和胃整肠、苦寒渗湿、泄肝扶土为法，何老常以香连丸合白头翁汤加减，病程较长者加白术、山药、苡米、茯苓健脾渗湿，柴胡、白芍药疏肝抑木；久泻不止者酌加诃子、赤石脂、禹余粮、石榴皮以清肠止泻。

（董建华．中国现代名中医医案精华．北京：北京出版社，1990. 1033～1034 何承志医案）

2）杜某，男，26 岁。昨晨起发热恶寒，头晕而疼，身肢酸楚，旋即下利赤白，里急后重，日行二十余次，腹痛不欲食，小便短赤。舌苔薄白而腻，脉象浮滑。辨证立法：头痛寒热，表邪方兴，小便短赤，湿郁热蕴，里急后重，腹痛下坠，积滞未消。以疏表利湿为法治之。处方：川桂枝 3g，赤白芍各 6g，银柴胡 3g，吴茱萸（黄连 5g，同炒）5g，蔓荆子 6g，赤茯苓 10g，煨葛根 10g，赤小豆 20g，炒红曲（车前子 10g，同布包）6g，姜川朴 5g，山楂炭 10g，炒枳壳 5g，炙甘草梢 3g，晚蚕砂（血余炭 6g，同布包）6g，炒香豉 12g。

二诊：药服 2 剂，寒热晕痛已解，大便脓血减少，已成溏便，日行四五次，微感腹痛里急，小便现赤涩，表证已罢，着重清里化湿，消导积滞。处方：苍术炭 6g，青皮炭 10g，白术炭 6g，广皮炭 5g，赤茯苓 10g，吴茱萸（黄连 5g，同炒）5g，血余炭（车前子 10g，布包）6g，煨葛根 10g，赤小豆 20g，扁豆衣 6g，酒黄芩 6g，炒建曲 10g，白通草 5g，炙甘草梢 3g，杭白芍（土炒）10g，扁豆花 6g，焦薏仁 15g，川厚朴 5g。服 2 剂，愈则停诊。

（《施今墨临床经验集》）

按语：此为外感兼食积下痢案，证见恶寒发热，头痛身重，痢下频急。此属表里兼病，来势骤急。医者从喻氏逆流挽舟立法，初治重解表。二诊表疏邪透，则治以清里化湿、消积导滞。本案用药轻灵，先表后里，层次井然。

2. 古文献选录

《明医杂著·痢疾》:“痢是湿热及食积,治者别赤、白、青、黄、黑五色,以属五脏。白者湿热,伤气分;赤者湿热,伤血分;赤白相杂,气血俱伤;黄者食积,治法泻肠胃之湿热,开郁结之气,消化积滞,通因通用,其初只是下,下后未愈,随证调之。痢稍久者不可下,胃虚故也。痢多属热,然亦有虚与寒者。虚者宜补,寒者宜温。年老及虚弱人不宜下。方用黄芩炒、黄连炒各五分,白芍药炒二钱。以上三药,乃痢疾之必用者。木香、枳壳炒各五分,甘草炙三分,槟榔一钱,姜水煎服。若腹痛加当归一钱五分,缩砂仁一钱,再加木香、芍药各五分。若后重加滑石炒五分,再加枳壳、槟榔、芍药、条芩各五分;若白痢加白术、白茯苓、滑石、炒陈皮各一钱,初欲下之,再加大黄五钱,兼食积,加山楂、枳实各一钱;若红痢加当归、川芎、桃仁各一钱五分,初欲下之,再加大黄五钱;若红白相杂,加川芎、当归、桃仁各一钱五分以理血,滑石、陈皮、苍术各一钱五分以理气。有余食积者,加山楂、枳实以消导;若白痢久,胃弱气虚,或下后未愈,去槟榔、枳壳,减芩、连、芍药各七分,加白术一钱五分,黄芪、陈皮、茯苓各一钱,缩砂、干姜炙各五分;若红痢久,胃弱血虚,或下后未愈,减黄芩、黄连各五分,加当归、川芎、熟地、阿胶、陈皮各一钱,白术一钱五分;若赤黑相杂,此湿甚也,及小便赤涩短少,加木通、泽泻、茯苓各一钱,山栀仁炒五分,以分利之;若血痢加当归、川芎、生地黄、桃仁、槐花炒各一钱,久不愈,减芩、连各七分,去槟榔、枳壳,再加阿胶珠、侧柏叶、白术各一钱五分,干姜炒、黑陈皮各一钱;若痢已久而后重不去,此大肠坠下,去槟榔、枳壳,用条芩加升麻一钱,以升提之。”

《医学心悟·痢疾》:“古人治痢,多用坠下之品,如槟榔、枳实、厚朴、大黄之属,所谓通因通用,法非不善矣,然而效者半,不效者半,其不效者,每至缠绵难愈。……予因制治痢散,以治痢症初起之时。方用葛根为君,鼓舞胃气上行也;陈皮、苦参为臣,清湿热也;麦芽、山楂为佐,消宿食也;赤芍药、广陈皮为使,所谓‘行血则便脓自愈,调气则后重自除’也。制药普送,效者极多。”

3. 研究进展

(1)细菌性痢疾的临床研究

据有关资料分析,急性细菌性痢疾的辨证分型以湿热型居多,临床治疗应根据偏湿或偏热的不同而予以辨证用药。王氏等认为痢疾之证无论虚实,皆有积滞内停,气血失于和调,故采用调和气血,消积导滞止痢为主法,药用自拟归芍止痢汤(当归、白芍各30g,黄柏30g,生山楂30g,滑石12g,槟榔、枳壳各6g,木香、莱菔子、甘草各3g)治疗急性细菌性痢疾42例,结果临床疗效优于复方新诺明治疗组、氯霉素治疗组($P<0.01$),总有效率达97.6%[实用中医药杂志,1997,(1):18]。李氏认为急性细菌性痢疾临床多见湿热痢,治疗应以清

热化湿解毒，调气行郁导滞为主法，选用归芍汤（当归、白芍、黄芩、葛根、枳壳、木香、槟榔、莱菔子各10g，甘草6g），随证加减，属疫毒痢加白头翁15～30g；寒湿痢加炮姜3g，白蔻10～12g；阴虚痢加沙参10g，麦冬10～12g；湿热痢用原方。治疗急性细菌性痢疾50例，结果全部治愈［陕西中医，1997，18（7）：312］。王氏用加味白头翁汤（药物组成：白头翁、黄柏、黄连、秦皮、赤石脂、穿心莲、黄芪、木香、川芎、甘草）浓煎至200ml保留灌肠，每晚1次，治疗慢性细菌性痢疾87例，结果治愈65例，临床治愈15例，好转5例，总有效率100%［甘肃中医，1998，11（3）：14］。

采用验方、单方治疗急性细菌性痢疾，具有针对性强、疗效好的特点。赵氏用单味草药叶下红治疗各型细菌性痢疾909例，治愈率为93.2%，与呋喃唑酮加TMP等对照组比较，治愈率和肠镜检查结果无显著差异（$P>0.05$）［中西医结合杂志，1985，5（9）：530］。吴氏采用大蒜溶液保留灌肠，每日2～3次，每次10～15ml，治疗顽固性细菌性痢疾14例，获得显著疗效［中国农村医学，1985，（4）：12］。据报道应用单味中草药杨树花、苦疬药、诃子、翻白草、乌梅、虎杖、马齿苋、鱼腥草、地榆、苦参、铁苋菜、贯筋草、苍耳草、 蓄等，治疗急性细菌性痢疾的疗效也较满意。大量实验资料证明，以上各种中草药对痢疾杆菌有明显的抑制或杀灭作用。

（2）慢性非特异性溃疡性结肠炎的临床研究

慢性非特异性溃疡性结肠炎多属中医痢疾范畴，目前治疗主要采用中药内服、中药灌肠或中药内服与灌肠并用治疗。内服药物有以辨证论治者，如李氏将本病分为三型，分别为湿热型、脾虚型及脾肾两虚型进行治疗，疗效满意［中医杂志，1987，（2）：10］。有在基本方基础上随证加减的，如郑氏等用自拟升陷紫芩汤（党参、生黄芪、紫草、白术、山萸肉、茯苓、甘草、升麻、柴胡、五味子、补骨脂、黄芩）为基本方随证加减治疗本病，取得显著疗效［福建中医药，1997，28（3）：27］。王氏用溃结清（枯矾、赤石脂、芦甘石、青黛、梅花点舌丹等）配制成药粉，每次取药粉8g，加温水至60～80ml配成稀糊状灌肠治疗95例，有效率94.7%［中医杂志，1992，33（3）：30］。

复习思考题

1. 试述痢疾的病因病机。
2. 痢疾如何辨寒热虚实？
3. 试述痢疾的治则治法及注意事项。
4. 试述湿热痢的症状、治法及方药。湿热痢与疫毒痢如何鉴别？
5. 寒湿痢与虚寒痢如何鉴别？试述其症状、治法及方药。
6. 休息痢是怎样形成的？其病机如何？试述其症状、治法及方药。

（张润顺）

24

腹　痛

目的要求

1. 了解腹痛的概念，大体范围、调摄护理及研究进展。
2. 熟悉腹痛的病因病机、辨证要点及诊断要点。
3. 掌握腹痛的治疗原则及分型论治。

腹痛是因多种原因导致脏腑气机不利，经脉失养，以胃脘以下、耻骨毛际以上部位发生疼痛为主要表现的病证。

《内经》已提出寒邪、热邪客于肠胃可引起腹痛，并提出腹痛的发生与脾胃、大小肠、膀胱等脏腑有关。张仲景对腹痛已有了较为全面的论述，在诊法、辨证治疗、拟方用药等方面，开创了治疗腹痛之先河。隋唐宋金时期记载了大量治疗腹痛的方药，明清时期，对腹痛已形成了完整的辨证论治体系。

腹痛是临床常见病证。本章主要讨论内科腹痛，外科、妇科所致的腹痛不包括在内。另外，痢疾、霍乱、积聚、鼓胀、虫证等内科疾病出现的腹痛症状，可参考有关章节。现代医学急慢性肠炎、胃肠痉挛、不完全性肠梗阻、结核性腹膜炎、腹型过敏性紫癜、肠道激惹综合征、消化不良性腹痛、急慢性胰腺炎、肠粘连等病临床主要表现为腹痛者，可参考本章辨证论治。

24.1　病因病机

24.1.1　病因

24.1.1.1　外感时邪

六淫之邪，侵入腹中，均可引起腹痛，其中以寒暑湿热之邪最为常见。伤于风寒则寒凝气滞，经脉痹阻，不通则痛；伤于暑热，或寒邪不解，郁而化热，或湿热内蕴，则壅阻气机，传导失职，腑气不通而发生腹痛。

24. 1. 1. 2　饮食不节

暴饮暴食，损伤脾胃，食滞不化，致饮食停滞；或恣食肥甘厚腻辛辣之品，酿生湿热，蕴蓄肠胃；或误食馊腐，饮食不洁，损伤脾胃；或过食生冷，寒湿内停等，既可使寒湿、湿热、食积等阻滞胃肠气机，又可损伤脾胃，致腑气通降不利而发生腹痛。

24. 1. 1. 3　情志失调

抑郁恼怒，肝失条达，气机不畅，气滞而痛；或忧思伤脾，或肝郁克脾，肝脾不和，气机不利，腑气通降不顺而发腹痛。气滞日久，血行不畅，气滞血瘀则发生腹痛。

24. 1. 1. 4　跌仆手术

跌仆损伤，络脉瘀阻，或腹部手术，脉络受损，均可形成腹中瘀血，瘀血内停，阻滞气血，不通则痛。

24. 1. 1. 5　阳气素虚

素体脾阳不振，或过服寒凉，损伤脾阳，寒湿内停，渐致脾阳衰惫，气血生化无源，不能温养脏腑，而致腹痛；久病累及肾阳，肾阳不足，脏腑失于温煦，经脉失于温养则腹痛。

总之，腹痛的成因，不外寒、热、虚、实、气、血等方面，各病因之间常相互联系，或相兼为病，并可发生相互转化。

24. 1. 2　病机

24. 1. 2. 1　基本病机

腹痛的病机，仍不离“不通则痛”。外感寒热，内伤饮食、情志，以及跌仆手术等原因，皆可导致脏腑气机不利，气血运行不畅而出现实证腹痛；气血不足，阳气虚弱，则脏腑经脉失于温养，气血运行无力而成虚证腹痛。

24. 1. 2. 2　病位

腹内有肝、胆、脾、肾、大小肠、膀胱等脏腑，并为足三阴、足少阳、手足阳明、冲、任、带等经脉循行之处，所以外邪侵袭，内有所伤，引起脏腑气机不利，邪气阻滞腹中，经脉运行不畅，或脏腑经脉失养等，均可引起腹痛。

24.1.2.3 病理性质

腹痛的病理性质有虚实之别，实者为邪阻经络，气血运行不畅所致；虚者为阳气虚弱，脏腑经脉失于温养引起。

24.1.2.4 病机转化

一是寒热转化，如寒邪客久，可郁而化热，致郁热内结；二是气血转化，气滞作痛，日久则血行不畅，可成瘀血内阻；三是虚实转化，实证日久，失治误治，损伤正气，可转为虚证。在病机转化过程中，可见寒热并见，虚实夹杂，气滞血瘀之证。

24.2 诊断与鉴别诊断

24.2.1 诊断

24.2.1.1 临床表现

以胃脘以下、耻骨毛际以上部位疼痛为主要表现，其疼痛性质各异，但一般不甚剧烈。腹部按之柔软，压痛较轻，无肌紧张及反跳痛。

24.2.1.2 病史及发病

起病多缓慢，发作或加剧常与饮食、情志、外伤、受凉等因素有关。

24.2.1.3 辅助检查

腹部X线、B超检查以及有关实验室检查有助于诊断，并排除外科、妇科疾病所致腹痛以及其他内科病证中出现的腹痛症状。

24.2.2 鉴别诊断

24.2.2.1 胃痛

胃处腹中，与肠相连，腹痛常伴有胃痛的症状，胃痛亦时有腹痛的表现，常需鉴别。胃痛部位在心下胃脘之处，常伴有恶心、嗳气、烧心、泛酸等胃病症状，腹痛部位在胃脘以下，多伴有便秘、泄泻等肠病症状，当两症同时出现时，需根据主症与兼症加以辨明。

24.2.2.2 其他内科疾病中的腹痛症状

许多内科疾病有腹痛的表现，但均以其本病特征为主，此时的腹痛只是该病的伴见症状之一。如痢疾之腹痛，伴有里急后重，下痢赤白脓血；霍乱之腹痛，伴有吐泻交作；积聚之腹痛，伴见腹中包块；鼓胀之腹痛，以腹部胀大如鼓为特点等等。而腹痛病证，当以腹部疼痛为主要表现。当然，有些腹部病证常以腹痛为初起见症，应特别注意。

24. 2. 2. 3 外科腹痛

内科腹痛常疼痛不剧，腹部柔软，压痛不明显，痛无定处，一般无发热，或先发热后腹痛；外科腹痛多先腹痛后发热，疼痛剧烈，痛有定处，压痛明显，伴有肌紧张及反跳痛。当出现外科腹痛征象时，应及时确诊。

另外，女性患者应与妇科腹痛相鉴别，妇科腹痛多在小腹，与经、带、胎、产有关，应及时进行妇科检查，以明确诊断。

24. 3 辨证论治

24. 3. 1 辨证要点

24. 3. 1. 1 辨性质

应首先辨明寒热虚实，在气在血。腹痛拘急，疼痛暴作，痛无间断，坚满急痛，遇冷痛剧，得热则减者，为寒痛；腹痛急迫，痛处灼热，时轻时重，腹胀便秘，得凉痛减，痛在脐腹者，为热痛；腹痛胀满，时轻时重，痛处不定，攻撑作痛，得嗳气矢气则胀痛减轻者，为气滞腹痛；腹部刺痛，痛无休止，痛处不移，痛处拒按，入夜尤甚者，为血瘀腹痛；脘腹胀满，嗳气频作，嗳后稍舒，痛甚欲便，便后痛减者，为食滞作痛；痛势急剧，痛时拒按，痛而有形，痛势不减，得食则甚者，为实痛；痛势绵绵，喜揉喜按，时缓时急，痛而无形，饥而痛增者，为虚痛。

24. 3. 1. 2 辨急缓

突然发病，腹痛较剧，伴随症状明显者，多因外感时邪、饮食不节或跌仆损伤等引起，属急性腹痛；发病缓慢，病程迁延，腹痛绵绵，痛势不甚，多由内伤情志、脏腑虚弱，气血不足所致，属慢性腹痛。

24. 3. 1. 3 辨部位

由于脏腑经络的分布部位、生理功能、病理特点不同，因此不同脏腑病变导致的腹痛各有特点。大腹疼痛，多为脾胃、大小肠受病；脐腹疼痛，多为虫积；胁腹、少腹疼痛，多为厥阴肝经受病；小腹疼痛，多为膀胱病变。

24. 3. 2 治疗原则

腹痛的治疗，以“通”为原则，但通法并非单纯指通下之法，应根据虚实寒热，在气在血，在审因论治基础上，辅以理气通导之品。实者祛邪疏导，分别采用散寒、清热、消导、通腑、理气、活血等法；属虚寒者，温补阳气。不可过用香燥理气之品，应中病即止。因久病入络，故对于缠绵不愈的腹痛，应加入辛润活血之剂。

24.3.3 分型论治

24.3.3.1 寒邪内阻

症状 腹痛急起，剧烈拘急，得温痛减，遇寒痛甚，恶寒身蜷，手足不温，口淡不渴，小便清长，大便自可，或大便溏薄。

舌象 苔白腻。

脉象 脉沉紧。

证候分析 寒为阴邪，其性收引，寒邪入侵，经脉气血凝滞不通，故腹痛暴急，恶寒身蜷。得温则寒散而痛减，遇冷则寒凝而痛甚。如中阳未伤，运化正常，则大便自可；若中阳不足，运化不健，则大便溏薄。口淡不渴，是里无热之象。小便清利，舌苔白，脉沉紧，为里寒之征。

治法 温里散寒，理气止痛。

方药 良附丸合正气天香散。

方中高良姜、干姜、紫苏温中散寒，乌药、香附、陈皮理气止痛。

加减 1）若腹中雷鸣彻痛，胸胁逆满，呕吐，为寒气上逆，用附子粳米汤温中降逆。

2）若腹中冷痛，身体疼痛，内外皆寒者，用乌头桂枝汤温里散寒。

3）若少腹拘急冷痛，寒滞肝脉者，用暖肝煎暖肝散寒。

4）若腹痛拘急，大便不通，寒实积聚者，用大黄附子汤以泻寒积。

另外也可辨证选用附子理中丸、乌梅丸、温脾汤等。

24.3.3.2 湿热壅滞

症状 腹部胀痛拒按，烦渴引饮，大便秘结，或溏滞不爽，身热自汗，小便短赤。

舌象 苔黄燥或黄腻。

脉象 脉滑数。

证候分析 湿热内结，气机壅滞，腑气不通，不通则痛，故腹痛拒按，胀满不舒。湿热内蕴，大肠传导功能失常，故大便秘结，或溏滞不爽。热伤津液，故烦渴引饮。湿热交蒸则发热。热迫津液外泄，故自汗。尿赤，苔黄，脉数均为实热之象。

治法 通腑泄热。

方药 大承气汤。

方中大黄苦寒泄热，攻下燥屎；芒硝咸寒润燥，软坚破结；厚朴、枳实破气导滞，消痞除满。

加减　1）若燥结不甚，湿热较重，大便不爽者，可去芒硝，加栀子、黄芩、黄柏、败酱草。

2）若少阳阳明合病，两胁胀痛，大便秘结者，可用大柴胡汤。

3）若小腹右侧疼痛，为肠痈者，可用大黄牡丹皮汤。

另外还可辨证选用厚朴三物汤、枳实导滞丸等。

24.3.3.3　中虚脏寒

症状　腹痛绵绵，时作时止，喜热恶冷，痛时喜按，饥饿劳累后加重，得食休息后减轻，神疲乏力，气短懒言，形寒肢冷，胃纳不佳，面色无华，大便溏薄。

舌象　舌质淡，苔薄白。

脉象　脉沉细。

证候分析　脾阳虚弱，脏腑失于温养，故腹痛绵绵。病属正虚，而非邪实，故时作时止。遇热得食或休息，则助正以胜邪，故腹痛稍减。遇冷逢饥或劳累，则伤正以助邪，故腹痛更甚。脾阳不振，运化无权，故见胃纳不佳，大便溏薄。中阳不足，卫阳不固，故有神疲乏力，气短懒言，形寒肢冷等证。舌淡苔白，脉象沉细，皆为虚寒之象。

治法　温中补虚，缓急止痛。

方药　小建中汤。

方中桂枝、饴糖、生姜、大枣温中补虚，芍药、甘草缓急止痛。

加减　1）尚可加黄芪、茯苓、人参、白术等助益气健脾之力，加吴茱萸、干姜、川椒、乌药等助散寒理气之功。

2）若腹中大寒痛，呕吐肢冷，可用大建中汤温中散寒。

3）若腹痛下痢，脉微肢冷，脾肾阳虚者，可用附子理中汤。

4）若大肠虚寒，积冷便秘者，可用温脾汤。

5）若中气大虚，少气懒言，可用补中益气汤。

还可辨证选用当归四逆汤、黄芪建中汤等。

24.3.3.4　饮食停滞

症状　脘腹胀满，疼痛拒按，嗳腐吞酸，不欲饮食，痛而欲泻，泻后痛减，粪便奇臭，或大便秘结。

舌象　舌苔厚腻。

脉象　脉滑。

证候分析　宿食停滞肠胃，属有形之邪，故脘腹胀满疼痛而拒按。宿食不化，浊气上逆，故不欲饮食而嗳腐吞酸。食滞中阻，升降失司，运化无权，故腹痛而泻，食浊下行，故粪便奇臭。泻则积食减轻，故泻后痛减。宿食内结，郁而化热，燥屎内结，致腑气不行，故大便秘结。舌苔腻，脉滑实，均属食积之征。

治法　消食导滞。

方药　枳实导滞丸。

方中大黄、枳实、神曲消食导滞，黄芩、黄连、泽泻清热化湿，白术、茯苓健脾和胃。

加减　1）尚可加木香、莱菔子、槟榔以助消食理气之力。

2）若食滞较轻，脘腹满闷者，可用保和丸消食化滞。

24.3.3.5　气机郁滞

症状　脘腹疼痛，胀满不舒，攻窜两胁，痛引少腹，时聚时散，得嗳气矢气则舒，遇忧思恼怒则痛剧。

舌象　苔薄白。

脉象　脉弦。

证候分析　气机郁滞不通，故脘腹胀满疼痛。气属无形，走窜不定，故疼痛攻窜而无定处，或攻窜两胁，或痛引少腹。嗳气或矢气后，则气机稍得疏通，故胀痛酌减。遇恼怒则气郁更甚，故胀痛加剧。苔薄白，弦脉为肝气不舒之候。

治法　疏肝解郁，理气止痛。

方药　柴胡疏肝散。

方中柴胡、枳壳、香附、陈皮疏肝理气，芍药、甘草缓急止痛，川芎行气活血。

加减　1）若气滞较重，胁肋胀痛者，加川楝子、郁金。

2）若痛引少腹睾丸者，加橘核、荔枝核、川楝子。

3）若腹痛肠鸣，气滞腹泻者，可用痛泻要方。

4）若少腹绞痛，痛引阴囊者，可用天台乌药散。

24.3.3.6　瘀血阻滞

症状　少腹疼痛，痛如针刺，痛势较剧，持续不已，入夜尤甚，甚则见便血、尿血等，经久不愈。

舌象　舌质紫暗。

脉象　脉细涩。

证候分析　日久由气滞而导致血瘀，或跌仆手术而导致瘀血内停，因血属有形，阻滞脉络，故腹痛较剧，或痛如针刺，痛处固定不移，持续不已，入夜尤甚。瘀血阻滞，血不循经，溢于脉外，故便血、尿血。舌质紫暗，脉细涩，均为瘀血内停之象。

治法　活血化瘀。

方药　少腹逐瘀汤。

方中当归、川芎、赤芍药养血活血，蒲黄、五灵脂、没药、延胡索化瘀止痛，小茴香、肉桂、干姜温经止痛。

加减　1）若腹部术后作痛，可加泽兰、红花。

2）若跌仆损伤作痛，可加丹参、王不留行，或吞服三七粉、云南白药。

3）若下焦蓄血，大便色黑，可用桃核承气汤。

4）若胁下积块，疼痛拒按，可用膈下逐瘀汤。

24.4 预防与调护

患者需注意饮食，寒痛者勿过食生冷；虚痛者宜进食易消化食物；热痛者忌食肥甘厚味、醇酒辛辣；食积者注意节制饮食，忌暴饮暴食。寒痛者要注意保温，气滞者要保持心情舒畅。

附　　录

1. 病案举例

1）陈某，女，51岁。初诊：1984年11月23日。诉今年7月13日突然发生上腹部疼痛，经当地医院尿检，淀粉酶明显增高，诊断为急性胰腺炎收住院治疗。住院十余日，未愈出院。当时发现血白细胞下降，继续在门诊观察治疗。因多次检查血、尿淀粉酶未下降，故来福州诊治。症见左侧腹部胀痛，纳食不甘，二便正常，面色不华，声音低微，脉沉细，舌淡苔薄白。尿淀粉酶2240U/ml。辨证属脾气虚弱，健运失职。治以益气健脾，加强运化。处方：麦谷芽各30g，党参15g，淮山药15g，茯苓10g，陈皮6g，甘草5g。三剂。

二诊：12月1日。药后精神好转，腹痛消失，纳食增进，尿淀粉酶降至570U/ml。继以原方调治，前后服药20余剂，临床症状消失，携方返里，继续调治。

按语：本例以麦芽、谷芽为主药，性皆甘平无毒，是“五谷为养”的上品，且又孕育蓬勃生发之机，可以借二芽生发之气，合党参、薯蓣、茯苓、甘草、陈皮鼓动人体之胃气，达到健运和化生的目的，从而治愈本病。

（董建华．中国现代名中医医案精华．
北京：北京出版社，1990. 528～529）

2）谢某，女，58岁。初诊：1978年3月20日。主诉：患者于1972年行“胆囊切除术”，术后腹部经常阵发性绞痛，痛甚则大汗淋漓，曾多次住省立某医院治疗，诊断为“术后肠粘连”。此次进油腻食物后，腹部绞痛难忍，伴轻度畏冷发热，经省某医院给庆大霉素8万单位，2次/日，肌肉注射，以及阿托品解痉止痛等处理，寒热已瘥，疼痛亦得缓解。但近一周来腹痛再次加剧，因多次使用西药未能根治，而求诊于中医。诊查：腹部疼痛如绞，痛处固定，气胀不舒，得矢气稍减，口苦咽干，不欲饮水，纳呆寐差，大便干结，小便短赤。神志清楚，表情痛苦，屈膝顶胸，皮肤、巩膜无黄染，心肺正常，右上腹部见手术疤痕约8cm，腹软，脐周偏右压痛明显。舌质红，苔根厚浊而燥，边有瘀斑，脉弦缓。辨证为素体湿热内蕴，困阻气机，肝胆疏泄失常，气血为之瘀滞。治法：疏肝利胆，理气活血，缓急止痛。红藤四逆散加味治之。处方：红藤15g，皂刺5g，枳壳5g，柴胡5g，赤白芍各9g，木香5g，枯芩9g，茵陈9g，甘草3g，分化硝(分冲)9g。六剂。

二诊：3月26日。服上方药六剂后，大便畅行，腹痛已除，惟心窝部胀甚，嗳气矢气则舒，纳呆，舌脉同前。药切病机，仍守原方，加苏梗5g以宽中理气。三剂。

药后未再复诊，后因他病求医，询得三剂尽后，诸症悉除。

按语：余自拟红藤四逆散治疗肠粘连，疗效尚属满意。其组方以红藤为主药，活血止痛，皂刺助红藤之力，四逆散、木香疏肝理气，枯芩中空像胆取其清热解毒，消除炎症。诸药合用具有疏肝利胆、理气活血的功用。本例患者湿热为患，则针对病因加入茵陈、芒硝通幽利胆之品，取其腑以通为顺，仅服药九剂病愈，随访一年七个月未再复发。

（董建华．中国现代名中医医案精华．北京：北京出版社，1990. 548～549）

2. 古文献选录

《临证指南医案·腹痛》：“腹处乎中，痛因非一，须知其无形及有形之为患，而主治之机宜，已先得其要矣。所谓无形为患者，如寒凝火郁，气阻营虚，及夏秋暑湿痧秽之类是也。所谓有形为患者，如蓄血、食滞、癥瘕、蚘蛲、内疝，及平素偏好成积之类是也。审其痛势之高下，辨其色脉之衰旺，细究其因，确从何起，大都在脏者以肝脾肾为主，在腑者以肠胃为先，夫脏有贼克之情，非比腑病而以通为用也。此通字，勿执攻下之谓，古之建中汤、理中汤、三物厚朴汤及厚朴温中汤，各具至理，考先生用古，若通阳而泄浊者，如吴茱萸汤及四逆汤法；清火而泄郁者，如左金丸及金铃散法；开通气分者，如四七汤及五磨饮法；宣攻营络者，如穿山甲、桃仁、归须、韭根之剂及下瘀血汤法；缓而和者，如芍甘汤加减及甘麦大枣汤法；柔而通者，如茯蓉、柏子、肉桂、当归之剂及复脉加减法。至于食滞消之，蛔扰安之，癥瘕理之，内疝平之，痧秽之候，以芳香解之，偏积之类，究其原而治之。”

3. 研究进展

王氏以疏通法为主治疗急性腹痛202例，各例均有腹部剧烈疼痛，其中右上腹痛78例，中上腹痛65例，左上腹痛45例，右下腹痛3例，左下腹痛5例，脐周痛6例。西医诊断：急性胆囊炎24例，胆石症11例，慢性胆囊炎、胆石症急性发作58例，急性胰腺炎56例，急性胆管炎15例，胆道蛔虫症16例，肠梗阻5例，肾结石5例，肠蛔虫症7例，急性胃炎4例。中医辨证属里热实证，拟以疏肝理气、清热通下法治之，基本方组成：细柴胡、黄芩、生山栀、川朴、生枳实、青陈皮、郁金、生大黄（后下）。服药后多数在3天内腹痛缓解，少部分在1周左右缓解。其中有效178例，占88%；无效24例，占12%［上海中医药杂志，1990，(7)：30］。

赵氏等用七厘散治疗手术与外伤后或腹膜炎引起的肠粘连腹痛 50 例，服药时间最短为 1 周，最长为半年，结果临床有效率 100%，治愈率为 72%［辽宁中医杂志，1993，（3）：36］。杨氏以当归四逆汤加味治疗术后肠粘连 108 例，结果 63 例完全控制，41 例基本控制，4 例无效，总有效率为 96.3%［国医论坛，1995，（1）：13］。

唐氏对诊断明确的急性胰腺炎，用胆胰汤［由大柴胡汤合大承气汤加减而成，主要药物为茵陈、黄芩、银花、香附、川楝子、枳实、白芍药、法半夏、柴胡、大黄(后下)、黄连各 6g，蒲公英 15g，甘草 3g］治疗 74 例。结果全部病例均在短期内症状消失，检验恢复正常，无一例手术治疗，住院时间最短者 4 天，全部治愈出院［湖南中医杂志，1988，（5）：19］。

复习思考题

1. 试述腹痛的病因病机。
2. 腹痛应与哪些病证相鉴别？鉴别要点是什么？
3. 腹痛如何辨寒热虚实，在气在血？
4. 腹痛与哪些脏腑经络有关？如何辨脏腑？
5. 腹痛的治疗原则是什么？如何理解？
6. 腹痛的常见证型有哪些？试述其临床表现、治法及方药。

（张润顺）

25

便 秘

目的要求

1. 了解便秘的定义、范围、调摄护理以及研究进展。
2. 熟悉便秘的病因病机、诊断及辨证要点。
3. 掌握便秘的治疗原则及常见证型的证治。

便秘是指由于大肠传导失常，导致大便秘结，排便周期延长；或周期不长，但粪质干结，排出艰难；或粪质不硬，虽有便意，但便而不畅为主症的病证。

《内经》中已认识到便秘与脾胃受寒、肠中有热等有关。张仲景对便秘已有了较全面的认识，提出了寒、热、虚、实不同的发病机制，设立了承气汤的苦寒泻下、大黄附子汤的温里泻下、麻子仁丸的养阴润下、厚朴三物汤的理气通下以及蜜煎导诸法，为后世医家认识和治疗本病确立了基本原则，有的方药至今仍为临床治疗便秘所常用。《医学心悟·大便不通》将便秘分为“实闭、虚闭、热闭、冷闭”四种类型，并分别列出各类的症状、治法及方药，对临证有一定的参考价值。

临床上许多病证如胃痛、腹痛、鼓胀、黄疸、噎膈等出现便秘症状时不属本病范围。本章仅讨论以便秘为主要表现的病证。现代医学中的功能性便秘、肠易激综合征、肠炎恢复期、直肠及肛门疾病所致便秘、药物性便秘、内分泌及代谢性疾病的便秘，以及肌力减退所致的排便困难等，临床以便秘为主要表现者，可参照本章辨证论治。

25.1 病因病机

25.1.1 病因

25.1.1.1 肠胃积热

素体阳盛，或热病之后，余热留恋，或肺热肺燥，下移大肠，或过食辛辣醇酒厚味，或过服热药，均可致肠胃积热，耗伤津液，肠道失于濡润，粪质干燥，难以排出，形成便秘。

25.1.1.2 气机郁滞

忧愁思虑，脾伤气结；或抑郁恼怒，肝郁气滞；或久坐少动，气机不利，均可导致腑气郁滞，通降失常，传导失职，糟粕内停，不得下行，或欲便不出，或出而不畅，或大便干结而成气秘。

25.1.1.3 阴寒积滞

恣食生冷，凝滞胃肠；或外感寒邪，积聚肠胃；或过服寒凉，阴寒内结，均可导致阴寒内盛，凝滞胃肠，失于传导，糟粕不行而成冷秘。

25.1.1.4 气虚阳衰

饮食劳倦，脾胃受损；或素体虚弱，阳气不足；或年老体弱，气虚阳衰；或久病产后，正气未复；或过食生冷，损伤阳气；或苦寒攻伐，伤阳耗气，均可导致气虚阳衰，气虚则大肠传导无力，阳虚则肠道失于温煦，阴寒内结，导致便下无力，大便艰涩。

25.1.1.5 阴亏血少

素体阴虚，津亏血少；或病后产后，阴血虚少；或失血夺汗，伤津亡血；或年高体弱，阴血亏虚；或辛香燥热，损耗阴血，均可导致阴亏血少，血虚则大肠不荣，阴亏则大肠干涩，导致大便干结，便下困难。

便秘的病因是多方面的。外感寒热之邪，内伤饮食情志，阴阳气血不足等皆可形成便秘，概括说来，便秘的直接原因不外热、气、冷、虚四种，胃肠积热者发为热秘，气机郁滞者发为气秘，阴寒积滞者发为冷秘，气血阴阳不足者发为虚秘。而且各种原因又常相兼为病，使发病之因复杂多变。如肠燥津亏之人易被邪热所侵扰，气虚阳衰之体不耐寒凉饮食所伤，可致阴寒积滞与阳气虚衰同在，邪热郁积常与气机郁滞并存，大肠传导无力，又是气机郁滞、因虚致实的前因。

25.1.2 病机

25.1.2.1 基本病机

便秘总属大肠传导功能失常。

25.1.2.2 病位

便秘的病位在大肠，但常与脾、胃、肺、肝、肾等脏腑功能失调有关。胃与肠相连，胃热炽盛，下传大肠，大肠热盛，可灼伤津液，导致燥屎内结；脾主运化，若脾虚失运，糟粕内停，则大肠失其传导之功；肺与大肠相表里，肺热肺燥，下移大肠，则肠燥津枯；肝主气机，若肝郁气滞，则腑气不通，气滞不行；肾司二便，若肾阴不足，则肠失濡养，便干不行，若肾阳不足，则大肠失于温煦，传导无力，大便不通。

25.1.2.3 病理性质

便秘的病理性质有虚有实。热秘、冷秘、气秘属实，阴阳气血不足的便秘属虚。实者为邪滞胃肠，壅塞不通；虚者为大肠失于温养滋润，传导失常。

25.1.2.4 病机转化

便秘虚实之间常发生转化，可由实转虚，可因虚致实，或形成虚实夹杂之证。如热邪可伤阴，形成阴虚便秘；寒积可伤阳，形成阳气虚衰之证；气郁日久可化热，导致热结肠胃；阴血不足常易化热而形成热结便秘；气虚阳虚之人，常易导致阴寒内生而形成冷秘。

25.2 诊断与鉴别诊断

25.2.1 诊断

25.2.1.1 临床表现

排便时间延长，次数减少，2天以上1次；或粪质干燥坚硬，便下困难；或排出无力，出而不畅。可伴腹胀、腹痛、纳呆、头晕、口臭、肛裂、痔疮、排便带血以及汗出气短、头晕心悸等症。并应除外其他内科疾病中所出现的便秘症状。

25.2.1.2 病史及发病

发病常与外感寒热、饮食情志、脏腑失调、坐卧少动、年老体弱等因素有关。起病缓慢，多表现为慢性病变过程。本病以中老年多发，女性多见。

25.2.1.3 辅助检查

纤维结肠镜等检查，常有助于排除肠道器质性病变。

25.2.2 鉴别诊断

积聚与便秘均可出现腹部包块。但便秘常出现在小腹左侧，积聚则腹部各处均可出现；便秘多能触及条索状物，积聚则形状不定；便秘之包块为燥屎内结，通下排便或经灌肠后消失或减小，积聚之包块则与排便无关。

25.3 辨证论治

25.3.1 辨证要点

25.3.1.1 辨便秘特征

便秘多数排便周期延长，或大便干结，便下艰难；或排便周期不延长，大便也不干结，但排出无力或出而不畅。若虽大便周期稍延长，但粪质不坚硬，排便不困难，则不属便秘病证。

25.3.1.2 辨虚实

可根据粪质并结合便下状况辨虚实。实者多由燥热、寒结、气滞所引起，若粪质干燥坚硬，便下困难，肛门灼热，舌苔黄燥或垢腻，属燥热内结；若粪质干结，排出艰难，舌淡苔白滑，多为阴寒凝滞；粪质不甚干结，排出断续不畅，多为气滞。虚者由于气血阴阳的不足，若粪质不干，欲便不出，便下无力，多为气虚；大便干或不干，伴四肢不温，腰膝冷痛，属阳虚便秘；大便干结，伴面色无华，舌淡脉细者，属血虚；大便干结，舌红少津，无苔或少苔，为阴津亏少；舌淡苔少，系气血不足。

25.3.2 治疗原则

便秘治疗当分清虚实，辨证论治，不能单纯使用通下法。实者以祛邪为主，治以泻热、温散、顺气，辅以通腑导滞之品，使邪去便通；虚者以养正为先，治以滋阴养血、益气温阳，辅以甘温润肠之剂。

25.3.3 分型论治

25.3.3.1 实秘

(1) 肠胃积热

症状　大便干结，腹胀腹痛，面红身热，口干口臭，心烦不安，小便短赤。

舌象　舌红苔黄燥。

脉象　脉滑数。

证候分析　胃主受纳腐熟，大肠主传导燥化，若肠胃积热，耗伤津液，则大便干结。热伏于内，肠胃之热熏蒸于上，故见口干口臭。热积肠胃，腑气不通，故腹胀腹痛。身热面赤，亦为阳明热盛之候。热扰心神，故心烦不安。热移膀胱，则小便短赤。苔黄燥、脉滑数为胃肠积热、伤津化燥、阳明腑实之征。

治法　泻热导滞，润肠通便。

方药　麻子仁丸。

方中大黄、枳实、厚朴通腑泻热，火麻仁、杏仁、白蜜润肠通便，芍药养阴和营。

加减　1）津液已伤，可加生地黄、玄参、麦冬以滋阴生津。

2）兼肝郁化火，烦躁易怒，目赤者，加服更衣丸以清肝通便，或选用当归龙荟丸。

3）燥热不甚，或药后通而不爽者，可用青麟丸以通腑缓下，以免再秘。

4）热势较甚，痞满燥实坚者，可用大承气汤急下存阴。

另外尚可辨证选用黄龙汤、凉膈散等。

（2）气机郁滞

症状　大便干结，或不甚干结，欲便不得出，或便而不爽，肠鸣矢气，腹中胀痛，胸胁满闷，嗳气频作，食少纳呆。

舌象　舌苔薄腻。

脉象　脉弦。

证候分析　情志失和，肝脾之气郁结，导致大肠传导失常，故大便秘结，欲便而不得出，或便而不爽，肠鸣矢气。腑气不通，则气不下行而上逆，故嗳气频作。糟粕内停，气机郁滞，则腹中胀痛，胸胁满闷。肠胃气滞，则脾气不运，故纳食减少。苔薄腻，脉弦，为肝脾不和、内有积滞之象。

治法　顺气导滞。

方药　六磨汤。

方中木香调气，乌药顺气，沉香降气，大黄、槟榔、枳实破气行滞。

加减　1）可加厚朴、香附、柴胡以助理气之功。

2）气郁日久，郁而化火，可加黄芩、栀子、龙胆草清肝泻火。

3）气逆呕吐者，可加半夏、陈皮、旋覆花、代赭石。

4）七情郁结，忧郁寡言者，加白芍药、柴胡、合欢皮疏肝解郁。

5）跌仆损伤，腹部术后，大便不通，属气滞血瘀者，可加桃仁、红花、赤芍药等活血化瘀之品。

（3）阴寒积滞

症状　大便艰涩，腹痛拘急，胀满拒按，喜热恶寒，手足不温，呃逆呕吐。

舌象　舌苔白腻。

脉象　脉弦紧。

证候分析　阴寒内盛，凝滞胃肠，传导失常，糟粕不行，故大便艰涩。寒凝气滞，故腹痛拘急，胀满拒按。阴寒内盛，故手足不温，喜热恶寒。阴寒内积，胃失和降，故呃逆呕吐。舌苔白腻，脉弦紧为阴寒积滞之象。

治法　温里散寒，通便止痛。

方药　大黄附子汤。

方中附子温里散寒，大黄荡除积滞，细辛散寒止痛。

加减　1）可加枳实、厚朴、木香助泻下之力，加干姜、小茴香增散寒之功。

2）心腹绞痛，口噤暴厥属大寒积聚者，可用三物备急丸攻逐寒积。

25.3.3.2 虚秘

（1）气虚便秘

症状　粪质并不干硬，虽有便意，但临厕努挣乏力，便难排出，汗出气短，便后乏力，面白神疲，肢倦懒言。

舌象　舌淡苔白。

脉象　脉弱。

证候分析　肺与大肠相表里，肺气虚则大肠传导无力，故虽有便意，临厕须竭力努挣，而大便并不干硬。肺卫不固，腠理疏松，故挣则汗出短气。脾虚则健运无权，化源不足，故面色苍白，神疲气怯。舌淡苔薄，脉虚，便后疲乏，均属气虚之象。

治法　补气润肠。

方药　黄芪汤。

方中黄芪补脾肺之气，火麻仁、白蜜润肠通便，陈皮理气。

加减　1）气虚较甚，可加人参、白术。

2）气虚下陷脱肛者，用补中益气汤。

3）肺气不足者，可加用生脉散。

4）日久肾气不足者，可用大补元煎。

（2）血虚便秘

症状　大便干结，面色无华，心悸气短，失眠多梦，健忘，口唇色淡。

舌象　舌淡苔白。

脉象　脉细。

证候分析　血虚津少，不能下润大肠，故大便秘结。血虚不能上荣，故面色无华。心失所养则心悸。血虚清窍失养，故头晕目眩。唇舌淡，脉细涩，均为阴血不足之象。

治法　养血润燥。

方药　润肠丸。

方中当归、生地黄滋阴养血，火麻仁、桃仁润肠通便，枳壳引气下行。

加减　1）可加玄参、何首乌、枸杞子养血润肠。

2）血虚内热，可加知母、胡黄连等以清退虚热。

3）阴血已复，大便仍干燥者，可用五仁丸润肠通便。

（3）阴虚便秘

症状　大便干结，如羊屎状，形体消瘦，头晕耳鸣，两颧红赤，心烦失眠，潮热盗汗，腰膝酸软。

舌象　舌红少苔。

脉象　脉细数。

证候分析　阴津不足，肠道失濡，故见大便干结如羊屎。阴虚则形体消瘦。

阴虚清窍失养则头昏耳鸣，腰府失养则腰膝酸软。阴虚则虚火内生，故两颧红赤，心烦少眠，潮热盗汗。

治法 滋阴通便。

方药 增液汤。

方以玄参、麦冬、生地黄滋阴生津，润肠通便。

加减 1）可加芍药、玉竹、石斛助养阴之力，加火麻仁、柏子仁、栝蒌仁增强润肠之效。

2）胃阴不足，口干口渴者，可用益胃汤。

3）肾阴不足，腰膝酸软者，可用六味地黄丸。

4）若阴亏燥结，热盛伤津者，可用增液承气汤增水行舟。

（4）阳虚便秘

症状 大便干或不干，排出困难，小便清长，面色苍白，四肢不温，腹中冷痛，得热则减，腰膝冷痛。

舌象 舌淡苔白。

脉象 脉沉迟。

证候分析 阳气虚衰，寒自内生，肠道传导无力，故大便艰涩，排出困难。阳虚温煦无权，故腹中冷痛，喜热怕冷，四肢不温，腰膝冷痛，小便清长。面色苍白，舌淡苔白，脉沉迟，均为阳虚内寒之象。

治法 温阳通便。

方药 济川煎。

方中肉苁蓉、牛膝温补肾阳，润肠通便；当归养血润肠；升麻、泽泻升清降浊；枳壳宽肠下气。

加减 1）若老人虚冷便秘，可用半硫丸。

2）脾阳不足，阴寒冷积，可用温脾汤。

3）肾阳不足，尚可用肾气丸。

还可辨证选用理中丸、四神丸、右归丸等。

25.4 预防与调护

保持心情舒畅，避免长期从事高度紧张的劳动，适当增加体力活动，注重饮食调节，多食含纤维及维生素丰富的食物，适当摄入油脂，并按时登厕。此外，还要积极治疗肛门直肠疾病。

附 录

1. 病案举例

1）初诊：1983 年 7 月 23 日。大便秘结，坚如羊屎十四年。患者自述在

1963 年胆囊切除术前后，注射及口服氯霉素制剂较多，以后就出现大便秘结，五六天或七八天解一次，大便坚燥。十数年来，依靠服蜂蜜、大黄水、当归芦荟丸等维持，越服大便越秘，甚为所苦。胆囊切除后仍上脘隐痛，阵发性剧痛，大发作时须肌注氯丙嗪、哌替啶方能缓解。腕、肘、膝、距小腿关节酸痛，食少，大便后饮食稍增。不易入睡，性情急躁，口苦喜热饮，五心烦热，脘痛巅眩。舌质红淡紫，苔薄黄，脉弦略数。证属肝胆湿热郁滞，气血失和。治以疏肝利胆，理气活血。处方：当归 15g，白芍 15g，金钱草 24g，金铃炭 12g，茵陈 12g，郁金 9g，胡黄连 6g，枯芩 9g，木香 9g，枳壳 9g，酒军 6g，荷叶 12g，甘草 6g。

二诊：8 月 30 日。服上方药十余剂，除关节酸痛如前外，余症均有明显减轻。特别是缠身十四年之久之便秘病证，霍然若失。

按语：本例因肝气郁滞，少阳枢机不利，脾胃升降失常，大肠传导失常而导致大便秘结，艰涩不通。治疗紧扣肝胆功能与胃肠传导的关系，下病取上，使传化正常，则便通而愈

（董建华．中国现代名中医医案精华．北京：北京出版社，1990. 1290 ~ 1291 傅灿冰医案）

2）许某，女，45 岁，1990 年 3 月 12 日初诊。患者近十年来，大便一直不畅，数日一行，干结难下，平时虚坐努责，须蹲厕 1 小时以上，剧时胀满闭塞难忍，必辅以灌肠、抠掏等法，十分痛苦。曾常服大黄苏打片、果导以及苦寒泻下、增液润肠等中药，只能取效于一时，旋即如故。刻诊：症如上述，夜间微咳，口干，腹胀，时有便意，舌红苔薄白，脉细数。此为肺热下移大肠之证。试用桑菊饮加味：桑叶 15g，菊花 15g，杏仁 10g，薄荷 6g，连翘 15g，桔梗 10g，麦冬 15g，元参 15g，生地 15g，黄芩 12g，甘草 3g。3 帖。

二诊：服后大便稍畅，微咳，口干消失，继用上方，共服 15 帖后，大便通畅，每日必解 1 次。随访 1 年未曾复发［光明中医，1991，（6）：29］。

按语：此案便秘 10 年之久，多法治之不效。医者细审病机，参见患者夜间轻咳、口干之兼证，惟守“肺与大肠相表里”这一传统理论，使用“釜上揭盖”之法，以桑菊饮清宣肺热，合增液汤以润肺生津，热除津充，宣降正常，则肠道滑润。此即朱丹溪所谓“开上窍以通下窍”之意。

2. 古文献选录

《证治要诀·大便难》：风秘之病，由风搏肺脏，传于大肠，故传化难；或其人素有风秘，宜小续命汤。……冷秘由冷气横于肠胃，凝阴固结，津液不通，胃道秘塞，……气秘由于气不升降，谷气不行，其人多噫，宜苏子降气汤。……热秘，面赤身热，肠胃胀闷，时欲得冷，或口舌生疮，此时大肠热结，宜四顺清凉饮。……又有老人津液干燥，是名虚证，妇人新产亡血，及发汗利小便，病后血气未复，皆能作秘，但宜麻仁丸。”

《景岳全书·秘结》：“凡下焦阳虚，则阳气不行，则不能传送而阴竭于下，此阳虚而阴结也，下焦阴虚，由精血枯燥，精血枯燥则津液不到而脏腑干槁，此

阴虚而阴结也。……元气薄弱之人，凡患伤寒杂证，病气不足等病，而大便不行者，但察其胸腹下焦，若绝无腹胀实痞塞、急坠欲解等患，此其中本无实邪，即虽十日、二十日不解，亦自无妨，切不可因其不便，强为疏导。盖其胃口未开，食欲未进，则全赖中气以为捍御之本，但俟邪气渐退，胃气渐和，则自然通达，无足虑也。若肠脏本无滞碍，而强为通利，以泄胃气，遂至主不胜客者有之，邪因而陷者亦有之，此其害受于冥冥之中，而人多不知也，识之慎之。”

3. 研究进展

袁氏认为老年性便秘的特点为五脏皆虚，将病因病机概括为阴虚液涸，舟楫难行；气血亏虚，肠燥失运；阳虚阴凝，脏寒肠冷；胃肠燥热，糟粕内结；气郁食滞，通降受阻五种［陕西中医，1993，14（7）：197］。

张氏运用自拟益气养阴、养血活血的参椹丸（由太子参、桑椹子、生首乌、桃仁、枸杞子、肉苁蓉等研末过筛，炼蜜为丸，每丸10g），治疗老年性便秘400例，疗程20天，总有效率98%，且长期服用无任何不良反应［中医杂志，1992，33（8）：37］。候氏用耄塞通丸（主要由黄芪、当归、肉苁蓉、何首乌、草决明子、大黄、枳实等）治疗老年性便秘110例，对照组30例，用麻仁归脾丸治疗，结果总有效率分别为97.8%、80%，两组相比差异显著（$P<0.05$），同时血脂多项指标也有改善［中国中药杂志，1995，20（8）：500～501］。

复习思考题

1. 便秘的临床表现有哪些？试述便秘的病因病机。
2. 试述便秘肠胃积热证的临床表现、治疗及方药。
3. 试述便秘气机郁滞证与气虚证、阳虚证与阴寒积滞证、阴虚便秘与血虚便秘在病机、症状、治法及方药上有何异同？

（张润顺）

26

胁痛

目的要求

1. 了解胁痛的概念。
2. 熟悉胁痛的病因病机及调护。
3. 掌握胁痛的辨证要点、治疗原则及分型施治。

胁痛是由于情志失调、饮食不节、外感湿热等引起肝胆气机不利，经脉不畅，或肝阴不足，经脉失养所致的，以一侧或两侧胁肋部疼痛为主要表现的一种病证。

《内经》首先提出了胁痛的病名，指出胁痛的病机与寒、热、瘀有关，病位在肝胆。《景岳全书》认为胁痛的病因与情志、饮食、房劳最为密切。《临证指南医案》善用辛香通络、甘缓补虚、辛泄祛瘀等法治疗胁痛久病入络者，对后世影响较大。

现代医学中的急性肝炎、慢性肝炎、肝硬化、急性胆囊炎、慢性胆囊炎、胆石症、胆道蛔虫症以及肋间神经痛均可参照本章进行辨证论治。

26.1 病因病机

26.1.1 病因

26.1.1.1 情志失调

忧郁、恼怒，肝气郁结，气机不畅或气滞日久，血脉瘀阻，均可引起胁痛。

26.1.1.2 饮食不节

长期嗜食肥甘炙煿，积湿生热，湿热内蕴，肝脾气机阻滞而导致胁痛。其中尤以素有湿热蕴于肝胆，复加骤食荤腥，内外合邪，胁痛剧发最为典型。

26.1.1.3 体虚久病

凡久病体虚，或劳欲过度，精血亏损，均能使肝肾阴虚，肝络失养，络脉不和，而致胁痛。

26.1.2 病机

26.1.2.1 基本病机

气滞、血瘀、湿热阻滞，肝胆气机不畅，经脉不利及肝之精血亏虚，经脉失养是本病的病机所在。

26.1.2.2 病位

本病病位主在肝胆，涉及脾胃。肝居胁下，其经脉布于两胁，胆附于肝，其脉亦循于胁，故胁痛之病，主要责之于肝胆。但肝胆与脾胃同居中焦，肝胆气逆每易犯胃侮脾；反之，脾胃不运，湿食停聚，内生湿热，滞于肝胆，经脉阻滞亦可引起胁痛。

26.1.2.3 病理性质

本病有虚实两类，然以实证居多，凡气滞、血瘀、湿热引起者多属实证；阴血不足引起者，多属虚证。

26.1.2.4 病机转化

本病既可由实转虚，又可由虚转实，甚或虚中夹实。既可气滞及血，又可血瘀阻气。

26.2 诊断与鉴别诊断

26.2.1 诊断

26.2.1.1 临床表现

一侧或两侧胁肋疼痛为主要临床表现。

26.2.1.2 实验室检查

血常规、肝功能、胆囊造影、B 超等有助于诊断。

26.2.2 鉴别诊断

26.2.2.1 胃脘痛

胃脘痛易与胁痛混淆。因为两病证中皆有肝郁的病机。但胃脘痛病位在胃脘，兼有嗳气频作、吞酸嘈杂等胃失和降的症状。而胁痛病位在胁肋部，伴有目眩、口苦等少阳经的症状，两者有所区别。

26.2.2.2 其他相关疾病

胁痛还应与黄疸、鼓胀、肝癌等病相鉴别。黄疸、鼓胀、肝癌等在病程中或早或晚均伴有一侧或两侧胁肋部疼痛，其鉴别要点在于：黄疸以身目发黄为主症，鼓胀为气、血、水互结，腹大如鼓；而肝癌又有相应的恶液质体征。

26.3 辨证论治

26.3.1 辨证要点

26.3.1.1 辨气血

气滞以胀痛为主，游走不定，时轻时重。血瘀以刺痛为主，且痛处固定不移，疼痛持续不已，局部拒按，入夜尤甚。

26.3.1.2 辨虚实

病程短、来势急，因肝郁气滞、血瘀痹阻或外感湿热所致的胁痛属实，症见疼痛剧烈而拒按，脉实有力。病程长、来势缓，因肝血不足、络脉失养所致的胁痛属虚，症见疼痛隐隐，久久不解而喜按，脉虚无力。

26.3.2 治疗原则

胁痛的治疗应以疏通肝胆气机为主。实证胁痛，治宜理气活血，清热利湿；虚证胁痛，治宜滋阴养血，柔肝活络。

26.3.3 分型论治

26.3.3.1 肝气郁结

症状　两侧胁肋胀痛，走窜不定，甚则连及胸肩背部，因情志因素诱发或加剧，胸闷善太息，脘腹胀满。

舌象　舌淡红，苔薄白。

脉象　脉弦。

证候分析　肝胆气机郁滞，故两胁胀痛；因足厥阴肝经走胸中，足少阳胆经循行肩背，故痛连胸肩背部；因情志变化可使气机郁结，故胁痛常因情志因素而诱发或加重；肝气犯胃，故脘腹胀满。胸闷善太息，脉弦本为肝气郁结之象。

治法　疏肝理气。

方药　柴胡疏肝散加减。

方中柴胡、枳壳疏肝理气；香附、川芎理气活血；陈皮理气和胃；白芍药、甘草缓急止痛。

加减　1）气郁较甚者加青皮、川楝子、郁金增强理气止痛之功。

2）若肝郁化火，症见性急易怒，口干口苦，便秘尿赤，舌红苔黄，脉弦数者，去川芎加牡丹皮、栀子、黄连、川楝子清解郁热。

3）若兼脘腹胀满，恶心呕吐者，可加砂仁 、半夏、苏梗理气和胃止呕。

26.3.3.2　瘀血停着

症状　胁肋刺痛，痛有定处，拒按，入夜更甚，面色晦暗。

舌象　舌质紫暗。

脉象　脉沉弦。

证候分析　肝郁日久，气滞血瘀，瘀血停着，痹阻胁络，故胁痛如刺，痛处固定，入夜尤甚；因瘀血内阻属实证，故拒按。面色晦暗，舌紫暗，本为瘀血之征。

治法　祛瘀通络。

方药　复元活血汤。

方中大黄、桃仁、红花、穿山甲活血化瘀，软坚散结；当归养血活血；柴胡理气止痛，引药入肝；瓜蒌根消肿化痰；甘草缓急止痛。

加减　1）若胁下有癥块，正气未伤者，加三棱、莪术、地鳖虫破瘀消坚。或配合鳖甲煎丸治之。

2）兼外伤者加三七粉、路路通、乳香、没药。

26.3.3.3　肝胆湿热

症状　胁痛口苦，胸闷纳呆，恶心呕吐，厌食油腻，急躁易怒。

舌象　舌苔黄腻。

脉象　脉弦滑。

证候分析　湿热蕴结，肝胆疏泄不利，肝络失和，则胁痛，急躁易怒；湿热中阻，胃失和降，故恶心呕吐，厌食油腻，胸闷纳呆。舌苔黄腻，脉弦滑本为湿热内阻之征。

治法　清热利湿，理气活络。

方药　龙胆泻肝汤。

方中龙胆草、栀子、黄芩清肝泄火；木通、泽泻、车前子清热利湿；当归、生地黄滋阴养血；柴胡疏肝理气。

加减 1）若湿热阻滞气机，胁痛较甚，加川楝子、青皮、郁金、半夏疏肝和胃，理气止痛。

2）若兼目黄、溲黄、发热口渴者，加茵陈、黄柏。

若湿热煎熬，结成砂石，阻滞胆道，症见胁肋剧痛，连及肩背者，可用大黄、芒硝、黄柏、栀子、茵陈、金钱草、海金砂、丹参等药治疗。

26.3.3.4 肝阴不足

症状 胁肋隐痛，绵绵不已，遇劳加重，口干咽燥，心中烦热，两目干涩，头晕目眩。

舌象 舌红少苔。

脉象 脉细数。

证候分析 过用温燥理气之品，或久病体虚，精血亏损，不能濡养肝络，故胁痛隐隐，绵绵不休，遇劳加重。阴虚内热则口干咽燥，心中烦热；精血亏虚，不能上荣，故头晕目眩。舌红少苔，脉细数为阴虚内热之象。

治法 养阴柔肝。

方药 一贯煎。

本方组方的原则宗叶桂（天士）“肝为刚脏，非柔润不能调和”之意，以生地黄、枸杞子、沙参、麦冬、当归滋阴、养血、柔肝；在滋阴补血养肝的基础上少佐川楝子疏调气机，通络止痛。全方合用，滋阴柔肝。

加减 1）若两目干涩、视物昏花可加女贞子、草决明、菊花、石斛。

2）头晕目眩者，可加钩藤、天麻、怀牛膝。

3）心中烦热、口苦者，加栀子、牡丹皮、远志。

26.4 预防与调护

平时应保持精神愉快，情绪稳定，气机条达。胁痛属于湿热蕴结者，应注意饮食，忌酒、忌辛辣肥甘之品，饮食宜清淡而富于营养；胁痛属于肝血不足者，应注意休息，劳逸结合，多食蔬菜、瘦肉等。

附　录

1. 病案举例

1）汪某，痛在胁肋，游走不一，渐至痰多，手足少力。初病两年，寝食如常，今年入夏病甚。此非脏腑之病，乃由经脉继及络脉。大凡经主气，络主血，久病血瘀，瘀从便下，诸家不分经络，但忽寒忽热，宜乎无效。试服新绛一方小效，乃络病耳。议通少阳、阳明之络，通则不痛矣。

归须　炒桃仁　泽兰叶　柏子仁　香附汁　丹皮　穿山甲　乳香　没药

（清·叶桂.《临证指南医案》）

2）诊脉动而虚，左部小弱，左胁疼痛，痛势上引，得食稍安。此皆操持太甚，损及营络，五志之阳动扰不息，嗌干舌燥，心悸久痛，津液致伤也。症固属虚，但参、术、归、芪诸方，未能治及络病。《内经》肝病不越三法：辛散以理肝，酸泄以润肝，甘缓以益肝，宜辛甘润温之补，盖肝为刚脏，必柔以济之，自臻效验耳。

炒桃仁　柏子仁　新绛　归尾　橘红　琥珀

（《清代名医医案精华·叶天士医案》）

2. 古文献选录

《灵枢·五邪》："邪在肝，则两胁中痛。"

《素问·脏气法时论》："肝病者，两胁下痛引少腹，令人善怒。"

《千金要方》："左手关上脉阴实者，足厥阴经也，病苦心下坚满，常两胁痛，息忿忿如怒状，名曰肝实热也。"

《景岳全书·胁痛》："胁痛有内伤、外感之辨，凡寒邪在少阳经，乃病为胁痛，耳聋而呕，然必有寒热表证者，方是外感。如无表证，悉属内伤。但内伤胁痛者十居八九，外感胁痛则间有之耳。"

《症因脉治·胁痛》："内伤胁痛之因，……或死血停滞胁肋，或恼怒郁结，肝火攻冲，或肾水不足，……皆成胁肋之痛矣。"

《类证治裁·胁痛》："怒伤者，郁伤者，初痛在经，久必入络。经主气，络主血，有营络虚寒，得食痛缓者，辛温通络，甘缓补虚；有肝阴虚者，热痛嗌干，宜凉润滋液；有液虚风动者，……宜滋液熄风；有郁热胀痛者，宜苦辛泄降；有因怒劳，致气血皆伤，肝络瘀痹者，宜辛温通络；有痞积攻痛者，宜辛散通瘀；有气逆呕涎，由胁攻胃者，用酸泄和肝。……凡胁痛，药忌刚燥，以肝为刚脏，必以柔济之，乃安也。"

3. 研究进展

（1）中医治疗慢性乙型病毒性肝炎的研究

1）病因病机的研究　杨亚平认为本病的病理因素是湿热疫毒持续感染，病理基础为正气不足，病理产物为瘀血阻滞，三者互为因果，故病情持续迁延难愈［新中医，1995，（3）：50］。周宜强认为湿邪作祟，肝郁致病，阳气虚弱，疫毒内侵，伏于血分，阴阳双损，气血失调，合而为患是形成乙型肝炎的基本病机，病位在肝，往往阳气有余，阴血不足［中医杂志，1997，（7）：416～417］。薛焕德等认为本病的病机关键是湿热［中医杂志，1998，（8）：477］。

2）治疗研究　薛焕德等辨证治疗慢性活动性乙型肝炎80例。湿热中阻型，治以清热利湿，方用茵陈蒿汤加减；肝郁脾虚型，治以疏肝健脾，方选逍遥散加减；肝肾阴虚型，治以滋补肝肾，方选一贯煎加减；瘀血阻络型，治以活血化瘀，方用膈下逐瘀汤加减。并发现湿热中阻型和肝郁脾虚型 ALT 最易复常，肝肾阴虚型难以治疗，病程长，疗效低［中医杂志，1998，(8)：477］。陆机用慢肝三法治疗慢性乙型肝炎 210 例，疏肝健脾、清泄湿毒法，用醋柴胡、白芍药、焦白术、焦山楂、连翘、炙黄芪、白花蛇舌草、生大麦芽、贯众；滋养肝肾、清热解毒法，用生地黄、贯众、赤芍药、白芍药、连翘、焦山楂、丹参、黄芪、旱莲草、生大麦芽；活血化瘀、清泄湿毒法，用醋柴胡、赤芍药、连翘、山楂、丹参、石见穿、炙黄芪、贯众、白花蛇舌草、生大麦芽。治愈 45 例，显效 114 例，有效 35 例，无效 16 例［上海中医药杂志，1995，(1)：15～16］。苟生亮用复方抗乙肝散系列治疗慢性乙型肝炎 1198 例，肝肾阴虚型，予Ⅰ号方，生地黄、山萸肉、牡丹皮、白芍药、手掌参、鳖甲、白花蛇舌草、三七、枳壳等；脾肾阳虚型予Ⅱ号方，人参、黄芪、白术、砂仁、朱砂、鹿角胶等；肝郁脾虚型予Ⅲ号方，柴胡、白芍药、白术、白蔻仁、香附、紫草、元胡等；肝胆湿热型予Ⅳ号方，茵陈、土茯苓、白茅根、瓜蒌、虎杖、水牛角等；瘀血阻络予Ⅴ号方，三棱、莪术、血竭、大黄、半枝莲、穿山甲、青皮等。结果：一半以上患者在 1 个月后症状、体征显著改善，体重增加，肝大回缩率 79.1%，脾大回缩率 68.8%，肝功复查率 72.0%［中医杂志，1995，(2)：89］。蒋森等以中医正邪理论指导乙型肝炎的治疗，分三个步骤治疗，第一步先用清热解毒、凉血活血法，用升麻解毒汤：升麻、白花蛇舌草、蒲公英、连翘、柴胡、土茯苓、生薏苡仁、丹参、甘草，加赤芍药、牡丹皮、水红花子、茜草、白茅根；第二步以扶正为主，兼以祛邪，用黄芪、黄精、山药、女贞子、白花蛇舌草、蒲公英、生薏苡仁、土茯苓、当归、丹参、三七、牡丹皮、生蒲黄、白茅根、甘草治疗 2 个月后，症状消失，肝功能正常后用第三步，益气升阳解毒汤治之，药用：黄芪、党参、升麻、淫羊藿、巴戟天、桑寄生、白花蛇舌草、桂枝、葛根、柴胡、蜂房。即可正复胜邪［中医杂志，1999，(7)：439～440］。壅履平认为乙肝病原惟毒是本，治疗祛毒为主，祛邪务专务尽，药用山豆根、板蓝根、白花蛇舌草、地丁、野菊花、土茯苓、蚤休、银花、连翘、大黄、芒硝、山栀、茵陈、田基黄、金荞麦、生薏苡仁；气虚加保元汤（人参、肉桂、黄芪、甘草），血瘀加赤芍药、小蓟、丹参、虎杖［中医杂志，1995，(5)：309］。周宜强等观察了滋补肝肾法对慢性乙型肝炎肝功能指标的影响，药用乙肝康胶囊（生地黄、白芍药、鳖甲、冬虫夏草、黄芪、柴胡、黄精、紫草等），治疗组 100 例，对照组 30 例口服乙肝宁冲剂，结果：治疗组在症状改善、肝功能恢复、血清病毒标志物转阴方面均优于对照组［中医杂志，1997，(7)：416］。

3）实验研究　李文实验研究中草药对 HBV-DNA 的抑制作用，结果发现贯众、佩兰、荔枝核、珍珠菜、黄柏、茯苓、大黄、丹参、大活血、犁头草为高效抑制药。方剂茵陈蒿汤、小承气汤有高效抑制作用［中医杂志，1997，(1)：46～47］。郑民实从 270 种中草药中初筛出抗 HBs Ag 的有效药物 9 种，金钱草、柿蒂、元胡荽、鱼腥草、积雪草、杜鹃花、樟树、鸡爪枝皮与水杨梅［中医研究，1996，(1)：51～54］。黄德庄等进行了新清宁抗乙肝病毒感染的实验研究，新清宁是以熟大黄为主的一种药物，结果发现新清宁具有良好的抗乙肝病毒和调节体液免疫应答反应的作用，与临床治疗效果相符合，具有良好的抗乙肝病毒感染的作用［中国实验临床免疫学杂志，1995，（2）：44～48］。

（2）中医治疗慢性胆囊炎的研究

邢萍以清胆灵胶囊治疗慢性胆囊炎94例。该药以牛胆汁为主要原料，配伍柴胡、郁金、木香、虎杖、白术、半夏、白芍药、鸡内金，对照组80例服用消炎利胆片，经治2个月，治疗组总有效率为98.93%，对照组总有效率为88.75%［中医杂志，1995，（11）：671］。梁淑兰等以大柴胡汤加减治疗本病100例，药用柴胡、半夏、枳壳、黄芩、丹参、白芍药、郁金、大黄、金钱草、党参、龙胆草，治愈54例，显效28例，有效14例，无效4例，总有效率为96%。［国医论坛，1998，（6）：12］。曾亚庆用胆炎汤治疗慢性胆囊炎80例，药物组成为：金钱草、蒲公英、柴胡、枳壳、佛手、元胡、郁金、木香、鸡内金、大黄、三七，总有效率为95%，对照组肌注头孢唑啉，32例中总有效率68.8%［福建中医药，1998，（1）：14］。邱晓华等以胆黄散治疗慢性胆囊炎76例，鲜猪胆、生大黄、元胡、郁金、龙胆草、白芍药、枳壳、鸡血藤、川楝子，将绿豆装入猪胆汁内，阴干，研末为丸。结果：10～14日症状消失，B超恢复正常者65例，未恢复正常者11例。表明清热利胆解毒、理气化瘀止痛疗效好［河南中医药学刊，1998，（5）：42～43］。黄爱和等用胆系汤治疗慢性胆囊炎50例，药用茵陈、栀子、郁金、龙胆草、硫酸镁、板蓝根、金钱草、大黄等，治愈32例，显效15例，无效3例［河北中西医结合杂志，1998，（5）：726］。

复习思考题

1. 胁痛的病因有哪些？病机关键是什么？
2. 胁痛如何辨证论治？各型的症状、治法、方药如何？

（赵新秀）

27

黄疸

目的要求

1. 了解黄疸的源流及范围。
2. 熟悉黄疸阴黄的证治及调护。
3. 掌握黄疸的病因病机、辨证要点、治疗原则及阳黄、急黄的分型施治。

黄疸是感受湿邪或者湿热疫毒，肝胆气机受阻，疏泄失常，胆汁外溢所致，以目黄、身黄、小便黄为主要表现的一种病证。黄疸在古代文献中亦称黄瘅。

有关黄疸的论述最早见于《素问·平人气象论》、《灵枢·论疾诊尺》，首创黄疸之病名，提出黄疸的主要临床表现为身黄、目黄、小便黄。《金匮要略·黄疸病脉证并治》以湿热发黄为重点，还论述了火劫发黄、燥结发黄、女劳发黄及虚黄等。《诸病源候论》首次提出阴黄证，并创急黄之新说。元代罗天益《卫生宝鉴》明确湿从热化为阳黄，湿从寒化为阴黄，把阳黄和阴黄的辨证论治系统化，对临床指导意义较大，清代沈金鳌著《沈氏尊生书》对黄疸的传染性、预后、转归均作了论述。

本病相当于现代医学的肝细胞性黄疸、阻塞性黄疸、溶血性黄疸、病毒性肝炎、肝硬化、胆石症、胆囊炎等，若以黄疸为主要表现者，均可参考本章进行辨证施治。

27.1 病因病机

27.1.1 病因

27.1.1.1 外感湿热疫毒

夏秋季节，湿热或暑湿偏盛，湿热郁蒸，由表入里，内蕴中焦，不得泄越，熏蒸胆汁外溢，而致发黄。若湿热夹时邪疫毒伤人，则起病急骤，多具传染性，热毒炽盛，迫使胆汁不循常道，外溢而发生黄疸。热毒伤及营血，内陷心包则出现出血、神昏等证，称为急黄。

27.1.1.2 饮食不节，嗜酒过度

嗜食肥甘酒浆、或进食不洁，损伤脾胃，湿热内蕴，薰蒸肝胆，胆汁外溢，发为黄疸。

27.1.1.3 劳倦或病后伤脾

劳倦过度或病后脾阳受损，脾虚寒湿内生，寒湿困遏中焦，肝胆气机不利，胆汁不循常道外溢肌肤发为黄疸。

27.1.1.4 积聚转化

积聚日久，瘀阻湿滞，肝脾失调，胆汁疏泄失常，外溢肌肤，从而发生黄疸。

27.1.2 病机

27.1.2.1 基本病机

湿阻中焦，脾胃升降功能失常，肝胆疏泄不利，致胆汁疏泄失常，胆液不循常道是形成本病的病机关键，胆汁溢于肌肤，上染眼目，下注膀胱，从而发为身黄、目黄、小便黄之病证。

27.1.2.2 病位

本病病位主在脾胃肝胆，由脾胃波及肝胆。

27.1.2.3 病理性质

有寒湿、湿热两端，与脾阳的盛衰密切相关。中阳偏盛，湿从热化，湿热为患，发为阳黄；中阳不足，湿从寒化，寒湿为患，发为阴黄。

27.1.2.4 病机转化

急黄热势炽盛，内陷心营，常可危及生命；阳黄病程较短，消退较易；但阳黄湿盛于热者，消退较缓，应防其迁延转为阴黄。总之，黄疸以速退为顺，若阴黄久治不愈，有形成癥积、鼓胀之可能。

27.2 诊断与鉴别诊断

27.2.1 诊断

27.2.1.1 临床表现

目黄，身黄，尿黄，尤以目睛发黄为主。因为目白睛发黄是出现最早、消退

最晚而最易发现的指征之一。

27.2.1.2 病史

有饮食不节、肝炎接触或使用化学制品、药物等病史。

27.2.1.3 实验室检查

血清总胆红素、尿胆红素、尿胆原、直接胆红素测定，血清谷-丙转氨酶、谷-草转氨酶以及B超、CT、胆囊造影等，有助于诊断。

27.2.2 鉴别诊断

27.2.2.1 萎黄

萎黄为气血不足致使身面皮肤呈萎黄不华的病证，多见于大失血或重病之后。其特征为双目不黄，往往伴有眩晕、气短、心悸等症，与黄疸病证的目黄、身黄、尿黄不同。

27.2.2.2 黄胖

黄胖多与虫证有关，虫积日久，耗伤气血而引起面部肿胖色黄，身黄带白。

27.3 辨证论治

27.3.1 辨证要点

辨阳黄阴黄

阳黄由湿热所致，起病急，病程短，黄色鲜明如橘色，口干发热，小便短赤，大便秘结，舌苔黄腻，脉弦数，一般预后良好；阴黄由寒湿所致，起病缓，病程长，黄色晦暗如烟熏，脘闷腹胀，畏寒神疲，口淡不渴，苔白腻，脉濡缓或沉迟，病情缠绵，不易速愈。

阳黄阴黄可互相转化，阳黄过用寒凉，迁延日久，脾阳损伤，湿从寒化，则可转为阴黄；阴黄复感外邪，湿郁化热，又可呈阳黄表现，使病情变为复杂。

27.3.2 治疗原则

黄疸早期以湿邪为主要的病理因素，故化湿邪、利小便是治疗黄疸的大法。属于湿热者当清热利湿；属于寒湿者当温中化湿；若热毒炽盛之急黄，又当清热解毒，凉营开窍。同时应配合疏肝健脾、活血化瘀之品，改善肝郁脾壅、瘀血阻络的病机，防止转变为积聚、鼓胀。久病宜注意扶正，滋补肝肾、健运脾胃。

27.3.3 分型论治

27.3.3.1 阳黄

（1）热重于湿

症状 初起目白睛发黄，迅速全身发黄，黄疸较重，色泽鲜明，壮热口渴，心烦不宁，恶心呕吐，纳呆，小便黄赤短少，大便秘结，腹部胀满。

舌象 舌红苔黄腻。

脉象 脉弦数或滑数。

证候分析 湿热蕴蒸，胆汁外溢，故白睛发黄；火性急迫，故迅速波及全身，致身目俱黄；热为阳邪，故黄色鲜明；胆汁下流膀胱，则小便黄如浓茶；湿热内盛，热耗津伤，故壮热口渴；湿热内蒸故心中烦躁不安；湿热中阻，胃失和降，腑气不通，故恶心呕吐，纳呆，大便秘结，腹部胀满。舌红苔黄腻，脉弦、滑数，本为湿热之征。

治法 清利湿热，通腑泄下。

方药 茵陈蒿汤。

方中茵陈味苦微寒，入肝脾经，为清热利湿退黄之要药；栀子利湿退黄，使湿热从小便而去；大黄清热解毒，泻热逐瘀，通利大便，使瘀热毒邪从大便而去。

加减 1）胁痛较甚，加柴胡、郁金、川楝子疏肝理气。

2）热毒较甚，心中懊侬者加黄连、龙胆草，增加清热解毒之功。

3）若恶心呕吐者，可加橘皮、竹茹、半夏化湿和胃。

（2）湿重于热

症状 身目发黄如橘，无发热或身热不扬，头重身困，嗜卧困倦，胸脘痞闷，纳呆呕恶，厌食油腻，小便色黄不利。

舌象 舌淡红，苔厚腻微黄。

脉象 脉濡缓或弦滑。

证候分析 湿遏热伏，胆汁外溢，故身目俱黄，身热不扬；湿阻清阳，则头身困重；湿浊困阻脾胃，升降失常则胸脘痞满，恶心呕吐，大便稀泻。苔厚微黄为湿热郁阻之象。脉弦滑或濡缓为湿盛之征。

治法 利湿化浊，佐以清热。

方药 茵陈四苓汤加味或甘露消毒丹。

茵陈四苓散中茵陈清热利湿退黄，白术健脾燥湿，猪苓、泽泻、茯苓淡渗利湿，湿重于热，湿遏热伏，阻滞气机，所以加木香、厚朴、枳壳调理气机。甘露消毒丹中茵陈、滑石、木通清热利湿，引湿热之邪从小便而出；黄芩、连翘清热燥湿解毒；石菖蒲、白蔻仁、藿香、薄荷芳香化湿，理气醒脾。贝母、射干清热利咽可去之。诸药合用，清热渗湿，芳香化浊，调和气机而退黄。

加减 1）若湿困脾胃，便溏尿少，口中甜者，可加厚朴、苍术苦温燥湿。

2）纳呆或无食欲者再加炒麦芽、鸡内金以醒脾消食。

若湿热初起，伴有恶寒、发热，头身重痛，舌苔薄腻，脉浮弦或弦数者，可用甘露消毒丹合麻黄连翘赤小豆汤以解表祛湿。

（3）胆府郁热

症状　身目发黄鲜明，右胁剧烈疼痛，牵及肩背，寒热往来，口苦咽干，恶心呕吐，腹胀纳呆，大便灰白或便秘，小便短黄而灼热。

舌象　舌红，苔黄厚腻。

脉象　脉弦数。

证候分析　胆府郁热，胆汁外溢，故黄色鲜明；肝胆郁热，气机不畅，故右胁疼痛剧烈，牵及肩背；邪阻少阳胆经，故寒热往来，口苦咽干；肝胆郁热，脾胃升降失常，故恶心呕吐，腹胀纳呆；胆汁郁阻，不能下泄大肠，故大便灰白；苔黄腻，脉弦数为肝胆热盛之征。

治法　清热化湿，利胆退黄。

方药　大柴胡汤。

方中柴胡、白芍药疏肝，黄芩、半夏与柴胡相配和解少阳，大黄、枳实通便导滞。

加减　1）可加金钱草、海金砂、茵陈清热利胆，增加退黄之效。

2）胁痛及肩背疼痛剧烈者，可加元胡、川楝子、郁金、枳壳疏肝理气止痛。

27.3.3.2　急黄

疫毒发黄

症状　起病急骤，黄疸迅速加深，身黄目黄，色黄如金，高热口渴，小便深黄，胁痛腹胀，烦躁不安。或神昏谵语，或鼻出血、呕血、便血，身发斑疹，或有腹水昏迷。

舌象　舌红绛，苔黄干燥。

脉象　脉弦数或细数。

证候分析　因湿热夹毒，热毒炽盛，故发病迅速，高热烦渴；热毒熏蒸胆液外溢，故身目均黄，迅速加深，小便深黄；热毒壅阻肝胆脾胃，故胁痛腹胀；热毒内陷心包故烦躁、神昏谵语；热毒灼伤血络，迫血妄行，故鼻出血、呕血、便血、身发斑疹。肝胆疏泄不利，脾失健运，水湿内停，而发生腹水。舌红绛，脉弦数，为热毒入营之症；苔黄干燥，脉细数为热甚伤津之候。

治法　清热解毒，凉血开窍。

方药　犀角散。

方中犀角为清热解毒，凉血之要药，可用水牛角 30～50g 代替；黄连、栀子、升麻清热解毒；茵陈利湿退黄。

加减　1）可加大青叶、土茯苓、蒲公英、银花、连翘清热解毒。

2）可加生地黄、玄参、赤芍药凉血滋阴。

3）神昏谵语者，可配合安宫牛黄丸或至宝丹。

4）伴出血者，可加侧柏叶、大小蓟、地榆凉血止血。

5）合并腹水者加茯苓、白术、车前子以健脾利水。

本证病情危重，中西医结合救治为宜。

27.3.3.3 阴黄

（1）寒湿证

症状　身目俱黄，黄色晦暗不泽，或如烟熏，痞满食少，神疲畏寒。

舌象　舌淡苔白腻。

脉象　脉濡缓或沉迟。

证候分析　脾胃虚弱，中阳不振，寒湿阻遏中焦，肝胆疏泄失常，胆液外泄，则为黄疸；寒湿俱为阴邪，故黄色晦暗或如烟熏；寒湿中阻，脾胃虚弱，升降失司，则脘腹胀满；纳呆食少，大便溏泄；气虚阳衰则神疲畏寒；舌淡苔白腻，脉濡缓或沉迟为寒湿内阻之象。

治法　健脾和胃，温化寒湿。

方药　茵陈术附汤。

方中茵陈利湿退黄，附子、干姜温中散寒，白术、甘草健脾和胃。

加减　1）黄疸日久不退，面色晦暗者可加丹参、当归、泽兰叶活血化瘀。

2）神疲乏力者加黄芪、党参。

（2）脾虚血亏

症状　面目及肌肤发黄，黄色暗淡，纳呆食少，倦怠乏力，心悸气短，腹胀便溏。

舌象　舌淡，苔白。

脉象　脉濡细。

证候分析　黄疸日久，脾失健运，正气渐伤，气血不充，湿邪留而不去，故皮肤淡黄不退，晦暗无华。脾气虚衰则纳呆食少，倦怠乏力，气短、腹胀便溏；脾虚血少，心失所养则心悸。舌淡，脉濡细为气血俱虚之象。

治法　健脾温中，补气养血。

方药　黄芪建中汤。

方中黄芪、桂枝益气温中，白芍药、饴糖滋阴养血，生姜、大枣调和营卫。

加减　1）脾虚兼湿加茵陈、茯苓、泽泻利湿退黄。

2）血虚甚者加当归、熟地黄养血补血。

3）脾肾阳虚，畏寒明显者加仙灵脾、巴戟肉温补阳气。

27.4 预防与调护

黄疸具有传染性应注意隔离，预防传染。黄疸病人在急性期应注意卧床休息。情绪要安定愉快，避免恼怒；饮食以清淡为主，禁忌饮酒。

附 录

1. 病案举例

1）身热旬余，早轻暮重，夜则梦语如谵，神机不灵，遍体色黄，目黄溺赤，口干欲饮，舌干灰腻，脉象左弦数，右濡数。伏邪湿热逗留募原，如熯酱然。湿热夹痰，易于蒙蔽清窍，清阳之气失旷，加之呃逆频频，手足蠕动，阴液暗耗，冲气上升，内风煽动，湿温黄疸，互相为患，颇虑痉厥之变。急拟生津而不滋，化湿而不燥，清宣淡渗，通利三焦，勿使邪陷厥阴，是为要策。

天花粉　朱茯神　鲜石菖蒲　黑山栀　益元散　柿蒂　嫩钓钩　西茵陈　嫩白薇　炒竹茹　白茆根

（《清代名医医案精华·丁甘仁医案》）

2）思虑过度，劳伤乎脾，房劳不节，劳伤乎肾，脾肾两亏，肝木来侮，水谷之湿内生，湿从寒化，阳不运行。胆液为湿所阻，渍之于脾，浸淫肌肉，溢于皮肤。遂至一身尽黄，面目黎黑，小溲淡黄，大便灰黑，纳少泛恶，神疲乏力。苔薄腻，脉沉细。阳虚则阴盛，气滞则血瘀，瘀湿下流大肠，故腑行灰黑而艰也。阴疸重症，缠绵之至。拟茵陈术附汤加味，助阳运脾为主，化湿祛瘀佐之，俾得离照当空，则阴霾始得解散。然乎否乎？质之高明。

熟附块　连皮苓　紫丹参　大砂仁　生白术　广陈皮　藏红花　炒麦芽　西茵陈　制半夏　福泽泻　炒薏仁　淡姜皮

（《清代名医医案精华·丁甘仁医案》）

2. 古文献选录

《诸病源候论·急黄候》："脾胃有热，谷气郁蒸，因为热毒所加，故卒然发黄，心满气喘，命在顷刻，故云急黄也。""有得病及身体面目发黄者，初不知是黄，死后乃身面黄者，其候得病但发热心战者，是急黄也。"

《丹溪心法·疸》："用茵陈之药过剂，乃成阴黄，身目俱黄，皮肤冷，心下疼，眼涩不开，自利，茵陈干姜附子汤主之。"

《景岳全书·黄疸》："阳黄证多以脾湿不流，郁热所致，必须清火邪，利小水，火清则溺自清，溺清则黄自退。"

3. 研究进展

（1）急性黄疸型肝炎的研究进展

急性黄疸型肝炎以阳黄多见，清热利湿，活血解毒是治疗本病最常用的治法。冷祥康用清热利湿法治疗 124 例，药用茵陈、栀子、大黄、板蓝根、枳壳、牡丹皮、银花、甘草，并设西药对照组 128 例，结果在临床症状的消失、黄疸消退、血清胆红素和谷-丙转氨酶恢复时间方面，治疗组明显优于对照组［中医杂志，1996，(6)：373]。戴福海用四草大黄汤治疗急性黄疸型肝炎102例，药用白花蛇舌草、金钱草、益母草、甘草、大黄，对照组51例常规用联苯双酯等，治疗2个疗程，结果两组分别治愈94例、45例；好转6例、7例；无效2例、3例[新中医，1995，(11)：43]。陈寿山等用蒲虎汤治疗急性黄疸型肝炎450例，本方含蒲公英、虎杖根、茵陈、车前草、制大黄、焦山栀、苦参、郁金、枳壳。临床治愈315例，显效85例，好转38例，无效9例，死亡3例[浙江中医杂志，1995，(4)：148]。刘三都用金龙益肝汤治疗急性黄疸型肝炎360例，药用金钱草、赤芍药、茵陈、银花、丹参、茯苓、龙胆草、麦芽、甘草，对照组120例，用益肝灵等。结果治疗组总有效率98.9%，对照组总有效率89.2%[贵阳中医学院学报，1996，(2)：12~13]。隋吉东用清肝利湿解毒汤治疗急性黄疸型肝炎408例，药物组成为：茵陈、银花、薄荷、竹茹、萹蓄、赤芍药、陈皮、栀子、郁金、甘草，408例全部治愈，黄疸消退时间最短4天，最长15天[新中医，1995，(9)：47]。杨发荣自拟茵陈秦艽汤治疗急性黄疸型肝炎102例，药用茵陈、秦艽、白蘚皮、栀子、大黄、茯苓、车前草、虎杖、茵陈、鸡内金、甘草，总有效率为100%[实用中西医结合杂志，1997，(1)：41]。柳锋等用赤芍退黄汤，治疗急性黄疸型肝炎66例，重用赤芍药60克，茵陈、柴胡、白花蛇舌草、车前子、丹参、白术、茯苓、猪苓、生大黄；对照组64例，用能量合剂，门冬氨酸钾镁。结果：总有效率治疗组为98.48%，对照组为87.50%[实用中医药杂志，2000，(5)：23]。纳猛以温阳化湿治疗阴黄22例，药用茵陈、茯苓、白术、陈皮、木香、制半夏、砂仁、附子、党参、干姜、厚朴、滑石、神曲、鸡内金，结果总有效率为95%[云南中医学院学报，1995，(12)：44~45]。蒋开平强调温运阳气法在急性黄疸型肝炎治疗中的应用，认为急性黄疸型肝炎初期清热利湿效果明显，但继续应用在症状、体征、肝功能指标方面无明显好转时，应考虑到湿热久羁，阳气被遏或久服寒凉药物克伐阳气，冰覆湿热，宜适当加入温运阳气药物，以求病情进一步恢复[中医杂志，1998，(9)：571]。

(2) 重症肝炎的研究

1974年重症肝炎的病死率为80%左右，1975年以后为65%，1980年后为55%左右[叶维法，钟振义．肝炎学大典．天津：天津科学技术出版社，1996.698]李举刚用凉血解毒化瘀汤治疗高黄疸型肝炎48例，重用赤芍药60~80g，配以生地黄、丹参、牡丹皮、葛根、白茅根、虎杖、半枝莲、白花蛇舌草、茵陈；对照组用甘露消毒丹。结果：两组总有效率分别为87.5%、68.1%，黄疸消退天数分别为38.1±11.2天、49.8±13.9天[湖南中医学院学报，1997，(6)：22~23]。王守云等疏肝活血，重用赤芍药治疗重度黄疸型肝炎86例，基本方为：赤芍药(120~150g)、桃仁、红花、三棱、莪术、黄芪、当归、薏苡仁、茯苓、山楂、陈皮、川朴。显效21例，有效50例，无效15例，总有效率为82.5%，随着胆红素的下降，症状消失，转氨酶亦下降[四川中医，1997，(9)：26]。曲宝慧等查阅了1995~1997年公开发表的中医中药治疗重症肝炎的

18篇临床报道，发现中药主要作用在于退黄，其中以茵陈蒿汤为主加减者占60%，活血化瘀药在处方中使用达100%。单味中药在处方中使用由多到少依次为赤芍药、大黄、茵陈、丹参、栀子［山东中医杂志，1998，（11）：526～527］。汪承柏发现对于重症肝炎，用清热利湿之剂效果不明显，而改用凉血活血，重用赤芍药方可提高退黄效果［中西医结合肝病杂志，1998，（1）：1］。

（3）残留性黄疸的研究

刘志民等用血府逐瘀汤去桔梗加丹参、葛根，治疗残留性黄疸28例，治愈21例，好转4例，无效3例，总有效率89.3%［河北中医，1997，（5）：30］。李淑芬等认为残留性黄疸，属于湿热留恋未净，正气已虚，用清热利胆、化瘀通络之散剂，便于坚持服用，达到轻可去实，缓以图治的功效，药用青黛、白矾、血余炭、黄连、大黄［天津中医，1997，（6）：260～261］。

（4）实验研究

艾英运用日本进口的色差计，对80例阳黄、阴黄患者面部色泽进行了定量鉴别诊断，证明了阳黄和阴黄患者的皮肤色泽确实存在差异，而且准确计算出二者面色差别是4.15NBS［中国医药学报，1998，（5）：71～72］。潘雪飞等对阴黄形成的机理进行了研究，阴黄的特点为邪衰，表现为CD_8细胞减少，ALT低于阳黄，肝细胞破坏趋向静止；正伤表现为免疫功能低下，补体消耗，LTT降低，红细胞减少，血小板减少，血清白蛋白降低；胆郁表现为血中胆酸增高；血瘀表现为血黏度升高，微循环障碍，乃至肝组织胶原纤维增生等。对阴黄邪衰、正伤、胆郁、血瘀的病理特点提供了客观依据［中医杂志，1997，（9）：561～562］。

复习思考题

1. 试述黄疸的病因病机。
2. 阴黄阳黄如何鉴别？
3. 阳黄湿重于热，热重用湿的症状、治法、方药如何鉴别？

（赵新秀）

28

积 聚

目的要求

1. 了解积聚的概念。
2. 熟悉积聚的病因病机。
3. 掌握积证初、中、末三期的治疗原则，及积聚常见证型的症状、治法及方药。

积聚是由于正气亏虚，脏腑功能失调导致气滞、血瘀、痰凝蕴结腹内，致腹内结块或胀或痛为主要临床表现的病证。

积聚之名，首见于《内经》。《内经》对本病的病因、病机、治则均有所论述，还提出了伏梁、息贲、肥气、奔豚等名，皆属积聚的范畴。《难经》对积聚作了明确的区别，并对五脏之积的主要症状作了描述。《景岳全书·积聚》对积聚的病因病机、辨证论治作了详尽的论述，提出攻、消、散、补的治疗原则。《医宗必读·积聚》将攻补两法与积聚初、中、末三期有机地结合起来，对临床至今仍有重要的指导意义。

现代医学所指的腹部肿瘤，肝脾大，增生型肠结核、胃肠功能紊乱、不完全性肠梗阻、幽门梗阻均可参照本章进行辨证论治。

28.1 病因病机

28.1.1 病因

28.1.1.1 情志失调

情志抑郁，肝气郁结，脾气不舒，导致肝脾气机阻滞形成聚证；气滞及血，气滞血瘀，经隧不利，日积月累而形成积证。

28.1.1.2　饮食所伤

酒食不节，恣食生冷肥甘，损伤脾胃，脾失健运，聚湿生痰，痰阻气滞，形成聚证；或因食遇气，食气交阻亦可形成聚证；痰浊、食积阻滞气机日久，气滞血瘀，致气、痰、瘀相结形成积证。

28.1.1.3　外邪侵袭

寒湿热等外邪侵袭，留而不去，日久导致邪毒内生，脏腑功能失调，如寒湿、湿热内困脾胃，痰浊内生，使气血郁滞，日久形成积聚。

28.1.1.4　他病转归

黄疸病后，或黄疸日久不退，湿邪留恋，阻滞气血；或久疟不愈，湿痰凝滞，脉络痹阻；或感染血吸虫，肝脾气血不畅，血络瘀滞，均可导致气滞血瘀，结而成块，形成积证。

积聚的病因虽有以上四端，但往往多种病因相兼为患，交错夹杂。

28.1.2　病机

28.1.2.1　基本病机

积聚的病机关键是气滞、血瘀、痰凝，结而成块。聚证以气机阻滞为主；积证气滞、血瘀、痰凝均有，而以血瘀为主。

28.1.2.2　病位

积聚的病变脏腑主要责之肝脾。肝以血为体，以气为用，主藏血与调节血量，并司全身气机的疏泄条达，若肝疏泄失职，则气机郁滞，血行不畅，形成积聚。脾居中州，为后天之本，气机升降的枢纽，若脾不健运，则气机升降失常，痰湿内停，血液涩滞，形成积聚。

28.1.2.3　病理性质

积聚初起，气滞血瘀痰阻，邪气壅实，正气未虚，多属实证；积聚日久，病势较深，正气耗伤，转为虚实夹杂；病至后期，气血衰少，以正虚为主。

28.1.2.4　病机转化

正气的盛衰与积聚的形成、发展有密切的关系。正气充盛之人，气血流畅，积聚无由所生；正气不足，气血瘀滞；正虚感邪，正不胜邪，邪气盘踞而成积聚。既患积聚，肝脾失调，气血瘀滞，日久及肾，肝、脾、肾三脏受损，气、血、水停积腹内，则可转为鼓胀。若肝胆疏泄失常，胆汁外溢，转为黄疸。若肝不藏血，脾不统血，血不循经，可合并出血。

28.2 诊断与鉴别诊断

28.2.1 诊断

28.2.1.1 临床表现

积证腹部可扪及包块，并有胀痛、刺痛。积块出现之前，常有相应部位的疼痛，或兼恶心、呕吐、腹胀以及倦怠乏力、形体逐渐消瘦等正气亏虚的症状。

聚证以腹中气聚，攻窜胀痛，时作时止为临床特征。发作时，气聚胀满，可摸及包块，缓解时气聚胀满消失，包块亦随之消失。

28.2.1.2 辅助检查

可做B超、CT、胃肠钡剂X线检查及纤维内镜检查有助于明确诊断。

28.2.2 鉴别诊断

痞满　痞满是以患者自觉脘腹痞塞不通、满闷不舒为主要症状。检查时腹部无气聚胀急之形可见，更摸不到包块。它既不同于聚证的时聚时散，发时有形，散则无物；更不同于积证的有形有物，结而不散。

28.3 辨证论治

28.3.1 辨证要点

28.3.1.1 辨积与聚

积证结块明显，固定不移，痛有定处，病程较长，多属血分，病情较重，治疗较难。聚证腹中包块聚则有，散则无，时聚时散，痛无定处，病程较短，多属气分，病情较轻，治疗较易。古文献中常以积为脏病，聚为腑病，则不可拘泥，因许多积块就发生在胃肠。

28.3.1.2 辨积块的部位

脘腹部的积块多见于胃和肝。右胁、腹内积块，伴有胁肋刺痛、黄疸、纳呆、腹胀等症者，病在肝；胃脘部积块伴见反胃、呕吐、呕血、便血等症状者，病在胃；右腹积块伴腹泻或便秘、消瘦乏力，以及左腹积块伴大便次数增多、便下脓血者，病在肠。

28.3.2 治疗原则

聚证重在调气，积证重在活血。聚证以疏肝理气、导滞化痰为基本原则，积证以活血化瘀、软坚散结为基本治则。积证病情较重，正气损伤明显，要注意攻补兼施。积证初期，积块软而不坚，正气尚强，以攻邪为主；中期积块增大，按之觉硬，正气渐衰，邪气渐盛，治宜攻补兼施；末期积块坚硬，形瘦神疲，正气大伤，治以扶正培本为主，佐以活血理气消积，切忌攻伐太过。总之要注意处理好正与邪、攻与补的关系，根据具体情况，或先攻后补，或先补后攻，或寓攻于补，或寓补于攻。

28.3.3 分型论治

28.3.3.1 聚证

（1）肝气郁滞

症状　腹中气聚，攻窜胀痛，时聚时散，脘胁之间时或不适，病情常由情志因素而诱发。

舌象　舌淡红，苔薄白。

脉象　脉弦。

证候分析　肝失疏泄，气机一时壅塞不通，故腹中气聚，攻窜胀痛；气结则聚，气顺则散，故时聚时散；肝气郁结，胃失和降，则脘腹胀满；脉弦乃肝郁之征。

治法　疏肝理气，解郁消聚。

方药　木香顺气散。

本方疏肝行气，温中化湿，适用于寒湿中阻，气机壅滞者。木香、砂仁、苍术、厚朴、甘草行气温中，散寒化湿；乌药、青皮、枳壳、香附疏肝理气解郁。

加减　1）若肝郁较甚，攻窜胀痛难忍者可合柴胡疏肝散。

2）若兼热象，口苦舌红者，去乌药、苍术，加吴茱萸、黄连，清泄肝火。

3）年老体虚，乏力便溏者，加党参、白术益气健脾。

聚证胀痛缓解或消失后，可用逍遥丸善后调理，避免精神刺激，以防复发。

（2）食滞痰阻

症状　腹胀或痛，腹部时有条索物聚起，按之胀痛更甚，大便秘结，纳呆食少。

舌象　舌淡红，苔腻。

脉象　脉弦滑。

证候分析　食滞痰浊交阻，气聚不散，故腹胀满疼痛，时见条索状物；气机阻滞，胃失通降，腑气郁阻，故纳呆便秘；苔腻、脉滑本为痰食阻滞之象。

治法　理气化痰，通腑导滞。

方药　六磨汤。

方中沉香、木香、乌药顺气宽中，大黄、槟榔、枳实通腑导滞。

加减　1）腹胀甚者加炒莱菔子、大腹皮下气除胀。

2）因蛔虫结聚，阻于肠道者，合乌梅丸驱虫安蛔。

3）食气郁阻化热，发热、口干，苔黄者，加银花、连翘、赤芍药清热解毒，凉血化瘀。

若此证反复发作，脾胃虚弱者，平时应用香砂六君子汤健运脾胃，调理气机。

28.3.3.2　积证

（1）气滞血阻

症状　积证初起，积块软而不坚，固定不移，胀痛并见。

舌象　舌苔薄白。

脉象　脉弦。

证候分析　气滞血阻，脉络不和，积而成块，故胀痛并见，固定不移；病属初起，积尤未久，故质软不坚；肝气郁滞，故脉弦。

治法　理气消积，活血化瘀。

方药　金铃子散合大七气汤。

金铃子散中金铃子、元胡疏肝理气、活血止痛。大七气汤中青皮、陈皮疏肝理气；三棱、莪术活血消癥；桔梗开宣肺气；藿香芳香理气化湿；肉桂温阳散寒；益智仁、甘草益气收敛，以防理气耗气。

加减　1）若积块疼痛明显者，可合失笑散活血止痛。

2）本证亦可用荆蓬煎丸治疗。方中木香、青皮、茴香、枳壳、槟榔理气散结，三棱、莪术活血消积。

（2）气结血瘀

症状　积块明显增大，按之觉硬，刺痛不移，纳呆食少，神疲乏力，形体消瘦，面色暗黑，女子经闭。

舌象　舌质青紫，或有瘀斑、瘀点。

脉象　脉弦滑或细涩。

证候分析　气血凝滞，脉络阻塞，血瘀日甚，则积块明显增大，硬痛不移；病久正气日损，脾运不健，则纳呆食少，神疲乏力，形体消瘦；面色暗黑，女子闭经，舌紫、脉细涩，本为瘀血阻滞之候。

治法　祛瘀软坚，调补脾胃。

方药　膈下逐瘀汤、六君子汤。

膈下逐瘀汤中当归、川芎、桃仁、红花、赤芍药、五灵脂、元胡活血化瘀，通络止痛；香附、乌药、枳壳行气止痛；甘草益气缓中。六君子汤方中党参、白术、茯苓、甘草健脾益气；陈皮、半夏和胃进食。

加减　1）本证可合用鳖甲煎丸、化癥回生丹消癥散积，渐磨渐消。

2）积块坚硬疼痛较甚者，可加昆布、海藻、鳖甲、穿山甲、煅瓦楞软坚散结。

3）积证日久难消者，可加虫类通络之品，如水蛭、虻虫等。

（3）正虚瘀结

症状　积块坚硬，疼痛逐渐加剧，饮食大减，面色萎黄，消瘦脱形。

舌象　舌淡紫，无苔。

脉象　脉细数或弦细。

证候分析　积证日久，血络瘀甚，故积块坚硬，疼痛加剧；中气大伤，运化无权，故饮食大减；脾虚失运，新血不生，失于充养，故面色萎黄、消瘦脱形；舌淡紫无苔，脉细数或弦细，为气血津液耗伤，血液瘀滞之象。

治法　大补气血，化瘀软坚。

方药　八珍汤、化积丸。

八珍汤中以四君子汤健脾益气；四物汤养血和血。化积丸方中三棱、莪术、阿魏、苏木活血化瘀；香附、槟榔疏理气机；海浮石、瓦楞子软坚散结；雄黄解毒杀虫。阿魏因气味秽臭，一般不入煎剂，雄黄有毒可去之。

加减　1）阴伤较重，头晕目眩，舌光无苔，脉细数者，加生地黄、北沙参、枸杞子、石斛。

2）牙龈出血、鼻出血者，加茜草、三七粉、白茅根。

八珍汤、化积丸两方可间服，并根据病情采用补一攻二，或补二攻一等治法。

28.4　预防与调护

正虚之人，易患积聚，因此，饮食有节，起居有时，注意冷暖，调畅情志，保持正气充沛，气血流畅，对预防积聚的发生有着极其重要的意义。其次应及时治疗胃痛、胁痛、泄泻、便血等病。积聚患者要避免进食生冷油腻，忌饮酒浆，保持心情舒畅，配合气功疗法，增强体质，促进康复。

附　　录

1. 病案举例

1）骑射驰骤，寒暑劳形，皆令阳气受伤。三年来，右胸胁形高微突，初病胀痛无形，久则形似梗，是初为气结在经，久则血伤入络。盖经络系于脏腑外廓，犹堪勉强支撑。但气钝血滞，日渐瘀痹，而延癥瘕，怒劳努力，气血交乱，病必旋发，故寒温消克，理气逐血，总之未能讲究络病工夫。考仲景于劳伤血痹诸法，其通络方法，每取虫蚁迅速飞走诸灵，俾飞者升，走者降，血无凝著，气可宣通，与攻积除坚，徒入脏腑者有间。录法备参未议。

蜣螂虫　　虫　当归须　桃仁　川郁金　川芎　生香附　煨木香　生牡蛎　夏枯草

（《清代名医医案精华·叶天士医案》）

2）病后食物失和，肠中变化传导失职。气滞酿湿，郁而成热，六腑滞浊为之聚。昔洁古、东垣辈，于肠胃病，每取丸剂缓攻，当仿之。

（《清代名医医案精华·叶天士医案》）

2. 古文献选录

《灵枢·五变》："人之善病肠中积聚者何以候之？少俞答曰：皮肤薄而不泽，肉不坚而淖泽。如此则肠胃恶，恶则邪气留止，积聚乃伤。"

《难经·五十五难》："故积者，五藏所生；聚者，六府所成也。积者，阴气也。其始发有常处，其痛不离其部，上下有所终始，左右有所穷处。聚者，阳气也，其始发无根本，上下无所留止，其痛无常处，谓之聚。故以是别知积聚也。"

《医宗必读·积聚》："积之成也，正气不足而后邪气踞之。……初、中、末之三法不可不讲也。初者，病邪初起，正气尚强，邪气尚浅，则任受攻；中者，受病渐久，邪气较深，正气较弱，任受且攻且补；末者，病魔经久，邪气侵凌，正气消残，则任受补。盖积之为义，日积月累，非伊朝夕，所以去之亦当有渐，太亟伤正气，正气伤则不能运化，而邪反固矣。"

3. 研究进展

（1）中医中药抗肝纤维化的研究

1）临床研究　王宝恩等用复方861冲剂（丹参、黄芪、鸡血藤等）治疗慢性乙型肝炎及早期肝硬化660例，连续服药2年以上，症状缓解率83%，血清Ⅲ型前胶原肽及层粘连蛋白降至正常范围［中西医结合肝脏病杂志，1995，（2）：4］。在病理观察方面，861冲剂治疗组肝纤维化明显减轻［中华肝病杂志，1997，（2）：77］。到1999年又证实了861冲剂对乙肝肝纤维化具有显著的阻断及逆转作用［中华肝脏病杂志，1999，（1）：38］。杨宏志等用补肾益气、凉血解毒治疗肝纤维化2年以上者，药用仙茅、生地黄、当归、黄芪、白术、丹参、赤芍药、柴胡、蜈蚣、陈皮、茜草、白花蛇舌草、何首乌、三七、海藻等。结果：B超显示已增宽的门静脉宽度下降，已肿大的脾脏有缩小趋势［中医杂志，1998,（6）：343］。姚真敏用鳖甲煎丸治疗肝纤维化，结果提示该药可抑制炎症反应、减轻肝细胞变性、抑制纤维组织溶解，恢复胶原纤维产生与降解、吸收的动态平衡［浙江中医学院学报，1997，（1）：45］。

2）实验研究　王爱民等作了复方丹参合剂提高胶原酶活性逆转实验性肝纤维化的研究，证明丹参、黄芪及861合剂均有抑制Ⅰ、Ⅲ、Ⅳ、Ⅴ型胶原合成的作用，从而减轻了白蛋白免疫损伤性及四氯化碳中毒性大鼠肝纤维化的发生和发展。对已形成肝纤维化的大鼠予以中药861合剂治疗，可显著提高其肝组织胶原酶活性、潜在胶原酶活性及血清胶原酶活性，增强了对沉积胶原的降解，从而逆转了大鼠的肝纤维化［中华肝脏病杂志，1997，（5）：56～57］。马红等通过黄芪对大鼠免疫损伤性肝纤维化作用的研究发现，黄芪可减轻总胶原及Ⅰ、Ⅲ、Ⅴ

型胶原在大鼠肝脏的病理沉积，使胶原蛋白含量明显下降［中华肝脏病杂志，1997，(1)：32］。宋家武等用血府逐瘀汤治疗大鼠四氯化碳中毒性肝硬化，结果显示该方能显著减轻肝脏胶原纤维总量及Ⅰ、Ⅲ型胶原沉积作用，并有显著保护肝细胞的作用［中西医结合肝病杂志，1997，(1)：38］。大量实验观察到中药对动物免疫功能有显著调节作用，能减轻肝脏的炎症反应，继而减少细胞外的分泌，从而间接地抗纤维化。朱家璇等用人工冬虫草菌丝治疗大鼠免疫性肝纤维化，证明该药能减轻肝脏炎症细胞的浸润以及肝细胞的变性坏死，能使IgG循环免疫复合物在肝内沉积减少［中华消化杂志，1994，(6)：333］。

(2) 中医治疗脂肪肝的研究

1) 临床治疗研究　黄晓鸣认为脂肪肝的病机为恣食肥甘厚味，脾失健运，不能运湿布津，水谷精微不归正化，凝聚为痰湿，土虚木乘，肝失疏泄，气血瘀阻，痰浊瘀积于肝，则肝脏增大。治以利湿化浊，疏肝活血，自拟降脂清肝饮，取得了良效，药用茵陈、栀子、大黄、虎杖、山楂、丹参、郁金、泽泻、生首乌、石见穿、柴胡、绞股蓝［浙江中医学院学报，2000，(2)：26］。朱天忠用降脂益肝散治疗脂肪肝76例，药用葛根、泽泻、何首乌、草决明、生山楂、生大黄、丹参、茵陈、黄精、柴胡、白芍药、莱菔子、香附，对照组42例，用烟酸肌醇、非诺贝特、维生素C，结果治疗组总有效率为94.7%，对照组总有效率为59.5%［中西医结合肝病杂志，1995，(4)：39～40］。姚国科等辨证治疗脂肪肝46例，治疗组30例，肝气郁结型用柴胡疏肝散加减；气滞血瘀型自拟消脂通络方（丹参、赤芍药、香附、木香、川楝子、元胡、山楂、益母草、血竭）；痰阻血瘀型用陈皮、胆星、泽兰、虎杖、半夏、竹茹、丹参、赤芍药、血竭、三棱、莪术、云茯苓；肝郁湿阻型用化痰通络，活血化瘀方（柴胡、枳壳、木香、香附、白术、茯苓、川楝子、薏苡仁、元胡）。对照组16例均用葡醛内酯、烟酸肌醇，60日为1疗程。结果两组分别临床治愈12例、3例；显效6例、4例；好转7例、4例；无效各5例；总有效率为83.3%、68.8%［中国医药学报，1995，(6)：31～32］。陈小舜将脂肪肝分为两型。痰瘀互结用莱菔子、泽泻、柴胡、郁金、山楂、丹参、草决明、生麦芽、虎杖、厚朴、莪术。肝阴亏夹瘀者用柴胡、郁金、山楂、丹参、白芍药、赤芍药、制首乌、五味子、牡丹皮、黄芪、枸杞子。总有效率为80.3%［浙江中医学院学报，2000，(2)：37～38］。李留建等以降脂复肝汤合疗尔健治疗脂肪肝64例，药用黄芪、白术、茯苓、泽泻、柴胡、郁金、山楂、草决明、何首乌、丹参、昆布、海藻。疗尔健胶囊1次2粒，1日3次口服。对照组20例用非诺贝特、藻酸双脂钠、葡醛内酯。28天后，治疗组总有效率为96.8%，对照组总有效率为62.5%。现代药理研究表明：黄芪、白术、茯苓对肝细胞有保护作用，能降低ALT，显著提高单核-吞噬细胞系统及白细胞的吞噬功能，改善肝细胞的营养，促进肝细胞的再生和能量代谢；柴胡、郁金利胆降脂，抗肝纤维化；泽泻、草决明、山楂均为降脂药物；丹参、山楂能改善血液循环，有利于脂肪的吸收、转输、合成与分解；何首乌有降脂作用；昆布、海藻对胆固醇有特异亲和力，能促进肝脏病理产物与炎症的吸收，诸药合用，有降脂复肝的作用［中国中医药信息杂志，2000，(4)：65］。

2）实验研究　黄兆胜等观察虎金丸的抗脂肪作用及对脂肪肝的组织病理学和超微结构的影响。方法：采用复合致病因素造成大鼠脂肪肝模型。大鼠肝脏脂变严重，细胞内有大量空泡形成，胞浆脂滴大量出现且积聚严重，粗面内质网断裂，线粒体变形。用虎金丸治疗后上述病理现象显著改善，脂变程度明显减轻，肝细胞超微结构基本恢复正常［中西医结合肝病杂志，1998，(3)：150～152］。

复习思考题

1. 积聚应如何鉴别？
2. 积证初、中、末三期的症状、治疗原则有何不同？
3. 试述积聚的病机转化。
4. 聚证肝气郁滞型的症状、治法及方药是什么？

（赵新秀）

29

鼓 胀

目的要求

1. 了解鼓胀的概念、范围。
2. 熟悉鼓胀的病因、调护以及鼓胀晚期出现的危重证候。
3. 掌握鼓胀的病机及辨证施治内容。

鼓胀系因情志失调，饮食不节等原因致肝、脾、肾三脏受损，气、血、水停积腹内，引起腹胀大如鼓，皮色苍黄，脉络暴露为主要症状的一种病证。古代医籍中称之为单腹胀、蛊胀、蜘蛛蛊等。

鼓胀为临床常见多发的病证，许多肝系疾病如胁痛、黄疸、积聚、肝癌失治，终至形成鼓胀，因此鼓胀是临床重症，古代医家把它列为“风、痨、鼓、膈”四大顽症之一。

鼓胀之名，首见于《内经》，在《灵枢·水胀篇》、《素问·腹中论》对鼓胀的症状、治法、方药均作了概括性论述。金元时期对鼓胀的治疗，有主攻、主补之争，主攻派以张从正为代表，他提倡用舟车丸、濬川散、禹功丸等攻下药治之；主补派以朱震亨为代表，主张养正补虚治之。通过学术争鸣，促使了鼓胀研究的发展。明清时期，《医门法律》确立了鼓胀为气、血、水内停的病理观。《医宗金鉴》提出了攻补兼施的治则。

现代医学所指的肝硬化、腹腔内肿瘤、结核性腹膜炎等形成的腹水，均可参照本章辨治。

29.1 病因病机

29.1.1 病因

鼓胀的病因有酒食不节，情志刺激，虫毒感染，病后续发四个方面。

29.1.1.1 酒食不节

嗜酒过度，或恣食肥甘厚腻，湿热蕴聚中焦，清浊相混，气机壅塞，肝失疏泄，气血郁滞；肝郁克脾，脾虚及肾，开合不利，致气、血、水内停而形成鼓胀。

29.1.1.2 情志所伤、

忧思恼怒致肝气郁结，气滞日久而生瘀血。肝郁克脾，脾运失职，水湿内停，气血水湿蕴结，日久不化形成鼓胀。

29.1.1.3 虫毒感染

血吸虫流行区域，捕鱼、游泳感染血吸虫，阻塞经隧，脉道不通，内伤肝脾，气滞血瘀，清浊相混，水液停积而成鼓胀。

29.1.1.4 黄疸、积聚日久

黄疸迁延，湿邪蕴阻，肝脾受损，气滞血瘀；积聚气血瘀滞日久，脉络壅塞，脾肾两伤，水湿内停，从而发为鼓胀。

29.1.2 病机

29.1.2.1 基本病机

鼓胀的病机重点为肝、脾、肾三脏受损，气滞、血瘀、水饮互结腹内。

29.1.2.2 病位

本病病位主在肝、脾、肾三脏，由肝脾累及于肾。肝主藏血，主疏泄，肝病则气血瘀滞，癥积内生，进而横逆乘脾；脾主运化，脾病则水湿内聚，进而土壅木郁，以致肝脾俱病。病延日久，累及于肾，肾关开合不利，水湿不化，终至气、血、水停积。

29.1.2.3 病理性质

本病总属本虚标实，初起多实，后期多属本虚标实，或以本虚为主。

29.1.2.4　病机转化

鼓胀脾肾阳虚，湿浊内生，上蒙清窍，导致神志昏迷；或正气衰败，气阴涸竭，导致亡阴亡阳之脱证；或因阴虚郁热，蒸液生痰，痰热扰心，引动肝风，出现神昏谵语、痉厥等险恶证候。

29.2　诊断与鉴别诊断

29.2.1　诊断

29.2.1.1　临床表现

初起脘腹作胀，腹部膨大，食后尤甚，叩之呈鼓音或移动性浊音。继则腹部胀满高于胸部，重者腹壁青筋暴露，脐孔突出。

29.2.1.2　病史

往往有胁痛、黄疸、积聚等病史。

29.2.1.3　辅助检查

腹部B超、X线食道钡餐造影、CT检查和腹水检查，肝功能检查等有助于诊断。

29.2.2　鉴别诊断

水肿　水肿是指体内水液潴留，泛滥肌肤，引起局部或全身浮肿。严重的水肿病人可出现胸水、腹水，因此，需与鼓胀作出鉴别诊断。

水肿病证病位多在肌肤，其基本病机为肺、脾、肾三脏失调，水液泛溢于肌肤。其临床表现：初起从眼睑开始，继则延及头面四肢以至全身，亦有从下肢开始水肿，后及全身，皮色不变。后期病势严重，可见腹胀满，不能平卧等症。

鼓胀病位在腹部，其病机为肝、脾、肾功能失调，气、血、水互结于腹内。其临床表现为腹部胀大，甚则腹大如鼓，初起腹部胀大但按之柔软，逐渐坚硬，以至脐心突起，四肢消瘦，皮色苍黄，晚期可出现四肢浮肿，甚则吐血、昏迷等危象。

29.3　辨证论治

29.3.1　辨证要点

29.3.1.1　辨新久缓急

鼓胀虽然病程较长，但在缓慢发病当中又有缓急之分。若鼓胀在半月至1个月之间不断进展，为缓中之急，多为阳证、实证；若鼓胀迁延数月，则为缓中之缓，多属阴证、虚证。

29.3.1.2 辨气、血、水

腹部膨隆，脐突皮光，叩之如鼓，以气滞为主；腹大状如蛙腹，按之如囊裹水，以水饮为主；腹胀大，内有癥积疼痛，外有赤丝血缕，则以血瘀为主。

29.3.2 治疗原则

因本病的病理性质为本虚标实，所以攻补兼施是鼓胀的治疗准则。早期以祛邪为主，补虚为辅，根据病邪的不同，分别采用理气祛湿、行气活血、健脾利水、清热利湿等法，必要时可暂用峻剂逐水。后期以补虚为主，祛邪为辅，宜温肾健脾，滋养肝肾。总之补虚不忘实，泄实不忘虚，切忌一味攻伐，导致正气不支，邪恋不去，出现危象。

29.3.3 分型论治

29.3.3.1 气滞湿阻

症状　腹部胀大，按之不坚，胁下胀痛，饮食减少，食后胀甚，得嗳气或矢气后稍舒，小便短少，或下肢浮肿。

舌象　舌淡红，苔薄白腻。

脉象　脉弦。

证候分析　肝郁气滞，脾失健运，湿阻中焦，浊气充塞，故腹胀，饮食减少，食后胀甚；肝失条达，胁络不和，故胁下胀痛；嗳气、矢气后气机暂得舒畅，则胀势略减；气壅湿阻，水道不利，故小便短少，下肢浮肿；苔薄白腻、脉弦为肝郁湿阻之象。

治法　疏肝理气，健脾化湿。

方药　柴胡疏肝散合胃苓汤。

气滞偏重者以柴胡疏肝散为主方，湿阻偏重者胃苓汤为主方，气滞湿阻均重者，二方合用。

方中柴胡、枳壳、白芍药、香附、川芎疏肝解郁；茯苓、白术、猪苓、泽泻健脾利湿；桂枝辛温通阳，助气化而利水；苍术、厚朴、陈皮化湿理气，散满除胀；甘草调和诸药。

加减　1）气滞较甚，腹胀难忍者加木香、大腹皮疏调气机。

2）气滞血瘀，胁下刺痛，面色青紫，舌暗，脉弦涩者，加元胡、莪术、丹参理气活血。

3）气郁化火，口干而苦，苔黄腻，脉弦数者加牡丹皮、栀子。

29.3.3.2 寒湿困脾

症状 腹大胀满，按之如囊裹水，脘腹痞胀，得热稍舒，身体困重，怯寒懒动，或下肢浮肿，小便短少，大便溏薄。

舌象 舌淡苔白腻。

脉象 脉弦迟。

证候分析 脾阳不振，水湿停聚，故腹大胀满，按之如囊裹水；寒水相搏，中焦气机不利，故脘腹痞胀，得热稍舒；寒湿困脾，肾阳不足，气化失司，故小便短少，下肢浮肿，大便溏薄；怯寒神疲，苔白腻，脉弦迟本为湿胜阳微之象。

治法 温中健脾，化湿利水。

方药 实脾饮。

方中附子、干姜振奋脾阳，茯苓、白术健脾利水，厚朴、木香、草果、槟榔理气除湿，木瓜利湿而不伤阴，生姜、大枣、甘草调和药性。

加减 1）水湿较盛，腹大坚满者，加肉桂、猪苓、泽泻、车前子。

2）大便稀溏者去槟榔、厚朴加薏苡仁、扁豆。

3）脾阳虚衰，懒动乏力者，加黄芪、党参益气健脾。

29.3.3.3 湿热蕴结

症状 腹大坚满，脘腹绷急，外坚内胀，烦热口渴，渴不饮水，小便赤涩，大便秘结或溏垢，面目肌肤发黄。

舌象 舌边尖红，苔黄腻，或灰黑而润。

脉象 脉弦数。

证候分析 湿热蕴结，水势壅盛，则腹大坚满，脘腹绷急，外坚内胀；湿热上蒸故烦热口渴，渴不欲饮；湿热壅阻，肝胆疏泄不利，胆汁外溢，故面目肌肤发黄；湿热阻滞气机，故小便赤涩，大便秘结或溏垢不爽；舌边尖红，苔黄腻或灰黑而润，脉弦数，本为湿热内阻之象。

治法 清热利湿，攻下逐水。

方药 中满分消丸合茵陈蒿汤、舟车丸。

中满分消丸中炒厚朴、炒枳实下气除胀；砂仁、陈皮、半夏、干姜和胃健脾，理气除胀；黄连、黄芩清热利湿；茯苓、猪苓、泽泻淡渗利湿；人参、白术健脾益气；姜黄活血化瘀，知母滋阴清热；甘草调和药性。诸药合用，热清水去气行，中满得除。茵陈蒿汤中茵陈清热利湿退黄；栀子清利三焦湿热；大黄泄降肠中瘀热。舟车丸中甘遂、大戟、芫花攻逐水饮；大黄、黑丑荡涤泻下，使水从二便分消；青皮、陈皮、槟榔、木香理气行水，气行则水行；轻粉走而不守，逐水通便，但轻粉燥烈有毒，应严格掌握剂量，内服量为0.1～0.3g。舟车丸每服3～6g，视病情与服药后反应掌握用量。

加减 1）若热迫血溢，病势突变，骤然大量吐血、下血者，病情危急，可用犀角地黄汤加三七、仙鹤草、地榆炭清热凉血，活血止血。

2）若湿热蒙闭心包，出现怒目狂叫，四肢抽搐或颤动，口喷臭气，渐至神志昏迷者，可选用至宝丹、安宫牛黄丸、紫雪丹、醒脑静等。

29.3.3.4 肝脾血瘀

症状　腹大坚满，青筋暴露，胁腹刺痛，拒按，面色黯黑，面颈胸臂有血痣，口渴不欲饮，大便色黑，唇紫。

舌象　舌质紫红或有紫斑。

脉象　脉细涩或芤。

证候分析　肝脾血瘀，隧道不通，水气内聚，故腹大坚满，脉络怒张，胁腹刺痛；瘀热蕴阻下焦，病邪日深，入肾则面色黯黑，入血则面颈胸臂出现血痣；瘀血水浊互结，故口渴不欲饮；瘀血血不归经，胃肠道出血，则便血色黑；舌紫红、有瘀斑、唇紫、脉弦涩，均为瘀血停滞之征。

治法　活血化瘀，行气利水。

方药　调营饮加减。

方中当归、赤芍药、川芎、大黄、莪术、元胡活血化瘀；瞿麦、赤茯苓、葶苈子清热利水；槟榔、大腹皮、陈皮、桑白皮理气利水；细辛、肉桂通阳化湿；甘草调和药性。

加减　1）大便色黑加三七、侧柏叶。

2）癥积甚者加穿山甲、 虫。

3）水胀满甚者可加用十枣汤攻逐水饮。

29.3.3.5 脾肾阳虚

症状　腹大胀满，形如蛙腹，撑胀不甚，朝宽暮急，面色苍黄，脘闷纳呆，畏寒肢冷，小便不利。

舌象　舌质淡胖，有齿痕，苔白厚腻、水滑。

脉象　脉沉弱。

证候分析　脾肾阳虚，水湿内停，故腹大胀满，形如蛙腹，入暮尤甚；水湿中阻，故脘闷纳呆；阳虚气化不利，故小便短少；脾肾阳虚，失却温煦，故畏寒肢冷。舌体淡胖，有齿痕，苔水滑，脉沉弱，实为脾肾阳衰、水湿内停之征。

治法　温补脾肾，化气利水。

方药　附子理中丸合五苓散、济生肾气丸。

附子理中丸方中用附子、干姜温中散寒；党参、白术、甘草益气健脾除湿。五苓散中桂枝温阳化气；白术健脾燥湿；茯苓、猪苓、泽泻淡渗利湿。济生肾气丸方中附子、肉桂温补肾阳；熟地黄、山萸肉、怀牛膝、山药滋肾填精，茯苓、泽泻、车前子、丹皮利水消肿。

加减　1）肢冷畏寒，腰膝冷痛者，加仙茅、仙灵脾温补脾肾。

2）便溏纳呆者加薏苡仁、扁豆健脾益气。

29.3.3.6　肝肾阴虚

症状　腹大坚满，甚则青筋暴露，形体消瘦，面色晦滞，唇紫，小便短少、口燥咽干，心烦少寐，齿衄、鼻出血。

舌象　舌红绛少津。

脉象　脉弦细数。

证候分析　肝肾阴虚，气机郁滞，津液不能输布，水湿停聚于内，故腹大胀满，小便短少；血行涩滞，瘀血阻络，则青筋暴露，面色晦滞，唇紫；阴虚内热，则口干咽燥；虚热扰心，则心烦少寐；虚火灼伤血络，则齿衄、鼻出血；舌红绛少津，脉细数皆为肝肾阴虚之征。

治法　滋养肝肾，化瘀利水。

方药　六味地黄丸、猪苓汤、膈下逐瘀汤。

六味地黄丸中熟地黄、山萸肉、山药滋补肝肾，茯苓、牡丹皮、泽泻淡渗利湿。猪苓汤中滑石、猪苓、茯苓、泽泻利湿，阿胶滋阴养血。膈下逐瘀汤中五灵脂、赤芍药、桃仁、红花、牡丹皮活血化瘀；川芎、乌药、元胡、香附、枳壳理气化瘀，甘草调和药性。

加减　1）午后潮热者加地骨皮、白薇、银柴胡、鳖甲。

2）阴虚阳浮，耳鸣、面赤、颧红者，宜加龟板、鳖甲、生牡蛎滋阴潜阳。

3）齿衄、鼻出血者可加鲜茅根、藕节、仙鹤草。

肝肾阴虚证，病情较重，多为鼓胀的晚期，滋阴易助湿，利水又易伤阴，治疗颇为棘手，故掌握好养阴与利水的关系，实为治疗的关键。

29.4　预防与调护

对胁痛、黄疸、癥积等病应早期治疗，避免与血吸虫疫水的接触。饮食宜清淡而富于营养，忌饮酒浆；养成细嚼慢咽的习惯，忌食粗硬食物，以免损络动血；腹水尿少者应忌盐。注意卧床休息，腹水较多者可取半卧位。养情怡性，安心静养。注意保暖，防止正虚邪袭。

附　　录

1. 病案举例

1）一妇人因丧夫悒郁，腹大如鼓，腰平背满脐突，四肢瘦削，卧则不易转侧。……召余诊之，面色青而脉弦涩。余曰：弦属木强，涩为气滞。面色青黯，肢瘦腹大，此乃木乘土位，中阳不运，故腹胀硬而肢不胀也，中虚单腹胀证。虽诸医束手，症尚可挽。以枳、朴、槟榔等味，治木强脾弱中虚之症，如诛罚无罪，岂不愤事。恐正气难支。急宜理气疏肝，温中扶土。进以香砂六君子汤加干姜、附子、刺蒺藜、桂枝、白芍药、红枣、檀香等，服五六剂，仍然。然终以此方为主，加减出入，加杜仲、益智、陈皮等，服四五十剂，腹胀渐松，肌肉渐复；服药百余剂而愈。再服禹余粮丸九十余两，《金匮》肾气丸三四十两，腹中坚硬俱消，其病乃痊。

（《诊余集》）

2）瘕块久而散漫，大腹胀大如鼓，二便不利，脉滞苔白，此脾虚而湿热壅滞三焦，鼓胀重证，勉方图幸。川朴、茵陈、连皮槟榔、连皮苓、杏仁、通草、木香、砂仁、炙蟾皮、上广皮、于术、甘遂二分（煨透）、黑丑四分、炙内金一具。

（《张聿青医案》）

2. 古文献选录

《灵枢·水胀》："鼓胀何如？岐伯曰：腹胀，身皆大，大与肤胀等也，色苍黄，腹筋起，此其候也。"

《诸病源候论·水肿病》："此由水毒气结聚于内，令腹渐大，动摇有声，常欲饮水，皮肤粗黑，如似肿状，名水蛊也。"

《景岳全书·肿胀》："少年纵酒无节，多成水鼓。盖酒为水谷之液，血亦为水谷之液，酒入中焦，必求同类，故直走血分。……故饮酒者身面皆赤，此入血之征，亦散血之征也。扰乱一番，而血气能无耗损者，未之有也。第年当少壮，则旋耗旋生，固无所觉，及乎血渐衰，则所生不偿所耗，而且积伤并至，病斯见矣。……其有积渐日久，而成水鼓者，则尤多也。"

《医门法律·水肿论》："凡治胀病，而用耗气、散气，泻肺、泻膀胱诸药者，杀人之事也。治病用药，贵得其宜。病有气结而不散者，当散其结，甚有除下荡涤，而其气之结尚未遽散者，渐积使然也。今胀病乃气散而不收，更散其气，岂欲直裂其腹乎？收之不能遽收，亦渐积使然，缓缓图成可也。"

3. 研究进展

（1）中医治疗早期肝硬化的研究

1）临床治疗研究　张琪认为肝炎后肝硬化病机错杂，有肝郁、脾虚、阴亏、湿热、气滞、血瘀。对肝气郁滞，湿热中阻者，用清化四逆散（柴胡、白芍药、枳壳、甘草、苍术、茵陈、黄连、黄芩、藿香、砂仁、陈皮、厚朴）；对气阴两虚者，用消补护肝汤（红参、黄芪、白术、茯苓、柴胡、白术、甘草、枳实、川厚朴、茵陈、山栀子、牡丹皮、鳖甲、丹参、桃仁、郁金、泽兰叶）；对血瘀血热者，用化瘀软肝汤（柴胡、生地黄、丹参、赤芍药、当归、桃仁、牡丹皮、甘草）；对肝肾阴亏者，用滋肾补肝汤（女贞子、菟丝子、枸杞子、生熟地黄、当归、白芍药、山药、茯苓、泽泻、鸡血藤、牡丹皮、丹参）［中医杂志，1996，（4）：203］。罗占君等以软肝系列方治疗肝炎肝硬化 148 例，以鳖甲、黄芪、穿山甲、当归、厚朴、白芍药、茯苓、枸杞子、三棱、莪术、川芎、甘草、三七为基本方，腹水加白术、大腹皮、车前子、泽泻，肝郁加栀子、香附、木香、鸡内金、莱菔子，齿衄加旱莲草、地榆炭、茜草、仙鹤草。治愈41例，好转64例，无效30例，终止治疗13例。对照组58例服用常规西药，治疗组疗效明显优于对照组［河北中医，1996，（5）：6］。邱志济自拟消癥复肝丸治疗早期肝硬化100例，药用大黄炭、 虫、生水蛭、虻虫、生山甲、生鸡内金、浙贝母、红参须，取得了佳效［中医杂志，1995，（4）：224～225］。王宝平等用三七粉治疗肝炎肝纤维化40例，对照组用保肝利胆、抗病毒常规治疗。结果治疗组血清肝纤维化指标显著优于对照组，认为三七粉具有抗肝纤维化、缩短门静脉内径、降低门脉压力作用［中西医结合肝病杂志，1998，（3）：183］。

2）实验研究　姚真敏等观察了鳖甲煎丸对实验性肝硬化的治疗作用，结果表明：鳖甲煎丸能抑制纤维增生，促进胶原纤维降解吸收，改善肝功能，对实验性肝硬化有治疗作用［浙江中医学院学报，1997，（1）：45～46］。王国斌对河南中医学院名老中医石冠卿教授治疗肝硬化的有效方剂软肝宝（黄芪、穿山甲、炙鳖甲、三七、当归、鸡内金、何首乌、仙灵脾）进行了药理研究，实验表明该药具有良好的改善肝组织炎症、坏死和保护肝细胞的作用，能降低肝脏羟脯氨酸含量和肝总脂含量，对肝硬化有良好的治疗作用［中医杂志，1998，（11）：648］。

（2）中医治疗肝硬化腹水的研究

张琪认为本病热多于寒，在整个病程中脾胃湿热、肝郁化热、肝肾阴亏内生虚热，甚为多见，对于形气俱实者，治以攻下逐水法，方药用消蛊汤，二丑、大黄、制甘遂、木香、陈皮、茵陈、海藻、槟榔、白术、茯苓；对于肝郁化热，水热中阻者，治以分消法，方药用中满分消丸加减，黄芩、黄连、砂仁、枳实、半夏、陈皮、知母、泽泻、干姜、茯苓、白术、猪苓、党参、姜黄、槟榔［中医杂志，1996，（4）：202～203］。杨梅用疏凿饮子治疗肝硬化腹水100例，药用赤小豆、陈葫芦、羌活、大腹皮、秦艽、茯苓皮、泽泻、木通、商陆、槟榔。治疗30天，腹水明显减少15例，消失78例，腹水不减者7例，随访3年以上未复发者88例，肝功能明显好转，白蛋白升高，球蛋白降低［山东中医杂志，1997，（10）：448～449］。周锋用十枣加术汤治疗肝硬化腹水86例，芫花、黑丑、制商陆、生白术、炒白术，随证加减。结果临床痊愈24例，好转58例，无效4例，总有效率为95.35%［江苏中医，1996，（5）：18］。安峰等以导水饮治疗肝硬化腹水103例，药用海藻、桃仁、木香、槟榔、大腹皮、鸡内金、白术、大戟、黑白丑、青皮、陈皮、川军、甘遂、人参、芫花，结果总有效率90.21%［实用中医内科杂志，1998，（1）：21～22］。顾丕荣认为脾虚是鼓胀的主要病机，强调重用参、术，认为本病“补不嫌早”，党参轻则15～20g，重则30～60g，白术轻则20～30g，重则50～60g，取得了佳效［中医杂志，1996，（7）：394～395］。李华治疗本病以扶脾为主，化瘀逐水为辅，重用苓术，善用灵芝，以自拟方三苓白术汤治之，药用灵芝、茯苓、猪苓、白术，疗效颇佳［实用中医内科杂志，1997，（3）：13］。罗嗣尧等扶正消鼓汤治疗肝硬化腹水98例，药用黄芪、白术、丹参、茯苓皮、汉防己、白芍药、大腹皮、当归、桃仁、甘草、三七，益气疏肝，活血利水，总有效率85.3%［江西中医药，1998，（2）：25］。朱均权观察消鼓汤的临床疗效，药用丹参、黄芪、黄精、猪苓、茯苓、鳖甲、白术、大腹皮、车前子、桃仁、柴胡、郁金，3个月为1疗程，90例中显效37例，好转48例，无效1例，总有效率87.78%［辽宁中医杂志，1998，（5）：206］。黄昌荣以益气软坚利水法治疗肝硬化腹水240例，基本方黄芪、生白术、茯苓、马鞭草、丹参、泽泻、干蟾皮、穿山甲、三棱、莪术、贯众、鳖甲、郁金、大戟、商陆、蝼蛄，结果治愈84例，好转140例，总有效率93.3%［山东中医杂志，1995，（9）：394～396］。阎清海用软肝消水散治疗肝硬化腹水98例，药用茯苓皮、泽泻、鳖甲、炮山甲等，总有效率为97.96%［中西结合肝病杂志，1995，（3）：34～35］。周雪根根据水气同源、气行即水行的理论，拟定了降气利水汤，药用莱菔子、大腹皮、苏子、猪苓、冬瓜皮等，治疗200例，服药1～2剂，小便增多，腹水减少，治愈138例，显效45例，有效10例，无效7例［实用中医内科杂志，2000，（1）：20］。王丽春等以温阳行水法治疗肝硬化腹水36例，并设西药常规对照组24例，治疗组在用西医常规治疗的同时加服中药，附子、干姜、桂枝、黄芪、白术、茯苓、猪苓、泽泻、防己、大腹皮、冬瓜皮、车前子，观察6周，治疗组在腹水消退及肝功能恢复方面均优于对照组［中医杂志，1999，（9）：541～542］。

复习思考题

1. 试述鼓胀的病因病机。
2. 鼓胀肝脾血瘀型与肝肾阴虚型症状有何不同？
3. 气滞湿阻、湿热蕴结、寒湿困脾型鼓胀的症状、治法、方药是什么？

（赵新秀）

30

头痛

目的要求

1. 了解头痛的概念、源流及范围。
2. 熟悉头痛的调护。
3. 掌握头痛的病因病机、辨证要点、治疗原则及分型施治。

头痛是指由于外感内伤，致使脉络绌急或脉络失养，清窍不利所引起的以病人自觉头部疼痛为主症的一种病证。既可单独出现，也可发生在多种急慢性疾病之中。本章所讨论的头痛，主要是内科杂病范围内，以头痛为主要症状者。若属某一疾病过程中所出现的兼证，不列入本章讨论的范围。

《素问·风论》篇有“脑风”、“首风”的记载。《东垣十书》将头痛分为外感头痛与内伤头痛两大类，根据病因及症状的不同而有“伤寒头痛”、“湿热头痛”、“偏头痛”、“真头痛”、“气虚头痛”、“血虚头痛”、“气血俱虚头痛”等。《丹溪心法·头痛》中又补充了“痰厥头痛”、“气滞头痛”，并明确提出了头痛的引经药。

现代医学之偏头痛，以及国际上新分类的周期性头痛，紧张性头痛，丛集性头痛，慢性阵发性偏头痛，高血压，动脉硬化，神经官能症，脑外伤后综合征等，凡以头痛为主要临床表现者，均可参照本章辨证施治。

30.1 病因病机

30.1.1 病因

头为诸阳之会，清阳之府，凡五脏精华之血，六腑清阳之气，皆上注于头，故脏腑经络发生病变，均可引起头痛。其病因可分为外感、内伤两大类。

30.1.1.1 外感头痛

外感头痛多因风、寒、湿、热等外邪侵袭经络，上犯巅顶而引起。因为头部居人体最高位，“巅高之上，惟风可到”，“伤于风者，上先受之”，故外感头痛多以风邪为主，兼夹寒、湿、热邪而致病。

1）风寒外侵　气候寒冷，生活起居失宜，感受风寒，脉络绌急，清窍失宣，头痛乃作。

2）风热入侵　气温乍暖，将息失宜，风热乘袭，邪壅脉络，清窍被扰而引起头痛。

3）风湿入侵　气候潮湿，或冒雨涉水，感受风湿，湿邪蒙蔽清窍，清阳不升而致头痛。

30.1.1.2 内伤头痛

内伤头痛多与情志、饮食、久病劳倦等有关。

1）情志失调　忧思恼怒，肝气郁结，肝郁化火，或素体肝肾阴虚，复受情志刺激，致肝阳独亢，肝火肝阳上扰头目，发为头痛。

2）饮食不节　嗜食肥甘，或辛辣炙煿；或饥饱不调，损伤脾胃，健运失司，痰浊内生，上蒙清阳，发为头痛。

3）劳倦久病　劳倦太过，损伤脾胃，气血来源不足；或久病体虚，气血耗伤，脑窍脉络失充而发为头痛。房劳太过，损伤肾精，髓海不足，脑失濡养；或肝肾阴亏，肝阳上亢，扰及头目，发为头痛。

此外，外伤跌仆，或久病入络，脉络气血瘀滞，也可引起头痛。

30.1.2 病机

30.1.2.1 基本病机

外感头痛的病机为外邪侵袭，脉络壅滞，清窍不利；内伤头痛的病机为风、痰、瘀、火上扰清空，气血阴精亏损，脑髓脉络失充。

30.1.2.2 病位

头痛病位在头，与肝、脾、肾密切相关。

30.1.2.3 病理性质

外感头痛以实证为主，内伤头痛虚实相兼为多。外感头痛系外邪上干所致，病程短，头痛暴起，以实证为主；内伤头痛病程长，反复发作，既有肝阳、痰、火、瘀等实邪的存在，又有气血不足、阴精亏损等正气虚弱的表现。

30.1.2.4 病机转化

外感头痛迁延不愈可转为内伤头痛；肝阳上亢之头痛，若阳亢风动易转为中风；各种头痛日久均可导致瘀血头痛。

30.2 诊断与鉴别诊断

30.2.1 诊断

30.2.1.1 临床表现

以头痛为主症，或前额、额颞、巅顶、顶枕部或全头部疼痛，头痛性质多为跳痛、刺痛、胀痛、昏痛、隐痛等。有突然而作，其痛如破而无休止者；也有反复发作，久治不愈，时痛时止者；头痛每次发作可持续数分钟、数小时、数天或数周不等。

30.2.1.2 辅助检查

查血常规、测血压，必要时做脑脊液、脑电图检查，有条件时做经颅多普勒、颅脑 CT 和 MRI 检查，有助于排除器质性疾病，明确诊断。

30.2.2 鉴别诊断

真头痛　真头痛多呈突然剧烈头痛，常表现为持续痛而阵发性加重，甚至呕吐如喷不已，以至肢厥、抽搐。

30.3 辨证论治

30.3.1 辨证要点

30.3.1.1 辨疼痛的性质

头痛因于痰湿者，重坠或昏蒙而痛；肝火者跳痛；阳亢者痛而且胀；气血不足、肝肾阴亏者，隐痛绵绵或空痛。

30.3.1.2 辨疼痛的部位

气血不足、肝肾亏损者多全头而痛；阳亢者痛在枕部，连及项肌；肝火者痛在两颞。若根据经络循行部位辨证，太阳头痛，多在后头部，下连于项；阳明头痛，多在前额及眉棱骨；少阳头痛，多在头之两侧连及耳部；厥阴头痛，在巅顶部连及目系。

30.3.1.3 辨其影响因素

气虚者与过劳有关；寒湿者常随天气变化而变化；肝火者因情绪波动而加重；阳亢者因饮酒而加重；肝肾阴虚者因失眠而病作或加重；偏头痛者，常因遇风寒而诱发。

30.3.2 治疗原则

外感头痛祛邪散风为主。风寒头痛，疏风散寒；风热头痛，疏风清热；风湿头痛，祛风胜湿。内伤头痛以滋阴养血为要。若因痰浊、瘀血内阻者，当化痰、通络；肝阳上亢者，宜平肝潜阳。

30.3.3 分型论治

30.3.3.1 外感头痛

（1）风寒头痛

症状 起病较急，头痛时作，痛连项背，恶风畏寒，遇风寒尤剧，口不渴。

舌象 舌淡红，苔薄白。

脉象 脉浮紧。

证候分析 头为诸阳之会，风寒外袭，循太阳经上犯巅顶，故而头痛。风性善行数变，故起病较急；寒主收引，主痛，故头痛时作；太阳主一身之表，其经脉上行巅顶，循项背，故痛连项背；风寒束于肌表，卫阳不得外达，故恶风畏寒；寒为阴邪，故遇风寒加剧而口不渴。舌淡苔白，脉浮紧，本为风寒在表之征。

治法 疏风散寒。

方药 川芎茶调散。

方中川芎疏风通络，散少阳之风邪，为治头痛之要药；羌活、防风、白芷、细辛，疏风散寒止痛；荆芥、薄荷疏风利窍；甘草和药缓急；茶叶清上降下。

加减 1）头痛剧烈，遇寒即发者，加温经散寒之桂枝、藁本、乌头等。

2）兼头重、肢体困重者，加苍术、独活祛风除湿。

若寒犯厥阴，巅顶头痛，干呕，吐涎沫，甚则四肢厥冷，苔白脉弦者，当温散厥阴寒邪，用吴茱萸汤加半夏、川芎之类。

（2）风热头痛

症状 头痛如胀，甚则头痛如裂，发热或恶风，口渴欲饮，面红目赤，便秘溲黄。

舌象 舌红苔黄。

脉象 脉浮数。

证候分析 风热俱为阳邪，其性属火，火性炎上，风热上扰，故头痛而胀，甚则头痛如裂；风热伤表，则发热恶风；热甚伤津，故口渴欲饮，便秘尿黄；舌红，苔薄黄，脉浮数均为风热邪盛之象。

治法　疏风清热。

方药　芎芷石膏汤加减。

方中川芎、白芷、菊花、石膏疏风清热；藁本、羌活祛风止痛，因其性偏温，热盛者不宜，可改用黄芩、栀子、薄荷辛凉清解。

加减　1）热盛伤津，舌红少津者，可加石斛、芦根、天花粉生津止渴。

2）热甚便秘者，可加制大黄或黄连上清丸，通腑泄热。

（3）风湿头痛

症状　头痛如裹，肢体困重，胸闷纳呆，小便不利，大便或溏。

舌象　舌苔白腻。

脉象　脉濡滑。

证候分析　外感风湿，上蒙清窍，故头痛如裹；湿困脾土，脾阳不达四肢，故肢体困重；脾失健运，则纳呆胸闷、便溏；湿邪内蕴，不能分清泌浊，故小便不利；苔白腻，脉濡本为湿邪内停之象。

治法　祛风除湿。

方药　羌活胜湿汤。

方中羌活、防风、独活、藁本、川芎、蔓荆子祛风除湿止痛，甘草调和药性。

加减　1）若湿浊中阻，症见胸闷纳呆、便溏，可加苍术、厚朴、陈皮燥湿宽中。

2）若恶心呕吐者，可加半夏、生姜、藿香和胃止呕。

30.3.3.2　内伤头痛

（1）肝阳头痛

症状　头胀痛而眩，心烦易怒，胁痛，夜寐不宁，口苦。

舌象　舌红苔薄黄。

脉象　脉沉弦有力。

证候分析　肝阳亢盛，上扰清窍则头胀痛而眩；肝火偏亢，扰乱心神，则心烦易怒，夜寐不宁；肝阳上亢则面红口苦。

治法　平肝潜阳。

方药　天麻钩藤饮。

方中天麻、钩藤、石决明平肝潜阳；黄芩、栀子清肝泻火；牛膝、杜仲、桑寄生补益肝肾；夜交藤、茯神养心安神。诸药合用，平肝潜阳，泻火安神。

加减　1）若肝肾阴虚较甚，症见头痛遇劳加剧，腰酸腿软，脉弦细者，可加生地黄、女贞子、旱莲草、枸杞子补益肝肾。

2）肝火偏盛，目赤口苦者，加夏枯草、龙胆草清肝泻火。

（2）肾虚头痛

症状　头痛而空，眩晕耳鸣，腰酸腿软，神疲乏力，遗精带下，夜寐不安。

舌象　舌红少苔。

脉象　脉沉细无力。

证候分析　肾精不足、髓海空虚则头痛且空，眩晕耳鸣；腰为肾之府，肾虚腰府失养，则腰痛酸软；精气不足，则神疲乏力；肾虚男子精关不固则遗精，女子带脉不束则带下；舌红少苔，脉细无力本为肾阴亏虚之征。

治法　补肾养阴。

方药　大补元煎。

方中熟地黄、山药、山萸肉、枸杞子滋补肝肾；人参、当归气血双补；杜仲益肾强腰。

加减　1）若脑内蝉鸣，常伴耳鸣、目眩者，可加鹿角胶、龟板胶。

2）若肾阳不足出现头痛畏寒，面色 白，四肢不温，腰膝无力，舌淡，脉沉细无力，可改用金匮肾气丸或右归丸治之。

（3）气血虚头痛

症状　头痛而晕，心悸气短，遇劳则重，自汗，畏风，神疲乏力，面白唇淡。

舌象　舌淡苔薄白。

脉象　脉沉细而弱。

证候分析　气血亏虚，脑失所养，则头痛而晕；气血虚弱，心神失养则心悸；舌淡、脉细弱，均为气血不足之征。

治法　气血双补。

方药　八珍汤加味。

方中党参、白术、茯苓、甘草益气，熟地黄、川芎、当归、白芍药养血。可加蔓荆子、枸杞子清头明目。

加减　1）若兼阴虚，手足发热者，可加何首乌、女贞子。

2）若心悸甚者，选加龙骨、牡蛎、酸枣仁养心安神。

（4）痰浊头痛

症状　头痛昏蒙，胸脘满闷，呕恶痰涎。

舌象　舌胖大有齿痕，苔白腻。

脉象　脉沉弦或沉滑。

证候分析　脾失健运，痰浊中阻，上蒙清窍，清阳不展，故头痛昏蒙；痰阻胸膈，故胸脘满闷；痰浊上逆，则呕恶痰涎；苔白腻，脉弦滑均为痰浊内停之征。

治法　化痰降逆。

方药　半夏白术天麻汤。

方中半夏、陈皮化痰降逆，和胃止呕；茯苓、白术健脾燥湿；天麻平肝熄风，为治头痛、头晕之要药；甘草调和诸药。

加减　1）若痰浊郁久化热，症见口苦，大便不畅，苔黄腻，脉滑数者，加竹茹、枳实、黄芩。

2）若头痛较甚者加蔓荆子、白蒺藜。

（5）瘀血头痛

症状　头痛经久不愈，痛如锥刺，或昼轻夜重，固定不移，或有外伤史。

舌象　舌紫暗，苔薄白。

脉象　脉沉细或细涩。

证候分析　久病入络，或头部外伤，瘀血内停，脉络不畅，故头痛如刺，痛有定处；舌紫暗、脉细涩为瘀血内阻之征。

治法　活血通络。

方药　通窍活血汤。

本方以桃仁、红花、川芎、赤芍药活血化瘀；麝香、生姜、葱白温通脉络。

加减　1）头痛较甚者可加郁金、石菖蒲、细辛、白芷理气宣窍，温经止痛。

2）头痛顽固难愈者，可加虫类搜剔之品，如全蝎、蜈蚣、地鳖虫等。

3）若兼气血不足，乏力眩晕者，可加黄芪、当归益气养血。

上述各证均可按照头痛的部位，参照经络循行路线，选用不同的引经药，以提高疗效。如太阳头痛，选用羌活、蔓荆子、川芎；阳明头痛，选用葛根、白芷、知母；少阳头痛，选用柴胡、黄芩、川芎；厥阴头痛用吴茱萸、藁本。

尚有一种偏头风，又称偏头痛。其痛暴发，痛势甚剧，或左或右，或连及眼齿，痛止则如常人。多由肝经风火所致。治宜平肝祛风清热为主。常用菊花、天麻、川芎、白芷、生石膏、藁本、蔓荆子、钩藤、全蝎、地龙等。

30.4　预防与调护

生活起居要有规律，劳逸适当，性情开朗，避免恼怒、紧张；注意气候冷热变化，以防感受六淫诸邪。既病之后，外感头痛避免吹风，注意保暖；内伤头痛肝阳偏亢者，更须保持情绪稳定，饮食宜清淡，忌饮酒；痰浊头痛，忌食肥甘厚腻；肾虚及气血不足头痛，宜适当休息，避免过劳。

附　录

1. 病案举例

1）罗谦甫治柏参谋，年逾六旬，春患头痛，昼夜不得休息，询其由，云近在燕京，初患头昏闷微痛，医作伤寒解之，汗后其痛弥笃，再汗之，不堪其痛矣。遂归。每过郡邑必求治疗，医药大都相近，至今痛不能卧，且恶风寒而不喜饮食。罗诊之，六脉弦细而微，气短促，懒言语。《内经》云：春气者，病在头。年高气弱，清气不能上升头面，故昏闷尔，且此症本无表邪，汗之过多，则清阳之气愈受亏损，不能上荣，亦不得外固，所以头痛楚而恶风寒，气短弱而憎饮食。以黄芪钱半，人参一钱，炙甘草七分，白术、陈皮、当归、白芍药各五分，升麻、柴胡各三分，细辛、蔓荆子、川芎各二分，名之曰“顺气和中汤”，食后进之，一饮而病减，再饮而病却。

（明·江瓘.《名医类案》）

2）血虚生风，半爿头痛，痛甚损目，目起翳障，潮热口苦，心悸眩晕，眠食欠安。脉小弦数。治宜育阴潜阳。

西洋参　甘菊蕊　丹皮　玫瑰花　制首乌　归身　石决明　冬桑叶炒　蔓荆子　东白芍　硃茯神

（《清代名医医案精华·凌晓五医案》）

2. 古文献选录

《素问·风论》："风气循风府而上，则为脑风。""新沐中风，则为首风。"

《伤寒论·厥阴病》："干呕，吐涎沫，头痛者，吴茱萸汤主之。"

《丹溪心法·头痛》"头痛多主于痰，痛甚者火多，有可吐者，可下者。""头痛须用川芎，如不愈各加引经药。太阳川芎，阳明白芷，少阳柴胡，太阴苍术，少阴细辛，厥阴吴茱萸。如肥人头痛，是湿痰，宜半夏、苍术。如瘦人，是热，宜酒制黄芩、防风。"

《景岳全书·头痛》："凡诊头痛者，当先审久暂，次辨表里。盖暂痛者，必因邪气，久病者，必兼元气。以暂病言之，则有表邪者，此风寒外袭于经也，治宜疏散，最忌清降；有里邪者，此三阳之火炽于内也，最宜清降，最忌升散，此治邪之法也。其有久病者，则或发或愈或以表虚者，微感则发。……所以暂病者，当重邪气，久病者，当重元气，此固其大纲也。然亦有暂病而虚者，久病而实者，又当因脉因证而详辨之，不可执也。"

《冷庐医话·头痛》："头痛属太阳者，自脑后上至巅顶，其痛连项；属阳明者，上连目珠，痛在额前；属少阳者，上至两角，痛在头角。以太阳经行身之后，阳明经行身之前，少阳经行身之侧。厥阴之脉，会于巅顶，故头痛在巅顶；太阴少阴二经，虽不上头，然痰与气逆壅于膈，头上气不得畅而亦痛。"

3. 研究进展

（1）中医治疗头痛的研究进展

陈宝田认为头痛的病机多瘀、多风、多湿、多虚，其中尤以瘀血内阻和风邪侵袭为主，活血疏风为其治疗大法。以川芎、当归、桃仁、红花、生地黄、防风、羌活、独活、鸡血藤为基本方，加减治之，获得了佳效［中医杂志，1998，(6)：330～331］。邓存国等用颅痛饮治疗血管性头痛 58 例，药用当归、生地黄、白芷、蔓荆子、天麻等，总有效率 93.1%，本方对气滞血瘀型效果更佳［陕西中医，1995，(9)：397］。尧忠然用通窍活血汤治疗血管神经性头痛 96 例，痊愈 74 例，有效 22 例［江西中医药，1995，(1)：27］。乔连厚等以小柴胡汤为基础方加川芎、白芷等制成安脑定痛冲剂，治疗血管性头痛 100 例，治愈 43 例，显效 33 例，有效 18 例，无效 6 例，总有效率 94%［中成药，1995，(9)：25～26］。胡任等用芎蜈蠲痛汤治疗血管神经性头痛 86 例，药物组成为：川芎、蜈蚣、沙参、蔓荆子、防风、细辛、羌活，总有效率为 93.1%［江苏中医，1995，(4)：12］。段有超等用痛康胶丸治疗头痛 110 例，药为：川芎、丹参、藁本、天麻、菊花、白芷、地龙、细辛、蔓荆子、全虫、防风，治愈 73 例，有效 28 例，无效 9 例［中医药学报，1995，（4）：46］。周超凡治疗血管性头痛，常用川芎、当归、白芍药、香附、防风等［中医杂志，1995，（5）：270～271］。马玉华用桃红四物汤加元胡、地龙、没药、丹参治疗血管神经性头痛 120 例，痊愈 78 例，有效 36 例，无效 6 例［云南中医杂志，1998，（2）：29］。雍履平认为偏头痛以益肾活血熄风为主，宜用六味地黄汤合四物汤加虫类药；因高血压引起的头痛以镇肝熄风汤、天麻钩藤饮之类；脑供血不足者用归脾汤、补中益气汤；紧张性头痛从肝郁脾虚论治，宜用逍遥散、柴胡疏肝散、天王补心丹、大补元煎等［中医杂志，1997，（2）：116～117］。陈宝田用痛必克汤治疗难治性偏头痛 100 例，药用川芎、钩藤、桑叶、鸡血藤、黄芪、龙骨、牡蛎、当归、生地黄、桃仁、红花、羌活、防风、附子、细辛、泽泻、茯苓、白芍药、白芷，15 日为 1 疗程，3～4 个疗程后，基本恢复 36 例，显效 58 例，有效 5 例，无效 1 例，总有效率为 99%［山东中医杂志，1996，（4）：156～157］。

（2）脑外伤性头痛的研究进展

何天良等将颅脑损伤性头痛分为 3 型，气滞血瘀者，用化瘀通窍Ⅰ号方，赤芍药、地龙、川芎、地鳖虫、全蝎、老葱、麝香等；对伤后较久，兼有气血虚弱用Ⅱ号方，赤芍药、川芎、酸枣仁、丹参、黄芪、土鳖虫、当归尾、藁本、阿胶、细辛、麝香；伤后阴虚明显者，用Ⅱ号方，赤芍药、川芎、丹参、土鳖虫、藁本、白芷、生地黄、玄参、麦冬、麝香。结果 68 例中，治愈 62 例，有效 6 例［光明中医，1995，（6）：14］。董清涛等用补肾活血汤治疗脑外伤头痛 32 例，药用熟地黄、山萸肉、杜仲、菟丝子、肉苁蓉、当归尾、没药、补骨脂、红花、独活、枸杞子，治愈 19 例，有效 11 例，无效 2 例，总有效率 93.7%，临证发现本方有营养大脑、改善脑部血流的作用［中医药学报，1998，（1）：15］。陈晓东等用天麻钩藤饮加减治疗脑震荡后头晕头痛 180 例，痊愈 117 例，显效 39 例，无效 4 例［河北中西医结合杂志，1998，（7）：1055］。

（3）头痛的实验研究

王冬娜等采用荧光分光法检测了新正天丸治疗前后的偏头痛患者血小板和血浆中 5-羟色胺含量和比值的变化。结果表明：患者组与对照组比较，发作期患者血小板 5-羟色胺含量增加，血浆 5-羟色胺含量降低，血小板 5-羟色胺/血浆 5-羟色胺比值异常；间歇期血小板和血浆 5-羟色胺含量均增加，但血小板 5-羟色胺/血浆 5-羟色胺比值未见明显异常。经新正天丸治疗后发作期和间歇期血浆 5-羟色胺含量与治疗前同期比较均有明显改善，发作期血小板 5-羟色胺/血浆 5-羟色胺比值与治疗前比较也有明显恢复。本研究证明偏头痛患者发作期血小板和血浆 5-羟色胺含量及其比值均异常，这种异常可能是其发病基础，提示新正天丸可能是通过影响血小板对 5-羟色胺的摄取、释放、代谢过程，使其保持在生理平衡状态而起到治疗头痛的作用［中国中西医结合杂志，1996，（5）：280～282］。王冬娜等并研究了新正天丸对偏头痛血瘀证血小板超微结构的影响。偏头痛血瘀证患者 20 例，经新正天丸治疗前后对血小板超微结构观察中发现，患者组血小板大小不均匀，膜结构粗糙，伪足横断面粗且多，α-颗粒减少，致密颗粒增多，粘附和聚集现象明显，膜融合程度严重。提示：偏头痛患者血小板处于异常激活状态，血小板形态和功能异常可能是偏头痛的病理基础。推测新正天丸可能是通过抑制血小板聚集，诱导血小板解聚，改善血小板形态和功能来稳定其致密体的内外环境，使5-羟色胺的摄取、分泌、代谢水平保持在生理状态而治疗偏头痛［解放军医学杂志，1996，(6)：442～444］。王宝祥研究了新正天丸对偏头痛患者5-HTID受体基因、ET、NO含量的影响，提示偏头痛的发生与血浆ET、NO及5-HTID受体基因表达有关，新正天丸能通过降低ET、NO含量、抑制5-HTID受体基因表达，起到治疗偏头痛的目的［中药药理与临床，1997，(4)：42～45］。周厚琼等研究了中药川天康胶囊对实验动物脑血流、脑缺血及血管舒张功能的影响。结果表明：川天康胶囊能使麻醉猫脑血流量明显增加，并使脑血管阻力及血压显著降低，而对心率、心电图无明显影响；并能使实验性脑缺血模型大鼠脑毛细血管通透性及脑含水量明显降低；明显对抗肾上腺、5-羟色胺、组胺致血管平滑肌痉挛性收缩。提示：天川康胶囊能明显增加脑血流量，降低脑血管阻力，促进脑供血，减轻脑血管通透性及脑水肿，对缺血性脑组织的病理变化有一定保护作用，并能明显改善血管舒张功能，为临床治疗眩晕头痛等疾患提供了实验依据［中国药学杂志，1998，(12)：720～723］。

复习思考题

1. 试述头痛的辨证要点。
2. 试述头痛各经的引经药。
3. 试述肝阳头痛、痰浊头痛的症状、治法及方药。
4. 肾虚头痛与气血虚头痛的症状、治法有何区别？

（赵新秀）

31

眩 晕

目的要求

1. 了解眩晕的定义、范围、预防调护以及研究进展。
2. 掌握眩晕的病因病机、诊断要点、辨证要点、治疗原则以及分型论治。

眩晕是由于风、火、痰、虚、瘀引起清窍被扰，清窍失养而出现以头晕、眼花为主症的一类病证。眩即眼花，晕是头晕，两者常同时并见，故统称为眩晕。其轻者闭目可止，重者如坐车船，旋转不定，不能站立，或伴有恶心、呕吐、汗出、面色苍白等症状。

眩晕为临床常见病证，多见于中老年人，亦可发于青年人。本病可反复发作，妨碍正常工作及生活，严重者可发展为中风或厥证、脱证而危及生命。临床上用中医药防治眩晕，对控制眩晕的发生、发展具有较好疗效。

有关眩晕一病，历代医书记载颇多。早在《素问·至真要大论篇》有“诸风掉眩，皆属于肝”、《灵枢·口问》篇“上气不足”、《灵枢·海论》篇“髓海不足”等论述。汉代张仲景认为痰饮是眩晕发病的原因之一，为后世“无痰不作眩”的论述提供了理论基础，并且用泽泻汤及小半夏加茯苓汤治疗痰饮眩晕。明代张介宾强调了“无虚不作眩”，在治疗上认为“当以治虚”为主。这些理论从不同角度阐发和丰富了眩晕的病因病机，至今仍值得临床借鉴。

现代医学中的中枢性眩晕如椎-基底动脉供血不足、脑动脉粥样硬化、高血压性脑病、脑干出血等；内耳性眩晕如梅尼埃氏综合征、迷路炎、内耳药物中毒等；颅内占位性疾病如听神经纤维瘤、小脑肿瘤、第四脑室肿瘤等；颅内感染性疾病如小脑脓肿等以及低血压，低血糖、贫血及阵发性心动过速等，凡以眩晕为主症者，均可参考眩晕来辨证论治。

31.1 病因病机

31.1.1 病因

31.1.1.1 七情内伤

忧郁太过，肝失条达，肝郁化火，或恼怒伤肝，肝阳上亢，上扰清空，发为眩晕；忧思太过，伤及脾胃，气血生化乏源，清窍失养发为眩晕；或惊恐伤肾，肾精亏虚，髓海失养，亦可发为眩晕。

31.1.1.2 饮食不节

膏粱厚味，饥饱无度，过食生冷，均可损伤脾胃，脾失健运，水湿内停，聚而成痰，痰饮水湿上犯清窍；或饮食不节，脾胃日虚，气血生化乏源，清窍失养而发为眩晕。

31.1.1.3 劳倦过度

劳倦伤脾，气血不足，或房事不节，肾精亏虚，均可导致清窍失养而发为眩晕。

31.1.1.4 年老体虚

年老体衰，肾之精气不足，脾气不充，气血生化不旺，清窍失养可发为眩晕。

31.1.1.5 久病大病

久病、大病均可伤及气血阴阳，致脑髓失养发为眩晕。

31.1.1.6 头部外伤

头颅外伤，瘀滞脑脉，发为眩晕。

31.1.2 病机

31.1.2.1 基本病机

本病病机为风、火、痰、虚、瘀引起清空被扰或清窍失养。

31.1.2.2 病位

本病病位在脑，与肝、脾、肾密切相关，其中又以肝为主。

31.1.2.3 病理性质

气血不足，肝肾阴虚为病之本，风、火、痰、瘀为病之标。临床见证往往标本兼见，虚实交错。

31.1.2.4 病机转化

眩晕以本虚标实为主。早期一般标实证候多，如肝阳上亢、痰浊中阻、瘀血内阻等；中期由于肾水不足，肝阳上亢，尤其年迈精衰者，往往转化为肾精亏虚证或气血不足之证，病机复杂，病情较重，且常易发生变证、坏证。

31.2 诊 断

31.2.1 临床表现

头晕目眩，视物旋转，轻者闭目即止，重者如坐车船，甚则仆倒。可伴有恶心呕吐，眼球震颤，耳鸣耳聋，汗出，面色苍白等症状。

31.2.2 病史及发病

慢性起病，逐渐加重，或反复发作。

31.2.3 辅助检查

查血红蛋白、红细胞计数、测血压、作心电图、电测听、脑干诱发电位、眼震电图、颈椎X线摄片、颅多普勒等项检查，有助于明确诊断。必要时可结合CT、MRI检查。

31.3 辨证论治

31.3.1 辨证要点

31.3.1.1 辨虚实

一般新病多实，久病多虚；体壮者多实，体弱者多虚；呕恶、面赤、头胀痛者多实，体倦乏力、耳鸣如蝉者多虚；发作期多实，缓解期多虚；面白而肥为气虚多痰，面黑而瘦为血虚有火。病久常虚中夹实，虚实夹杂。

31.3.1.2 辨标本

眩晕以气血不足、肝肾阴虚为本，风、火、痰、瘀为标。其中气血不足常见舌淡，脉细弱；阴虚多见舌红少苔，脉弦细数。标实又各具特点，如风性主动，火性炎上，痰性黏滞，瘀性留著，临床都需加以辨识。

31.3.2 治疗原则

眩晕多为本虚标实之证，故治疗原则主要是补虚泻实，调整阴阳。气血不足者，宜益气养血，调补脾胃；肝肾阴虚者，宜填精生髓，滋补肾阴；痰浊中阻者，宜燥湿祛痰；肝火偏盛者，宜清肝泻火；肝阳上亢，化火生风者，则宜清镇潜降。本病发生多以阴虚阳亢者居多，治疗当清火滋阴潜阳。

31.3.3 分型论治

31.3.3.1 肝阳上亢

症状 眩晕耳鸣，头胀头痛，每因烦劳或恼怒而头晕、头痛加剧，面红目赤，急躁易怒，少寐多梦，口干口苦。

舌象 舌质红，苔黄。

脉象 脉弦或弦细数。

证候分析 情志不舒，郁而化火，火极生风，风阳上扰或肝肾阴虚，阴不敛阳，肝阳上亢，则头胀痛、眩晕；劳则伤肾，怒则伤肝，均可使肝阳更盛，故头晕、头痛加剧；阳升则面部潮红，肝旺则急躁易怒，肝火扰动心神，故少寐多梦，口干口苦，舌质红，苔黄，脉弦，皆是肝阳上亢之征；如脉弦细数，则为肝肾阴虚内热之象。

治法 平肝潜阳，清火熄风。

方药 天麻钩藤饮为主方。

方中天麻、钩藤潜阳熄风，为治疗眩晕之主药，是为君；配以石决明潜阳，牛膝、益母草下行，使亢盛之阳复为平衡，加黄芩、栀子以清泄肝火，杜仲、桑寄生养肝肾，夜交藤、茯神以养血安神，共为臣佐药。

加减 1）若见阴虚较甚，舌红少苔，脉弦细数较为明显者，可选加生地黄、麦冬、玄参、何首乌、女贞子以滋补肝肾之阴。

2）若肝火亢盛，眩晕、头痛较甚，耳鸣、耳聋暴作，目赤、口苦、舌红、苔黄燥，脉弦数，可选用龙胆草、牡丹皮、菊花、夏枯草以清肝泻火。

3）若兼腑热便秘者，可加大黄、芒硝，或当归龙荟丸以通腑泄热。

4）若眩晕剧烈，手足麻木或震颤者，有阳动化风之势，加珍珠母、生龙骨、生牡蛎、羚羊角以镇肝熄风。

31.3.3.2 痰浊中阻

症状 眩晕，头重如蒙，视物旋转，胸脘痞闷，恶心而时吐痰涎，食少多寐。

舌象 舌体胖，苔白腻。

脉象 脉弦滑，或濡缓。

证候分析 痰浊中阻，气机阻滞，清阳不升，浊阴不降，痰湿蒙蔽清阳，则眩晕，视物旋转，头重如蒙；痰浊阻滞中焦气机，故见胸脘痞闷，恶心而时吐痰涎；脾阳不振，则食少多寐。舌体胖，苔白腻，脉弦滑，皆为痰浊中阻之象。

治法　燥湿祛痰，健脾和胃。

方药　半夏白术天麻汤为主方。

方中半夏燥湿化痰，又能降逆止呕，为君药；天麻平熄肝风而止头眩，与半夏合用化痰熄风，为治风痰之要药，白术健脾燥湿，与半夏、天麻配伍，祛湿化痰止眩之功益佳，故共为臣药；茯苓、生姜燥湿健脾，生姜、大枣又能补脾和胃，陈皮理气和中，共为佐使药。

加减　1）若眩晕较甚，呕吐频作者，可加代赭石、旋覆花、竹茹、胆南星以除痰降逆止呕。

2）若舌苔厚腻或水滑，为水湿潴留，可合五苓散，使水湿从小便而去。

3）若脘闷不食者，加白蔻仁、砂仁、藿香、佩兰以化湿醒脾。

4）若兼耳鸣重听者，加生葱、郁金、石菖蒲、远志以通阳开窍。

痰浊郁而化热，痰火上犯清窍，眩晕，苔黄腻，脉弦滑，用黄连温胆汤清化痰热。

素体阳虚，痰从寒化，痰饮内停，上犯清窍，用苓桂术甘汤合泽泻汤温化痰饮。

31.3.3.3　瘀血阻窍

症状　眩晕，头痛，日久不愈，面唇紫暗，心悸、健忘，夜寐不安，精神不振。

舌象　舌紫暗，有瘀点或瘀斑。

脉象　脉弦涩或细涩。

证候分析　瘀血内阻，络脉不通，气血不能正常运行，脑失所养，故眩晕，头痛；瘀血阻遏脉道，脉不舍神，心神失养，故可兼见心悸，健忘，夜寐不安，精神不振；面唇紫暗，舌紫暗，有瘀点或瘀斑，脉弦涩或细涩，均为瘀血内阻之征。

治法　祛瘀生新，通窍活络。

方药　通窍活血汤为主方。

方中用赤芍药、川芎、桃仁、红花活血化瘀，祛瘀通络；麝香开窍散结止痛，老葱散结通阳；大枣、生姜甘温益气，缓和药性，配合活血化瘀，通阳散结开窍之品，以防耗伤气血，黄酒辛窜，以助血行。

加减　1）若见神疲乏力、少气自汗等气虚证者，加黄芪，用至30～60g，以补气行血。

2）若兼有畏寒肢冷，感寒加重者，加附子、桂枝温经活血。

3）若当风而发或加重者，可重用川芎，加防风、白芷、荆芥穗、天麻等理气祛风之品。

4）若兼虚热内生，骨蒸潮热，肌肤甲错者，可加牡丹皮、黄柏、知母、玄参、地黄以养阴清热。

5）如因跌仆坠损而致，可加用落得打、自然铜、苏木、血竭等活血化瘀疗伤之品。

31.3.3.4 气血亏虚

症状 头晕目眩，劳累则甚，气短声低，神疲懒言，面色 白，唇甲不华，发色不泽，心悸少寐，饮食减少。

舌象 舌淡胖嫩，边有齿印，苔薄白。

脉象 脉细弱。

证候分析 气虚则清阳不展，血虚则脑失所养，故头晕目眩，劳则气耗，故劳累则甚；血虚失濡，则唇甲不华，发色不泽，血不养心，心神不安，则心悸少寐；气虚则神疲懒言，面色 白；脾胃气虚，运化失司，则饮食减少；舌淡胖嫩，且边有齿印，苔薄白，脉细弱，均为气血虚弱之征。

治法 补养气血，健运脾胃。

方药 归脾汤为主方。

方中黄芪、党参、白术健运脾胃以化生气血，当归、龙眼肉补血养心；酸枣仁、远志养血安神；木香调理气机，以防因补益太过而壅滞气机；甘草调和诸药。

加减 1）若气虚卫阳不固，自汗时出，重用黄芪，加防风、浮小麦益气固表敛汗。

2）若气虚湿盛而便溏者，加薏苡仁、泽泻、炒扁豆以健脾渗湿。

3）若兼见畏寒肢冷，腹中隐痛等阳虚症状，加桂枝、干姜。

4）若血虚较甚，面色 白无华，加熟地黄、阿胶、紫河车粉（冲服）等。

若中气不足，清阳不升，表现眩晕兼见气短乏力，纳差神疲，便溏下坠，脉象无力者，可用补中益气汤以补中益气，升清降浊。

31.3.3.5 肾精不足

症状 头晕而空，精神委靡，少寐多梦，健忘，耳鸣，腰酸遗精，齿摇发脱。偏于阳虚者，颧红咽干，五心烦热，舌质红，苔少或光剥，脉细数；偏于阳虚者，四肢不温，形寒怯冷。

舌象 舌质淡。

脉象 脉沉细无力。

证候分析 肾精不足，髓海空虚，故头晕而空，精神委靡；肾精不足，心肾不交，故少寐，多梦，健忘；腰为肾之府，肾开窍于耳，肾虚则腰酸、耳鸣；肾虚精关不固则遗精；肾主骨生髓，肾虚则齿摇发脱。偏于肾阴虚则生内热，故颧红咽干，五心烦热，舌红，苔少或光剥，脉细数；偏于阳虚则生外寒，则四肢不温，形寒怯冷，舌淡，脉沉细无力。

治法 补肾益精，充养脑髓。

方药 左归丸为主方。

方中熟地黄、山药、山萸肉滋阴补肾；龟板胶、鹿角胶为血肉有情之品，前者补阴，后者养阳，两药协力，峻补精血；枸杞子、牛膝、菟丝子补肾填精。

加减 1）偏于阴虚有内热者，可加炙鳖甲、知母、黄柏、牡丹皮、地骨皮以滋阴清热。

2）偏于阳虚者，加巴戟天、仙灵脾等温润之品，助阳而不伤阴，亦可用右归丸主治。

3）若遗精频频者，可选加莲须、芡实、桑螵蛸、覆盆子以固肾涩精。

31.4 预防与调护

预防眩晕，平素应注重修身养性，保持心情舒畅，避免恼怒惊恐；要保证充足的睡眠，注意劳逸适度；节制房事；饮食宜清淡易消化，多吃蔬菜、水果，忌烟酒、油腻、辛辣之品，少食海腥发物。虚证眩晕者应适当增加营养。眩晕发作时应卧床休息，闭目养神，少作或不作旋转、弯腰等动作，以免诱发或加重病情。护理人员对重症病人要密切注意血压、呼吸、神志、脉搏等情况，以便及时处理。发病时更应注意精神、生活及饮食上的调理，以促使患者早日康复。

附　　录

1. 病案举例

1）向有肝风之患，现当木令阳升，虚风内扰，头晕耳鸣，目光闪影。左关及寸俱弦，均属痰火与肝阳交炽之象，只宜清凉平息为治。处方：鲜首乌、石决明、白归身、瓜蒌皮、羚羊角、白蒺藜、料豆衣、白茯神、广橘红、石菖蒲、白池菊。

（《清代名医医案精华·何书田医案》）

2）某，眩晕一天，头部不清，耳目鼻等处均有热象，于坐卧时骤然起立，必眩晕，脉左寸溢，因受意外之辱，忿恚而成。处方：制首乌四钱，生白芍三钱，茯苓三钱，银花三钱，花粉二钱，粉葛二钱，生甘草二钱。一付愈。

（《圣余堂医案诠解》）

3）久病痰体，痰邪随伏随起，自病以来，阴虚于下，阳冒于上，早有耳蒙，又有溺数。近复晕眩骤作，两足不能自持，步履维艰，大似上重下轻之势，上重者属热，心肝必有郁火，下轻者属寒，脾胃又为两亏，用药遂极其牵制，非铢两病端，实不易落笔。拟煎丸并用，煎主熄养其上，丸主温纳其下，调理分服，西法所谓上为压力，下为吸力是也。煎方：大生地、西洋参、潼蒺藜、白蒺藜、黑料豆、宋半夏、川贝母、桑寄生、炒杜仲、淡苁蓉、东白芍、杭菊花、梧桐花、化橘红、宣木瓜、竹二青、丝瓜络、灵磁石。丸方：吉林人参、血蜡鹿茸，上味对半搭配，各研细，和匀再研。以龟板胶燉烊，酌量多少为丸如梧桐子样大小，每晨空肚吞服，随即压以食物，俾药下趋不为上燉。此丸自冬至起服至交春止，以四十五天为度。

（《清代名医医案精华·陈莲舫医案》）

2. 古文献选录

《素问·至真要大论》："诸风掉眩，皆属于肝。"

《灵枢·海论》："脑为髓之海，其输上在于其盖，下在风府。……髓海有余，则轻劲多力，自过其度；髓海不足，则脑转耳鸣，胫酸眩冒，目无所见，懈怠安卧。"

《伤寒论·辨少阳病脉证并治》："少阳之为病，口苦咽干目眩也。"

《金匮要略·痰饮咳嗽病脉证治》："心下有支饮，其人苦冒眩，泽泻汤主之。""假令瘦人脐下有悸，吐涎沫而癫眩，此水也，五苓散主之。"

《素问玄机原病式·诸风掉眩皆属肝木》："风气甚而头目眩运者，由风木旺，必是金衰不能制木，而木复生火，风火皆属阳，多为兼化，阳主乎动，两动相搏，则为之旋转。"

《丹溪心法·头眩》："头眩，痰夹气虚并火，治痰为主，夹补气药及降火药。无痰则不作眩，痰因火动。"

《景岳全书·眩运》："丹溪则曰无痰不能作眩，当以治痰为主，而兼用他药。余则曰无虚不能作眩，当以治虚为主，而酌兼其标。孰是孰非，余不能必，姑引经义，以表其大意如此。"

《医学从众录·眩晕》："盖风非外来之风，指厥阴风木而言，与少阳相火同居，厥阴气逆，则风生而火发，故河间以风火立论也。风生必夹木势而克土，土病则聚液而成痰，故仲景以痰饮立论，丹溪以痰火立论也。究之肾为肝母，肾主藏精，精虚则脑海空而头重，故《内经》以肾虚及髓海不足立论也。其言虚者，言其病退；其言实者，言其病象，理本一贯。"

《证治汇补·眩晕》："以肝上连目系而应于风，故眩为肝风，然亦有因火、因痰、因虚、因暑、因湿者。"

《临证指南医案·眩晕》："经云诸风掉眩，皆属于肝，头为六阳之首，耳目口鼻皆系清空之窍，所患眩晕者，非外来之邪，乃肝胆之风阳上冒耳，甚至有昏厥跌仆之虞。其症有夹痰、夹火、中虚、下虚、治胆、治胃、治肝之分。火盛者，先生用羚羊、山栀、连翘、花粉、玄参、鲜生地、丹皮、桑叶，以清泄上焦窍络之热，此先从胆治也。痰多者必理阳明，消痰如竹沥、姜汁、菖蒲、橘红、二陈汤之类。中虚则兼用人参，外台茯苓饮是也。下虚者，必从肝治，补肾滋肝，育阴潜阳，镇摄之治是也。至于天麻、钩藤、菊花之属，皆系熄风之品，可随症加入。此症之原，本之肝风，当与肝风、中风、头风门合而参之。"

《杂病广要·眩运》："瘀血停留，上冲作逆，亦作眩运，桃红四物汤主之。"

3. 研究进展

（1）辨证治疗

1）从痰论治　治痰之法是治疗眩晕病证常用方法。对痰浊眩晕多以健脾化痰为主，常用泽泻汤、半夏白术天麻汤、温胆汤、苓桂术甘汤、小半夏加茯苓汤等等，药选泽泻、白术、茯苓、陈皮、半夏等，泽泻用量宜多。有夹风、夹火等兼夹证时宜随证加减，热甚者多加黄芩、石膏、知母；肝气郁滞多加柴胡、芍药、川芎；脾阳虚加附子、干姜；肾阳虚以真武汤加减；痰浊内阻而感外邪引发眩晕，可用龚廷贤清晕化痰汤（茯苓、陈皮、白芷、防风、羌活、枳实、法半夏、胆南星、川芎、细辛、酒黄芩、甘草）加减。如孙敦　等应用小半夏加茯苓汤（制半夏12g、鲜生姜6g、云茯苓12g），呕甚加代赭石（先煎）、泽泻；缓解后加党参、炒白术治疗眩晕42例，总有效率为92.8%［辽宁中医杂志，1995，22（3）：115～116］。李爱华应用止眩汤治疗眩晕60例。结果治愈44例，显效10例，有效6例。止眩汤主要由泽泻汤、五苓散、温胆汤、四逆散加减而成。

2）从气血论治　张氏认为因血虚眩晕者十之八九，多选用旱莲草、女贞子、当归、麦冬等养阴补血，重用党参、黄芪益气生血，佐黑豆、黑芝麻养血祛风，砂仁调理胃气。用加味四物汤（当归、生地黄、川芎、黄芩、蔓荆子、菊花、炙甘草）合石决明、白蒺藜、白术、半夏、枸杞子治疗耳源性眩晕，有养血滋阴、祛风定眩之功［陕西中医，1989，（1）：184］。张氏用疏调血气法治疗眩晕瘀证，气虚血瘀者用补阳还五汤加葛根、丹参益气活血；气滞血瘀者用血府逐瘀汤加味疏肝理气化瘀；气逆血阻者用百合汤合桃红四物汤加丹参、茯神、远志、京菖蒲、龙齿、珍珠母、磁石等调气活血，镇心安神；外伤血瘀者用通窍活血汤合三七、丹参、水蛭等活血通络［中医杂志，1992，（9）：15］。黄政叶应用黄芪赤风汤加味，药用黄芪50g、防风25g、赤芍药20g、茯苓30g、泽泻30g，辨证加减治疗椎-基底动脉供血不足50例，结果总有效率92%，优于西药对照组（58.8%），$P<0.01$［辽宁中医杂志，1994，21（3）：121～122］。

3）从肝肾论治　张氏认为，眩晕阴虚液亏，风阳易升，其变动在肝，其根源在肾，以平肝治其标，滋肾柔肝治其本，用天麻钩藤饮配黑豆、黑芝麻。临床一俟肝阳平熄，常服六味地黄丸，杞菊地黄丸，均为治本之法。肾阳不足，无力化精，髓海空虚而致眩晕，治当温补肾阳，填精生髓，常用山药、熟地黄、枣皮、茯苓、枸杞子、紫河车、鹿角胶、淫羊藿、附子［陕西中医，1989，（4）：184］。

（2）分步辨证

白俊峰等分步辨治眩晕200例。先用升清降浊法，药用净荷叶10g，灵磁石30g，车前子18g，白术18g，泽泻30～60g，生姜20～30g，辨证加减服2～5剂，眩晕症减后再辨证分型治疗。肝阳上亢用天麻钩藤饮，气血两虚用十全大补汤、补中益气汤，肾精不足用河车大造丸，瘀血阻络用通窍活血汤、血府逐瘀汤，痰湿中阻用升清降浊汤、苓桂术甘汤治疗。结果总有效率达98.5%，优于西药对照组（总有效率为78.3%）［光明中医，1995，（2）：42～43］。

复习思考题

1. 试述眩晕的病因病机。
2. 如何辨证论治眩晕？

（张晓雪）

32

中 风

目的要求

1. 了解中风病的定义、范围、预防调护以及研究进展。
2. 熟悉中风病与口僻、痫病、厥证、痉病、痿病的鉴别诊断。
3. 掌握中风病的病因病机、诊断要点、治疗原则以及分型论治。

中风病以脏腑阴阳失调，气血逆乱，直冲犯脑，形成脑脉痹阻或血溢脑脉之外为基本病机，临床以突然昏仆，半身不遂，口舌　斜，不语或言语謇涩，偏身麻木为主症，并具有起病急、变化快的特点，为好发于中老年人的一种常见病、多发病。

中风病严重危害着人类健康。具有发病率高、复发率高、致残率高、病死率高的特点。对本病恢复期和后遗症期的治疗，中医药有明显的优势，中医药对中风急性期的治疗现已成为研究热点，并已出现了较好的势头。

中风一病，起源于《内经》。其病名有大厥、薄厥、仆击、偏枯、痱风等。在病因方面，认识到本病的发生与个人的体质、饮食、精神刺激等有关，并且初步认识到中风病变的部位在头部。

对中风病的病因病机及其治法，历代医家论述颇多，从病因学的发展来看，大体分为两个阶段。唐宋以前多以“内虚邪中”立论。如《金匮要略》认为中风之病因为络脉空虚，风邪入中，其创立的分证方法对中风病的诊断、治疗、判断病情轻重和估计预后很有帮助，在治疗上多主张驱散风邪，补益正气。唐宋以后，特别是金元时代，许多医家以“内风”立论，可谓中风病因学说上的一大转折。其中刘完素力主“心火暴甚”；李杲认为“正气自虚”；朱震亨主张“湿痰生热”；王履从病因学角度将中风病分为“真中”、“类中”。明代医家张介宾倡导“非风”之说，提出“内伤积损”的论点；李中梓将中风病分为闭、脱二证。至清代本病形成了比较完整的中风病治疗法则。近年来对中风病的预防、诊断、治疗、康复、护理等方面逐步形成了较为统一的标准和规范，治疗方法多样化，疗效也有了较大提高。

中风病是一个独立的疾病，其临床表现与现代医学所称的脑血管病相似。脑血管病主要包括缺血性和出血性两大类型。无论是出血性还是缺血性脑血管病均可参考本病辨证论治。

32.1 病因病机

32.1.1 病因

32.1.1.1 积损正衰

年老体弱，或久病气血亏损，元气耗伤，脑脉失养。气虚则运血无力，血流不畅，而致脑脉瘀滞不通；阴血亏虚则阴不制阳，内风动越，夹痰浊、瘀血上扰清窍，突发本病。

32.1.1.2 劳倦内伤

烦劳过度，易使阳气升张，引动风阳，内风旋动，血气上涌，或兼夹痰浊、瘀血上壅清窍脉络，突发本病。

32.1.1.3 饮食不节，脾伤生痰

过食肥甘醇酒，致使脾失运化，痰浊内生，郁久化热，痰热互结，壅滞经脉，上蒙清窍。

32.1.1.4 五志所伤，情志过极

七情失调，肝失条达，气机郁滞，血行不畅，瘀结脑脉；或肝郁化火，烁津成痰，携风阳窜扰经脉，上蒙清窍；暴怒伤肝，则肝阳暴张，或心火暴盛，风火相煽，血随气逆，上冲犯脑。凡此种种，均易引起气血逆乱，上扰脑窍而发为中风。尤以暴怒引发本病者最为多见。

本病常见的诱因为：气候骤变，烦劳过度，情志相激，跌仆努力等。

32.1.2 病机

32.1.2.1 基本病机

本病的基本病机为脏腑阴阳失调，气血逆乱，直冲犯脑，形成脑脉痹阻或血溢脑脉之外。

32.1.2.2 病位

本病病位在脑髓血脉，与心、肝、脾、肾有密切关系，可引起全身多脏腑器

官的功能紊乱。

32.1.2.3 病理性质

本病属本虚标实、上盛下虚之证。标实不外乎风（肝风）、火（肝火、心火、痰火）、痰（风痰、湿痰、痰浊、痰热）、气（气逆）、血（血瘀）；本虚为气血阴阳不足，以阴虚、气虚较多见，而肝肾阴虚为其根本。急性期，多以标实证候为主；恢复期及后遗症期，多虚实夹杂，或以本虚证候为主。

32.1.2.4 病机转化

中风病的病机转化决定于内风、邪热、痰浊、瘀血等病邪与人体正气相争及其消长变化。初起中经络者，正气虚而不甚，邪虽盛而病位浅，病情尚轻，经过辨证救治，邪热清，内风熄、痰浊化、瘀血祛、气逆平，半身不遂等诸症亦可痊愈，或好转进入恢复期或后遗症期。若平素体弱，正气虚衰，或邪气过盛，气血逆乱，堵塞神明出入之路，神明失司而转为中脏腑，病情加重。初起即显中脏腑，或由中经络进一步转化而来者，邪气炽盛，正气虚衰，病位较深，病情危重，若治之得法，仍有可能正气渐复，邪气渐衰，窍闭自开，而转入中经络证，进入恢复期或后遗症期；若治之不效，邪气愈盛，正气愈衰，终至正不胜邪，邪闭正脱，阴阳离绝而死亡。恢复期邪虽衰，但正气已伤，正虚邪实，虚实夹杂，故需长时间辨证治疗，使邪祛正复，而获痊愈；或邪祛而正难复，进入后遗症期。恢复期或后遗症期，由于脏腑功能失调仍未能完全恢复，遇有诱因，极易复中，复中次数越多，病机越复杂，治疗越难。

32.2 诊断与鉴别诊断

32.2.1 诊断

32.2.1.1 病名诊断

1）以神志恍惚、迷蒙，甚至昏迷或昏愦，半身不遂，口舌　斜，舌强言謇或不语，偏身麻木为主症。

2）多急性起病。

3）病发多有诱因，病前常有头晕、头痛、肢体麻木、力弱等先兆。

4）发病年龄多在40岁以上。

具有两个以上主症，结合年龄、诱因、先兆症状等特点即可确定诊断。

脑脊液检查、眼底检查、颅脑CT、MRI等检查，有助于诊断。

32.2.1.2 病类诊断

临床多按有无神志昏蒙而分为中经络和中脏腑两大类进行辨证论治。

32. 2. 1. 3 分期诊断

1）急性期 发病后 2 周以内，中脏腑者最长至 1 个月。

2）恢复期 发病 2 周或 1 个月至半年以内。

3）后遗症期 发病半年以上。

32. 2. 2 鉴别诊断

32. 2. 2. 1 口僻

口僻相当于现代医学所称的面神经麻痹，属周围性面瘫。其主要症状是口眼 斜，患侧鼻唇沟变浅，口角歪向健侧，重者伴有口角流涎，言语不清，咀嚼时食物滞留在患侧齿颊之间，患侧额纹消失，眼裂变小等，大多还常伴有耳后疼痛。但无肢体偏瘫、半身麻木等症状；不同年龄均可罹患，多由正气不足，感受风寒等外邪引起。中风病口舌 斜多伴有肢体瘫痪或偏身麻木，常见于中老年人；病由气血逆乱，血随气逆，上扰脑窍而致脑髓神机受损而成。

32. 2. 2. 2 痫病

病与中风病（中脏腑者）都表现为卒然昏仆。 病突然昏仆时伴有四肢抽搐，口吐涎沫，两目上视，或作异常叫声，或小便失禁，移时自行苏醒，醒后一如常人。发病者以儿童、青少年为多，且有反复发作的病史可寻，与中风病（中脏腑）不难鉴别。

32. 2. 2. 3 厥证

厥证与中风病（中脏腑）都表现为卒然昏仆。但厥证神昏时常伴有四肢逆冷，一般移时苏醒，醒后无半身不遂、口舌 斜、言语不利等症。

32. 2. 2. 4 痉病

痉病以四肢抽搐、项背强直、甚至角弓反张为主症。病发中亦可伴有神昏。痉病之神昏多出现在抽搐之后，而中风病多病起即有神昏，而后出现抽搐；痉病者抽搐时间长，中风病者抽搐时间短；痉病者无半身不遂、口舌 斜等中风特有的症状。

32. 2. 2. 5 痿病

痿病有肢体瘫痪，活动无力，但多起病缓慢，起病时无神昏，以双下肢瘫或四肢瘫为多见，多见有患肢肌肉萎缩，或见筋惕肉 。中风病亦有见肢体肌肉萎缩者，多于后遗症期由废用所致。

32.3 辨证论治

32.3.1 辨证要点

32.3.1.1 辨病性

中风病性为本虚标实，急性期多以标实证候为主。若素有头痛、眩晕等症，突然出现半身不遂，甚或神昏、抽搐，肢体强痉拘急，属内风动越；若病后咳痰较多或神昏，喉中痰鸣，舌苔白腻，属痰浊壅盛为患；若面红目赤、口干口苦，甚或项背身热，躁扰不宁，便秘溲赤，则以邪热为主；若肢体松懈瘫软而舌质紫暗，说明阳气不足，瘀血较甚。恢复期及后遗症期，多表现为气阴不足，阳气虚衰。如肢体瘫痪，手足肿胀，口角流涎，气短自汗，多属气虚；若兼有畏寒肢冷，为阳气虚衰的表现；若兼有心烦少寐，口干咽干，手足心热，舌红少苔，多属阴虚内热。

32.3.1.2 辨闭证、脱证

凡见神昏，牙关紧闭，口噤不开，两手握固，大小便闭，肢体强痉，则属闭证。闭证而见面赤身热、气粗口臭，躁扰不宁，舌质红绛，舌苔黄腻，脉弦滑数者属阳闭；闭证而见面白唇黯，静卧不烦，四肢不温，痰涎壅盛，舌质淡暗，舌苔白腻，脉滑缓者属阴闭。凡见昏愦，目合口张，鼻鼾息微，手撒遗尿，脉象虚弱无力或脉微欲绝者属脱证。

32.3.1.3 辨病势顺逆

临证要特别注意辨察病人之“神”，尤其是神志和瞳神的变化。若起病即现昏愦无知，多为实邪闭窍，此为中脏，病位深，病情重。邪扰清窍或痰浊瘀血蒙塞清窍，神志时清时昧者，此为中腑，是正邪交争的表现。如病人渐至神昏，瞳神变化，甚至呕吐、头痛、项强者，说明正气渐衰，邪气日盛，病情加重。先中脏腑，如神志逐渐转清，半身不遂未再加重或有恢复者，病由中脏腑向中经络转化，病势为顺，预后多好。若目不能眴，或瞳神大小不等，或突见呃逆频频，或突然昏愦，四肢抽搐不已，或背腹骤然灼热而四肢发凉及至手足厥逆，或见戴阳及呕血症，均属病势逆转，难以挽救。

32.3.2 治疗原则

中风病急性期标实症状突出，急则治其标，治疗当以祛邪为主，常用平肝熄风、清化痰热、化痰通腑、活血通络、醒神开窍等治疗方法。闭、脱二证当分别治以祛邪开窍醒神和扶正固脱、救阴固阳。所谓“内闭外脱”，醒神开窍与扶正固本可以兼用。在恢复期及后遗症期，多为虚实夹杂，邪实未清而正虚已现，治宜扶正祛邪，常用育阴熄风、益气活血等法。

32.3.3　分型论治

32.3.3.1　肝阳暴亢，风火上扰

症状　半身不遂，偏身麻木，舌强言謇或不语，或口舌　斜，眩晕头痛，面红目赤，口苦咽干，心烦易怒，尿赤便干。

舌象　舌质红或绛，苔薄黄。

脉象　脉弦而有力。

证候分析　肝气不舒，郁久化火，阳化风动，风火上扰，上犯于脑，闭塞脑脉或血溢脑脉之外，而出现半身不遂，偏身麻木，舌强言謇或不语，或口舌斜；肝阳上亢，肝火上炎则见眩晕头痛，面红耳赤，口苦咽干，心烦易怒，尿赤便干；舌质红或绛，苔薄黄，脉弦有力亦为肝火内炽之象。

治法　平肝泻火，通络熄风。

方药　首先用清开灵注射液 40ml 加入 5% 葡萄糖注射液 250ml 中静脉点滴，每日 1～2 次，10～14 天为 1 疗程。方选天麻钩藤饮加减。

天麻钩藤饮方中天麻、钩藤平肝熄风，生石决明镇肝潜阳，牛膝引血下行，黄芩、山栀、夏枯草清肝泻火。

加减　1）若头晕头重者，加菊花、桑叶。

2）若心烦易怒者，加牡丹皮、白芍药。

3）若便干便秘者，加生大黄。

32.3.3.2　风痰瘀血，痹阻脉络

症状　半身不遂，口舌　斜，舌强言謇或不语，偏身麻木，头晕目眩。

舌象　舌质暗淡，苔薄白或白腻。

脉象　脉弦滑。

证候分析　脏腑失调，气机失和，痰浊瘀血内生，借助肝风鼓动，则风痰瘀血上犯于脑，壅塞脑脉，故见半身不遂，口舌　斜，言謇舌强或不语，偏身麻木；肝阳上亢则头晕目眩；瘀血内阻则舌质暗淡，亦可有瘀斑瘀点；痰浊内停则苔白腻，脉弦滑。

治法　活血化瘀，化痰通络。

方药　用丹参注射液 20ml 加入 5% 葡萄糖注射液 250ml 中静脉点滴，每日 1～2 次。方用化痰通络饮。

化痰通络饮方中半夏、茯苓、白术健脾化湿；胆南星、天竺黄清化痰热；天麻平肝熄风；香附疏肝理气，调畅气机，助脾运以化湿；又配以丹参活血化瘀；大黄通腑泻热凉血，以防腑实，此处大黄用量宜轻，以涤除痰热积滞为度，不可过量。

加减　1）若瘀血重，舌质紫暗或有瘀斑、瘀点者，加桃仁、红花、赤芍

药、鸡血藤以活血祛瘀通络。

2）若热象明显而见舌苔黄腻，烦躁不安者，加黄芩、栀子以清热泻火。

3）若头痛、眩晕者，加菊花、夏枯草以平肝泻火。

32.3.3.3 痰热腑实，风痰上扰

症状 半身不遂，口舌 斜，舌强言謇或不语，偏身麻木，腹胀便干便秘，头晕目眩，咳痰或痰多。

舌象 舌质暗红或暗淡，苔黄腻。

脉象 脉弦滑或偏瘫侧弦滑而大。

证候分析 饮食不节，损伤脾胃，运化失司，痰浊内生，遇阳盛之体，痰郁化热，痰热互结，借风阳之鼓动，上犯于脑，或壅滞脑脉，或血溢脑脉之外，故半身不遂，口舌 斜，舌强言謇或不语，偏身麻木；痰热中阻，中焦气机阻滞，清阳不升，浊阴不降，则上见头晕目眩，下有腹胀便干便秘；痰浊内蕴则见咳痰或痰多；舌质红，苔黄腻，脉弦滑或偏瘫侧弦滑而大，均为痰热腑实之征。

治法 化痰通腑。

方药 用清开灵注射液 40ml 加入 5% 葡萄糖注射液 250ml 中静脉点滴，每日 1~2 次。方用星蒌承气汤加减。

星蒌承气汤方中生大黄、芒硝荡涤肠胃，通腑泻热；瓜蒌、胆南星、天竺黄清热化痰；加丹参活血通络。

加减 1）若腑实明显者，痞、满、燥、实、坚俱备者，可加枳实、厚朴。

2）若热象明显者，加栀子、黄芩。

3）若年老体弱津亏者，加生地黄、麦冬、玄参。

正确掌握和运用通下法是治疗本证的关键。针对本证腑气不通，而采用化痰通腑法，一可通畅腑气，祛瘀达络，敷布气血，使半身不遂等症进一步好转；二可清除阻滞于胃肠的痰热积滞，使浊邪不得上扰神明，气血逆乱得以纠正，达到防闭防脱之目的；三可急下存阴，以防阴劫于内，阳脱于外。

32.3.3.4 气虚血瘀

症状 半身不遂，口舌 斜，言语謇涩或不语，偏身麻木，面色 白，气短乏力，口角流涎，自汗出，心悸便溏，手足肿胀。

舌象 舌质暗淡，舌苔薄白或白腻。

脉象 脉沉细、细缓或细弦。

证候分析 气虚不能鼓动血液运行，血滞脑脉而见半身不遂，口舌 斜，言语謇涩或不语，偏身麻木；面色 白，气短乏力，自汗出亦为气虚之象；脾气不足，运化失司则便溏，口流涎；心气不足则心悸；气虚水液运行不畅则见手足肿胀，苔腻；舌质暗淡，苔薄白，脉沉细、细缓或细弦亦为气虚之征。

治法 益气活血通络。

方药 补阳还五汤加减。

本方重用黄芪补气，配当归养血，合赤芍药、川芎、桃仁、红花、地龙以活血化瘀通络。

加减 1）若气虚明显者，加党参、太子参。

2）若言语不利者，加远志、石菖蒲、郁金以祛痰利窍；

3）若心悸、喘息者，加桂枝、炙甘草。

4）若肢体麻木者，加木瓜、伸筋草、防已以舒筋通络。

5）若肢体软瘫无力者，加续断、桑寄生、杜仲、牛膝。

6）若小便失禁者，加桑螵蛸、益智仁。

7）若血瘀重者，加莪术、水蛭等破血通络之品。

本证多见于恢复期和后遗症期。

32.3.3.5 阴虚风动

症状 半身不遂，口舌 斜，舌强言謇或不语，偏身麻木，烦躁失眠，眩晕耳鸣，手足心热。

舌象 舌质红绛或暗红，少苔或无苔。

脉象 脉细弦或细弦数。

证候分析 肝肾阴虚，阴不制阳，内风旋动，上犯于脑，脑脉壅塞或血溢脑脉之外而见半身不遂，口舌 斜，舌强言謇或不语，偏身麻木；肾精不足，髓海不充则见眩晕耳鸣；水不济火，心火扰神，则烦躁失眠；手足心热，舌红绛或暗红，少苔或无苔，脉细弦或细弦数，均为阴虚有热之象。

治法 滋养肝肾，潜阳熄风。

方药 镇肝熄风汤加减。

方中龙骨、牡蛎、代赭石镇肝潜阳；龟板、白芍药、玄参、天冬滋养肝肾之阴，又重用牛膝辅以川楝子引气血下行。合茵陈、麦芽以清肝舒郁，并可配钩藤、菊花熄风清热。

加减 1）若夹有痰热者，加天竺黄、竹沥、川贝母以清化痰热。

2）若心烦失眠者，加黄芩、山栀、夜交藤、珍珠母以清心除烦，镇心安神。

3）若头痛重者，加生石决明、夏枯草以清肝熄风。

32.3.3.6 痰热内闭清窍

症状 神昏或昏愦，半身不遂，起病急骤，鼻鼾痰鸣，肢体强痉拘急，项强身热，躁扰不宁，甚则手足厥冷，频繁抽搐，偶见呕血。

舌象 舌质红绛，苔黄褐而干。

脉象 脉弦滑数。

证候分析 风火内炽，炼液为痰，夹痰热上犯于脑，或壅塞脑脉，或使血溢脑脉之外，而见半身不遂；痰热内闭清窍，阻塞神机出入之路，则见神昏或昏愦；风火相煽则起病急骤；痰盛于内则鼻鼾痰鸣；痰热内扰则躁扰不宁，身热；肝风旋动则肢体拘急，项强，频繁抽搐；风火痰热内阻，阳气不能外达则见手足厥冷；热灼血脉，迫血妄行则可见呕血；舌质红绛，舌苔黄褐而干，脉弦数而滑，均为风火痰热内炽之象。

治法　清化痰热，祛瘀开窍。

方药　清开灵注射液40ml加入5%葡萄糖注射液250ml中静脉滴注，每日2～3次。安宫牛黄丸1～2丸，6～8小时灌服或鼻饲1次。方用羚羊钩藤汤加减。

羚羊钩藤汤方中羚羊角凉肝清热熄风；钩藤平肝清热镇痉；珍珠母平肝潜阳；竹茹、川贝母、天竺黄清热涤痰；石菖蒲、远志豁痰开窍，川牛膝引血下行，牡丹皮清肝凉血；此二味又有活血化瘀之功；甘草调和诸药。

加减　1）若痰多者，加竹沥，胆南星。

2）若热甚者，加黄芩、栀子。

3）若大便秘结者，加生大黄、芒硝。

4）若肢体抽搐者，加全蝎、地龙、蜈蚣、僵蚕等熄风止痉之品。

阳闭证可参考此证治疗。

32.3.3.7　痰湿蒙塞清窍

症状　神昏，半身不遂，肢体松懈瘫软不温，甚则四肢逆冷，面白唇黯，痰涎壅盛。

舌象　舌质暗淡，舌苔白腻。

脉象　脉沉滑或沉缓。

证候分析　素体阳虚，痰浊内蕴，遇情志相激等将息失宜，湿痰借风阳之上逆之势，上犯于脑，壅塞脑脉或使血溢脑脉之外，且痰湿蒙塞清窍，阻滞神明出入之道，故见神昏而半身不遂；湿痰为阴邪，易伤阳气，故见肢体松懈瘫软不温，甚则四肢逆冷，面白唇暗；痰浊内停则见痰涎壅盛；舌质暗淡，舌苔白腻，脉沉滑或沉缓，均为痰浊内蕴之象。

治法　温阳化痰，醒神开窍。

方药　苏合香丸灌服或鼻饲，每次1～2丸，1日3～4次。方用涤痰汤加减。

涤痰汤方中半夏、陈皮、茯苓健脾燥湿化痰；胆南星、竹茹清化痰热；远志、石菖蒲化痰开窍；枳实行气除痰。

加减　1）若寒象明显者，加肉桂以温阳化饮。

2）若兼有风象者，加天麻、钩藤以平肝熄风。

阴闭证可参考此证治疗。

32.3.3.8　元气败脱，神明散乱

症状　突然神昏或昏愦，目合口开，肢体瘫软，手撒肢冷汗多，重则周身湿冷，气息低微，二便失禁。

舌象　舌痿，舌质紫暗，苔白腻。

脉象　脉沉缓、沉微或微而欲绝。

证候分析　本证多由中风病闭证转化而来，为邪实而正衰，五脏真阳之气耗竭，元气败脱而成，故可见冷汗淋漓，此为心气竭；目合口开，此为脾气绝；气息低微为肺气绝；二便自遗为肾气绝；昏愦，肢软，手撒，脉微欲绝，亦为元气败脱之候。

治法　益气回阳，救逆固脱。

方药　参麦注射液40ml加入25%葡萄糖注射液40ml中静脉注射，15分钟1次，直至厥脱恢复。方以参附汤加减。

参附汤方中人参大补元气，附子温肾壮阳，二药合用以奏益气回阳固脱之功。

加减　1）若冷汗淋漓不止者，加山萸肉、黄芪、龙骨、牡蛎以敛汗固脱。

2）若兼有瘀象者，加丹参。

32.4　预防与调护

中风的预防，在于慎起居、节饮食、远房帷、调情志。慎起居，是生活要有规律，注意劳逸适度，重视进行适宜的体育锻炼。节饮食是指避免过食肥甘厚味、烟酒及辛辣刺激食品。远房帷是指节制性生活。调情志是指经常保持心情舒畅，稳定情绪，避免七情伤害。对于有中风先兆的患者，如平素经常出现眩晕、肢麻等症状，要加强治疗。已经发生过中风的病人，更要谨防复中，因复中时病情往往更为险重。

中风病人应加强护理。遇有中脏腑昏迷时，须密切观察病情变化，注意面色、呼吸、汗出等情况改变，以了解闭、脱的转化。加强口腔护理，及时清除痰涎。喂服或鼻饲中药应少量多次频服。恢复期应加强偏瘫肢体的被动活动，进行各种功能锻炼。偏瘫严重者，应防止患肢受压而发生变形。语言不利者，宜加强语言训练。长期卧床者，应保护局部皮肤，防止发生褥疮。

附　录

1. 病案举例

1）在沧州治一建筑工人，其人64岁，因包修房屋失利，心甚懊侬，于旬日前即觉头疼，不以为意。一日晨起至工所，忽仆于地，状若昏厥，移进苏醒，左手足遂不能动，且觉头疼甚剧。医者投以清火通络之剂，兼法王勋臣补阳还五之义，加生黄芪数钱。服后更觉脑中疼如锥刺，艰忍须臾，求为诊视。其脉左部弦长，右部洪长，皆重按甚实。询其心中，恒觉发热。其家人谓其素性嗜酒，近因心中懊侬，益以烧酒浇愁，饥时恒以酒代饭。愚曰："此证乃脑充血之剧者。其左脉之弦长，懊侬所生之热也。右脉之洪长，积酒所生之热也。二热相并，夹脏腑气血上冲脑部。脑部中之血管若因其冲激过甚而破裂，其人即昏厥不复醒。今幸昏厥片时苏醒，其脑中血管尚不至破裂；或其管之血，隔血管渗出；或其血管少有罅隙，出血少许而复自止。其所出之血著于司知觉之神经，则神昏；著于司运动之神经，则痿废。此证左半身偏枯，当系脑中血管所出之血伤其司左边运动之神经也。医者不知致病之由，竟投以治气虚偏枯之药，而此证此脉岂能受黄芪之升补乎？此所以服药后而头疼益剧也。”遂为疏方。亦约略如前。为其右脉亦洪实，因于方中加生石膏一两。亦用铁锈水煎药。服两剂，头疼痊愈，脉已和平，左手足已能自动。遂改用当归、代赭石、生杭芍、玄参、天冬各五钱，生黄芪、乳香、没药各三钱，红花一钱。连服数剂，即扶杖能行矣。方中用红花者，欲以化脑中之瘀血也。为此时脉已和平，头已不疼，可受黄芪之温补，故方中少用三钱，以补助其正气，即借以助归、芍、乳、没以流通血脉，更可调玄参、天冬之寒凉，俾药性凉热适均，而可多服也。

(《医学衷中参西录》)

2）苏州，秦汉卿，于一九四三年农历十月初旬，突然四肢麻木，颜面蠕动抽搐，神态呆异。某日之晚，竟至仆倒，不省人事，口噤不开，瘖痱不语，右半身痿废不用，痰鸣嘆吼，声如曳锯，遗尿不禁，昼夜烦而不安。是月十六日为得病之第九日，始延余诊治。诊得脉情滑数，至数无绪，重按搏指有力，身热如炭，面赤如朱，心胸按之灼手。按治中风，当分虚实，据瘖痱不语，遗尿不禁，似属心肾之虚；然口噤不开，则又风邪之实。而脉情滑数，重按有力，心胸按之灼热如烙，加以痰鸣嘆吼，声如曳锯，则又属风火痰涎，聚积肺胃，郁闭胞络，此“实中”而又兼“阳厥”大证，与虚中不侔，故舍虚而从实。

处方：蝎尾末五分，羚角粉五分，万氏牛黄丸二粒，先送。另以化痰清热宣郁如竹茹、贝母、半夏、橘红、郁金；清肝熄风如芍药、牡丹皮、珍珠母，而以茯苓、茯神为助。大剂浓煎，缓缓灌下。

十七日复诊，询知服药后，即获神安入寐，厥逆之势已见平静，面赤亦退，脉滑数较缓，神志略觉安定，余证如昨。此厥势虽戢，而风痱依然入中心肾之络，推其故，由于风火痰涎，犹有蒙闭胞络，而心肾仍失于交媾，是知欲交心肾，非先清化痰涎不可。使胞络痰涎，郁者开而神明自安。然后口噤可开，遗尿可禁。若妄补留邪，与本证断不相宜。投剂：万氏牛黄丸、叶氏神犀丹各一粒。研末先送。余于前方去郁金、珍珠母。加海藻、昆布，咸润降滑，开痰散结。龙齿、贝齿，清肝而安魂魄。远志以开心气之郁，怀牛膝导引厥逆之气下行，使升者可降，而降者不复再生。

十九日复诊：前昨两夜，寐可落寝，神可安定，颜面抽搐已缓，并且口噤已开，见其舌苔黄糙垢腻，小溲亦有知觉，惟仍感默默不欲语言，脉情滑数，尚感阳脉太过，欬虽有痰，而又吐咯不易。以大势度之，痱中厥逆，已随风火痰涎之宣泄而下降，心肾脉络，其神气交会之道路，因此亦能上下交通。处方：撤去神犀，加琥珀末、伽南末各二分五厘，以安神宣郁，方守前法。

二十二日复诊：舌本已能转动灵活。时欲言语诉说，而犹謇涩不甚清晰，腑气多日未行，矢气频转极臭，小溲长利，气臊臭，色微黄，已能自禁，脉情滑数，亦转缓和，齿结血瓣，舌苔黄垢，浊腻满布，此阳明之结也；结者，当濡润以柔养其血液，辛滑以疏利其气机。于前方去万氏牛黄丸，加生地炭、蒸锁阳、桑麻丸（包）。两日间，续得腑气两度，色黑黏韧，溏鞕不一，后清养调整而愈。

（《现代医案选·宋爱人医案》）

2. 古文献选录

《素问玄机原病式·火类》："凡人风病，多因热甚，而风燥者易为其兼化，以热为其主也。俗云风者，言末而忘其本也。所以中风瘫痪者，非谓肝木之风实甚而卒中之也，亦非外中于风尔；由乎将息失宜，而心火暴甚，肾水虚衰，不能制之，则阴虚阳实，而热气怫郁，心神昏冒，筋骨无用而卒倒无知也，多因喜怒思悲恐之五志有所过极而卒中者，由五极过极皆为热甚故也。……或即不死而偏枯者，由经络左右双引，而热甚郁结，气血不得宣通，郁极乃发。若一侧得通，则痞者痹而瘫痪也。"

《医经溯洄集·中风辨》："三子之论，河间主乎火，东垣主乎气，彦修主乎湿，反以风为虚象，而大异于昔人矣。……以余观之，昔人、三子之论，不可偏废。但三子以相类中风之病，视为中风而立论，故使后狐疑而不决。殊不知因于风者，真中风也！因于火，因于气，因于湿者，类中风而非中风也！三子所论者，自是因火、因气、因湿而为暴病暴死之证，与风何相干哉！"

《景岳全书·非风》："人于中年之后，多有此证，其衰可知，经云：人年四十而阴气自半。正以阴虚为言也。夫人生于阳而根于阴，根本衰，则人必病；根本败，则人必危矣。……凡治风之法，宜察浅深虚实，及中经、中脏之辨。盖中经者，邪在三阳，其病犹浅。中脏者，邪入三阴，其病则甚。若在浅不治，则渐入于深，在经不治，则渐入于脏。此浅深之谓也。又若正胜邪者，乃可直攻其邪。正不胜邪者，则必先顾其本。此虚实之谓也。倘不知此，则未有不致败者。""非风一证，即时人所谓中风证也。此证多见卒倒，卒倒多由昏愦，本皆内伤积损颓败而然，原非外感风寒所致。""凡非风等证，当辨其在经在脏；经病者，轻浅可延；脏病者，深重可谓。经病者，病连肢体；脏病者，败在神气。"

《临证指南医案·中风》：华岫云按："今叶氏发明内风，乃身中阳气之变动。肝为风脏，因精血衰耗，水不涵木，木少滋荣，故肝阳偏亢，内风时起，治以滋液熄风，濡养营络，补阴潜阳。……或风阳上燎，痰火阻窍，神识不清，则有至宝丹芳香宣窍，或辛凉清上痰火。……至于审证之法，有身体缓纵不收，耳聋目瞀，口开眼合，撒手遗尿，失音鼾睡，此本实先拨，阴阳枢纽不交，与暴脱无异，并非外中之风，乃纯虚证也。故先生急用大剂参附以回阳，恐纯刚难受，必佐阴药，以挽回万一。若肢体拘挛，半身不遂，口眼　斜，舌强言謇，二便不爽，此本体先虚，风阳夹痰火壅塞，以致营卫脉络失和，治法急则先用开关，继则益气养血，佐以消痰清火，宣通经隧之药，气充血盈，脉络通利，则病可痊愈。"

《医学衷中参西录》："中风之证，……此因肝木失和，风自肝起；又加以脾气不降，肾气不摄，冲气、胃气又复上逆，于期，脏腑之气化皆上升太过，而血之上注于脑者，亦因之太过，致充塞其血管而累及神经。其甚者，致令神经失其所司，至昏厥不省人事。"

3. 研究进展

（1）病因病机的探讨

关于中风病的病因病机，历代医家论述颇多，经历了从外因论到内因论的发展过程。近代学者多认为，中风病皆由内因所致，并在此基础上提出了自己的观点。任氏认为中风病是由于邪气上犯脑髓血脉，下侵脏腑经络，引起脑髓神机与脏腑经络功能失调，阴阳气血偏盛偏衰所致［吉林中医药，1983，（4）：12］。王氏提出，"气血逆乱犯脑"是中风病的基本病机，"痰瘀互阻，气机出入升降失常"是中风病急症的主要发病机制，认为"风"指病势而言，说明起病急骤，而痰热瘀血为生风之源［辽宁中医杂志，1984，（9）：1］。全国中风病科研协作组通过对大量临床资料的分析，认为中风病是在气血阴阳亏虚的基础上，风、火、痰、瘀等多种因素共同作用于人体，导致脏腑功能失调，气血逆乱于脑而产生的。

（2）辨证规范化、定量化研究

从近10年的文献资料看，国内学者多采用不同的分证方法进行辨证论治。这些方法虽各有所长，但不利于协作攻关进行大宗病例的前瞻性有对比的临床观察总结。为此，1986年中国中医药学会内科学会制订了《中风病中医诊断，疗效评定标准》，提出了病名、病类及证类诊断标准，对中风病的规范化研究起到了推动作用，为科研观察病例创造了条件，也为临床治疗、疗效评定、科研及学术交流、中药新药开发、临床药理研究指导原则的制定奠定了一定的基础，表明我国中风病中医诊断已达到新的水平。近几年，有学者开始把计量学的内容渗透到中风病的量化诊断研究中，如王氏等引用国际量表学设计的原则，遵循中医学理论，并吸收了部分专家的经验，将中风病分为风证、火热证、痰湿证、血瘀证、气虚证及阴虚阳亢证六大证候，选择有特征性的症、舌、脉作为辨证项目，经过临床验证及统计学处理，制订了《中风病辨证诊断标准》，并于1993年在全国急症脑病协作组第二次会议上讨论通过，从而使中风病辨证诊断向客观化、定量化方向又迈进了一步［北京中医药大学学报，1994，（3）：64］。

（3）辨证论治的研究

1）通腑化痰法　王永炎等运用化痰通腑饮（瓜蒌、胆南星、大黄、芒硝）治疗缺血性中风痰热腑实证158例，总有效率85.4%。便干便秘，舌苔黄腻，脉弦滑为应用通腑法的三大指征［中国医药学报，1986，（2）：22］。何东初认为通腑泻热法适用于中风急性期痰热中阻、腑气不通者，可予加味三化汤送服安宫牛黄丸驱邪从下焦而出［中国中医急症，1994，3（3）：130］。蓝恭洲应用通腑清热法，药用白虎承气汤，治疗脑卒中120例，结果基本痊愈70例，显效34例，有效10例，无效6例，疗效明显优于对照组（$P<0.01$）。认为本法在急性期应用优于镇肝熄风法和涤痰开窍法［上海中医药杂志，1994，（4）：10～11］。

目前这方面报道甚多，疗效较肯定，不论出血性、缺血性中风病只要出现腑实痰结均可酌情应用。

2）活血化瘀法　活血化瘀是古今治疗中风病的有效方法。经过长期研究，活血化瘀治疗缺血性中风病的疗效已得到肯定，其临床报道也较多。活血化瘀是否适用于脑出血急性期的治疗，虽然各学者的看法不尽相同，但从近几年临床观察看，应用此法治疗也取得了一定的疗效，而且也符合中医离经之血即为瘀血及治血必先以祛瘀为要的理论。李蔚生等提出血瘀是中风的本质，活血化瘀法是治疗中风病的根本大法。早期起病急，用理气活血法，予血府逐瘀汤加减；大便秘结者，通腑活血，用桃红四物汤合大承气汤加减；恢复期用益气活血法，补阳还五汤加减；阴虚血瘀则用滋阴活血法，得生汤加减；血瘀重则可用活血化瘀法，用水蛭粉 3g，每日 3 次。共治疗脑血管病 200 例，其中脑出血 18 例，总有效率 77.7%［上海中医药杂志，1984，(11)：15～16］。陈启俊等以丹参注射液静脉点滴加口服或鼻饲以水蛭、三棱、莪术、鸡血藤为主的活血化瘀中药，并与应用止血、降血压及降颅内压等综合治疗对照比较，总有效率有显著差异（$P<0.05$）［实用中西医结合杂志，1991，(2)：80～81］。方之勇等将急性中风病人分为阴虚血瘀型、痰热血瘀型、气虚血瘀型 3 类，治疗 852 例，总有效率 89.6%，指出在辨治中风时，须长期运用活血化瘀中药［陕西中医，1995，16（3）：110～111］。

（4）预防与康复的研究

近 10 年来，中风病的预防得到了高度的重视。上海利群医院张鹤年等根据先兆症状及血液流变学指标诊断 230 例中风先兆病人，分为肝阳上亢、痰浊瘀滞、肾虚不足 3 型，分别辨证治疗予口服汤剂，同时设 61 例西药对照组，予阿司匹林治疗，并服降脂降压等药，均以 2 个月为 1 疗程，半年内达“安全”的病例分别为 98.7%、60.7%。中药防治组效果明显优于西药组（$P<0.01$）［北京中医药学报，1990，(4)：25］。为了深入开展中风病预防的临床研究，有利于大宗病例的观察总结，国家中医药管理局急症脑病协作组又讨论通过了《中风病先兆证诊断与疗效评定标准》，明确了中风病先兆证的诊断标准、疗效评定标准及防治措施等。中风病的预防亦是今后临床、科研的重点之一。由于中风病致残率高，康复治疗越来越受到重视，临床上已有大康复的概念。目前，虽有一些有效的康复方法，但尚无大宗病例的观察报告，未选出最佳康复治疗方案。

复习思考题

1. 导致中风病发生的病因有哪些？试述其病因病机。
2. 中风病应与哪些病进行鉴别诊断？试分别鉴别之。
3. 如何辨别闭证与脱证？
4. 试述中风病的治疗原则。
5. 试述中风病的分型施治。

（张晓雪）

33

痴　呆

目的要求

1. 了解痴呆的定义、范围、预防调护以及研究进展。
2. 熟悉痴呆的病因病机以及痴呆与郁病、健忘、癫病的鉴别诊断。
3. 掌握痴呆的诊断要点、辨证要点、治疗原则和分型论治。

痴呆是以呆傻愚笨为主要临床表现的一种神志疾病。其轻者可见神情淡漠、寡言少语，反应迟钝，善忘等症；重则表现为终日不语，或闭门独居，或口中喃喃，言辞颠倒，或举动不经，忽哭忽笑，或不欲食，数日不知饥饿等。其主要病理机制为精血亏虚、脑髓失养，或痰浊、瘀血干犯清窍。

古医籍中有关痴呆的专论较少。《景岳全书·杂病谟》有“癫狂痴呆”专篇，指出了本病由多种病因渐致而成，且临床表现具有“千奇百怪”、“变易不常”的特点，并指出本病病位在心及肝胆二经，对预后则认为本病“有可愈者，有不可愈者，亦在乎胃气、元气之强弱”。陈士铎《辨证录》亦立有“呆病门”，不仅对呆病症状描述甚详，且分析其成因在于肝气之郁，而最终转为胃气之衰的病理机制过程，其主要病机在于肝郁乘脾，胃衰痰生，积于胸中，弥漫心窍，使神明受累而病。陈氏并提出本病以开郁逐痰、健胃通气为主的治法，立有洗心汤、转呆丹、还神至圣汤等。

本节所讨论的内容以成年人痴呆为主，小儿先天性痴呆不在讨论之列，有关内容可参考《中医儿科学》。现代医学老年性痴呆、脑血管性痴呆及混合性痴呆、脑叶萎缩症、正压性脑积水、脑淀粉样血管病、代谢性脑病、中毒性脑病等与本病症状表现相似者，可以参考本病辨证论治。

33.1 病因病机

33.1.1 病因

本病的发生与人的体质密切相关，总体是以正气不足为主，肝肾二脏之虚是本病发生的根本，因肾主骨生髓，肝藏血生精。另外，肝主疏泄，肝郁气滞可致血瘀阻络、脑神失养或逆乱；心脾不足可致聚湿生痰，影响心神。

1）年高气衰，肝肾气阴皆虚。

2）久患他病，如癫、狂病致正气大虚，痰浊阻窍；中毒、感受疫疠之邪，邪热久羁，劫伤肝肾之阴，热伤血络，瘀浊败血阻窍。

3）外伤致血脉瘀阻。

4）忧郁思虑劳伤心脾，痰浊瘀血不行，上蒙清窍。

诸种病因均可致痴呆，惟正气不足是为根本。

33.1.2 病机

33.1.2.1 基本病机

本病的基本病机为精血亏虚、脑髓失养或痰浊瘀血干犯清窍。

33.1.2.2 病位

本病病位在脑，与心、肝、脾、肾功能失调密切相关。

33.1.2.3 病理性质

本病以虚为本，以实为标，临床多见虚实夹杂证。虚指肝肾精血亏虚，髓海空虚；心脾两虚气血不足，脑失所养。实为痰浊、瘀血、气滞蒙蔽清窍或阻痹脑脉。

33.1.2.4 病机转化

本病多由脏腑病变累及于脑，脑病之后，又加剧其他脏腑的病变。

33.2 诊断与鉴别诊断

33.2.1 诊断

33.2.1.1 临床表现

记忆近事及远事的能力减弱，判定认知人物、物品、时间、地点能力减退，计算力与识别空间位置结构的能力减退，理解别人语言和有条理地回答问题的能力障碍。性情孤僻，表情淡漠，语言啰嗦重复，自私狭隘，顽固固执，或无理由的欣快，易于激动或暴怒。其抽象思维能力下降，不能解释谚语、区别词语的相同点和不同点，还有道德伦理缺乏，不知羞耻等性格特征的改变。

33.2.1.2 病史与发病

起病隐袭，发展缓慢，渐进加重，病程一般较长。但也有少数病例起病较急者。

33.2.1.3 辅助检查

神经心理学检查，颅脑 CT、MRI 检查等有助于诊断。

33.2.2 鉴别诊断

33.2.2.1 郁病

痴呆的神志异常需与郁病中的脏躁一证相鉴别。脏躁多发于青中年女性，多在精神因素的刺激下呈间歇性发作，不发作时可如常人，且无智能、人格、情感方面的变化。而痴呆可见于任何年龄，尤多见于中老年人，男女发病无明显差别，且病程迁延，其心神失常症状不能自行缓解，并伴有明显的记忆力、计算力甚至人格情感的变化。

33.2.2.2 癫病

癫病是以沉默寡言、情感淡漠、语无伦次、静而多抑为特征的疾病。而痴呆则属智能活动障碍，是以神情呆滞、愚笨迟钝为主要临床表现的神志疾病。另一方面，痴呆的部分症状可自制，治疗后可有不同程度的恢复。重症痴呆患者与癫病在临床表现上有许多相似之处，临床难以区分。CT、MRI 检查有助于鉴别。

33.2.2.3 健忘

健忘是指记忆力差，遇事善忘的一种病证。而痴呆则以神情呆滞，或神志恍惚，告知不晓为主要表现，其不知前事或问事不知等表现，与健忘之“善忘前事”有根本区别。痴呆根本不晓前事，而健忘则晓其事却易忘，且健忘不伴有神志障碍。健忘可以是痴呆的早期临床表现，这时可不予鉴别。由于外伤、药物所致健忘，一般经治疗后可以恢复。CT、MRI 检查有助于两者的鉴别。

33.3 辨型论治

33.3.1 辨证要点

本病乃本虚标实之证，临床上以虚实夹杂者多见。本虚为精血、气血的衰少；标实为痰浊、瘀血、气滞等病理产物的堆积。因而辨证当以虚实或脏腑失调为纲领，分清虚实，辨明主次。

33.3.2 治疗原则

虚者补之，实者泻之。因而解郁散结、补虚益损是其治疗大法。同时在用药上不可忽视血肉有情之品的应用；另外，移情易性，智力和功能训练与锻炼亦不可轻视。对脾肾不足，髓海空虚之证，宜培补先天、后天，以冀脑髓得充，化源得滋。凡气郁痰滞者，气郁应开，痰滞当清，以冀气充血活，窍开神醒。

33.3.3 分型论治

33.3.3.1 髓海不足

症状 头晕耳鸣，记忆力和计算力明显减退，懈惰思卧，齿枯发焦，腰酸骨软，步行艰难。

舌象 舌质淡，苔薄白。

脉象 脉沉细弱。

证候分析 精血亏少，髓海空虚，则见头晕耳鸣，记忆力和计算力明显减退。肾主骨，齿为骨之余，其华在发，腰为肾之府，肾精亏虚，则见齿枯发焦，腰酸骨软，步行艰难，懈惰思卧。舌质淡，苔薄白，脉沉细弱均为精血亏少之征。

治法 补肾益髓，填精养神。

方药 七福饮为主方。

方中重用熟地黄以滋阴补肾，合当归养血补肝，人参、白术、炙甘草益气健脾，用以强壮后天之本，远志、杏仁宣窍化痰。

加减 本方填补脑髓之力尚嫌不足，应选加鹿角胶、龟板胶、阿胶、紫河车等血肉有情之品。因痴呆属久病，故多用本方制蜜丸或膏滋以图缓治。也可用参茸地黄丸，每服1丸，日服2～3次。

若兼言行不经，心烦溲赤，舌红少苔，脉细而弦数，是肾精不足，水不制火而心火旺亢，可用六味地黄丸加丹参、莲子心、石菖蒲等清心宣窍。也有舌质红而舌苔黄腻者，是内蕴痰热，干扰心窍，可加用清心滚痰丸，每服1丸，日服2次，俟痰热化净，再投滋补之品。

33.3.3.2 脾肾两虚

症状 表情呆滞，沉默寡言，记忆减退，失认失算，口齿含糊，词不达意，伴腰膝酸软，肌肉萎缩，食少纳呆，气短懒言，口涎外溢或四肢不温，腹痛喜按，鸡鸣泄泻。

舌象 舌质淡白，舌体胖大，苔白，或舌红，苔少或无苔。

脉象 脉沉细弱，双尺尤甚。

证候分析　本证多见于老年痴呆或早老性痴呆。因自然衰老是先天肾气已虚，如逢久病及肾，致精血、命火更虚。再者久病气血不调，后天脾胃功能减退，生化乏源，致使髓海空虚，心神失养，可见上述诸症。

治法　补肾健脾，益气生精。

方药　还少丹为主方。

方中熟地黄、枸杞子、山萸肉滋阴补肾，肉苁蓉、巴戟天、小茴香助命火、补肾气，杜仲、怀牛膝、楮实子补益肝肾。人参、茯苓、山药、大枣益气健脾而补后天；石菖蒲、远志、五味子交通心肾而安神。

加减　1）如见肌肉萎缩，气短乏力较甚者，可配伍紫河车、阿胶、川断、杜仲、鸡血藤、何首乌、黄芪等以益气养血。

2）若脾肾阳虚者，方用金匮肾气丸加减，酌情加入干姜、黄芪、伏龙肝、白豆蔻等。

3）若伴有腰膝酸软，颧红盗汗，耳鸣如蝉，舌瘦质红，少苔，脉沉弦数者，是为肝肾阴虚，当改用知柏地黄丸合转呆定智汤加减应用。

4）若伴见舌苔黄腻，不思饮食，中焦蕴有痰热者，宜温胆汤加味，待痰热祛除，再用补法。

33.3.3.3　痰浊蒙窍

症状　智力衰退低下，神情呆滞，喃喃自语，或终日无语，呆若木鸡，不思饮食，脘腹胀满不适，口多痰涎，头重如裹。

舌象　舌质淡，苔白腻。

脉象　脉细滑。

证候分析　脾胃虚弱，失于健运，痰湿内生。痰浊积于胸中，蒙蔽清灵之窍，使神明不清，故痴呆诸症丛生。脾胃虚弱、痰浊中阻则见不思饮食，脘腹胀满不适，口多痰涎。痰浊中阻，清阳不能上达头部，故头重如裹。舌质淡，苔白腻，脉细滑均为脾虚痰阻之象。

治法　健脾化浊，豁痰开窍。

方药　洗心汤为主方。

方中人参、甘草培补中气；半夏、陈皮健脾化痰；石菖蒲辅半夏、陈皮以宣窍祛痰；附子协人参、甘草以助阳化气，俾正气健旺则痰浊可除；更以茯神、酸枣仁宁心安神；神曲和胃。本方扶正与攻痰并重，补正是益脾之气以生心气，攻痰是扫荡干扰心宫之浊邪，再加养心安神之品，以治其呆傻。

加减　1）脾虚明显者，重用党参、茯苓，可配伍黄芪、白术、山药、麦芽、砂仁等健脾益气之品。

2）头重如裹、口多涎沫者，重用陈皮、半夏，可配伍胆南星、莱菔子、佩兰、白豆蔻、全瓜蒌、贝母等豁痰理气之品。

3）若伴有肝郁化火，灼伤肝血心液，症见心烦躁动，言语颠倒，歌笑不休，甚至反喜污秽，宜用转呆丹加味。本方在洗心汤的基础上，加用当归、白芍药柔肝养血；丹参、麦冬、天花粉滋养心胃阴液，柴胡合白芍药疏肝解郁；柏子仁合茯神、酸枣仁加强养心安神之力。

33.3.3.4 瘀血内阻

症状 痴呆不语，精神恍惚，神情淡漠，善忘善恐，或思维异常，行为古怪，面色暗滞，双目暗晦，肌肤甲错，口干不欲饮。

舌象 舌质暗或有瘀点、瘀斑。

脉象 脉细涩。

证候分析 血瘀气滞，使脏腑化生的气血不能正常充养于脑，或因瘀血阻滞脉络，气血不能上荣脑髓，则可发为本病。舌质暗或有瘀点、瘀斑，脉细涩均为瘀血之征。

治法 活血化瘀，开窍醒脑。

方药 通窍活血汤为主方。

方中麝香芳香开窍并活血散结通络，桃仁、红花、赤芍药、川芎活血化瘀，葱白、生姜合石菖蒲、郁金以通阳宣窍。

加减 1）如久病气血不足，加熟地黄、当归、党参、黄芪补血益气。

2）瘀血日久，血虚明显者，除重用熟地黄、当归外，尚宜配伍鸡血藤、阿胶、鳖甲、紫河车以滋阴养血。

3）如久病血瘀化热，常致肝胃火逆，症见头痛、呕恶等症，应加钩藤、菊花、夏枯草、竹茹以清肝和胃。

33.4 预防与调护

精神调摄、智能训练，调节饮食起居既是预防措施，又是治疗的重要环节。病人应养成有规律的生活习惯，饮食宜清淡而富有营养，注意调畅情志，保养肾气，防止头部外伤及药物中毒等。对轻症患者医护人员应帮助病人正确认识和对待疾病，解除情志因素，并进行耐心细致的智能训练，使之逐渐掌握一定的生活及工作技能；对重症病人则应注意生活照顾，防止因大小便自遗及长期卧床引起的褥疮、感染。要防止跌倒而发生骨折。不要使患者外出乱走。

附 录

1. 病案举例

1）冯某，女，43岁。1983年6月30日初诊。主诉：因丧夫逐渐发生精神异常，意识反应迟钝，两腿活动无力，走路困难。开始生活尚能自理。近2年来，上述症状加重，意识有时模糊，缺乏思维能力，经常失眠，精神呆板，行为拙笨，语声低微不清，走路需人挽扶，否则常易摔倒，头部已有数处摔伤，上肢活动尚可，近2个月下肢有轻度浮肿。检查：伸舌颤动，仅能伸出舌尖，舌质润，苔薄白，脉弦缓无力。两手平伸振颤。

辨证：肝气郁结，肝风内动。

治法：疏肝解郁，熄风定志。

处方：合欢花10g 夜交藤15g 潼蒺藜10g 青竹茹10g 竹叶10g 莲子心5g 生龙齿15g 益智仁10g 紫贝齿15g 云茯神15g

服药2个多月后，精神较好，走路自如，语言流利，伸舌自如，并能做些家务。

（《中国现代名中医医案精华》）

2）苏某，男，81岁。于1989年4月20日就诊。患者神情呆滞，言语不清，烦躁不安，下肢无力行走，走小碎步，大便不通，均由家属诉症状，并挽扶行走，手抖颤，舌质暗，苔厚腻，脉弦滑。脑电图检查：可见弥漫性节律紊乱，两半球散见慢波。瞳孔对光反应迟钝，皮肤见老年斑，投以“醒脑复聪汤”治疗。处方：当归10g 制首乌20g 炒远志10g 珍珠母30g（先煎） 桑椹10g 天麻10g（后下） 茺蔚子10g 菖蒲10g 钩藤10g 白蒺藜15g 炒枣仁20g 瓜蒌30g 肉苁蓉30g 川芎10g 菊花10g。

（《李辅仁治疗老年病经验》）

2. 古文献选录

《景岳全书·癫狂痴呆》：“痴呆证，平素无痰，而或以郁结，或以不遂，或以思虑，或以疑惑，或以惊恐而渐致痴呆，言辞颠倒，举动不经，或多汗，或善愁，其证则千奇百怪，无所不至，脉必或弦或数，或大或小，变易不常。此其逆气在心，或肝胆二经气有不清而然，但察其形体强壮，饮食不减，别无虚脱等证，则悉宜服蛮煎治之，最稳最妙。然此证有可愈者，有不可愈者，亦在乎胃气、元气之强弱，待时而复，非可急也。凡此诸证，若以大惊卒恐，一时偶伤心胆，而致失神昏乱者，此当以速扶正气为主，宜七福饮或大补元煎主之。”

《本草备要》：“人之记性，皆在脑中，小儿善忘者，脑未满也；老人健忘者，脑渐空也。”

《辨证录·痴呆门》：“大约其始也，起于肝气之郁；其终也，由于胃气之衰。肝郁则木克土，而痰不能化，胃衰则土不制水而痰不能消，于是痰积于胸中，盘踞于心外，使神明不清，而成呆病矣。”

《石室秘录》：“呆病……虽有祟凭之，实亦胸腹之中无非痰气……痰势最盛，呆气最深”；“治呆之奇法，治痰即治呆也。”

3. 研究进展

（1）老年期痴呆的临床研究

1）病因病机　王永炎等学者认为本病发病原因主要在于年高体虚，七情内伤，心、肝、脾、肾功能失调，气血不足，痰浊内生，气滞血瘀而致。其发生机制则由于气、血、痰、郁、瘀、火等病邪导致精血亏损，脏腑阴阳失调，脑髓空虚，神机失用出现呆傻笨愚诸症。其发病特点有因实致虚或因虚致实及虚实相因之不同。[中国医药学报，1994，9（2）：19～21]。

心肾不足、痰瘀郁火　姚培发认为心之气血不足，肾之精气亏损、脑之髓海失充为本病主要病因病机。痰火内炽、瘀血阻络为邪实致病的另一方面。[新中医，1991，(1)：55]。林水淼指出本病的发生主要与心、肾关系密切，认为心气不足，肾阳虚衰，神明失用，脑失所养为致病之本；痰滞瘀阻，机窍被蒙为病之标实［上海中医药杂志，1994，(10)：9]。尚有人持心肾不足为老年痴呆之本，郁火、痰热、瘀血为病之标实的观点。傅仁杰强调七情失调为本病的重要原因。指出心肾阴血亏虚，虚火上扰致呆病虚证；木郁克土、思虑过度、饮食不节、过用寒凉致脾虚，痰浊内阻蒙窍致呆病虚实夹杂证［北京中医药大学学报，1994，17（3）：2～6]。

肝脾肾虚、痰瘀阻窍　许杰忠认为本病以肝肾阴虚、髓海失充，脾肾阳虚、脑髓失养为本虚；痰浊蒙闭、机窍不利，瘀血内停、脉络阻滞为标实，虚实多夹杂为患［中医杂志，1992，(7)：19～21]。唐启盛指出血管性痴呆，病位在心脑，与肝、脾、肾关系密切，临床所见以肝肾阴虚、痰瘀阻窍或兼风、火为患，及以脾肾不足、痰瘀阻窍或兼气虚、阳虚证为多见［北京中医药大学学报，1996，19（5)：32～33]。

气滞或气虚致瘀　颜德馨认为本病的发生总与内伤七情密切相关［辽宁中医杂志，1991，(8)：37～38]。黄志雄认为VD主要病因为气虚和血瘀致脑络不通、脑失所养［上海中医药杂志，1994，(3)：18～19]。

气虚精亏、风火痰瘀　邓振明指出中风痴呆之发病，是因中老年精亏气虚，机体内环境失调致风火痰瘀相互为患，上扰壅塞脑络，气血精微难以上输充养脑髓，痰瘀浊气杂于脑髓致灵机记性皆失［中国医药学报，1991，6（3)：13～15]。

由此可见，老年期痴呆病位在脑，与心、肾、肝、脾关系密切。其共同病理因素为虚、痰、瘀。而AD的发病与心、肾关系更为密切，VD发病则与肝肾精亏、脾肾不足或气血虚弱关系较大。

2）证候分类与论治　《老年呆病的诊断、辨证分型及疗效评定标准》据痴呆主证外的兼证的不同分为虚、实两大类。虚证分为髓海不足、肝肾亏虚、脾肾两虚；实证分为心肝火盛，痰浊阻窍，气滞血瘀。王氏认为痴呆在临床上虚实夹杂者多见，治宜分清虚实主次而辨证治疗，虚者不外髓海不足、肝肾阴虚和脾肾不足，分别选用补肾益髓汤、转呆定智汤、还少丹加减治疗；实证不外痰浊阻窍，瘀血内阻，治疗选用洗心汤、转呆汤、通窍活血汤加减［中医杂志，1991，(1)：39]。傅氏对多发性脑梗死性痴呆分心火亢盛、痰热内扰型，肝肾阴虚、肝阳上亢型，气虚血瘀型，髓海不足型，分别使用清火豁痰、醒神开窍，滋阴潜阳、平肝开窍，益气化痰，补精填髓、醒脑益智法治疗［中医杂志，1991，(4)：24]。林水淼等将AD分为心气不足、肾阴虚衰两大类，或可兼痰瘀阻滞。治疗以调心方、补肾方加减，治疗80例AD患者（其中心气不足45例，肾阴虚衰35例），总有效率为77.14%［上海中医药杂志，1995，(9)：8～11]。颜德馨从瘀辨治老年性痴呆，认为AD主要分4型：痰瘀交阻、气滞血瘀、气虚血瘀、髓空血瘀。治疗以疏通脉道，祛瘀除滞为原则［中医杂志，1995，(9)：

527～529］。

（2）老年期痴呆的实验研究

近年来，AD、VD 动物模型研究均有较大进展。在此基础上，探索了痴呆发病及治疗机理。

1）对模型动物行为学的研究，吴江等用复方益智液，观察其对中枢胆碱能系统损害所致痴呆动物模型，在水迷宫分辨学习训练和被动回避条件反射中学习及记忆成绩的作用。结果发现治疗组学习记忆成绩比喜德镇对照组及空白组明显改善，差异显著［中风与神经疾病杂志，1993，（10）：11～14］。莫启忠等用补肾中药治疗 $AlCl_3$ 制备的拟痴呆小鼠模型，在避暗试验中，发现该药可明显提高模型鼠记忆力［中国中西医结合杂志，1996，16（2）：99～101］。

2）对神经递质的影响　矢部武士用加味温胆汤治疗前脑基底核破坏和东莨菪碱诱发记忆障碍大鼠模型，发现该药可提高大脑皮质 ChAT 活性及前脑基底部 ChAT、mRNA 检出量，表明该药对中枢胆碱能系统有激活作用［国外医学·中医中药分册，1995，（5）：27］。邹莉波等报道用葛根醇提物和总黄酮可改善 Scop 所致小鼠记忆障碍。研究结果提示，该作用是通过对抗 Scop 降低小鼠大脑皮质和海马 Ach 含量及降低 ChAT 活性而实现的［中药药理与临床，1990，（6）：81～84］。蔡景高等通过临床和实验研究观察到，服用健忆口服液对学习记忆能力有明显改善。老年人血浆和老年鼠脑内去甲肾上腺素、多巴胺、5-HT、cAMP 及红细胞内 SOD 活性均增高，与服药前及对照组比较差异显著［中国中西医结合杂志，1994，14（1）：203～206］。

3）对脂褐素和自由基的影响　唐民科等报道益脑冲剂可提高大脑中动脉凝闭大鼠脑组织 SOD 活力，降低 MDA 含量［中药药理与临床，1996，（2）：29～32］。郭肇铮等提出白首乌总苷可减少脑内过氧化脂质含量，降低脑单胺氧化酶活性，延缓脑组织衰老［中国医药学报，1987，（3）：32～34］。

4）对 Na^+-K^+-ATP 酶及 Ca^{2+}-Mg^{2+}-ATP 酶的影响　徐秋萍等报道益脑冲剂可使模型动物脑突触体 Na^+-K^+-ATP 酶及 Ca^{2+}-Mg^{2+}-ATP 酶活力增高，抑制突触体 Ca^{2+}增加，减轻 Ca^{2+}超载，减轻脑缺血损伤进而改善模型动物学习记忆能力［中药药理与临床，1996，（2）：29～32］。

5）对 C-fos 基因表达能力的影响　刘态报道连续投入人参皂苷 Rg_1，予老龄鼠后，用 Northern Blot 和 Westen Blot 分析实验证明，Rg_1 可使老龄鼠海马组织中降低的 C-fos 基因表达能力明显增高，C-fos mRNA 及 Fos 蛋白含量明显增高。认为 Rg_1 促智作用和抗衰老作用与诱导 C-fos 基因表达有关。同时还将 Rg_1 与大鼠海马神经原代细胞共同培养发现，Rg_1 可明显延长培养细胞的存活时间。进一步研究指出：Rg_1 可明显抑制高浓度谷氨酸介导的升高效应，提示 Rg_1 对神经细胞的保护作用在于阻断钙离子的过量内流［生理科学进展，1996，27（2）：139～143］。

复习思考题

1. 试述痴呆的病因病机。
2. 对痴呆应如何辨证施治？

（张晓雪）

34

痉病

目的要求

1. 了解痉病的定义、范围、预防调护以及研究进展。
2. 熟悉痉病的病因病机以及痉病与痫病、厥证、中风病的鉴别诊断。
3. 掌握痉病的诊断要点、治疗原则以及分型论治。

痉病系指由于筋脉失养所引起的以项背强急、四肢抽搐，甚至角弓反张为主要特征的临床常见病证。

痉病源于《内经》。《内经》对痉病的病因是以外邪立论为主，认为系风寒湿邪，侵犯人体，壅阻经络而成。《金匮要略》在继承《内经》理论的基础上，不仅以表实无汗和表虚有汗分为刚痉、柔痉，并提出了误治致痉的理论，即表证过汗、风病误下、疮家误汗以及产后血虚、汗出中风等，致使外邪侵袭，津液受伤，筋脉失养而引发本病。《金匮要略》有关伤津致痉的认识，不仅对《内经》理论有发挥，同时也为后世医家提出内伤致痉的理论奠定了基础。《景岳全书·痉证》认为痉病总属阴虚之证。而温病学说的发展和成熟，更进一步丰富了痉证的病因病机理论，其热盛伤津，肝风内动，引发本病的论述，使痉病病因学说渐臻完备。如《温热经纬·薛生白湿热病》说：“木旺由于水亏，故得引火生风，反焚其木，以致痉厥。”同时，在外邪致痉中也补充了“湿热侵入经络脉隧中”的认识。

在中医学里尚有“瘈疭”一证，瘈疭即抽搐。《张氏医通·瘈疭》说：“ 者，筋脉拘急也，疭者，筋脉弛纵也，俗谓之抽。”《温病条辨·痉病瘈疭总论》中又说：“痉者，强直之谓，后人所谓角弓反张，古人所谓痉也。 者，蠕动引缩之谓，后人所谓抽掣，搐搦，古人所谓 也。”可见瘈疭既可为痉病症状之一，也可单独出现而为病。

此外，如因金疮破伤，创口不洁，感受风毒之邪，也可发痉，名为“破伤风”。因与一般痉病不尽相同，故在外科学中加以介绍。

现代医学锥体外系疾病，高肌张力综合征和引起脑膜刺激征的有关疾病与本病临床特征相似者，均可参考本病辨证施治。

34.1 病因病机

34.1.1 病因

34.1.1.1 邪壅经络

风寒湿邪，壅滞脉络，气血运行不利，筋脉失养，拘急而成痉。

34.1.1.2 热甚发痉

热甚于里，消灼津液，阴液被伤，筋脉失于濡养，引起痉证，或热病伤阴，邪热内传营血，热甚动风，引发本证。

34.1.1.3 阴血亏损

多由误治或他病所致。误治者，即汗、吐、下太过，阴津损伤；他病所致者，即产后失血或汗证、血证、体虚等，伤耗阴血，导致津伤液脱，亡血失精，筋脉失养而成。

34.1.1.4 瘀血内阻

多因病久入络，络血不畅成瘀，或外伤瘀血内阻，新血不生，进而闭阻脉络，血不养筋而成。

34.1.2 病机

34.1.2.1 基本病机

本病的基本病机为筋脉失养而拘急。

34.1.2.2 病位

本病病位在筋脉。

34.1.2.3 病理性质

本病有实有虚，也有虚实兼见。一般而言，颈项强直，角弓反张，四肢抽搐频繁有力而幅度大者多属实；手足蠕动或时而瘛疭、神疲倦怠者多属虚。

必须指出，痉证一旦发生，若不及时救治，往往危及病人生命，属于内科急症范畴，应迅速作出判断和处理。

34.2 诊断与鉴别诊断

34.2.1 诊断

34.2.1.1 临床表现

多突然起病，以项背强急，四肢抽搐，甚至角弓反张为诊断痉证的主要依据。

34.2.1.2 病史及发病

发病前多有外感或内伤以及他病之后发病的病史。

34.2.1.3 辅助检查

实验室检查周围血象、脑脊液等，以及必要时做颅脑 CT、MRI 等检查，有助于明确诊断。

34.2.2 鉴别诊断

34.2.2.1 痫病

 病是一种发作性的、以神志异常为主要临床表现的疾病。其发作时常见有筋脉拘急、四肢抽搐等表现，特点为：①平素一如常人，病发时多突然仆倒，昏不知人，双目上视，四肢抽搐，口中吐涎沫，喉间发出如猪羊叫声；②发作片刻，不经治疗可自行缓解，醒后如常人；③既往多有类似发作史。而痉证则多见于疾病过程中，有外感或内伤的基础病变，其发作持续时间往往较长，不经治疗一般难以恢复，或部分患者有暂时缓解，亦有原发疾病的症状存在。

34.2.2.2 厥证

厥证以突然昏倒，不省人事，四肢厥冷为主症，甚至也有一厥不复而殁者，一般无四肢抽搐和项背强直等表现。

34.2.2.3 中风病

中风时或可出现项背强直、四肢抽搐，但以半身不遂、口舌 斜或卒然昏仆为主要症状，且清醒后多有后遗症存在。

34.3 辨证论治

34.3.1 辨证要点

34.3.1.1 辨明外感、内伤

外感致痉多有恶寒发热、脉浮等表证，即使热邪直中，虽无恶寒，但必有发

热；内伤致痉则无恶寒发热等表证。

34.3.1.2　辨别虚实

本病由外感所致者多为实证；内伤而发者，多为虚证，或虚中夹实。另外，筋脉肌肉拘急挛缩也可能是某些疾病过程中的一种表现，应结合主病，按病传先后，全面考虑，分辨虚实，标本兼顾。

34.3.2　治疗原则

痉病属急症范围，因此，急则舒筋解痉以治其标，缓则扶正益损以治其本。故祛邪扶正是其大法。具体治疗时，治实宜祛风、散寒、除湿、清热；治虚当滋阴养血，或标本虚实并举，运用泄热存阴、益气化瘀等法。

34.3.3　分型论治

34.3.3.1　邪壅经络

症状　头痛，项背强直，恶寒发热，无汗或有汗，肢体酸重，甚至口噤不语，四肢抽搐。

舌象　舌苔薄白或白腻。

脉象　脉浮紧。

证候分析　风寒湿邪阻滞经络，故头痛，项背强直；外邪侵于肌表，营卫不和，则恶寒发热；湿邪阻滞经络、肌肉，故肢体酸重；如寒邪较甚，则见无汗，口噤不语，甚至四肢抽搐；如风邪偏盛，则见发热恶风，汗出。舌苔薄白或白腻，脉浮紧，均为风寒湿邪在表之征。

治法　祛风散寒、燥湿和营。

方药　羌活胜湿汤为主方。

方中以羌活、独活、防风、藁本祛风胜湿；川芎、蔓荆子祛风止痛。邪祛络通则痉自解。

加减　1）若寒甚，症见恶寒发热，无汗，脉浮紧，病属刚痉，治宜解肌发汗，用葛根汤治之。方以葛根解肌止痉；麻黄、桂枝解表散寒；芍药、甘草酸甘缓急，和里益阴，惟恐麻黄、桂枝发汗太过而佐之；生姜、大枣调和营卫。

2）若风盛，症见发热不恶寒或恶风，汗出，脉浮细而缓，病属柔痉，治宜祛风和营养津，用瓜蒌桂枝汤治之。方以桂枝汤调和营卫，解表散邪；瓜蒌根清热生津，和络柔筋。

3）若湿热入络，症见身热，筋脉拘急，胸脘痞闷，渴不欲饮，小便短赤，舌苔黄腻，脉滑数，治宜清热化湿，通经和络，方用三仁汤加地龙、丝瓜络、威灵仙以增强活络通经之力。

34.3.3.2 阳明热甚

症状 发热，胸闷，心烦，急躁，口噤， 齿，项背强直，甚则角弓反张，手足挛急，腹胀便秘，口渴饮冷。

舌象 舌质红，苔黄腻。

脉象 脉弦数。

证候分析 邪热熏蒸阳明气分，宿滞中焦，阳明燥热内结，腑气不通，故腹胀、便秘、胸闷。热盛伤津，筋脉失养，则口噤 齿，项背强直，甚至角弓反张，手足挛急，口渴饮冷。热扰神明则心烦急躁。舌质红，苔黄腻，脉弦数，均为实热壅盛之象。

治法 泄热存阴增液。

方药 增液承气汤为主方。

方以大黄荡涤积热；芒硝软坚润燥；玄参、生地黄、麦冬养阴增液，使热祛津回则热痉可除。

若热伤津而无腑实证者，可用白虎加人参汤以清热救津。

加减 1）若抽搐较甚者，酌加地龙、全蝎、菊花、钩藤等熄风活络之品。

2）若烦躁较甚者，可加淡竹叶、栀子清心除烦。

34.3.3.3 心肝热甚

症状 壮热头痛，口噤，四肢抽搐，项背强直，甚至角弓反张，甚则神昏，谵语。

舌象 舌质红绛，苔黄燥。

脉象 脉弦数或洪数。

证候分析 心肝热甚，耗伤阴血，筋脉失养，则口噤，四肢抽搐，项背强直，甚至角弓反张。心主血、主神明，热扰心神，甚则可见神昏，谵语。壮热头痛，舌质红绛，苔黄燥，脉弦数或洪数，均为心肝热甚之象。

治法 清热透络，镇痉止抽。

方药 羚麻白虎汤为主方。

方以白虎汤泄热生津，羚羊角清热解毒而镇痉，天麻镇肝熄风止痉。

加减 1）若抽搐甚，加钩藤、地龙以熄风止痉。

2）若痰涎壅盛，加天竺黄、胆南星、竹沥。

3）若口渴饮冷，加生石膏、知母。

4）若便秘，加大黄、芒硝。

若神志不清，送服安宫牛黄丸或局方至宝丹以清热泄火，透络开窍，醒神镇痉。服用丸药时，先用少许汤药化开药丸，使之成稀糊状，由胃管灌入，每次1丸，每日2次，重者每6小时灌服1丸。此属大寒之品，不可过用，以神清为度。

34.3.3.4 气血亏虚

症状　平素气血亏虚，或失血，或汗下太过之后，症见项背强急，四肢抽搐，伴有头目昏眩，自汗，神疲，短气。

舌象　舌质淡红，苔薄而少津。

脉象　脉沉细。

证候分析　素体气血亏虚，或失血，或汗、下太过之后，气血两虚，不能营养筋脉，故项背强急，四肢抽搐；血虚不能上奉于脑，故头目昏眩；气血不足则神疲，短气、自汗；舌淡红，脉弦细，均为气血亏虚之征。

治法　益气补血，缓急止痉。

方药　圣愈汤为主方。

方中以人参大补元气，黄芪补气固卫，四物汤养阴补血。宜加天麻、钩藤、葛根缓急平肝以止痉。

34.3.3.5 瘀血内阻

症状　头痛如刺，痛有定处，形瘦神疲，项背强直，四肢抽搐。

舌象　舌质紫暗，边有瘀斑。

脉象　脉沉细而涩。

证候分析　瘀血阻于头部，故头痛如刺，痛有定处；瘀血内留，血行不畅，筋脉失养，故形体消瘦，项背强直，四肢抽搐；舌质紫暗，边有瘀斑，脉沉细而涩，均为瘀血之征。

治法　益气化瘀，活络止痉。

方药　通窍活血汤为主方。

方中以麝香、老葱活络通窍，桃仁、红花、川芎、赤芍药活血化瘀。可加四君子汤健脾益气，以助活血化瘀之力。

34.4 预防与调护

痉病的预防十分重要。关键在于对易引起痉病的原发病进行积极有效的治疗。痉病发作前往往有先兆表现，应密切观察，及时处理。如发现双目不瞬、口角肌肉抽动，应立即在辨证论治基础上酌加羚羊角、钩藤、全蝎等止痉药物急煎顿服，或用针刺治疗，防止发痉。

调护方面首先强调病人居室要安静，减少噪音刺激，床要平整松软，应设床栏；于发作阶段宜给高热量流质饮食，病情稳定后可给半流质及软食物。避免过凉或过热，以免因冷热刺激引起发作；在发作停止后要保证病人安静休息，护理与治疗的时间要合理，不要随便打扰病人。

附　　录

1. 病案举例

1）陶某，女，7岁。发热数日，忽然昏迷不醒，目闭不开，两手拘急厥冷，牙关紧闭，角弓反张，二便秘涩。诊视脉伏不应指，口噤、舌不易察，面色晦滞，手压其腹则反张更甚，其腹必痛。《金匮》："痉为病，胸满口噤，卧不着席，脚挛急，必　齿，可与大承气汤。"此为厥深热深的反映，议用急下存阴法。处方：炒枳实5g、制厚朴5g、锦纹黄（泡）10g、玄明粉（泡）10g。

抉齿连续灌服，药后一时许，扰动不安，呻吟一声，泻下黏溏夹血的粪便极多，痉止厥回，更进一剂，热退神清。但口渴甚，腹部阵痛拒按，显然"胃家实"也。处方：杭白芍10g　炒山栀5g　淡黄芩5g　川黄连3g　炒枳实5g　牡丹皮5g　天花粉7g　锦纹黄（泡）7g　飞滑石10g　粉甘草3g。

复诊方服至三剂，渴止，二便畅利而痉。

（《李聪甫医案》）

2）初诊：怀孕八个月，气郁阻中，暑风外迫，猝然神昏不语，目闭口噤，柔痉不止，卧不着席，时时　齿。《金匮》云：痉为病，胸满口噤，卧不着席，脚挛急，必　齿，可与大承气汤。但系胎前身重之际，当此厉病，断难用大承气法。然不用承气，病属难挽。如用承气而胎欲不动，亦断无生理。势处两难，但不忍坐视。先哲云：如用承气，下亦毙，不下亦毙，与其不下而毙，不若下之，以冀万一之幸。既在知己，不得已而勉从古法立方，以慰病家之心，亦曲体苦衷矣。处方：川纹军四钱（生磨汁）、净芒硝二钱、酒炒当归三钱、姜炒川厚朴一钱、炒枳实一钱、大丹参片五钱、盐水炒杜仲一两、高丽参四钱、陈仓米一合。

二诊：昨方进后，幸胎未动，诸症悉退。盖前方乃系涤热，而非荡实，故孕安而邪亦净。但舌色微红少津，是因暴病大伤，未能骤复。法宜养心和中。能恬淡自畅，调摄得宜，则可也。处方：青蒿梗、佩兰梗、炙甘草、大丹参、白归身、香白薇、怀山药、真建曲、法半夏、广陈皮、南沙参、川杜仲、赤茯苓、乳荷梗、红枣、陈仓米。

（《孟河费氏医案》）

2. 古文献选录

《金匮要略·痉湿暍病脉证并治》："太阳病，发热无汗，反恶寒者，名曰刚痉。""太阳病，发热汗出，而不恶寒者，名曰柔痉。""太阳病，其证备，身体强，几几然，脉反沉迟，此为痉，栝蒌桂枝汤主之。""太阳病，无汗而小便反少，气上冲胸，口噤不得语，欲作刚痉，葛根汤主之。""痉为病，胸满，口噤，卧不着席，脚挛急，必　齿，可与大承气汤。"

《景岳全书·痉证》："愚谓痉之为病，强直反张病也。其病在筋脉，筋脉拘急，所以反张。其病在血液，血液枯燥，所以筋挛。”“痉之为病，即《内经》之痉病也，以痉作痓，盖传写之误耳。其证则脊背反张，头摇口噤，戴眼项强，四肢拘急，或见身热足寒，恶寒面赤之类皆是也。”

《温热经纬·薛生白湿热病》：“湿热证，三四日即口噤，四肢牵引拘急，甚则角弓反张，此湿热侵入经络脉隧中，宜鲜地龙、秦艽、威灵仙、滑石、苍耳子、丝瓜藤、海风藤、酒炒黄连等味。”

3. 研究进展

（1）流行性乙型脑炎（乙脑）

陈杰以白虎汤合大承气汤加减治疗乙脑30例，并设西药对照组30例，两组均用西药对高热、惊厥、呼吸衰竭进行对症处理。结果治疗组痊愈27例，好转但病残2例，1例死亡。对照组则痊愈20例，病残7例，死亡3例［山东中医杂志，1997，（1）：27］。李桂莲以乙脑1号、2号治疗191例乙脑，乙脑1号为鲜牛筋草62g，沙氏鹿茸草、生石膏各30g；2号为鲜牛筋草62g，大青叶、板蓝根各31g，沙氏鹿茸草、野菊花各15g，石菖蒲、蝉蜕各6g，各浓煎至100ml。入院时两方并用，体温控制后，停1号。对高热、抽搐、呼吸衰竭等症均结合西药治疗。恢复期以忍冬藤、丝瓜络、扁豆衣、玄参、生地黄各9g，竹叶6g，西瓜翠衣31g，浓煎至100ml，1日1剂，分2～3次服。结果治愈154例，好转20例，总有效率为91.1%［浙江中医学院学报，1996，（2）：37～38］。李书魁以清暑化湿法治疗乙脑42例，药用藿香、生石膏、银花、连翘、栀子、菖蒲、郁金、知母、板蓝根、甘草。抽搐者加钩藤、僵蚕、全蝎、水煎分3～4次口服或鼻饲，对照组42例，两组均用物理降温，病毒唑、地塞米松、10%水合氯醛灌肠及地西泮、苯巴比妥等治疗。结果两组分别痊愈30例、18例，好转10例、13例，总有效率95.24%、73.81%（$P<0.01$），治疗组疗程及降温时间均短于对照组［中西医结合实用临床急救，1996，3（9）：410～411］。于新芳报道以病毒唑合安宫牛黄丸治疗乙脑52例，设单纯西药治疗对照组51例，治疗组治愈率高于对照组（$P<0.05$）［中西医结合实用临床急救，1996，10（3）：452～453］。王远义治疗乙脑35例，病在卫气者以银翘散合白虎汤加减，在气营分别以白虎汤合清营汤加减，病在营血者，以清瘟败毒饮为主，内闭外脱者用人参15g，附子6g，煅龙牡各30g（先煎），恢复期用三才汤加减治疗。结果总有效率达94%［湖北中医杂志，1996，（1）：23］。

（2）流行性脑脊髓膜炎（流脑）

湖北中医学院附属医院从1966年开始，进行了中医治疗流脑的临床观察。按中医温病卫气营血辨证，将病人分为卫气同病、气营（血）两燔、气阴衰竭、热郁化风等证型，取得了一定的效果。在总结实践经验的基础上，又将传统的口服汤剂，制成肌肉注射或静脉注射剂。从1967～1971年共治疗各型流脑245例，取得了满意的疗效。以清热解毒为主要治法，其处方由银花45g、贯众30g、板蓝根30g、龙胆草15g、钩藤30g、甘草10g等10味中药组成，制成300%灭菌水溶液，按每 kg 体重 6～30g 肌肉注射或静脉注射进行治疗，提高了疗效（实用中医内科学. 上海：上海科学技术出版社，1985. 400）。

曾建军报道以化痰止痉汤治疗痉病 18 例，主症以四肢抽搐，角弓反张，头痛目赤，身热烦渴，喉间痰鸣或喘促气短为特征，药用全瓜蒌、浙贝母、天竺黄、杏仁、黄芩、地龙、生石膏、栀子、竹沥（冲）、鲜芦根、枳实、大黄、甘草，疗效满意。认为痉病是由于阴阳失调，阳动阴不濡，筋脉失养所致，或痰湿郁久化热，火热夹痰引动肝风或痰热窒塞经隧，筋脉失养而成［四川中医，1997，(5)：27］。

复习思考题

1. 何谓痉病？其有何主症特点？
2. 导致痉病发生的主要病因病机是什么？
3. 痉病、痫病、厥病、中风病如何作鉴别诊断？
4. 试分述痉病各型的辨证论治。

（张晓雪）

35

瘿病

目的要求

1. 了解瘿病的概念、源流及范围。
2. 熟悉瘿病的病因病机及调护。
3. 掌握瘿病的辩证要点、治则、分型施治。

瘿病是由于情志内伤，饮食及水土失宜，以致气滞、痰凝、血瘀壅结颈前所引起的，以颈前喉结两旁结块肿大为主要临床特征的一类病证。

瘿病一名，首见于《诸病源候论》，在古代文献中又称为瘿、瘿气、瘿瘤、瘿囊、影袋。

晋代葛洪《肘后方》首先用昆布、海藻治疗瘿病。隋代巢元方《诸病源候论·瘿候》指出瘿病的主要病因为情志内伤及水土因素。《圣济总录·瘿瘤门》指出瘿病以山区发病较多。李时珍《本草纲目》提出黄药子有“凉血降火、消瘿解毒”的功效。《外科正宗》认为瘿病的病理主要是气、痰、瘀壅结而成。

现代医学中单纯性甲状腺肿、甲状腺功能亢进、甲状腺腺瘤以及慢性淋巴细胞性甲状腺炎等，有类似症状者，可参考本章辨证论治。

35.1 病因病机

35.1.1 病因

35.1.1.1 情志刺激

长期忿郁恼怒，肝失条达，气结成瘿；气滞津聚成痰，痰气交阻，壅结颈前，日久气滞血瘀，发为瘿病。

35.1.1.2 饮食及水土失宜

饮食失调，或居住高山地区，水土失宜，影响脾胃运化功能，生湿成痰，痰壅气结而成瘿病。

35.1.1.3 体质因素

妇女在经、孕、产、乳等时期的生理特点与肝经气血密切相关，在经、孕、产、乳期若遇情志不遂、饮食不节等致病因素，常引起气郁痰结、气滞血瘀及肝郁化火等病理变化，故女性易患本病。另外，素体阴虚者，痰气郁滞后，又极易化火伤阴，使病情缠绵难愈。

35.1.2 病机

35.1.2.1 基本病机

气滞痰凝壅结颈前为瘿病的基本病机，日久引起血脉瘀阻，致气滞、痰凝、血瘀三者合而为患。

35.1.2.2 病位

本病病位主在肝、脾，兼及心、肾。情志所伤，肝郁不达，脾失健运，痰浊内生，痰气郁阻是瘿病的病理基础，因此，瘿病的病位主在肝、脾。若肝郁化火，又可引动心火，致心肝火旺，郁火伤阴，进而及肾，故其病位与心肾密切相关。

35.1.2.3 病理性质

本病初起多实，以气、痰、瘀、火为主，久病由实转虚，或虚中夹实，多兼阴虚、气虚、气阴两虚。

35.1.2.4 病机转化

瘿病的病理为气滞、痰凝、血瘀交阻于颈前。其中部分病例，由于痰气郁结化火，引起心肝火旺；火热耗伤阴津，而导致心肝阴虚火旺，后期亦可致气阴两虚，或阴阳两亏。

35.2 诊断与鉴别诊断

35.2.1 诊断

35.2.1.1 临床表现

颈前喉结两旁结块肿大，或质软或硬痛，或光滑，或有大小不等之结节，可随吞咽上下移动。

35.2.2 辅助检查

实验室检查血清 T_3、T_4，游离 T_3、游离 T_4、促甲状腺素、抗甲状腺微粒体抗体、抗甲状腺球蛋白抗体，甲状腺扫描等有助于诊断。

35.2.3 鉴别诊断

瘰疬　瘰疬虽亦发生在颈项部，但患病部位在颈项的两侧，肿块一般较小，每个约胡豆大，个数多少不等。瘿病的肿块在颈部正中喉结两旁，肿块一般较大，以此鉴别。

35.3 辨证论治

35.3.1 辨证要点

35.3.1.1 辨瘿肿的性质

1）瘿囊　颈前肿块较大，两侧比较对称、肿块光滑、柔软。主要病机为气郁痰阻。若日久兼瘀血内停者，局部可出现结节。

2）瘿瘤　表现为颈前肿块偏于一侧，或一侧较大，或两侧均大。瘿肿大小如核桃，质较硬。病情严重者，肿块迅速增大，质地坚硬，结节高低不平。主要病机为气滞、痰结、血瘀。

3）瘿气　颈前轻度或中度肿大，肿块对称、光滑、柔软，除局部瘿肿外，一般均有比较明显的阴虚火旺症状，主要病机为痰气壅结、气郁化火、火热伤阴。

35.3.1.2 辨预后

瘿病的预后大多较好，瘿肿小、质软、病程短，治疗及时者，多可治愈。但瘿肿较大者，不容易完全消散。若肿块坚硬、移动性差、而增大又迅速者，则预后不良。肝火旺盛及心肝阴虚轻、中症者，疗效较好；重症患者若出现烦躁不安、高热、脉疾等症状时，为病情严重的表现。

35.3.2 治疗原则

理气化痰，消瘿散结为瘿病的基本治则。瘿肿质硬有结节者，兼以活血化瘀；火郁伤阴，表现为阴虚火旺者，则当以滋阴降火为主。

35.3.3 分型论治

35.3.3.1 气郁痰阻

症状 颈前正中肿大，质软不痛，颈部觉胀，胸闷、善太息，或兼胸胁窜痛，病情的波动常与情志因素有关。

舌象 舌淡红，苔薄白。

脉象 脉弦。

证候分析 气机郁滞，痰浊壅阻颈部，故致颈前正中肿大，质软不痛，颈部觉胀。因情志不舒，肝气郁滞，故胸闷、善太息，胸胁窜痛，且病情常因情志而波动。脉弦乃气滞之象。

治法 理气舒郁，化痰消瘿。

方药 四海舒郁丸。

方中以青木香、陈皮疏肝理气；昆布、海带、海藻、海螵蛸、海蛤壳化痰软坚，消瘿散结。

加减 1）胸闷、胁痛者，加柴胡、郁金、香附增强疏肝理气之功。

2）咽颈不适加桔梗、牛蒡子、木蝴蝶、射干利咽消肿。

35.3.3.2 痰结血瘀

症状 颈前出现肿块，按之较硬或有结节，肿块经久不消，胸闷纳差。

舌象 苔白腻。

脉象 脉弦或涩。

证候分析 气机郁滞，津凝成痰，痰气交阻，日久血脉瘀滞。气、痰、瘀壅结颈前，故瘿肿较硬或有结节，经久不消。气郁痰阻，脾失健运，故胸闷、纳差。苔白腻，脉弦或涩，为内有痰湿及气滞血瘀之象。

治法 理气活血，化痰消瘿。

方药 海藻玉壶汤。

方中海藻、昆布、海带化痰软坚，消瘿散结；青皮、陈皮、半夏、贝母、连翘理气化痰散结；当归、川芎养血活血；甘草与海藻相反相激以散结。

加减 1）结块较硬及有结节者，可酌加黄药子、三棱、莪术、露蜂房、山甲片、丹参等活血软坚，消瘿散结。

2）痰血郁久化热，出现烦热、舌红，苔黄，脉数者，加夏枯草、牡丹皮、玄参以清热泻火。

35.3.3.3 肝火旺盛

症状 颈前轻度或中度肿大，柔软、光滑。烦热，易汗、性情急躁易怒，眼球突出，手指颤抖，面部烘热，口苦。

舌象 舌质红，苔薄黄。

脉象　脉弦数。

证候分析　痰气壅结颈前，故颈前轻度或中度肿大。痰郁化火，故烦热、急躁易怒、面部烘热、口苦；火热逼津外出，故易出汗；肝火上炎，风阳内盛则眼球突出、手指颤抖；舌红，苔薄黄，脉弦数，为肝火亢盛之象。

治法　清泄肝火。

方药　栀子清肝汤合藻药散。

前方以柴胡、芍药疏肝解郁清热；茯苓、甘草、当归、川芎益气养血活血；牛蒡子利咽消肿；栀子、牡丹皮清泄肝火。后方以黄药子、海藻消瘿散结，凉血降火。黄药子有毒，易发生黄疸，用量不宜超过12g。

加减　1）肝火亢盛，烦躁易怒，口苦等症明显者，可加夏枯草、龙胆草、黄芩。

2）肝风内动，手指颤抖者，加钩藤、白蒺藜、生牡蛎平肝熄风。

35.3.3.4　心肝阴虚

症状　瘿肿或大或小、质软，起病缓慢，心悸不宁，心烦少寐，易出汗，手指颤动，两目干涩，头晕目眩，倦怠乏力。

舌象　舌质红，舌体颤动。

脉象　脉弦细数。

证候分析　痰气郁结颈前，故瘿肿质软；火郁伤阴，心阴亏虚，心失所养，故心悸不宁，心烦少寐；肝阴不足，目失所养，故两目干涩；肝阴亏虚，虚风内动，则头晕目眩、手指及舌体颤抖。舌红、脉细数为阴虚有热之象。

治法　滋补阴精，宁心柔肝。

方药　天王补心丹。

方中生地黄、玄参、麦冬、天冬养阴清热；人参、茯苓益气健脾；当归、五味子、丹参、酸枣仁、柏子仁、远志养心安神。

加减　1）虚风内动，手指及舌体颤抖者，加钩藤、白蒺藜、白芍药平肝熄风。

2）脾虚大便稀溏者，加白术、山药、薏苡仁益气健脾。

若肝阴亏虚，肝失所养以胁痛症状突出者，可用一贯煎加减。

35.4　预防与调护

本病因水土因素所致者，应注意饮食调摄，可常食海带、紫菜等，碘盐在发病区可起到预防作用。保持心情舒畅，也是防治瘿病的关键所在。在病程中要密切观察肿块的形态、大小、软硬及活动方面的变化。如瘿肿经治不消，增大变硬，有恶性病变可疑者，应进一步诊治。

附　　录

1. 古文献选录

《诸病源候论·瘿候》："瘿者，由忧恚气结所生，亦曰饮沙水，沙随气入于脉，搏颈下而成之。初作与瘿核相似，而当颈下也。皮宽不急，垂槌槌然是也。恚气结成瘿者，但垂核槌，槌无脉也。饮沙水成瘿者，有核瘟瘟、无根、浮动在皮中。""养生方云：诸山水黑土中，出泉流者，不可久居，常食令人作瘿病，动气增患。"

《外台秘要·瘿病方》："小品瘿病者始作与瘿核相似，其瘿病喜当颈下，当中央不偏两边也。"

《儒门事亲·瘿》"夫瘿囊肿闷，稽叔夜养生论云：颈如险而瘿，水土之使然也。可用人参化瘿丹，服之则消也。又以海带、海藻、昆布三味，皆海中之物，但得二味，投之于水瓮中，常食亦可消矣。"

《寿世保元·瘿瘤》："夫瘿瘤者，多因气血所伤，而作斯疾也。大抵人之气血，循环无滞，瘿瘤之患，如调摄失宜，血凝结皮肉之中，忽然肿起，状如梅子，久则滋长。"

2. 研究进展

（1）中医治疗甲状腺功能亢进（甲亢）的研究

目前中医治疗甲亢多以清肝泄火、滋阴活血立法。蒋琪等用清肝泄火治疗甲亢 38 例，药用柴胡、黄芩、牡丹皮、夏枯草、泽泻、生地黄、玄参，治疗 1 个月，结果近期治愈 27 例，好转 11 例，近期治愈率 71.1% ［实用中西医结合杂志，1998，（5）：440］。王科成等治疗甲亢 389 例，以黄芪、太子参、栀子、川黄连、柴胡、半夏、生地黄、白芍药为基本方，加西药甲巯咪唑。临床治愈 299 例，好转 65 例，无效 25 例，总有效率为 95.5% ［山西中医，1999，（4）：23～24］。康永祥以甲亢煎加减治疗甲亢 50 例，本方含生石膏、麦冬、知母、夏枯草、石斛、生地黄、川芎、天花粉、当归、白芍药、三棱、莪术、黄药子、黄连、黄柏，1 个月 1 疗程，3 个疗程后治愈 4 例，好转 30 例，无效 16 例，总有效率 68% ［吉林中医药，1999，（3）：18］。徐宝宏以清亢丸治疗甲亢 120 例，药为柴胡、夏枯草、地骨皮、鱼腥草、人参、天冬、麦冬、昆布、三棱、莪术，临床痊愈 52 例，显效 36 例，好转 27 例，无效 5 例，总有效率 95.8%，血清 TT_3、TT_4、FT_3、FT_4、TSH 等均明显改善［中国中医药科技，1999，（2）：112～113］。陈德磊用甲亢 1 号方治疗甲亢 30 例，含柴胡、五味子、白芍药、枳壳、麦冬、郁金、夏枯草、地骨皮、法半夏、山药、黄芪，总有效率 93.33% ［四川中医，1998，（10）：19～20］。

实验研究　桂常青等观察全龟胶囊对甲亢型肾阴虚大鼠的滋阴作用。方法：

大剂量甲状腺素所致甲亢型阴虚证大鼠心率加快，痛阈降低，血清 T_3、T_4 浓度升高，甲状腺指数降低，血糖降低，体重减少，饮水量增多而尿量减少，血浆黏度增高，血清 IgG 含量降低，血清铜含量及铜/锌比值增高。全龟胶囊（芜湖张恒春制药厂97010）可使阴虚大鼠心率减慢，痛阈升高，血清 T_3、T_4 浓度降低、甲状腺指数升高、血糖升高、体重增加、饮水量减少而尿量增多、血浆黏度降低、血清 IgG 含量升高、血清铜含量以及铜/锌比值降低或恢复正常。结论：本品对肾阴虚证确有良好的滋阴作用［中药药理与临床，1998，（3）：33～36］。山东中医药大学孙丰雷等观察消瘿散结片（生黄芪、生地黄、夏枯草、浙贝母、连翘、丹参、牡蛎、酸枣仁等）治疗甲亢的临床和实验室研究，结果证明消瘿片对甲亢患者某些症状和体征改善明显优于对照组，并可增加甲亢大鼠体重，降低肛温，降低耗氧率和血清 T_3、T_4［山东中医药大学学报，1998，（3）：206～210］。

（2）中医治疗甲状腺腺瘤的研究

理气化痰、消瘿活血、软坚散结、补益气血为本病的主要治法。如张志洪用消瘿合剂治疗甲状腺腺瘤103例，药用党参、黄芪、白芍药、元参、北沙参、夏枯草、海浮石、白芥子、浙贝母、香附、土茯苓，痊愈25例，显效29例，有效30例，无效18例，总有效率为81.56%，治愈率24.27%［江苏中医，1998，（8）：29］。孙贻安等采用消瘿汤治疗甲状腺腺瘤112例，药物为柴胡、制南星、土贝母、黄药子、陈皮、三棱、莪术、夏枯草、昆布、海藻，1个月1疗程。结果：治愈54例，显效22例，有效22例，无效14例。治愈率为48.2%；有效率为87.5%，本方对囊变或实性结节均有较好的疗效［中国中西医结合外科杂志，1998，（6）：351～352］。谢永萍以消瘿散结汤治疗本病32例，药用海藻、昆布、黄药子、浙贝母、夏枯草、牡蛎、鳖甲，总有效率为93.8%［实用中医药杂志，2000，（5）：24］。包广勤等用甲瘤汤治疗甲状腺良性肿块123例，药用柴胡、郁金、当归、赤芍药、莪术、昆布、海藻、生牡蛎、穿山甲、甘草等，结果痊愈55例，好转56例，无效12例，总有效率为90.2%［上海中医药杂志，1999，（2）：24］。

（3）中医治疗慢性淋巴细胞性甲状腺炎的研究

1）病因病机的研究　程如林等认为本病多因忧思郁怒，肝失条达，导致气滞血瘀，痰湿凝聚于颈部所致［中国中西医结合杂志，1988，（11）：676］。胡国胜等认为本病的病机主要为气血凝滞，并认为初起属实证，病久表现为虚证［中国中西医结合杂志，1991，（7）：403］。

2）治疗研究　王玫优等用理气补肾中药治疗本病133例。基本方：香附、木香、川芎、郁金、柴胡。阴虚证119例加服新六味地黄丸，新六味地黄丸的药物组成为：黄精、山药、泽泻、牡丹皮、茯苓、枸杞子，阳虚证14例加服金匮肾气丸，服药2周后临床症状明显改善，但抗甲状腺球蛋白抗体、抗甲状腺微粒体抗体下降较慢，治愈38例，好转86例，无效9例［辽宁中医杂志，1989，（11）：17］。肖秋生等治疗慢性淋巴细胞性甲状腺炎265例，以香附、厚朴、枳实、柴胡、白芍药、川芎为基本方，属阴虚型197例，加服新六味地黄丸，阳虚者加服金匮肾气丸。治愈102例，好转155例，无效8例，对134例患者治疗前后检测免疫球蛋白、IgG、IgA明显下降［吉林中医药，1994，（1）18］。

3）实验研究　魏友松等研究中药麻黄、雷公藤、黄蜀葵花制剂对小鼠实验性自身免疫性甲状腺炎模型的影响，结果发现抗甲状腺球蛋白抗体及B淋巴细胞值明显降低，T淋巴细胞值明显升高［南京中医药大学学报，1996，（4）：25］。杨峰实验研究证明温阳药附子、肉桂、淫羊藿、肉苁蓉能明显提高阳虚小鼠模型的T淋巴细胞和B淋巴细胞的转化功能［中国中西医结合杂志，1991，（9）：553］。

复习思考题

1. 瘿病的治疗原则是什么？
2. 瘿病痰气郁阻型和痰结血瘀型的症状应如何鉴别？
3. 瘿病肝火旺盛型的症状有何特点？用哪些方剂治疗？

（赵新秀）

36

疟疾

目的要求

1. 了解疟疾的基本概念、流行特点、研究进展及调摄护理。
2. 熟悉疟疾各证型的临床表现、治法及方药。
3. 掌握疟疾的治疗原则。

疟疾是由于疟邪侵袭人体，以寒战、壮热、头痛、汗出、休作有时为临床特征的一种传染性疾病。

疟疾是一种严重危害人民健康的传染病，我国大部分地区均有流行，以南方各省发病较多。多发于夏秋季节。

我国人民对疟疾的认识甚早，远在殷墟甲骨文中已有“疟”字的记载。疟疾是古代医籍中记载最详的传染病。早在《素问》就有专篇对疟疾的病因、病机、症状、针灸治法等作了系统而详细的讨论。《神农本草经》明确记载常山有治疟的功效。《金匮要略·疟病脉证并治》篇以蜀漆治疟，并在《内经》的基础上补充了疟母这一病类。《肘后备急方·治寒热诸疟方》首先提出了瘴疟的名称，并最先采用青蒿治疟。《诸病源候论·间日疟候》明确提出间日疟的病证名称，补充了劳疟这一证候。《千金要方》用马鞭草治疟。《三因极一病证方论·疟病不内外因证治》指明了疫疟的特点。《脉因症治·疟》提出了本病具有传染性。《证治要诀》将疟疾与其他表现往来寒热的疾病作了鉴别。《症因脉治·疟疾总论》对瘴疟的症状及病机作了较全面论述，并将间二日而发之疟称为三日疟。

现代医学的疟疾属于本病范畴。另外，临床上以寒战、壮热、休作有时为特征的疾病也可参照本章辨证论治。

36.1 病因病机

36.1.1 病因

引起疟疾的原因是疟邪，在《内经》亦称为疟气。其中引起瘴疟的疟邪亦称为瘴毒或瘴气，在我国主要存在于南方，所致疾病较重，易于内犯心神，使人体阴阳极度偏盛。

疟邪的种类决定着疟气之浅深，决定着与营卫相搏的周期，从而表现不同的休作交替时间。疟疾以间日一作者最为多见，若疟气较深，间二日而发，则形成三日疟。

36.1.2 病机

36.1.2.1 基本病机

本病的基本病机为疟邪侵入人体，伏于半表半里，与营卫相搏则作，与营卫相离则止，再次与营卫相搏则引起再一次发作。疟邪与营卫相搏，入与阴争，阴盛阳虚，以致恶寒战栗；出与阳争，阳盛阴虚，以致壮热，口渴，头痛，汗出。疟邪与营卫相离，则热退身凉，发作停止。当疟邪再次与营卫气相集而邪正交争时，则再一次引起疟疾发作。

36.1.2.2 病位

疟疾病位在半表半里，疟邪常出入于营卫之间，以致阴阳虚实交替。

36.1.2.3 病理性质

本病多属于邪实之证，久发则形成虚证或虚实夹杂之证。不同种类的疟疾病理性质各有不同，根据疟疾阴阳偏盛、寒热多少的不同，把通常情况下所形成的疟疾称为正疟；疟邪引起的病理变化以阳热偏盛为主或素体阳盛，临床表现寒少热多者，则形成温疟；疟邪引起的病理变化以阳虚寒盛为主或素体阳虚，临床表现寒多热少者，则形成寒疟；在南方地区，由瘴毒疟邪引起，以致阴阳极度偏盛，心神蒙蔽，神昏谵语者，则形成瘴疟；疟病日久，疟邪久留，使人体气血耗伤，正气不足，每遇劳累则疟邪复与营卫相集而引起发病者，则形成劳疟；疟病日久，气机郁结，血脉瘀滞，津凝成痰，气滞血瘀痰凝，结于胁下，则形成疟母。

36.1.2.4 病机转化

病变初期多为实证，疟病日久，可损伤正气，形成虚证之劳疟，或病久导致气滞、痰凝、血瘀，结于胁下，从而形成虚实夹杂之疟母。

36.2　诊断与鉴别诊断

36.2.1　诊断

36.2.1.1　临床表现

寒战、发热、头痛、出汗周期性发作，间歇期症状消失，形同常人。典型的发作过程是：发病急骤，首先表现恶寒战栗，面色苍白，肢体厥冷，得衣被不减；继则壮热，面色潮红，头痛，口渴，虽近冰水而不凉；最后全身大汗，体温骤然降至正常，顿感轻松舒适，常安然入睡。整个过程通常持续5~8小时左右。多数疟疾患者，间歇一日之后，又有类似症状的发作，周期性及间歇性是本病临床表现的重要特点。

36.2.1.2　病史及发病

患者曾居住或近期到过疟疾流行地区，有蚊虫叮咬史。多在夏秋季节发病。

36.2.1.3　辅助检查

必要时进行血涂片检查疟原虫，若查到疟原虫则为诊断疟疾的确切依据。

36.2.2　鉴别诊断

疟疾需与其他有寒热往来表现的疾病相鉴别。感冒、伤寒、一些疾病的下焦湿热、肝胆湿热证、肺痨、外科疮毒等病证，均可出现寒热往来，但发作的时间规律、兼见症状、未发时的表现等均有不同，可供鉴别。与疟疾不同的是：其他病证的寒热往来一般发作无定时；即使在寒热不甚之时亦必有其他病证的症状存在；发病一般无季节性、地区性特点。

36.3　辨证论治

36.3.1　辨证要点

36.3.1.1　辨瘴疟与一般疟疾的不同

一般的疟疾发作症状比较典型，休止之时，可如常人，定时而作，周期明显，神识清楚，发病虽以南方多见，但全国各地均有。而瘴疟则症状多样，病情严重，未发之时也有症状存在，周期不如一般疟疾明显，多有神昏谵语，主要在南方地区发病。

36.3.1.2 辨寒热之偏盛

对于一般疟疾，典型发作者属于正疟；和正疟相比较，阳热偏盛，寒少热多者，则为温疟；阳虚寒盛，寒多热少者，则为寒疟。在瘴疟之中，亦有寒热之偏盛，热甚寒微，甚至壮热不寒者，则为热瘴；寒甚热微，甚至但寒不热者，则为冷瘴。

36.3.1.3 辨正气之盛衰

疟疾每发，必伤耗人体气血，病程愈久，则气血伤耗更甚，正气亏虚，易于形成劳疟而反复发作。

36.3.2 治疗原则

祛邪截疟是治疗疟疾的基本原则。在诊断为疟疾后，即可截疟。在此基础上，根据疟疾证候的不同，分别结合和解表里、清热保津、温阳达邪、清心开窍、化浊开窍、补益气血、软坚散结、祛瘀化痰等治法进行治疗。

36.3.3 分型论治

36.3.3.1 正疟

症状　寒战壮热，休作有时，先有呵欠乏力，继则寒栗鼓颔，寒罢则内外皆热，头痛面赤，口渴引饮，终则遍身汗出，热退身凉，多为间隔一日，又有相同的症状发作。

舌象　舌红，苔薄白或黄腻。

脉象　脉弦紧或弦数。

证候分析　疟邪侵入，伏于半表半里，若疟邪与营卫相搏，正邪相争，则引起疟疾的发作。病邪入与阴争，阴盛阳虚，阳气被遏，故致呵欠乏力，寒战鼓颔；出与阳争，阳盛阴虚，则壮热，汗出，口渴引饮。终则疟邪与营卫相离，邪气伏藏，则发作停止。病初苔多薄白，化热则见苔黄腻，疟脉自弦，弦紧主寒盛，弦数主热盛。

治法　祛邪截疟，和解表里。

方药　柴胡截疟饮。

方中以小柴胡汤和解表里，导邪外出；常山、槟榔祛邪截疟；配合乌梅生津和胃，以减轻常山致吐的不良反应。

加减　1）常加青蒿以加强祛邪截疟。

2）口渴甚者，可加葛根、石斛生津止渴。

3）胸脘痞闷，苔腻者，去滞气碍湿之人参、大枣，加苍术、厚朴、青皮理气化湿。

4）烦渴，苔黄，脉弦数，为热盛于里，去辛温补中之人参、生姜、大枣，加石膏、天花粉清热生津。

36.3.3.2 温疟

症状　寒少热多，汗出不畅，头痛，骨节酸疼，口渴引饮，尿赤便秘。

舌象　舌红，苔黄。

脉象　脉弦数。

证候分析　由于素体阳盛而复感疟邪，或夏伤暑邪，暑热内蕴，里热炽盛，故表现为热多寒少，口渴引饮，便秘尿赤。夏暑贪凉，兼感风寒，外束肌表，营卫失和，以致汗出不畅，头痛，骨节酸痛。舌红，苔黄，脉弦数，均为热盛于里之象。

治法　清热解表，和解祛邪。

方药　白虎加桂枝汤。

方中以白虎汤清热生津，桂枝疏风散寒。

加减　1）可加青蒿、柴胡以和解祛邪。

2）津伤较甚，口渴引饮者，酌加生地黄、麦冬、石斛养阴生津。

36.3.3.3 寒疟

症状　寒多热少，口不渴，胸脘痞闷，神疲体倦。

舌象　舌苔白腻。

脉象　脉弦。

证候分析　素体阳虚而复感疟邪，或兼感寒湿，寒湿内盛，郁遏中阳，阳气不能外达，故致热少寒多，口不渴，神疲体倦。寒湿内困，脾胃失于健运，气机不畅，故致胸闷脘痞。苔白腻。脉弦，为寒湿内阻之象。

治法　和解表里，温阳达邪。

方药　柴胡桂枝干姜汤。

方中以柴胡、黄芩和解表里，桂枝、干姜、甘草温阳达邪，天花粉、牡蛎散结软坚。

加减　1）可加蜀漆或常山祛邪截疟。

2）脘腹痞闷，舌苔白腻者，为寒湿内盛，加草果、厚朴、陈皮理气化湿，温运脾胃。

36.3.3.4 瘴疟

（1）热瘴

症状　寒微热甚，或壮热不寒，头痛，肢体烦疼，面红目赤，胸闷呕吐，烦渴饮冷，大便秘结，小便热赤，甚至神昏谵语。

舌象　舌质红绛，苔黄腻或垢黑。

脉象　脉洪数或弦数。

证候分析　瘴毒疟邪侵入人体，由于素体阳盛，或热重于湿，或湿从热化，热毒内郁，蒙蔽心神而发为热瘴。由于热盛于内，故热盛寒微，或壮热不寒，肢体疼痛。热毒上蒸，则头痛，面红目赤。热毒内蕴中焦，致使胃气上逆，故胸闷呕吐。热盛津伤，故烦渴喜冷饮，大便秘结。热移膀胱，则小便热赤。热毒上蒙心窍，神明失司，故神昏谵语。舌红绛，苔黄腻或垢黑，脉洪数或弦数，均为热毒内盛之象。

治法　解毒除瘴，清热保津。

方药　青蒿素合清瘴汤。

青蒿治疟在我国有悠久的历史，自晋代即被用于治疟。从青蒿中提取的有效成分青蒿素，对间日疟、恶性疟均有良好疗效，具有速效、低毒的优点，特别是在救治西医所称的脑型疟及抗氯喹的恶性疟方面，达到国际先进水平。对瘴疟（恶性疟）的疗效优于青蒿原生药。用法：青蒿素浸膏片0.1g/片，0.2g/次，每日2次，连服4日。青蒿素油注射液0.1g/2ml/支，首次用量0.2g，肌注，分别在6小时、24小时及48小时再各注射0.2g，共4次。

清瘴汤为近代用于瘴疟的验方，具有祛邪除瘴、清热解毒、清胆和胃的作用。方中以青蒿、常山解毒除瘴；黄连、黄芩、知母、柴胡清热解毒；半夏、茯苓、陈皮、竹茹、枳实清胆和胃；滑石、甘草、辰砂清热利水除烦。

加减　1）若壮热不寒，加生石膏清热泻火。

2）口渴心烦，舌红少津为热甚津伤，加生地黄、玄参、石斛、玉竹清热养阴生津。

3）神昏谵语，为热毒蒙蔽心神，急加安宫牛黄丸或紫雪丹清心开窍。

（2）冷瘴

症状　寒甚热微，或但寒不热，或呕吐腹泻，甚则嗜睡不语，神志昏蒙。

舌象　苔白厚腻。

脉象　脉弦。

证候分析　素体阳虚而复感疟邪，或兼感寒湿，寒湿内盛，郁遏中阳，阳气不能外达，故致寒甚热微，或但寒不热。寒湿内阻，胃失和降，故呕吐腹泻。苔白厚腻，脉弦，为寒湿内阻之象。

治法　解毒除瘴，芳化湿浊。

方药　青蒿素合加味不换金正气散。

青蒿素的作用及用法如上。加味不换金正气散有芳化湿浊、健脾理气之效。方中以苍术、厚朴、陈皮、甘草燥湿运脾；藿香、半夏、佩兰、荷叶芳香化浊，降逆止呕；槟榔、草果理气温脾除湿；菖蒲豁痰宣窍。

加减　1）神昏谵语，合用苏合香丸芳香开窍。

2）但寒不热，四肢厥冷，脉弱无力，为阳虚气脱，加人参、附子、干姜益气温阳固脱。

36.3.3.5　劳疟

症状　疟疾日久不愈，遇劳则发，发时寒热时作，但寒热较轻，倦怠乏力，短气懒言，纳少自汗，面色萎黄，形体消瘦。

舌象　舌质淡。

脉象　脉细无力。

证候分析　疟疾日久，气血耗伤，加之脾胃虚弱，气血生化之源不足，故致倦怠乏力，短气懒言，纳少自汗，面色萎黄，形体消瘦。疟疾日久，正气亏虚，而疟邪未除，劳则正气更伤，疟邪乘虚而入，复发疟疾，寒热时作，而成劳疟。因正气已虚，正邪交争不甚，故寒热较轻。舌淡脉细无力为气血不足之象。

治法　益气养血，扶正祛邪。

方药　何人饮。

方中以人参益气扶正，制何首乌、当归补益精血，陈皮、生姜理气和中。

加减　1）在疟发之时，寒热时作者，应加青蒿或常山祛邪截疟。

2）食少面黄，消瘦乏力者，可加黄芪、白术、枸杞子增强益气健脾养血之功。

36.3.3.6　疟母

症状　久疟不愈，胁下结块，触之有形，按之疼痛，或胁肋胀痛。

舌象　舌质紫暗，有瘀点瘀斑。

脉象　脉细涩。

证候分析　久疟不愈，气机郁滞，痰湿凝聚，血行不畅，瘀血、痰浊结于胁下，形成积块，故见胁下积块，触之有形，按之疼痛，或胁肋胀痛。舌质紫暗，有瘀点瘀斑，脉细涩均为气血凝滞之象。

治法　软坚散结，祛瘀化痰。

方药　鳖甲煎丸。

本方由23种药物组成，攻补兼施，寒热并用，具有活血化瘀、软坚消结的作用，是治疗疟母的主方。

加减　气血亏虚明显者，应配合八珍汤或十全大补丸等补益气血，以虚实兼顾，扶正祛邪。

36.4　预防与调护

防止感受疟邪，是预防疟疾的根本措施，尤其是在夏秋流行季节，更应注意预防。由于蚊虫的叮咬是导致本病流行的重要原因，因此一方面要消灭蚊虫，同时需避免蚊虫叮咬，必要时采取预防用药。

疟疾发作之后，遍身汗出，倦怠思睡，应及时更换内衣，并让患者安然入睡，注意休息。未发作之日，可在户外活动，但应避免过劳。饮食应爽口而富于营养，以增强患者的抗病能力。对瘴疟则应密切观察，精心护理，及时发现病情变化，并采取相应的急救措施。

附　　录

1. 病案举例

萧某，男，26 岁，1962 年 7 月 4 日初诊。幼年曾患疟疾，至今二十余载，每值夏秋即易复发。近日寒热隔日而作，发于晚间。面色青黯萎黄，眠差多梦，舌淡红中裂。此为久疟虚证。治用四逆汤合变通何人饮，以扶元截寒止疟。处方：淡附子 9g，干姜 6g，炙甘草 6g，制首乌 30g，人参叶 9g。五剂。

二诊：药后寒热未作，夜梦亦除，面色萎黄，舌淡红，右脉软，左脉迟。前方加山萸肉 9g。五剂。

三诊：疟病瘥后，元阳未复，体疲肢软，面色萎黄，食后腹部胀满。治拟保元汤合变通何人饮，温阳扶元。处方：生黄芪 15g，西党参 9g，炙甘草 6g，肉桂粉 3g（吞），山萸肉 9g，制首乌 15g。五剂。

四诊：药后面色转佳，已有神采，腹部亦感宽畅，脉缓，舌红。拟培补元气、调和营卫以善后。桂枝 3g，白芍药 6g，炙甘草 6g，炮姜 3g，红枣 4 枚，制首乌 15g，人参叶 9g，淡附子 3g，山萸肉 9g。十剂。

按语：本案疟疾，多次发作，病久体虚，呈现寒热之象，故仿景岳治虚疟要方何人饮合四逆汤，扶元阳，驱虚寒。其中何首乌能补肝肾，敛精气；人参叶清香，补中解表，益肺和肝，配合何首乌一敛一散，具开阖之妙。

（董建华．中国现代名中医医案精华．北京：北京出版社，1990. 336 ~ 337　魏长春医案）

2. 研究进展

20 世纪 50 年代以来，全国应用中医中药防治疟疾，取得了丰硕的成果，尤其是应用青蒿素治疗恶性疟疾获得优良疗效的重大研究成果，更是令世界瞩目。

（1）对青蒿抗疟的研究

早在晋代《肘后方》即采用青蒿治疗疟疾。近几十年来，对青蒿抗疟的研究颇有成果，从临床观察、剂型改革及药理作用等方面，都有大量报道。

如成都中医学院用青蒿醇浸膏片（含浸膏 3 ~ 3. 6g）治疗间日疟 54 例，全部治愈。平均 28 小时疟原虫转阴，平均退热时间为 30 小时。但有 13% 的病例 1 个月内复发［成都中医学院学报，1978，(7)：27］。

在 1972 至 1979 的 7 年间，全国有 10 个省、市、自治区用青蒿制剂和青蒿素制剂在恶性疟、间日疟流行地区进行了 6000 余例的临床观察，结果表明其在速效、低毒方面优于氯喹和现有其他抗疟药物，特别是在救治脑型疟和抗氯喹的恶性疟方面，达到了国际先进水平。例如，广州中医学院用青蒿素治疗凶险型恶性疟 48 例，其中脑型疟 40 例（除 3 例仅表现为不同程度的意识障碍外，其余

37 例昏迷），除 4 例脑型疟极重型死亡外，44 例均治愈，治愈率为 91.7%，死亡率为 8.3%。青蒿素对凶险型恶性疟疗效迅速，且未见到不良反应［新医药学杂志，1979，（1）：10］。符氏等用青蒿素治疗 17 例妊娠 16～38 周的疟疾病人，全部治愈，平均退热时间为 25.7±22.9 小时，平均疟原虫阴转时间为 46.2±16.1 小时，其中 4 例脑型疟的平均清醒时间为 37.3±15.9 小时。未发现早产、难产和死胎，并对出生的儿童进行了 3 个月至 10 年不等随访，生长、智力均正常，未发现先天畸形或其他先天性疾患［中医杂志，1988，（7）：512］。

中医研究院中药研究所通过药理研究证实，青蒿素主要作用于疟原虫红内期，而对疟原虫红前期及组织期均无效。青蒿素在体内吸收快，分布广，排泄快。青蒿素作用于疟原虫滋养体的膜系结构，干扰表膜-线粒体功能，从而起到杀灭疟原虫的作用［新医药学杂志，1979，（3）：23］。

（2）对常山抗疟的研究

常山根水浸膏对疟疾有显著疗效，常山叶（蜀漆）抗疟效价为根的 5 倍，但不能防止复发。常山全碱的抗疟效价约为奎宁的 26 倍［中药大辞典，1977.2101］。据重庆市第一中医院临床观察，常山与等量的半夏配伍，可减轻常山致吐的不良反应［中医杂志，1956，（9）：466］。

复习思考题

1. 什么叫疟疾？试述其病机及诊断要点。

2. 正疟、寒疟、温疟、瘴疟、劳疟、疟母的病机、临床特征、治法及主方分别是什么？

（张润顺）

37

水 肿

目的要求

1. 了解水肿的概念、源流、范围。
2. 熟悉水肿的调护。
3. 掌握水肿的病因病机、辨证施治。

水肿是指因感受外邪、饮食失调等病因，使肺、脾、肾三脏代谢失调，体内水液潴留，泛滥肌肤，表现以头面、眼睑、四肢、腹背，甚至全身浮肿为特征的一类病证。

《内经》称本病为“水”，明确指出其病位在肺、脾、肾三脏，并提出发汗、利小便、攻逐水饮的治法。《金匮要略》称本病为“水气”，按病因脉证分为风水、皮水、正水、石水、黄汗五类；又根据五脏证候分为心水、肺水、肝水、脾水、肾水。宋代严用和首倡阴水、阳水的辨证法则，后经朱震亨、张介宾等人的发展，其内容更加充实。

水肿一病，与现代医学的急、慢性肾小球肾炎、肾病综合征、充血性心力衰竭、内分泌失调及营养不良所致的水肿较为相近，可参考本章辨证施治。

37.1 病因病机

37.1.1 病因

37.1.1.1 风邪外袭

风寒、风热袭表，或由皮毛肌腠，或由口鼻，内犯于肺，肺失宣降，通调失司，水道不利，风遏水阻，风水相搏，泛溢肌肤发为水肿。

37. 1. 1. 2 湿毒浸淫

身发痈疡疮毒，治疗不当，热毒不得外散，内归于肺，湿毒不得清解，内困于脾，肺失宣降，脾失健运，水液内停，泛溢肌肤发为水肿。

37. 1. 1. 3 感受水湿

居处卑湿，冒雨涉水，寒湿内侵，困遏于脾，脾不运湿，水湿停留，发为水肿。

37. 1. 1. 4 饮食不当

暴饮暴食，饮酒无制，损伤脾胃，脾不健运，水湿内停，发为水肿。或湿邪化热，湿热壅滞，三焦不利，水道不通，水液溢于肌肤发为水肿。

37. 1. 1. 5 劳欲体虚

劳倦过度，纵欲无节，脾肾两虚，水湿输化失常，形成水肿。

37. 1. 2 病机

37. 1. 2. 1 基本病机

肺失通调，脾失转输，肾失气化，水液潴留，泛滥于肌肤为水肿的病机关键。

37. 1. 2. 2 病位

本病病位在肺、脾、肾三脏，其中与肾的关系更为密切，因肾主一身之水液代谢，主司气化，故水肿以肾为本，以肺为标，以脾为制水之脏。

37. 1. 2. 3 病理性质

水肿的病理性质有阳水、阴水之分。阳水属实，多由外感风邪、水湿、疮毒所致，病变脏器在脾、肺。阴水多虚，由饮食劳倦、体虚所致，病变脏器在脾、肾。

37. 1. 2. 4 病机转化

阴水、阳水可相互转化。阳水久延不退，或屡经反复，正气渐虚，脾肾之阳日伤，可转为阴水；阴水因复感外邪或饮食不慎，导致水肿突然加剧，转为阳水。此外，水邪壅盛，或阴水日久，肾气虚衰，水湿潴留，均可出现水邪凌心犯肺的危重证候。

37.2 诊断与鉴别诊断

37.2.1 诊断

37.2.1.1 临床表现

水肿先从眼睑或下肢开始，继及四肢和全身。轻者仅眼睑或足胫浮肿，重者全身皆肿，甚则腹大胀满，气喘不能平卧。

37.2.1.2 病史

可有乳蛾、心悸、疮毒、紫癜及久病体虚病史。

37.2.1.3 辅助检查

应作尿常规、24 小时尿蛋白定量、血常规、血沉、血浆白蛋白、血尿素氮、肌酐、体液免疫、心电图、肾脏 B 超以明确诊断。

37.2.2 鉴别诊断

本病须与鼓胀相鉴别 鼓胀的主症是单腹胀大，面色苍黄，腹壁青筋暴露，四肢多不肿，反见瘦削，后期可伴轻度肢体浮肿；而水肿则以头面或下肢先肿，继及全身，面色 白，腹壁亦无青筋暴露。鼓胀是由于肝、脾、肾功能失调，导致气滞、血瘀、水聚腹中；水肿乃肺、脾、肾三脏相干为病，而导致水液泛溢肌肤。

37.3 辨证论治

37.3.1 辨证要点

辨阳水阴水

阳水 发病急，肿多由上而下，身热烦渴，小便短涩色黄，大便多秘，气息粗长，多见于青壮年。

阴水 病多渐起，日积月累，或由阳水转来，病多内伤，由下而上，口不渴，大便溏薄，神疲气怯，病程长，多见于久病正虚之人。

37.3.2 治疗原则

阳水多实证、热证、表证，治以祛邪为主，多用宣肺发汗、通利小便、峻下逐水等法，上半身肿甚者以发汗为主，下半身肿甚者，以利小便为主。阴水多属虚证、寒证、里证，治以扶正为主，温阳益气，健脾益肾，或兼以利水消肿。若水肿日久不退或兼瘀血征象者，宜配合活血化瘀之品。

37.3.3 分型论治

37.3.3.1 阳水

（1）风水泛滥

症状　眼睑浮肿，继则四肢及全身皆肿，来势迅速，多有恶寒、发热、肢节酸楚、小便不利等症。偏于风热者，伴咽喉红肿疼痛。偏于风寒者，兼恶寒，咳喘。

舌象　偏于风热者舌质红，苔薄黄；偏于风寒者舌淡红，苔薄白。

脉象　偏于风热者脉浮滑数；偏于风寒者脉浮滑或浮紧；如水肿较甚，亦可见沉脉。

证候分析　风邪袭表，肺气失宣，不能通调水道，下输膀胱，风遏水阻，泛溢肌肤，故浮肿尿少。风为阳邪，其性轻扬上行，故浮肿先见于颜面；风性善行数变，故其肿来势迅速；风热上受，热毒内蕴，则咽喉红肿疼痛；风寒外袭，肺卫郁闭，肺气不宣则恶寒、咳喘；若肿势较甚，阳气内遏，可见沉脉。

治法　疏风清热，宣肺行水。

方药　越婢加术汤加味。

方中麻黄宣肺散寒，发汗解表，并能通调水道，下输膀胱而利尿。生石膏清热透邪；白术健脾利湿，生姜、大枣、甘草调和营卫。可加浮萍、泽泻、茯苓皮、车前子利水消肿。

加减　1）风热偏盛，咽喉肿痛甚者加银花、连翘、板蓝根、桔梗。

2）风寒偏盛，恶寒甚者，去石膏，加桂枝、荆芥、苏叶、防风。

3）咳喘明显者，加杏仁、前胡。

（2）湿毒浸淫

症状　眼睑浮肿，延及全身，小便不利，身发疮痍，甚则溃烂，恶风发热。

舌象　舌红，苔薄黄。

脉象　脉浮数或滑数。

证候分析　风毒由皮毛入侵于肺，肺失通调，故目睑头面浮肿；卫表失和，故恶风发热；湿毒由肌肉入侵于脾，则肢体浮肿；尿少色赤、苔黄舌红、脉滑数，为湿邪热毒内壅之征；脉浮数为风毒在表之征。

治法　祛风清热，解毒利湿。

方药　麻黄连翘赤小豆汤合五味消毒饮。

前方中麻黄、杏仁、桑白皮宣肺行水；连翘清热散结；赤小豆利水消肿。后方中银花、野菊花、蒲公英、地丁、紫背天葵清热解毒。

加减　1）若身发脓疱疮，脓毒较甚者，重用蒲公英、地丁加败酱草。

2）若皮疹糜烂，湿毒较甚，加土茯苓、苦参、滑石。

3）若风盛瘙痒者加白藓皮、地肤子。

（3）水湿浸渍

症状　全身水肿，按之没指，小便短少，身体困重，胸闷纳呆，泛恶，起病缓，病程长。

舌象　苔白腻。

脉象　脉沉缓。

证候分析　水湿壅盛，浸渍肌肤，则全身浮肿，按之没指；水湿内聚，三焦决渎失司，膀胱气化失常，故小便短少；水湿日增而无出路，横溢肌肤，故肿势日甚，按之没指；脾为湿困，阳气不得舒展，故身重神疲；胸闷、纳呆泛恶，苔白腻、脉沉缓亦为湿盛脾弱之象；湿性黏腻、缠绵难愈，故病程长。

治法　健脾化湿，通阳利水。

方药　五皮饮合胃苓汤。

前方以桑白皮、陈皮、大腹皮、茯苓皮、生姜皮化湿行水。后方以苍术、白术、茯苓、厚朴健脾化湿；泽泻、猪苓利水消肿；桂枝温阳化气行水；甘草、生姜、大枣调和诸药。

加减　1）若肿甚而喘者，可加麻黄、杏仁、葶苈子。

2）腹胀脘痞、中阳不运者，可加干姜、椒目。

（4）湿热壅盛

症状　遍体浮肿，皮肤绷急光亮，胸脘痞闷，烦热口渴，小便短赤，大便干结。

舌象　舌红，苔黄腻。

脉象　脉沉数或濡数。

证候分析　水湿之邪，郁而化热，湿热壅于肌肤经隧之间，故遍身浮肿；水势较甚，且有热象，故皮肤绷急光亮；湿热壅滞三焦，中焦气机升降失常，故胸脘痞闷；若热邪偏盛，津液被耗，故烦渴、尿赤、便干；苔黄腻，脉濡数均为湿热之征。

治法　分利湿热。

方药　疏凿饮子。

方中商陆、槟榔通利二便；配大腹皮、生姜皮、茯苓皮理气利水；泽泻、椒目、木通、赤小豆清热利水；羌活、秦艽疏风散表。全方合用外散内利，分解湿热。

加减　1）若腹满不减，大便秘结，加生大黄或配己椒苈黄丸通腑逐水。

2）肿势严重，上迫于肺，胸满喘促，倚息不得卧，加葶苈子、桑白皮、杏仁。

3）若湿热久羁，化燥伤阴，症见口燥咽干，大便干结者，可用猪苓汤滋阴利水。

37.3.3.2　阴水

（1）脾阳虚衰

症状　身肿，腰以下为甚，按之凹陷不易恢复，脘腹胀满，纳减便溏，面色不华，神倦肢冷，小便短少。

舌象　舌质淡、苔白腻或白滑。

脉象　脉沉缓或沉弱。

证候分析　脾阳不振，健运失司，气化不行，致下焦水邪泛滥，故身肿，腰以下为甚，按之凹陷不起，小便短少；脾运不健则脘闷食减，腹胀便溏；脾虚气血乏源，则神疲乏力，面色无华；舌淡，苔白腻，脉沉缓本为脾虚湿盛之象。

治法　温运脾阳，以利水湿。

方药　实脾饮。

方中附子、干姜温补脾肾，助气化而散寒凝；茯苓、白术健脾燥湿利水；草果、木瓜、厚朴、木香、大腹皮行气利水；生姜、大枣、甘草调和药性。

加减　1）湿邪偏盛，腹胀胸闷甚者，合平胃散。

2）脾气虚弱，倦怠乏力明显者，加党参、黄芪补益脾气。

尚有一种浮肿，由于长期饮食失调，脾胃虚弱，精微不化，而见面色萎黄，遍体轻度浮肿，晨起头面较甚，动久下肢肿胀，能食而倦怠无力，大便如常或溏，小便反多，舌苔薄腻，脉软弱。此乃由于脾气虚弱，气失舒展所致，治宜益气健脾，行气运湿，方药可用参苓白术散加减治之。并应适当注意营养，多食蛋白类食物，如瘦肉、黄豆、花生等。

（2）肾阳衰微

症状　面浮身肿，腰以下为甚，按之凹陷不起，心悸，气促，腰部酸重，尿量减少，四肢厥冷，怯寒神疲，面色 白或灰滞。

舌象　舌淡胖，苔白。

脉象　脉沉细或沉迟无力。

证候分析　肾阳衰微，阳不化气，阴盛于下，水湿潴留，故水肿腰以下为甚；水气上凌心肺，则心悸、喘促；腰为肾之府，肾虚水气内盛，故腰痛酸重；肾阳不足，膀胱气化不利则尿少；若下元不固则多尿；肾阳亏虚，命门火衰，温养失司，则四肢厥冷，怯寒神疲，面色灰滞或 白。舌淡胖，苔白，脉沉细或沉迟无力，均为阳气虚衰、水湿内盛之候。

治法　温肾助阳，化气行水。

方药　济生肾气丸合真武汤。

方中附子、肉桂温肾壮阳，以助气化；山药补益脾肾，熟地黄、山萸肉滋补肾阴，乃阴中求阳之意；茯苓、白术、泽泻、车前子健脾渗湿利水；白芍药调和营阴，以缓附子、肉桂之辛燥；牛膝强腰壮肾，引药下行，加强利水之功，生姜温散水寒之气。

加减　1）若肢冷神疲，虚寒症状突出者，可加巴戟天、葫芦巴温肾壮阳，以助气化。

2）小便清长量多，去泽泻、车前子，加菟丝子、补骨脂温固下元。

3）若肾水凌心，心阳被遏，瘀血内阻，出现心悸、喘息、唇绀、脉虚数者，加黄芪、丹参、泽兰。

若病至后期，因肾阳久衰，阳损及阴，可导致肾阴亏虚，症见水肿反复发作，精神疲惫，腰酸遗精，口燥咽干，五心烦热，舌红，脉细数等，治宜滋补肾阴为主，兼利水湿，但滋阴不宜过于凉腻，可用左归丸加泽泻、茯苓。

若肾阴久亏，水不涵木，肝肾阴虚，肝阳上亢，上盛下虚，症见面色潮红，头痛头晕，心悸失眠，腰酸遗精，步履飘浮无力，治当育阴潜阳，用左归丸加介类重镇潜阳之品，如珍珠母、龙骨、牡蛎、鳖甲。

37.4　预防与调护

水肿的病程中和病后均应注意调摄，寒温适宜，预防感冒，避免过度劳累，肿甚者应卧床休息。已婚者应节制房事，以防伤真元。水肿初期，应忌盐，待肿势渐退后，逐步改为低盐，最后恢复普通饮食。忌食辛辣、烟酒等刺激性食物。若因营养障碍致肿者，不必过于强调忌盐。

附　　录

1. 病案举例

1）旬日内遍体俱肿，肤色鲜明，始也原有身热，不慎风而即止，亦无汗泄。诊脉浮紧，气喘促，小便闭，舌白，不思饮。证系水湿之邪，借风气而鼓行经隧，是以最捷。倘喘甚气塞，亦属至危之道，治当以开鬼门、洁净府为要著。

麻黄　杏仁　赤苓　苏子　桂木　薏仁　紫菀　椒目　大腹皮　浮萍

（《清代名医医案精华·张仲华医案》）

2）张子和治张小一，初病疥爬搔变而成肿喘，不能食，张断为风水，水得风而暴肿，故遍身皆肿。先令浴之，乘腠理开豁，就燠室中，用酸苦之剂，加全蝎一枚吐之，节次用药末至三钱许，出痰约数升，汗随涌出，肿去八九分，隔一日，临卧向一更来，又下神　丸七十余粒，三次咽之，至夜半动一行，又续下水煮桃仁丸六十丸，以麝香汤下，又利三四行，后二三日，再以舟车丸、通经散及白术散调之愈。

（清·魏之　·《续名医类案》）

2. 古文献选录

《素问·汤液醪醴论》：“平治于权衡，去菀陈莝，微动四极，温衣、缪刺其处，以复其形，开鬼门，洁净府，精以时服，五阳已布，疏涤五脏，故精自生，形自盛，骨肉相保，巨气乃平。”

《金匮要略》：“风水，其脉自浮，外证骨节疼痛恶风。皮水，其脉亦浮，外证胕肿，按之没指，不恶风，其腹如鼓，不渴，当发其汗。正水，其脉沉迟，外证自喘。石水，其脉自沉，外证腹满不喘。”

《丹溪心法·水肿》："水肿因脾虚不能制水，水渍妄行，当以参术补脾，使脾气得实，则自健运，自能升降运动其枢机，则水自行。"

《景岳全书·肿胀》："温补即所以化气，气化而痊愈者，愈出自然；消伐所以逐邪，逐邪而暂愈者，愈出勉强。此其一为真愈，一为假愈，亦岂有假愈而果愈者哉！"

3. 研究进展

（1）中医治疗功能性水肿的研究进展

陈德安以五苓散治疗单纯性下肢浮肿27例，药用桂枝、茯苓、泽泻、猪苓、车前子、白术、附子、牛膝、黄芪。水肿于14天内全部消退［新疆中医药，1998，（1）：19～20］。张宏吉以归脾汤加减治疗水肿57例，药用党参、当归、黄芪、丹参、茯苓、白术、山药、泽泻、车前子、防风、防己、紫菀。治愈35例，好转13例，无效9例，总有效率为84.2%。［江苏中医，1998，（5）：25］。俞仰关亦用归脾汤加减治疗特发性水肿45例，取得了佳效［浙江中医杂志，1997，（9）：397］。黄家瑜以羌活胜湿汤治疗功能性水肿25例，疗效满意［浙江中医杂志，1997，（5）：206］。畅达认为特发性水肿主要为肝失疏泄，气滞水停；瘀血内阻，经脉闭塞，水气布化失常而成，以疏肝理气，活血行水为大法。药用香附、郁金、泽兰、益母草、赤芍药等［中医杂志，1998，（4）：210］。陈元建用桂二麻一汤治疗难治性全身水肿60例，显效32例，有效26例，无效2例，总有效率为96.67%［实用中西医结合杂志，1998，（2）：138～139］。

（2）急性肾小球肾炎中医研究

莫炜明等观察肾肿消合剂治疗急性肾小球肾炎的疗效，治疗组42例，药用苏叶、桑白皮、荆芥、防风、金银花、蒲公英、黄芪等，随证加减，对照组辨证施治20例，结果：治疗组与对照组分别痊愈34例、6例，好转8例、13例，无效0例、1例，总有效率100%、95%［广西中医药，1998，（5）：16］。吕志良辨证施治急性肾小球肾炎64例，认为治疗本病应抓住外邪、水湿、化热三个关键环节，及时有效地解表、除湿、清热，风寒型以麻杏薏甘汤合五皮饮加减，风热型用桑菊饮合五皮饮加减，水湿型用五苓散合五皮饮加减，毒热型用五味消毒饮合五皮饮加减。治愈58例，好转6例，全部有效［陕西中医函授，1998，（5）：19～20］。田五生等用土茯苓汤治疗急性肾小球肾炎56例，药用土茯苓、鱼腥草、益母草、车前草、生槐花、黄芪、白茅根、茜草，结果痊愈52例，好转2例［江苏中医，1998，（11）：25］。张传方等用萆　分清饮加减，治疗急性肾小球肾炎恢复期30例，结果总有效率为90%，本方可消除蛋白尿、血尿，消除水肿［黑龙江中医药，1996，（2）：33～34］。

（3）慢性肾小球肾炎中医研究进展

1996年中国中医药学会内科学会肾病专业委员会制定了慢性肾炎中医辨证标准，证型分为肝肾（气）阴虚型，脾肾（气）阳虚型，阴阳两虚型，兼夹证有气滞、血瘀、痰湿、湿热、热毒［中医杂志，1996，（10）：627］。裘沛然治疗本病采取表里同治、寒热兼施、利涩相配、补泻合用之法，以补泄理肾汤为基础方，黄芪、泽泻、黑大豆、巴戟天、牡蛎、大枣、黄柏、土茯苓，取得了佳效［中医杂志，1996，(8)：497］。刘胜芳等认为湿热毒邪伤肾是肾炎的一个基本环节，清热利湿贯穿始终，常用白花蛇舌草、山慈菇、半枝莲、暮头回、雷公藤等，对于瘀热互结者，凉血活血，常用牡丹皮、泽兰、赤芍药、红花、益母草、水蛭、鬼箭羽等，主张慎用温补［中医杂志，1999，(11)：690～691］。李慧用下瘀血汤治疗肾络瘀阻型慢性肾炎58例，以大黄、桃仁、土鳖虫为基本方，经临床证实，该方不仅能改善慢性肾炎的症状和体征，而且能提高内生肌酐清除率，减少24小时尿蛋白量，与双嘧达莫对照组比较，疗效显著［中国医药学报，1997，(4)：33～34］。谢彦英用桃红四物汤加味，药物为：丹参、山药、大小蓟、云茯苓、车前子、益母草、白茅根，治疗慢性肾小球肾炎32例，20剂后痊愈13例，好转17例，无效2例，总有效率为93.75%［河南中医药学刊，1998，(4)：54～55］。

实验研究　近年来对慢性肾炎辨证分型的微观指标，进行了有益的探索，何立群等认为尿渗透压、尿血渗比的改变与肾疾病虚实辨证有关，凡不累及肾的气化功能，尿渗透压、尿血渗比多属正常，凡累及肾的气化功能，无论气虚、阳虚，阴虚，其尿渗与血渗比低于正常，尤以阳虚型患者更为明显［中医杂志，1997，(5)：305～306］。马玉凤等对195例肾小球疾病中医分型与实验指标相关性进行了探讨，表明中医分型与实验室指标之间有其内在的规律性，气虚型患者IgG、血清总蛋白、血清白蛋白、肌酐清除率低于阴虚型，而胆固醇、三酰甘油、血肌酐、24小时尿蛋白定量、血和尿的微球蛋白、尿中IgG明显高于阴虚型，提示气虚型肾损害最重，阴虚型肾损害最轻［中医杂志，1998，(8)：483～484］。

复习思考题

1. 试述水肿的病因病机。
2. 水肿的基本病机是什么？
3. 阴水、阳水如何鉴别？
4. 阳水分哪几型？各型的症状、治法及代表方剂是什么？
5. 阴水如何辨证施治？

（赵新秀）

38

淋 证

目的要求

1. 了解淋证的概念、源流。
2. 熟悉淋证的范围、调护。
3. 掌握淋证的病因病机、辨证要点及治疗原则。掌握热淋、血淋、劳淋的辨证施治。

淋证是由于饮食不节，劳欲久病等致肾与膀胱气化失司，水道不利所引起的以小便频急、淋沥不尽、尿道涩痛、小腹拘急、痛引腰腹为主要临床表现的一类病证。

淋之名称，始见于《内经》。华佗《中藏经》将淋证分为冷、热、气、劳、膏、砂、虚、实八种，为后世淋证的辨证施治奠定了基础。巢元方《诸病源候论》提出了淋证的主要病机为“肾虚膀胱热”，把淋证分为石、劳、气、血、寒、热七种。《肘后方》分为石、膏、气、劳、血五淋。《千金要方》、《外台秘要》均以气、石、膏、劳、热为五淋。按照临床实际，因气淋、血淋、石淋、热淋、膏淋、劳淋均为常见之证，故本章以六淋分类。

现代医学的泌尿系感染、泌尿系结石、泌尿系肿瘤、乳糜尿等均可参照本章辨证施治。

38.1 病因病机

38.1.1 病因

淋证多因饮食不节、外感湿热、情志郁怒、劳欲体虚所致。

38.1.1.1 饮食不节

多食肥甘厚腻，或嗜酒太过，酿成湿热，下注膀胱，导致膀胱气化不利，形成淋证。

38.1.1.2 外感湿热

女性下阴不洁，秽浊上逆，内犯膀胱，酿成湿热，而发生淋证。

38.1.1.3 情志郁怒

忧思恼怒，肝气郁结，气滞膀胱或气郁化火，气火互结，膀胱气化不利而发为淋证。

38.1.1.4 劳欲体虚

老年脏气亏虚，或久病多欲，肾气虚衰，或淋久不愈，反复发作，耗伤正气，脾肾两虚，膀胱气化无权，从而发生淋证。

38.1.2 病机

38.1.2.1 基本病机

湿热蕴结下焦，膀胱气化不利是淋证初起的病机所在。热结膀胱，小便灼热刺痛则为热淋；湿热久蕴，煎熬尿液，尿中杂质结为砂石，石阻尿道，小便艰涩刺痛发为石淋；膀胱湿热，热盛灼络，迫血外溢，致小便涩痛有血，发为血淋；湿热阻肾，肾失分清泌浊，清浊相混，小便混浊涩痛，发为膏淋。

脾肾两虚，膀胱气化无权是淋证久病的病机关键。脾气不足，气虚下陷，发为气淋；脾虚不能统血，血随尿出，发为血淋。肾阴不足，阴虚火旺，虚火扰络，络伤血溢，则为血淋；肾气虚衰，固涩无权，不能制约脂液，尿液混浊如膏，发为膏淋；脾肾两虚，劳则气耗，遇劳即发，发为劳淋。

38.1.2.2 病位

淋证的病位主在膀胱和肾，与肝、脾关系密切。

38.1.2.3 病理性质

本病初起多实，以湿热为主。日久致正虚邪实，湿热耗伤气阴，形成气虚湿热、阴虚湿热。后期致阴阳两虚，以虚证为主。

38.1.2.4 病机转化

各型淋证之间虚实可互相转化。如实证的热淋、血淋、气淋可转化为虚证的劳淋；反之虚证的劳淋，也可能转化为实证的热淋、血淋、气淋。其次某些淋证间可相互转化或同时并见，如热淋可转为血淋，血淋也可诱发热淋；又如在石淋的基础上，可并见热淋、血淋。

热淋、血淋初起，病情较重者可发生湿热弥漫三焦，热毒入营血，出现高热、神昏、谵语等危重证候。劳淋日久，脾肾衰败，肾亏肝旺，水不涵木，肝风上扰，出现头晕肢倦、恶心呕吐，不思纳食，烦躁不安，甚则昏迷抽搐等症。

38.2 诊断与鉴别诊断

38.2.1 诊断

38.2.1.1 临床表现

小便频急，淋沥涩痛，小腹拘急，腰部酸痛为诊断淋证的主要依据。

38.2.1.2 辅助检查

如尿常规、尿细菌培养、X 线腹部摄片、肾盂造影、B 超、膀胱镜等检查可明确诊断。

38.2.2 鉴别诊断

38.2.2.1 癃闭

癃闭小便量少、排尿困难与淋证相似，但癃闭以排尿困难，小便点滴不通或点滴全无为特征，无尿痛，每日排尿总量低于正常。而淋证以小便频数疼痛为特征，每日排尿总量正常。

38.2.2.2 尿血

血淋和尿血都有小便出血，尿色红赤，甚至尿出纯血等症状。其鉴别要点是有无尿痛。一般以痛者为血淋，不痛者为尿血。

38.2.2.3 尿浊

尿浊虽然小便混浊，白如泔浆，与膏淋相似，但排尿时无疼痛滞涩感，与淋证不同。

38.3 辨证论治

38.3.1 辨证要点

38.3.1.1 辨明淋证的类别

小便频数短涩，滴沥刺痛，欲出未尽，小腹拘急，或痛引腰腹，为诸淋所共有。但各种淋证又有特征证候。石淋以小便排出沙石，或腰腹剧痛为主。膏淋以小便混浊如米泔水，或滑腻如脂膏为主。血淋为尿血而痛。气淋以少腹胀满，小便艰涩，尿有余沥为主。热淋为小便灼热刺痛。劳淋为小便淋沥不已，遇劳即发。

38.3.1.2 审察证候虚实

一般说来，初起或在急性发作阶段属实，以膀胱湿热、气滞不利为主，病位主在膀胱；久病多虚，病在脾肾，以脾虚、肾虚、气阴两虚为主。同一淋证中亦有虚实之别。如同属气淋，因气滞不利者属实，因气虚下陷者属虚；又如同属血淋，由于湿热下注，热盛伤络者属实，由于阴虚火旺，扰动阴血者属虚。

38.3.2 治疗原则

实则清利，虚则补益是治疗淋证的基本原则。实证以膀胱湿热为主者，治宜清热利湿；以热灼血络为主者，治宜凉血止血；以砂石结聚为主者，治宜通淋排石；以气滞不利为主者，治宜利气疏导。虚证以脾虚为主者，治宜健脾益气；以肾虚为主者，治宜补虚益肾。

淋证的治法，古有忌汗、忌补之说，验之临床实际，未必都是如此。淋证往往有恶寒、发热，此非外邪袭表，多因湿热郁蒸，少阳枢机不利所致，治当和解清热为法，毋需发汗解表。因淋证多属膀胱有热，阴液常常不足，若发汗，则营阴愈耗，故有淋证忌汗之说。若淋证确由外感诱发，或素患淋证新感外邪，症见恶寒、发热、鼻塞流涕者，仍可运用辛凉解表发汗之剂。因淋证为膀胱有热，阴液不足，即使感受寒邪，亦容易化热，故应避免辛温助热之品。至于淋证忌补之说，是指实热证而言，若属脾肾亏虚者，健脾益气、补肾固涩之法自当应用。

38.3.3 分型论治

38.3.3.1 热淋

症状　小便频急短涩，灼痛黄赤，小腹拘急胀痛，或伴腰痛，或寒热往来，口干口苦，恶心呕吐，大便秘结。

舌象　舌质红，苔黄腻。

脉象　脉濡数。

证候分析　湿热蕴结下焦，膀胱气化不利，则小便频急短涩，灼痛黄赤，小腹拘急；腰为肾之府，湿热伤肾故腰痛；若湿热内蕴，邪正相争，则寒热起伏，口苦，呕恶；热盛伤津，故大便秘结。苔黄腻，脉濡数为湿热内蕴之象。

治法　清热利湿通淋。

方药　八正散。

方中　蓄、瞿麦、木通、车前子、滑石通淋利湿；山栀、大黄清热泻火，甘草梢缓急止痛。

加减　1）大便秘结，腹胀，腑实内阻者，可用生大黄，加枳实通腑泄热。

2）寒热往来者，可加小柴胡汤和解少阳。

3）少腹拘急疼痛者，为湿热阻滞，气机不利，加青皮、乌药疏利下焦气机。

38.3.3.2　石淋

症状　尿中时夹砂石，小便艰涩，排尿突然中断。或一侧腰腹绞痛难忍，少腹拘急，尿频急，色黄赤，或因痛甚而面色苍白，出冷汗，恶心呕吐，腰腹绞痛停止后，诸症随之消失，仅感腰部酸痛。

舌象　舌红，苔黄腻。

脉象　脉弦或弦数。

证候分析　湿热蕴结煎熬尿液，日久结成砂石，故尿中有砂石排出；若砂石较大，尿道阻塞，气机不通则腰腹绞痛，排尿中断；若痛甚，气机逆乱，阳气不能外达则见面色苍白，冷汗自出；气逆于胃，胃气上逆则见恶心呕吐。

治法　清热利湿，通淋排石。

方药　石苇散加味。

方中石苇、冬葵子、滑石、瞿麦、车前子排石通淋。可加金钱草、海金砂、鸡内金加强排石之功效。

加减　1）腰腹绞痛剧烈者可加白芍药、元胡、川楝子、甘草理气缓急止痛。

2）尿中带血者，可加小蓟、生地黄、藕节凉血止血。

3）腰部酸痛为主，结石盘踞日久不动者，可加王不留行、川牛膝、虎杖。

砂石久留不去，耗伤气血，见神疲乏力，气短懒言，面色不华，舌淡，脉细弱者，宜用二神散合八珍汤。耗伤肾阴，可见手足心热，舌红少津，脉象细数者，宜六味地黄丸合石苇散；肾阳不足者，宜金匮肾气丸合石苇散。

38.3.3.3　气淋

症状　实证：小便涩滞，淋沥不宣，少腹满痛。虚证：少腹坠胀，尿有余沥，面色 白。

舌象　实证：舌淡红，苔薄黄。虚证：舌质淡，苔薄白。

脉象　实证：脉沉弦。虚证；脉虚细无力。

证候分析　情志郁怒，肝失条达，气机郁结，膀胱气化不利，则见小便涩滞不畅，少腹满痛；肝气郁滞，则脉象沉弦。中气不足，气虚下陷，则少腹坠胀，气虚不能摄纳，则尿有余沥；面色 白，舌淡，脉虚细无力，本属气虚之征。

治法　实证：疏肝行气，利尿通淋。虚证：健脾补中，益气升阳。

方药　实证：沉香散。虚证：补中益气汤。

沉香散中沉香、陈皮利气；当归、白芍药柔肝；石苇、滑石、冬葵子、王不留行利尿通淋；甘草调和药性。补中益气汤中黄芪、人参、白术、炙甘草益气健脾；当归养血；陈皮理气；升麻、柴胡升举阳气。

加减　实证：1）若胸胁胀满可加青皮、郁金、乌药以疏调肝气。

2）气滞导致血瘀者可加红花、赤芍药、川芎、川牛膝、益母草活血利水。

虚证：1）兼肾气不足者可加杜仲、川断、菟丝子。

2）脾虚纳呆食少者加砂仁、谷芽、麦芽。

38.3.3.4 血淋

症状　实证：小便频急，热涩刺痛，尿色深红，或夹血块，小腹胀满疼痛，或见心烦。虚证：小便热涩刺痛减轻，尿色淡红，腰酸腿软，神疲乏力。

舌象　实证：舌红苔黄。虚证：舌淡红，苔少。

脉象　实证：脉滑数。虚证：脉细数。

证候分析　湿热下注膀胱，热盛伤络，迫血妄行，以致小便涩痛有血；血块阻塞尿路，故疼痛满急加剧；心火亢盛，则心烦；苔黄，脉数为实热之象。肾阴不足，虚火灼络，络伤血溢，则可见尿色淡红，涩痛不明显；腰酸腿软为肾虚之候。舌淡红，脉细数为虚热之象。

治法　实证：清热通淋，凉血止血。虚证：滋阴清热，补虚止血。

方药　实证：小蓟饮子。虚证：知柏地黄丸。

小蓟饮子方中小蓟、生地黄、栀子清热、凉血、止血；蒲黄、藕节止血利尿；滑石、木通、竹叶清心火而利小便；当归引血归经，生甘草梢达茎中泻火而止痛。知柏地黄丸方中生地黄、山药、山萸肉滋补肝肾；牡丹皮、泽泻、茯苓健脾渗湿泻火；知母、黄柏清泻相火，凉血止血。

加减　实证：1）血淋症状严重者可加黄芩、白茅根，增加清热止血之功。

2）有血块者加三七、川牛膝化瘀止血。

虚证：1）肝肾阴虚明显者，加女贞子、旱莲草凉血止血。

2）兼有血虚者加白芍药、阿胶养血止血。

38.3.3.5 膏淋

症状　实证：小便混浊如米泔水，置之沉淀如絮状，上有浮油如脂，或夹凝块，或混血块、尿道热涩疼痛。虚证：病久不已，反复发作，淋出如脂，涩痛反见减轻，但形体日渐消瘦，头昏乏力，腰酸腿软。

舌象　实证：舌红苔黄腻。虚证：舌淡苔腻。

脉象　实证：脉虚数。虚证：脉虚细无力。

证候分析　实证因下焦湿热，膀胱不利，脂液失其常道，故见小便混浊如米泔，上有浮油如脂，尿道涩痛；因脂液外流，脉络失充，故脉象虚数。虚证因湿热蕴结日久，损伤肾气，下元不固，膀胱气化不利，脂液不循常道，故尿出如脂，涩痛不著；形体消瘦，头昏乏力，腰酸腿软，实为肾气虚衰之象。

治法　实证：清热利湿，分清泄浊。虚证：补肾固涩，健脾益气。

方药　实证：程氏萆　分清饮。虚证：膏淋汤。

程氏萆　分清饮方中萆　、石菖蒲分清泌浊；黄柏、车前子清热利湿；白术、茯苓健脾除湿；莲子芯合石菖蒲交通心肾；丹参活血通脉，诸药合用清浊分，湿热去，络脉通，脂液重归其道。膏淋汤中山药、生地黄、芡实、党参补脾益肾，白芍药、龙骨、牡蛎固摄脂液。

加减　实证：1）小便热痛较甚者加龙胆草、木通。

2）小便有血凝块者，可加小蓟、藕节、白茅根凉血止血。

虚证：1）头昏乏力较甚者，加黄芪、升麻益气升阳。

2）若兼烦热、口干、脉细数者加龟板、知母滋阴清热。

38.3.3.6　劳淋

症状　小便淋沥不畅，涩痛不甚，淋沥不已，时作时止，遇劳即发，腰膝酸软，神疲乏力。

舌象　舌质淡，苔薄白。

脉象　脉细弱。

证候分析　诸淋日久，脾肾两虚，湿热留恋，膀胱气化无权，则小便淋沥不畅，涩痛不甚，淋沥不已；劳则气耗，故遇劳即发；神疲乏力，腰膝酸软，舌淡，脉细弱本为脾肾两虚之象。

治法　健脾益气，补肾固涩。

方药　无比山药丸。

方中山药、茯苓健脾益气；泽泻利湿；山萸肉、熟地黄、巴戟天、肉苁蓉、菟丝子、杜仲、牛膝、五味子、赤石脂、益肾固涩，以助肾之气化。

加减　1）若湿热未尽，小便色黄而痛者，去巴戟天、赤石脂、肉苁蓉加木通、车前子清热利尿通淋。

2）若腰酸软较甚者加续断、狗脊壮腰补肾。

38.4　预防与调护

增强体质，防止情志内伤，消除各种外邪入侵和湿热内生的有关因素，如忍尿、纵欲过度、外阴不洁，饮食肥甘等，是预防淋证发病和病情复发的重要因素。淋证患者发作期均应注意休息，多饮水。由于各种淋证类型的不同，调摄也有所不同，如石淋患者应加强活动，膏淋患者特别注意饮食禁忌，控制油脂、蛋白类食物，气淋应保持情志舒畅，血淋应禁忌烟酒动火之品，劳淋应节制性生活。

附　录

1. 病案举例

1）溺血则血去无痛，有痛乃血淋也。病起两月，小便艰涩，点滴不已，服导赤八正即止。至五月小溲时如稀痰，其病如故。服药两剂，稀痰已止，管痛亦减。现在溲出湿浊，便仍作痛，肾囊左边亦然。两腿及腰，动则不利，时而恶寒，肝肾两亏，湿热不化，火掩精窍，谨赠持重两字，不动欲火乃佳。

茯神　儿参　栀子　柴胡　薄荷　於术　归身　丹皮　生地　白芍　草梢

童便

（《清代名医医案精华·王九峰医案》）

2）气虚下坠，则溺有白色，溺管疼痛，溲后有血，形如肉丝，舌中露光，肾之阴亏，肝之阳旺，血不化精，精不化气，以三才封髓丹加减。

生地黄 儿参 党参 山药 升麻 柴胡 归身 橘皮 天冬 川柏 稻草

（《清代名医医案精华·王九峰医案》）

2. 古文献选录

《诸病源候论·淋病诸候》："诸淋者，由肾虚而膀胱热故也。……肾虚则小便数，膀胱热则水下涩，数而且涩，则淋沥不宣，故谓之淋。""热淋者，三焦有热，气搏于肾，流入于胞而成淋也，其状小便赤涩。""石淋者，淋而出石也。肾主水，水结则化为石，故肾客沙石。肾虚为热所乘，热则成淋，其病之状，小便则茎里痛，尿不能卒出，痛引少腹，膀胱里急，沙石从小便道出，甚则塞痛令闷绝。""膏淋者，淋而有肥，状似膏，故谓之膏淋，亦曰肉淋。此肾虚不能制于肥液，故与小便俱出也。""血淋者，是热淋之甚者，则尿血，谓之血淋。心主血，血之行身，通遍经络，循环府藏，其热甚者则散失其常经，溢渗入胞，而成血淋也。""寒淋者，其病状先寒战然后尿是也，由肾气虚弱，下焦受与冷气，入胞与正气交争，寒气胜则战寒而成淋，正气胜则战寒解，故得小便也。""劳淋者，谓劳伤肾气而生热成淋也。肾气通于阴，其伏尿留茎内，数起不出，引小腹痛，小便不利，劳倦即发。"

《丹溪心法·淋》："血淋一证，须看血色分冷热，色鲜者，心、小肠实热；色瘀者，肾、膀胱虚冷。……若热极成淋，服药不效者，宜减桂五苓散加木通、滑石、灯芯、瞿麦各少许，蜜水调下。……痛者为血淋，不痛者为尿血。"

3. 研究进展

（1）急性泌尿系感染的研究

蒙木荣用五味消毒饮加味治疗急性肾盂肾炎42例。药用银花、蒲公英、野菊花、牛膝、滑石、木通、竹叶、栀子、甘草。结果：本组42例，痊愈34例，临床治愈7例，无效1例，总有效率97.5%［广西中医药，1998，（5）：15］。王东波等用八正散加减治疗急性膀胱炎146例，治愈139例，好转7例，有效率为100%［安徽中医临床杂志，1996，（1）：20］。李亚平等用龙胆泻肝汤治疗非淋菌性尿道炎164例，其中衣原体阳性84例，支原体阳性80例，滴虫感染48例，念珠菌感染45例，总有效率93.3%，对照组用环丙沙星或氧氟沙星静点，对照组总有效率为69.4%［中医杂志，1999，（3）：179］。周伟娟等用双黄连粉针治疗急性肾盂肾炎50例，痊愈45例，有效5例，总有效率为100%［中西医结合实用临床急救，1998，（4）：171］。

（2）中医治疗慢性肾盂肾炎的研究

辨证施治是治疗慢性肾盂肾炎的主要方法。胡庆寅等辨证分型治疗本病103

例，湿热蕴结，郁久成毒型，治以清热解毒，利水通淋，药用 蓄、瞿麦、木通、蒲公英、地丁、连翘、车前子、栀子、大黄、滑石、灯芯草、甘草梢；热迫下焦，络伤失血型，治以清热通淋，凉血止血，药用小蓟、生地黄、白茅根、木通、藕节、栀子、蒲黄、当归、侧柏叶、大黄炭、淡竹叶；湿毒郁结，邪毒内伏型，治用除湿化浊，清热解毒法：萆 、石菖蒲、薏苡仁、黄柏、蒲公英、地丁、连翘、蓄、木通、蔻仁、茵陈、栀子、生地黄、杏仁、甘草梢。结果：湿热蕴结，郁久成毒型60例：完全缓解48例，基本缓解10例，好转2例。热伤血络型，完全缓解5例，基本缓解5例，好转1例［吉林中医药，1998，(1)：13～14］。叶盛德辨证治疗慢性肾盂肾炎30例，下焦湿热型用八正散加减；肝肾阴虚，湿热未尽型用知柏地黄汤加减；脾肾阳虚湿困型用济生肾气丸加减。显效15例，有效13例，无效、死亡各1例，总有效率93.3%［甘肃中医，1998，(4)：22～23］。清热通淋法是治疗慢性肾盂肾炎的常用方法。邵燕用解毒通淋汤治疗急慢性肾盂肾炎28例，方药组成为：炒黄柏、银花、石苇、青蒿、半枝莲、马齿苋、滑石、生蒲黄、王不留行。治愈20例，好转7例，无效1例［陕西中医函授，1998，(3)：24］。李学爽等以中药治疗耐抗生素慢性肾盂肾炎36例，基本方组成为黄柏、土茯苓、败酱草、白花蛇舌草、益母草、萆 、蒲公英、金钱草、地丁、车前子、丹参、虎杖、泽泻、生黄芪，连服20剂，总有效率97.22%，本方具有抗菌消炎，促进血液循环，软化病灶，提高机体免疫功能的良好作用［河北中医，1998，(6)：345］。李中南等系统观察了21例慢性泌尿系感染患者，单纯湿热较少见，而阴虚湿热、肾虚湿热较为多见，因此主张治法应清热利湿与益气养阴兼顾［安徽中医临床杂志，1998，(4)：223～224］。郭惠芳等从统计学角度结合实验室检查对劳淋正虚方面的证型分布及规律进行临床分析，发现气阴两虚证所占比例最高，尤其是在本病的早期，后期病变可表现为肝肾阴虚、脾肾阳虚，甚则阴阳两虚，此三证证型分布均与病程呈正相关。脾肾阳虚证和阴阳两虚证主要见于慢性肾盂肾炎［江苏中医，1995，(12)：11～12］。李素兰用益肾复劳汤治疗慢性肾盂肾炎60例，药用黄芪、党参、菟丝子、车前子、半枝莲等，总有效率91.7%［陕西中医，1996，(4)：18］。熊上中等益气养阴、清热通淋治疗慢性肾盂肾炎85例，药用黄芪、白花蛇舌草、蒲公英、党参、柴胡、麦冬、地骨皮、生地黄、车前子、甘草、黄芩。14天为1疗程，连用2～3个疗程，治愈52例，显效31例，无效2例，总有效率为97.6%［黑龙江中医药，1998，(2)：10］。

复习思考题

1. 膀胱湿热可致哪些淋证？
2. 脾肾亏虚可致哪些淋证？
3. 试述热淋、血淋、劳淋的症状、治法及方药。
4. 石淋有哪些证候特征？

（赵新秀）

39

癃 闭

目的要求

1. 了解癃闭的概念。
2. 熟悉癃闭的病因、病机，及癃闭的临时处理、调护。
3. 掌握癃闭的辨证要点及分型施治。

癃闭是由于肾和膀胱气化失司而导致尿量减少，排尿困难，甚则小便闭塞不通为主症的一种病证。其中又以小便不利，点滴而短少，病势较缓者称为“癃”；以小便闭塞，点滴全无，病势较急者称为“闭”。癃、闭虽有区别，但都是指排尿困难，因此合称癃闭。

《内经》首先提出癃闭之病名，认为膀胱气化不利是导致癃闭的主要病机。汉代由于汉殇帝姓刘名隆，为避讳起见，凡遇隆均改为淋，所以《伤寒论》、《金匮要略》中无癃闭之名，直至明代以后始将淋、癃分开，各自成为独立的疾病。《备急千金要方》中有用葱管导尿的记载。《丹溪心法》认为小便不通的病因为气虚、血虚、痰浊、风闭、实热等，提出用探吐法开上窍以通下窍的治法。

癃闭包括了现代医学中各种原因引起的尿潴留及无尿症。如神经性尿闭、膀胱括约肌痉挛、尿路结石、尿路肿瘤、尿道损伤、尿道狭窄、老年人前列腺增生、脊髓炎等所出现的尿潴留及肾功能不全引起的少尿、无尿症。

39.1　病因病机

39.1.1　病因

39.1.1.1　饮食不节

嗜食辛辣酒浆，肥甘厚味，湿热中阻，下注膀胱，膀胱气化不利，开合失司，而发为癃闭。

39.1.1.2 邪热伤肺

温热犯肺，肺失宣降，通调失司，不能下输膀胱，从而发生癃闭。

39.1.1.3 七情所伤

郁怒、紧张以致肝气郁结，肝之疏泄不及州都，膀胱气机闭阻而发生癃闭。

39.1.1.4 尿路阻塞

瘀血败精，或肿块结石阻塞尿路，尿道不通，因而形成癃闭。

39.1.1.5 体虚久病

劳倦伤脾，或久病伤气，致中气不足，清气不升，则浊阴难以下降，从而发生癃闭。年老体弱，久病伤肾，肾阳虚衰，膀胱气化无权而尿不得出；或下焦积热，津液耗损，肾阴不足，无阴则阳无以化，也可产生癃闭。

39.1.2 病机

39.1.2.1 基本病机

由于饮食、邪热、情志、体虚久病等原因，导致膀胱气化不利或膀胱气化无权，开合失司是形成癃闭的主要病机。

39.1.2.2 病位

本病病位主在肾和膀胱，但与三焦、肺、脾、肾密切相关。上焦之气不化，当责之于肺，肺失其职，则不能通调水道下输膀胱；中焦之气不化，当责之于脾，脾土虚弱，则不能升清降浊；下焦之气不化，当责之于肾，肾阳亏虚，气不化水，肾阴不足，湿热凝结，均可引起膀胱气化失常，而形成癃闭。肝郁气滞，三焦气化不利，也会发生癃闭。此外，各种原因引起的尿路阻塞，均可引起癃闭。

39.1.2.3 病理性质

本病属实者为膀胱气化不利，属虚者为膀胱气化无权。因湿热下注，膀胱积热；肺热气壅，通调失职；肝郁气滞，疏泄不畅；浊瘀阻塞，水道不通致膀胱气化不利者为实证。因中气下陷，肾阳亏虚，气化不及州都者，多属虚证。

39.1.2.4 病机转化

尿闭不通，水毒上犯，可出现喘肿危候，若尿闭不通，水毒内停，上凌于肺，可见喘急、水停小腹、外溢肌肤而为肿胀。上逆犯胃则见呕恶，甚则水毒凌心，内陷厥阴少阴，而见神识昏厥之变，预后较差。

39.2 诊断与鉴别诊断

39.2.1 诊断

39.2.1.1 临床表现

小便不利，点滴不畅，或小便闭塞不通，尿道无涩痛，小腹胀满。凡小腹胀满，小便欲解不出，触叩小腹部膀胱区明显胀满者，是为尿潴留；若小便量少或不通，无排尿感和小腹胀满，触叩小腹部膀胱区也无明显充盈征象，多属肾衰竭引起的少尿或无尿。

39.2.1.2 病史

多见于老年男性，或产后妇女及手术后患者。

39.2.1.3 辅助检查

肛门指诊、B超、腹部X线拍片、膀胱镜、肾功能检查等以确定是肾、膀胱、尿道还是前列腺等疾病引起的癃闭。

39.2.2 鉴别诊断

39.2.2.1 淋证

淋证以小便频数短涩、滴沥刺痛、欲出未尽为特征，其小便量少、排尿困难，与癃闭相似，但淋证小便频数疼痛，每天排出的尿总量正常。癃闭无排尿刺痛，每日排尿总量少于正常，甚至无尿排出。

39.2.2.2 关格

关格亦有小便不通，但常与吐逆并见。

39.3 辨 证 论 治

39.3.1 辨证要点

辨虚实　从病程、排尿情况及全身症状辨别虚实。一般发病急骤、小腹胀满而痛，小便滴沥不畅、短赤灼热、苔黄、脉弦数者，多属实证。若发病缓慢，排尿无力，神疲气短，面色无华，舌质淡，脉细弱者，多属虚证。

39.3.2　治疗原则

癃闭应以通利为原则，实证当清热、散结、疏利气机；虚证当培补脾肾，益气通窍。

39.3.3　分型论治

39.3.3.1　膀胱湿热

症状　小便点滴不通，或量少而短赤灼热，小腹胀满，口苦口黏，或口渴不欲饮，或大便不畅。

舌象　舌质红。

脉象　脉数。

证候分析　湿热蕴结膀胱，气化不利，故小便量少，点滴而下，甚则尿闭不通；湿热阻滞气机，小便不通，故小腹胀满；湿热内盛故口苦口黏；津液不能上承，故口渴不欲饮。湿热阻滞下焦，肠道不利，故大便不畅。舌红苔黄腻，脉数本为湿热之象。

治法　清热利湿，通利小便。

方药　八正散。

方中木通、车前子、　蓄、瞿麦通闭利小便；栀子清化三焦湿热；滑石、甘草、大黄利湿清热通腑。

加减　1）舌苔厚腻者，可加苍术、黄柏、薏苡仁加强清热化湿之功效。

2）若心烦、口舌生疮、舌尖红，属心火炽盛者加黄连、竹叶清心降火。

3）若热盛伤阴，口干舌燥、潮热盗汗，舌红少苔，脉细数者，可改用滋肾通关丸加生地黄、车前子、牛膝等。

39.3.3.2　肺热壅盛

症状　小便不畅或点滴不通，咽干，烦渴欲饮，呼吸急促或咳嗽。

舌象　舌红，苔薄黄。

脉象　脉数。

证候分析　肺为水之上源，源清而流自洁，邪热壅肺，通调失司，津液不能下输膀胱，故小便不爽或涓滴不通；热盛伤津，故口渴欲饮；肺热壅结，宣降失司，则呼吸短促，咳嗽；舌红、苔黄、脉数皆为肺热内郁之象。

治法　清肺利水。

方药　清肺饮。

方中黄芩、桑白皮清热肃肺；麦冬滋养肺阴；车前子、木通、山栀、茯苓苦寒清热，淡渗利尿。

加减　1）若兼表证，头痛鼻塞，脉浮者可加桔梗、薄荷。

2）若大便秘结，肠腑不通者，可加杏仁、桔梗、大黄宣肺通便。

39.3.3.3 肝郁气滞

症状 小便不通或通而不爽，胁腹胀满，烦躁善怒。

舌象 舌红，苔薄黄。

脉象 脉弦或弦数。

证候分析 七情内伤，肝失疏泄，气机郁滞，膀胱开合失司，故小便不通或通而不爽；胁腹胀满，脉弦为肝气郁结之症；烦躁善怒，舌红苔黄，脉弦数为气郁化火之象。

治法 疏调气机，通利小便。

方药 沉香散。

方中沉香、陈皮理气调肝；当归、王不留行活血行气；石苇、冬葵子、滑石通利水道。

加减 1）若肝气郁结较甚，合六磨汤下气疏肝，气行则水行。

2）若少腹胀痛连及阴器者，加川楝子、茴香、元胡疏理厥阴气机。

3）小便不通，小腹胀满难忍，加麝香0.15～0.3g，以开通尿窍。

39.3.3.4 尿道阻塞

症状 小便点滴而下，或尿如细线，甚则阻塞不通，小腹胀满疼痛。

舌象 舌紫暗或有瘀点。

脉象 脉细涩。

证候分析 败精瘀血，或结石阻塞于膀胱尿道，则尿流变细，甚则尿闭不通；水蓄膀胱，故小腹胀满疼痛；舌紫暗，脉涩皆为瘀血内阻之象。

治法 活血化瘀通窍。

方药 代抵挡丸。

方中归尾、山甲片、桃仁、大黄、芒硝通瘀散结；生地黄凉血滋阴；肉桂温阳助气化以通利小便，用量宜小，以免助热伤阴。

加减 1）可加滑石、通草、车前子增加通利小便之功。

2）若瘀血征象明显者，可加红花、川芎、川牛膝、益母草、白茅根活血利尿。

39.3.3.5 脾气不升

症状 时欲小便而不得出，或量少而不爽利，气短，语声低微，小腹坠胀，精神疲乏，食欲不振。

舌象 舌质淡，苔薄白。

脉象 脉弱。

证候分析 脾虚无力升清，清气不升，浊阴不降则小便不利；中气不足，故气短声低；中气下陷，升提无力，故小腹坠胀；脾气虚弱，运化无力，故精神疲乏，食欲不振。舌淡脉弱本为气虚之象。

治法 升清降浊，化气利水。

方药 补中益气汤合春泽汤。

方中人参、黄芪、白术益气健脾而利湿，升麻、柴胡升举清阳，清气得升，则浊气得降；桂枝通阳以助膀胱气化；猪苓、泽泻、茯苓利水渗湿。

加减 1）若口干舌红属气阴两虚者，人参改为太子参，加山药、熟地黄兼以养阴。

2）若兼肾虚者加服济生肾气丸。

39.3.3.6 肾阳衰惫

症状 小便不通或点滴不爽，排出无力，面色 白，神疲气怯，畏寒怕冷，腰膝冷而酸软无力。

舌象 舌淡，苔薄白。

脉象 脉沉细而弱。

证候分析 命门火衰，气化不及州都，故小便不通或点滴不爽，排尿无力，神疲气怯，畏寒怕冷，腰膝冷而酸软无力，舌淡，脉细弱为元气衰败之象。

治法 温阳益气，补肾利尿。

方药 济生肾气丸。

方中肉桂、附子温补下焦之阳，以助肾之气化；六味地黄丸滋补肾阴；牛膝、车前子利水，诸药合用，温补肾阳，化气利水。

加减 1）若年老体弱，肾督虚衰，精神委靡，腰脊酸痛，加党参、鹿角、枸杞子、仙灵脾、肉苁蓉、紫河车等补益精气之品。

2）阴津亏虚，低热、心烦、口渴、唇干、舌红少津，脉细数无力，去附子，加生地黄、麦冬、白茅根养阴生津。

若小腹胀急，小便点滴不下，内服药物缓不济急，应配合导尿、针灸等急通小便。

针灸推拿 针刺足三里、中极、三阴交、阴陵泉等穴，强刺激；体虚者灸关元、气海，按摩小腹部。

取嚏或探吐法 打喷嚏或呕吐，能开宣肺气，升举中气，而通下焦之气，是一种简单而有效的通利小便的方法。可用消毒棉签，向鼻中取嚏或喉中探吐；也可用皂角末0.3～0.6g，吹鼻取嚏。

外敷法 独头蒜一个，栀子三枚，盐少许，捣烂，摊纸贴脐部，良久可通。或食盐半斤，炒热，布包熨脐腹，冷后再炒热敷之。或用葱白一斤，捣碎入麝香少许拌匀，分2包，先置脐上一包，热熨约15分钟，再换1包，以冰熨亦15分钟，交替使用，以通为度。

导尿法 若经服药、针灸等法无效，而小腹胀满特甚，叩触小腹膀胱区呈浊音，当用导尿法，以缓其急。

以上诸法，适应于尿潴留患者，而不宜于肾衰竭所致的少尿或无尿。

39.4 预防与调护

积极参加体育锻炼，保持心情舒畅，消除各种外邪入侵和湿热内生的有关因素，如忍尿、压迫会阴部、过食肥甘辛辣及饮酒、纵欲。积极治疗原发病，避免失治、误治而导致癃闭。一旦发生癃闭，应做好诱导解释工作，消除紧张恐惧心理，若因卧位不习惯小便者，可扶持下床解小便。

附 录

1. 病案举例

1）苏国祥之尊翁，年已八旬，向来参芪温补，大便不畅，润之则痛。己未四月下旬，小溲忽秘。西医外治已通，复秘。少腹高起二寸，疑外疡也。疡科以敷药涂治，不减。五月初二日乃延余诊。脉弦右濡，苔白底　。是高年运输失职，因事动气，水为之阻，恐其上冲而致喘变。

厚朴　陈皮　苡仁　金铃子　鼠矢　乌药　二苓　泽泻　归身　苁蓉　甜杏仁　火麻仁　莱菔子　粟壳

另西血竭五分、麝香三厘、蝼蛄二对、黑丑三分研末，砂仁汤下。

外治用田螺、车前子、蒜肉、葱头、皮硝打和烘热，敷脐上。又用葱斤许，切炒、布包隔衣熨少腹；热盐亦可。

初三日复诊：已得小便，黄而不畅，略有矢气，五日未便，大腹按之坚略软，中央尚高，湿为气阻显然。惟高年血液亦亏，故大便必三四时方解。膀胱气化不行，益以肠燥，症情夹杂，再拟通气化浊润肠。

厚朴　半夏　陈皮　甜杏仁　紫菀　乌药　金铃子　鼠矢　苁蓉　归身　松子　莱菔子　莪术元明粉

另沉香四分，黑丑四分，血竭四分，蝼蛄一对，川贝母五分，研末，竹沥调服。溲通不畅，便解干燥，大腹之高即退。辍药旬日，少腹之满复起。

十五日延诊：脉弦不敛，苔白根腻。此年高肾液不充，膀胱不利。如偏分利，阴液更亏，姑拟增液理气以通积水。

大麦冬　大生地　元参　归身　鲜苁蓉　枸杞子　紫菀　蔻仁　牛膝　车前子　云苓　黑芝麻　鼠矢

另肥知母、黄柏、交趾桂，研末，米饮糊丸，烘干，空腹服。另嘱食菠菜、麻酱润肠之品。服后二便旋通，饮食起居如常。

越三月，饱餐后忽然作满，形如食厥，不及治而逝。

（周镇·《周小农医案》）

2）曾治王多才，年七十有六，患小便滴沥，醉胀异常。医用破血之剂，胸膈膨胀，人事昏晕，喘促无宁。余曰：此非血蓄膀胱，何用破血为治哉？医误之矣。

仲景有云：小便不利者，为无血也。病在气分，不当用血分之药，此是蓄尿过满，胀翻出窍，以致尿不得出，名为癃闭。吾用白豆蔻宣畅胸膈，砂仁、半夏醒脾开胃，肉桂化气，桔梗升提，生姜升散。令服是剂，且以手拂其肚脐，使膀胱之气能转运，斯窍自顺，而尿如泉涌矣。少顷，果言松了大半，而便下行，转瞬又行，则安然熟睡。睡起又行，腹消如故。即于前方加参、苓、芪、术，数剂而安。

（清·齐有堂.《齐氏医案》）

2. 古文献选录

《素问·奇病论》："有癃者，一日数十溲，此不足也。"

《景岳全书·癃闭》："小水不通，是为癃闭，此最危最急证也……今人一见此证，但知利水，或用田螺罨脐之法，而不辨其所致之本，无怪其多不治也。"

《谢映庐案·癃闭门》："小便通之与不通，全在气之化与不化，然而气化二字难言之矣，有因湿热郁闭而气不化者，用五苓、八正、禹功、舟车之剂，清热导湿而化之；有因上窍吸而下窍之气不化者，用搐鼻法，探吐法，是求北风开南牖之义，通其上窍而化之；有因阴无阳而阴不生者，用八味丸、肾气汤、引入肾命，熏蒸而化之；有因无阴而阳无以化者，用六味丸、滋肾丸，壮水制阳光而化之；有因中气下陷而气虚不化，补中益气，升举而化之；有因冷结关元而气凝不化，真武汤、苓姜术桂之类，开冰解冻，通阳泄浊而化之；有因脾虚而九窍不和者，理中汤，七味白术散之类，扶土利水而化之。"

3. 研究进展

（1）前列腺增生的研究进展

1）病机治则研究　焦安钦认为肾元亏虚是发病的内在因素，气滞、血瘀、败精、湿滞、痰滞、热郁等是其病理基础。治疗应着眼于"通"，可概括为七法，扶元温阳法、滋阴益肾法、化瘀消癥法、疏通气机法、化痰散结法、清热利湿法、通腑宣肺法［贵阳中医学院学报，1996，（4）：3～5］。祁公任认为肾虚气弱是其发病的基础，蓄血瘀结是决定本病性质的关键，膀胱气化失司是排尿发生困难的直接原因，本虚标实，气血同病是前列腺增生的病机特点，补肾益气、行瘀散结、化气利水为本病的治疗大法［江苏中医，1998，（11）：16～18］。

2）临床治疗研究　目前中医多以益肾活血、补气活血、化气利尿为主要治法。岳建平用补肾活血法治疗前列腺增生48例，药用淫羊藿、菟丝子、山萸肉、仙茅、车前子、怀牛膝、巴戟天、水蛭、半枝莲、牡蛎、穿山甲、桃仁、红花、大黄。结果：近期痊愈28例，好转17例，无效3例，总有效率为93.75%［北京中医，1996，（4）：39～40］。李定江用益肾通瘀方治疗前列腺增生68例，药物为：仙灵脾、仙茅、知母、黄柏、附子、肉桂、生地黄、车前子、丹参、桃仁、红花、乌药、蟋蟀，20天为1疗程，总有效率为95.6%。本方可增加膀胱逼尿肌张力，减少前列腺充血，促进前列腺排泄，使前列腺缩小，梗阻减轻，症状改善［湖南中医杂志，1998，（3）：17］。田友谊等用仙灵脾、覆盆子、金樱子、车前子、肉桂、川厚朴、生大黄、穿山甲、王不留行、益母草，治疗本病52例，总有效率为92%［河南中医药学刊，1998，(3)：58～59］刘海朝等以化瘀通闭汤治疗前列腺增生导致尿道梗阻34例，全部有效，药用黄芪、牡蛎、石苇、苦参、枇杷叶、甘草、炮山甲、川楝子、沉香、山慈菇、白芥子、猫爪草、三棱、肉桂［中医药学报，1998，(6)：24］。石永钦等治疗前列腺增生所致的尿潴留78例，药用熟地黄、山药、山萸肉、橘核、荔枝核、海金砂、茯苓、莪术、巴戟天、沉香、泽泻、淫羊藿。服药6～12小时开始排尿者43例，12～24小时内排尿者29例［山西中医，1996，(3)：15］。张文林等用活血化瘀法治疗前列腺增生及急性尿潴留258例，药物以当归、三棱、莪术、穿山甲、大黄、仙灵脾、益智仁、黄精、枸杞子、茯苓、车前子、山慈菇、夏枯草、熟地黄、黄芪为基本方。结果：排尿改善250例，无改善8例，残余尿量明显减少［辽宁中医杂志，1995，(6)：263］。贾玉森等以前列平胶囊治疗本病30例，经治后排尿时间、残余尿量及最大尿流率均比治疗前明显改善，夜尿次数明显减少，前列腺体积有所缩小，前列平胶囊由薏苡仁、木通、大黄、黄芪、栀子、夏枯草、全瓜蒌、佩兰、泽兰等组成［中国医药学报，1996，(2)：17～18］。贾金铭等集多年临床经验及药理实验研究，研制成消癃通闭胶囊，益气活血、清热利湿，药用莪术、山豆根、桔梗、土茯苓、牛膝、益母草、夏枯草、大黄、黄芪等，经3个疗程的观察，总有效率达80%，疗效明显优于舍尼通、保列治（非那甾胺）对照组［中医杂志，1998，(11)：664～665］。

3）实验研究　彭培初等对复方琥角片（琥珀、鹿角片等）进行了实验研究，结果表明，该药对大小鼠实验性前列腺增生有明显的抑制作用，使前列腺重量减轻，指数变小，能抑制腺上皮乳头状增生，减轻前列腺腔分泌物贮留［上海中医药杂志，1995，(1)：1～4］。李承军等对消癃通闭胶囊（山豆根、茯苓、川牛膝、桔梗等）抑制前列腺增生的作用进行了实验研究，结果表明：本品能抑制大鼠精囊腺的增重，抑制前列腺小叶增生及腺上皮细胞分泌前列腺液，具有雌激素样作用［中成药，1995，(6)：30～33］。贾金铭等对消癃通闭胶囊治疗良性前列腺增生的机理，进行了动物实验，结果显示：该药对自发前列腺增生的老龄犬前列腺组织中的5α-还原酶活性具有抑制作用，可明显延长大鼠前列腺细胞分裂的G_2+M期，对大鼠前列腺组织中的碱性成纤维细胞生长因子的表达有明显的抑制作用［中医杂志，1998，(11)：664～667］。

复习思考题

1. 何谓癃闭？
2. 癃闭和淋证如何鉴别？
3. 癃闭如何辨虚实？
4. 试述膀胱湿热型、中气不足型、尿路阻塞型癃闭的辨证施治。

（赵新秀）

40

关 格

目的要求

1. 了解关格的概念及关格的预后。
2. 熟悉关格的诊断与鉴别诊断以及关格病因病机。
3. 掌握关格各证型的辨证论治。

关格是指由于脾肾阴阳衰惫，气化不利，浊邪内蕴而致小便不通与呕吐并见的病证。多见于水肿、淋证、癃闭的晚期。

关格之名，首见于《内经》，但其所指，一是指脉象，一是指病理，均非指关格病。《伤寒论》正式作为病名提出，认为关格是指以小便不通和呕吐为主症的疾患，属于危重证候。

现代医学泌尿系统疾病引起的慢性肾功能不全，可参考本章辨证论治。

40.1 病因病机

40.1.1 病因

久病体虚　水肿、淋证、癃闭等病，反复发作，或迁延日久，脾肾阴阳衰惫，气虚不化，致湿浊毒邪内蕴。肾阳虚衰，气化不利，肾关不开，故小便不通，湿浊上泛故见呕吐。

40.1.2 病机

40.1.2.1 基本病机

脾肾阴阳虚损，气化不利，湿聚成毒是关格的病机所在。

40.1.2.2 病位

本病病位主在脾、肾，涉及心、肝。

40.1.2.3 病理性质

本病病性为本虚标实。脾肾阴阳衰败是本，湿浊毒邪内停是标。

40.1.2.4 病机转化

阴阳互根，五脏相关，阳损可及阴，脾肾虚损可及他脏。使肾病及肝，肝肾阴虚，虚风内动，症见手足搐搦，甚则抽搐，肾病及心，邪陷心包，症见胸闷心悸等；湿浊毒邪上蒙清窍可致神昏。关格的病机往往寒热错杂，脾肾心肝同病，本虚标实相互影响，使病情不断恶化，最终正不胜邪，发生内闭外脱，阴竭阳亡的变化。

40.2 诊断与鉴别诊断

40.2.1 诊断

40.2.1.1 临床表现

临床表现有呕吐与小便不通的症状。

40.2.1.2 病史

有慢性肾病、癃闭、水肿、淋证等病史。

40.2.1.3 辅助检查

结合肾功能、B超、CT等检查有助于诊断。

40.2.2 鉴别诊断

40.2.2.1 走哺

走哺主要指呕吐伴有大小便不通利为主症的一类疾病。往往先有大便不通，而后出现呕吐，呕吐物可以是胃内的饮食痰涎，也可带有胆汁和粪便，常伴有腹痛，最后出现小便不通，类似于关格。但走哺属实热证，其病位在肠，故与关格有本质的区别。

40.2.2.2 癃闭

癃闭主要是指尿量减少，排尿困难，甚则小便不通为主症的一类病证。无呕吐。但癃闭可发展为关格，而关格不一定都是由癃闭发展而来，还可由水肿、淋证发展而成。

40.3 辨证论治

40.3.1 辨证要点

辨标本虚实　若以本虚为主者，应分清脾肾阳虚还是肝肾阴虚；以浊邪为主者，应区别寒湿与湿热的不同。

40.3.2 治疗原则

扶正祛邪是关格的主要治则。扶正是补益脾肾，祛邪有降浊和化浊的不同，降浊者，使浊邪从大便而去；化浊者，即化痰祛浊。

40.3.3 分型论治

40.3.3.1 脾肾亏虚，湿热内蕴

症状　小便短赤，面色晦暗，腰酸腿软，倦怠乏力，不思饮食，晨起恶心，偶有呕吐，头痛不寐。

舌象　苔薄黄腻而干燥。

脉象　脉细数或濡数。

证候分析　肾气虚弱，腰府失养，故腰酸腿软；脾气不足则倦怠乏力，不思纳食。湿热中阻，胃气不降故呕吐；湿热上扰清窍则头痛；湿热内扰心神则夜寐不安。脾肾气虚，故面色晦暗。舌苔薄黄腻，脉濡数为湿热内蕴之征。

治法　健脾益肾，清热化浊。

方药　无比山药丸合黄连温胆汤。

方中熟地黄、山萸肉、巴戟天、菟丝子、杜仲、牛膝、五味子、肉苁蓉补肾固涩；山药、茯苓、泽泻健脾利湿；半夏、陈皮化痰降逆和胃；枳实行气消痰；竹茹、黄连清热化痰除烦。

加减　1）若呕吐、大便秘结可加生大黄、砂仁。

2）若尿少或小便不通，可合滋肾通关丸。

40.3.3.2 脾肾阳虚，寒湿内蕴

症状　小便不通，或短少色清，面色晦滞，怯寒怕冷，下肢不温，大便稀泻，呕吐清水。

舌象　苔白滑。

脉象　脉沉细或濡细。

证候分析　脾肾阳虚，气化无权，故小便不通、或短少、色清；脾肾阳虚，肢体失却温煦则畏寒怕冷，下肢欠温，面色晦暗；脾胃阳虚，寒湿内停，脾胃升降失司，故大便稀溏，呕吐清水。苔白滑，脉濡细为寒湿内停之征。

治法　温补脾肾，化湿降浊。

方药　温脾汤合吴茱萸汤。

方中附子、干姜温阳散寒；人参、甘草、大枣益气健脾；佐以大黄苦寒沉降。吴茱萸温胃下气降浊；生姜和胃止呕。

加减　1）若水肿较甚者可合五苓散。

2）若嗜睡，神识昏昧，可加石菖蒲、远志、郁金，甚则用苏合香丸开窍醒神。

40.3.3.3 肝肾阴虚，虚风内动

症状　小便短少，呕恶频作，烦躁不安，面部烘热，齿衄鼻出血，眩晕头痛，手足搐搦。

舌象　舌暗红有裂纹，苔黄腻或焦黑而干。

脉象　脉弦细数。

证候分析　肝肾阴虚，肾阳无以气化故小便短少；肝肾阴虚，虚火上扰则面部烘热、齿衄鼻出血；阴不潜阳，肝阳上亢则头痛；肝阳化风故目眩，手足搐搦。舌暗红有裂纹，脉弦细数为肝肾阴虚之象。

治法　滋补肝肾，平熄肝风。

方药　六味地黄丸合羚羊钩藤汤。

六味地黄丸滋补肝肾。羚羊角、钩藤凉肝熄风，清热解痉；桑叶、菊花清热除烦；白芍药、生地黄养阴增液以柔肝舒筋；贝母、竹茹清热化痰；茯神安神；甘草调和药性。

加减　1）肝风内动甚者加龙骨、牡蛎。

2）牙宣鼻出血者，加侧柏叶、三七粉。

40.3.3.4 肾病及心，邪陷心包

症状　小便短少，甚则无尿，胸闷、心悸、神识迷蒙，循衣摸床，或神昏谵语，恶心呕吐，面色 白，四肢不温，痰多，口唇紫暗。

舌象　苔白腻。

脉象　脉沉缓。

证候分析　脾肾衰败，湿浊毒邪内停，故尿少或无尿；湿浊毒邪上凌于心则

心悸；内困于脾胃，则恶心呕吐，痰涎壅盛；湿浊上蒙清窍则神识昏蒙，循衣摸床，或神昏谵语。

治法　豁痰降浊，辛温开窍。

方药　涤痰汤合苏合香丸。

涤痰汤中半夏、陈皮、茯苓、枳实涤痰熄风；人参扶助正气；竹茹化痰清热；生姜和胃。苏合香丸芳香开窍醒神。

若症见汗多，面色苍白，手足逆冷，舌淡，脉细微，为阳气欲脱，宜回阳固脱，用参附汤加龙骨、牡蛎治之。本证病情危重，宜中西医结合抢救。

40.4　预防与调护

积极治疗水肿、淋证、癃闭等病是预防关格的关键。对关格病人应控制蛋白摄入量，增加糖的摄入量，多食蔬菜、水果，预防感冒。

附　录

1. 古文献选录

《伤寒论·平脉法》："关则不得小便，格则吐逆。"

《证治准绳·关格》："治主当缓，治客当急。"

《医门法律·关格论》："治吐逆之格，由中而渐透于上；治不溲之关，由中而渐透于下；治格而且关，由中而渐透于上下。凡治关格病，不崇王道，轻投霸术，逞己之能，促人之死，医之罪也。"

《证治汇补·癃闭》："既关且格，必小便不通，旦夕之间，陡增呕恶；此因浊邪壅塞三焦，正气不得升降，所以关应下而小便闭，格应上而生吐呕，阴阳闭绝，一日即死，最为危候。"

2. 研究进展

慢性肾衰竭的中医研究

病因病机的研究　正虚邪实贯穿于慢性肾衰竭的始终，正虚包括阴阳、气血、脏腑的虚损，邪实则有外邪、水湿、湿热、瘀血、风动。王自敏等认为慢性肾衰竭存在着虚、浊、瘀、毒四大病理机制，其中虚是主要病机，且以肾为中心，兼及肝、脾、肺（中西医临床肾病学．北京：中国中医药出版社，1997. 488）。时振声认为本病是一个正气渐损，邪毒渐盛，正邪相争，邪盛正虚以及邪毒内盛，正气衰竭的病理过程（时氏中医肾脏病学．北京：中国中医药出版社，1997）关于正虚，目前有两种观点，一种观点认为正虚是以脾肾阳虚为主，一种观点认为正虚是肝肾气阴两虚为主。陶筱娟通过对116例慢性肾衰竭死亡病例的病机分析认为，脾肾阳虚是本病的病机关键［浙江中医杂志，1987，

(11)：481]。王钢分析了306例慢性肾衰竭的证型，气阴两虚占44.3%，认为气阴两虚是本病的主要病机[中国医药学报，1987，(4)：15]。阳晓对681例慢性肾衰竭正虚证候分布特点进行了调查，结果发现慢性肾衰竭早期以气阴两虚为主，晚期以脾肾阳虚为主[中医杂志，1999，(2)：113]。

治疗研究 徐怀文辨证施治慢性肾衰竭85例。脾虚湿浊用防己黄芪汤、苓桂术甘汤、补中益气汤；阳虚阴逆用温脾汤、真武汤、五苓散；气阴两虚用参芪麦味地黄汤、大补元煎、黄芪补中汤；肝肾阴虚用杞菊地黄丸、知柏地黄丸、三甲复脉汤；阴阳两虚用金匮肾气丸、地黄饮子、济生肾气丸。结果：显效17例，有效38例，无效30例[浙江中医学院学报，1995，(6)：11~12]。王洪忠等用除湿祛痰法治疗慢性肾衰竭74例，治疗组用肾衰胶囊，由陈皮、半夏、大黄、丹参、人参等组成，对照组34例，用丹参注射液静点，近期疗效治疗组总有效率为91.8%，明显优于对照组总有效率76.47%[中医杂志，1996，(12)：723~733]。孙津舒等总结赵恩俭治疗尿毒症的经验方为：土茯苓、防己、甘草等以健脾祛湿，降浊解毒药为主[天津中医，2000，(2)：1~2]。吴仲明等用肾衰宁胶囊治疗本病60例，药物为太子参、大黄、红花、丹参、冬虫夏草、牛膝、甘草等，对照组口服包醛氧淀粉，结果治疗组显效率和有效率均明显优于对照组[中国中西医结合杂志，1998，(9)：558~559]。熊国良将黄芪、大黄、枸杞子、丹参等加工制成益气补肾冲剂，治疗气虚肾亏之慢性肾衰Ⅱ期、Ⅲ期患者30例。结果证明该冲剂具有改善气虚肾亏症状，降低血尿素氮、血肌酐的作用，并改善肾性贫血，降低血脂及尿蛋白的作用，总有效率为80%[湖南中医杂志，1995，(4)：14]。刘宏伟认为既往临床和实验表明，中药治疗慢性肾衰竭确实有效的药物为：大黄、冬虫夏草、丹参、红参、黄芪等单味药，以及温脾汤、柴苓汤、真武汤、尿毒清冲剂、肾康注射液等中药复方[中医杂志，1999，(3)：180~181]。刘宏伟还认为若慢性肾衰竭无大便秘结或血肌酐大于884μmol/L的终末期肾衰竭患者不宜使用大黄[中医杂志，1997，(8)：502~503]。熊宁宁亦强调，治疗本病保肾为关键，护肾气为首务，初治大黄不宜盲投大剂量，应从小量开始，并用制大黄，尤其应避免口服与灌肠同施[中医杂志，1998，(8)：467]。

实验研究 近年来对中药单味药如大黄、六月雪、黄芪、丹参等治疗慢性肾衰竭的研究报道较多。大黄延缓慢性肾衰竭的机理为：①改善氮质代谢；②抑制肾脏代偿性肥大和高代谢状态；③抑制肾脏固有的细胞异常增生；④纠正脂质代谢紊乱；⑤清除自由基[中医杂志，1997，(8)：503]。冬虫夏草治疗慢性肾衰竭的机理：①调节免疫功能；②补充必需氨基酸；③调节钙磷代谢；④影响蛋白质的代谢；⑤抗脂质过氧化[实用中医内科杂志，2000，(1)：1~3]。黄芪降低尿素氮的机理与抗氧化、促进免疫有关[实用中医内科杂志，2000，(1)：1~3]。丹参及丹参注射液在慢性肾衰竭的治疗中，使尿素氮、肌酐显著降低，原因是其有形成丹参酮能改善因肾衰竭所致的肾素和血浆容量的失调，缓解因肾素增加所致的肾小管阻力增大，红细胞瘀积，肾脏血流量减少等连锁反应，有利于增加血流量，建立侧枝循环[药学实践杂志，1998，(6)：370~371]。刘玉宁报道救肾胶囊（附子、西洋参、大黄、槐花、丹参），能改善肾小管功能，减轻毒物对肾小球、肾小管的损伤［中医研究，1995，（11）：18］。

复习思考题

1. 关格与癃闭如何鉴别？
2. 关格的病位与哪些脏腑有关？
3. 关格的基本病机是什么？病理演变如何？
4. 关格分为哪几种证型？试述其治法及方药。

（赵新秀）

41

腰 痛

目的要求

了解腰痛的源流及范围，熟悉腰痛的病因病机及调护，掌握腰痛的辨证施治。

腰痛是指腰部感受外邪，或因外伤或因肾虚而引起的气血运行失调，脉络绌急，腰府失养所致的以腰部一侧或两侧疼痛为主要症状的一类病证。

《内经》提出了肾虚腰痛的特点，在《素问·刺腰痛》篇根据经络，阐述了足三阴，足三阳以及奇经八脉为病所出现的腰痛病证，并介绍了相应的针灸疗法。《金匮要略》以肾著、虚劳统论之，创立了肾气丸、甘姜苓术汤。《丹溪心法》认为腰痛有湿热、肾虚、瘀血、挫闪、痰积五种。此后《类证治裁》、《张氏医通》均认为腰痛以肾虚为本，风寒湿热闪挫等为标。《证治汇补》在治法上提出，初痛宜疏邪滞、理经隧，久痛宜补真元、养血气。

现代医学中的脊柱及软组织损伤等出现的腰痛均可参照本章进行辨证论治。

41.1 病因病机

41.1.1 病因

41.1.1.1 感受外邪

六淫之中，以湿邪致病者多，但有寒湿、湿热的不同。湿性阴凝，阻碍气血流通。居处卑湿、寝卧湿地；或者水中作业，衣着冷湿，寒湿入侵，留着腰部，发生腰痛。长夏湿热交蒸，或寒湿郁而化热，湿热内蕴，阻遏经脉，亦可发生腰痛。

41.1.1.2 闪挫跌仆

举重抬物，用力不当，屏气闪挫，暴力扭转，或因跌仆损伤，致气血瘀阻，发生腰痛。

41.1.1.3 年老久病

高年肾气衰微，精血亏耗，房室不节，劳作伤肾，或久病伤肾，肾虚精亏腰府失养，而发生腰痛。

41.1.2 病机

41.1.2.1 基本病机

肾虚腰府失养和寒湿、湿热、瘀血痹阻经脉，气血不畅，是腰痛的病机所在。内伤不外乎肾虚，外感总不离湿邪。肾虚是发病的关键，风寒湿热痹阻不行，常因肾虚而客。

41.1.2.2 病位

本病病位在腰，与肾及足太阳、足少阴、督、带等经脉密切相关。腰为肾之府，赖肾之精气以濡养，故肾虚可致腰痛。因足少阴肾之脉，贯脊，属肾，络膀胱；足太阳之脉，夹背抵腰中，入循膂，络肾，属膀胱，其支者，从腰中下夹脊贯臀；督脉贯脊上行；带脉起于季肋，绕腰一周。故腰痛与上述经络病变亦有关。

41.1.2.3 病理性质

本病病性有虚实不同，但以虚为多，或见本虚标实，凡因外邪、瘀血阻滞者属实；因肾精亏虚，不能濡养腰部者属虚。但一般而言，腰痛以虚为多，且以肾虚为主。

41.1.2.4 病机转化

实证延久不愈，邪留伤肾，可由实转虚；虚证腰痛，在肾虚的基础上又易感邪加重，每多出现本虚标实证。寒湿久郁可化热；寒湿、湿热阻滞日久均可导致气滞血瘀。

41.2 诊断与鉴别诊断

41.2.1 诊断

41.2.1.1 临床表现

一侧或两侧腰痛，或痛势绵绵，或胀痛不适，或痛如锥刺，按之痛甚。

41.2.1.2 病史

具有感受外邪，跌仆、劳损等病史。

41.2.1.3 辅助检查

需排除腰部器质性病变，作有关检查，如腰部X线平片、腰椎CT及血沉等。

41.2.2 鉴别诊断

腰软 指腰部软弱无力为主证的病证。少有腰部酸痛，但多伴有发育迟缓，而表现为头项软弱、手足瘫痪，甚则鸡胸龟背，多发生在青少年，以此与腰痛鉴别。

41.3 辨证论治

41.3.1 辨证要点

辨虚实 属于实证者，病史短，发病急，痛势剧烈，拒按，多由外邪或跌仆所致。属于虚证者，久病，反复发作，痛势绵绵，喜按，多由肾虚所致。

41.3.2 治疗原则

属实证者，以祛邪通络为主，寒湿者宜温化；湿热者宜清利；血瘀者当活血。属虚证者，治以补肾益精，或温阳益气，或滋肾养血。

41.3.3 分型论治

41.3.3.1 寒湿腰痛

症状 腰部冷痛重着，转侧不利，逐渐加重，每遇阴雨天或腰部感寒后加剧，痛处喜温，体倦乏力，或肢末欠温，静卧痛势不减。

舌象 舌淡或淡红，苔白腻。

脉象 脉沉迟或缓。

证候分析 寒湿痹阻腰部，故腰部冷痛重着；寒、湿俱为阴邪，得阳运始化，阴雨寒冷天气，寒湿更甚，故疼痛加剧；静卧更易使湿邪凝聚，故静卧痛势不减；苔白腻，脉迟或缓本为寒湿之象。

治法 散寒除湿，温通经络。

方药 渗湿汤。

方中干姜、丁香温中散寒，苍术、白术、茯苓、橘红健脾祛湿，甘草补中益气。

加减 1）若寒甚痛剧，腰部拘急不适，肢冷面白者加附子、桂枝温阳散寒。

2）若湿邪偏盛，腰部沉重胀闷者加藿香、通草燥湿宣通。

3）若兼风邪，腰部窜痛，痛处不定者加羌活、独活、防风，或改用独活寄生汤。

41.3.3.2 湿热腰痛

症状 腰髋弛痛，牵掣拘急，痛处伴有热感，热天或雨天加重，小便短赤。

舌象 舌红，苔黄腻。

脉象 脉濡数。

证候分析 湿热壅于腰部，筋脉弛缓，经气不通，故腰髋弛痛，牵掣拘急，痛处有热感；热天、雨天热重湿增，故疼痛加剧；活动后气机得以舒展，故疼痛减轻；湿热下注膀胱，故小便短赤；苔黄腻，脉濡数为湿热之征。

治法 清热利湿，疏经活络。

方药 加味二妙散。

方中以黄柏、苍术辛开苦燥清热化湿；防己、萆 利湿活络；当归、牛膝养血活血，牛膝引药下行直达病所；龟板补肾滋肾，防苦燥伤阴。

加减 1）临证可加土茯苓、木瓜、络石藤，以加强舒筋通络止痛之功。

2）若舌红苔黄，脉数明显，热象偏重者，可加栀子、泽泻、木通以助清利湿热。

3）若湿热伤阴，腰酸腿软，手足心热者，治当清热利湿，兼顾阴津，可加女贞子、旱莲草。

41.3.3.3 瘀血腰痛

症状 腰部刺痛，部位固定，昼轻夜重，轻则俯仰不便，重则转侧不利，动则痛剧，拒按，面晦唇紫，常有闪挫、跌仆、劳损病史。

舌象 舌质紫暗，或有瘀斑。

脉象 脉弦涩或细数。

证候分析 瘀血阻滞经脉，故痛处固定；气滞为甚则胀痛；瘀血为甚则刺痛；入夜阴盛，愈致瘀凝气滞，故夜间疼痛加重；瘀血内阻属实，故拒按；舌紫、脉涩均为瘀血之征。

治法 活血化瘀，理气通络。

方药 身痛逐瘀汤加减。

方中当归、川芎、桃仁、红花、赤芍药祛瘀通络；没药、五灵脂、穿山甲、地鳖虫破瘀止痛；牛膝引药下行，祛瘀利腰；地龙通络止痛。

加减 1）由于闪挫扭伤或体位不正所致者，可加青皮、香附、乳香理气活络。

2）若兼肾虚之象，腰膝酸软喜卧者，加杜仲、川断。

41.3.3.4 肾虚腰痛

症状 腰痛隐隐，绵绵不休，酸软无力，行立不支，喜揉喜按，遇劳加重，卧则减轻，常反复发作。偏阳虚者，腰部发凉，少腹拘急，面色 白，四肢欠温，少气乏力；偏阴虚者，心烦失眠，口燥咽干，面色潮红，手足心热。

舌象 偏阳虚者舌淡白，苔薄白；偏阴虚者舌红少苔。

脉象 偏阳虚者脉沉细；偏阴虚者脉细数。

证候分析 肾之精气亏虚，腰脊失养，故腰部酸软无力，其痛绵绵；因属虚证，故喜揉喜按；劳则气耗，故遇劳更甚，卧则减轻。阳虚不能温养经脉，则少腹拘急；阳虚不能温煦腰肢，故腰部发凉，手足不温；面色 白，舌淡，脉沉细本为虚寒之象。阴虚火旺，虚火上炎，故手足心热，心烦口干；舌红少苔，脉细数本为阴虚之象。

治法 偏阳虚者，宜温补肾阳；偏阴虚者，宜滋补肝肾。

方药 偏阳虚者，右归丸；偏阴虚者，左归丸。

右归丸方中用熟地黄、山萸肉、山药、枸杞子、菟丝子补益肝肾；肉桂、附子温补命火；当归、鹿角胶滋补阴血；杜仲强腰壮肾。左归丸方中山药、熟地黄、山萸肉、枸杞子、龟板胶填补肾阴；菟丝子、鹿角胶、牛膝温肾壮腰，肾得滋养，虚痛可除。

加减 1）偏于肾阳虚者，若由于劳伤所致，劳则腰痛加重者，可合补中益气汤。

2）偏于肾阴虚者，可加女贞子、旱莲草。

3）阴阳偏盛不明显者可用青娥丸。

41.4 预防与调护

平时注意腰部保暖，避免外邪侵入，勿坐卧湿地、水泥地；勿当风而卧，湿衣应及时更换。坐、卧、行保持正确姿势，不可强力举重，不可负重久行，勤做松弛腰部肌肉的体操，避免跌、仆、闪、挫。

附 录

1. 病案举例

1）劳伤蓄血，阻住腰膂筋络，症起腰腧抽掣作痛，交阴分时为甚，皮色不变，眠食欠安。脉弦涩数。治宜疏散。

金毛狗脊 赤白芍 鸡血藤、西秦艽 全当归 川断肉 明乳香 麻皮 绵杜仲 杜红花 炒甲片 青蛾丸

（《清代名医医案精华·凌晓五医案》）

2）腰者肾之府，肾气不充，湿痰入于经络，以致腰间作疼，已历二年之久。拟方徐徐图之。

牵正散　木瓜　制半夏　桑叶　川断　茯苓神　金毛狗脊　络石藤　橘皮络　蒺藜　杜仲

（《清代名医医案精华·赵海仙医案》）

2. 古文献选录

《素问·脉要精微论》："腰者，肾之府，转摇不能，肾将惫矣。"

《证治准绳·腰痛》："有风、有湿、有寒、有热、有挫闪、有瘀血、有滞气、有痰积，皆标也；肾虚其本也。"

《景岳全书·腰痛》："腰痛证凡悠悠戚戚，屡发不已者，肾之虚也；遇阴雨或久坐痛而重者，湿也；遇诸寒而痛，或喜暖而恶寒者寒也；遇诸热而痛及喜寒而恶热者热也；郁怒而痛者气之滞也；忧愁思虑而痛者气之虚也；劳动即痛者，肝肾之衰也。当辨其所因而治之。"

《医学心悟·腰痛》："腰痛拘急，牵引腿足，脉浮弦者，风也；腰冷如冰，喜得热手熨，脉沉迟，或紧者，寒也，并用独活汤主之。腰痛如坐水中，身体沉重，腰间如带重物，脉濡细者，湿也，苍白二陈汤加独活主之。若腰重疼痛，腰间发热，痿软无力，脉弦数者湿热也，恐成痿证，前方加黄柏主之。若因闪挫跌仆，瘀积于内，转侧如刀锥之刺，大便黑色，脉涩，或芤者，瘀血也，泽兰汤主之。走注刺痛，忽聚忽散，脉弦急者，气滞也，橘核丸主之。腰间肿，按之濡软不痛，脉滑者，痰也，二陈汤加白术、萆　、白芥子、竹沥、姜汁主之。腰痛似脱，重按稍止，脉细弱无力者，虚也，六君子汤加杜仲续断主之。若兼阴冷，更佐以八味丸。大抵腰痛，悉属肾虚，既夹邪气，必须祛邪，如无外邪，则惟补肾而已。"

3. 研究进展

（1）中医治疗腰痛的临床研究

罗国梁等认为外伤腰痛的基本病理为肾气亏虚，气滞血瘀，根据罗氏祖传秘方制成壮筋合剂，治疗外伤性腰痛 9920 例，药用狗脊、元胡、三七粉、羌活、当归、桂枝、丁香、陈皮、附子、冰片、姜片制成糖浆口服，结果显效 3217 例，有效 4053 例，无效 1950 例，总有效率 79%［中医正骨，1996，（6）：18］。周荣峰等用苡仁虫酒汤治疗急性腰痛 61 例，薏苡仁、　虫、防风、木通、杜仲、陈皮、当归、桃仁、红花、青皮、三七粉，水酒半量煎煮，显效、有效 60 例，无效 1 例［新中医，1995，（3）：54］。王植贤用腰痛汤治疗急性腰扭伤 43 例，丹参、当归、制乳香、制没药、炒杜仲、续断，痊愈 41 例，显效 2 例［新中医，1998，（1）：47］。刘合曾用肾著汤合五积散治疗腰痛 100 例，药用干姜、苍术、白术、杜仲、羌活、独活、骨碎补、茯苓、川断、川牛膝、怀牛膝、麻黄、肉桂、细辛、元胡、桑寄生、甘草，药渣趁热布包放腰部，用热水袋敷 30 分钟，结果：治愈 74 例，显效 18 例，有效 6 例，无效 2 例，总有效率 98%［山东中医杂志，1996，(9)：401]。刘国胜主张重用川草乌各30g，先煎，治疗风寒腰痛，川草乌可快速镇痛，改善腰椎周围软组织的痉挛状态［天津中医，1995，(5)：40]。陈华等用壮腰汤治疗腰痛250例，药用狗脊、威灵仙、制首乌、川杜仲、续断、骨碎补，治愈122例，显效110例，好转12例，总有效率为97.7%［湖南中医杂志，1996，(1)：24~25]。徐正生等以补中益气汤加山药、茯苓、牛膝、杜仲治疗慢性腰痛86例，治愈62例，显效16例，好转8例，总有效率为100%［中医正骨，1995，(2)：32]。杨红旗等用腰痛舒胶囊治疗肾虚寒湿腰痛90例，药用淫羊藿、地龙、马钱子、芍药，有效率达96.7%，对照组用布洛芬有效率为90%［中医杂志，1998，(12)：716]。周菲菲等以补肾壮腰汤治疗肾阳虚腰痛176例，药物组成为羊骨、狗骨、鹿角霜、白术、仙灵脾、狗脊、杜仲、熟附子、白芍药、七叶莲、地龙、三七、甘草，对照组82例服用右归丸，20天为1疗程，治疗组与对照组分别治愈82例、19例；显效66例、20例；好转26例、21例；无效2例、22例。治疗组疗效明显优于对照组［中级医刊，1998，(4)：49~50]。

(2) 中医治疗腰椎间盘突出症的临床研究

本病多发生在腰$_{4\sim5}$或腰$_5$~骶$_1$之间，椎间盘纤维环破裂，髓核脱出，压迫神经根而引起腰痛。疼痛特点轻则酸麻不适，重则如刀割针刺，可放射到下肢大腿后侧，小腿外侧和足背，喷嚏、咳嗽、大便用力时疼痛加重，初期卧床休息后可减轻，后期疼痛持续难解，腰部活动受限，前屈尤显，病久患肢肌肉萎缩。甕履平主张急性期选用立效散，当归、肉桂、元胡、杜仲、小茴香、牵牛子，后期用补肾养血汤，药用仙灵脾、仙茅、紫河车、女贞子、枸杞子、菟丝子、当归、白芍药、党参、香附等［中医杂志，1997，(11)：694]。李宗光用腰痛灵片治疗腰椎间盘突出症30例，药物组成为制马钱子、制乳香、制没药、皂角刺、牛膝、苍术、 虫等，用黄酒送服，结果总有效率93.2%［新疆中医药，1998，(4)：18~19]。富彦卿等主张内服外治并用，治疗本病398例，内服腰痛康复散，药用羌活、防风、秦艽、川断、狗脊、海风藤、杜仲、红花、莱菔子、郁金、五灵脂、当归、白芍药、鸡血藤、元胡、仙灵脾、熟地黄、桂枝、牛膝、川芎、制马钱子、乳香、没药、三七、肉苁蓉、血竭、桑寄生、仙灵脾，研细末，每服5g，1日3次。外用腰痛安热敷袋，当归、川椒、续断、防风、木瓜、羌活、红花、白芷、乳香、没药、透骨草、黄柏、茄根各50g，研末，加白酒、盐各100克拌匀，分装3个棉袋，蒸透后，调换敷患处，日1~2次，20日1疗程，治愈382例，好转12例，无效4例［中医药学报，1995，(3)：46~47]。胡志俊用扶正祛风利水方治疗本病100例，药用羌活、独活、秦艽、当归、川芎、杜仲、牛膝、川断、狗脊、党参、柴胡、地龙、土鳖虫、泽兰、姜黄、白芷、元胡、猪苓、泽泻、芦根、木通、丹参，本方的特点在于应用了利水之品，以消除受压软组织产生的水肿，结果：治愈71例，好转20例，未愈7例，总有效率93%［中国医药学报，1999，(2)：76]。谢天生以杜仲、狗脊、骨碎补、熟地黄、党参、黄芪、当归、木瓜、威灵仙、川芎、元胡为基本方，随证加减，配合推拿、针灸、水针疗法、药磁火罐等治疗腰椎间盘突出症568例，显效382例，有效178例，无效8例，总有效率达98.5%［云南中医学院学报，1998，(2)：42~44］。

(3) 中医治疗腰肌劳损的临床研究

腰肌劳损是由于长期弯腰或负重导致腰部肌肉、韧带撕裂、充血、水肿，临床表现为：腰部钝痛、亦可散布于整个背部或臀部，运动稍受限，无明显压痛。雍履平主张用健脾活血法治疗，多用补中益气汤合身痛逐瘀汤。药用黄芪、党参、白术、当归、陈皮、柴胡、升麻、甘草、秦艽、川芎、桃仁、红花、五灵脂、香附、牛膝、地龙、土鳖虫；前期重用当归、川芎、牛膝、没药、五灵脂，并加羌活、土鳖虫、大戟少量。后期重用党参、白术、陈皮［中医杂志，1997，(11)：694］。姜阳丹对劳损性腰背痛从血痹论治，方用黄芪桂枝五物汤加减，治疗本病50例，痊愈34例，好转12例，无效4例，总有效率92%［湖南中医药导报，1997，(3)：62~63］。张国祥认为本病多肝肾不足，复感风寒湿诸邪，气机不畅，络脉不通所致，自拟益肾通络汤治疗慢性腰肌劳损82例，药用熟地黄、山萸肉、怀牛膝、杜仲、桑寄生、当归、川芎、党参、黄芪、独活、威灵仙、细辛、桂枝、获满意疗效［医学理论与实践，1996，(11)：511~512］。

(4) 腰痛的实验研究

张静等研究活血化瘀中药制剂腰痛康治疗血瘀型腰痛的作用机理，结果：与空白对照组相比，腰痛康煎剂组和膏剂组给药7天时，其血浆黏度、纤维蛋白原、血沉有不同程度的降低，给药15天时其全血黏度、红细胞聚集有不同程度降低，证明腰痛康可改善血液的黏浓状态，降低血清NO浓度，促使神经根炎症的消除和组织修复，从而达到止痛效果［中医骨伤，1998，(6)：13~15］。

复习思考题

1. 为什么腰痛的发生以肾虚为主？
2. 如何理解腰痛的治疗要补肾培本？
3. 试述腰痛的分型施治？

（赵新秀）

42

阳 痿

目的要求

1. 了解阳痿的概念。
2. 熟悉阳痿的病因病机。
3. 掌握阳痿各证型的辨证施治。

阳痿是指青壮年男子，由于虚损、惊恐或湿热等原因，致使宗筋弛纵，引起阴茎萎软不举，或临房举而不坚的病证。

《内经》称本病为“阴痿”、“阴器不用”，《外台秘要·虚劳阴痿候》从肾虚立论，多选用菟丝子、蛇床子、肉苁蓉、续断、巴戟天等温肾壮阳、填精补髓之品。《景岳全书·阳痿》指出阴痿即是阳痿，并从命门火衰、七情劳倦、湿热炽盛三方面辨证论治。《类证治裁·阳痿》指出阳痿有属先天精弱者。《临证指南医案》在阳痿的治疗用药方面积累了丰富的经验。

现代医学的男子性功能障碍和某些慢性疾病表现以阳痿为主者，可参考本章辨证施治。

42.1 病因病机

42.1.1 病因

42.1.1.1 房室不节

纵欲太过，或有手淫恶习，或因先天不足，斫丧太过，可致精气虚损，命门火衰，发为阳痿。

42.1.1.2 情志失调

思虑忧郁，损伤心脾，生化乏源，气血不足，宗筋失养，发为阳痿。恐惧伤肾，恐则气下，胆虚精却，肾不作强，阳事不用而阳痿。情志不遂，肝气郁结，肝失疏泄条达，则宗筋所聚无能因而阳痿。

42.1.1.3 酒食不节

过食肥甘厚腻，或嗜饮酒浆，中焦聚湿生热，湿热下注，宗筋弛纵，发为阳痿。

42.1.2 病机

42.1.2.1 基本病机

阳痿的主要病机为阳气不足，气血虚弱，或肝气郁结，湿热阻滞使宗筋弛纵，茎萎不举。

42.1.2.2 病位

阳痿的发生与肝肾、脾胃密切相关。肾为生殖之本，肝主筋，主疏泄，脾胃为气血生化之源，阳明胃经主润宗筋，四者之中，尤以肾更为重要。

42.1.2.3 病理性质

阳痿总属虚多实少。因精气虚损、命门火衰、气血不荣、宗筋失濡者为虚证，尤以命门火衰者居多。湿热下注、肝气郁结者属实证，但较少见。

42.2 诊断与鉴别诊断

42.2.1 诊断

42.2.1.1 临床表现

青壮年男子性交时，由于阴茎不能有效地勃起，无法进行正常的性生活，即可诊断阳痿。

42.2.1.2 病史

排除性器官发育不全，或药物引起的阳痿。

42.2.2 鉴别诊断

早泄　早泄是指在性交之始，阴茎虽能勃起，但随即过早排精，排精之后因阴茎萎软遂不能进行正常的性交。阳痿是指性交时阴茎不能勃起，两者有所不同，但早泄日久可发生阳痿。

42.3 辨证论治

42.3.1 辨证要点

辨有火无火　阳痿而兼见面色 白，畏寒肢冷，舌淡苔白，脉沉细者，是为无火；阳痿而兼见烦躁易怒，小便黄赤，苔黄腻，脉濡数或弦数者，是为有火。其中辨证的依据以舌象、脉象为主。

42.3.2 治疗原则

虚者宜补，实者宜泻。命门火衰者，阳气既虚，真阴多损，应补肾温阳，佐以填精，阴中求阳，忌用辛热刚燥之品；劳伤心脾者，应益气养血；湿热下注者，清热利湿；肝气郁结者，疏肝解郁。对久治不愈者，可根据阴器以筋为体，以气血为用的理论，适当加活血化瘀之品，以提高疗效。

42.3.3 分型论治

42.3.3.1 命门火衰

症状　阳痿不举，精液清冷，头晕耳鸣，面色 白，神疲乏力，腰膝酸软，阴部发冷。

舌象　舌淡，苔白。

脉象　脉沉细。

证候分析　精气虚损，命门火衰，故见阳事不举，或举而不坚，精薄清冷；肾精亏耗，髓海空虚，故头晕耳鸣，五脏之精气不能上荣于面，故面色 白；腰为肾之府，精气亏乏，故腰膝酸软，神疲乏力。阴部发冷，舌淡苔白，脉沉细，均为命火虚衰之象。

治法　温肾壮阳。

方药　右归丸合赞育丹。

方中鹿角胶、菟丝子、淫羊藿、肉苁蓉、韭菜子、蛇床子、杜仲、附子、肉桂、巴戟天、鹿茸温肾壮阳；熟地黄、当归、枸杞子、山茱萸滋阴养血，以阴中求阳。

加减　1）若兼滑精去肉桂、附子，加金樱子、桑螵蛸、五味子、龙骨、生牡蛎。

2）若脾虚纳呆食少者，加陈皮、砂仁。

42.3.3.2 心脾受损

症状 阳事不举，精神不振，心悸健忘，失眠多梦，倦怠乏力，面色萎黄。

舌象 舌淡，苔薄白。

脉象 脉细弱。

证候分析 劳伤心脾，气血不足，宗筋失养，故阳事不举；思虑太过，心血暗耗，心神失养故心悸健忘，失眠多梦；气血不足，故面色萎黄，倦怠乏力；舌淡，脉细弱为气血亏虚之象。

治法 补益心脾。

方药 归脾汤。

方中党参、黄芪、茯苓、炙草健脾益气；酸枣仁、远志、桂圆肉养心安神；当归补血；生姜、大枣调和脾胃。诸药合用，共奏益气健脾、补血养心之效。

加减 1）心悸失眠突出者，加柏子仁、五味子。

2）伴肾阳虚衰者，加菟丝子、仙灵脾、巴戟天。

42.3.3.3 恐惧伤肾

症状 阳事不举，举而不坚，胆怯多疑，善恐易惊，夜寐不安。

舌象 舌淡，苔薄腻。

脉象 脉弦细。

证候分析 惊恐伤肾，胆虚精却，肾气亏损，故阳事不举，或举而不坚；惊恐气乱，决断不能，故胆怯多疑；心神不宁，故夜寐不安。

治法 益肾宁神。

方药 大补元煎。

方中熟地黄、山萸肉、杜仲、枸杞子益肾；人参、当归补益气血。

加减 1）心虚胆怯，惊悸不寐者，可加龙骨、牡蛎。

2）肾虚精亏者，加菟丝子、怀牛膝。

42.3.3.4 肝气郁结

症状 阳痿不举，情绪抑郁或急躁易怒，胸闷善太息，胁肋胀闷，食少纳呆。

舌象 舌淡，苔薄。

脉象 脉弦。

证候分析 肝失条达，宗筋功能失常，故阳痿；肝郁克脾，脾失健运，故食少便溏；情绪抑郁，急躁易怒，胁肋胀闷，脉弦均为肝气郁结之征。

治法 疏肝解郁。

方药 逍遥散。

方中柴胡疏肝解郁；当归、白芍药养血和血；茯苓、白术、甘草健脾益气。

加减 1）气郁较甚加枳壳、香附、川楝子疏肝理气。

2）兼腰酸腿软者，加补骨脂、菟丝子、枸杞子补益肝肾。

42.4 预防与调护

如果阳痿因恣情纵欲引起者，应清心寡欲，戒除手淫；若因体质虚弱，营养不良或过度劳累所致者，应加强营养，劳逸结合，适当参加体育锻炼以增强体质。患者应树立信心，消除顾虑，减轻思想负担。治疗期间夫妻应分床而居，相互关怀体贴，有助于阳痿的康复。

附　遗精

目的要求

1. 了解遗精的概念。
2. 熟悉遗精的病因病机，及遗精各证型的辨证施治。

遗精是指不因性生活而精液频繁遗泄的病证。有梦而遗精，称为梦遗；无梦而遗精，甚至清醒时精液流出，称为滑精。

现代医学的神经衰弱、前列腺炎等引起的遗精，可参考本章辨证施治。

1 病因病机

1.1 病因

1.1.1 劳心过度

烦劳伤神，心阴暗耗，心火亢盛，心肾不交，虚火扰动精室而致遗精。或思慕色欲，意淫于外，神摇于内，君相之火不能潜藏，君相火动而遗精。

1.1.2 房劳太过

恣情纵欲，手淫太过，肾精耗伤，相火偏旺，扰动精室，精液遗泄；或致肾气不足，精关不固，发生遗精。

1.1.3 饮食不节

醇酒厚味，损伤脾胃，运化失司，内生湿热，湿热下注，扰动精室，遗精乃见。

1.1.4 思虑过度

思则伤脾，心血耗伤，心脾受损，脾虚气陷，气不摄精，亦可发生遗精。

1.2 病机

1.2.1 基本病机

阴虚火旺或湿热下注，精关被扰；肾气虚衰，肾失封藏，精关不固是本病的病机关键。

1.2.2 病位

遗精的发生与心、脾、肝、肾均有关，但与心、肾二脏关系最为密切。肾藏精，心藏神，精虽藏于肾，但主宰则在于心，因此遗精的病位主在心、肾。

1.2.3 病理性质

遗精的病理性质总属虚多实少。因心脾受损、肾虚不固者属虚；因君相火动、湿热下注者属实。

1.2.4 病机转化

遗精日久，肾之精气耗伤，阴阳俱虚可引起阳痿、早泄。

2 诊断与鉴别诊断

2.1 诊断

2.1.1 临床表现

已婚男子不因性生活而排泄精液，多在睡眠中发生，每周超过1次以上；或未婚男子频繁发生精液遗泄，每周超过2次以上者，伴有耳鸣、头昏、神疲乏力、腰酸腿软等，持续1月以上，即可诊断为本病。

2.1.2 辅助检查

直肠指诊、前列腺B超及精液常规等检查，可协助诊断。

2.2 鉴别诊断

溢精　成年未婚男子，或婚后夫妻分居者，1个月遗精1~2次，次日无不适感觉或其他症状，属于生理现象，并非病态。

3 辨证论治

3.1 君相火动，心肾不交

症状　少寐多梦，梦则遗精，阳事易举，心悸心烦，头晕目眩，精神不振，倦怠乏力，口干口苦，尿黄赤热。

舌象　舌红，苔薄黄。

脉象　脉细数。

治法　清心安神，滋阴清热。

方药　黄连清心饮合三才封髓丹。

黄连清心饮中黄连清泻心火；生地黄滋阴清热；当归、酸枣仁和血安神；茯神、远志宁神养心；人参、甘草益气和中；莲子补益心脾，收摄精气。三才封髓丹中天冬、熟地黄滋水养阴；人参、甘草宁心益气；黄柏清热泻火坚阴；砂仁行滞悦脾以顾护中焦。

3.2 湿热下注，扰动精室

症状　遗精频作，或尿时少量精液外流，小溲热赤浑浊，或尿涩不畅，口苦或渴，心烦少寐，口舌生疮，大便溏臭。

舌象　苔黄腻。

脉象 脉濡数。

治法 清热利湿。

方药 程氏萆 分清饮。

方中萆 、黄柏、茯苓、车前子清热利湿；白术健脾燥湿；莲子心、丹参、石菖蒲清心安神。

3.3 劳伤心脾，气不摄精

症状 劳则遗精，心悸不宁，失眠健忘，面色萎黄，四肢困倦，食少便溏。

舌象 舌淡，苔薄白。

脉象 脉细弱。

治法 调补心脾，益气摄精。

方药 妙香散。

方中人参、黄芪、山药、茯苓益气健脾；远志、朱砂养心安神；木香理气防壅，桔梗升清，诸药合用，气充神守，遗精自止。

3.4 肾虚滑脱，精关不固

症状 梦遗频作，甚至滑精，腰膝酸软，咽干、心烦、眩晕，耳鸣，健忘失眠，低热颧赤，形瘦盗汗，发落齿摇。部分病人久遗滑精，可兼见形寒肢冷，阳痿早泄，精冷，夜尿多或尿少，浮肿，溲色清白，面色 白。

舌象 舌红少苔或舌淡嫩有齿痕，苔白滑。

脉象 脉细数或沉细。

治法 补益肾精，固涩止遗。

方药 左归饮合金锁固精丸、水陆二仙丹。

方中熟地黄、山萸肉、枸杞子、潼蒺藜补益肾精；芡实、莲须、金樱子、龙骨、牡蛎固涩止遗；山药、莲子肉、茯苓、甘草健脾助运。若阴虚及阳，阴阳两虚者，可用右归丸，方中熟地、山药、山萸肉、枸杞子补养精血，菟丝子、杜仲补肾摄精，鹿角胶、肉桂、附子温补肾阳，全方合用阴中求阳，阴阳并补。

4 预防与调护

注意精神调养，排除杂念，既是预防措施，又是调摄内容。应避免过度的精神紧张，积极参加文体活动，适当参加体力劳动。节制性欲，戒除手淫，夜晚进食不宜过饱。睡前用温水洗脚，养成侧卧的习惯，被褥不宜过厚，脚部不宜盖得太暖，衬裤不宜过紧。少食辛辣刺激食物，如烟、酒、咖啡等。

附 录

1. 病案举例

1）陈鸣皋，形丰多劳，喜食辛酸爽口之物。医者不知味过于酸，肝气以津，脾气乃绝，以致形肉削夺。辄用参术培土，不思土不能生，徒壅肝热，故复阳痿不起。颠沛三载，百治不效。盖未悉《内经》有筋膜干，则筋急而挛，发为筋痿之例。余诊脉左数右涩，知为肝气太过，脾阴不及，直以加味逍遥散，令服百剂，阳事顿起，更制六味地黄丸十余斤，居然形体复旧。

（清·谢映庐.《得心集医案》）

2）孙文垣治一人，色欲过度，梦遗精滑。先服清相火之剂不效，继用固涩之剂亦无功。求孙治与以玉华白丹，浓煎人参汤送二钱。两服后稍固，兼进六味地黄丸加莲须、芡实、远志、五味子，凡一月而愈。玉华白丹：钟乳粉、白石脂、阳起石、左顾牡蛎。

（清·魏之 .《续名医类案》）

2. 古文献选录

《明医杂著·卷三》：“男子阴茎不起，古方多云命门火衰，精气虚冷，固有之矣。然亦有郁火甚而致痿者。”“阴茎属肝之经络。盖肝者木也，如木得湛露则森立，遇酷暑则萎悴。”

《类证治裁·阳痿论治》：“男子二八而精通，八八而精绝。阳密则固，精旺则强，伤于内则不起。故阳之痿，多由色欲竭精，或思虑劳神，或恐惧伤肾，或先天禀弱，或后天食少。亦有湿热下注，宗筋弛纵，而致阳痿者。

《景岳全书·阳痿》：“凡惊恐不释者，亦致阳痿。经曰恐伤肾，即此谓也。故凡遇大惊卒恐，能令人遗失小便，即伤肾之验。又或于阳旺之时，忽有惊恐，则阳道立痿，亦其验也。”

《临证指南医案·阳痿》：“又有阳明虚则宗筋纵，盖胃为水谷之海，纳食不旺，精气必虚，况男子外肾，其名为势，若谷气不充，欲求其势之雄壮坚举，不亦难乎？治惟通补阳明而已。”

《医宗必读·遗精》：“按古今方论，皆以遗精为肾气衰弱之病，若与他脏不相干涉。不知《内经》言五脏六腑各有精，肾则受而藏之。以不梦而自遗者，心肾之伤居多，梦而后遗者，相火之强为害。若乎五脏各得其职，则精藏而治。苟一脏不得其正，甚则必害心肾之主精者焉。治之之法，独因肾病而遗者，治其肾。由他脏而致者，则他脏与肾两治之。如心病而遗者，必血脉空虚，本纵不收；肺病而遗者，必皮革毛焦，喘急不利；脾病而遗者，色黄肉消，四肢懈惰；肝病而遗者，色清而筋痿；肾病而遗者，色黑而髓空。更当以六脉参详，昭然可辨。”

《景岳全书·遗精》：“因梦而出精者，谓之梦遗；不因梦而精自出者，谓之滑精。……情动者当清其心，精动者当固其肾，滑精者无非肾气不守而然。”“治遗精之法，凡心火甚者，当清心降火；相火盛者，当壮水滋阴；气陷者，当升举；滑泄者，当固涩；湿热相乘者，当分利；虚寒冷利者，当温补下元；元阳不足，精气两虚者，当专培根本”。

3. 研究进展

（1）中医治疗阳痿的研究

1）病因病机的研究　阳痿的发病率约占我国成年男性的10%左右，近年来对本病病机及治疗学的研究取得了较大进展。秦国政对717例阳痿患者进行了流行病学调查，结果显示阳痿就诊高峰在21～40岁之间，既往病史以慢性前列腺炎最多。情志因素是现代人阳痿的主要发病学基础，房劳伤肾，已不属于主要原因，不良生活习惯如吸烟、酗酒是阳痿发病学中不可忽视的因素，实多虚少是现代阳痿发病学的普遍规律，发病的脏腑以肝肾为中心涉及五脏［中国医药学报，1999，（6）：35～37］。赵映前亦认为本病实证有逐渐增多的趋势，实证包括肝气郁结、湿热下注、瘀血停滞、痰湿内盛、寒滞肝脉等［中国中医药信息，1997，（8）：20～22］。

2）治疗研究　盛生宽自拟疏肝补肾化瘀汤，治疗阳痿45例，疗效显著，药物组成为：熟地黄、山萸肉、枸杞子、菟丝子、石菖蒲、仙灵脾、穿山甲、蜈蚣、丹参、三七、合欢皮、香附、柴胡、白术、人参［中医杂志，1997，（7）：399］。张海波用疏肝化瘀法治疗18例，药用柴胡、黄芩、半夏、白芍药、川牛膝、路路通、制马钱子，治愈12例，有效3例，无效3例［中医药信息，1998，（2）：46］。张家驹以通窍活血汤加紫河车、鹿茸、蜈蚣、蜂房治疗脑外伤后阳痿21例，治愈11例，好转6例，无效3例［中医杂志，1997，（9）：542～543］。张敏建等用民间验方加减萆　汤治疗阳痿186例，基本方为萆　、远志、肉苁蓉、川牛膝、杭白芍，治愈64例，有效43例，无效36例，总有效率为80.6%［中医杂志，1996，（3）：159］。贾玉森用中药药酒治疗阳痿120例，疗效明显优于对照组，阳威药酒主要由淫羊藿、熟地黄、肉苁蓉、菟丝子、补骨脂、何首乌、巴戟天、蛤蚧等组成，具有补肾益精，温阳起痿的作用，对畏寒肢冷、阴器发凉等阳虚症状有明显缓解作用，对腰酸腿软的症状亦有缓解作用。动物实验表明，本药能提高去势大鼠阴茎对外部刺激的兴奋性，使雄鼠交配能力明显增强。但对滴酒不沾者应慎用［北京中医药大学学报，1995，（5）：62］。江海平对兴阳振痿栓治疗阳痿进行了双盲前瞻性研究，药由柴胡、枳实、蜈蚣、淫羊藿等组成，治疗组30例，治愈率38.7%，总有效率90.0%，与安慰剂组比较有明显差异。并认为功能性阳痿虽与情志因素密切相关，但与体质因素亦有关系，而阳痿一旦形成，精神因素与体质因素交互作用，形成复杂病理格局，应心理治疗与药物调整相结合［中医杂志，1996，（2）：98～99］。

（2）中医治疗慢性前列腺炎的研究

病因病机研究　阳痿是慢性前列腺炎的五大症状之一。靖新文等通过对238例慢性前列腺炎分析，认为本病的病机是本虚标实，肾虚为本，湿热、瘀血为标，临床以实证多见［新中医，1995，（2）：21～22］。周初雄等认为慢性前列腺炎在出现典型症状阶段，多为湿热内生，经络阻隔，气血瘀滞而成湿热夹瘀证

[湖南中医学院学报，1995，(2)：25～26]。陈志强等对604例慢性前列腺炎进行了中医分型的调查，湿热证125例，占20.9%；气滞血瘀证168例，占27.6%；湿热与气滞血瘀并见者192例，占31.7%，在肾虚见证中，以肾阳虚和肾气虚多见[广州中医药大学学报，1997，(1)：23～25]。赵霭峰以活血解毒之丹参桃仁汤治疗本病96例，药物组成为丹参、赤芍药、红花、黄柏、桃仁、王不留行、败酱草、红藤、白花蛇舌草、蒲公英，结果总有效率为79.2%[安徽中医学院学报，1996，(2)：21～22]。高白洲等用天花粉、红藤、大黄、夏枯草、野菊花、蒲公英、败酱草、柴胡、川芎、龙胆草、蜈蚣，治疗本病160例，结果痊愈63例，显效73例，有效24例，总有效率为100%[四川中医，1996，(3)：25]。陈见如自拟三核五子汤治疗慢性前列腺炎168例，药用桃核、荔枝核、橘核、车前子、覆盆子、菟丝子、蛇床子、王不留行，取得了佳效[实用中医内科杂志，1996，(2)：37]。卢国频等用前列清颗粒治疗慢性前列腺炎150例，药物为：丹参、王不留行、白花蛇舌草、黄柏、败酱草、红花、牛膝、薏苡仁。2个月为1疗程，结果：治愈69例，显效45例，好转27例，无效9例，总有效率为94%[新中医，2000，(2)：21]。

复习思考题

1. 阳痿虚证分哪几种证型？各型的症状、治法及方药如何？
2. 肝郁不舒型阳痿与湿热下注型阳痿应如何鉴别？
3. 试述阳痿的基本病机、病位及病理性质。

（赵新秀）

43

消　渴

目的要求

1. 了解消渴的定义、范围、以及研究进展。
2. 熟悉消渴与瘿病的鉴别诊断以及消渴的预防调护。
3. 掌握消渴的病因病机、诊断要点、辨证要点、治疗原则以及分型论治。

消渴是以多尿、多饮、多食、形体消瘦，或尿有甜味为主要临床表现的病证。其病机主要是禀赋不足，阴津亏损，燥热偏胜，且多与血瘀密切相关。

消渴之名，首见于《素问・奇病论》，根据病机及症状的不同，《内经》还有消瘅、肺消、膈消、消中等名称的记载。《内经》认为五脏虚弱，过食肥甘，情志失调是引起消渴的原因，而内热是其主要病机。《金匮要略》立专篇讨论，并最早提出治疗方药。《诸病源候论》明确认识到消渴病易发痈疽和水肿等并发症。《千金方》提出饮食控制疗法。《外台秘要》最先记载了消渴病尿甜的发现。刘完素《三消论》是阐述三消燥热学说的专著，提出“三消者，燥热一也”，治则是“补肾水阴寒之虚，而泻心火阳热之实，除肠胃燥热之甚，济人身津液之衰。”推崇白虎、承气诸方，创宣明黄芪汤。刘氏论治，多偏于寒凉，补充发展了用寒凉药治疗本病的经验，刘氏独到的见解，受到张从正与李杲的推崇和赞成。朱震亨发展了刘完素的三消燥热学说，形成了一套以养阴为主的消渴治疗体系。赵献可、张介宾、喻昌等力主三消肾虚学说，提倡治三消当以治肾为本。清代医家黄坤载、郑钦安认为消渴之病责之于肝，成为本病从肝论治的理论基础。

现代医学的糖尿病，包括胰岛素依赖型、非胰岛素依赖型和其他类型，均可参考消渴病辨证论治。

43.1 病因病机

43.1.1 病因

43.1.1.1 禀赋不足

先天禀赋不足，五脏虚弱，尤其是肾脏素虚，与本病的发生有一定关系。其中，阴虚体质最易罹患。

43.1.1.2 饮食不节

长期过食肥甘、醇酒厚味，辛辣香燥，损伤脾胃，致脾胃运化失司，积热内蕴，化燥伤津，消谷耗液，发为消渴。

43.1.1.3 情志失调

长期精神刺激，导致气机郁结，化火生热，上灼肺胃之津，下烁肝肾之液而发消渴。

43.1.1.4 房劳过度

房室不节，劳欲过度，肾精亏损，虚火内生，上灼肺胃，终至肾虚肺燥胃热俱现而发为消渴 。

43.1.2 病机

43.1.2.1 基本病机

消渴的病机主要在于阴津亏损，燥热偏胜，而以阴虚为本，燥热为标，两者互为因果，阴愈虚则燥热愈盛，燥热愈盛则阴愈虚。

43.1.2.2 病位

消渴病变的脏腑主要在肺、胃、肾，尤以肾为关键。三脏腑之中，虽可有所偏重，但往往又相互影响。

43.1.2.3 病理性质

本虚标实、虚实交错为本病特点，以肺、胃（脾）、肾三脏阴虚为本，尤以肾虚为主，燥热、阳亢、瘀血为标。

43.1.2.4 病理演变

消渴病虽有肺、胃、肾的不同，但常常互相影响，肺燥津伤，津液失于敷布，则脾胃不得濡养，肾精不得滋助；脾胃燥热偏盛，上可灼伤肺津，下可耗伤肾阴；肾阴不足则阴虚火旺，亦可上灼肺胃，终至肺燥、胃热、肾虚同时存在，多饮、多食、多尿相互并见。

消渴病日久，则易发生以下两种病变：一是阴损及阳，阴阳俱虚。消渴虽以阴虚为本，燥热为标，但由于阴阳互根，阳生阴长，若病程日久，阴损及阳，则致阴阳俱虚。其中以肾阳虚及脾阳虚较为多见。二是病久入络，血脉瘀滞。消渴病是一种病及多个脏腑的疾病，影响气血的正常运行，且阴虚内热，耗津灼液，亦使血行不畅而致血脉瘀滞。

消渴日久，易发生诸多并发症。阴虚燥热，肺失濡养，日久伤肺可致肺痨。肾阴亏损，肝失濡养，肝肾精血不能上承耳目，可并发耳聋、目盲。燥热内结，营阴被灼，气血壅滞，易生痈疽、疮疖。阴虚燥热内炽，血滞成瘀，炼液成痰，瘀痰阻于脑脉经络，可发为中风偏瘫。阴损及阳，脾肾俱败，水湿潴留，泛滥肌肤，则成水肿。

43.2 诊断与鉴别诊断

43.2.1 诊断

43.2.1.1 临床表现

口渴、多饮，多食易饥，尿频量多，尿有甜味，形体消瘦。

43.2.1.2 病史及发病

本病多发于中年以后，以及嗜食膏粱厚味、醇酒炙煿之人。若在青少年期即罹患本病者，一般病情较重。由于本病发生与禀赋不足有较为密切的关系，故消渴病人大多有家族史。

43.2.1.3 辅助检查

查空腹血糖、餐后2小时血糖和尿糖、尿比重，作葡萄糖耐量试验等检查有助于确定诊断。必要时查尿酮体、血尿素氮、肌酐、二氧化碳结合力及血钾、钠、钙、氯化物等。

43.2.2 鉴别诊断

瘿病　瘿病中气郁化火、阴虚火旺的类型，以情绪激动，多食易饥，形体日渐消瘦；心悸、眼突、颈前一侧或两侧肿大为特征。其中的多食易饥、消瘦，类似消渴病的中消，但眼球突出，颈前生长肿物则与消渴有别，且无消渴病的多饮、多尿、尿甜等症。

43.3 辨证论治

43.3.1 辨证要点

43.3.1.1 辨部位

消渴病的三多症状，往往同时存在，但根据其表现程度上的轻重不同，而有上、中、下三消之分，即肺燥、胃热、肾虚之别。通常把以肺燥为主，多饮症状较突出者，称为上消；以胃热为主，多食症状较为突出者，称为中消；以肾虚为主，多尿症状较为突出者，称为下消。

43.3.1.2 辨标本

本病以阴虚为本，燥热为标，两者互为因果，常因病程长短及病情轻重的不同，而阴虚和燥热之表现各有侧重。一般初病多以燥热为主，病程较长者则阴虚与燥热互见，日久则以阴虚为主，进而则由于阴损及阳，导致阴阳俱虚之证。

43.3.1.3 辨本证与并发症

多饮、多食、多尿和消瘦为消渴病本证的基本临床表现，而易发生诸多并发症为本病的另一特点。本证与并发证的关系，一般以本证为主，并发症为次。多数患者，先见本证，随病情的发展而出现并发症。但亦有少数患者与此相反，如少数中老年患者，“三多”及消瘦的本证不明显，常因痈疽、眼疾、心脑病症等为线索，最后确诊为本病。

43.3.2 治疗原则

本病的基本病机是阴虚为本，燥热为标，故清热润燥、养阴生津为本病的治疗大法。《医学心悟·三消》说：“治上消者，宜润其肺，兼清其胃”；“治中消者，宜清其胃，兼滋其肾”；“治下消者，宜滋其肾，兼补其肺”，可谓深得治疗消渴之要旨。

由于本病常发生血脉瘀滞及阴损及阳的病变，以及易并发痈疽、眼疾、劳嗽等症，故还应针对具体病情，及时合理地选用活血化瘀、清热解毒、健脾益气、滋补肾阴、温补肾阳等治法。

43.3.3 分型论治

43.3.3.1 上消·肺热津伤

症状　烦渴多饮，口干舌燥，尿频量多。

舌象 舌边尖红，苔薄黄。

脉象 脉洪数。

证候分析 肺热炽盛，耗液伤津，故口干舌燥，烦渴多饮。肺主治节，燥热伤肺，治节失职，水不化津，直趋于下，故尿频量多。舌边尖红，苔薄黄，脉洪数，是内热炽盛之象。

治法 清热润肺，生津止渴。

方药 消渴方加减。

方中重用天花粉以生津清热，佐黄连清热降火，生地黄、藕汁等养阴增液，尚可酌加葛根、麦冬，以加强生津止渴的作用。

若烦渴不止，小便频数，而脉数无力者，为肺热津亏，气阴两伤，可选用二冬汤或玉泉丸。二冬汤中，重用人参益气生津，天冬、麦冬、天花粉、黄芩、知母清热生津止渴。玉泉丸中，以人参、黄芪、茯苓益气，天花粉、葛根、麦冬、乌梅、甘草等清热生津止渴。二方同中有异，前者清热作用较强，后者益气作用较强，可根据临床需要加以选用。

43.3.3.2 中消·胃热炽盛

症状 多食易饥，形体消瘦，大便干燥，口渴，尿多。

舌象 舌干质红，苔黄。

脉象 脉滑实有力。

证候分析 胃火炽盛，腐熟水谷力强，时欲水谷以资充填，但所食之物随火而化，故虽能食而善饥。水谷精微损耗过多，肌肉得不到充养，则形体日瘦。阳明之热灼伤胃肠之津，大肠失其濡润，故大便干燥。胃热灼伤肺津，燥热伤肺，治节失职，则出现口渴、尿多。舌红干，苔黄，脉滑实有力，是胃热炽盛之象。

治法 清胃泻火，养阴增液。

方药 玉女煎加味。

方中生石膏、知母清肺胃之热；生地黄、麦冬滋肺胃之阴；川牛膝引热下行，活血化瘀；可加黄连、栀子清热泻火。

本证亦可选用白虎加人参汤。方中生石膏、知母清肺胃之热，人参益气扶正，甘草、粳米益胃护津。

若大便秘结不行，可用增液承气汤润燥通腑，“增水行舟”，待大便通后，再转上方治疗。

若病程较久，或过用寒凉而致脾胃气虚，表现口渴引饮，能食与便溏并见，或饮食减少，神疲乏力，舌淡，苔白而干，脉弱者，可用七味白术散加减以健脾益气，生津止渴。药用人参、黄芪、山药、茯苓、炙甘草、木香、藿香、葛根、天花粉、麦冬。

43.3.3.3 下消·肾阴亏虚

症状 尿频量多，混浊如脂膏，或尿甜，腰膝酸软，乏力，头晕耳鸣，口干唇燥，皮肤干燥。

舌象　舌质红，苔少。

脉象　脉细数。

证候分析　肾阴亏虚，肾失固涩，无以约束小便，故尿频量多。水谷精微下注，故小便混浊如脂膏，有甜味。腰为肾之府，肾虚则腰膝酸软，乏力。脑为髓之海，肾开窍于耳，肾阴（精）不足，髓海空虚，则头晕耳鸣。津液大量随尿而走，不能濡润口舌、皮肤，则口干唇燥、皮肤干燥。舌质红，少苔，脉细数均为肾阴亏虚、虚火妄动之象。

治法　滋阴固肾。

方药　六味地黄丸加减。

方中以熟地黄滋肾填精为主药；山药滋养脾阴，固摄精微，山萸肉滋补肝肾而收敛精气，不使水谷精微下注。此时山药、山萸肉两药用量宜大。茯苓健脾渗湿，泽泻、牡丹皮清泄肝肾火热，共奏滋阴补肾、补而不腻之效。

加减　1）肾阴不足，阴虚火旺，症见烦躁，失眠，五心烦热，盗汗者，可加黄柏、知母、龙骨、牡蛎、龟板以滋阴泻火，固精潜阳。

2）尿量多而混浊者，可加益智仁、桑螵蛸、五味子以益肾缩泉。

3）气阴两虚而伴困倦、气短乏力，舌质淡红者，可加人参、黄芪、黄精以补益正气。

43.3.3.4　下消·阴阳两虚

症状　小便频数量多，混浊如膏，甚至饮一溲一，面容憔悴，耳轮干枯，腰膝酸软，四肢欠温，畏寒怕冷，阳痿或月经不调。

舌象　舌质淡，苔白而干。

脉象　脉沉细无力。

证候分析　下消日久，肾阴日损，肾阳亦衰，肾失固藏，故小便频数量多，混浊如膏。甚则命火式微，约摄无权，致小溲无度，饮一溲一。肾开窍于耳，腰为肾之府，肾虚精气失充，不能濡养，故耳轮焦干，腰膝酸软。水谷精微随尿下注，无以充养，故面色憔悴。命门火衰，宗筋弛缓，故见四肢欠温，畏寒怕冷，阳痿或月经不调。舌质淡，苔白而干，脉沉细无力，是阴阳俱虚之象。

治法　温阳滋阴，补肾固摄。

方药　金匮肾气丸。

方中以六味地黄丸滋阴补肾，并用附子、肉桂以温补肾阳。本方以温阳药与滋阴药并用，正如《景岳全书·新方八略》所说："善补阳者，必于阴中求阳，则阳得阴助，而生化无穷；善补阴者，必于阳中求阴，则阴得阳升而泉源不竭。"

加减　1）小便混浊如膏，可加覆盆子、桑螵蛸、金樱子以固肾收摄。

2）阳虚畏寒肢冷甚者，可酌加鹿茸粉0.5g，以启动元阳，助全身阳气之气化。

3）气虚明显者，加黄芪、人参以益气。

4）大便溏薄者，去熟地黄、牡丹皮，加补骨脂，煨肉豆蔻以补肾收涩。

若阴阳俱衰而又出现浮肿者，可选用济生肾气丸加减。

若神志昏迷，四肢厥冷，脉微细者，为阴竭阳亡的危险证候，急用生脉散合参附汤加龙骨牡蛎益气敛阴，回阳救逆。

消渴多伴有瘀血的病变，故对于上述各种证型，尤其是对于舌质紫暗，或有瘀点瘀斑，脉涩或结或代，及兼见其他瘀血症状者，均可酌加活血化瘀的方药。如酌加丹参、川芎、郁金、红花、山楂等，或配用降糖活血方。方中用丹参、川芎、益母草活血化瘀，当归、赤白芍养血活血，木香行气导滞，葛根生津止渴。

并发症治疗　消渴容易发生多种并发症，应在治疗本病的同时，积极治疗并发症。白内障、雀盲、耳聋，是消渴日久，肝肾精血亏耗，不能上承耳目所致，治宜滋补肝肾，益精补血，可用杞菊地黄丸或明目地黄丸。疮疡、痈疽初起，热毒伤营，治宜解毒凉血，消散痈肿，用五味消毒饮加味；病久气营两伤，脉络瘀阻，蕴毒成脓，治宜益气解毒排脓，用黄芪六一汤合犀黄丸加味。并发肺痨、中风、水肿者，可参考有关章节辨证论治。

43.4　预防与调护

过食肥甘、醇酒炙煿和情志不舒，是导致消渴发病的重要因素，因此，节制饮食，防止肥胖；调节情志，防止七情内伤，对本病的预防有很重要的意义。此外，适当的体育锻炼，房室有节，对本病的预防也有一定的意义。

既病之后，一定要保持心情舒畅，避免精神紧张，生气恼怒。根据病情适当配合体育锻炼，调节劳逸。节制房事，免伤肾精。尤须注意饮食疗法，在保证机体合理需要的情况下，应限制粮食、油脂的摄入，忌食糖类，饮食宜以适量米、麦、杂粮，配以蔬菜、豆类、瘦肉、鸡蛋等，定时定量进餐。戒烟酒、浓茶及咖啡等。

附　　录

1. 病案举例

1）一书办，年过五十，糟酒纵欲无惮，忽患下消之症，一日夜小便二十余度，清白且长，味且甜，少顷，凝结如脂，色有油光。治半年不验，腰膝以下皆软弱，载身不起，饮食减半，神色大瘁，脉之六部大而无力。书云：脉至而从，按之不鼓，诸阳皆然。法当温补下焦。以熟地黄六两为君；鹿角胶、山萸肉各四两，桑螵蛸、鹿角胶、人参、白茯苓、枸杞子、远志、菟丝子、怀山药各三两为臣，益智仁一两为佐；大附子、桂心各七钱为使。炼蜜为丸，梧桐子大。每早晚淡盐汤送下七八十丸。不终剂而愈。或曰：凡云消者皆热症也，始公具方，人多议之，今果以温补成功，此何故哉？予曰：病由下元不足，无气升腾于上，故渴而多饮，以饮多，小便亦多也。今大补下元，使阳气充盛，熏蒸于上，口自不干。譬之釜盖，釜虽有水，若底下无火，则水气不得上升，釜盖干而不润；必釜底有火，则釜中水气升腾，熏蒸于上，盖才湿润不干也。

（《赤水玄珠全集·三吴医案》卷二）

2）王某，58岁。肌肉消减，善饥渴饮。此久久烦劳，壮盛不觉，体衰病发，昏内困之症。自心营肺卫之伤，渐损乎中下。按脉偏于左搏，营络虚热，其苦寒莫制其烈，甘补无济其虚，是中上消之病。

犀角三钱、鲜生地一两、元参二钱、鲜白沙参二钱、麦冬二钱、柿霜一钱、生甘草四分、鲜地骨皮三钱，又固本加甜沙参。

（《临证指南医案》）

3）王某，45岁。形瘦脉搏，渴饮善食，乃三消症也。古人谓入水无物不长，入火无物不消。河间每以益肾水制心火，除肠胃激烈之燥，济身津液之枯，是真治法。玉女煎。

（《临证指南医案》）

2. 古文献选录

《灵枢·五变》："五脏皆柔弱者，善病消瘅。"

《景岳全书·三消干渴》："凡治消之法，最当先辨虚实，若察其脉证，果为实火致耗津液者，但去其火则津液自生，而消渴自止。若由真水不足，则悉属阴虚，无论上、中、下，急宜治肾，必使阴气渐充，精血渐复，则病必自愈。若但知清火，则阴无以生，而日见消败，益以困矣。"

《医学心悟·三消》："三消之症，皆燥热结聚也。大法治上消者，宜润其肺，兼清其胃，二冬汤主之；治中消者，宜清其胃，兼滋其肾，生地八物汤主之；治下焦者，宜滋其肾，兼补其肺，地黄汤、生脉散并主之。夫上消清胃者，使胃火不得伤肺也；中消滋肾者，使相火不得攻胃也；下消清肺者，滋上源以生水也。三消之治，不必专执本经，而滋其化源，则病易痊矣。"

《临证指南医案·三消》："如病在中上者，膈膜之地，而成燎原之场，即用景岳之玉女煎，六味之加二冬、龟甲、旱莲，一以清阳明之热，以滋少阴；一以救心肺之阴，而下顾真液。如元阳变动而为消烁者，即用河间之甘露饮，生津清热，润燥养阴，甘缓和阳是也。至于壮水以制阳光，则有六味之补三阴，而加车前、牛膝，导引肝肾。斟酌变通，斯诚善矣。"

3. 研究进展

消渴病主要涉及现代医学的糖尿病。近年来国内外医药工作者通过大量的临床研究和实验研究，对本病病因病机及证候学特征的认识不断深入。同时发现中医药治疗糖尿病不仅可以改善临床症状、降糖、降脂，而且在改善胰岛素抵抗、减少糖尿病并发症等方面效果明显。

（1）病因病机的研究

近年来，对糖尿病发病原因的看法较为一致，认为主要有过食肥甘、五志过极、房室不节、热病火燥及先天禀赋不足几个方面。对病机的认识，主要有以下几种：①阴虚燥热学说：认为其本在阴虚，燥热为标；②气虚学说：认为关键在于肺脾气虚，重点在于脾气虚；③气阴两虚学说：目前最具有广泛的代表性，认为本病发病机理为燥热伤阴，阴损气耗致气阴两虚；④瘀血学说：此说经祝谌予提出，引起了广泛的注意，许多人通过临床观察及实验研究后认为，瘀血为贯穿糖尿病发病始终的重要病机；⑤肝郁肝火学说。以上几种学说，在糖尿病发病中均可存在，分之各有局限，合则较为完善。

（2）辨证分型的研究

有根据气血阴阳进行辨证分型者，有根据寒热虚实进行分型者，也有根据脏腑及三焦进行辨证分型者。对糖尿病的辨证分型虽然种类较多，但目前采用得最多的是卫生部制定发布的《中药新药治疗消渴病（糖尿病）的临床研究指导原则》中所制定的分型标准，即分为阴虚热盛证、气阴两虚证、阴阳两虚证和血瘀气滞证四型。

（3）糖尿病证候客观化的研究

为使本病辨证分型客观化、规范化，许多医家采用现代科技方法，探讨证与客观指标间的相互关系。认为糖尿病不同证型与环核苷酸、血糖、糖化血红蛋白、血脂、胰岛素水平、血浆皮质醇、性激素水平、微量元素、尿 β_2-微球蛋白，尿 17-羟皮质类固醇，尿 17-酮类固醇、香草基苦杏仁酸、免疫球蛋白、血液流变学、甲皱微循环、血小板聚集性、胰高血糖素等指标，存在一定关系。其中对糖尿病血瘀证的证候客观指标研究较多，主要从某些器官的大体观察、有关凝血机制指标的观察、血液流变学变化、微循环改变诸方面进行探讨。上述研究显示本病中医辨证分型与客观指标之间存在一定关系［辽宁中医杂志，1995，(1)：46～48］。

施赛珠等从宏观与微观相结合的角度研究糖尿病血瘀证。宏观研究采用临床流行病学调查法对 120 例糖尿病患者证候诊断进行研究，微观研究采用血液流变学及血栓相关分子标志物等指标。结果发现，120 例糖尿病患者中有血瘀证者 39 例，无血瘀证 41 例，血瘀证者常见合并症发生率明显高于无血瘀证者，二者间差异显著（$P<0.01$）。血瘀证组血黏度异常及 GMP、ET、t-PA、PAI-Ⅰ指标与非血瘀证组差异显著［中医杂志，1997，38（4）：233～236］。

（4）辨证分型与胰岛素抵抗的研究

胰岛素抵抗是非胰岛素依赖型糖尿病（NIDDM）的基本缺陷和显著特征。胰岛素抵抗，指血液中正常或高于正常浓度的胰岛素，只能引起低于正常的生物效应。

许多学者对糖尿病辨证分型与胰岛素抵抗的有关指标进行探索。阴虚热盛型肾上腺皮质和髓质功能明显增强，揭示阴虚热盛型糖尿病主要是胰岛素拮抗物增高，受体和受体后缺陷不明显。气阴两虚和阴阳两虚型 cAMP/cGMP 比值及 cAMP 明显低下，且阴阳两虚型的比例下降最著，此两型糖尿病患者胰岛素抵抗明显，主要与受体及受体后缺陷有关。可见糖尿病胰岛素抵抗随着阴虚、气阴两虚、阴阳两虚的病情进展逐渐加重，并随病程延长，病情加重而有严重的趋势［中国医药学报，1995，(2)：4～7］。

（5）中医药治疗的研究

祝谌予等通过上千例病人的观察，将糖尿病总结为七型进行治疗：①阴虚型：滋阴生津兼活血，用沙参、麦冬、栀子、当归、生熟地、丹参等；②阴虚火旺型：滋阴降火兼活血，上方酌加知母、黄柏、黄芩等；③气阴两虚型：益气养阴活血，用黄芪、玄参、丹参、山药、党参、麦冬、生熟地、五味子、茯苓等；④气阴两虚火旺型：益气养阴降火，兼以活血，上方酌加知母、黄柏、黄芩、龙胆草等；⑤阴阳两虚型：温阳育阴，兼以活血，用桂枝、山药、山萸肉、牡丹皮、泽泻、生熟地、制附片、茯苓、葛根等；⑥阴阳两虚火旺型：温阳育阴降火，兼以活血，用上方加知母、黄柏；⑦瘀血型：活血行气为主，兼以治本，用木香、当归、川芎、益母草、丹参、赤芍药、葛根、生熟地等［上海中医药杂志，1982，（6）：5～9］。一些医者以专方论治糖尿病，如冯世伦等用调平丹（乌梅、人参、干地黄、山药、枸杞子、桂枝、桑叶、茯苓、黄连、牡丹皮）治疗50例Ⅱ型糖尿病，轻者有效率为100%，病情中度者有效率73.68%，病情重度者有效率为28.57%。表明轻中度者疗效明显高于重度者（$P<0.01$）。对治疗前、后空腹、餐后1小时、2小时胰岛素水平测定结果表明，调平丹可明显改善胰岛素功能［中国医药学报，1996，（2）：31～34］。

治疗糖尿病的并发症，程汉桥报道在服西药降糖药基础上，加用中药治疗早期糖尿病肾病23例，基本方为黄芪、太子参、生地黄、黄精、赤芍药、丹参、益母草、白茅根，显效8例，有效10例，总有效率78.76%，与单纯西药对照组（19例）相比疗效明显提高。两组治疗前后Scr、血尿β_2-MG、尿微量白蛋白测定，治疗组用药前后改善显著；对照组上述指标虽有下降趋势，但无统计学意义［中国中西医结合杂志，1996，16（6）：364］。此外，尚有用大黄治疗糖尿病肾病疗效良好的报道［中国中西医结合杂志，1996，16（7）：427～431］。高彦彬等治疗糖尿病周围神经病变134例。随机分为两组，治疗组以益气养阴、化瘀通络之糖络宁治疗，药用黄芪、生地黄、当归、丹参、鬼箭羽、全蝎、蜈蚣、牛膝等。对照组以济生肾气丸治疗，观察空腹血糖、餐后2小时血糖、糖基化血红蛋白、血液流变学、红细胞山梨醇、右腓总神经感觉传导速度、左尺神经运动传导速度以及临床症状等指标情况。治疗1疗程后，治疗组显效率55.88%，总有效率93.14%，对照组显效率21.88%，总有效率59.37%，两组间差异明显（$P<0.05$）。糖络宁对肢体麻木、疼痛及肌力减退诸方面改善优于济生肾气丸［北京中医药大学学报，1997，（4）：50～53］。熊曼琪以补气滋阴、通阳活血为法，自拟芪桃汤治疗糖尿病肢端坏疽，并配合相应外治法，疗效较好［中国中西医结合杂志，1996，（3）：5～7］。李振中以活血化瘀为主的糖眼明中药治疗糖尿病视网膜病变32例，总有效率80.9%［河南中医，1993，（2）：54～55］。

复习思考题

1. 试述消渴的病因病机。
2. 消渴的常见并发症有哪些？
3. 试分述各型消渴的证治。

（张晓雪）

44

肥　胖

目的要求

1. 了解肥胖的基本概念、肥胖对人体的危害以及研究进展、调摄护理。
2. 熟悉肥胖的病因病机、诊断要点及治疗原则。
3. 掌握肥胖各种证型的证候表现、治法、方药及加减。

肥胖是由多种原因引起的以气虚痰湿偏盛为主要病机，体重超过标准体重20%以上，并多伴有头晕乏力、神疲懒言、少动气短等症状的一类病证。

随着社会的进步，本病发生有明显的增高趋势，被欧美认为是第四大社会问题，在发达国家发病率高达20%～30%，在我国虽目前尚无确切资料，但肯定在10%以上，如北京20世纪80年代为10.47%，90年代明显上升，1993年达40%，其中男性32.7%，女性67.3%。而且由肥胖造成的冠心病、脑血管病发病率已高达7%以上。

祖国医学对本病的最早记载见于《内经》，并根据人的皮肉气血的多少将肥胖分为“有肥，有膏，有肉”三种证型，后世医家对肥胖的分型即从此发展而来，在病因病机方面提到肥胖的发生与进食肥甘、先天禀赋、缺乏运动、年龄等多种因素有关。后世医家在此基础上认识到肥胖的病机还与气虚、痰湿、七情及地理环境等因素有关，代表著作有《景岳全书》认为肥人多气虚，《丹溪心法》、《医门法律》、《石室秘录》认为肥人多痰湿。关于肥胖与其他病证的关系，《内经》即认识到可转化为消渴，还与仆击，偏枯，痿厥，气满发逆等多种疾病有关，《女科切要》指出肥胖女性多发生经闭。

肥胖对人体的危害在于：肥胖会伴随一些症状，如乏力，行动不便，动则气喘，心悸，怕热，多汗及腰腿疼痛等，这些症状多是由于肥胖致身体负担加重所致的；另外，肥胖常常出现多种合并症，如祖国医学的消渴、眩晕、头痛、胸痹心痛、痹证、胁痛等，现代医学的糖尿病、高血脂症、动脉硬化、脂肪肝、胆结石、胆囊炎、痛风等都与肥胖有关。

本病主要包括现代医学的单纯性肥胖症（包括体质性肥胖症，获得性肥胖症等）。继发性肥胖症（下丘脑病，垂体病，胰岛病，甲状腺功能减退症以及肾上腺皮质功能亢进症等基础上继发者）也可参照本章治疗。

44.1 病因病机

44.1.1 病因

肥胖的常见病因有年老体弱、过食肥甘、缺乏运动、久病正虚、情志所伤、先天禀赋等多种因素。

44.1.1.1 年老体弱

肥胖的发生与年龄有关，35 岁以后明显增高。这是由于中年以后，人体的生理机能由盛转衰，肾气虚衰不能化气行水，酿生水湿痰瘀，故发生肥胖。

44.1.1.2 饮食不节

暴饮暴食，食量过大，或过食肥甘，一方面可致水谷精微在人体内堆积成为膏脂形成肥胖，另一方面也可损伤脾胃，运化无权，湿浊或湿热内生，蕴酿成痰，痰湿聚集体内，使人体壅肿肥胖。

44.1.1.3 缺乏运动

中医认为久卧伤气，久坐伤肉。喜卧好坐，缺乏运动，则气血运行不畅，脾胃呆滞，则运化失司，水谷精微失于输布，化为膏脂痰浊，内聚于肌肤、脏腑、经络而致肥胖。

44.1.1.4 久病正虚

久病常可致气血阴阳的虚衰，气虚则血运无力，阳虚则阴寒内生，血行滞涩，痰瘀湿浊内生，形成肥胖。肥胖日久，痰瘀湿浊的积聚，又会加重正虚，使疾病缠绵难愈或愈而复发，或继发他病。

44.1.1.5 情志所伤

人常说心宽体胖，临床上中间型性格的肥胖者最多。肝气调达，则脾胃功能旺盛，水谷精微能够充分吸收转化，容易形成肥胖；经常忧思愤怒，七情所伤，脏腑功能失调，运化不及，水湿内停则可致肥胖；另外，肝郁气滞，水谷精微不能外达，瘀积膏脂聚集体内亦可致肥胖。

44.1.1.6 先天禀赋

《内经》即认识到肥胖与人的体质有关，其中土形之人类似于全身性肥胖，而水型之人类似于腹型肥胖。现代医学认为，肥胖的发生与遗传密切相关。

此外肥胖的发生还与性别、地理环境等因素有关。

44.1.2 病机

44.1.2.1 基本病机

肥胖病机总属气虚痰湿偏盛。

44.1.2.2 病位

肥胖的病位主要在脾，与肾气虚关系密切，亦与肝胆及心肺的功能失调有关。

44.1.2.3 病理性质

从表面来看，肥胖似属形体壮实，为实证，实际上引起肥胖的原因主要是正气虚衰，肥胖总属本虚标实之候，本虚以气虚为主，主要为脾、肾气虚，兼心肺气虚及肝胆疏泄失调；标实为痰湿膏脂内停，兼水湿、血瘀、气滞等，临床常有偏于本虚及标实之不同。古有“肥人多痰”、“肥人多湿”、“肥人多气虚”之说，即是针对其病机侧重不同而言。

44.1.2.4 病机转化

一是虚实之间的转化，如痰湿内生，常可伤脾耗气，致气虚、血虚或气阴两虚，或阴虚阳亢等，从而由实证转变为虚证；肥胖初期表现为虚者，气虚日久，脾运不及，可致痰湿内生，由虚证转为实证或虚实夹杂之证，临床研究证明，痰湿随肥胖加重而发生率增高。二是各病理产物之间相互转化。主要表现为痰湿内停日久，阻滞气血运行，可致血瘀或气滞；气滞日久，也会导致血瘀。三是肥胖病变日久，常变生他病。《内经》中已经认识到肥胖与消瘅等病证有关，临床已证实肥胖常易合并消渴、头痛、眩晕、胸痹心痛、中风、胁痛、痹证等。

44.2 诊断与鉴别诊断

44.2.1 诊断

44.2.1.1 体重超出标准体重

标准体重（kg）=［身高（cm）－100］×0.9（Broca 标准体重），如实际体重超出标准体重 20% 以上为肥胖。

44.2.1.2 体重质量指数升高

体重质量指数（BMI）= 体重（kg）/身高^2（m^2），超过 24 为肥胖。

44.2.1.3 伴随症状

初期轻度肥胖仅体重增加 20% ~30%，常无自觉症状。中重度肥胖常见伴随症状，如神疲乏力，少气懒言，气短气喘，腹大胀满等。

具备 1 或 2，兼见 3，排除肌肉发达和水分潴留的因素，即可作出诊断。

44.2.2 鉴别诊断

44.2.2.1 继发性肥胖症

多继发于神经-内分泌-代谢紊乱基础上的肥胖症。

1）下丘脑性肥胖症　下丘脑腹内侧核的饮食中枢兴奋，或解除了腹外侧核摄食中枢的抑制，致多食而肥胖，20 岁以下发病者多见，伴性发育迟缓，性机能减退。

2）胰岛 β 细胞瘤　常伴多食。

3）甲状腺功能低下　基础代谢降低，热量消耗少，多伴黏液性水肿。

4）库欣综合征　伴满月脸，水牛背，毛发多，血压上升，血糖升高，闭经，或月经紊乱。

44.2.2.2 黄胖病

黄胖病即现代医学钩虫病，是由钩虫寄生于肠道所致，以面部黄胖肿大为特征。

44.2.2.3 水液潴留的疾病

水肿、鼓胀等患者可见体重超过正常值 20% 以上的情况，但水肿病人常有颜面及双下肢浮肿，鼓胀常见腹部胀大如鼓，皮色苍黄，青筋暴露等表现，经治疗使体内多余水分排出体外后体重常可迅速降至正常。

44.3 辨 证 论 治

44.3.1 辨证要点

44.3.1.1 辨标本虚实

本虚要辨明气虚，还是有其他虚候，临床以气虚最为多见，表现为神疲乏力，少气懒言，倦怠气短，动则喘促，舌胖边有齿痕。标实要辨明痰湿、水湿、痰热及瘀血之不同，痰湿明显者，表现为形体肥胖，腹大胀满，四肢沉重，头重胸闷，时吐痰涎；水湿偏重，多有腹泻便溏，暮后肢肿，舌苔薄白或白腻；痰热偏盛者，多见心烦口苦，大便秘结，舌红苔黄腻等；瘀血内停者，常见面色紫红或暗红，舌暗或有瘀点瘀斑，舌下脉络迂曲，其中舌淡胖者，属气虚血瘀，舌红苔黄腻者，属痰瘀热互结。

44.3.1.2 辨明脏腑病位

肥胖有在脾、在肾、在肝胆、在心肺的不同，临证时需加以辨明。肥胖病变与脾关系最为密切，临床见身体重着，神疲乏力，腹大胀满，头重胸闷，或有恶心，痰多者，病变主要在脾。病久可累及于肾，症见腰膝酸软疼痛，动则气喘，嗜睡，形寒肢冷，下肢浮肿，夜尿频多。病变在肝胆者，可见胸胁胀闷，烦躁眩晕，口干口苦，大便秘结，脉弦等。病在心肺者，则见心悸气短，少气懒言，神疲自汗等。

44.3.2 治疗原则

肥胖总属本虚标实之候，故治疗当遵照虚者补之，实者泻之，以补虚泻实为原则。因本病病机主要为气虚痰湿偏盛，因此，补虚常用健脾益气，脾病及肾，结合益气补肾。泻实常用祛湿化痰，结合利水、消导、通腑、化瘀等法，以祛除体内多余的痰浊、水湿、痰热、瘀脂等。其中祛湿化痰法是治疗本病的最常用方法，应用于本病治疗过程的始终。

44.3.3 分型论治

44.3.3.1 胃热滞脾

症状　多食，消谷善饥，形体肥胖，脘腹胀满，面色红润，心烦头昏，口干口苦，胃脘灼痛，嘈杂，得食则缓。

舌象　舌红苔黄腻。

脉象　脉弦滑。

证候分析　胃热则消谷善饥，摄入的水谷精微超过了脾的运化功能，则滞脾而致不能被脾转输的水谷精微瘀积于体内，化为膏脂而形成肥胖，故形体肥胖。膏脂瘀积，气机受阻，则脘腹胀满。清窍失养，则头昏。胃热内盛，故心烦，口干口苦，胃脘灼痛，嘈杂不适，得食则使得胃热稍平，故症状稍缓解。舌红苔黄腻为胃热及痰湿内停化热之象。

治法　清胃泻火，佐以消导。

方药　小承气汤合保和丸加减。

前方通腑泄热，行气散结，药用大黄泻热通便，荡涤肠胃；枳实、厚朴行气消痞散结。保和丸重在消食导滞，方中以山楂、神曲、莱菔子消食导滞，其中山楂能消一切饮食积滞，且尤善消肉食油腻之积，神曲消食健脾，专消酒食陈腐之积，莱菔子消食下气，善消谷面之积；陈皮、半夏理气化痰和胃；茯苓健脾利湿；连翘清热散结。两方合用，有清热导滞化积之功，使胃热除，脾滞解，水谷精微归于正化，则瘀积于体内的膏脂可以减少或消除，肥胖自然缓解。

加减 1）食积化热，形成湿热，内阻肠胃而致脘腹胀满，大便秘结，或泄泻，小便短赤，苔黄腻，脉沉有力，可用枳实导滞丸以消导化积，清热祛湿，方用大黄泻热攻积，枳实行气消积，黄芩、黄连清热燥湿，茯苓、泽泻利水渗湿，白术健脾燥湿，神曲消食化湿，诸药合用，共济消导化积，清热祛湿，使湿热清，积滞除，胀满消，肥胖自然缓解。

2）若合并肝热，可用更衣丸。

44.3.3.2 脾虚不运

症状 肥胖壅肿，神疲乏力，身体困重，胸闷脘胀，四肢轻度浮肿，晨轻暮重，劳累后明显，饮食如常或偏少，既往多有暴饮暴食史，小便不利，便溏或便秘。

舌象 舌淡胖边有齿印，苔薄白或白腻。

脉象 脉濡细。

证候分析 素体脾胃虚弱，或饮食不节，暴饮暴食，损伤脾胃，脾胃虚弱，运化无权，痰湿内生，停于体内，故见身体壅肿肥胖，神疲乏力。脾阳虚衰，水液运化失常，水湿内停，故见四肢轻度浮肿，晨轻暮重，劳累后明显，并见小便不利。脾虚湿困，故身体困重，饮食减少，便溏。脾气不足，大肠传导无力，故或见便秘。舌淡胖边有齿印，苔薄白或白腻，脉濡细，均为脾虚痰湿内停之象。

治法 健脾益气，渗利水湿。

方药 参苓白术散合防己黄芪汤加减。

参苓白术散用人参、茯苓、白术、甘草健脾益气，山药、扁豆、薏苡仁、莲子肉燥湿健脾，陈皮、砂仁理气和胃燥湿，桔梗性上浮，协助补益脾气。防己黄芪汤药用黄芪、白术、防己、甘草、生姜、大枣，黄芪助四君子健脾益气，防己利水渗湿。常加猪苓、泽泻、车前子以利水渗湿。诸药合用，共奏健脾益气、渗利水湿、消胖减肥之功。

加减 1）脾虚水停、肢体肿胀明显者，加大腹皮、桑白皮。或加入五皮饮，以淡渗利湿。

2）腹胀便溏者，加厚朴、枳壳以理气消胀。

3）中阳不振加肉桂、高良姜等以温中散寒。

44.3.3.3 痰湿内盛

症状 形盛体胖，身体重着，肢体困倦，胸膈痞满，痰涎壅盛，头晕目眩，口干而不欲饮，嗜食肥甘醇酒，神疲嗜卧。多有进食肥甘厚味醇酒史。

舌象 苔白腻或白滑。

脉象 脉滑。

证候分析 素体痰湿内盛，或嗜食肥甘醇酒，损伤脾胃，脾虚不运，酿生痰湿，留于体内，故形体肥胖，神疲嗜卧。湿性重着，故见身体重着，肢体困倦。湿阻气机，故胸膈痞满，痰湿上犯，故痰涎壅盛，头晕目眩。痰湿阻滞气机，津不上承，故口干不欲饮。苔白腻或白滑，脉滑均为脾虚痰湿偏盛之象。

治法 燥湿化痰，理气消痞。

方药 导痰汤加减。

方用二陈汤燥湿化痰和胃，枳实理气化痰，胆南星清热涤痰。常加白术、冬瓜皮、泽泻祛湿，莱菔子消食化痰，决明子以通便。

加减 痰浊化热，症见心烦少寐，纳少便秘，舌红苔黄，脉滑数，可酌加清化痰热之品，如竹茹、黄芩、瓜蒌仁等。

44.3.3.4 脾肾阳虚

症状 形体肥胖，颜面虚浮，神疲嗜卧，气短乏力，腹胀便溏，自汗气喘，动则更甚，畏寒肢冷，下肢浮肿，尿昼少夜频。

舌象 舌淡胖，苔薄白。

脉象 脉沉细。

证候分析 年老脏气不足，脾肾亏虚，或脾虚日久，累及肾阳，脾肾两虚，脾虚不能运化水湿，肾虚不能蒸化水液，致水湿内停，故形体肥胖，颜面及下肢浮肿。脾肾亏虚，故神疲嗜卧，气短乏力，腹胀便溏，自汗气喘，动则更甚，畏寒肢冷。阳虚气化无权，肾虚失于固摄，故尿昼少夜频。舌淡胖，苔薄白，脉沉细为脾肾两虚、痰湿内停之象。

治法 温补脾肾，利水化饮。

方药 真武汤合苓桂术甘汤加减。

方用附子、桂枝补脾肾之阳，温阳化气；茯苓、白术利水化饮；白芍药敛阴；甘草和中；生姜助桂附以温阳散寒。两方合用，共奏温补脾肾、利水化饮之功。

加减 1）气虚明显，伴见气短、自汗者，加人参、黄芪益气。

2）水停内停明显，见尿少浮肿，加五苓散或泽泻、猪苓、大腹皮利水渗湿。

3）阳虚生内寒，而见畏寒肢冷者，加补骨脂、仙茅、仙灵脾、益智仁，并重用肉桂、附子以温肾祛寒。

临床本型肥胖多兼见合并症，如胸痹心痛、消渴、水肿等，遣方用药时亦可参照相关疾病辨证施治。

44.3.3.5 气滞血瘀

症状 体形丰满，面色紫红或暗红，胸闷胁胀，心烦易怒，夜寐不安或夜不能寐，大便秘结。

舌象 舌暗红或有瘀点瘀斑，或舌下脉络怒张，苔薄白或薄黄。

脉象 脉沉细或涩。

证候分析 情志郁结，肝气不舒，横逆乘脾，脾虚则水湿内停，或肝郁气滞，水谷精微不能外达，或气滞日久，深入血分，导致瘀积膏脂聚集体内，停于肌肤而致体形丰满肥胖，胸闷胁胀。瘀血内停，故见面色紫红或暗红。气郁化火，故心烦易怒。火热扰心，故夜不能寐或夜寐不安。火热耗伤肠中津液，故大便秘结。舌暗红或有瘀点瘀斑，或舌下脉络怒张，脉沉细或涩为气滞血瘀之象。

治法 活血祛瘀，行气散结。

方药 血府逐瘀汤合失笑散加减。

前方以桃红四物汤活血养血祛瘀；四逆散行气和血散结；桔梗、枳壳升降气机，宽胸除满；牛膝通利血脉，清化瘀热。后方用五灵脂、蒲黄活血化瘀。两方相合，共奏活血祛瘀、行气散结之功。常加大黄、莱菔子通腑、逐瘀、消导。

加减 1）气滞明显，见胸闷，脘腹胀满，加郁金、厚朴、陈皮、莱菔子。

2）肝胆瘀热内结，见心烦易怒，口干，口苦，目黄，胁痛，便秘，加茵陈、大黄、栀子、黄芩、金钱草。

3）湿热明显，兼见纳呆脘痞，舌红，苔黄腻，加夏枯草、泽泻、防己、虎杖等。

44.4 预防与调护

肥胖患者需了解肥胖的危害性，认识到长期综合治疗的必要性，必须有信心，有耐心，主动地配合治疗。在治疗过程中要注意下列几点：

饮食宜富含纤维、维生素，适当补充蛋白质，宜低糖、低脂、低盐。养成良好的饮食习惯，忌多食、暴饮暴食，忌食零食。必要时有针对性地配合药膳疗法。

适当参加体育锻炼或体力劳动。如根据情况可选择散步、快走、慢跑、骑车、爬楼、拳击等，患者可做适当的家务等体力劳动。运动不可太过，以防难以耐受，贵在持之以恒，一般勿中途中断，以防止发生反弹。

减肥须循序渐进，使体重逐渐减轻，接近正常体重，不宜骤减，以免损伤正气，降低体力。

附 录

1. 病案举例

董某，女，38 岁。1978 年 7 月 10 日初诊。诉五六载来形体逐渐肥胖，并伴眩晕、闭经、漏乳等症，至 1976 年底体重增至 88 公斤。于 1978 年 7 月 10 日来诊。患者形体呈均匀性肥胖，眩晕耳鸣，步履不实，时欲倾跌，肢体重滞不利，手握不紧，心悸间作，咯吐大量白色稠黏细沫痰，痰出则神清气爽，口干欲饮，月经常延期或闭，舌苔腻，脉象沉滑。辨证属水谷成痰，痰凝气滞血瘀。治以运脾燥湿化痰，执中央以运上下。处方：炒苍术 6g，炒白术 6g，法半夏 9g，陈皮

6g，茯苓15g，黑豆皮9g，生苡仁12g，石菖蒲3g，竹茹9g，荷叶15g，梗通草3g。服药17剂，形肥减，腹围小，眩悸均轻，大便三四日一行；月汛后期旬日来潮，量较多，五天告尽，咯痰减而不已，质稠黏；苔脉同前。拟初议增其制，掺入活血通瘀药。处方：制半夏9g，茯苓12g，陈皮5g，炒枳壳9g，竹茹6g，风化硝（分冲）4g，全瓜蒌12g，大麻仁12g，川贝母5g，桃仁6g，石菖蒲3g，荷叶15g。连投药24剂，体重已降至76.5公斤，肢体灵活，两手伸摄自如，体力增加。又间断服用上方药30剂，最后来诊，已无不适。

按语：本例肥胖患者，通过中药治疗，时经五月，服药九十余剂，体重由88公斤降至76.5公斤，自觉症状亦基本消失，疗效较为满意。历来认为：肥人形盛气虚，多湿多痰，说明肥胖的病理，气虚（主要是脾虚）是本，痰湿是标。联系本例见症分析，实属一派痰浊标实为主的现象，眩晕耳鸣为痰浊上蒙，清阳不展；心悸是痰浊凌心，心神不宁；经常咯吐黏白痰，痰出则神思爽利，是痰浊蕴肺蒙心之征；肢体重滞、手胀，为痰浊阻络所致；脉沉滑乃痰浊内蕴、气机郁滞之候。综观诸症，俱属因“痰”致病，故治疗始终以化痰、祛痰为主要大法，以温胆、导痰为主方，随证配伍加减，并据“荷叶灰服之令人瘦劣”之说，取荷叶以消肥脂。

（董建华．中国现代名中医医案精华．北京：北京出版社，1990.203～204　周筱斋医案）

2. 古文献选录

《丹溪心法·中湿》：“凡肥人沉困怠惰，是湿热，宜苍术、茯苓、滑石。凡肥白之人，沉困怠惰，是气虚，宜二术、人参、半夏、草果、厚朴、芍药。”

《石室秘录·痰病》：“气虚痰多之证，痰多本是湿也，而治痰之法，又不可徒去其湿，必须以补气为先，而佐以消痰之品”；“肥人多痰，乃气虚也。虚则气不能运行，故痰生之。则治痰必须补其气而后兼消其痰耳。然补气又不可纯补脾胃之土，而当兼补其命门之火，盖火能生土，而土自生气；焉可独治痰哉？气足而痰自消，不治痰正所以治痰也。”

3. 研究进展

（1）病因病机

周氏等将肥胖病因归纳为先天禀赋，过食肥甘厚味，久坐久卧、活动过少，外湿入内，七情内伤五个方面［云南中医杂志，1984，（1）：56］。江氏则归纳为年龄、性别、体质、地理环境、饮食、劳作运动、精神因素、疾病等八个方面［北京中医学院学报，1985，（2）：26］。余氏认为脾虚是肥胖的病理基础。江氏认为本病病因主要为气虚及痰、湿、水、瘀（脂）［辽宁中医杂志，1984，（6）：23］。韩氏等概括为多痰、多湿、多气虚［安徽中医学院学报，1989，（2）：21］。李氏认为本病主要在脾，常兼及肺肾，亦可累及心肝，病性以脾肺气虚为本，水饮、痰浊（膏脂）、气滞血瘀是标［云南中医学院学报，1990，（1）：

41]。

（2）辨证论治

江氏提出治疗肥胖八法：用防己黄芪汤、泽泻汤、二术四苓汤化湿；用二陈汤、三子养亲汤、控涎丹祛痰；用五皮饮、舟车丸、导水茯苓汤、小分清饮、十枣汤利水；用大承气汤、调胃承气汤通腑；用保和丸、三消饮消导；以温胆汤、疏肝饮疏利肝胆；以五味异功散、枳术丸、参苓白术散健脾；以济生肾气丸、苓桂术甘汤温阳［北京中医学院学报，1985，（2）：26］。韩氏等分别以天雁减肥茶（荷叶、车前草等）、轻身降脂茶（黄芪、何首乌、夏枯草等）分别治疗肥胖气虚湿盛及气阴两虚夹痰火者计227例，总有效率分别达92%和94%［安徽中医学院学报，1989，（2）：21］。

（3）辨病治疗

翁氏综述了经实验证明有减肥祛脂作用的药物：①祛痰化浊，利湿降脂：生大黄、虎杖、苍术、泽泻、茵陈、草决明、半夏、番泻叶、洋葱、大蒜、蚕蛹、槐米、柴胡、金银花、姜黄、茅根、荷叶、薏苡仁。②活血化瘀，减肥祛脂：丹参、赤芍药、茺蔚子、益母草、三七、生山楂、香附、三棱、莪术、五灵脂、鸡血藤、牛膝、当归、川芎。③滋阴养血，减肥降脂：旱莲草、女贞子、何首乌、生地黄、山萸肉、枸杞子、菊花、桑寄生、灵芝［中医杂志，1988，（1）：40］。李氏将防治单纯性肥胖症的常用药物分为泻下消导、祛痰化浊、活血化瘀、利水渗湿、健脾益气、养血滋阴六大类药物。并认为使用频率较高的药物依次为泽泻、山楂、何首乌、白术、荷叶、苍术、茯苓、黄芪、川芎、茵陈、夏枯草、大黄等［云南中医学院学报，1990，（1）：41］。潘氏辨证治疗肥胖80例，分为脾虚痰湿型、脾胃燥热型、气滞血瘀型、脾肾阳虚型等基本证型。结果有效率78.7%［江苏中医，1993，（1）：48］。钱氏等以轻健胶囊（含荷叶、生蒲黄、防己、冬瓜皮、黄芪、生大黄、香附、白芥子、白术、泽泻、黄精）治疗单纯性肥胖40例，减肥有效率75%［中医杂志，1993，（4）：232］。闫氏用四通减肥丸（升麻、槟榔、防己各36g，片姜黄18g，淫羊藿、炒苍术各40g，泽泻12g，泽兰24g，研末，水泛为丸，每次6g，每日3次）治疗儿童单纯性肥胖症32例，临床治愈19例，显效9例，有效3例，无效1例，总有效率96.88%［国医论坛，1995，（5）：31］。于氏自拟千金来瘦汤（葛根、虎杖、生山楂、车前子、夏枯草、泽泻、炒莱菔子、大腹皮、桃仁、王不留行）治疗老年性肥胖58例，有效率87.9%［甘肃中医学院学报，1996，（1）：26］。胡氏用月见草油胶丸治疗单纯性肥胖症156例，结果149例有不同程度的体重下降，总有效率为95.51%，降胆固醇总有效率为60.23%，降三酰甘油总有效率为80.31%［江苏中医，1995，16（1）：26］。

（4）疗效标准

1）疗程计算　药物治疗以1～3个月为1个疗程，争取治疗3个月为宜，每服药1个月可停药1周，其他治疗方法根据需要而定疗程。

2）疗效标准　①有效：疗程结束时体重下降3kg以上或F%（脂肪百分率）

下降 5%。②显效：疗程结束时体重下降 5kg 以上或 F% 下降 5% 以上。③近期临床痊愈：疗程结束时，体重下降已达到标准体重或超重范围内。

3）随访 1 年以上，维持原有疗效为远期疗效。

（1991 年全国第三届肥胖病研究学术会议修订）

复习思考题

1. 什么是肥胖？其诊断要点是什么？
2. 肥胖对人体有哪些危害？肥胖形成的病机有哪些？
3. 肥胖如何辨标本虚实及脏腑病位？
4. 肥胖常见临床证型有哪些？各证的临床表现、治法及方药分别是什么？

（张润顺）

45

痹 证

目的要求

1. 了解痹证的定义、范围。
2. 熟悉痹证的调护。
3. 掌握痹证的病因、病机及痹证与痿证的鉴别。掌握痹证的辨证要点、治疗原则和分型施治。

痹证是由于风、寒、湿、热等邪侵袭人体，闭阻经络，气血运行不畅所致的，以肌肉、筋骨、关节发生疼痛、酸楚、麻木、重着、屈伸不利，甚或关节肿大变形为主要临床表现的病证。

《素问·痹论》篇对痹证的病因、病机、病理演变及证候分类均有论述。认为风寒湿邪侵袭为其主要病因，风胜者为行痹，寒胜者为痛痹，湿胜者为着痹；又根据发病部位的不同分为皮痹、脉痹、肉痹、筋痹、骨痹；并指出痹证迁延不愈会引起脏腑痹。《金匮要略·中风历节病脉证并治》将痹证称为历节，用桂枝芍药知母汤、乌头汤治之。《症因脉治·痹证论》对热痹的症状、病因、治疗作了系统的论述。《医宗必读》对痹证的治则作了概括，分清风、寒、湿的偏胜，分别以祛风、散寒、除湿为主，行痹佐以养血，痛痹佐以助阳，着痹佐以健脾益气。

现代医学中的风湿病、风湿性关节炎、类风湿关节炎、骨性关节炎均可参照本章进行辨证论治。

45.1 病因病机

45.1.1 病因

本病分为外因与内因两方面。

45.1.1.1 外因

本病外因为感受风寒湿热之邪。

1）风寒湿邪外侵　居处或工作环境阴冷潮湿，如久卧湿地，以水为事，感受寒湿之邪；或寒冬凛冽，或出入冷库，感受寒冷之邪，风寒湿邪侵犯肌肉筋骨，气血闭阻而发生痹证。

2）感受风湿热邪　暑湿弥漫，外感湿热，或风寒湿邪郁久化热，湿热留着肌肉关节，经脉气血不畅而成痹证。

45.1.1.2 内因

本病内因为正气不足。

素体虚弱或劳倦过度，正气不足；或病后、产后气血亏虚，腠理疏松，卫外不固，致外邪乘虚而入，形成痹证。

45.1.2 病机

45.1.2.1 基本病机

痹证的发生，系由正气不足，卫外不固，风寒湿热之邪侵袭于肢体的肌肉、筋骨、关节，使经络闭塞，气血不通，脉络绌急而成。内因是发病的基础，外因是致病的条件。

45.1.2.2 病位

本病主在肢体的肌肉、筋骨、关节。

45.1.2.3 病理性质

痹证有风寒湿痹和热痹的不同，其形成的因素，除与感受邪气的性质有关外，还与素体的阴阳偏胜密切相关。素体阳气不足，阴寒偏盛，则风寒湿邪易于侵袭，发为风寒湿痹；素体阳气偏胜，阴血不足，内有郁热者，易感受湿热之邪，或外邪侵袭易于化热而形成热痹。其次痹证的病理性质又有虚实之别，初期以邪实为主，后期以正虚为主。

45.1.2.4 病机转化

痹证反复发作，缠绵不愈，日久可有以下三种病理转归。一是气血凝滞日甚，瘀血、痰浊内生，痹阻经络，出现皮肤瘀斑，关节周围结节，关节肿大，屈伸不利等症。二是病久使气血耗伤，出现气血亏虚之症。三是病邪由经络而病及脏腑，出现脏腑痹。

45.2 诊断与鉴别诊断

45.2.1 诊断

45.2.1.1 临床表现

突然或逐渐出现肢体肌肉、筋骨、关节疼痛、酸楚、重着、麻木、灼热、屈伸不利，或关节红肿，或关节肿大变形。

45.2.1.2 辅助检查

血沉、抗链“O”、类风湿因子、X线检查，均有助于痹证的诊断。

45.2.2 鉴别诊断

痿证　痹证因肢体疼痛，屈伸不利，活动受限，日久可致肌肉瘦削与痿证相似。但痿证以肢体痿弱，羸瘦无力，行动艰难为主，肢体关节多无疼痛。而痹证则以肢体疼痛为主要症状。若既有肢体肌肉萎缩，软弱无力，又伴有肢体疼痛者，是为痿痹同病。

45.3 辨证论治

45.3.1 辨证要点

45.3.1.1 辨风寒湿痹与热痹

热痹以关节红肿灼热疼痛为特点，风寒湿痹则虽有关节酸痛，但无局部红肿灼热；风寒湿痹中又以关节酸痛，游走不定者为行痹，痛有定处，疼痛剧烈者为痛痹，肢体酸痛重着，肌肤不仁者为着痹。

45.3.1.2 辨虚实

痹证初起，以风寒湿痹和热痹多见，以邪实为主。病久以虚痹、尪痹多见，多属正虚邪实，正虚以气血不足、肝肾亏损为主，邪实以痰浊、瘀血互阻，风寒湿热余邪留恋为主。

45.3.2 治疗原则

祛邪通络、缓急止痛为痹证的基本治则。对于风胜者，以祛风为主，兼以养血；寒胜者，以散寒为主，兼以温阳；湿胜者，以渗湿化浊为主，兼以健脾益气；热胜者，以清泄郁热为主，佐以活血通络。病久正虚应重视扶正，标本兼顾，扶正以培补肝肾，益气养血为法，祛邪以化痰行瘀为法，并根据辨证兼用祛风、散寒、除湿、清热之剂。

45.3.3 分型论治

45.3.3.1 行痹

症状　肢体关节酸痛，游走不定，不拘上下左右肢体关节，病或数时，或数日，屈伸不利，日轻夜重，恶风喜暖。

舌象　舌淡红，苔白微厚。

脉象　脉浮紧或沉紧。

证候分析　风寒湿邪留滞经络，痹阻气血，故肢体关节疼痛，屈伸不利；风邪偏胜，风性善行数变，故疼痛游走不定，时而走窜上肢，时而流窜下肢；血脉凝涩，故疼痛日轻夜重；风夹寒邪，故恶风喜暖，脉浮紧。

治法　祛风通络，散寒除湿。

方药　防风汤加减。

防风、秦艽、麻黄祛一身之风邪；当归、葛根活血通络，解肌止痛；肉桂温阳散寒；茯苓渗湿健脾，生姜、大枣调和营卫。

加减　1）酸痛以肩肘等上肢关节为主者，可加羌活、白芷、威灵仙、片姜黄、川芎祛风通络止痛。

2）疼痛以下肢膝踝关节为主者，选加独活、怀牛膝、木防己、川萆　以通经活络，祛湿止痛。

本证病情较重，反复发作者，可用宣痹达经汤。方中蜂房、穿山甲、乌梢蛇、螳螂通经活络以宣痹；威灵仙、羌活、防风、秦艽、豨莶草、青风藤，祛风止痛；当归养血通络。

45.3.3.2 痛痹

症状　肢体关节疼痛较剧烈，痛有定处，得热痛减，遇寒痛增，关节不可屈伸，皮色不红，触之不热。

舌象　舌质淡，苔薄白。

脉象　脉弦紧。

证候分析　风寒湿邪闭阻经络，寒邪偏胜，寒属阴邪，其性凝滞，故痛有定处，疼痛较剧；得热气血较为流畅，故其痛减；遇寒气血更加凝涩，故痛增；寒伤阳气，故皮色不红，触之不热；舌质淡为寒邪偏胜之象；脉弦紧主寒主痛。

治法　温经散寒，通络止痛。

方药　乌头汤加味。

方中川乌、麻黄温经散寒；白芍药、甘草缓急止痛；黄芪益气固表。加苍术、白术健脾祛湿，羌活祛风散寒，当归、片姜黄活血止痛。

加减　参考行痹加减内容。

痛痹病情顽固者，亦可用验方温经通痹汤治之。该方以附子、干姜、炒川椒温阳助脾以祛寒、乌梢蛇，露蜂房、土鳖虫、螳螂活血通经；当归、丹参和血止痛；羌活、　莶草疏风祛邪，共奏宣痹通络、散寒止痛之功。

痹证疼痛剧烈者常用祛风除湿、温经止痛的药物乌头、附子，应用这些药物时，剂量应由小量开始，逐渐增加，久煎或与甘草同煎可缓和其毒性。服药后患者若有唇舌发麻，手足麻木，恶心，心悸，脉迟等中毒症状时，应立即停药，并及时采取解救措施。

45.3.3.3　着痹

症状　肢体关节酸痛沉重，甚则关节肿胀，重着不移，痛有定处，活动不便，肌肤麻木不仁。

舌象　舌淡或淡红，舌苔白腻。

脉象　脉濡缓。

证候分析　感受风寒湿邪，以湿邪偏胜，因湿性重浊黏滞，故痛有定处，肢体沉重；湿浊留滞关节，则关节肿胀，活动不便；湿邪痹阻气血，故肌肤麻木不仁；苔白腻，脉濡缓本为寒湿内阻之象。

治法　渗湿通经活络，佐以健脾。

方药　薏苡仁汤。

方中薏苡仁、苍术、川乌、独活祛湿散寒止痛；麻黄、防风、羌活、桂枝温经疏风除湿；当归、川芎活血止痛。

加减　1）若寒湿甚者，加附子、干姜、细辛温经通阳。

2）若肢体关节肿胀明显者，加茯苓、萆　、木通、片姜黄利水通络。

3）肌肤麻木不仁者加海桐皮、路路通、豨莶草。

对于风寒湿偏胜不明显者，可用蠲痹汤作为风寒湿痹通用的基础方进行治疗。方中以羌活、独活、海风藤、秦艽、桂枝祛风、除湿、散寒；当归、川芎、乳香、没药、桑枝、甘草活血通络止痛。风胜加防风、白芷；寒胜加附子、桂枝、细辛；湿胜加防己、萆　、炒薏苡仁。

45.3.3.4　热痹

症状　肢体关节疼痛，痛处　红灼热，肿胀，疼痛剧烈，得冷稍舒，筋脉拘急，日轻夜重，发热，口渴，喜冷恶热，烦闷不安。

舌象　舌红，苔黄或黄燥。

脉象　脉滑数。

证候分析　久病痹证，正虚邪恋，正不胜邪，邪阻经络，故肢体关节疼痛，还伸不利，关节肿大，僵硬变形，肝肾方损，气血不足，肌肉经脉失养，故肌肉萎缩，筋脉拘急，肘膝不得伸；关节严重畸形，功能胺限，则尻以代踵，脊以代头；舌暗红，脉细涩，为瘀血内阻、正气亏虚之象。

证候分析　邪热壅于经络、关节，故关节红肿灼热；气血郁滞不通，故疼痛剧烈；因热邪壅滞，故得冷则舒；热壅血瘀，故疼痛日轻夜重；热盛津伤，则烦闷不安、口渴；苔黄或黄燥、脉滑数均为热盛之象。

与风寒湿痹相比，热痹发病较急，全身症状明显，邪气极易内舍于心。

治法　清热通络，祛风除湿。

方药　白虎桂枝汤加味。

方中以白虎汤清热除烦，养胃生津，桂枝疏风通络，加忍冬藤、黄柏、连翘清热解毒；威灵仙、防己、桑枝、姜黄活血通络，祛风除湿。

加减　1）皮肤出现红斑者，加牡丹皮、生地黄、地肤子、赤芍药。

2）若邪虽化热，而寒象未尽，尚有畏寒苔白者，去知母、黄柏，加麻黄、防风疏风散寒。

3）若热痹化火伤津，症见关节红肿，疼痛剧烈，入夜尤甚，壮热烦渴，舌红少津，脉弦数者，治宜清热解毒，凉血止痛，方用犀角散。

本证亦可选用《温病条辨》宣痹汤。方中防己、蚕砂、薏苡仁、赤小豆祛风除湿，通利经络；连翘、山栀、滑石清热利湿。

45.3.3.5　尪痹

症状　肢体关节疼痛，屈伸不利，关节肿大、僵硬变形，甚则肌肉萎缩，筋脉拘紧，肘膝不得伸，或尻以代踵，脊以代头而成废人。

舌象　舌质暗红。

脉象　脉细涩。

证候分析　久病痹证，正虚邪恋，正不胜邪，邪阻经络，故肢体关节疼痛，屈伸不利，关节肿大，僵硬变形；肝肾亏损，气血不足，肌肉经脉失养，故肌肉萎缩，筋脉拘急，肘膝不得伸；关节严重畸形，功能受限，则尻以代踵，脊以代头，舌暗红，脉细涩，为瘀血内阻、正气亏虚之象。

治法　以补肾祛寒为主，佐以活血通络。

方药　补肾祛寒治尪汤。

方中续断、补骨脂、熟地黄、骨碎补、淫羊藿，补益肝肾，强壮筋骨；制附片补肾阳祛寒邪；桂枝、独活、威灵仙搜剔筋骨中之风寒湿邪，白芍药养血缓急舒筋。

加减　1）瘀血明显者加血竭、皂刺、乳香、没药。

2）骨质变形严重者加透骨草、寻骨风、自然铜、僵蚕。

3）脊柱僵化变形者加金毛狗脊、鹿角胶、羌活。

4）兼有低热，或自觉关节发热者，去淫羊藿，加地骨皮、黄柏。

45.3.3.6 气血亏虚

症状 痹证日久，长期服用驱风活络之剂。关节酸沉，绵绵而痛，麻木尤甚，四肢乏力，汗出畏寒，心悸纳呆，颜面微青而白，形体虚弱。

舌象 舌质淡红，苔薄白。

脉象 脉沉虚而缓。

证候分析 久病痹证，或过用祛风散寒等温燥之品，耗伤气血，肝肾不足，关节筋脉失养则关节酸沉，绵绵而痛，麻木尤甚；气虚则四肢乏力，形体虚弱；阳气虚衰，卫外不固，故汗出畏寒；血虚则颜面微青而白；脉沉虚缓为气血不足之征。

治法 益气养血，舒筋活络。

方药 气血并补荣筋汤。

方中生薏苡仁、茯苓、生白术、何首乌、当归、熟地黄、黄精益气养血而荣筋；蜂房、乌蛇、豨莶草、络石藤、狗脊、秦艽通经活血，导滞宣痹；菟丝子补肝肾，强筋骨，砂仁理气醒脾，补而防腻。

45.4 预防与调护

保证营养，积极参加体育锻炼，增强体质，注意居住卫生，适应冷暖变化，避免潮湿受寒，对痹证的预防有重要的意义；若患感冒后，应及早治疗，以防邪气内侵。

痹证患者，在关节疼痛剧烈时，须卧床休息；病情稳定期，肢体活动不利者，在能耐受的限度内，进行适当的活动，但活动应循序渐进，避免劳累过度；关节畸形者，活动宜缓慢，防止不慎跌仆而致骨折。

附 录

1. 病案举例

1）陈洪章治沈沃田，年七十余，左臂及指，拘挛不能伸舒，食减神惫。或谓老人虚弱，用补剂以致日甚。陈诊之，曰：此由风湿邪郁胸脾，波及四肢，用二陈汤加芒硝、砂仁，以薏苡仁三两煎汁煎药，连服四剂，病去大半，去硝，仍用二陈，又服六剂而痊愈。

（魏之 .《续名医类案》）

2）孙文垣治陈参军，年六十四，向以乏嗣，服下元药太多，冬月单胯立溪边受寒，致筋骨疼痛，肩井、缺盆、脚膝跟踝及骨节动处，皆红肿而痛，卧床三年，或认为虚为寒，为风为湿，百治不效，腿间大肉尽消，惟骨节合处，肿大而痛，脉之弦涩有力，知为湿热痰火，被寒气凝滞，固涩经络也。所喜目中精神尚在，胃气未全损。其小便在器，少顷则澄结为砂，色红而浊，两膝下及脚指，皆生大疮，疮靥如靴钉状，皆由向服春方所致。为先逐经络凝滞，然后健脾消痰，俾新痰不生，血气日长，后以补剂收功，斯得也。以新取威灵仙一斤，装新竹筒中入烧酒二斤，塞筒口，刮去青皮，重汤煮三炷官香为度，取出晒干为末，用竹沥打糊为丸，桐子大，早晚酒送一钱，日服二次，五日后大便去稠黏池痰积半桶，肿痛减大半，改以人参、石斛、苍术、黄柏、薏苡仁、苍耳子、牛膝、乌药叶、龟板、红花、犀角、木通，煎服二十帖，又用前末药服三日，腹中痰渐少。乃以虎骨、晚蚕砂、苍术、黄柏、丹参、杜仲、牛膝茎叶、薏苡仁、红花、五加皮、苍耳子、龟板，酒打糊为丸，梧子大，每空心服七八十丸，外以丹溪保和丸，食后服半年痊愈。

（魏之　.《续名医类案》）

2. 古文献选录

《素问·痹论》："风寒湿三气杂至，合而为痹。""所谓痹者，各以其时，重感于风寒湿之气也。""五藏皆有合，病久而不去者，内舍于其合也，故骨痹不已，复感于邪，内舍于肾；筋痹不已，复感于邪，内舍于肝；脉痹不已，复感于邪，内舍于心；肌痹不已，复感于邪，内舍于脾；皮痹不已，复感于邪，内舍于肺。"

《金匮要略·中风历节病脉证并治》："诸肢节疼痛，身体尪羸，脚肿如脱，头眩短气，温温欲吐，桂枝芍药知母汤主之。""病历节不可屈伸疼痛，乌头汤主之。"

《证治汇补·痹证》："风胜加白芷，湿胜加苍术、南星，热胜加黄柏，寒胜加独活、肉桂，上体加桂枝、威灵仙、下体加牛膝、防己、萆　、木通。"

3. 研究进展

类风湿关节炎的中医研究进展

1）病因病机研究　汪明忠等对786例类风湿关节炎患者的病因进行分析，仅有19.5%的患者为感受寒冷潮湿，8.9%与感冒、感染有关，其他患者发病则与家族遗传、产后、过度劳累等有关［新中医，1989，（9）：10］。陈之才调查了200例类风湿关节炎的发病诱因，因受风寒与潮湿者占47%，其余患者均与外邪无关，多因过劳、情志因素所致［上海中医药杂志，1981，（7）：29］。周学平认为类风湿关节炎早期、急性期以外邪为主导，而中晚期则以肝肾亏虚、痰瘀互结、风湿痹阻为基本病机［中国医药学报，1999，（1）：43～45］。

2）临床治疗研究　邓兆智等对82例确诊为类风湿关节炎的患者，进行了中医证候、舌脉等调查，结果发现，有热象者共49例，占59.7%，寒热错杂者39例，占47.156%，并认为类风湿关节炎活动期，以寒热错杂型居多，治宜寒温并用，利湿通络，自拟清痹合剂，药用生石膏、知母、黄柏、牛膝、全蝎、蜈蚣、两面针、秦艽、桂枝、羌活、苍术等，治疗30例，并设消炎痛对照组20例。结果表明清痹合剂对晨僵、关节肿痛、活动指数、握力、20米行速有明显改善作用，且优于消炎痛组，并能降低血沉、类风湿因子、C反应蛋白的水平［中医杂志，1996，（2）：93］。薛长连等用清热利湿关节炎汤治疗风湿、类风湿关节炎属于湿热型者70例，药物组成为制川乌、桂枝、生石膏、忍冬藤、防己、茯苓、白术、泽泻、青风藤、海桐皮、秦艽、甘草、赤芍药，并设对照组39例，服用抗风湿常规药，结果，治疗组总有效率为94.3%，对照组总有效率87.18%［中医杂志，1998，（6）：368］。胡阴奇等用风湿安冲剂治疗类风湿关节炎（湿热痹）36例，并设湿热痹冲剂32例对照，结果治疗组在关节疼痛数、关节肿胀程度、疼痛标尺、晨僵时间、双手平均握力、20米步行时间方面均优于对照组，并能提高血红蛋白、降低血沉、类风湿因子、C反应蛋白、降低免疫球蛋白等，风湿安冲剂的组成为：知母、黄柏、黄芪、木防己、忍冬藤、木瓜等［中国医药学报，2000，(1)：43～45］。雍履平认为本病疼痛较甚，非加用乌梢蛇、全蝎、蜈蚣、地鳖虫、蜂房等虫类药不能见功［中医杂志，1997，(12)：751］。周大成介绍了史济柱治疗类风湿关节炎的经验为，对于久病入络者，常用史氏痹痛散，药为蕲蛇肉、露蜂房、炙地鳖虫各30g，地龙干10g，木鳖子3g、晚蚕砂60g、蜈蚣2条，共研细末，每日3次，餐后吞服，每次1.5g［中医杂志，1996，(8)：462～463］。邵丽娟等用三龙三虫汤治疗本病75例，方用地龙、乌梢蛇、穿山龙、　虫、制附子、全蝎、蜈蚣。对照组30例服吡罗昔康、泼尼松，治疗2月，两组总有效率分别为93.3%、73.3%［中国中西医结合杂志，1998，(5)：312～313］，类风湿关节炎多以正虚为本，因此许多学者强调扶正为主，兼以祛邪。王绪辉等以防己黄芪汤提取物治疗活动期类风湿关节炎100例，结果证明防己黄芪汤具有地塞米松样抗炎作用，同时又能抑制体液免疫，调节细胞免疫和提高补体水平，从而改善临床症状，并可使类风湿因子转阴［中医杂志，1993，(3)：156］。史晓用防己黄芪汤合祛风1号方（乌头汤化裁）治疗类风湿关节炎46例，并设雷公藤对照组，治疗组疗效明显优于对照组［南京中医药大学学报，1998，(1)：55］。宋银枝等治疗32例，观察健脾补肾、活血通络法治疗本病的疗效，方用黄芪、党参、白术、淫羊藿、熟地黄、当归、白芍药、川芎、鸡血藤、地龙、威灵仙、杜仲、甘草，取得了良效，总有效率为93.8%［湖南中医药导报，1998，(4)：16～17］。

3）实验研究　高梅等对类风湿灵进行了实验研究，药物为蚂蚁、穿山甲、全蝎、蜈蚣、白花蛇、三七等制成的50%煎剂。结果表明：该药可使小鼠胸腺和脾脏重量增加，腹腔巨噬细胞吞噬功能及血清溶血素提高［长春中医学院学报，1998，(1)：56］。吕爱萍观察了宣发膜原法达原饮对免疫性关节炎小鼠免疫功能的影响，结果发现宣发膜原法不仅能抑制小鼠对Ⅱ型胶原的免疫反应，同时能调节小鼠对Ⅱ型胶原的免疫反应［中国中西结合杂志，1997，(11)：679～681］。钱瑞琴等实验研究表明：　莶草可调整佐剂性关节炎大鼠的免疫功能，抑制局部炎症细胞，减轻局部病理反应，从而达到抗风湿作用［中国中西医结合杂志，2000，(3)：192～194］。

复习思考题

1. 何谓痹证？
2. 试述痹证的病因病机。
3. 痹证日久有哪几种病理转归？
4. 痹证的治疗原则是什么？
5. 行痹、痛痹、着痹的症状、治法、方药有何不同？热痹、尪痹如何辨治？

（赵新秀）

46

痿病

目的要求

1. 了解痿病的定义、范围、预防调护以及研究进展。
2. 熟悉痿病与痹病的鉴别诊断。
3. 掌握痿病的病因病机、诊断要点、辨证要点、治疗原则以及分型论治。

痿病系指肢体筋脉弛缓，软弱无力，日久不用，引起肌肉萎缩，不能随意运动的一种病证。凡手足或其他部位的肌肉痿软无力，弛缓不收者均属痿证范畴，因多发生在下肢，故又有“痿躄”之称。

《内经》论痿颇详，《素问·痿论》则是讨论痿证的专篇，该篇论述了痿病的病因病机、证候分类及治痿大法。指出痿病的主要病因是内热伤津，宗筋失润，以致痿软弛纵，发为痿病。提出“痿躄”、“脉痿”、“筋痿”、“肉痿”、“骨痿”的命名和分类，治疗上提出了“治痿独取阳明”与“各补其荥而通其俞，调其虚实，和其逆顺”的针刺治疗大法，至今仍指导着临床实践。

隋唐至北宋时期，将痿列入风门，较少进行专题讨论。直到金元，张从正对“风、痹、痿、厥”予以鉴别。《丹溪心法》立专篇论述痿证，提出了“泻南方，补北方”的治法，首创名方虎潜丸治疗痿病。《景岳全书·痿证》强调精血亏虚致痿。《临证指南医案·痿》指出痿病为“肝、肾、肺、胃四经之病。”

现代医学的感染性多发性神经根神经炎、运动神经元病、重症肌无力、肌营养不良，符合本病证候特征者，可参考痿病辨证论治。

46.1 病因病机

46.1.1 病因

1）感受外邪 感受温热毒邪，高热不退，或病后余热燔灼，伤津耗气，皆令“肺热叶焦”，不能输布津液以润泽五脏，遂致四肢筋脉失养，痿弱不用。久处湿地，感冒雨露，湿淫经脉，营卫运行受阻，郁遏生热，湿热阻滞，久则气血运行不利，筋脉肌肉失却濡养而弛纵不收，成为痿病。

2）脏腑内伤 饮食不节，过食肥甘，嗜酒成癖，多食辛辣，贪杯饮冷，损伤脾胃，内生湿热，阻碍运化，导致脾运不输，筋脉肌肉失养，发生痿病。或脾胃素虚或久病致虚，中气不足，则受纳、运化功能失常，气血津液生化之源不足，无以濡养筋脉，而产生肢体痿弱不用。七情内伤，或劳役太过，或房室过度，或久病耗损，或先天禀赋不足，致肝肾精血虚耗，导致筋脉失养，亦可发为痿病。

3）跌仆损伤 跌打损伤，瘀血内阻，络脉不通，筋脉失养，发为痿病。

46.1.2 病机

46.1.2.1 基本病机

本病病机为肢体筋脉肌肉失却濡养而弛缓不收。

46.1.2.2 病位

本病病位在肢体筋脉肌肉，但常常涉及诸脏，而不局限于一经一脏。总的说来，肝藏血主筋，肾藏精生髓，津生于胃，散布于肺，故本病与肝、肾、肺、胃关系最为密切。

46.1.2.3 病理性质

本病有虚、实和虚实夹杂之证。但总以脏气虚损为主，也有痰湿、瘀血、湿热、温邪、积滞等实邪为患者。

46.1.2.4 病机转化

早期以温热、湿热、瘀血实邪为主的多属实证。久则热盛伤津，或瘀血内阻，新血不生，终致阴血耗伤，脾胃虚弱或肝肾不足，从而病性由实转虚，出现虚证。正气虚弱，又易感受外邪，或脾胃虚弱，运化失司，痰湿内生，郁而化热，或阴虚无以制阳，虚热内生，或久病入络，络脉瘀阻，或实邪日久伤正，致正虚邪恋，均可形成虚实夹杂之证。病凡由实转虚，由脾（胃）、肺及肝、肾，为病情逐渐加重。若五脏俱损，出现胸闷气短，发音嘶哑，呼吸及吞咽困难，为脾、肺之气将绝之候，病情危重，预后不佳。

46.2 诊断与鉴别诊断

46.2.1 诊断

46.2.1.1 临床表现

肢体筋脉弛缓，软弱无力，甚至瘫痪日久，肌肉萎缩为主症。可伴有肢体麻木、疼痛或拘急痉挛。严重者可见排尿障碍、呼吸困难、吞咽无力等。

46.2.1.2 病史及发病

具有感受外邪与内伤积损的病因，有缓慢起病的病史，也有突然发病者。

46.2.1.3 辅助检查

神经系统检查肌力降低，肌萎缩；必要时作肌电图、肌活检与酶学检查等有助于明确诊断。

46.2.2 鉴别诊断

痹病　痹病以肢体关节肌肉疼痛、重着、麻木、屈伸不利、关节畸形为主要表现。后期由于肢体关节疼痛，不能运动，肢体长期废用，亦有类似痿病之瘦削枯萎之证。但必有肢体关节疼痛，与痿病肢体力弱、一般不痛有根本区别。

46.3 辨证论治

46.3.1 辨证要点

本病临床辨证应分急缓与虚实。凡起病急，发展较快，肢体力弱，或拘急麻木，肌肉萎缩尚不明显，属肺热津伤或湿热浸淫之实证；而病程长，病情渐进发展，肢体弛缓，肌肉萎缩明显者，多属脾胃、肝肾亏损之证。

46.3.2 治疗原则

历史上，医家多遵《素问·痿论》“治痿者独取阳明”之说。所谓“独取阳明”，其义有二：一为补益后天，即益胃养阴，健脾益气之法。二为清阳明之热。迄今在临床治疗时，不论选方用药，还是针灸取穴，一般都重视调理脾胃这一治疗原则。但不能拘泥于此，临床仍须辨证论治。实邪突出者，宜清热、化湿、祛瘀等法以祛邪实；正虚突出者，宜健脾益气、滋补肝肾等法，以恢复正气；若虚实夹杂，当扶正与祛邪兼顾。一般在邪实祛除之后，当以补虚养脏，调和气血，濡养筋脉为治。

46.3.3 分型论治

46.3.3.1 肺热津伤

症状 病起发热，或热后突然出现肢体软弱无力，皮肤枯燥，心烦口渴，咽干不利，咳呛少痰，小便黄少，大便干燥。

舌象 舌质红，苔黄。

脉象 脉细数。

证候分析 温热之邪犯肺，肺之气阴受伤，通调失职，津液不足以敷布全身，故病起发热或热后突然出现肢体软弱无力，皮肤枯燥。热邪伤津，故心烦口渴，便秘溲赤。肺津不能上润肺系，故咽干不利，呛咳少痰。舌红，苔黄，脉细数，均为阴伤津涸，肺阴不足之征。

治法 清热润燥，养肺生津。

方药 清燥救肺汤为主方。

方中人参、麦冬、生甘草甘润生津，益气养阴补中；生石膏、霜桑叶、苦杏仁、火麻仁宣肺清热，润燥降逆；蜜制枇杷叶、阿胶、炒胡麻仁润肺滋阴清燥。

加减 1）若壮热、口渴、汗多，则重用生石膏，还可加银花、连翘以清热解毒，化瘀祛邪。

2）若咳呛少痰，加瓜蒌仁、桑白皮、川贝母。

3）若咽干不利，加天花粉、百合、芦根以滋阴清润。

本证若身热退净，食欲减退，口燥咽干甚者，属肺胃阴伤，可用益胃汤加薏苡仁、生山药、谷麦芽之类益胃生津。

临证应该注意：①本证起病急骤，多有外感化热、热邪伤津灼营的病史，内热显然可见，故治应清热救津，甘寒清上，俾肺金清肃而火自降，切勿滥用苦寒燥湿及辛温之品，以免重伤津液。②肺热伤津，不免耗灼胃液，务须结合养胃清火，胃火清则肺金肃。③本证失治，久延则肺热耗津，五脏受灼，转为肝肾阴亏，脾胃津伤者，亦常屡见。

46.3.3.2 湿热浸淫

症状 肢体痿软无力，以下肢常见，身体困重，或兼见微肿、手足麻木，或足胫热蒸，或发热，胸脘痞闷，小便赤涩。

舌象 舌红，苔黄腻。

脉象 脉滑数。

证候分析 湿热浸淫肌肤，留注经脉，气血阻滞，故见肢体痿软无力。湿性趋下，故下肢不用为多。湿热壅滞筋脉、肌肤，故见肢体困重，微肿，手足麻木；湿热阻滞气机则胸脘痞闷；湿热下注，则小便短赤涩痛；舌红、苔黄腻，脉滑数，均为湿热内蕴之征。

治法　清利湿热，通利筋脉。

方药　加味二妙散为主方。

方中黄柏苦寒，清热燥湿；苍术、薏苡仁燥湿健脾；萆　、汉防己、木通导湿热从小便而去，给邪以出路；晚蚕砂、牛膝、木瓜清热除湿，通利筋脉，以行气血，甘草缓和药性。诸药可使湿热得除，筋脉气血流畅。

加减　1）胸脘痞闷，肢重且肿者，加厚朴、茯苓、泽泻理气化湿。

2）足胫发热，心烦，舌红或舌苔剥脱者，去苍术，加生地黄、麦冬、沙参、砂仁养阴清热而不碍胃助湿。

3）若肢体麻木，关节运动不利，舌质紫暗，脉细涩，为夹瘀之征，可加赤芍药、桃仁、红花、丹参以活血化瘀。

4）若发于夏季，酌加藿香、佩兰以化湿。

临证应该注意：①本证因湿热浸淫所致，故不可急于填补，以免助湿。②本证湿热易伤肺肾金水之源。故除湿之外，兼施清养。③本证湿热不去，下流入肾，肾被热灼而阴亏，成为虚实夹杂者，所以祛湿务要慎用辛温苦燥，若湿热伤阴，则应清滋善后。

46.3.3.3　脾胃亏虚

症状　初起四肢无力，活动后加重，逐渐痿软不用，食少纳呆，腹胀便溏，气短乏力，神疲懒言，面色不华。

舌象　舌质淡，苔薄白。

脉象　脉细或沉弱。

证候分析　脾胃虚弱，气血生化不足，筋脉失荣，故肢体痿软，逐渐加重。脾不健运则食少纳呆，腹胀便溏；脾胃虚弱，气血生化不足，周身失充，则气短乏力，神疲懒言，面色不华；舌淡、苔薄白，脉细或沉弱亦为脾胃虚弱、气血不足之象。

治法　健脾益气。

方药　参苓白术散加减。

方中以人参、生白术、山药、扁豆、莲子肉甘温健脾益气；茯苓、薏苡仁健脾渗湿，陈皮、砂仁理气和胃。

若肥胖人多痰，可用六君子汤补脾化痰。

若中气不足，可用补中益气汤。

临证应该注意：①本证虽痿在四末，病实发于中焦，脾胃虚者，最易兼夹食积不运，当酌情加入谷麦芽、山楂肉、神曲以消导积滞。②脾虚每兼夹湿热不化，补脾益气之时，当结合渗湿清热。③脾主运化，脾虚则五脏失濡；脾为后天之本，五脏之伤，久亦损脾。脾虚痿病每与其他各证兼见，治法总宜扶脾益胃以振奋后天本源，这也是“治痿独取阳明”的体现。

46.3.3.4 肝肾亏损

症状 起病缓慢，下肢痿软无力，腰脊酸软，不能久立，或伴眩晕，耳鸣，发落，遗精早泄，或妇女月经不调，甚至步履全废，腿胫大肉渐脱。

舌象 舌红少苔。

脉象 脉沉细数。

证候分析 肝肾亏虚，精血不能濡养筋骨经脉，故渐成痿证。腰为肾之府，肾主骨，精髓不足，故腰脊酸软，不能久立。目为肝之窍，耳为肾之窍，发为血之余，肝肾精血亏虚，不能上承，故见目眩、发落、耳鸣。肾司二便，主藏精，肾虚不能藏精，故见遗精、早泄，遗尿。肝肾亏虚，冲任失调，故见月经不调。久则髓枯筋燥，腿胫大肉消脱而成痿废不起。舌红少苔、脉细数，均为阴亏内热之象。

治法 补益肝肾，滋阴清热。

方药 虎潜丸加减。

方中虎骨（用代用品）、牛膝能壮筋骨；锁阳温肾益精；当归、白芍药养血柔肝；黄柏、知母、熟地黄、龟板滋阴清热。

加减 1）热甚者，去锁阳、干姜，或用六味地黄丸加牛骨髓、猪骨髓、鹿角胶、枸杞子、砂仁。

2）若兼见面色萎黄不华，心悸，怔忡，舌淡红，脉细弱者，加黄芪、党参、当归、鸡血藤以补养气血。

3）若久病阴损及阳，症见怕冷、阳痿，小便清长，舌淡，脉沉细无力者，可加紫河车粉，或用猪骨髓、牛骨髓煮熟，捣烂和入米粉，再用白糖或红糖调服。

临证应该注意：①本证比较常见，各种痿病久则无不伤及肾元，水愈亏则火愈炽，而伤阴愈甚。所以朱震亨治痿“泻南方，补北方”，即以补肾清热为主要治疗手段。②本证须分清有热无热，虚火当滋肾，无火专填精，阳虚要温煦，但仍以阴虚夹热者为多。

痿证的治疗，除内服药物之外，还可以配合针灸、推拿、气功、综合疗法，适当加强肢体活动，这对痿证的恢复甚为重要，并有利于提高疗效。

46.4 预防与调护

痿证的预防，平时注意锻炼身体，避免情志内伤，慎防湿邪的侵袭以及劳欲过度，损伤精气。饮食宜清淡，不宜过食肥甘，以免积湿生热。凡病起于其他疾患之中或病后的，要固护阴津，同时防潮湿、适寒温、远房帏、调情志均十分必要。突然发病者，应加强护理，密切观察病情变化，若出现神志昏迷，呼吸困难、吞咽困难等症，应密切观察病情变化，及时组织抢救。对下肢痿软，行走困难者，应注意避免发生意外，瘫痪不能随意活动的病人，应重视肢体主动或被动的锻炼以及按摩，以防止肌肉萎缩。

附　　录

1. 病案举例

1）崔某，男，28 岁。患者每隔数日即发生一次弛缓性瘫痪，已数年。经多方医治，疗效不佳。发作时，先感到剧渴、周身汗出，四肢酸痛，随即肢体瘫痪，严重时昏倒于地，常于清晨发作。平时汗出较多，全身酸痛无力，双下肢尤甚。舌苔白厚，脉弱。

诊断：周期性麻痹。

证属肾气虚弱，气血不足。

治则：益肾、补气、养血，佐以止汗通络。

处方：黄芪 15g，金毛狗脊 30g，十大功劳叶 12g，当归身 9g，麦冬 12g，石斛 12g，连翘 9g，山栀 9g，牡蛎 30g，龙骨 12g，五倍子 9g，丹参 15g，白芍药 20g，丝瓜络 12g，甘草 6g。服 7 帖后，汗出已止，去掉龙骨、牡蛎、五倍子，加生、熟地各 10g，牛膝 12g，桑寄生 10g。服 30 帖后，已半月无发作。

（《临证医案医方》）

2. 古文献选录

《素问·痿论》："肺主身之皮毛，心主身之血脉，肝主身之筋膜，脾主身之肌肉，肾主身之骨髓。故肺热叶焦，则皮毛虚弱急薄，著则生痿躄也；心气热，则下脉厥而上，上则下脉虚，虚则生脉痿，枢折挈胫纵而不任地也；肝气热，则胆泄口苦，筋膜干，筋膜干则筋急而挛，发为筋痿；脾气热，则胃干而渴，肌肉不仁，发为肉痿；肾气热，则腰脊不举，骨枯而髓减，发为骨痿。""帝曰：……论言治痿者独取阳明，何也？岐伯曰：阳明者，五脏六腑之海，主润宗筋，宗筋主束骨而利机关也。冲脉者，经脉之海也，主渗灌溪谷，与阳明合于宗筋，阴阳揔宗筋之会，会于气街，而阳明为之长，皆属于带脉，而络于督脉，故阳明虚则宗筋纵，带脉不引，故足痿不用也。"

《局方发挥》："诸痿皆起于肺热，传入五脏，散为诸证，大抵只宜补养，若作外感风邪治之，宁免实实虚虚之祸乎？""诸痿生于肺热，只此一句便见治法大意，经曰：'东方实，西方虚，泻南方，补北方。'此固就生克言补泻。而大经大法不外于此，……五行之中，惟火有二，肾虽有二，水居其一，阳常有余，……故经曰：一水不胜二火，……若嗜欲无节，则水失所养，火寡于畏而侮所胜，肺得火邪而热矣，……肺受热则金失所养，木寡于畏而侮所胜，脾得木郁而伤矣，肺热则不能管摄一身，脾伤则四肢不能为用而诸痿之病作。泻南方则肺金清而东方不实，何脾伤之有，补北方则心火降而西方不虚，何肺热之有，故阳明实则宗筋润，能束骨而利机关矣。治痿之法，无出于此。"

《儒门事亲·指风痹痿厥近世差玄说》："大抵痿之为病，皆因客热而成。

……总因肺受火热叶焦之故，相传于四脏，痿病成矣。”“痿病无寒”；“若痿作寒治，是不刃而杀之。”

《景岳全书·痿证》：“痿证之义，内经言之详矣。观所列五脏之证，皆言为热，而五脏之证，又总于肺热叶焦，以致金燥水亏，乃成痿证。如丹溪之论治，诚得之矣，然细察经文，又曰：悲哀太甚则胞络绝，传为脉痿，思想无穷，所愿不得，发为筋痿；有渐于湿，以水为事，发为肉痿之类，则又非尽为火证，此其有余不尽之意，犹有可知。故因此而生火者有之，因此而败伤元气者亦有之。……若概从火论，则恐真阳亏败，及土衰水涸者，有不能堪。故当酌寒热之浅深，审虚实之缓急，以施治疗，庶得治痿之全矣。”

《临证指南医案·痿》：“经云肺热叶焦，则生痿躄，又云治痿独取阳明，以及脉痿、筋痿、肉痿、骨痿之论，《内经》于痿证一门，可谓详审精密矣。奈后贤不解病情，以诸痿一症，或附录于虚劳，或散见于风湿，大失经旨，赖丹溪先生特表而出之，惜乎其言之未备也。夫痿证之旨，不外乎肝、肾、肺、胃四经之病。”

《罗氏会约医镜》：“火邪伏于胃中，但能杀谷，而不能长养气血。”“治者，使阳明火邪毋干于气血之中，则湿热清而筋骨自强，此经不言补而言取者，取去阳明之热邪耳。”

3. 研究进展

（1）理论研究

1）对治痿独取阳明的认识　解氏对独取阳明作了以下几方面探讨：对“独取”两字的认识，“独取阳明”是否专用于补，“各补其荥而通其俞”与独取阳明的关系，“各以其时受月”与独取阳明的关系。指出：“治痿独取阳明”为临床指导治痿的根本大法。但不可为“独”字所拘泥，应以阳明为主或不离阳明为要，还应根据各种不同的病机，并结合受邪之经及时令季节，而灵活治之。既要重视后天之本，更应注意辨证论治，此乃《内经》治痿之实质［四川中医，1990，（12）：9］。

2）治法研究　胡氏认为治痿取中应悉两土之虚实，两土之治脾胃有别，痿之由虚者诚多，然而实者亦复不少，故取之法应随证而异：①中虚致痿补益之法脾胃有别：太阴虚寒，温补脾阳；中气不足，健脾益气；脾阴亏虚，宜甘凉养阴；胃阴失充，治当甘寒养阴润燥为其大法。②邪浊壅遏，治取中土泻其余：太阴寒湿辛温散寒，香燥化湿，佐以温阳健脾；阳明燥热其治宜泻；湿热中蕴，清泄湿热。两调脾胃为法，在临床应用中取得了满意疗效，值得医者借鉴［辽宁中医杂志，1991，（5）：7］。程氏就痿证的临床实际总结为清肺润燥、清利湿热、益气健脾、滋阴补肾、温阳散寒、理气活血、通腑泻热、消食导滞八法，作为治痿常用方法，灵活运用［陕西中医，1991，（3）：199］。

（2）临床研究

1）进行性肌营养不良症　沙海文等以专方为主，结合辨证施治，将本病分为5个证型：以脾肾两虚为基本证，用复痿汤健脾益肾，益气养血，活血通络，强壮腰膝。又根据临床分兼有痰湿内盛、肺气虚弱、风痰阻络、气阴两虚证，分别应用基本方二陈汤、六君子汤、牵正散、当归六黄汤加减治疗。治疗组200例，自身对照组112例。结果治疗组有效率83%，对照组有效率4.4%，两组对比有明显差异［北京中医学院学报，1993，(3)：2～6］。

2）重症肌无力　邓铁涛认为痿病分型不必过杂，应抓住主证，兼顾五脏，治宜重补脾胃，益气升陷，兼治五脏为大法。以强肌健力饮一方统治，随证加减。方药为黄芪、五爪龙、党参、白术、当归、升麻、柴胡、陈皮、甘草。临床取得较好疗效［中国医药学报，1993，(2)：41～43］。傅玉如等应用起痿方（熟地黄20g，菟丝子30g，鹿角片10～16g，淫羊藿、当归、党参各15g，制附子10～30g先煎，黄芪30～120g，白术12g，天麻10g）加减治疗重症肌无力12例，结果治愈9例，好转2例，无效1例［山东中医杂志，1996，(1)：18～19］。李燕娜应用补肝强肌汤（胆南星、石菖蒲、僵蚕、钩藤、黄芪、杜仲炭等），并口服强肌宁（天麻、全蝎等）治疗129例，治愈71例，显效、有效共56例，无效2例，总有效率97%［山东中医杂志，1996，15(6)：251］。李忠林分型治疗痿病：脾胃气弱型用黄芪、白术、陈皮等；脾肾阳虚型用西洋参、黄芪、附子、肉桂、熟地黄、紫河车等，脾肾气阴两虚型用左归丸为主，加减。共治疗42例，结果痊愈24例，有效10例，无效8例，总有效率80.9%。［天津中医，1996，(4)：21，23］。

复习思考题

1. 如何理解“治痿独取阳明”？
2. 试述痿病的病因病机。
3. 试述痿病的分型论治。

（张晓雪）

47

颤 震

目的要求

1. 了解颤震的定义、范围、预防调护以及研究进展。
2. 熟悉颤震的病因病机、诊断要点以及与瘛疭的鉴别诊断。
3. 掌握颤震的辨证要点、治疗原则以及分型论治。

颤震是指以头部或肢体摇动、颤抖为主要临床表现的一种病证。轻者仅有头摇或手足微颤，尚能坚持工作和生活自理；重者头部震摇大动，甚则有痉挛扭转样动作，两手及上下肢颤动不止，或兼有项强、四肢拘急。

《内经》无颤震之名，但《素问·至真要大论》所谓“诸风掉眩，皆属于肝”的“掉”，即指颤震，说明此类疾患，属于风象，与肝有关。此论一直为后世所宗。如明·王肯堂《证治准绳·杂病》说：“颤，摇也；振，动也。筋脉约束不住而莫能任持，风之象也。”楼英《医学纲目》亦说：“内经云诸风掉眩，皆属于肝，掉即颤振之谓也。”至清代，张璐《张氏医通·卷六》有“颤振”之名，认为本病主要是风、火、痰为患，并按脾胃虚弱、心气虚热、心虚夹痰、肾虚、实热积滞分别立方；所述脉诊，对预后的判断亦可资临床参考，从而使本病的理、法、方、药日趋充实。清·高斗魁《医宗己任编》以大补气血治疗本病虚证，洵为论治颤震的重要法则。

现代医学所称某些锥体外系疾病所致的不随意运动，如震颤性麻痹（帕金森病）、舞蹈病、手足缓动症等，与本病症状表现相似者，可参照本病辨证论治。

47.1 病因病机

47.1.1 病因

47.1.1.1 情志不遂

素体肝肾阴虚之人，因所愿不遂或郁怒伤肝，而引动肝风发为颤震。

47.1.1.2 饮食不节

嗜食肥甘，饮酒过度，助湿生痰，阻于脉络；或因饮食不节，损伤脾胃，气血生化无源，筋脉失养而成颤震。

47.1.1.3 劳欲过度

劳倦过度，房事不节则伤及脾肾。脾虚则气血不足，筋脉失养；肾虚则脑髓不足，虚风内动而成为颤震。

47.1.1.4 年老体衰

素体肝肾不足、体弱多病之人，年逾四十则肾精更亏，髓海不足，虚风内动发为颤震。

47.1.1.5 禀赋不足

先天禀赋不足，肾精亏虚，髓海不充，筋脉失养，则幼年即发颤震。

47.1.2 病机

47.1.2.1 基本病机

本病病机为肝肾阴亏，气血不足而筋脉失养，虚风内动；或风阳痰火窜犯络道。

47.1.2.2 病位

本病病位在脑髓、筋脉、肝、脾、肾。早期主要在肝，渐进发展累积脾、肾、脑髓、筋脉，造成多脏腑、器官的功能损害。

47.1.2.3 病理性质

本病为本虚标实，以肝肾阴亏、气血不足为本，风火痰瘀为标。临床多见虚实夹杂证。

47.1.2.4 病机转化

本病主要在肝，涉及脾，以肝风内动、痰浊、瘀血内停为主，也可见有气血亏虚之象。临床常见风痰阻络证、气血两虚证。部分病人也可因肝火炽盛、风火交织、痰热互阻而成痰热动风之证。这一阶段尚无正气大亏的表现，积极治疗后，肝风熄，痰浊化，瘀血去，气血得以调养，颤震尚可减轻。反之，病情迁延，渐进加重，出现阴阳气血衰败、肝、脾、肾等多脏器功能受损，以致不治。部分病人由于年老体衰，肝肾不足，或因先天禀赋不足，病初即见真阴亏耗、肝脾肾受损的表现，此类多难根治，预后较差。

47.2 诊断与鉴别诊断

47.2.1 诊断

47.2.1.1 临床表现

头部及肢体摇动、颤抖的特定临床表现。轻者头摇肢颤，重者头部震摇大动，肢体震颤不已，不能持物；继见肢体不灵，行动迟缓，表情淡漠，呆滞，口角流涎。

47.2.1.2 病史及发病

多发于中老年人，男性多于女性。起病隐袭，渐进发展加重，不能自行缓解。

47.2.1.3 辅助检查

测血压、查眼底，必要时做颅脑 CT、MRI 等检查有助于明确诊断。

47.2.2 鉴别诊断

瘛疭

瘛疭多见于急性热病或某些慢性疾病急性发作，其症见手足屈伸牵引，常伴发热、神昏、两目窜视，头、手颤动；颤震为一慢性疾病，以头部、肢体摇动、颤抖为主要临床表现，一般无发热、神昏及其他特殊神志改变症状，手足颤抖而无抽搐牵引。再结合病史的分析，辅以实验室及颅脑 CT、MRI 等检查，两者不难鉴别。

47.3 辨 证 论 治

47.3.1 辨证要点

颤震之辨证，重在分辨标本、虚实。凡肝肾不足、气血虚弱者，为虚为本；

风火兼痰者，为实为标。本病以本虚标实之证为多见。

47.3.2 治疗原则

扶正祛邪，标本兼顾。常用益肾调肝、补气养血以扶正而治其本，用清化痰热、熄风活血以祛邪而治其标。

47.3.3 分型论治

47.3.3.1 风阳内动

症状 眩晕，头胀，面红，口干舌燥，易怒，腰膝酸软，睡有鼾声，渐见头摇肢颤，不能自主。

舌象 舌质红，苔薄黄。

脉象 脉弦紧。

证候分析 肝肾阴虚，肝阳上亢，故可见眩晕，头胀，面红；阳亢火旺则易怒，火邪灼伤津液则口干舌燥；肾主骨，腰为肾之府，肾阴亏虚则可导致腰膝酸软；肝肾阴虚，阳亢火旺，进而风阳内动则可渐见头摇肢颤，不能自主。舌红，苔薄黄，脉弦紧，均为肝肾阴虚，阳亢火旺，风阳内动之征。

治法 滋阴潜阳。

方药 滋生清阳汤为主方。

方中以生地黄、生石决明滋阴潜镇敛阳为君；磁石引肺气入肾以补肾益精敛阳，除烦镇逆，石斛、麦冬育阴生津，牡丹皮清虚火，共为臣药；白芍药补脾阴，泻肝火，和血脉，收阴气，敛逆气，甘菊平肝，清火明目，止虚风，薄荷疏风解郁，清火明目，柴胡疏肝升清散结，和里退热，调畅气机，使气化有序，阴津得助，风阳自平而为佐药；天麻与桑叶入肝经，通血脉，祛风痰，滋燥凉血，使气血平和而为使药。

47.3.3.2 髓海不足

症状 头晕目眩，耳鸣，记忆力差或善忘，头摇肢颤，溲便不利，寤寐颠倒，重则神呆，啼笑反常，言语失序。

舌象 舌质淡红，舌体胖大，苔薄白。

脉象 脉沉弦无力。

证候分析 脑为髓之海，肾虚髓海不足则头晕目眩、耳鸣，记忆力差或善忘，寤寐颠倒，重则神呆，啼笑反常，言语失序。肝肾精血不足，筋脉失养则头摇肢颤。舌质淡红体胖大，苔薄白，脉沉弦无力皆为肝肾精血不足之象。

治法 填精益髓。

方药 龟鹿二仙膏为主方。

方中以鹿角通督脉，龟板通任脉，一善通阳，一善通阴，均为血肉有情之品，使阴阳相和，善补人之真气；人参大补中气，则气之源头得助，气化改善，气血调畅；枸杞子滋补肝肾。四味相合，填精益髓，达到补养精、气、神三宝之功。

亦可用益脑强神丸：鹿角胶50g、麝香4g、海马50g、龟板胶50g、燕菜50g、藏红花50g、玳瑁100g、枸杞子100g、石菖蒲50g、山萸肉75g、桃仁25g、何首乌100g、熟地黄75g、黄精100g、豨莶草100g、生槐米100g、五味子50g，共为细面，制大蜜丸，每服1丸，日3次，淡盐水送服。

47.3.3.3 气血亏虚

症状 肢体颤震日久，程度较重，伴面色无华，精神倦怠，四肢乏力，头晕眼花。

舌象 舌体胖，边有齿痕，舌质暗淡，或夹有瘀点。

脉象 脉细弱。

证候分析 气血两虚，筋脉失于濡养，或久病入络，血瘀气滞，故颤震症状较重。倦怠、乏力、面色不华、头晕眼花是气血两虚之象。舌淡胖，边有齿痕，脉细弱，亦为气血亏虚之征。若夹血瘀，则舌暗，边有瘀斑。

治法 益气养血，熄风和络。

方药 人参养营汤为主方。

方中党参、白术、黄芪、茯苓、陈皮益气健脾；当归、白芍药、熟地黄养血；五味子敛阴；远志安神养心；肉桂、生姜、炙甘草、大枣及白芍药和营卫、通血脉。

加减 1）若气血两虚而兼夹瘀血，舌质暗，或有瘀点，可加丹参、川芎、川牛膝以活血通络。

2）血虚生风，头晕肢麻，宜加钩藤、天麻以熄风和络。

气血两虚而兼阳虚有寒，可选十全大补汤。

47.3.3.4 痰热动风

症状 颤震或轻或重，尚可自制。常感胸脘痞闷，头晕，内热口干，咳痰色黄。

舌象 舌红，苔黄腻。

脉象 脉弦滑数。

证候分析 痰热内蕴，阳盛风动，而筋脉失于约束，以致颤震。胸脘痞闷，头晕，内热口干，咳痰色黄，皆由痰热而生；舌苔黄腻，脉弦滑数亦属痰热动风之象。

治法 清化痰热，熄风和络。

方药 导痰汤合天麻钩藤饮加减。

导痰汤即二陈汤加入天南星（清化痰热，可用胆南星）与枳实。本方加以燥湿豁痰、行气开郁，再与天麻钩藤饮中山栀、黄芩苦寒清热之品配伍，药效更好。天麻、钩藤、生石决明、川牛膝用以平肝熄风、潜阳降逆。

若属痰湿内聚，胸闷昏眩，恶心呕吐痰涎，肢麻颤震，手不能持物，甚则四肢不知痛痒，咳喘，舌胖边有齿痕，苔厚腻，脉沉滑或沉濡，宜二陈汤加煨皂角

1g、硼砂1g、胆南星2g。

本证亦可选用化痰透脑丸，药用九制南星25g、天竺黄100g、煨皂角5g、麝香4g、琥珀50g、郁金50g、半夏50g、蛇胆陈皮50g、远志肉100g、珍珠10g、沉香50g、石花菜100g、海胆50g，共为细面，制大蜜丸，每服1丸，1日3次，白开水送服。

47.4 预防与调护

增加人体正气，避免和消除导致颤震的各种致病因素，如尽量保持安定情绪，切忌忧思郁怒等不良的精神刺激；环境应保持安静舒适，生活要有规律，劳逸适度，节制房事；饮食清淡，进食尽可能定时定量，勿暴饮暴食及嗜食肥甘厚味，戒除烟酒，忌过咸伤肾食品；加强功能锻炼，防止中毒及颅脑外伤。对已患中风者，及时治疗对预防本病发生有重要意义。

附　录

1. 病案举例

1）王某，女，52岁，初诊日期：1977年3月10日。左手足震颤已8年。始于左上肢，以后发展至左上、下肢震颤抖动，但以手指部震颤最严重。经神经科检查诊为震颤麻痹（帕金森病），服用各种中西药未显效。症见：左手足震颤，不能自主，行动缓慢，振振摇摇，纳谷不佳，睡眠不酣，口干便坚，脉弦细，苔薄腻，质偏红，震颤麻痹者，筋之病也。肝主筋，肝血充盈，才能淫气于筋；筋之病故属肝与血也。治拟平肝柔肝，养血熄风。处方：生熟地各12g、全当归9g、赤白芍各9g、花龙骨30g（先煎）、生牡蛎30g（先煎）、珍珠母30g（先煎）、生黄芪12g、潞党参12g、制首乌12g、枸杞子9g、川石斛12g（先煎）、怀牛膝12g、单桃仁9g、杜红花6g、玄精石18g、仙灵脾18g。上方服至1977年6月以后，左下肢震颤已明显好转。

（《临证偶拾》）

2）一男子素善多恐，遇事矜持。病头振动摇，六脉沉缓，左手关尺散软无力。此虚风之候也。矜持太过，则损伤肝肾两经之血。经曰：诸风掉眩，皆属于肝。又曰：恐伤肾。恐惧不已则火起于肾，而消炼精血。肾水一亏而心火暴盛无制。故曰诸逆冲上，皆属于火。风火相煽，则为摇动振掉。治法惟宜养血顺气，气行而痰自消，血荣而风自灭也。早用养荣膏，夕用定振丸。三月而始痊。

养荣膏：枸杞八两、人参、黄芪、当归、白术各四两，天冬、麦冬各二两，黄芪、白术各三两，天麻、秦艽、灵仙、防风、荆芥各两半，全蝎、细辛各五钱。

（《秦景明先生医案》）

2. 古文献选录

《素问·五常政大论》：“其藏肝……其病摇动注恐。”“阳和布化，阴气乃随，生气淳化，万物以荣，其化生，其气养，其政散，其令条舒，其动掉眩巅疾。”“阳明司天，燥气下临，肝气上从，苍起木用而立，土乃青，凄沧数至，未伐草萎，胁痛目赤，掉振鼓栗，筋痿不能久立。”

《素问·至真要大论》：“诸风掉眩，皆属于肝。”

《证治准绳·杂病》：“颤，摇也；振，动也。筋脉约束不住而莫能任持，风之象也。”

《医学纲目·颤振》：“颤，摇也；振，动也。风火相乘，动摇之象。”“此论多由风热相合，亦有风寒所中者，亦有风夹湿痰者。”

《医宗己任编·颤振》：“大抵气血俱虚，不能荣养筋骨，故为之振摇，而不能主持也。”“须大补气血，人参养荣汤或加味人参养荣汤。”

3. 研究进展

对震颤麻痹，现代医学治疗目前多采用抗胆碱药、抗组胺药物和多巴胺替代疗法，虽可改善症状，但有严重不良反应，并且长期应用产生耐药性，而使药效减低。中医药治疗本病，在提高临床疗效，延缓病情发展及降低化学合成药物不良反应等方面有其优势，现综述如下：

（1）病因病机研究

一般认为本病由肝肾阴亏、气血不足，筋脉失养，虚火内动而致，或风火夹痰瘀互阻络道而成。王永炎等通过35例本病患者临床观察，认为本病属本虚标实，本虚为气血亏虚，肝肾不足；标实为内风、瘀血、痰热。主病在肝，病久及脾肾，且据症舌脉观察，肝肾不足，气血两虚，痰热生风都兼有血瘀阻络［中医杂志，1986，（8）：22］。任继学指出本病形成以肾为本，以脾为根，以肝为标。病因有五：肾气不足、肾精亏耗，七情所伤，喋谈饥劳伤气，心血不足或心气虚弱，痰饮为患等［江苏中医杂志，1982，（4）：11］。李庚和总结震颤麻痹50例，认为主病在肝，强调“气滞”作用［上海中医药杂志，1992，（2）：12］。张云岭认为本病总属本虚标实，发病之初，病变轻浅，以内风、痰瘀、火热标实为主，而病变迁延，则可致虚实夹杂，终则病久及肾，以致肝肾不足，津血亏虚［中医杂志，1995，36（2）：113］。王如英通过对近年临床报道的226例统计分析，发现肝肾阴虚型占58.84%，气血不足型占23%，气滞血瘀型占10.61%，痰热风动型占7.52%，指出肝肾不足和气血不足为本病发病的最主要原因，气滞血瘀与痰热风动也是发病的重要原因［中医研究，1996，（1）：48］。

（2）辨证论治研究

王氏提出了阴虚阳亢、血虚生风、气虚血瘀、气滞血瘀、脾肾亏虚、痰浊湿滞六型。并总结了各种中毒引起震颤症状的治疗以祛邪为主。临证用药提出平肝潜阳药宜选珍珠母、生龙齿、生牡蛎、生赭石等，珍珠母为首选，宜重用；滋阴熄风药宜选生熟地、枸杞子、山萸肉、桑寄生、败龟板、制首乌，地黄是主药，重用可获良效；养血通络药宜选当归、赤白芍、鸡血藤、川芎、桃仁、红花、丹参、全蝎、蜈蚣等，白芍药是养血濡筋、缓急治颤之良药，亦可重用；熄风解痉药常选钩藤、白蒺藜、天麻、菊花、葛根、僵蚕等，钩藤是治颤必用妙药，可重用30g，入汤剂后煎；扶正补气药多选黄芪、党参、茯苓、白术、炙甘草等，黄芪可用30～120g，党参30～60g；助阳温经药选用制附子、肉桂、干姜、桂枝、鹿角胶、鹿角霜等，制附子是治因寒致颤的主要药物。近代有人主张羚羊角粉是通治颤震不可缺少的主药［山东中医杂志，1990，（1）：57］。上海第二医学院附属第三人民医院应用中药洋金花制剂麻醉时，意外发现麻醉后的震颤麻痹症病人在2～24日内震颤症状消失。李氏将连续中药治疗半年以上者50例进行回顾分析，提出辨证分型与治法。肝肾阴虚型，治宜滋补肝肾、育阴熄风法，方用大补阴丸为主；气滞血瘀型，用活血化瘀法，方用血府逐瘀汤加减；气血两虚型，宜养血益气、熄风活络法，方用八珍汤加减［上海中医药杂志，1992，（2）：12］。上海中医药大学附属岳阳医院用止颤汤（黄芪、丹参、天麻、胆星等7味中药）治疗本病22例，最初2周维持原用复方苄丝肼胶囊（美多巴）剂量，加服止颤汤后，第3周始渐减复方苄丝肼胶囊用量，继用中药半年，总有效率63.3%，治疗后不仅复方苄丝肼胶囊用量减少，且其不良反应明显改善［中国中西医结合杂志，1996，16（8）：512］。

此外，还有分阶段辨证治疗者。王克勤认为病初以气滞血瘀、瘀血阻络标实为主，药用身痛逐瘀汤合一贯煎加减；中期肝肾阴虚型多见，以大定风珠加减治疗；阴虚火旺可用地黄饮子加减，本型多夹血瘀证，酌加丹参、赤芍药、当归等药；久病则发展至阴阳气血皆虚证，治宜阴阳双补，益气养血，辅以活络熄风之品［中医药研究，1991，（2）：35］。

复习思考题

1. 试述颤震的病因病机。
2. 试述颤震的分型施治。

（张晓雪）

48

内伤发热

目的要求

1. 了解内伤发热的源流及范围。
2. 熟悉内伤发热的病因病机。
3. 掌握内伤发热与外感发热的鉴别、内伤发热的治疗原则以及各证型的症状、治法、方药。

内伤发热是指以内伤为病因，脏腑功能失调，气血阴阳亏虚为基本病机的以发热为主的病证。一般起病较缓，病程较长。临床多表现为低热，但有时可以是高热。

早在《内经》即有关于内伤发热的记载，其中对阴虚发热的论述较详。《太平圣惠方·第二十九卷》治疗虚劳烦热的柴胡散、生地黄散、地骨皮散等方剂，在处方配伍组成方面，为后世治疗阴虚发热提供了借鉴。李杲对气虚发热的辨证及治疗做出了重要贡献，以其所拟定的补中益气汤作为主要方剂，其甘温除热的理论对后世影响极大。朱震亨对阴虚发热有较多的论述，强调保养阴精的重要性。张介宾对阳虚发热的症状、治法、方药作了详尽的论述。

现代医学所称的功能性低热，肿瘤、血液病、结缔组织疾病、内分泌疾病以及部分慢性感染性疾病所引起的发热和某些原因不明的发热，有内伤发热的临床表现时，均可参照本章辨证论治。

48.1 病因病机

48.1.1 病因

48.1.1.1 体虚久病

素体阴虚，或吐泻日久，阴精损伤，水不制火引起发热。或素体阳虚，过用寒凉药物，导致脾肾阳虚，虚阳外张引起发热。

48.1.1.2 饮食劳倦

过度劳累，饮食失调，致脾胃虚弱，中气不足，阴火内生；或脾虚不能化生阴血，阴血亏虚，无以敛阳，均可引起发热。

48.1.1.3 情志失调

情志抑郁，肝气不能条达，气郁化火，或恼怒过度，肝火内盛，以致发热。

48.1.1.4 外伤失血

跌仆、外伤以及一切出血性疾病，由于失血过多而致血虚发热。或外伤后气血瘀阻，或出血后离经之血停积体内，经脉壅遏不畅，瘀阻发热。

48.1.2 病机

48.1.2.1 基本病机

气血阴阳亏虚，脏腑功能失调是发热的病机所在。

48.1.2.2 病位

本病病位主在肝、脾、肾。

48.1.2.3 病理性质

本病有虚、实两大类，虚者为气血阴阳不足，实者为气、血、火、瘀所致。

48.1.2.4 病机转化

内伤发热各证型之间，可以相互转化。实证发热，久病往往由实转虚；虚证发热日久不愈，气虚及阳，血虚及阴，而成为阳虚发热或阴血不足发热。此外，阴阳气血相互依存，最终致阴阳气血俱虚，转为虚劳。

48.2 诊断与鉴别诊断

48.2.1 诊断

48.2.1.1 临床表现

内伤发热起病缓慢，病程较长，多为低热，或自觉发热，表现为高热者较少。不恶寒，或虽有怯冷，但得衣被则温。常兼见头晕神疲、自汗、盗汗、脉弱等症。

48.2.1.2 辅助检查

必要时作有关实验室检查，如血常规、尿常规、便常规、血沉、X线胸部摄片等。

48.2.2 鉴别诊断

外感发热 外感发热的特点是起病较急，病程较短，发热的热度较高，发热初期多伴有恶寒，其恶寒得衣被不减，常兼有头身疼痛、鼻塞、流涕、咳嗽、脉浮等症，由感受外邪，正邪相争所致，属实证者较多，以此与内伤发热鉴别。

48.3 辨证论治

48.3.1 辨证要点

48.3.1.1 辨虚实

由气郁、血瘀、湿停所致的内伤发热属实，由气虚、血虚、阴虚、阳虚所致的内伤发热属虚。

48.3.1.2 辨病情的轻重

病程较久，热势亢盛，持续发热或反复发作，治而不愈，胃气衰败，正气虚甚，兼夹病证多，均为病情较重的表现；轻症反之。

48.3.2 治疗原则

实火宜泻，虚火宜补。属实者，宜以解郁、活血、除湿为主，适当配伍清热。属虚者，则应益气、养血、滋阴、温阳。切不可一见发热，便用发散解表及苦寒泻火之剂，发散易于耗气伤津，苦寒则易伤败脾胃以及化燥伤阴，而使病情缠绵或加重。

48.3.3 分型论治

48.3.3.1 气郁发热

症状 发热多为低热或潮热，热势常随情绪波动而起伏，精神抑郁，胸胁胀满，烦躁易怒，口干而苦，纳食减少。

舌象 舌红，苔黄。

脉象 脉弦数。

证候分析 肝气郁结，气郁化火，故发热常随情绪波动而起伏；精神抑郁，胸胁胀满，烦躁易怒，口干口苦，均为肝郁化火之征。

治法 疏肝解郁，清肝泻热。

方药 丹栀逍遥散。

方中牡丹皮、栀子清肝泻热；柴胡、薄荷疏肝解热；当归、白芍药养血柔肝；茯苓、白术、甘草益气健脾。

加减 1）热象较甚，舌红、口干、便秘者，可去白术，加黄芩、龙胆草以清肝泻火。

2）胸胁疼痛者加郁金、川楝子理气止痛。

郁热伤阴，或素体阴虚而病肝郁者，治宜滋养肝肾，疏肝清热，可改用滋水清肝饮加减。该方以六味地黄汤滋补肾阴；当归、白芍药养血柔肝，柴胡疏肝理气。

48.3.3.2 血瘀发热

症状 午后或夜晚发热，或自觉身体某些部位发热，口燥咽干，但不多饮，肢体或躯干有固定痛处。

舌象 舌青紫或有瘀点。

脉象 脉弦涩。

证候分析 瘀血阻滞，气血壅遏故发热；因瘀血病在血分，故发热多在午后或夜晚；瘀血阻滞，津液不能上承，故口燥咽干，但不多饮；舌青紫、有瘀点，脉弦涩为瘀血内阻之象。

治法 活血化瘀。

方药 血府逐瘀汤。

方中桃仁、红花、赤芍药、牛膝活血化瘀；当归、川芎、生地黄养血活血；柴胡、枳壳、桔梗理气以行血；甘草调和诸药。

加减 1）发热较甚者，加白薇、牡丹皮、秦艽。

2）肢体肿痛者，可加丹参、郁金、元胡活血散肿定痛。

48.3.3.3 气虚发热

症状 发热，热势或高或低，常在劳累后诱发或加剧，伴倦怠乏力，气短懒言，自汗，易于感冒，食少便溏。

舌象 舌质淡，苔薄白。

脉象 脉细弱。

证候分析 脾胃气衰，中气下陷，虚火内生故致发热。劳则气耗，故发热多在劳累后加重；中气不足，脏腑经络无以充养，故倦怠乏力，气短懒言；气虚卫外不固则自汗，易于感冒；脾虚健运失司，故食少便溏。舌淡，脉细弱本为气虚之征。

治法 益气健脾，甘温除热。

方药 补中益气汤。

方中黄芪、党参、白术、甘草益气健脾；当归养血活血；陈皮理气和胃；升麻、柴胡升举清阳，又能透泄热邪。诸药合用，益气升陷，甘温除热。

加减 1）自汗较多者，加牡蛎、浮小麦、糯稻根固涩止汗。

2）时冷时热，汗出恶风者，加桂枝、白芍药调和营卫。

3）脾虚夹湿，胸脘痞闷，舌苔白腻，加苍术、茯苓、厚朴健脾燥湿。

48.3.3.4 血虚发热

症状 发热，热势较低，头晕目眩，体倦乏力，心悸不宁，面白少华，唇甲色淡。

舌象 舌淡。

脉象 脉细弱。

证候分析 血属阴，阴血不足则无以敛阳因而发热，血虚清窍失养则头晕眼花；血不养心则心悸不宁；血虚无以生气则身倦乏力；血虚不能上荣于面及充盈血脉，故致面色少华，唇甲色淡，舌淡，脉细弱。

治法 益气养血。

方药 归脾汤。

方中黄芪、党参、白术、甘草益气健脾以生血；当归、龙眼肉补血养血；酸枣仁、远志养心安神；木香健脾理气。全方合用益气健脾，补血养血。

加减 1）血虚较甚者，加熟地黄、枸杞子、何首乌以养血补血。

2）发热较甚者，加银柴胡、白薇、秦艽退虚热。

48.3.3.5 阴虚发热

症状 午后潮热或夜间发热，不欲近衣，手足心热，烦躁不安，少寐多梦，盗汗，口干舌燥。

舌象 舌红或有裂纹，少苔或无苔。

脉象 脉细数。

证候分析 阴虚阳胜，虚火内炽，故见午后或夜间发热，手足心热；虚火上炎，扰乱心神，故致心烦、少寐、多梦；夜晚阳入于阴，阴虚阳亢，内热逼津液外泄则盗汗；阴虚火旺，津亏失润，故口干咽燥，便干尿少；舌红少苔脉细数，为阴虚火旺之象。

治法 滋阴清热。

方药　清骨散。

方中银柴胡、地骨皮、胡黄连、知母、青蒿、秦艽清退虚热；鳖甲滋阴潜阳；甘草调和药性。

加减　1）盗汗较甚者，去青蒿加牡蛎、浮小麦、糯稻根固表敛汗；

2）少寐加酸枣仁、柏子仁、夜交藤。

3）阴虚较甚者加生地黄、玄参、麦冬。

48.3.3.6　阳虚发热

症状　发热而欲近衣，畏寒肢冷，少气懒言，头晕嗜卧，腰膝酸软，纳呆食少，大便稀泄，面白。

舌象　舌淡胖，有齿痕，苔白润。

脉象　脉沉细无力。

证候分析　阳气虚衰，虚阳外浮故发热而欲近衣；肾阳虚衰，失于温煦，故形寒怯冷，四肢不温，头晕嗜卧，腰膝酸软；脾阳不足，健运失司，故纳呆便溏，少气懒言；舌淡胖，苔白润，脉沉细无力本为阳气虚衰之征。

治法　温补阳气。

方药　金匮肾气丸。

方中以六味地黄丸补养肝肾；肉桂、附子温补阳气，阴中求阳。

加减　1）便溏纳少脾阳虚衰者，加干姜、白术、党参温运中焦。

2）腰膝酸软明显者，加杜仲、牛膝。

48.4　预防与调护

针对病因进行预防，体质亏虚者，要根据气、血、阴、阳的不足，及时调补；并保持情志舒畅，以防气机郁滞；跌仆损伤后及时治疗，防止瘀血酿生内热。

内伤发热病人要休息，高热时应卧床休息，饮食宜清淡而富于营养，注意保暖避风。

附　外感发热

目的要求

1. 了解外感发热的预防与调护。
2. 熟悉外感发热的病因病机。
3. 熟悉外感发热的辨证施治。

外感发热是指已患有某种或多种疾病，又感受六淫之邪或温热疫毒之气，导致体温升高，并持续不降，伴有恶寒、面赤、烦渴、脉数等主要临床表现的一种并发病证。

外感发热的范围较广，温病、伤寒均有此证，本节讨论以患杂病复感外邪所致的发热为主。现代医学中心脑血管病、糖尿病、血液病、肿瘤等合并多种急性感染性疾病而有发热者，可参考本病进行辨证论治。

1　病因病机

1.1　病因

1.1.1　外感六淫

风、寒、暑、湿、燥、火由皮毛肌腠侵袭人体，先滞脉络，由表入里，传至脏腑，从而发热。

1.1.2　感受疫毒

疫毒之邪，由口鼻而入，充斥于人体，而出现高热。

1.2　病机

1.2.1　基本病机

外感发热的病机是外邪入侵，人体正气与之相搏，正邪交争，或热毒充斥所致。

1.2.2　病位

本病病位主在肺、脾胃、膀胱、胆、大肠。外感发热以上述脏腑热甚为主。

1.2.3　病理性质

本病以实热为主。

1.2.4　病机转化

发热病变以阳盛为主，最易化火，进一步发展伤津耗液。若热毒内传，营血耗伤，易发生神昏、出血等变证。

2　诊断与鉴别诊断

2.1　诊断

2.1.1　临床表现

体温在37.3℃以上，可高达39.5～40℃，并持续数小时以上不退者，或伴恶寒、寒战，口渴喜饮，舌红，苔黄，脉数等证。

2.1.2 病史

有原发病病史。

2.1.3 辅助检查

检查血、尿、大便常规，血沉，血、尿和骨髓培养，X 线检查以及其他针对病因的特殊检查。

2.2 鉴别诊断

内伤发热 外感发热，由感受外邪而发，体温较高，多为中度发热或高热，发病急，病程短，热势重，兼见恶寒、口渴、面赤，舌红苔黄、脉数，多为实热证。内伤发热由气血阴阳亏虚，脏腑功能失调引起，其发病缓慢，病程长，数周、数月以至数年，多伴有形体消瘦，面色少华，短气乏力，食少纳呆，舌淡，脉数无力等症。

3 辨证论治

3.1 辨证要点

辨别热型对外感发热的辨证有重要意义。

3.1.1 恶寒发热

恶寒发热指恶寒、发热同时存在，体温多在 39℃以下，表明邪在卫表。

3.1.2 壮热

壮热指热势持续，高热不解，不恶寒，体温在 39～40℃之间，甚至更高，达数天至 2 周之久。一日之内，波动甚小。多表明气分高热、肺系邪热、热盛之暑热、湿热。

3.1.3 寒热往来

寒热往来指恶寒与发热交替，寒时不热，或热时不寒，一日数次发作，如少阳病、疟疾等。

3.1.4 潮热

潮热指热势盛衰有时，犹如潮汛一般。外感潮热，多属实证，热势较高，热退不净，定时又复升高，多见于阳明腑实证等。

3.1.5 不规则热

不规则热是指发热持续时间不定，热势变动无规律，多见于风湿热等。

3.2 治疗原则

3.2.1 清热解毒

此法为治疗外感发热的主法，贯穿于本病的始终，是顿挫热势、保存阴津、防止病情恶化的重要措施。根据证型的不同常用清热宣透、清热除湿、清热通淋、清热利胆等法。

3.2.2 通腑泻下

此法适用于热病腑实证，或发热而兼见便秘者。

3.2.3 养阴益气

因热毒之邪，易耗津伤气，且原有宿疾邪盛正虚，气阴损伤，极易逆变，因此，养阴益气对治疗外感发热有极其重要的意义。

3.3 分型论治

3.3.1 卫表证

症状　发热恶寒，鼻塞流涕，头身疼痛，咳嗽，或恶寒甚而无汗，或口干咽痛。

舌象　舌苔薄白或薄黄。

脉象　脉浮。

证候分析　外感风寒或风热，肺卫郁闭，故发热恶寒，鼻塞流涕，咳嗽，头身疼痛。若风寒袭卫，则恶寒甚而无汗；若风热袭表，则口干咽痛。

治法　解表退热。

方药　荆防败毒散、银翘散。

风寒证用荆防败毒散。方中荆芥、防风、羌活辛温散寒；柴胡、薄荷解表疏风；独活、川芎祛风止痛；桔梗、枳壳、前胡宣肺利气。

风热证用银翘散。方中银花、连翘、牛蒡子、薄荷辛凉解表，清热解毒；荆芥、豆豉，疏风散邪；桔梗、甘草利咽；竹叶、芦根清热生津。

3.3.2 肺热证

症状　壮热，咳嗽或喘促，痰黄稠难以咯出，胸痛、口渴，小便黄赤。

舌象　舌红，苔黄。

脉象　脉滑数。

证候分析　外邪入里，故壮热；肺热炽盛，肺失宣降，故咳嗽喘促；邪热炼液生痰，故痰黄稠难以咯出；肺热内壅，气机不利，故胸痛；热盛伤津，故口渴、尿黄、便秘；舌红，苔黄，脉滑数，本为热盛之征。

治法　清热解毒，宣肺化痰。

方药　麻杏石甘汤。

本方麻黄宣肺平喘，石膏辛寒透热，杏仁止咳平喘，甘草调和药性。

3.3.3 胃热证

症状 壮热，口渴引饮，面赤心烦，口苦口臭，大便秘结。

舌象 舌红，苔薄黄。

脉象 脉洪大有力。

证候分析 热入气分，故壮热；胃热炽盛，故口渴引饮，面赤心烦，口苦口臭；舌红，苔薄黄，脉洪大本为胃热炽盛之征。

治法 清胃解热。

方药 白虎汤。

方中生石膏、知母清泻胃火，粳米、甘草和胃生津。

3.3.4 腑实证

症状 壮热，日晡热甚，腹胀坚满，大便秘结或热结旁流，烦躁谵语，甚则神志昏迷。

舌象 舌苔焦燥有芒刺。

脉象 脉沉实有力。

证候分析 热结肠腑则便秘壮热；阳明经气血日晡时最盛，故日晡热甚；腑气不通则腹部胀满；里热炽盛，燥屎结于肠中不得出，但自利清水，故热结旁流。里热上扰心神，故谵语、神昏。

治法 通腑泄热。

方药 大承气汤。

方中大黄苦寒泻下；芒硝咸寒软坚；枳实、厚朴下气除胀。诸药合用热随便去，顿挫热势。

3.3.5 胆热证

症状 寒热往来，胸胁苦满，口苦咽干，或恶心呕吐，或身目发黄。

舌象 舌红，苔黄腻。

脉象 脉弦数。

证候分析 邪热郁于少阳胆经，故寒热往来，胸胁苦满，口苦咽干。胆胃不和，故恶心呕吐。舌红，苔黄腻，脉弦数本为胆热之征。

治法 清热利胆。

方药 大柴胡汤加减。

方中柴胡、黄芩疏肝利胆清热；枳实、大黄泄热通便；半夏、生姜和胃止呕。可加金钱草、板蓝根等。

3.3.6 脾胃湿热

症状 身热不扬，汗出热不解，脘痞腹胀，纳呆，恶心呕吐。

舌象 舌苔黄厚腻。

脉象 脉滑数。

证候分析 湿遏热伏，故身热不扬，汗出热不解；脾胃湿热，升降失司，故胸腹胀满，纳呆呕恶；苔黄腻，脉滑数本为湿热之征。

治法 清热利湿，健脾和胃。

方药 王氏连朴饮。

方中黄连清热燥湿；苍术、半夏、厚朴化湿除满，和胃止呕；芦根和中清热；豆豉宣散热邪。可加藿香、佩兰、黄芩等增强清热化湿之功。

3.3.7 大肠湿热

症状 发热，腹痛，泄泻，或痢下赤白脓血，里急后重，肛门灼热，口干口苦，小便短赤。

舌象 舌红，苔黄腻。

脉象 脉滑数。

证候分析 大肠湿热，湿热薰蒸故发热；湿热困脾，健运失司，故泄泻；湿热阻滞，气机不畅，故里急后重、腹痛；湿热与肠道气血相搏结，化腐成脓，故大便脓血；小便短赤，舌红，苔黄腻，脉滑数本为湿热之象。

治法 清利湿热。

方药 葛根芩连汤。

方中黄连、黄芩清热燥湿；葛根解肌清热，甘草缓急止痛。热甚可加银花、贯众、黄柏等。

3.3.8 膀胱湿热

症状 寒热起伏，午后热甚，小便频急疼痛，小便灼热黄赤，腰腹疼痛。

舌象 舌红，苔黄腻。

脉象 脉滑数。

证候分析 膀胱湿热，正邪交争，故寒热起伏，午后热甚；湿热阻滞，膀胱气化不利故小便频急疼痛；腰为肾之府，膀胱居腹中，膀胱湿热，气机不畅，故腰腹疼痛。

治法 清利膀胱湿热。

方药 八正散合小柴胡汤。

八正散中大黄、栀子清热泻火；萹蓄、瞿麦、木通、滑石通淋利湿；甘草缓急止痛。小柴胡汤中柴胡、黄芩和解退热，半夏和胃止呕，党参、甘草益气和中。

4 预防与调护

应注意观察体温的变化，及观察患者的神色、肌肤、汗液、气息、脉象、舌象的变化。对于高热患者，亦可使用物理降温的方法，常用冰袋、冰块或冷水面巾置于前额、腋窝或鼠蹊部，或用乙醇、盐水擦浴。饮食宜清淡，可进流质或半流食物。

附 录

1. 病案举例

1）王某，男，11 岁，高热持续 1 月余，最高体温达 42℃，经各种抗生素、退热药治疗未见效果。症见每日午后两时热势上升，至次早则稍降，虽然体温在 40℃以上，而患者自觉并不发热，其脉弦涩，其舌色黯，面无热色，右胁下痛不移，口不渴，大便自调，小便亦利。观其体温虽高而自觉反不热，是无表热可知；口不渴，便亦不结，是无里热又可知；脉弦涩，胁痛不移而舌质黯，是血瘀发热，已可征信，建议用活血化瘀之法，方用血府逐瘀汤加减。

当归尾、赤芍、川芎、藏红花、炒枳壳、柴胡、制没药各一钱半，净桃仁、川牛膝、干地龙各二钱，干生地三钱，桔梗、甘草各一钱。

连服1周，其间加生鳖甲、生牡蛎，或加延胡索、血竭，午后发热略有下降趋势。又以原方并佐以小金丹，早晚各服1丸；2周后热降痛减；3周午后之热已低，胁痛消失，大便曾见黑粪，舌黯稍减而脉细，改为2日1剂；缓其势而续和之，使瘀尽去而正不伤。20日后复诊，热退已2周余，停药已达1周，患者由29.5kg增至31kg，舌色鲜红而不暗，脉象缓和而不弦涩，精神体力恢复正常。本病西医初诊为支气管淋巴腺结核、高热待查，继则诊为慢性增生性淋巴腺炎，最后诊断为肾痈。

（《蒲辅周医案·血瘀发热》）

2）汪石山治一人，年三十余，忽病渴热、昏闷、面赤、倦怠。汪诊之，脉皆浮缓而弱，两尺尤甚，曰：此得之色欲，药宜温热。其人曰：先生之言诚然也，但病热加此，复加热药，惑矣，汪曰：寒极生热，此证是也，肾虚寒者，本病也，热甚者，虚象也。譬如雷火，雨骤而火愈炽，日出，火斯灭矣。遂以附子理中汤煎熟冷服，三帖，热渴减半，再服清暑益气汤，十帖而安。

（明·江瓘《名医类案》）

2. 古文献选录

《诸病源候论·虚劳热候》："虚劳而热者，是阴气不足，阳气有余，故内外生于热，非邪气从外来乘也。"

《医学入门·发热》："内伤劳役发热，脉虚而弱，倦怠无力，不恶寒，乃胃中真阳下陷，内生虚热，宜补中益气汤。"

《医学心悟·火字解》："外火：风寒暑湿燥火及伤热饮食，贼火也。贼可驱而不可留。内火：七情色欲，劳役耗神，子火也。子可养不可害。""养子火有四法：一曰达，……所谓木郁则达之，如逍遥散之类是也……二曰滋，……所谓壮水之主，以镇阳光，如六味汤之类是也；三曰温，……经曰劳者温之，又曰甘温能除大热，如补中益气汤之类是也；四曰引，……以辛热杂于壮水药中，导之下行。所谓导龙入海，引火归元，如八味汤之类是也。"

3. 研究进展

中医治疗内伤发热的研究

万兰清对阴火的病因病机、辨证用药进行了详细的阐述，阴火属本寒标热，其标热证表现为发热、胃中灼热、口苦、口干、舌糜口疮、牙龈肿痛等；本寒表现为虽发热而恶风寒甚，精神委靡，四肢倦怠，少气懒言，纳呆便溏等；阴火又有虚实之分，阴火属虚者由于脾胃元气大伤所致，常用补中益气汤、通脉四逆汤治之；实证由于寒湿郁遏，使阳气不得外达所致，治宜辛温散热，用升阳散火汤等方治之［中国医药学报，1993，（5）：45～46］。黄彩平分析李杲甘温除热的组方原则为甘温补中药与清热祛邪药相合，认为温病在临床上千变万化，出现脾胃气虚、温邪侵袭、留连不解者亦不少，用补中益气汤化裁治愈产后风温、秋燥、伏暑等伴有气虚之发热证［中医杂志，1999，(5)：266～267］。何国良根据《内经》：诸寒之而热者取之于阴”的观点，用滋阴清热法治愈由于病毒性肝炎、系统性红斑狼疮、支气管扩张咯血合并感染之发热证［中医杂志，1999，(2)：76～77］。孙绍梅以清骨散治疗低热26例，痊愈20例，好转5例，未愈1例，总有效率为96%［实用中医内科杂志，1998，(4)：21］。张根印亦以清骨散加减治疗骨伤科发热38例，药用银柴胡、胡黄连、青蒿、知母、地骨皮、牡丹皮、秦艽，服用2～3剂，体温均降至正常［陕西中医函授，1998，(3)：17～18］。

实验研究　张丽萍等在探讨甘温除热理论源流的基础上，以甘温所除之热为“气虚夹邪”所致为研究思路，初步建立了家兔“气虚邪侵”发热动物模型，以模型动物的体温、症状、体征动态变化为观测指标，观察了甘温除热代表方剂补中益气汤及其拆方的退热效应。结果表明：补中益气汤全方对“气虚邪侵”发热动物的降温作用最佳［中医杂志，1998，(4)：236～237］。

复习思考题

1. 何谓内伤发热？
2. 内伤发热与外感发热如何鉴别？
3. 内伤发热分为哪几种证型？形成的机制如何？各型的治法、方药是什么？

（赵新秀）

49

虚劳

目的要求

1. 了解虚劳的概念、调摄护理。
2. 熟悉虚劳的病因病机、鉴别诊断及辨证要点。
3. 掌握虚劳的治疗原则及常见证型的证治。

虚劳又称虚损，是由多种原因所致的，以脏腑功能衰退，气血阴阳不足为主要病机的多种慢性虚弱证候的总称。

历代医籍对虚劳的论述甚多。《内经》有“精气夺则虚”的论述，可视为虚证的提纲，认为虚证有阴虚、阳虚之别，指明阴虚、阳虚的主要特点。《难经·十四难》论述了“五损”的症状及转归，根据五脏所主及其特性提出相应的治法。《金匮要略·血痹虚劳病》篇首先提出了虚劳的病名，治法上重温补，同时应用扶正祛邪、去瘀生新等方法。《诸病源候论·虚劳病诸候》较详细地论述了虚劳的原因及各类症状，对五劳、六极、七伤的具体内容做了说明。金元以后，许多医家对虚劳的理论认识及临床治疗都有较大的发展，如李杲《脾胃论》重视脾胃，长于甘温补中。朱震亨《丹溪心法》重视肝肾，善用滋阴降火。明代张介宾在《景岳全书》中对阴阳互根理论作了深刻的阐发，在治疗肾阴虚、肾阳虚的理论及方药方面有新的发展，李中梓《医宗必读》强调脾肾在虚劳中的重要性。汪绮石重视肺、脾、肾在虚劳中的作用，并著有虚劳专著《理虚元鉴》。

虚劳涉及的内容很广，可以说是中医内科学中范围最广的一个病证。凡禀赋不足，后天失养，病久体虚，积劳内伤，久虚不复等所致的多种以脏腑气血阴阳亏损为主要表现的病证，均属本病的范畴。现代医学中多个系统的多种慢性、消耗性疾病，出现类似于虚劳的临床表现时，均可参照本章辨证论治。

49.1 病因病机

49.1.1 病因

导致虚劳的原因甚多，大体有先天之因及后天之因两类，主要有以下四个方面：

49.1.1.1 禀赋薄弱，因虚致病

多种虚劳证候的形成，都与禀赋薄弱，体质不强密切相关。如父母身体虚弱，年老体衰，或胎中失养，孕育不足及生后喂养失当，以致先天之精气不足，后天水谷之精气不充，均可选成禀赋薄弱，体质不强。在此基础上，患者常常易于患病，并在病后不易恢复，从而形成虚劳。

49.1.1.2 烦劳过度，损及五脏

适当的劳作，为人们正常生活及保持健康所必需。但烦劳过度则对人体的健康不利，可以因劳致虚，日久而形成虚劳。古有五劳七伤之别，烦劳过度，常可损伤相应的脏腑，如思虑劳神过度，则损伤心脾，可致心失所养，脾失健运，心脾两伤，气血不足，久则形成虚劳；遇事而忧则劳肺；若早婚多育，色欲过度，房事不节，频犯手淫则可伤肾。在各种损伤之中，尤以损伤脾肾者较为多见。

49.1.1.3 饮食不节，损伤脾胃

长期饮食不节，如暴饮暴食，饥饱不调，或饮食偏嗜，过食肥甘厚味或生冷之品，或饮酒过度，都会损伤脾胃，脾虚不能运化水谷精微，气血生化无源，则内不能濡养五脏六腑，外不能滋润营卫经脉，而渐致虚劳。

49.1.1.4 大病久病，失于调理

罹患大病，邪气过盛，脏气损伤，正气一时难以恢复，也可成虚劳。病因不同，耗损人体气血阴阳亦各有侧重，如热病日久，耗伤阴血；或寒病日久，伤气损阳；或瘀血内结，旧血不去，以致新血不生；或因过用某些化学药物或接触有害物质过多，损伤气血阴精；或因病后失于调理，用药不当，失治误治，正气亏损难复等。

以上各种病因，初期可导致人体气血阴阳某一方面的亏虚，由于气血阴阳的互根互用，日久则会导致气血阴阳皆虚而逐渐发展成为虚劳。

49.1.2 病机

49.1.2.1 基本病机

虚劳的病理总属五脏气血阴阳的亏虚。

49.1.2.2 病位

虚劳病位主要在五脏，尤其是与脾肾两脏关系更为密切。

49.1.2.3 病理性质

虚劳属虚证，但由于导致虚劳的病因不同，或是因虚致病，因病成劳；或是因病致虚，久虚不复成劳，故有时亦可见兼夹实象。

49.1.2.4 病机转化

在虚劳病变过程中，引起虚损的病因，往往首先导致某一脏的气、血、阴、阳某一方面的亏损。但由于五脏相关，气血同源，阴阳互根，所以五脏气血阴阳常互相影响；一脏受病，可以累及他脏；气虚不能生血，血虚无以生气；气虚者，久则阳亦渐衰，血虚者，久则阴亦不足；阳损日久，累及于阴；阴虚日久，累及于阳。以致病势日渐发展，而病情趋于复杂，形成气血阴阳皆虚的证候。

49.2 诊断与鉴别诊断

49.2.1 诊断

49.2.1.1 临床表现

多见神疲体倦，心悸气短，面容憔悴，自汗盗汗，或五心烦热，或畏寒肢冷，脉虚无力等症。若病程较长，久虚不复，症状可逐渐加重。

49.2.1.2 病史及发病

具有引起虚劳的致病因素及较长的病史，发病多缓慢。

49.2.2 鉴别诊断

49.2.2.1 肺痨

唐代以前，肺痨一般统括在虚劳之内。宋代以后，才对二者的区别有了明确的认识。两者鉴别的要点是：肺痨系因正气不足，痨虫侵袭所致，主要病位在肺，具有传染性，以阴虚火旺为其病理特点，以咳嗽、咳痰、咯血、潮热、盗汗、身体消瘦为主要临床症状，治疗以养阴清热、补肺杀虫为主要治则。虚劳则可由多种原因所导致，或因病致虚，或因虚致病，而致久虚不复而成虚劳，一般病程较长，无传染性，以脏腑气、血、阴、阳亏虚为其基本病机，临床可见五脏气、血、阴、阳亏虚的多种症状，治疗以补益为基本治则，根据病情的不同可采用益气、养血、滋阴、温阳等法。

49.2.2.2 其他病证中的虚证类型

虚劳与内科其他病证中的虚证在临床表现、治疗方药方面有类似之处，但两者是有区别的。其主要的区别为：①虚劳的各种证候，均以出现一系列精气亏虚的症状为特征，而其他病证的虚证则各以其病证的主要症状为突出表现。例如：眩晕的气血亏虚证，虽有气血亏虚的症状，但以眩晕为最突出、最基本的表现；水肿的脾阳虚衰证，虽有脾阳亏虚的症状，但以水肿为主要表现。②虚劳一般病程较长，病势缠绵。其他病证中的虚证类型虽然也以久病属虚者居多，但亦有病程较短而呈现虚证者。例如泄泻的脾胃虚弱证，以泄泻伴有脾胃亏虚的症状为主要表现，临床病例中有病程长者，但亦有病程短者。

49.3 辨证论治

49.3.1 辨证要点

49.3.1.1 辨五脏气血阴阳亏虚的不同

虚劳的证候虽多，但总不离于五脏，而五脏之虚，又不外乎气血阴阳。故对虚劳的辨证应以气、血、阴、阳为纲，五脏虚候为目。一般说来，病情单纯者，病变比较局限，容易辨清其气、血、阴、阳亏虚的属性和病变脏腑的所在。但由于五脏相关，气血同源，阴阳互根，所以各种原因所致的虚损往往互相影响，由气血阴阳某一方面的亏虚渐致两方面或几方面的亏虚，由一脏而累及他脏，使病情趋于复杂和严重。为了便于辨证和治疗 ，本章将虚劳归纳为气、血、阴、阳亏虚四类。但临床往往有错杂互见的情况，一般来说，病程短者，多伤及气血，可见气虚、血虚及气血两虚之证；病程长者，多伤及阴阳，可见阴虚、阳虚及阴阳两虚之证。而气血与阴阳的亏虚既有联系，又有区别。血虚主要表现血脉不充、失于濡养的症状，如面色不华、唇舌色淡、脉细弱等；阴虚则多表现阴虚生内热的症状，如五心烦热、颧红、口干咽燥、舌红少津、脉细数等。阳虚包括气虚在内，但阳虚往往由气虚进一步发展而成，气虚表现短气乏力、自汗、食少、便溏、舌淡、脉弱等症；阳虚则这些症状进一步加重，并出现阳虚里寒的症状，如倦怠嗜卧、形寒肢冷、肠鸣泄泻、舌质淡胖、脉虚弱或沉迟等症。

49.3.1.2 辨兼夹病证的有无

虚劳一般均有较长的病程，辨证施治时还应注意有无兼夹病证，尤其应辨明下述三种情况：

1）因病致虚 因病而致正虚不复者，应辨明原有疾病是否还继续存在。如因热病、寒病或瘀血内结致虚者，要明确原发疾病是否已经治愈。

2）因虚致病 五脏气血阴阳亏虚，功能失调，可导致一些病理产物产生，即因虚致实，如气虚阳虚则血液运行无力，形成瘀血；脾气虚不能运化水湿，可致水湿内停等。临证时需辨明有无因虚致实的表现。

3）是否兼夹外邪 虚劳之人由于正气亏虚，卫外不固，易于感受外邪为患，且感邪之后不易恢复，感受外邪后，多有卫表不和及肺失宣肃的表现，治疗用药也与常人感邪有所不同。

若有以上兼夹病证。在治疗时应分别轻重缓急，予以兼顾。

49.3.2 治疗原则

因虚劳病理性质属于虚证，故对于虚劳的治疗，应以补益为基本原则。补益的时候，一是必须根据病理属性的不同，分别采取益气、养血、滋阴、温阳的治疗方药；二是要密切结合五脏病位的不同而选用方药，以增强治疗的针对性。

在应用补益这个基本原则治疗虚劳的时候，应注意以下三点：①重视补益脾肾在虚劳中的作用。脾胃为后天之本，主摄纳水谷精微，是气血生化之源，脾胃健运，五脏六腑、四肢百骸方能得以滋养；肾为先天之本，内寓元阴元阳，是生命的本元，所以补益脾肾在虚劳的治疗中具有比较重要的意义。重视补益脾肾、先后天之本不败，则能促进各脏虚损的恢复。②对于虚中夹实及兼感外邪者，当补中有泻，扶正祛邪。从辨证的关系看，祛邪亦可起到固护正气的作用，防止邪恋而进一步损伤正气。③虚劳的病史较长，影响因素较多，需将药物治疗与饮食调养及生活调摄密切结合起来，方能收到更好的治疗效果。

49.3.3 分型论治

49.3.3.1 气虚证

（1）肺气虚

症状 短气自汗，声音低怯，时寒时热，平素易于感冒，面白。

舌象 舌质淡，苔薄白。

脉象 脉弱。

证候分析 肺气不足，表卫不固，故短气自汗，声音低怯。肺气亏虚，营卫失和则时寒时热。肺主皮毛，肺虚则腠理不密，故易感受外邪。肺气亏虚，不能贯心脉而通达全身，气血不能充沛于血脉，故见面白、舌淡、脉弱。

治法　补益肺气。

方药　补肺汤。

本方以人参、黄芪益气固表；因肾为肺之子，金水相生，肺气根于肾，故以熟地黄、五味子益肾固元敛肺；桑白皮、紫菀清肃肺气。

加减　1）无咳嗽者，可去桑白皮、紫菀。

2）自汗较多者，加牡蛎、麻黄根固表敛汗。

3）若气阴两虚，而兼见潮热、盗汗者，加鳖甲、地骨皮、秦艽等以养阴清热。

(2) 脾气虚

症状　饮食减少，食后胃脘不舒，倦怠乏力，大便溏薄，面色萎黄。

舌象　舌淡苔薄。

脉象　脉弱。

证候分析　脾虚失于健运，胃肠的纳谷及传化功能失常，故饮食减少，食后胃脘不舒，大便溏薄。脾虚不能化生水谷精微，气血来源不足，形体失养，故倦怠乏力，面色萎黄。舌淡，脉弱为脾虚之象。

治法　健脾益气。

方药　加味四君子汤加减。

方中以人参、黄芪、白术、甘草益气健脾；茯苓、扁豆健脾化湿。

加减　1）若兼胃脘胀满、呕吐嗳气者，加陈皮、半夏以和胃降逆。

2）兼食积停滞者，加神曲、麦芽、山楂、鸡内金消食健胃。

3）若气虚及阳，脾阳渐虚，腹痛即泻，手足欠温者，加肉桂、炮姜温中散寒。

4）若脾气亏虚而主要表现为中气不足、气虚下陷者，可改用补中益气汤以补益中气，升阳举陷。

(3) 心气虚

症状　心悸，气短，劳则尤甚，神疲体倦，自汗。

舌象　舌质淡。

脉象　脉弱。

证候分析　心气亏损，运血无力，心失所养，故心悸，气短。劳则耗气，故劳则诸证加重。汗为心之液，心气不足，汗液不藏，故自汗。气虚形体失养，故神疲体倦。舌质淡，脉弱为心气亏虚之候。

治法　益气养心。

方药　七福饮。

本方具有益气养血，养心宁神之功。方中以人参、白术、炙甘草益气宁心；熟地黄、当归滋补阴血；酸枣仁、远志宁心安神。

加减　1）自汗多者，加黄芪、五味子益气固摄。

2）纳差，加砂仁、茯苓开胃健脾。

3）气虚及阳，加肉桂以温通心阳。

(4) 肾气虚

症状 神疲乏力，腰膝酸软，小便频数而清，白带清稀。

舌象 舌质淡。

脉象 脉弱。

证候分析 肾气亏虚，腰府失养，故腰膝酸软，神疲乏力。肾气不固，膀胱失约，故小便频数而清，冲任不固，故白带清稀。舌淡、脉弱亦为肾气亏虚之候。

治法 益气固肾。

方药 大补元煎。

方中以人参、山药、炙甘草益气固肾；杜仲、山茱萸温补肾气；熟地黄、枸杞子、当归补养精血。

加减 1）神疲乏力明显者，加黄芪益气。

2）尿频较甚，或小便失禁者，加菟丝子、五味子、益智仁补肾固摄。

3）脾失健运而兼见大便溏薄者，去熟地黄、当归，加肉豆蔻、补骨脂温补固摄。

在气、血、阴、阳的亏虚中，气虚是临床上最常见的一类。其中尤以肺、脾气虚为多见，而心、肾气虚亦不少见。肝体阴而用阳，肝气多有余而少不足，若肝病出现神疲乏力，食少便溏，舌质淡，脉弱等气虚症状时，多在治肝的同时，结合脾气虚证论治。

49.3.3.2 血虚

(1) 心血虚

症状 心悸怔忡，健忘，失眠，多梦，面色不华。

舌象 舌质淡。

脉象 脉细或结代。

证候分析 心血亏虚，血不养心，心神不宁，故见心悸怔忡，健忘，失眠，多梦。血虚不能上荣头面，故面色不华，舌质淡。血虚气少，血脉不充，故脉细或结代。

治法 养血安神。

方药 养心汤。

方中以人参、黄芪、茯苓、甘草益气以生血；当归、白芍药、五味子、柏子仁、酸枣仁、远志养血安神；肉桂、半夏曲温中健脾，以助气血之生化。

加减 1）失眠多梦较甚，可加合欢花、夜交藤以养血安神。

2）心悸甚者，加龙骨、牡蛎以镇惊安神。

(2) 心脾血虚

症状 体倦乏力，纳差食少，心悸气短，健忘，失眠，面色萎黄。

舌象 舌质淡，苔薄白。

脉象 脉细缓。

证候分析 脾为后天之本，气血生化之源，脾虚化源不足，致气血亏虚，故见纳差食少，体倦乏力，面色萎黄。心脾两虚，心失所养，则心悸气短，健忘，失眠。舌淡苔薄白，脉细缓为心脾两虚之候。

治法 补脾养血。

方药 归脾汤。

方中以人参、黄芪、白术、甘草、大枣、生姜甘温补脾益气；当归补血；茯神、酸枣仁、龙眼肉、远志养心安神；木香理气醒脾。本方功能益气养血，补脾养心，为治疗脾血虚兼心血虚的常用方药。

（3）肝血虚

症状 头晕，目眩，胁痛，肢体麻木。筋脉拘急，或惊惕肉瞤，妇女月经不调，甚则经闭，面色不华。

舌象 舌质淡。

脉象 脉弦细或细涩。

证候分析 肝血亏虚，不能上养头目，故致头晕、目眩。血不养肝，肝气郁滞故胁痛。由于血虚生风，筋脉失养，以致肢体麻木，筋脉拘急，或惊惕肉瞤。肝血不足，妇女冲任空虚，则致月经不调甚或闭经。面色不华，舌淡，脉弦细或细涩，为肝血不足，血脉不充之象。

治法 补血养肝。

方药 四物汤加味。

四物汤养血调血，补而不滞。方中以熟地黄、当归补血养肝；芍药、川芎和营调血。可加制何首乌、枸杞子、鸡血藤以增强补养肝血的作用。

加减 1）胁痛加柴胡、郁金、香附、丝瓜络理气通络。

2）肝血不足，目失所养而致视物模糊者，加楮实子、枸杞子、决明子以养肝明目。

3）肝血虚兼血脉瘀滞，症见肌肤甲错，舌质青紫，脉象细涩者，可先用大黄 虫丸活血化瘀，祛瘀生新，继用四物汤、归脾丸以养血。

由于心主血，脾统血，肝藏血，故血虚之中，以心、脾、肝的血虚较为多见。脾血虚常与心血虚同时并见，故临床常称为脾血虚，归脾汤为常用治疗方剂。由于脾为后天之本，气血生化之源；又由于气血相生，气为血之帅，血为气之母，血虚均伴有不同程度的气虚症状，因此补血不宜单用补血药，而应适当配伍补气药，以达到益气生血的目的。所以在治疗各种血虚的证候时，应结合健脾益气生血之法，归脾汤、当归补血汤、圣愈汤等方剂都体现了这一原则。

49.3.3.3 阴虚

（1）肺阴虚

症状 干咳，咽燥，甚或失音，咳血，潮热，盗汗，面色潮红。

舌象 舌红少津。

脉象 脉细数。

证候分析 肺阴亏耗，肺失濡润，清肃之令不行，故干咳。肺络损伤则致咳血。阴虚津不上承，故咽喉干燥，甚则失音。阴虚火旺则致潮热。虚热逼迫津液外泄则致盗汗。面潮红，舌红少津，脉细数，均为阴虚有热之象。

治法　养阴润肺。

方药　沙参麦冬汤。

方中以沙参、麦冬、玉竹滋养肺阴；天花粉、桑叶、甘草清热润燥。

加减　1）咳嗽甚者，加百部、款冬花润肺止咳。

2）咳血酌加白芨、仙鹤草、鲜茅根等凉血止血。

3）潮热加地骨皮、银柴胡、秦艽、鳖甲养阴清热。

4）盗汗加牡蛎、浮小麦固表敛汗。

（2）心阴虚

症状　心悸，失眠，烦躁，潮热，盗汗，或口舌生疮，面色潮红。

舌象　舌红少津。

脉象　脉细数。

证候分析　心阴亏虚，心失所养，心神不宁，故心悸，失眠。阴虚生内热，虚火亢盛，故烦躁，面色潮红，口舌生疮。虚热逼津液外泄，则致盗汗。舌红少津，脉细数，为阴虚内热、津液不足之象。

治法　滋阴养心。

方药　天王补心丹。

方中以生地黄、玄参、麦冬、天冬养阴清热；人参、茯苓、五味子、当归益气养血；丹参、柏子仁、酸枣仁、远志养心安神；桔梗载药上行。本方重在滋阴养心，适用于阴虚较甚而火热不旺者。

加减　1）若火旺而见烦躁不安，口舌生疮者，可去辛温之当归、远志，加黄连、木通、淡竹叶清心泄火，导热下行。

2）若见潮热，盗汗，可参照肺阴虚证酌加滋阴清热之品。

（3）脾胃阴虚

症状　口干唇燥，不思饮食，大便燥结，甚则干呕、呃逆，面色潮红。

舌象　舌干，苔少或无苔。

脉象　脉细数。

证候分析　脾胃阴虚，胃失濡润，纳运失常，故不思饮食。津亏不能上承，故口干唇燥。胃阴亏虚，津液不足，不能下润大肠，肠道失于滋润则大便秘结。若阴亏较甚，胃气失于和降，则致干呕，呃逆。面色潮红，舌红，少苔或无苔，脉细数均为阴虚内热之象。

治法　养阴和胃。

方药　益胃汤加减。

方中以沙参、麦冬、生地黄、玉竹滋阴养液；配伍冰糖养胃和中。

加减　1）口干唇燥甚者，加石斛、天花粉滋养胃阴。

2）大便干结者，将原方中冰糖改用蜂蜜润畅通便。

3）不思饮食者，加麦芽、扁豆、山药益胃健脾。

4）呃逆加刀豆子、柿蒂、竹茹扶养胃气、降逆止呃。

（4）肝阴虚

症状　头痛，眩晕，耳鸣，目干畏光，视物不明，急躁易怒，或肢体麻木，筋惕肉瞤，面潮红。

舌象　舌干红。

脉象　脉弦细数。

证候分析　肝阴不足，不能制约肝阳，以致肝阳偏亢，上扰清空，故头痛，眩晕，耳鸣，急躁易怒。肝阴不能上荣于目，故目干畏光，视物不明。阴虚筋脉失于濡养，虚风内动，故肢体麻木，筋惕肉瞤。阴虚火旺，肝火上炎，则面潮红。舌红少津，脉弦细数为阴虚肝旺之象。

治法　滋养肝阴。

方药　补肝汤加减。

方中以四物汤养血柔肝；配以木瓜、甘草酸甘化阴，麦冬、枣仁滋阴养肝。

加减　1）头痛、眩晕、耳鸣较重，或筋惕肉瞤者，加石决明、菊花、钩藤、刺蒺藜平肝潜阳。

2）目干涩畏光，或视物不明者，加枸杞子、女贞子、决明子养肝明目，或选用杞菊地黄丸。

3）若肝火亢盛而兼见急躁易怒，尿赤便秘，舌红脉数者，加龙胆草、黄芩、栀子清肝泻火。

4）肝阴亏虚，肝脉失养而以胁痛为主要表现者，可加川楝子、郁金理气疏肝或改用一贯煎。

（5）肾阴虚

症状　腰酸，遗精，两足痿弱，腰酸，眩晕耳鸣，甚则耳聋，口干，咽痛，颧红。

舌象　舌红少津。

脉象　脉沉细。

证候分析　腰为肾之府，肾虚腰府失养，故感腰酸。肾阴亏虚，虚火内动，扰动精室，精关不固，则致遗精。肾主骨生髓，肾阴亏乏，上不能濡养髓海，脑失濡养，则眩晕耳鸣，甚至耳聋，下不能充养腰膝，故腰酸伴两足痿弱。虚火上炎，故口干，咽痛，颧红。舌红少津，脉沉细，为肾阴亏乏之象。

治法　滋补肾阴。

方药　左归丸。

方中以熟地黄、枸杞子、山药、龟板胶、牛膝滋补肾阴；山萸肉、菟丝子、鹿角胶温补肾气，助阳生阴。

加减　1）虚火较甚，潮热，口干咽痛，脉数，舌红者，加知母、黄柏、地骨皮滋阴泻火。

2）精关不固，腰酸遗精者，加牡蛎、金樱子、芡实、莲须等固肾涩精。

3）精血枯竭而见耳聋，足痿者，加紫河车填补精血。

五脏的阴虚在临床上均比较常见，由于五脏相关，气血同源，阴阳互生，临床上阴虚常常非独某一脏腑的阴虚，病情较重者，常可见多个脏腑的阴虚同时并见，如心肾阴虚，肺肾阴虚，心肝阴虚，肝肾阴虚等。在由气虚向阴虚转化过程中，或阴虚日久，阴损及气，可出现气阴两虚的证候。阴虚日久，可累及于阳，出现阴阳两虚。血属阴类，阴血互生，故阴虚与血虚常常并见。出现以上病变时宜当互参。

49.3.3.4 阳虚

(1) 心阳虚

症状　心悸，自汗，神倦嗜卧，心胸憋闷疼痛，形寒肢冷，面色苍白。

舌象　舌淡或紫暗。

脉象　脉细弱，或沉迟。

证候分析　心阳不足，心气亏虚，心脉失养，心液不藏，故心悸，自汗，神倦嗜卧。阳虚不能温养四肢百骸，故形寒肢冷。阳虚气弱，不能推动血液运行，心脉瘀阻，气机滞塞，故心胸憋闷疼痛，舌质紫暗。面色苍白，舌淡，脉细弱或沉迟，均属心阳亏虚、运血无力之象。

治法　益气温阳。

方药　保元汤。

本方由人参、黄芪、甘草益气扶正，肉桂、生姜温通阳气，共奏益气温阳之效。

加减　1) 血脉瘀滞而见心胸憋闷疼痛较甚者，加郁金、川芎、丹参、三七活血定痛。

2) 阳虚明显，见形寒肢冷，脉迟者，酌加附子、巴戟天、仙茅、仙灵脾、鹿茸等温补阳气。

本证亦可选用拯阳理劳汤。

(2) 脾阳虚

症状　面色萎黄，食少，形寒，神倦乏力，少气懒言，大便溏薄，肠鸣腹痛，每因受寒或饮食不慎而加剧。

舌象　舌质淡，苔白。

脉象　脉弱。

证候分析　脾气虚弱进一步发展为脾阳亏虚，不能运化水谷，助长体力，故面色萎黄，食少，形寒，神倦乏力，少气懒言。阳虚则寒，清阳不展，寒凝气滞故肠鸣腹痛，大便溏薄。感受寒邪或饮食不慎，更伤脾阳，以致中阳更虚，易使病情加重。舌淡，苔白，脉弱，均为中阳虚衰之象。

治法　温中健脾。

方药　附子理中丸。

方中以人参、白术、甘草益气健脾，燥湿和中；干姜、附子温中祛寒。

加减　1) 腹中冷痛较甚，加高良姜、香附或丁香、吴茱萸温中理气止痛。

2) 食后腹胀及呕逆者，加砂仁、半夏、陈皮温中和胃降逆。

3) 腹泻较剧，为阳虚湿盛，加肉豆蔻、补骨脂、薏苡仁温补脾肾，涩肠除湿止泻。

（3）肾阳虚

症状　腰背酸痛，遗精阳痿，多尿或小便失禁，面色苍白，畏寒肢冷，下利清谷或五更泄泻。

舌象　舌质淡胖，边有齿痕，苔白。

脉象　脉沉迟。

证候分析　腰为肾之府，督脉贯脊络肾而督诸阳，肾阳不足，失于温煦，故腰背酸痛，畏寒肢冷。阳气衰微，精关不固，故遗精、阳痿。若肾气不固则小便不禁、多尿。命门火衰，火不生土，不能蒸化腐熟水谷，故下利清谷或五更泄泻。面色苍白，舌淡胖，边有齿痕，脉沉迟均为阳气亏虚、阴寒内盛之象。

治法　温补肾阳，兼养精血。

方药　右归丸。

方用附子、肉桂温补肾阳；杜仲、山萸肉、菟丝子、鹿角胶补益肾气；熟地黄、山药、枸杞子、当归补益精血，滋阴以助阳。

加减　1）遗精加金樱子、桑螵蛸、莲须，或合金锁固精丸以收涩固精。

2）下利清谷者，应减去熟地黄、当归等滋润滑腻之品，加入党参、白术、薏苡仁益气健脾，渗湿止泻。

3）五更泄泻者，可合用四神丸温脾暖肾，固肠止泻。

4）阳虚水泛，浮肿尿少者，加茯苓、泽泻、白术、车前子或合五苓散以利水消肿。

5）喘促、短气、动则更甚，为肾阳虚衰，肾不纳气，酌加补骨脂、五味子、蛤蚧补肾纳气。

阳虚多由气虚进一步发展而成。阳虚则生内寒，症状比气虚为重，并以出现里寒的征象为特征。在阳虚之中，以心、脾、肾的阳虚最为多见。由于肾阳为人身之元阳，所以心、脾之阳虚日久，亦必病及于肾，出现心肾阳虚或脾肾阳虚的证候。

虚劳患者因体虚卫外不固，易感外邪。而感邪之后，更易损伤元气，治宜扶正与祛邪兼顾，可用薯蓣丸加减。虚劳日久，气血运行不畅而有血瘀者，当合祛瘀生新之法，可用大黄　虫丸加减。

49.4　预防与调护

调摄护理对虚劳的好转、治愈具有重要作用，主要有以下几个方面：

避风寒，适寒温　虚劳病人由于正气不足，卫外不固，易感外邪，外邪侵袭，则耗伤正气，致虚损更甚，故应注意避风寒，适寒温，避免感受外邪。

调饮食，戒烟酒　人体气血全赖水谷以资生，故调理饮食对虚劳至关重要。一般以富于营养，易于消化，不伤脾胃为原则。对辛辣厚味、过分滋腻、生冷不洁之物，则应少食甚至禁食。吸烟嗜酒则有损正气，应该戒除。

慎起居，适劳逸　生活起居要有规律，做到动静结合，劳逸适度。根据自己体力的情况，可适当参加体育锻炼、气功、太极拳等活动，应适当节制房事。

舒情志，少忧烦　过分的情志刺激，易使气阴伤耗，是使病情加重的重要原因之一。而保持情绪稳定，心情舒畅乐观，则有利于虚劳的康复。

附　　录

1. 病案举例

杨某，女，24 岁，1980 年 12 月 25 日初诊。经多家医院骨髓穿刺，均确诊为再生障碍性贫血。曾用中西药治疗二年多，病势有增无减，靠输血维持。近又出现黄疸。血常规：红细胞 $0.9\times10^{12}/L$，白细胞 $2.80\times10^{9}/L$、血小板 $20\times10^{9}/L$。肝功能检查：黄疸指数 50U，麝香草酚浊度试验 10U，硫酸锌浊度试验 8U，谷-丙转氨酶 85U。诊查见头面虚肿，　白无华，巩膜发黄，下肢浮肿，午后低热，头昏乏力，心悸气短，口苦纳少，大便溏薄，舌质淡红，苔薄白，脉虚弦。病属虚损，治宜大力益脾肾以充先后天，脾肾功能振奋，气血营卫日充，贫血自然纠正。处方：黄芪 60g，白术 18g，淮山药 18g，熟地黄 30g，枸杞子 15g，菟丝子 15g，附片 9g，鹿角胶 10g（烊化），陈皮 6g，砂仁 3g，当归 6g，茯苓 30g，茵陈 15g。上方加减，服药至 1981 年 2 月，病情逐日改善，低热已退，目黄消失，肝功能及转氨酶降至正常范围，并停止输血。1981 年 2 月 24 日复查血象：红细胞 $2.70\times10^{12}/L$，白细胞 $3.2\times10^{9}/L$，血小板 $27\times10^{9}/L$。自觉症状好转。月经淋漓，经量不多，舌淡苔薄，脉虚缓。仍以补脾益肾，填精益气调治。处方：黄芪 60g，当归 9g，熟地黄 40g，龟板 15g，淮山药 15g，黄精 15g，芡实 15g，砂仁 4g，陈皮 6g，苍术 6g，女贞子 15g，旱莲草 15g，玉竹 15g，五味子 9g，制首乌 15g，鹿角胶 10g，阿胶 10g（烊化），炙甘草 15g。另每日用鹿茸末、晒白参各 1.5g 炮汁服。药后血象上升稳定，1981 年 4 月 21 日复查血象：红细胞 $3.5\times10^{12}/L$，白细胞 $3.8\times10^{9}/L$，血小板 $28\times10^{9}/L$。自觉无何不适，经行也正常。仍以前方加减. 服药至 1981 年 6 月 19 日。复查血象：红细胞 $3.9\times10^{12}/L$，白细胞 $5.0\times10^{9}/L$，血小板 $110\times10^{9}/L$。痊愈出院。出院后曾往上海、苏州等地检查，一切正常随访至今，病未复发，已重返工作岗位。

按语：再生障碍性贫血为难治之病，属中医“虚损”范畴，临床表现以贫血、出血为主。根据中医理论，血液的化生主要与脾肾密切相关，脾为后天之本，气血生化之源，肾为先天之本，是藏精之脏，主骨生髓，精血同源，补脾益肾，填精益气为本案病例获效的要著。

（董建华. 中国现代名中医医案精华. 北京：北京出版社，
1990. 437～439　陆剑尘医案）

2. 古文献选录

《景岳全书·新方八略引》：“补方之制，补其虚也。凡气虚者，宜补其上，人参、黄芪之属是也。精虚者，宜补其下，熟地、枸杞之属是也。阳虚者，宜补而兼煖，桂、附、干姜之属是也。阴虚者，宜补而兼清，门冬、芍药、生地之属是也。此固阴阳之治辨也。其有气因精而虚者，自当补精以化气；精因气而虚者，自当补气以生精。又有阳失阴而离者，不补阴，何以收散亡之气？水失火而败者，不补火，何以苏垂寂之阳？此又阴阳相济之妙用也。改善补阳者，必于阴中求阳，则阳得阴助而生化无穷；善补阴者，必于阳中求阴，则阴得阳升而泉源不竭。”

《不居集·上集·卷十》：“虚劳日久，诸药不效，而所赖以无恐者，胃气也。盖人之一身，以胃气为主，胃气旺则五脏受荫，水精四布，机运流通，饮食渐增，津液渐旺，以至充血生精，而复其真阴之不足。”

3. 研究进展

虚劳是临床常见的一种病证，临床上表现出一派生理机能减退或失调的症状。近几十年来，许多学者对虚证进行了大量的临床及实验研究，这对探讨虚劳的实质，促进虚劳辨证论治水平的提高具有重要的意义。以下着重介绍脾虚、肾虚研究的部分研究进展。

（1）脾虚的研究

消化系统方面　福建报道用胃肠钡餐造影观察到脾虚患者空腹胃液潴留增多，胃1/3张力降低，结肠运动大部分亢进［中医杂志，1980，（9）：27］。郭氏等报道脾阳虚患者无论餐前餐后，其胃电幅值均低于正常值［陕西中医学院学报，1990，（3）：25］。冯氏观察了30例脾阳虚患者的胆囊浓缩及收缩功能，均较正常对照组明显减弱［天津中医，1989，（2）：19］。沈氏报道脾虚患者胃泌酸功能低下［江苏中医，1988，（4）：43］。北京中医研究所报道脾虚患者24小时尿淀粉酶总活性明显低于正常人［中华医学杂志，1982，（1）：22］。范氏观察脾气虚、脾阳虚、脾阴虚及脾不统血各型的木糖排泄率均低于正常，治疗后转为正常，脾虚患者胃泌素显著低于正常人。脾虚者胃黏膜浅表性炎症，胃体部固有腺体萎缩，胃窦部黏膜肌层增生，重度肠上皮增生及胃体部非典型性增生等，较实证检出率高，有显著或极显著差异［中华医学杂志，1982，（1）：22］。

免疫系统方面　李氏等报道脾胃气虚患者的IgG、IgM、补体G_3均低于正常人［河南中医，1986，（3）：16］。刘氏观察50例脾气虚患者血T淋巴细胞数量低于正常人，E-玫瑰花结形成及活性、总E-玫瑰花结形成率，皆低于正常人［河南中医，1986，（4）：16～17］。廉氏等报道补脾法能提高小鼠巨噬细胞的吞噬率和吞噬指数［甘肃中医，1993，（6）：5～6］。

此外，许多学者还观察到，脾虚者还有神经内分泌异常、血清微量元素改变、血液循环及其他多个方面的异常。另外，孙氏还提出脾虚证的分度定量诊断法［中国中西医结合杂志，1994，（3）：135］。

（2）肾虚的研究

内分泌方面　查氏发现肾阳虚患者血浆促肾上腺皮质激素浓度明显低于正常人［中华内科杂志，1982，（4）：202］。沈氏对慢性支气管炎分型进行了T_3、T_4

和促甲状腺激素释放激素（TRH）兴奋试验，发现慢性支气管炎肾阳虚型 T_3 值低于正常人、T_4 值正常，TRH 兴奋试验肾阳虚型 80% 呈异常反应，均为延迟反应。肾阳虚的畏寒、肢冷、神疲、面浮等症，与甲状腺功能失调密切相关。肾虚证血浆睾丸酮（T）下降，雌二醇（E_2）升高，E_2/T 值亦升高［中西医结合杂志，1982，(1)：9～10］。张氏观察到老年性肾虚证患者交感神经-肾上腺系统机能的偏亢或偏衰与肾阴、肾阳有明显的关系，补肾药物能改善本系统的失衡状态［中医杂志，1994，(3)：169］。

免疫方面　肾阳虚主要表现为血清 IgG 下降，抗病邪能力较差；肾阴虚主要表现为血清 IgM 升高，尿中 IgG、IgA 亦升高［中西医结合杂志，1983，(6)：328］。其他学者也观察到肾虚患者存在细胞免疫及体液免疫的功能的低下。

微量元素方面　张氏测定了 79 例肾虚患者头发和血清中的微量元素，发现肾虚组血锌、铬及发铬、钙、钴值明显低于正常对照组［哈尔滨医科大学学报，1984，(4)：39］。孙氏研究了 240 例肾虚和无肾虚症状的神经性耳聋患者的血清铁值，发现两者均低于正常组，且肾虚者明显低于无肾虚者［中医杂志，1982，(7)：66］。

此外，学者还观察到，肾虚患者在自由基、脂质代谢方面出现异常，能量代谢及水盐调节功能不足以及微循环障碍等。

在虚劳的治疗方面，周氏等用扶正升白胶囊治疗虚劳证 30 例，总有效率为 83.3%，同时进行了实验研究，认为该方治疗虚劳的机理可能与增强体质、提高性激素水平有关［西安医科大学学报，1998，19 (2)：197～200］。

复习思考题

1. 什么是虚劳？如何与肺痨相鉴别？
2. 试述虚劳的病机。
3. 虚劳的治疗原则是什么？应注意哪些？
4. 试述虚劳常见证型的临床表现、治法及方药。

（张润顺）

方剂索引

一画

［1］一贯煎(《柳州医话》)：沙参　麦冬　当归　生地黄　枸杞子　川楝子

二画

［2］二至丸(《医方集解》)：女贞子　旱莲草

［3］二陈汤(《太平惠民和剂局方》)：半夏　陈皮　茯苓　炙甘草

［4］二阴煎(《景岳全书》)：生地黄　麦冬　酸枣仁　生甘草　玄参　茯苓　黄连　木通　灯芯　竹叶

［5］十全大补汤(《太平惠民和剂局方》)：熟地黄　白芍药　当归　川芎　人参　白术　茯苓　炙甘草　黄芪　肉桂

［6］十灰散(《十药神书》)：大蓟　小蓟　侧柏叶　荷叶　茜草根　山栀　茅根　大黄　牡丹皮　棕榈皮

［7］十枣汤(《伤寒论》)：大戟　芫花　甘遂　大枣

［8］丁香透膈散(《太平惠民和剂局方》)：白术　香附　人参　砂仁　丁香　麦芽　木香　肉豆蔻　神曲　炙甘草　沉香　青皮　陈皮　厚朴　藿香　半夏　草果

［9］七福饮(《景岳全书》)：熟地黄　当归　人参　白术　炙甘草　远志　杏仁

［10］七味白术散(《小儿药证直诀》)：白术　人参　茯苓　藿香叶　木香　葛根　甘草

［11］七味都气丸(《医宗己任编》)：熟地黄　山茱萸　山药　茯苓　牡丹皮　泽泻　五味子

［12］人参营养汤(《太平惠民和剂局方》)：人参　甘草　当归　白芍药　熟地黄　肉桂　大枣　黄芪　白术　茯苓　五味子　远志　橘皮　生姜

［13］八正散(《太平惠民和剂局方》)：木通　车前子　　蓄　瞿麦　滑石　甘草梢　大黄　山栀　灯芯

［14］八珍汤(《正体类要》)：人参　白术　茯苓　甘草　当归　白芍药　川芎　熟地黄　生姜　大枣

三画

［15］三才封髓丹(《卫生宝鉴》)：天冬　熟地黄　人参　黄柏　砂仁　甘草

［16］三子养亲汤(《韩氏医通》)：苏子　白芥子　莱菔子

［17］三仁汤(《温病条辨》):杏仁　白蔻仁　薏苡仁　厚朴　半夏　通草　滑石　竹叶

［18］三物备急丸(《金匮要略》):大黄　干姜　巴豆

［19］三拗汤(《太平惠民和剂局方》):麻黄　杏仁　生甘草　生姜

［20］大七气汤(《医学入门》):青皮　陈皮　桔梗　藿香　官桂　甘草　三棱　莪术　香附　益智仁　姜　枣

［21］大补元煎(《景岳全书》):人参　淮山药　熟地黄　杜仲　枸杞子　当归　山茱萸　炙甘草

［22］大建中汤(《金匮要略》):蜀椒　干姜　人参　饴糖

［23］大承气汤(《伤寒论》):大黄　厚朴　枳实　芒硝

［24］大柴胡汤(《伤寒论》):柴胡　黄芩　半夏　枳实　白芍药　大黄　生姜　大枣

［25］大黄甘草汤(《金匮要略》):大黄　甘草

［26］大黄附子汤(《金匮要略》):大黄　附子　细辛

［27］大黄　虫丸(《金匮要略》):　虫　干漆　干地黄　甘草　水蛭　芍药　杏仁　黄芩　桃仁　虻虫　蛴螬　大黄

［28］大黄牡丹皮汤(《金匮要略》):大黄　牡丹皮　桃仁　冬瓜子　芒硝

［29］川芎茶调散(《太平惠民和剂局方》):川芎　荆芥　薄荷　羌活　细辛　白芷　甘草　防风

［30］千金苇茎汤(《备急千金要方》):苇茎　薏苡仁　冬瓜仁　桃仁

［31］己椒苈黄丸(《金匮要略》):防己　椒目　葶苈子　大黄

［32］小半夏加茯苓汤(《金匮要略》):半夏　生姜　茯苓

［33］小半夏汤(《金匮要略》):半夏　生姜

［34］小青龙加石膏汤(《金匮要略》):麻黄　桂枝　芍药　甘草　干姜　细辛　半夏　五味子　石膏

［35］小青龙汤(《伤寒论》):麻黄　桂枝　芍药　甘草　干姜　细辛　半夏　五味子

［36］小建中汤(《伤寒论》):桂枝　芍药　甘草　生姜　大枣　饴糖

［37］小承气汤(《伤寒论》):大黄　厚朴　枳实

［38］小柴胡汤(《伤寒论》):柴胡　黄芩　半夏　人参　甘草　生姜　大枣

［39］小蓟饮子(《济生方》):生地黄　小蓟　滑石　通草　炒蒲黄　淡竹叶　藕节　当归　山栀　甘草

四画

［40］王氏连朴饮(《温热经纬》):黄连　厚朴　苍术　清半夏　淡豆豉　芦根

［41］天王补心丹(《摄生秘剖》):人参　玄参　丹参　茯苓　五味子　远志　桔梗　当归身　天冬　麦冬　柏子仁　酸枣仁　生地黄　辰砂

［42］天麻钩藤饮(《杂病诊治新义》):天麻　钩藤　生石决明　川牛膝　桑

寄生　杜仲栀　山　麦芽　益母草　朱茯神　夜交藤　黄芩

［43］无比山药丸(《太平惠民和剂局方》)：山药　肉苁蓉　干地黄　山茱萸　茯神　菟丝子　五味子　赤石脂　巴戟天　泽泻　杜仲　牛膝

［44］开噤散(《医学心悟》)：人参　黄连　石菖蒲　丹参　石莲子　茯苓　陈皮　冬瓜子　陈米　荷叶蒂

［45］木香顺气散(《沈氏尊生书》)：木香　青皮　橘皮　甘草　枳壳　川厚朴　乌药　香附　苍术　砂仁　桂心　川芎

［46］木香槟榔丸(《医方集解》)：木香　香附　青皮　陈皮　枳壳　黑丑　槟榔　黄连　黄柏　三棱　莪术　大黄　芒硝

［47］止嗽散(《医学心悟》)：荆芥　桔梗　甘草　白前　陈皮　百部　紫菀

［48］中满分消丸(《兰室秘藏》)：厚朴　枳实　黄连　黄芩　知母　半夏　陈皮　茯苓　猪苓　泽泻　砂仁　干姜　姜黄　人参　白术　炙甘草

［49］五仁丸(《世医得效方》)：桃仁　杏仁　柏子仁　松子仁　郁李仁　橘皮

［50］五汁安中饮(验方)：韭汁　牛乳　生姜汁　梨汁　藕汁

［51］五皮散(《华氏中藏经》)：桑白皮　橘皮　生姜皮　大腹皮　茯苓皮

［52］五苓散(《伤寒论》)：桂枝　白术　茯苓　猪苓　泽泻

［53］五味消毒饮(《医宗金鉴》)：金银花　野菊花　蒲公英　紫花地丁　紫背天葵

［54］五生饮(《世医得效方》)：生南星　生半夏　生白附子　川乌　黑豆

［55］五磨饮子(《医方集解》)：乌药　沉香　槟榔　枳实　木香

［56］不换金正气散(《太平惠民和剂局方》)：厚朴　藿香　甘草　半夏　苍术　陈皮　生姜　大枣

［57］六一散(《伤寒标本心法类萃》)：滑石　甘草

［58］六君子汤(《校注妇人良方》)：人参　炙甘草　茯苓　白术　陈皮　制半夏　生姜　大枣

［59］六味地黄丸(《小儿药证直诀》)：熟地黄　山药　茯苓　牡丹皮　泽泻　山茱萸

［60］六磨汤(《证治准绳》)：沉香　木香　槟榔　乌药　枳实　大黄

［61］化肝煎(《景岳全书》)：青皮　陈皮　芍药　牡丹皮　栀子　泽泻　土贝母

［62］化痰通络汤(《临床中医内科学》)：茯苓　半夏　生白术　天麻　胆南星　天竺黄　紫丹参　香附　酒大黄

［63］化积丸(《杂病源流犀烛》)：三棱　莪术　阿魏　海浮石　香附　雄黄　槟榔　苏木　瓦楞子　五灵脂

［64］月华丸(《医学心悟》)：天冬　麦冬　生地黄　熟地黄　山药　百部　沙参　川贝母　茯苓　阿胶　三七　獭肝　白菊花　桑叶

［65］丹参饮(《时方歌括》)：丹参　檀香　砂仁

［66］丹栀逍遥散(《医统》)：当归　白芍药　白术　柴胡　茯苓　甘草　煨

姜　薄荷　牡丹皮　山栀

[67] 乌头汤(《金匮要略》):川乌　麻黄　白芍药　黄芪　甘草

[68] 乌头桂枝汤(《金匮要略》):乌头　桂枝　芍药　甘草　生姜　大枣

[69] 乌梅丸(《伤寒论》):乌梅　黄连　黄柏　人参　当归　附子　桂枝　蜀椒　干姜　细辛

[70] 少腹逐瘀汤(《医林改错》):小茴香　干姜　延胡索　没药　当归　川芎　肉桂　赤芍药　蒲黄　五灵脂

[71] 水陆二仙丹(《洪氏集验方》):金樱子　芡实

[72] 双解汤(《医方集解》):麻黄　防风　荆芥　薄荷　黄芩　栀子　连翘　石膏　桔梗

五画

[73] 玉女煎(《景岳全书》):石膏　熟地黄　麦冬　知母　牛膝

[74] 玉枢丹(《外科正宗》):山慈姑　续随子　大戟　麝香　雄黄　朱砂　五倍子

[75] 玉屏风散(《丹溪心法》):黄芪　白术　防风

[76] 正气天香散(《保命歌括》):乌药　香附　干姜　紫苏　陈皮

[77] 石苇散(《证治汇补》):石苇　冬葵子　瞿麦　滑石　车前子

[78] 龙胆泻肝汤(《兰室秘藏》):龙胆草　泽泻　木通　车前子　当归　柴胡　生地黄　(近代方有黄芩、栀子)

[79] 龙马自来丹(《医林改错》):地龙　马钱子

[80] 左归丸(《景岳全书》):熟地黄　山药　山茱萸　菟丝子　枸杞子　川牛膝　鹿角胶　龟板胶

[81] 左归饮(《景岳全书》):熟地　山茱萸　枸杞子　山药　茯苓　甘草

[82] 左金丸(《丹溪心法》):黄连　吴茱萸

[83] 右归丸(《景岳全书》):熟地黄　山药　山茱萸　枸杞子　杜仲　菟丝子　附子　肉桂　当归　鹿角胶

[84] 右归饮(《景岳全书》):熟地黄　山茱萸　枸杞子　杜仲　甘草　附子　肉桂　山药

[85] 平胃散(《太平惠民和剂局方》):苍术　厚朴　橘皮　甘草　生姜　大枣

[86] 甘麦大枣汤(《金匮要略》):甘草　淮小麦　大枣

[87] 甘遂半夏汤(《金匮要略》):甘遂　半夏　芍药　甘草

[88] 甘露消毒丹(《温热经纬》):滑石　茵陈　黄芩　石菖蒲　川贝母　木通　藿香　射干　连翘　薄荷　白蔻仁

[89] 四七汤(《太平惠民和剂局方》):苏叶　制半夏　厚朴　茯苓　生姜　大枣

[90] 四妙丸(《成方便读》):苍术　黄柏　牛膝　薏苡仁

[91] 四君子汤(《太平惠民和剂局方》):党参　白术　茯苓　甘草

[92] 四味回阳饮(《景岳全书》):人参　制附子　炮姜　炙甘草

[93] 四物汤(《太平惠民和剂局方》):当归　白芍药　川芎　熟地黄

[94] 四神丸(《证治准绳》):补骨脂　肉豆蔻　吴茱萸　五味子　生姜　大枣

[95] 四海舒郁丸(《疡医大全》):海蛤粉　海带　海藻　海螵蛸　昆布　陈皮　青木香

[96] 四逆散(《伤寒论》):柴胡　白芍药　枳壳　甘草

[97] 圣愈汤(《医宗金鉴》):熟地黄　白芍药　川芎人参　当归　黄芪

[98] 生脉散(《内外伤辨惑论》):人参　麦冬　五味子

[99] 生铁落饮(《医学心悟》):天冬　麦冬　贝母　胆星　橘红　远志　石菖蒲　连翘　茯苓　茯神　玄参　钩藤　丹参　辰砂　生铁落

[100] 失笑散(《太平惠民和剂局方》):五灵脂　蒲黄

[101] 代抵当丸(《证治准绳》):大黄　当归尾　生地黄　穿山甲　芒硝　桃仁　肉桂

[102] 白头翁汤(《伤寒论》):白头翁　秦皮　黄连　黄柏

[103] 白虎汤(《伤寒论》):知母　石膏　粳米　甘草

[104] 白虎加人参汤(《伤寒论》):知母　石膏　甘草　粳米　人参

[105] 白虎加桂枝汤(《金匮要略》):知母　石膏　甘草　粳米　桂枝

[106] 瓜蒂散(《伤寒论》):瓜蒂　赤小豆

[107] 半夏白术天麻汤(《医学心悟》):半夏　白术　天麻　陈皮　茯苓　甘草　生姜　大枣

[108] 半夏厚朴汤(《金匮要略》):半夏　厚朴　紫苏　茯苓　生姜

[109] 半夏泻心汤(《伤寒论》):半夏　黄芩　干姜　人参　甘草　黄连　大枣

[110] 归脾汤(《济生方》):人参　黄芪　白术　茯神　酸枣仁　龙眼肉　木香　炙甘草　当归　远志　生姜　大枣

[111] 加味二妙散(《丹溪心法》):黄柏　苍术　当归　牛膝　防己　萆　龟板

[112] 加味不换金正气散(即正气散,验方):厚朴　苍术　陈皮　甘草　藿香　佩兰　草果　半夏　槟榔　菖蒲　荷叶

[113] 加味四君子汤(《三因极一病证方论》):人参　茯苓　白术　炙甘草　黄芪　白扁豆

[114] 加味清胃散(《张氏医通》):生地黄　牡丹皮　当归　黄连　连翘　犀角　升麻　生甘草

[115] 加减葳蕤汤(《通俗伤寒论》):玉竹　葱白　桔梗　白薇　豆豉　薄荷　炙甘草　大枣

六画

[116] 百合固金丸(《医方集解》):生地黄　熟地黄　麦冬　贝母　百合　当

归　炒芍药　甘草　玄参　桔梗

[117] 地榆散(验方):地榆　茜根　黄芩　黄连　山栀　茯苓

[118] 芎芷石膏汤(《医宗金鉴》):川芎　白芷　石膏　菊花　藁本　羌活

[119] 芍药汤(《素问病机气宜保命集》):黄芩　芍药　炙甘草　黄连　大黄　槟榔　当归　木香　肉桂

[120] 芍药甘草汤(《伤寒论》):白芍药　炙甘草

[121] 如金解毒散(《景岳全书》):桔梗　甘草　黄芩　黄连　黄柏　山栀

[122] 至宝丹(《太平惠民和剂局方》):朱砂　麝香　安息香　金银箔　犀角　牛黄　琥珀　雄黄　玳瑁　龙脑

[123] 安宫牛黄丸(《温病条辨》):牛黄　郁金　犀角　黄连　朱砂　冰片珍珠　山栀　雄黄　黄芩　麝香　金箔衣

[124] 安神定志丸(《医学心悟》):茯苓　茯神　远志　人参　石菖蒲　龙齿

[125] 当归六黄汤(《兰室秘藏》):当归　生地黄　熟地黄　黄连　黄芩　黄柏　黄芪

[126] 当归四逆汤(《伤寒论》):当归　桂枝　芍药　细辛　甘草　通草　大枣

[127] 当归龙荟丸(《宣明论方》):当归　龙胆草　栀子　黄连　黄芩　黄柏　大黄　青黛　芦荟　木香　麝香

[128] 当归补血汤(《内外伤辨惑论》):黄芪　当归

[129] 竹叶石膏汤(《伤寒论》):竹叶　石膏　麦冬　人参　半夏　粳米　炙甘草

[130] 竹茹汤(《普济本事方》):竹茹　半夏　葛根　甘草　生姜　大枣

[131] 朱砂安神丸(《医学发明》):黄连　朱砂　生地黄　当归身　炙甘草

[132] 血府逐瘀汤(《医林改错》):当归　生地黄　桃仁　红花　枳壳　赤芍药　柴胡　甘草　桔梗　川芎　牛膝

[133] 舟车丸(《景岳全书》):甘遂　芫花　大戟　大黄　黑丑　木香　青皮　陈皮　轻粉　槟榔

[134] 导痰汤(《校注妇人良方》):半夏　陈皮　枳实　茯苓　甘草　制南星　生姜

[135] 防风汤(《宣明论》):防风　当归　赤茯苓　杏仁　黄芩　秦艽　葛根　麻黄　肉桂　生姜　甘草　大枣

[136] 防已黄芪汤(《金匮要略》):防已　白术　黄芪　甘草　生姜　大枣

七画

[137] 麦味地黄丸(《医级》):熟地黄　山萸肉　山药　茯苓　牡丹皮　泽泻　麦冬　五味子

[138] 麦门冬汤(《金匮要略》):麦冬　人参　半夏　甘草　粳米　大枣

[139] 苏子降气汤(《太平惠民和剂局方》):苏子　橘皮　半夏　当归　前胡

厚朴 肉桂 甘草 生姜

[140] 苏合香丸(《太平惠民和剂局方》):白术 青木香 犀角 香附 朱砂 诃子 檀香 安息香 沉香 麝香 丁香 荜茇 苏合香 熏陆香 冰片

[141] 更衣丸(《先醒斋医学广笔记》):芦荟 朱砂

[142] 妙香散(《沈氏尊生书》):山药 茯苓 茯神 远志 黄芪 人参 桔梗 甘草 木香 辰砂 麝香

[143] 连理汤(《张氏医通》):人参 白术 干姜 炙甘草 黄连 茯苓

[144] 吴茱萸汤(《伤寒论》):吴茱萸 人参 生姜 大枣

[145] 沉香降气散(《张氏医通》):沉香 砂仁 甘草 香附 川楝子 延胡索

[146] 沉香散(《金匮翼》):沉香 石苇 滑石 当归 橘皮 白芍药 冬葵子 甘草 王不留行

[147] 沙参麦冬汤(《温病条辨》):沙参 麦冬 玉竹 桑叶 生甘草 天花粉 生扁豆

[148] 沙参清肺汤(验方):北沙参 生黄芪 太子参 合欢皮 白及 生甘草 桔梗 薏苡仁 冬瓜子

[149] 良附丸(《良方集腋》):高良姜 香附

[150] 启膈散(《医学心悟》):沙参 茯苓 丹参 川贝母 郁金 砂仁壳 荷叶蒂 杵头糠

[151] 补天大造丸(《医学心悟》):人参 白术 当归 酸枣仁 炙黄芪 远志 白芍药 山药 茯苓 枸杞子 紫河车 龟板 鹿角 大熟地

[152] 补肾祛寒治 汤(经验方):续断 补骨脂 熟地黄 骨碎补 淫羊藿 制附子 桂枝 独活 威灵仙 白芍药

[153] 补中益气汤(《脾胃论》):人参 黄芪 白术 甘草 当归 陈皮 升麻 柴胡

[154] 补虚汤(《圣济总录》):黄芪 茯苓 甘草 五味子 干姜 半夏 厚朴 陈皮

[155] 补气运脾汤(《统旨方》):人参 白术 茯苓 甘草 黄芪 陈皮 砂仁 半夏曲 生姜 大枣

[156] 补阳还五汤(《医林改错》):当归尾 川芎 黄芪 桃仁 地龙 赤芍药 红花

[157] 补肝汤(《医宗金鉴》):当归 白芍药 川芎 熟地黄 酸枣仁 木瓜 炙甘草

[158] 补肺汤(《永类钤方》):人参 黄芪 熟地黄 五味子 紫菀 桑白皮

[159] 还少丹(《医方集解》):熟地黄 枸杞子 山萸肉 肉苁蓉 巴戟天 小茴香 杜仲 怀牛膝 楮实子 人参 茯苓 山药 大枣 菖蒲 远志 五味子

[160] 何人饮(《景岳全书》):何首乌 人参 当归 陈皮 生姜

［161］龟鹿二仙丹(《成方切用》)：鹿角　龟板　人参　枸杞子

［162］身痛逐瘀汤(《医林改错》)：秦艽　川芎　桃仁　红花　甘草　羌活　没药　香附　五灵脂　牛膝　地龙　当归

［163］附子理中丸(《太平惠民和剂局方》)：炮附子　人参　白术　炮姜　炙甘草

［164］附子粳米汤(《金匮要略》)：炮附子　粳米　半夏　甘草　大枣

［165］纯阳正气丸(成药)：陈皮　丁香　茯苓　茅术　白术　藿香　姜半夏　肉桂　青木香　花椒叶　红灵丹

八画

［166］青麟丸(邵氏经验良方)：大黄　鲜侧柏叶　绿豆芽　黄豆芽　槐枝　桑叶　桃叶　柳叶　车前子　鲜茴香　陈皮　荷叶　银花　苏叶　冬术　艾叶　半夏　厚朴　黄芩　香附　砂仁　甘草　泽泻　猪苓　牛乳　苏叶　梨汁　姜汁　童便　陈酒

［167］青娥丸(《太平惠民和剂局方》)：补骨脂　杜仲　胡桃肉　大蒜头

［168］苓桂术甘汤(《金匮要略》)：茯苓　桂枝　白术　甘草

［169］虎潜丸(《丹溪心法》)：龟板　黄柏　知母　熟地黄　白芍药　锁阳　陈皮　虎骨　干姜

［170］泻心汤(《金匮要略》)：大黄　黄芩　黄连

［171］羌活胜湿汤(《内外伤辨惑论》)：羌活　独活　川芎　蔓荆子　甘草　防风　藁本

［172］定痫丸(《医学心悟》)：明天麻　川贝母　胆南星　姜半夏　全蝎　僵蚕　竹茹　石菖蒲　琥珀　茯神　远志　辰砂　茯苓　陈皮　灯草　丹参　麦冬　姜汁　甘草

［173］定喘汤(《摄生众妙方》)：白果　麻黄　桑白皮　款冬花　半夏　杏仁　苏子　黄芩　甘草

［174］实脾饮(重订严氏《济生方》)：附子　干姜　白术　甘草　厚朴　木香　草果仁　槟榔　木瓜　生姜　大枣　茯苓

［175］知柏地黄丸(《医宗金鉴》)：知母　黄柏　熟地黄　山萸肉　山药　茯苓　牡丹皮　泽泻

［176］金铃子散(《素问病机气宜保命集》)：金铃子　延胡索

［177］金匮肾气丸(《金匮要略》)：桂枝　附子　熟地黄　山萸肉　山药　茯苓　牡丹皮　泽泻

［178］金锁固精丸(《医方集解》)：沙菀蒺藜　芡实　莲须　龙骨　牡蛎　莲肉

［179］炙甘草汤(《伤寒论》)：炙甘草　人参　桂枝　生姜　阿胶　生地黄　麦冬　火麻仁　大枣

［180］驻车丸(《备急千金要方》)：黄连　阿胶　当归　干姜

[181] 参附注射液(中成药):红参　黑附片　丹参

[182] 参附汤(《校注妇人良方》):人参　熟附子　姜　枣

[183] 参麦注射液(中成药):人参　麦冬

[184] 参苏饮(《太平惠民和剂局方》):人参　苏叶　葛根　前胡　法半夏　茯苓　甘草　桔梗　枳壳　木香　陈皮　姜　枣

[185] 参苓白术散(《太平惠民和剂局方》):人参　茯苓　白术　桔梗　山药　甘草　白扁豆　莲子肉　砂仁　薏苡仁

[186] 参蛤散(《普济方》):人参　蛤蚧

九画

[187] 春泽汤(《医方集解》):白术　桂枝　猪苓　泽泻　茯苓　人参

[188] 柏叶汤(《金匮要略》):侧柏叶　干姜　艾叶　马通汁

[189] 枳实导滞丸(《内外伤辨惑论》):大黄　枳实　黄芩　黄连　神曲　白术　茯苓　泽泻

[190] 栀子清肝汤(《类证治裁》):子栀　牡丹皮　柴胡　当归　白芍药　茯苓　川芎　牛蒡子　甘草

[191] 荆防败毒散(《外科理例》):荆芥　防风　羌活　独活　柴胡　前胡　川芎　枳壳　茯苓　桔梗　甘草

[192] 荆蓬煎丸(《卫生宝鉴》):木香　青皮　茴香　枳壳　槟榔　三棱　莪术

[193] 茵陈术附汤(《医学心悟》):茵陈蒿　白术　附子　干姜　炙甘草　肉桂

[194] 茵陈四苓汤(验方):茵陈　猪苓　茯苓　泽泻　白术

[195] 茵陈蒿汤(《伤寒论》):茵陈蒿　山栀　大黄

[196] 茜根散(《景岳全书》):茜草根　黄芩　阿胶　侧柏叶　生地黄　甘草

[197] 拯阳理劳汤(《医宗必读》):人参　黄芪　肉桂　当归　白术　甘草　陈皮　五味子　生姜　大枣

[198] 厚朴三物汤(《金匮要略》):厚朴　大黄　枳实

[199] 厚朴温中汤(《内外伤辨惑论》):厚朴　陈皮　甘草　茯苓　草豆蔻仁　木香　干姜

[200]胃苓汤(《丹溪心法》):苍术　厚朴　陈皮　甘草　生姜　大枣　桂枝　白术　泽泻　茯苓　猪苓

[201] 星蒌承气汤(《临床中医内科学》):胆南星　全瓜蒌　生大黄　芒硝

[202] 济川煎(《景岳全书》):当归　牛膝　肉苁蓉　泽泻　升麻　枳壳

[203]《济生》肾气丸(《济生方》):熟地黄　山药　山茱萸　牡丹皮　茯苓　泽泻　炮附子　官桂　川牛膝　车前子

[204]《活人》败毒散(《南阳活人书》):人参　羌活　独活　前胡　柴胡　川芎　枳壳　桔梗　茯苓　炙甘草　生姜

［205］洗心汤(《辨证录》)：人参　甘草　半夏　陈皮　附子　茯神　生酸枣仁　神曲　菖蒲

［206］养心汤(《证治准绳》)：黄芪　茯苓　茯神　当归　川芎　炙甘草　半夏曲　柏子仁　酸枣仁　远志　五味子　人参　肉桂

［207］宣痹达经汤(经验方)：蜂房　穿山甲　乌梢蛇　螳螂　威灵仙　羌活　防风　莶草　青风藤　当归

［208］神犀丹(《温热经纬》)：犀角　石菖蒲　黄芩　生地黄　银花　金汁　连翘　板蓝根　豆豉　玄参　天花粉　紫草

［209］香苏散(《太平惠民和剂局方》)：香附　紫苏茎叶　陈皮　甘草

［210］香砂六君子汤(《时方歌括》)：木香　砂仁　陈皮　半夏　党参　白术　茯苓　甘草

［211］香连丸(《太平惠民和剂局方》)：黄连　木香

［212］香附旋覆花汤(《温病条辨》)：生香附　旋覆花　苏子霜　薏苡仁　半夏　茯苓　橘皮

［213］复元活血汤(《医学发明》)：柴胡　瓜蒌根　当归　红花　甘草　穿山甲　大黄　桃仁

［214］顺气导痰汤(验方)：半夏　陈皮　茯苓　甘草　生姜　胆星　枳实　木香　香附

［215］保元汤(《博爱心鉴》)：人参　黄芪　肉桂　甘草　生姜

［216］保和丸(《丹溪心法》)：神曲　山楂　茯苓　半夏　陈皮　连翘　莱菔子

［217］保真汤(《十药神书》)：人参　黄芪　白术　甘草　赤茯苓　五味子　当归　茯苓　生地黄　熟地黄　天冬　麦冬　赤芍药　白芍药　柴胡　厚朴　地骨皮　黄柏　知母　陈皮　生姜　大枣

［218］独参汤(《景岳全书》)：人参

十画

［219］真人养脏汤(《太平惠民和剂局方》)：诃子　罂粟壳　肉豆蔻　白术　人参　木香　肉桂　炙甘草　当归　白芍药

［220］真武汤(《伤寒论》)：炮附子　白术　茯苓　芍药　生姜

［221］桂枝汤(《伤寒论》)：桂枝　芍药　生姜　炙甘草　大枣

［222］桂枝甘草汤(《伤寒论》)：桂枝　甘草

［223］桂枝甘草龙骨牡蛎汤(《伤寒论》)：桂枝　炙甘草　煅龙骨　煅牡蛎

［224］桂枝加厚朴杏子汤(《伤寒论》)：桂枝　芍药　炙甘草　生姜　大枣　厚朴　杏仁

［225］桂枝茯苓丸(《金匮要略》)：桂枝　茯苓　牡丹皮　桃仁　芍药

［226］桃花汤(《伤寒论》)：赤石脂　干姜　粳米

［227］桃仁红花煎(《素庵医案》)：丹参　赤芍药　桃仁　红花　制香附　延

胡素 青皮 当归 川芎 生地黄

[228] 桃核承气汤(《伤寒论》):桃核 大黄 桂枝 甘草 芒硝

[229] 瓜蒌桂枝汤(《金匮要略》):瓜蒌根 桂枝 芍药 甘草 生姜 大枣

[230] 瓜蒌薤白半夏汤(《金匮要略》):瓜蒌 薤白 白酒 半夏

[231] 柴胡疏肝散(《景岳全书》):陈皮 柴胡 枳壳 芍药 炙甘草 香附 川芎

[232] 柴枳半夏汤(《医学入门》):柴胡 黄芩 半夏 瓜蒌仁 枳壳 桔梗 杏仁 青皮 甘草

[233] 柴胡桂枝干姜汤(《伤寒论》):柴胡 桂枝 干姜 黄芩 瓜蒌根 牡蛎 炙甘草

[234] 柴胡截疟饮(《医宗金鉴》):柴胡 黄芩 人参 甘草 半夏 常山 乌梅 槟榔 桃仁 生姜 大枣

[235] 凉膈散(《太平惠民和剂局方》):川大黄 朴硝 甘草 山栀子仁 薄荷 黄芩 连翘 竹叶 蜂蜜

[236] 海藻玉壶汤(《医宗金鉴》):海藻 昆布 海带 半夏 陈皮 青皮 连翘 象贝 当归 川芎 独活 甘草

[237] 润肠丸(《沈氏尊生书》):当归 生地 麻仁 桃仁 枳壳

[238] 涤痰汤(《济生方》):制半夏 制南星 陈皮 枳实 茯苓 人参 石菖蒲 竹茹 甘草 生姜

[239] 消渴方(验方):花粉 黄连 生地黄 藕汁

[240] 益胃汤(《温病条辨》):沙参 麦冬 生地黄 玉竹 冰糖

[241] 烧盐探吐法(《医方集解》):单用烧盐熟水调饮,以指探吐。

[242] 调营敛肝饮(《医醇賸义》):当归 白芍药 蛤粉炒 阿胶 枸杞子 五味子 川芎 酸枣仁 茯苓 陈皮 木香 生姜 大枣

[243] 调营饮(《证治准绳》):莪术 川芎 当归 延胡索 赤芍药 瞿麦 大黄 槟榔 陈皮 大腹皮 葶苈子 赤茯苓 桑白皮 细辛 官桂 炙甘草 白芷 姜 枣

[244] 射干麻黄汤(《金匮要略》):射干 麻黄 细辛 紫菀 款冬花 半夏 五味子 生姜 大枣

[245] 逍遥散(《太平惠民和剂局方》):柴胡 白术 白芍药 当归 茯苓 炙甘草 薄荷 煨姜

[246] 通幽汤(《脾胃论》):生地黄 熟地黄 桃仁泥 红花 当归 炙甘草 升麻

[247] 通窍活血汤(《医林改错》):赤芍药 川芎 桃仁 红花 麝香 老葱 鲜姜 大枣 酒

[248] 通瘀煎(《景岳全书》):当归尾 山楂 香附 红花 乌药 青皮 木香 泽泻

[249] 桑白皮汤(《景岳全书》):桑白皮 半夏 苏子 杏仁 贝母 黄芩

黄连 山栀 生姜

［250］桑杏汤(《温病条辨》)：桑叶 杏仁 沙参 浙贝母 豆豉 山栀 梨皮

［251］桑菊饮(《温病条辨》)：桑叶 菊花 连翘 薄荷 桔梗 杏仁 芦根 甘草

十一画

［252］理中丸(《伤寒论》)：人参 白术 干姜 炙甘草

［253］黄土汤(《金匮要略》)：灶心黄土 甘草 干地黄 白术 炮附子 阿胶 黄芩

［254］黄龙汤(《伤寒六书》)：大黄 芒硝 枳实 厚朴 甘草 人参 当归 生姜 大枣 桔梗

［255］黄连阿胶汤(《伤寒论》)：黄连 阿胶 黄芩 鸡子黄 芍药

［256］黄连解毒汤(《外台秘要》)：黄连 黄柏 黄芩 栀子

［257］黄连温胆汤(《备急千金要方》)：半夏 陈皮 茯苓 甘草 枳实 竹茹 黄连 大枣

［258］黄芩泻白散(《伤寒太白》)：黄芩 桑白皮 地骨皮 粳米 甘草

［259］黄芪赤风汤(《医林改错》)：黄芪 赤芍药 防风

［260］黄芪汤(《金匮翼》)：黄芪 陈皮 火麻仁 白蜜

［261］黄芪建中汤(《金匮要略》)：黄芪 白芍药 桂枝 炙甘草 生姜 大枣 饴糖

［262］控涎丹(《三因极一病证方论》)：甘遂 大戟 白芥子

［263］麻子仁丸(《伤寒论》)：麻子仁 芍药 枳实 大黄 厚朴 杏仁

［264］麻杏石甘汤(《伤寒论》)：麻黄 杏仁 石膏 炙甘草

［265］麻黄汤(《伤寒论》)：麻黄 桂枝 杏仁 炙甘草

［266］麻黄连翘赤小豆汤(《伤寒论》)：麻黄 杏仁 生梓白皮 连翘 赤小豆 甘草 生姜 大枣

［267］旋覆代赭汤(《伤寒论》)：旋覆花 代赭石 人参 半夏 炙甘草 生姜 大枣

［268］羚羊角汤(《医醇賸义》)：羚羊角 龟板 生地黄 牡丹皮 白芍药 柴胡 薄荷 蝉衣 菊花 夏枯草 生石决明 大枣

［269］羚羊钩藤汤(重订《通俗伤寒论》)：羚羊角 桑叶 川贝母 鲜生地黄 钩藤 菊花 白芍药 生甘草 鲜竹茹 茯神

［270］羚麻白虎汤(验方)：羚羊角粉 麻黄 生石膏 知母 粳米 甘草

［271］清开灵注射液(中成药)：牛胆酸 猪胆酸 水牛角 珍珠母 黄芩素 栀子 板蓝根 金银花提取物

［272］清金化痰汤(《统旨方》)：黄芩 山栀 桔梗 麦冬 桑白皮 贝母 知母 瓜蒌仁 橘红 茯苓 甘草

［273］清肺饮（《证治汇补》）：茯苓　黄芩　桑白皮　麦冬　车前子　山栀　木通　泽泻

［274］清中汤（《医宗金鉴》）：陈皮　半夏　茯苓　甘草　栀子　黄连　白豆蔻

［275］清骨散（《证治准绳》）：银柴胡　胡黄连　秦艽　鳖甲　地骨皮　青蒿　知母　甘草

［276］清脏汤（《万病回春》）：川芎　地黄　芍药　地榆　槐角　阿胶　黄连　黄芩　栀子　黄柏　当归　侧柏叶　甘草　粳米　西瓜翠衣

［277］清燥救肺汤（《医门法律》）：桑叶　石膏　杏仁　甘草　麦冬　人参　阿胶　炒胡麻仁　炙枇杷叶

［278］清瘴汤（验方）：青蒿　柴胡　茯苓　知母　陈皮　半夏　黄芩　黄连　枳实　常山　竹茹　益元散

［279］渗湿汤（《丹溪心法》）：干姜　甘草　丁香　苍术　白术　橘红　茯苓

［280］银翘散（《温病条辨》）：金银花　连翘　豆豉　牛蒡子　薄荷　荆芥穗　桔梗　生甘草　竹叶　鲜芦根

［281］猪苓汤（《伤寒论》）：猪苓　茯苓　泽泻　阿胶　滑石

十二画

［282］葛根芩连汤（《伤寒论》）：葛根　黄芩　黄连　炙甘草

［283］葶苈大枣泻肺汤（《金匮要略》）：葶苈子　大枣

［284］越婢加术汤（《金匮要略》）：麻黄　石膏　甘草　大枣　白术　生姜

［285］越鞠丸（《丹溪心法》）：川芎　苍术　香附　炒山栀　神曲

［286］椒目瓜蒌汤（《医醇賸义》）：川椒目　瓜蒌仁　葶苈子　桑白皮　苏子　半夏　茯苓　橘红　蒺藜　生姜

［287］紫金丹（《普济本事方》）：砒　豆豉

［288］紫雪丹（《外台秘要》）：滑石　石膏　寒水石　磁石　羚羊角　青木香　犀角　沉香　丁香　升麻　玄参　甘草　朴硝　朱砂　麝香　黄金　硝石

［289］黑锡丹（《太平惠民和剂局方》）：黑锡　硫黄　川楝子　葫芦巴　木香　炮附子　肉豆蔻　阳起石　沉香　茴香　肉桂　补骨脂

［290］痛泻要方（《景岳全书》）：白术　白芍药　防风　炒陈皮

［291］温胆汤（《三因极一病证方论》）：半夏　橘皮　甘草　枳实　竹茹　生姜　茯苓　大枣

［292］温脾汤（《备急千金要方》）：附子　人参　大黄　甘草　干姜

［293］温经通痹汤（经验方）：附子　干姜　川椒　乌梢蛇　露蜂房　土鳖虫　螳螂　当归　丹参　羌活　莶草

［294］滋水清肝饮（《医宗己任编》）：熟地黄　山茱萸　茯苓　当归身　山药　牡丹皮　泽泻　白芍药　柴胡　山栀　酸枣仁

[295] 滋生青阳汤(《医醇賸义》):生地黄　石决明　磁石　石斛　寸冬　牡丹皮　白芍药　甘菊　薄荷　柴胡　天麻　桑叶

[296] 滋肾通关丸(《兰室秘藏》):知母　黄柏　肉桂

[297] 程氏萆　分清饮(《医学心悟》):萆　　车前子　茯苓　莲子心　菖蒲　黄柏　丹参　白术

[298] 犀角地黄汤(《备急千金要方》):犀角　生地黄　牡丹皮　芍药

[299] 犀角散(《备急千金要方》):犀角　黄连　升麻　山栀　茵陈

[300] 犀黄丸(《外科全生集》):犀角　麝香　没药　乳香　黄米饭

[301] 疏凿饮子(《济生方》):商陆　泽泻　赤小豆　椒目　木通　茯苓皮　大腹皮　槟榔　生姜　羌活　秦艽

十三画

[302] 暖肝煎(《景岳全书》):肉桂　小茴香　茯苓　乌药　枸杞子　当归　沉香　生姜

[303] 塞鼻散(经验方):百草霜　龙骨　枯矾

[304] 新加香薷饮(《温病条辨》):香薷　鲜扁豆花　厚朴　金银花　连翘

十四画

[305] 槐角丸(《太平惠民和剂局方》):槐角　地榆　黄芩　当归　炒枳壳　防风

[306] 膏淋汤(《医学衷中参西录》):山药　芡实　龙骨　牡蛎　生地黄　党参　白芍药

[307] 膈下逐瘀汤(《医林改错》):五灵脂　当归　川芎　桃仁　牡丹皮　赤芍药　乌药　延胡索　甘草　香附　红花　枳壳

十五画以上

[308] 增液汤(《温病条辨》):玄参　麦冬　生地黄

[309] 增液承气汤(《温病条辨》):大黄　芒硝　玄参　麦冬　生地黄

[310] 赞育丹(《景岳全书》):熟地黄　当归　杜仲　巴戟天　肉苁蓉　淫羊藿　蛇床子　肉桂　白术　枸杞子　仙茅　山茱萸　韭菜子　附子(或加人参　鹿茸)

[311] 黛蛤散(验方):青黛　海蛤壳

[312] 藿香正气散(《太平惠民和剂局方》):藿香　紫苏　白芷　桔梗　白术　厚朴　半夏曲　大腹皮　茯苓　橘皮　甘草　大枣　生姜

[313] 藻药散(《证治准绳》):海藻　黄药子

[314] 鳖甲煎丸(《金匮要略》):鳖甲　乌扇(即射干)　黄芩　柴胡　鼠妇　干姜　大黄　芍药　桂枝　葶苈子　石苇　厚朴　牡丹皮　瞿麦　紫葳　半夏　人参　　虫　阿胶　蜂房　赤硝　蜣螂　桃仁

[315] 癫狂梦醒汤(《医林改错》):桃仁 柴胡 香附 木通 赤芍药 半夏 大腹皮 青皮 陈皮 桑白皮 苏子 甘草

[316] 镇肝熄风汤(《医学衷中参西录》):淮牛膝 生龙骨 生白芍 天冬 生麦芽 代赭石 生牡蛎 玄参 川楝子 茵陈蒿 甘草 生龟板

[317] 薯蓣丸(《金匮要略》):薯蓣 人参 白术 茯苓 甘草 当归 芍药 川芎 干地黄 阿胶 麦冬 杏仁 桔梗 豆黄卷 防风 柴胡 桂枝 神曲 干姜 白敛 大枣

主要参考书目

张伯臾. 中医内科学. 上海:上海科学技术出版社,1985

张柏臾. 中医内科学. 北京:人民卫生出版社,1988

王永炎. 中医内科学. 上海:上海科学技术出版社,1997

王永炎. 鲁兆麟. 中医内科学. 北京:人民卫生出版社,1999

周仲英. 中医内科学. 长沙:湖南科学技术出版社,1995

方药中,邓铁涛等. 实用中医内科学. 上海:上海科学技术出版社,1986